KB220736

부부관계가 행복한 부부는 인생 전체가 행복하다고 느낀다. 결혼과 가정이 행복하지 않고는 삶이 행복해질 수 없다. 쾨스텐버거 교수와 존스 교수는 행복의 네비게이션이라 할 수 있는 이 책에서 결혼과 가정과 관련된 모든 주제를 성경신학적으로 다룬다. 결혼, 이혼, 재혼, 섹스, 자녀, 피임, 낙태, 독신, 동성애, 성 역할, 리더십 등 오늘의 그리스도인들이 직면하는 난감한 이슈들을 성경에 충실하면서도 명쾌하고 실제적으로 다루고 있다. 결혼과 가정에 대한 하나님의 뜻을 이처럼 종합적이면서도 구체적으로 안내한 책은 일찍이 없었다. 가정사역자와 상담사는 물론 행복한 삶의 지침을 찾고 있는 모든 사람이 수시로 참고해야 할 필독서이다.

_정동섭, 가족관계연구소장, 침례신학대학교 외래교수

결혼과 성에 대해 개방적이고 자유분방한 현대인들을 생각할 때 이 책은 얼핏 요즘 세태를 반영하지 못하는 듯하다. 하지만 하나님의 말씀은 저 옛날이나 지금이나 변함없는 진리다. 그러니 우리는 이 책이 보수적이라는 생각을 바꿔서 오늘날 얼마나 많은 사람이 결혼과 성을 쉽게 생각하는지 돌아봐야 한다. 당연하게 여겼던, 그래서 문제라고 의식하지 못했던 결혼과 성에 대한 문화와 세태를 반성하게 될 것이다. 저자들은 아주 충실하게 하나님의 말씀에 따라 오늘날의 결혼과 성에 대해 정리하고 있다. 결혼과 성에서 자유로울 수 없는 이 땅의 모든 그리스도인이 그 안에 펼쳐진 하나님의 뜻을 구하고 그분의 뜻에 따라 살 수 있도록 안내하는 최고의 책이다.

_이의수, 사랑의교회 목사, 사랑패밀리센터

"폭넓은 범위와 철저한 학식, 명확한 분석과 논증, 건전한 분별력을 고루 갖춘 책이다. 목회적 각도에서 알기 쉽게 쓴 논문으로, 내용이 알차고 독보적이다. 성과 섹스, 결혼, 가정에 대해 연구하고 논의하고 가르치고 상담하는 복음주의자들에게 한없이 유용한 자료가 될 것이다. 40년에 걸쳐 변호해온 전문 분야를 노련하게 파헤친 이 기념비적 총서이자 역작을 적극 추천한다."_제임스 패커, 리젠트 칼리지 명예 교수

"이 책의 특별한 가치는 풍부한 성경 주해에 있다. 그게 없다면 우리는 추론의 바다에 표류할 수밖에 없다. 고마운 책이다. 성인이 된 나의 자녀들에게 주어야겠다."_존 파이퍼, 미니애폴리스의 베들레헴 침례교회 설교 목사

"쾨스텐버거가 쓴 책이라면 일단 주목할 가치가 있다. 그의 책은 기대감을 품고 주의 깊게 읽어 봐야 한다. 그는 국제적 교육과 경험, 교수 경력, 그리스도인다운 성품을 두루 갖춘 저자다. 그의 결론에 일부 동의하지 않을 수는 있으나 이 책을 통해 하나님과 결혼, 가정에 대해 더 잘 가르치고 실천하게 될 것이다. 조리 있고 균형 잡힌 성경적 책이다. 결혼과 가정은 가장 기본적이면서도 현대 세계에서 가장 논란이 많은 주제인데 이 주제에 대한 성경의 가르침을 건전하고 시의적절하게 요약해 놓았다. 적극 추천한다."
_마크 데버, 워싱턴 DC의 캐피톨힐 침례교회 담임목사

"찬란하고 행복한 기독교 가정에 대한 달콤하고도 진부한 책을 찾는다면 아마 이 책은 그냥 덮어 두어야 할 것이다. 요즘은 가정 문제에 대해 성경의 말보다 민간요법 전도사들의 말을 더 열심히 듣는 그리스도인들이 너무 많다. 시대가 그러한지라 이 책은 당신 생애에 가장 획기적인 책 중 하나가 될 수 있다."_러셀 D. 무어, 서던 침례신학대학원 신학부 학장

"광범위하면서도 성경을 해석하고 삶에 적용하는 면에서 성숙한 분별력을 보여 주는 책이다. 논란이 되는 이슈들을 피하지 않고 하나하나 공정히 다루면서 다른 견해들도 충분히 설명한다. 널리 읽혀야 할 탁월한 책이다."
_웨인 그루뎀, 피닉스 신학대학원 성경신학 연구교수

"모든 목회자의 서가에는 물론이고 모든 기독교 대학과 신학교에서 가르치는 결혼 및 가정 과목의 요강에도 꼭 들어가야 할 책이다. 가정생활과 관련하여 성경의 전통적 가치관을 신중하게 변호한 책인 만큼 누구나 진지하게 읽어야 하며, 특히 저자의 말에 동의하지 않는 사람들일수록 더 신중히 읽어야 한다. _대니얼 I. 블록, 휘튼 대학 구약학 교수

"가정을 하나님이 그분을 계시하시는 기본 단위로 보는 사람들에게 결혼과 가정은 첨예한 관심사다. 쾨스텐버거는 성경을 향한 열정에 이끌려 이 문제와 씨름한다. 성경의 원리를 감추고 아예 말살하려는 문화 전쟁이 그의 긴박감을 더욱 부채질했다."_페이지 패터슨, 사우스이스턴 침례신학대학원 총장, 도로시 켈리 패터슨, 같은 대학원 여성학 교수

"결혼과 가정, 이혼, 재혼, 동성애, 낙태, 피임, 불임, 입양, 독신 등에 대한 성경의 가르침을 지적이면서도 간략하고 솔직하고 충실하고 이해하기 쉽게 제시한 책을 찾는 그리스도인이라면 이제 그 수고를 멈출 때가 됐다."
_J. 리건 던컨 3세, 미시시피 주 잭슨의 제일장로교회 담임목사

"결혼과 가정에 대한 대중 서적은 많지만 이 중대한 주제에 대한 성경 자체의 가르침을 신중하고 정확하게 탐색한 책은 극히 드물다. 쾨스텐버거는 성과 섹스라는 현대의 까다로운 이슈를 피해가지 않고 민감한 자세와 예리한 성경적 통찰력으로 접근한다."_브루스 A. 웨어, 서던 침례신학대학원 기독신학 교수

"결혼과 가정을 무너뜨리려는 공격이 극으로 치닫는 지금, 이 책은 모든 복음주의자의 손에 들려야 할 요긴한 자원이다."

_톰 엘리프, 오클라호마 주 델시티의 제일 남침례교회 목사

"이 책은 결혼과 자녀 양육, 독신, 성에 관한 성경적 지혜의 보고(寶庫)다. 서구 사회가 사회적 정체성을 잃지 않으려고 몸부림치는 이때, 인간의 바른 자아상과 가족관계에 대한 하나님의 뜻을 재천명한 책이다. 이 주제로 하나님의 온전한 뜻을 구하는 독자들은 여기서 엄청난 도움을 얻을 것이다."

_로버트 W. 야브로, 트리니티 복음주의 신학대학원 신약학 교수 겸 신약학부 학장

"이 책이 특히 귀한 것은 깊이와 책임감 있는 연구의 산물이면서도 놀랍도록 명쾌하고 포괄적이기 때문이다. 이 책의 결론들은 하나같이 건전하고 성경에 충실하다." _토머스 R. 슈라이너, 서던 침례신학대학원 신약학 교수

"성경 주해의 모범을 보인 쾨스텐버거의 이 책은 결혼과 가정에 대한 현대의 담론에 더해진 반갑고도 참신한 자원이다. 학자와 목회자, 상담자 등 하나님의 설계를 진정으로 성경적 관점에서 이해하려는 모든 사람에게 도움이 될 탁월한 작품이다." _메리 A. 캐시언, 캐나다 앨버타 주의 에드먼턴, 작가

"서로 밀접하게 연관된 결혼과 가정, 성이라는 주제에 대해 이처럼 치밀한 연구에 기초한 종합적이고도 철저히 성경적인 고찰이 어느 때보다 필요한 시기이다. 모든 사람이 이 책의 모든 결론에 동의하지는 않겠지만 쾨스텐버거는 읽기 쉽고 굉장히 유용한 이 책을 내놓음으로써 교회에 크게 공헌했다." _고든 P. 휴겐버거, 보스턴의 파크스트리트 교회 담임목사

"요즘 우리에게 중요한 일은 하나님이 결혼과 가정에 대해 뭔가 하실 말씀

이 있음을 기억하는 것이다. 새로운 정의와 비성경적 원리를 내세우는 목소리가 많은 이때에 쾨스텐버거가 기독교계에 매우 귀중한 자원을 내놓았다. 대학이나 신학교의 강의실, 지역 교회의 교육 프로그램, 하나님의 말씀대로 살아가려는 모든 가정에 안성맞춤인 책이다. 진심으로 추천한다."

_랜디 스틴슨, 성경적 남성성과 여성성 협회 부의장

"지금 우리 사회는 결혼과 가정의 기준과 가치를 재정의하려 하지만 쾨스텐버거는 우리를 성경적 기초로 다시 데려간다. 이 책에서 그는 굉장히 까다롭고 정치적으로 민감한 이슈들과 씨름한다."

_밥 베이커, 캘리포니아 주 레이크포레스트의 새들백 교회 목양목사

"이 책의 독특한 공헌은 쾨스텐버거의 접근법에 있다. 그는 결혼과 가정에 대한 하나님의 계획이 창조에서 종말까지 어떻게 전개되어 가는지 꼼꼼히 추적한다. 결혼과 가정의 진정한 아름다움이 가장 찬란하게 빛을 발하려면 이 주제를 하나님의 이야기 전체에서 보아야 한다."

_리처드 W. 호브, 듀크 대학교 CCC 대표

"아주 훌륭한 작품이다. 저자는 현실에 두 발을 굳게 딛고 서서 성경 주해의 뛰어난 실력을 보여준다. 결혼과 이혼, 재혼, 섹스, 자녀, 피임, 낙태, 독신, 성 역할, 리더십 등 오늘의 그리스도인들이 직면하고 있는 난감한 이슈들을 철저히 성경에 충실하면서도 실제적으로 다룬 책이다. 이런 문제들에 대한 경전을 원한다면 바로 이 책이다! 목사로서 우리 교회의 모든 지도자들에게 이 책을 권하고 있다. 도표와 토의 질문이 있어 활용하기 쉽고 소그룹에도 이상적이다. 오늘의 교회에 얼마나 귀한 선물인가!"

_R. 켄트 휴즈, 일리노이 주 휘튼의 칼리지 교회 원로목사

결혼과 가정

성경의 눈으로 본
결혼과 가정

안드레아스 쾨스텐버거
데이비드 존스 지음
윤종석 옮김

아바서원

사랑하는 나의 아내 마가렛과
나의 자녀 로렌, 탈리아, 데이비드, 티모시에게

이러므로 내가 하늘과 땅에 있는 각 족속[가족]에게 이름을 주신 아버지 앞에 무릎을 꿇고 비노니 그의 영광의 풍성함을 따라 그의 성령으로 말미암아 너희 속사람을 능력으로 강건하게 하시오며 믿음으로 말미암아 그리스도께서 너희 마음에 계시게 하시옵고 너희가 사랑 가운데서 뿌리가 박히고 터가 굳어져서 능히 모든 성도와 함께 지식에 넘치는 그리스도의 사랑을 알고 그 너비와 길이와 높이와 깊이가 어떠함을 깨달아 하나님의 모든 충만하신 것으로 너희에게 충만하게 하시기를 구하노라(엡 3:14-19).

안드레아스 J. 쾨스텐버거

던과 조너선과 로라에게

오직 나와 내 집은 여호와를 섬기겠노라(수 24:15).

데이비드 W. 존스

God, Marriage, and Family, Second Edition

차례

도표 목록

추천
서문

나는 설레는 마음으로 이 책으로 읽기 시작했다. 결혼과 가정에 관한 단편적인 책이 아니라 거의 모든 주제를 한꺼번에 다루는 책이란 소개를 받은 터라 책이 어떻게 구성되었는지, 또 어떤 주제들이 다루어졌는지 궁금했기 때문이다. 이 책을 저술한 안드레아스 쾨스텐버거 교수와 데이비드 존스 교수가 어떤 입장을 취하고 있는지도 알고 싶었다. 책을 읽어가다 보니 점점 더 흥미로워졌다. 처음에는 자기주장이 조금 많지 않나 하는 생각이 들었으나 갈수록 책이 보여주는 전체적 그림에 매료되었다. 책을 읽으면서 본서의 성격을 깊이 파악할 수 있었다.

　이 책의 특징을 요약하면 다음과 같다.

　첫째 이 책은 결혼과 가정에 대한 전반적 종합 안내서다. 먼저 이 책이 다루는 영역이 얼마나 많은지를 보고 나는 깜짝 놀랐다. 쾨스텐버거와 존스의 해박한 지식에 여러 번 감탄하곤 했다. 내가 보유한 전문서적 중에 [결혼과 가족 핸드북](Handbook of Marriage and Family)이란 책이 있다. 결혼과 가족 내의 여러 주제들을 깊이 연구한 학자들의 견해와 지식을 모아놓은 학술 서적이다. 그래서 나는 그런 주제들을 연구하거나 그에 관해 강연할 때 이 책을 자주 참고한다. 그런 주제들과 관련해 많은 학자들의 연구와 사상을 소개한 책이기 때문에 나의 학문 활동에 큰 도움을 준다. 이에 비해 쾨스텐버거와 존스는 그처럼 심도 있게 주제들을 다루지는 않지만 누구나 쉽게 읽을 수 있도록 쓰고 있다. 이 때문에 이 책은 일반인들, 특히 그리스도인들이나 기독교 지도자들에게 큰 유익을 줄 수 있다고 나는 확신한다. 이 책을 곁에 두고 수시로 참고하면 그 내용을 통해 성경적으로 사고하는 훈련을 받을 수 있을 것이다. 달리 말하면, 내용을 한꺼번에 소화하려고 단번에 읽고 서재에 보관할 책이 아니라 실생활에서 문제에 부딪힐 때마다 다시 읽고 숙지할 만한 그런 책이다. 이런 면에서 나는 저자들에게 깊은 감사를 표하고 싶다. 학자로서 이런 책을 쓰려면 수많은 주제들에 대한 인식이 있어야 할 뿐 아니라 오랜 시간 헌신된 자세로 연구하지 않으면 안 된다. 자신들의 삶을 이렇게 헌신하여 많은 이들에게 도움을 주는 저자들은 참으로 귀한 하나님의 사람들이다.

둘째 이 책은 결혼과 가정에 대해 하나님의 말씀에 근거한 방향성을 제시하는 책이다. 본서는 다른 여러 책들처럼 해박한 지식만 전달하는 종합 안내서에 불과하지 않고 하나님의 말씀에 근거한 성경적 지침을 제공하고 있다. 저자들은 결혼과 가정과 관련된 많은 주제에 대해 성경의 내용을 근거로 글을 쓰고 있다. 각각의 주제와 관련된 성경 구절이나 신구약 전체에 언급되고 있는 주제들을 책에 선명하게 명시하고 있다. 이런 면에서 성경에 근거하여 결혼과 가족의 여러 주제들에 대해 방향성을 제시하고 있다. 이러한 방향성은 현대 사회를 살아가는 많은 그리스도인들과 교회지도자들, 그리고 일반인들에게 중요하다. 예를 들면 아이들을 어떻게 양육해야 하는가? 체벌은 해야 하는가, 하지 말아야 하는가? 한다면 어떻게 해야 하는가? 등과 같은 아주 실질적인 문제에 대해 이 책은 충분한 지침을 주고 있다. 여기서는 자녀양육의 예만 들었지만 다른 많은 주제들에 대해서도 성경에 근거해 저자들의 입장을 분명히 밝히고 있다. 이런 주제에 대해 혼란스러워 하는 독자는 많은 도움을 받을 수 있으리라고 나는 확신한다. 물론 더 구체적인 주제들은 독자가 이 책의 내용을 직접 접하고 적용하면 더 잘 알 수 있을 것이다. 물론 독자가 궁금해 하는 모든 주제를 다 다루고 있는지는 모르겠지만, 결혼과 가정에 대해 성경적으로, 기독교적으로 이해하는데 이만큼 도움이 되는 자료는 찾기 힘들 것이다.

셋째, 이 책은 자기주장만 펴기보다는 다른 여러 의견들을 같이 소개함으로써 독자에게 균형 있는 독서를 격려하고 있다. 본서의 또 다른 중요한 특징 중 하나는 다른 견해들도 충분히 소개하고 있다는 점이다. 이 책을 읽다가 보면 종종 비교도표를 접하게 된다. 그 도표에는 각 주제에 대한 저자들의 입장과 다른 의견이나 견해를 비교해 놓았다. 따라서 여러 견해를 한눈에 볼 수 있는 장점이 있다. 독자가 혹시 시간이 없으면 이런 도표들만 참고해도 자신의 생각이 어디에 위치하고 있는지 금방 알 수 있다. 만일 저자들이 그들의 입장만 일방적으로 주장하는 식으로 이 책을 구성했다면, 독자는 어느 정도 공감하면서도 고개를 갸우뚱거렸을 것이다. 그러나 저자들은 다른 견해들도 제시하면서 자신들의 생각을 펼쳐나가기 때문에 그런 갸우뚱거림이나 의문을 아예 불식시킨다. 즉 이 책은 독자로 하여금 자기 생각을 객관적으로 점검할 수 있도록 해준다. 독자가 결혼과 가정과 관련된 여러 주제에 대해 자신이 얼마나 알고 있는지, 그리고 자신은 어느 입장에 있는지를 알고 싶다면, 이 책은 독자의 모습을 비춰주는 거울과 같은 역할을 충분히 할 수 있다.

이 훌륭한 책을 접할 수 있도록 배려해준 아바서원에 감사를 드린다. 아바서원이 앞으로도 이런 양질의 책을 더 많이 출판하여 많은 독자에게 도움을 주길 바라는 마음과 함께 이 책을 적극 추천하는 바이다.

김용태 (Ph. D. 결혼과 가족 치료 전공)

횃불트리니티 신학대학원대학교 기독교상담학 교수

초판
서문

결혼과 가정은 위대하신 하나님의 좋은 선물이다. 그런데 안타깝게도 요즘
은 제작자이신 그분의 사용 설명서를 무시하고 심지어 아예 거부하는 사람
이 많다. 가정이라는 신성한 제도의 하나님의 청사진에 대해 우리 문화에
무지와 냉소와 적대가 넘쳐나고 있다. 바로 이런 정황과 위기 속에서 이 훌
륭한 책을 추천할 수 있어서 매우 기쁘다. 이 책이 앞으로 오랫동안 이 분
야의 표준 교과서가 되리라 확신한다.

안드레아스 쾨스텐버거는 (데이비드 존스의 도움을 받아) 이 책에 결혼과 가
정에 관련된 이슈들을 포괄적이고도 철저히 성경적으로 분석한다. 그의 연
구는 최상급이며 이 책에 수록된 참고문헌만으로도 책을 구입할 가치가
충분하다. 그만큼 이 책은 정보의 금광이다. 저자들은 성경 전체를 조사하
여 결혼생활과 가정생활의 중대한 이슈들에 대한 성경의 가르침을 찾아낸
다. 각 주제마다 내가 보기에 공정하고 균형 잡히고 조리 있게 다루어져 있
다. 성경을 믿는 그리스도인들 사이에 정당한 이견이 있을 수 있는 몇몇 경
우에 대해서도 저자들은 양쪽 입장을 철저히 제시한 뒤 자신들이 선호하는
관점을 밝힌다. 논란이 뜨거운 이슈들을 신중한 학식과 탄탄한 논증으로
접근하여 공정성의 모범을 보인다.

신학과 실제를 이렇게 아름다운 융단으로 함께 엮어낸 책은 찾아보기 힘

들다. 이 책이 그 일을 훌륭하게 해냈다. 이 책은 처음부터 끝까지 하나님 중심이고 성경 중심이다. 그러면서도 상식적 관찰과 영적 조언이 한데 얽혀 각 장의 피륙을 이룬다. 다른 성경학자들도 결혼과 가정에 특별한 관심과 애정을 품은 기독교 윤리학자들과 협력하여 책을 더 많이 써야 할 것이다.

나는 2004년 1월에 노스캐롤라이나 주 웨이크포레스트의 사우스이스턴 침례신학대학원에 신임 총장으로 부임하자마자 이곳 교수진의 영성과 학식에 감동했다. 쾨스텐버거 박사와 존스 박사도 그런 보석 같은 존재다(이 책에 의료 윤리에 관한 글을 두 편이나 기고한 마크 리더바크 박사도 마찬가지다). 나는 이들을 사랑하고, 지금까지 주 예수 그리스도의 교회가 이들을 통해 놀라운 선물을 받았다는 사실이 기쁘다. 많은 독자가 이 책을 읽고 마음으로 받아들이기를 하나님께 기도한다. 이 책은 결혼과 가정을 생각하는 데 있어 우리를 더 높은 기준, 곧 하나님의 기준으로 초청한다.

대니얼 L. 에이킨
노스캐롤라이나 주 웨이크포레스트
사우스이스턴 침례신학대학원 총장

이 책이 처음 출간된 지 5년이 지났다. 그동안 그분의 영광을 위해 이 책을 사용해 주신 주님께 깊이 감사드린다. 부제에도 밝혔듯이 우리의 가장 중요한 목적은 하나님의 말씀에 나와 있는 결혼과 가정의 성경적 기초로 돌아가는 것이었고, 이 책에 긍정적 반응이 쏟아진 원인이 거기에 있다고 본다. 하나님이 계획하신 결혼과 가정이 무엇인지 우리의 창조주이자 구속자로부터 배우려는 그 마음을 주께서 귀히 보셨다고 확신한다. 초판이 나온 지 얼마 안 되어 개정판을 내야 했던 것은 간단히 요약해서 다음 몇 가지 요인 때문이다.

첫째, 비평가와 학생과 일반인 등 다양한 독자층에서 내용을 보충해달라는 제안이 있었다. 그 많은 건설적 제안을 반영하고 싶었다. 둘째, 그동안 결혼과 가정을 주제로 한 간행물이 꾸준히 나왔다. 이 책도 최신의 상태로 유지하고 싶었다. 셋째, 이혼과 재혼과 독신 등 이 책에서 다룬 몇 가지 주제에 대해 논란이 증폭되었다. 이 부분에도 갱신이 필요했다. 넷째, 청소년 자녀의 양육 등 초판에 명시적으로 또는 광범위하게 다루지 못했던 작지만 중요한 주제가 있었다. 더 자세히 살펴볼 필요가 있다고 판단해서 개정판에 추가했다.

아울러 지난 수년간 결혼과 가정과 관련해 "가정통합 교회"라는 운동이 발전했다. 따라서 이것을 성경적·신학적 관점에서 평가할 필요성이 대두되었다. 물론 무엇이든 새로운 운동의 장단점을 논한다는 것은 쉬운 일이 아니다. 그런 운동이 단순하지 않기 때문이기도 하지만 또한 이를 평가하려면 성경의 원리들을 적용하여 다양한 해석적·신학적·문화적 요인을 조리 있게 따져 보아야 하기 때문이다. 그럼에도 우리는 예비적으로라도 그런 평가를 시도해야 한다고 생각했다. 이 운동이 교회 생활에 매우 중대한 부분인 만큼 다소나마 요긴한 지침을 제시하기 위해서다.

참고로 이번 개정판의 새로운 특징을 몇 가지로 간추리면 다음과 같다.

- 새로 한 장을 할애하여 결혼과 가정과 교회를 묶어서 다루었다("가정통합 교회 접근"에 대한 평가도 들어 있다).
- 자녀 체벌, 독신, 동성애, 이혼과 재혼 등에 대한 근래의 담론을 요약했다.
- 섹스의 신학과 청소년 자녀 양육에 대한 단락을 새로 추가했다.
- 이혼과 재혼을 다룬 장의 구성을 다듬어 하나님이 설계하신 결혼의 영속성에 강조점을 두었고 좀더 기술적인 내용은 부록으로 옮겼다.
- 결혼과 가정에 관한 최근의 여러 주요 기사와 논문을 논평했다. 예컨대 크리스토퍼 애쉬의 *Marriage: Sex in the Service of God*(결혼: 하나님을 섬기는 섹스)와 배리 대닐랙의 *A Biblical Theology of Singleness*(독신의 성경 신학) 등이다.
- 참고문헌과 주석을 보완했다.
- 초판 출간 이후 접수된 비평가, 학생, 일반 독자의 건설적 비평에 맞추어 많은 부분을 조금씩 손보았다.

이렇게 증보된 개정판이 성경적 기초로 기꺼이 돌아가려는 독자들에게 앞으로도 계속 도움이 되기를 바란다. 독자들도 우리처럼 다음과 같은 확신이 서기를 바란다. 결혼과 가정은 인간의 발상이 아니라 하나님의 발상이며, 따라서 그분의 사용 설명서 없이 결혼과 가정에 임하는 사람은 위험을 자초하고 하나님의 영광을 잃을 수 있다. "이러므로 내가 하늘과 땅에 있는 각 족속[가족]에게 이름을 주신 아버지 앞에 무릎을 꿇고 비노니…우리 가운데서 역사하시는 능력대로 우리가 구하거나 생각하는 모든 것에 더 넘치도록 능히 하실 이에게 교회 안에서와 그리스도 예수 안에서 영광이 대대로 영원무궁하기를 원하노라 아멘"(엡 3:14-15, 20-21).

1.
기초 다시 쌓기

사상 최초로 서구 문명은 **결혼**과 **가정**이라는 용어의 의미를 **정의해야** 하는 상황에 직면했다. 여태까지는 한 아버지와 한 어머니와 복수의 자녀로 구성되는 가정이 '정상'으로 통했으나 요즘 들어 이를 여러 선택지 중 하나로 보는 시각이 커졌다. 이제 그런 가정을 인간관계 기본 질서의 유일한 형태나 심지어 우월한 형태로 주장할 수 없게 됐다. 결혼과 가정을 보는 유대-기독교의 관점은 구약성경에 뿌리를 두고 있는데, 이제 그것이 개인 차원과 사회 차원의 인권, 자아실현, 실리 따위를 중시하는 일련의 가치관으로 다분히 대체됐다. 오늘의 세상에서 결혼과 가정은 포위 공격을 당하고 있다고 해도 과언이 아니다. 이와 더불어 우리의 문명 자체도 위기를 맞고 있다.

그러나 현재의 문화적 위기는 뿌리 깊은 **영적** 위기의 증상에 불과하다. 한때 공유했던 사회적 가치관의 기초를 영적 위기가 계속 허물고 있다. 성경의 가르침대로 과연 창조주 하나님이 결혼과 가정을 제정하셨고 사탄이라는 악한 존재가 세상에서 그분의 창조 목적에 대항하여 싸운다면, 하나님이 제정하신 두 제도의 기초가 최근 들어 집중 공격을 당하는 것은 놀랄 일이 아니다. 결국 우리 인간은 본인이 알든 모르든 하나님과 사탄 사이의 우주적인 영적 전쟁 속에 들어와 있다. 결혼과 가정은 그 영적·문화적 전투가 벌어지는 주요 현장이다. **문화적** 위기가 배후의 **영적** 위기의 증상이라면 마찬가지로 해결책도 영적이어야지 문화적이기만 해서는 안 된다.

이 책을 통해 우리는 그런 영적 해결책의 길을 제시하려 한다. 바로 결혼과 가정의 성경적 기초로 돌아가 그 기초를 다시 쌓는 것이다. 하나님의 말씀은 인간의 동조에 의존하지 않으며, 성경은 오늘의 남녀와 가정이 직면하고 있는 중대한 이슈들에 침묵하지 않는다. 가정과 결혼에 관련된 중요한 분야마다 성경은 충분한 지침을 내놓으며, 우리 문화를 괴롭히는 온갖 병의 온전한 치료책을 제시한다. 예컨대 성경에는 **하나님의 제도**인 결혼이 기록되어 있고 결혼생활과 자녀 양육에 대한 **기독교 신학**이 나와 있다. 낙태, 피임, 불임, 입양에 관한 결정을 내릴 때 필요한 통찰도 성경에 들어 있다. 아울러 성경에는 독신자 내지 미혼자에게 유익한 지침이라든가 결혼과 가정을 심각하게 위협하는 동성애와 이혼도 언급되어 있다.

결혼과 가정에 대한 현재의 혼란

결혼과 가정을 성경의 가르침을 기준으로 평가할 때, 서구 문화의 쇠퇴는 아무래도 부인할 수 없는 현실이다. 사실 지난 수십 년간 결혼과 가정을 보는 시각에 그야말로 대대적인 패러다임의 전환이 있었다. 서구의 유대-기독교적 유산과 기초는 다분히 **자유주의 이념**에 밀려났다. 자유주의 이념은 인간의 자유와 자율성을 인간관계의 최고 원리로 떠받든다. 많은 사람이 혼란에 빠져 결혼과 가정에 대한 성경적·전통적 모델의 퇴조를 환영할 뿐 아니라 그 자리에 새로 들어선 반대되는 도덕 원리들을 큰 진보로 받아들였다. 하지만 결혼과 가정에 대한 성경적·전통적 모델을 좀더 '진보적' 모델로 대체하면 성경의 권위를 인정하지 않는 사람들까지도 피해를 입는다. 결혼과 가정에 대한 비성경적 관점들이 사회에 미치는 악영향이 그 좋은 증거다. 몇 가지 예를 들어보자.

성경적·전통적 모델을 버린 부정적 결과 중 하나는 급등하는 **이혼율**이다. 이혼의 대가는 관련된 이들—특히 자녀들—에게만 아니라 사회 전반에까지 고통을 야기한다. 이혼이라는 외상의 악영향이 자녀들에게 단기적으로 나타나지 않을지는 모르지만, 심각한 장기적 결과들이 그동안 연구를 통해 충분히 입증되었다. **혼외 섹스**도 불륜 관계나 기타 불법 성관계를 맺는 사람들에게 혹독한 값을 치르게 한다. 섹스가 평생의 배타적 헌신이라는 안전한 환경 속에서 이루어지지 않기 때문이다. 가장 눈에 띄는 예는 청소년의 임신과 낙태. 혼외 섹스는 잠깐은 즐겁겠지만 심리적으로나 영적으로 엄청난 타격을 입는다. 아울러 전반적 불안과 스트레스를 조장하여 우리 문화의 기초를 흔들어 놓는다. **동성애**는 동성 파트너끼리 맺어진 가구의 자녀들에게서 양성 모두의 가장 중요한 역할 모델을 박탈하며, 하나님이 부부의 연합을 통해 의도하신 출산이라는 목적도 수행할 수 없다. **성 역할 혼란** 역시 점점 더 심각한 문제가 되고 있다. 많은 남녀가 남성성과 여성성의 의미와 개념을 상실했고, 그 결과로 인간의 온전한 정체성마저 잃고 있다. 하나님이 우리를 남자와 여자로 창조하셨기 때문이다. 성이란 단지 성기의 생김새만 결정하는 게 아니라 우리의 전존재에 없어서는 안 될 부분이다.

이상 몇 가지 예에서 알 수 있는 곤혹스러운 사실이 있다. 결혼과 가정의 성경적 기초를 버리면 그 대가로 세상이 정말 혹독한 응징을 가해 온다는 것이다. 도덕적 혼란을 걷어 내고 바른 확신을 굳게 다지려면 결혼과 가정에 대한 통합적이고 성경적인 고찰이 꼭 필요하다. 그런 확신을 행동으로 옮길 때 교회와 문화는 하나님이 의도하신 결혼과 가정으로 다시 돌아갈 수 있다.

결혼과 가정에 대한 성경적·통합적 기독교 문서가 부족하다

결혼과 가정에 대한 창조주의 목적을 무시한 결과를 세상만 당하고 있는 것은 아니다. 교회도 문제의 일부가 되었고 세상에 필요한 해결책을 제시하지 못하고 있다. 여러 면에서 세상의 기준으로 스스로 내려갔기 때문이다. 그렇다고 그리스도인들이 결혼과 가정에 대한 하나님의 계획을 배워야 할 필요성을 모르고 있는 것은 아니다. 이미 풍성한 자원과 활동도 나와 있다. 특수 사역과 전문 기관도 많이 있고 결혼에 대한 각종 세미나와 집회도 있다. 결혼과 가정에 중점을 둔 서적, 잡지, 비디오, 성경 공부 교재, 공식 선언문도 쉽게 접할 수 있다. 하지만 교회가 이 분야에서 많은 일을 하고 있음에도 불구하고 여전히 남아 있는 사실이 있다. 결국 세상과 교회가 충격적이리만치 별로 다르지 않다는 것이다. 왜 그런가? 건강한 기독교적 결혼과 가정을 세우기 위한 이 모든 노력이 그토록 심하게 실효성이 없는 까닭이 무엇인가? 우리가 보기에 그 이유의 일부는 적어도 **성경 전체를 진지하게 대하려는 헌신이 부족한** 탓이다. 그 결과 이 주제에 대한 기존의 기독교 문서는 대부분 심각하게 균형을 잃은 상태다.

기독교 서점이든 일반 서점이든 누구나 들어가 보면 금방 알겠지만 결혼, 독신, 이혼과 재혼, 동성애 등 개별적 주제에 대한 책은 많은데 하나님이 목적하신 인간관계 전체의 피륙을 더 깊고 철저하게 탐색하는 자료는 **거의 없다.** 물론 주어진 하나의 주제에 좁고 깊게 집중하는 책도 필요하다. 그래야 각각의 특수한 필요를 다룰 수 있기 때문이다. 하지만 우리의 본능적 한계를 벗어날 통찰과 힘을 얻으려면 꼭 알아야 할 것이 있다. 인간관계에 대한 성경의 가르침은 시종 **일관성**이 있으며, 그 공통된 출처는 창조주께 있고 남녀 인간을 향한 그분의 지혜롭고 이로운 목적에 있다는 것이다. 그것을 알아야만 인간관계를 향한 하나님의 온전하고 풍성한 목적을 받아들일 수 있다.

결혼생활을 힘들어하는 부부는 표면적인 해법에 치중하여 도움을 얻으려 할 때가 많다. 예컨대 의사소통의 기술을 익힌다든지 성생활의 깊이를 더한다든지 서로의 필요를 채워 주는 법을 더 배운다든지 하는 유사한 방법들이다. 하지만 대개 부부 간의 문제의 참된 원인은 더 깊은 데 있다. 남자가 부모를 떠나 아내와 연합한다는 것은 무슨 뜻인가? 남편과 아내가 '한 몸'이 된다는 것은 무슨 뜻인가? 어떻게 그들은 벌거벗고도 부끄럽지 않을 수 있는가? 예수님은 부부가 일단 결혼하면 "이제 둘이 아니요 한 몸이니" 이는 **하나님이** 짝지어 주셨기 때문이라고 가르치셨는데, 어떻게 부부는 하나일 수 있는가? 죄는 어떻게 남편과 아내와 부모와 자녀의 역할을 변질시키고 비틀어 놓는가? 이런 더 깊고 근본적인 문제들에 답하고자 노력해야만 비로소 충분히 준비된 상태에서 서로와의 관계 속에서 부딪치는 구체적 도전들에 대처할 수 있다.

하지만 달라지지 않는 사실은 결혼과 가정에 대해 집필된 그 많은 대중서적 중 다수, 어쩌면 대부분이 신학적으로 약한데다 성경 해석의 건전한 원리들을 충분히 적용하지 못했다는 것이다. 그런 책의 저자 중에는 상담학 박사나 심리학 박사이지만 성서학 분야에는 정식 교육이 부족한 사람들이 많다. 신학과 해석이 부실하면 표면적인 진단을 낳게 되고 이는 다시 표면적인 해법을 부른다. 우리 시대는 죄의 역동과 위력을 잘 이해하지 못하는 것 같다. 그 결과 많은 기독교 자기계발 서적은 철저한 기독교 세계관보다 세속 문화에 더 입각해 있다. 성경적인 그리스도인 상담자들이 보기에 이는 무익할 뿐 아니라 완전히 오도의 소지마저 있다. 그들은 성경을 진지하게 대하기 때문이다. 그들이 믿기에 진단과 해법의 근거는 성경이 가르치는 결혼과 가정에 대한 정확한 신학적·해석적 이해에 있어야 한다.

그래서 결혼과 가정에 관련된 이슈들을 서로 분리하여 다루지 않을 책, 그런 인간관계의 만족의 근원이 하나님의 계시에 있음을 보여 줄 책이 필요하다. 그분의 계시는 오직 성경 속에 충분히 나와 있다.

이 책의 공헌: 성경적·통합적 접근

우리는 성경적·통합적 접근이 결혼과 가정에 대한 성경의 가르침을 가장 충실히 대변한다고 믿는다. 우리는 제한된 지면 내에 '결혼과 가정에 대한 **성경 신학**'의 윤곽을 최대한 그려낼 것이다. 그리고 이 중대한 주제들에 대한 **성경 자체의** 말을 전달할 것이다. 우리는 각 주제의 최종 권위자나 거룩한 말씀의 무오한 해석자로 자처할 마음이 없다. 우리 자신의 선입견이나 호불호나 전통적 가치에 근거하여 **우리가** 생각하는 결혼이나 가정의 마땅한 모습을 내세울 마음도 전혀 **없다**. 다만 이 두 제도에 대해 우리가 믿는 바 **성경 자체의** 메시지를 제시하려는 것뿐이다. 물론 그러려면 성경에 복종하는 겸손한 자세가 필요하다. 창조주의 뜻을 떠나 자신의 독립성을 주장하거나 스스로 행동 기준을 만들어내려고 우겨서는 안 된다.

그렇게 우리는 성경 **위에** 올라서지 않고 의식적으로 성경 **아래로** 내려가서, 그런 정신으로 인간관계의 다양한 요소에 대한 성경의 가르침을 **통합적** 방식으로 규명할 것이다. 결혼과 가정, 자녀 양육, 독신, 동성애, 이혼과 재혼 등의 본질과 특수한 관련 이슈들을 살펴볼 것이다. 성경은 하나님의 말씀이며 삶을 변화시키는 능력이 있다. 따라서 성경을 진지하게 대할 마음이 있는 사람들은 분명히 결혼과 가정에 대한 하나님의 뜻을 점차 깨달아 알게 된다. 또한 능히 하나님의 능력을 적용하여 견고한 기독교 가정을 세울 수 있다. 이로써 우리는 하나님이 만드신 이 세상에서 그분의 이름과 명예를 드높일 뿐 아니라 세상에 맛과 빛을 더해줄 수 있다. 결혼과 가정 부분에서 문화적 혼란과 위기에 처한 지금의 세상에 꼭 필요한 일이다.

2.
구약의
결혼

하나님이 계획하신 결혼이란 무엇인가? 앞 장에서 살펴보았듯이 현대 문화는 이 부분에서 적잖은 혼란에 빠져 있다. 만연한 문화적 위기를 타개하고 이 주제에 대한 기독교적 확신을 다지려면 가장 친밀한 관계인 부부 관계의 성경적 기초부터 다시 쌓아야 한다.[1] 우선 이번 장에서는 구약의 결혼을 구속사적 흐름에 따라 시간 순서대로 고찰하려 한다. 결혼이라는 주제 자체도 그렇고 결혼에 대한 구약의 가르침도 그렇고 공부의 출발점은 창세기 1-3장의 기본 내러티브다. 이에 따르면 결혼 제도는 철저히 창조주의 뜻에서 기원했으며 인류의 타락은 부부에게 영향을 미쳤다. 이어 우리는 남편과 아내의 역할을 중심으로 이스라엘의 역사를 개괄하면서, 하나님이 창조하신 이상적 결혼이 어떻게 변질되었는지 몇 가지로 추적할 것이다. 마지막으로 살펴볼 자료는 구약의 지혜서다. 잠언 31장의 현숙한 아내상은 결혼에 대한 하나님의 이상을 칭송하고 있고, 아가에는 본연의 부부 관계의 회복이 그려진다.

결혼에 대한 성경의 가르침을 탐색하러 나서기 전에 먼저 기억해야 할 중요한 사실이 있다. 하나님의 계시인 성경에서 결혼이 **중요한 주제**이긴 하지만 **가장 중요한 핵심**은 아니라는 점이다. 신구약을 막론하고 성경의 궁극적 초점은 예수 그리스도를 통해 베푸시는 하나님의 구원을 추적해 나가는 데 있다. 그것이 구약에서는 메시아가 오실 것을 예고하는 여러 약속과 모형을 **내다보는** 방식으로 이루어지고, 신약에서는 예수 그리스도 안에서 실현되고 성취된 하나님의 구원과 용서를 **돌아보는** 방식으로 이루어진다. 목적이 그렇다 보니 구약성경은 아브라함과 맺으신 하나님의 약속, 모세를 통해 주신 율법, 다윗의 혈통 등을 따라 이어져 내려간다.

그러나 이스라엘의 역사가 전개되면서 우리는 경건한 결혼과 불경한 결혼의 다양한 예를 만난다. 모세 율법에도 하나님이 정하신 인간관계의 다양한 측면과 거기서 벗어난 모습들이 나온다. 따라서 하나님의 계시의 궁극적 초점은 결혼이 아니라 구원의 역사지만, 그럼에도 성경은 "우리를 깨우치기 위하여 기록되었"으므로(고전 10:11, 참조. 딤후 3:16) 그 속에 공부할 자료가 풍성히 들어 있다.

결혼의 기원: 창조(창 1–3장)

창세기 1–3장에 나오는 하나님이 의도하신 결혼의 모형은 결혼에 대한 성경의 가르침을 탐색할 때 가장 중요한 패러다임이다.[2] 본래 창세기는 이스라엘의 광야 세대를 약속의 땅에 들어가도록 준비시키기 위해 주신 것이다. 하지만 창세기의 첫 몇 장은 모든 시대의 결혼에 대한 창조주의 설계 원형을 보여 준다. 그것이 예수의 가르침과 바울의 가르침에 반영되었고 우리 시대에도 적용된다.[3] 이스라엘 민족을 이집트의 노예생활에서 구원하여 시내 산에서 율법을 주신 이 하나님은 누구인가? 가정, 사회 구조, 죄에 대한 기본적 가르침은 무엇인가?

창세기의 첫 세 장에 그런 질문들의 답이 나온다. 처음에는 고대 이스라엘만 유리한 입장에 있었으나 결국 이것은 지상의 모든 인간을 위한 것이다.[4] 이스라엘이 구속자와 입법자로 알게 된 하나님은 창세기 1–3장에 우주의 창조주로 계시된다. 그분은 말씀으로 만물을 존재하게 하신 전지전능하고 영원하신 하나님이다. 본문에 보면 결혼의 기원은 인류를 자신의 형상대로 남자와 여자로 만드신 하나님의 창조 행위에 있다. 또한 죄는 인류가 타락한 피조물인 사탄의 꾀임에 넘어가 창조주께 반항한 결과로 그려진다. 죄는 아예 인간 본성의 일부가 되어, 타락 이후의 인간은 본성상 창조주께 반항하고 자신의 삶을 향한 그분의 계획에 저항한다.

이렇듯 창세기 1-3장에는 남녀 인간이 창조된 일과 그 후에 인류가 타락한 일이 기록되어 있는데, 그 기사에 적어도 세 가지 매우 중요한 핵심 원리가 들어 있다.[5] 앞으로 살펴볼 내용은 다음과 같다. (1) 남녀 인간은 **하나님을 위해 땅을 다스리도록** 하나님의 형상대로 지음 받았다. (2) 남자가 먼저 창조되어 **부부 관계의 궁극적 책임**이 그에게 맡겨졌고 여자는 남자 옆에 "돕는 배필"로 놓였다. (3) 인류의 타락은 남녀 모두에게 부정적 결과를 낳았다. 지금부터 이 세 가지 주제를 차례로 살펴보자.

하나님을 위해 땅을 다스리도록 하나님의 형상대로 지음 받은 존재

남녀 모두 **하나님의 형상과 모양대로 지음 받았다**는 사실은 인간에게 무한한 가치와 존엄성과 의미를 부여한다. 그렇다면 하나님의 형상대로 창조되었다는 말은 무슨 뜻인가? 이에 대한 일반적인 생각은 대개 헬라의 성격 개념의 영향을 과하게 받았다.[6] 그래서 남녀 인간 안에 있는 하나님의 형상이란 흔히 하나님의 지성이나 의지나 정서가 인간에게 투영되었다는 의미로 해석되어 왔다.[7] 물론 창세기 1장 27절에 그런 의미도 어느 정도 전제되거나 암시되어 있을 수 있지만,[8] 전후 문맥을 보면 남녀 인간 안에 있는 하나님의 형상이란 곧 **대리 통치**라는 개념이다(참조. 시 8:6-8).

본문이 기원한 고대 셈족의 환경에 비추어 의미심장한 사실이 있다. 특정 지역에 군주의 형상을 세운다는 것은 곧 그 사람이 주장하는 권위와 통치를 그 땅에 확립한다는 의미와 같았다. 그래서 어느 저자는 이렇게 말했다.

인간이 하나님의 형상이라는 말은 곧 인간이 통치자 역할을 한다는 뜻이다. 고대 동양에서 왕의 입상을 세우는 일은 곧 그 동상이 세워지는 지역을 왕이 지배한다는 선언과 같았다(참조. 단 3:1, 5하). 이집트의 파라오 람세스 2세는 BC 13세기에 지중해 북방 베이루트에 있는 나흐르 엘 칼브 강어귀의 바위에 자신의 형상을 새겼는데, 이 형상은 그가 그 지역의 통치자라는 뜻이었다. 그런 의미에서 인간은 창조 세계 한복판에 세워진 하나님의 동상이다.[9]

요컨대 하나님은 남녀 인간에게 그분의 형상을 부여하여 그들을 특정한 환경 속에 두심으로써 그들에게 **대리 통치**의 권한을 위임하셨다. 이 통치는 남자와 여자에게 공동으로 맡겨진 역할이다(창세기 1장 28절의 복수 대명사에 주목하라. "하나님이 **그들에게** 복을 주시며 하나님이 **그들에게** 이르시되…"). 다만 남자가 여자의 머리로서 하나님 앞에서 **궁극적 책임**을 진다. 인간 안에 있는 하나님의 형상을 이해할 때는 **존재론적** 요소(하나님의 속성과 인간의 특성 간의 유사점)도 배제할 수 없지만, 그보다는 **역할**로 이해하는 관점(인간이 하나님을 위해 땅을 다스리는 역할을 수행함)이 성경에 기록된 강조점을 가장 정확히 대변한다고 볼 수 있다.[10] 창세기 1장 27절의 전후 문맥에 그런 의미가 분명히 함축되어 있다. 거기에 보면 창조의 의미가 생육하고 번성하여 땅을 정복하는 것으로 규정되어 있다(창 1:28). 이렇듯 최초의 남자와 여자는 대리 통치를 위임받았고 그 통치의 일부는 **번식**을 통해 수행되어야 한다.

그런 의미에서 인간은 "하나님을 닮았다." 하나님이 큰 영역인 우주 전체를 통치하시듯이 인류는 하나님을 위해 온 지구를 통치하는 일을 위임받았다. 아울러 청지기직의 원리도 여기서 확립된다. 창조 세계의 궁극적 주인은 남녀 인간이 아니라 하나님이며, 인간은 하나님이 세우신 관리자일 뿐이다. 나아가 이 청지기직은 남자와 여자에게 **공동으로** 맡겨졌다. 남녀가 **함께** 하나님의 뜻대로 그분의 영광을 위해 그 직분을 수행해야 한다. 남녀가 함께 생육하여 하나님이 주시는 자녀들의 청지기가 되어야 한다. 남녀가 **함께** 노동을 분담하여 땅을 정복해야 한다. 즉 남자의 주된 책임은 아내와 자녀를 부양하는 일이고, 여자의 주된 책임은 가족을 돌보고 양육하는 일이다. 이런 상호 보완은 하나님이 설계하신 선한 것이다. 아래에 그 내용을 더 논의할 것이다.

부부 관계의 궁극적 책임은 남자에게 있고 아내의 역할은 "돕는 배필"이다

사도 바울은 창세기 1-3장을 설명할 때마다 남자가 **먼저 지음 받았다**는 사실을 근거로 가정(과 교회)의 궁극적 책임이 남자에게 있다고 반복해서 말한다. 남자가 먼저 지음 받았다는 사실 외에 그가 지적하는 것이 또 있다. 남자가 여자를 위해 지음 받은 게 아니라 여자가 남자를 위해(고전 11:9, 참조. 창 2:18, 20) 남자에게서(고전 11:8, 12, 참조. 창 2:22) 지음 받았다는 것이다. 그뿐 아니라 하나님이 남자에게 명령을 내리셨고(창 2:16-17) 남자 앞에 여자를 데려다 놓으셨다(창 2:22). 아담이 자신의 이름을 따서 여자의 이름을 지어준 일(창 2:23, 참조. 3:20)도 그의 권위를 암시한다.[11] 이는 창세기의 창조 기사를 읽어 보면 명백히 알 수 있는 사실들이다.

　창세기 1장에는 인간이 하나님의 형상대로 남자와 여자로 지음 받았다는 기록만 나오지만, 2장에 가면 남녀가 창조된 정확한 순서와 배치가 더 자세히 나온다. 바울의 말에 분명히 나타나듯이 그는 이 기사를 (신화나 허구가 아니라) 역사적 사실로 보았다.[12] 인류 역사의 시초에 하나님은 첫 남자를 만드시고 그에게 아내를 주시고 그를 동산에 두셨다(창 2:7-8, 15). 나아가 하나님은 남자에게 일정한 도덕적 명령을 주셨다(창 2:16-17). 여자가 지음 받기 전부터 남자는 땅을 정복하라는 하나님의 명령을 이미 수행하기 시작하여 동물들의 이름을 지었다(창 2:19-20). 하나님은 그에게 필요한 동반자를 주시려고 여자를 아담의 아내로 지으셨다.

하나님이 하와를 지으신 일을 통해 입증되듯이 하나님이 계획하신 아담의 결혼과 이후의 모든 결혼은 **일부일처의 이성애** 관계로 이루어진다.[13] 하나님은 아담의 "돕는 배필"을 **하나만** 지으셨고, 그 배필은 **여자**였다. 더욱이 아담의 외로움을 아시고 여자를 지어 주신 분은 **하나님**이다. 성경 본문에 아담이 외로움을 자각했다든지 독신 상태에 불만족을 느꼈다는 암시는 전혀 없다.[14] 오히려 하나님 쪽에서 주도적으로 남자에게 적합한 인간 동반자를 만드셨다고 되어 있다. 그래서 진실로 말할 수 있거니와 결혼은 하나님의 발상이며, 그분이 자신의 주권적 뜻에 따라 여자를 남자의 "돕는 배필"로 지으셨다(창 2:18, 20).

그렇다면 "돕는 배필"이라는 말의 참뜻은 무엇인가? 원문의 상황과 문맥을 살려서 읽으면 이 말에 담긴 의미는 다음과 같다. 한편으로 여자는 어떤 동물들과도 다르다는 의미에서 남자와 **같은** 종류이면서도(창 2:19-20, "내 뼈 중의 뼈요 살 중의 살이라," 창 2:23), 다른 한편으로 남자 옆에 **동료** 내지 **조력자**로 놓였다. 개인적 차원에서 여자는 남자에게 필요한 **동반자**가 될 것이다(창 2:18). 또 하나님은 인류에게 생육하고 번성하여 땅에 충만하고 땅을 정복하라고 명하셨는데(창 1:28), 이 명령과 관련해서 보면 여자는 **번식**(남자와 "한 몸"이 됨, 창 2:24)과 땅의 **경작**("하나님이 **그들에게** 복을 주시며 하나님이 **그들에게** 이르시되," 창 1:28) 둘 다에 적합한 동역자다.[15] 여자의 역할은 남자와는 다르지만 그 자체로 독특하고 매우 중요하다. 여자는 남자의 총책임 아래 "돕는 자"로 세워졌으나 또한 남자의 동역자로서 하나님을 위해 땅을 통치한다.

이렇듯 여자의 종속은 창조 질서에서 기원하는데, 이를 부인하는 사람들은 다음 사실을 지적한다. 구약에서 "돕는 자"(히브리어로 *ezer*)라는 단어가 다름 아닌 하나님 자신을 가리켜 거듭 쓰였다는 점이다(출 18:4; 시 20:2, 33:20, 70:5, 115:9-11, 121:1-2, 146:5). 당연히 하나님은 누구에게도 종속되지 않으신다. 그런 분이 "돕는 자"로 지칭되었다면 어떻게 그 단어 자체에 근거하여 여자가 남자에게 종속된다고 주장할 수 있는가 하는 것이다.[16] 물론 **본질적** 또는 **존재론적** 의미의 종속이라면 마땅히 배격되어야 한다. 인간으로서 여자의 속성은 남자와 다르지 않다.

그러나 이것이 **역할 구분**에 따른 **기능적** 종속의 문제라면, "돕는 자"라는 표현이 구약에서 하나님을 가리켜 쓰였다는 이유만으로 여자가 "돕는 자"로서 남자에게 종속된다는 개념이 무효화되지는 않는다.[17] 오히려 이 모든 용례를 통해 입증되는 사실은 하나님이 인류의 "돕는 자"로서 때로 그분 자신과 자신의 이익을 일부러 인간의 이익에 종속시키신다는 것이다. 그렇게 그분은 우리를 돌보시고 우리는 필요를 채워 주신다. 그렇다고 그분의 신성이 깎이는 것은 아니다. 예수께서 성육신하셨다고 해서 신성이 줄어들지 않는 것과 마찬가지다.[18] 성령도 인간을 섬기시고 인간의 몸 안에 거하시지만 그분의 신성은 훼손되지 않는다.

나아가 여자의 경우, 창세기 2장의 가르침은 여자가 스스로 원할 때 남자의 "돕는 자"로서 **행동할** 수 있다는 정도가 아니라 "돕는 자"로서 남자를 섬기는 일이 부부 관계에서 여자의 존재 이유 자체라는 것이다. 아내로서의 신분에 관한 한 남자의 "돕는 자"가 되는 것이 여자가 창조된 목적이다. (물론 여자는 인간으로서 하나님의 형상을 공유하고 있으며 남자처럼 하나님의 영광을 위해 그분을 섬기도록 지음 받았다. 그러나 일단 결혼한 여자는 그 일을 하나님이 정하신 부부 관계의 원리 내에서 수행해야 한다.) 반문화적으로 들릴 수 있지만 이것이 창세기 2장의 메시지이며 신약에서 사도들의 해석을 통해서도 확증된다.[19] 또한 여자는 돕는 "배필"로 표현된다. 문맥상 이 단어를 통해 여자는 최초의 남자가 이름 지어 준 다른 모든 피조물과 구별된다. 모든 동물은 남자를 보완하기에 부적합한 존재로 판명되었다. 반면에 여자는 남자와 같은 종류인 동료 인간이다(참조. 갈 3:28; 벧전 3:7). 그러면서도 다른 존재, 즉 남자의 "돕는 자"다(참조. 엡 5:22).

이 호칭은 역으로는 성립되지 않는다. 그것은 남자가 여자의 "돕는 자"로 지칭된 적이 한 번도 없다는 사실에서 알 수 있다. 따라서 평등과 차이, 상호 보완과 복종/권위가 잘 균형을 이루어야 한다. 남자와 여자는 하나님을 대리하여 땅을 통치하는 일을 공동으로 위임 받았으나 그 일을 자웅동체 내지 '유니섹스'의 피조물로서 행하도록 되어 있지 않다. 오히려 각자 하나님이 정하신 특수한 성 역할을 수행해야 한다. 사실 성 역할의 차이는 하나님의 설계의 일부인 만큼 남녀 인간은 하나님이 정하신 각자의 역할을 받아들일 때에만 참으로 완성될 수 있다. 창조주 하나님의 지혜도 그럴 때에만 온전히 드러나고 높여질 수 있다.[20]

인류의 타락과 그에 따른 결과

타락의 현장에서는 하나님이 남녀 인간에게 부여하신 **역할이 완전히 전복된다**. 본래는 하나님의 주관 하에 남자가 여자의 도움으로 그분을 위해 창조세계를 통치하도록 되어 있었다. 그런데 그것이 완전히 뒤바뀌었다. 사탄은 뱀의 모습으로 여자에게 접근했고, 여자는 남자를 끌어들여 함께 창조주께 반항했다. 그렇다고 여자가 반드시 남자보다 유혹에 약하다는 의미는 아니다.[21] 다만 여기서 분명히 드러나는 사실은 남녀 인간을 향한 하나님의 계획에 따르면 부부의 궁극적 책임이 여자가 아니라 남자에게 있다는 것이다. 남자가 동반자인 여자에게 리더십과 보호를 베풀어야 한다. 그런데 남자는 부재나 적어도 묵인(창 3:6, "자기와 함께 있는 남편", 참조. 창 3:17)을 통해 여자의 죄에 동참했다. 여자는 하나님이 주신 보호자이자 공급자인 남자와 상의하지 않음으로써 하나님의 결혼 원리를 무시했다. 결국 하나님은 반항 행위의 궁극적 책임을 여자가 아니라 남자에게 물으셨다(창 3:9, 참조. 창 3:17; 롬 5:12-14). 하지만 타락의 결과는 남녀 각자의 핵심 영역에 영향을 미쳤다.[22]

여자의 경우 벌이 임한 영역은 출산과 부부 관계다. 우선 여자는 출산할 때 몸의 고통을 당할 것이다. 남편과의 관계에서도 끝없는 갈등이 사랑의 조화를 대신할 것이다. 여자는 남편을 통제하려 하고 남편은 그에 맞서 권위를 내세운다. 남편이 권위를 주장하는 방식은 대개 불경하여, 수동적으로 행동을 강요할 수도 있고 능동적으로 아내를 지배할 수도 있다(창 3:16, 참조. 4:7).[23] 남자는 남자대로 이제부터 하나님의 명령대로 땅을 정복하기가 힘들어질 것이다(참조. 창 1:28). 남자는 가시와 엉겅퀴 속에서 땅의 열매를 얻어내야 하고, 이마에 땀을 흘려야 빵을 먹을 수 있다(창 3:17-19). 결국 남자와 여자는 둘 다 죽을 것이다(창 3:19, 22).

창세기 3장 끝부분에 보면 하나님은 여전히 공급자로서 인간 부부에게 옷을 지어 주신다(창 3:21). 더 중요하게 그분은 여자의 후손—약속된 메시아—이 뱀의 후손의 머리를 상하게 하실 그날을 예고하신다(창 3:15, 소위 **원복음**으로 장차 여자의 후손이 와서 사탄의 위력을 제압하고 인류를 구하신다는 기쁜 소식의 씨앗이다). 하지만 일단 부부는 에덴동산에서 쫓겨났다(창 3:24). 창조주를 거역한 그들의 반항이 그만큼 심각한 제재를 불렀다는 징표다. 이런 제재는 그 뒤로 그들이 이 땅에 체류하는 동안 둘의 결혼생활에 불길한 암운을 드리운다.

요약

지금까지 창세기 1-3장을 쭉 훑어본 것을 다음과 같이 정리할 수 있다. 인류는 하나님을 위해 이 땅을 통치하도록 그분의 형상대로 지음 받았다(창 1:27-28). 또 하나님은 남자에게 부부 관계의 궁극적 책임을 맡기셨고(창 2-3장에 여러 번 확실히 언급된다), 남자에게 여자를 "돕는 배필"로 주셨다(창 2:18, 20). 끝으로, 타락은 하나님이 정하신 관계의 원리를 완전히 뒤집어 놓았다. 타락이 불러온 비참한 영속적 결과는 메시아가 오셔서 죽음으로 우리를 구원하셔야만 전복될 수 있다.

다음의 고찰을 통해 증명할 내용은 이것이다. 타락이 부부 관계를 영원히 바꾸어 놓았지만, 그럼에도 하나님이 창세기 1-2장에 규정하신 결혼의 이상은 이후의 인류사에서 계속 부부 상호 간의 책임과 역할의 기준이 되었다. 성경의 이스라엘 역사를 보면 하나님을 영화롭게 하는 사랑의 남녀 관계가 상당수 증언되어 있긴 하다. 하지만 결혼에 대한 하나님의 이상은 죄 때문에 일부다처제, 이혼, 간음, 동성애, 불임, 성 역할의 희석 등을 통해 빈번히 와해되었다.

이스라엘 역사의 전개(율법서, 역사서, 예언서)

우선 구약에 나타난 부부 상호 간의 역할과 책임을 타락 이후의 이스라엘의 유리한 입장에서 살펴보려 한다. 창조 기사는 계속 **구약의 나머지 율법서와 역사서와 예언서**의 기준이 됨으로써 분명히 고대 이스라엘의 삶에 중요한 역할을 했다. 이어 우리는 구약의 이스라엘이 결혼에 대한 하나님의 이상을 변질시킨 몇 가지 방식을 알아볼 것이다. 그것은 바로 일부다처제, 이혼, 간음, 동성애, 불임, 성별 구분의 쇠퇴 등이다. 요컨대 구약 시대 이스라엘의 결혼과 가정은 대체로 메시아의 구속과 회복이 절실히 필요한 상태였다. 메시아의 활동에 대해서는 다음 장에서 살펴볼 것이다.

구약에 나타난 부부의 역할

창조주 하나님이 설계하신 결혼은 타락 이후에도 계속 하나님이 바라시는 남녀 관계의 규범과 기준이 되었다. 부부 상호 간의 역할과 책임에 대한 구약 전체의 내용은 창세기 1-2장에 기초한 것이다. 아래에서 자세히 살펴보겠지만 현실은 이상에 미치지 못할 때가 많았다. 하지만 구약의 부부들과 신자들에게 적용된 기준이 타락 이전의 이상에 근거했다는 사실은 변함이 없다.

아내를 향한 남편의 역할과 책임

구약에 남편의 '직무 설명서'가 명시되어 있지는 않다. 하지만 아내를 향한 남편의 주요한 책임을 구약의 여러 부분에서 추론할 수 있다. 그중 일부는 다음과 같다. (1) 남편은 아내를 사랑하고 아끼고 존중하며 존엄성 있게 대해야 한다. (2) 남편은 부부 관계를 일차적으로 책임지며 가정에 대한 궁극적 권위를 지닌다. (3) 남편은 아내의 양식과 의복과 기타 필수품을 공급한다. 지금부터 이 세 가지 책임 영역을 하나씩 간략히 살펴보기로 하자.

첫째로, 남자는 **아내를 사랑하고 아끼고 존중하고 존엄성 있게 대해야 한다**. 창세기 1-2장에서 이미 자세히 살펴보았듯이, 분명히 여자도 남자처럼 하나님의 형상대로 지음 받았고 남자와 함께 땅에 충만하고 땅을 정복하라는 명령을 받았다(창 1:27-28). 여자는 남자의 "돕는 배필"로서 땅에 충만하고 땅을 정복할 동역자이며, 하나님이 남자를 보완하도록 주신 존재다. 따라서 여자는 남자의 동반자이자 친구로서 충분히 존중과 아낌과 존엄성 있는 대우를 받을 자격이 있다. 창조 기사에 기본적으로 규정되어 있듯이 남자가 결혼하려면 부모를 떠나 아내와 연합하여 함께 새로운 가정을 이루어야 한다(창 2:24). 부부의 연합에는 자녀를 낳는 일도 내포된다(창 1:28).[24]

둘째로, 나중에 성경의 저자들(예. 바울, 참조. 고전 11:8-9)이 남자가 여자보다 먼저 지음 받았다는 사실에서 정확히 추론했듯이, **부부 관계에 대한 일차적 책임과** 아내를 포함한 **가정에 대한 궁극적 권위**는 남편의 몫이다. 이는 창세기 첫머리의 몇 가지 다른 내용을 통해서도 입증된다. 예컨대 남자는 여자가 창조되기 전부터 땅을 정복하는 일에 착수하여 동물들의 이름을 지었고(창 2:19-20), 선악을 알게 하는 나무의 열매를 먹지 말고 에덴동산을 지키라는 하나님의 명령을 받았으며(창 2:15-17), 여자의 이름을 지었다(창 2:23). 이것을 추론할 수 있는 또 하나의 근거는 죄를 여자가 먼저 지었는데도 하나님이 인류의 죄의 책임을 여자가 아니라 남자에게 물으셨다는 사실이다(창 3:9). 타락 때문에 남자가 머리 역할을 하는 방식이 이후에 대대로 왜곡되긴 했지만(창 3:16하), 남자는 하나님이 주신 책임을 피하지 않고 결혼과 가정과 그에 수반되는 모든 것을 담당해야 했다. 남자의 일차적 책임과 궁극적 권위는 남자가 가장이라는 구약의 원리에서 일관되게 볼 수 있다. 이런 제도를 흔히 "가부장제"라고 하는데, 이는 아버지가 지배한다기보다 아버지를 중심으로 한다는 뜻이다.[25]

셋째로, 남편은 **아내의 양식과 의복과 기타 필수품을 공급해야** 했다. 남편의 부양 의무를 가장 확실히 밝힌 대목은 출애굽기 21장 10절이다. 문맥상 첩이나 노예 신분의 아내를 향한 남자의 책임을 규정한 것이지만, 이 구절은 랍비들의 광범위한 토론과 해석의 주제가 되었다.[26] "만일 상전이 다른 여자에게 장가들지라도 그 여자의 **음식과 의복과 동침하는 것**은 끊지 말 것이요."[27] 본문에 따르면 남편의 의무는 아내(와 첩이나 여종)에게 양식과 의복을 공급하고 부부 동거권을 충족시켜 주는 것으로 기술되어 있다.[28] 여기에는 남편이 아내를 평안하고 안전하게 해주며 백년해로해야 할 책임도 포함된다(룻 1:9에는 "위로"로 표현되어 있다).[29]

남편을 향한 아내의 역할과 책임

남편을 향한 아내의 역할과 책임은 본질상 세 가지로 간주되었다. (1) 아내는 남편의 자식(특히 아들)을 낳아야 한다. (2) 아내는 가사를 관리해야 한다. (3) 아내는 남편의 동반자가 되어야 한다.

아내의 첫 번째 의무는 **남편의 자식(특히 아들)을 낳는** 것이었다. 고대에는 사람들이 후손을 보려고 결혼했다. 그들은 아버지의 삶이 자식을 통해 계속된다고 믿었고, 따라서 출산은 아내가 남편을 위해 수행하는 일로 간주되었다.[30] 아내가 남편과 남편의 집안에 가장 귀하게 공헌할 수 있는 일은 아들의 출산이었다. 반면에 아들을 낳지 못하면 치욕으로 통했다. 그래서 창세기에 보면 라헬은 야곱에게 자녀를 하나도 낳지 못했을 때 절망했고, 나중에 하나님이 임신하게 해주시자 그분이 자신의 부끄러움을 씻어주셨다고 풀이했다(창 30:1, 23).[31]

둘째로, 아내는 **가사를 관리하여** 하나님이 인류의 타락 이전에 명하신 대로 에덴동산을 가꾸어야 했다(창 1:28, 참조. 2:15). 고대 이스라엘에서 아내가 책임질 가사에는 요리, 가족의 의복 준비, 정원 가꾸기, 곡식의 추수 등이 포함되었다(m. Ketub 5:5).[32] 그러나 이런 전반적인 노동 분담이 철칙은 아니어서 일부 활동은 꼭 여자에게만 국한되지 않았다. 그래서 구약성경에는 아브라함(창 18:1-8)과 롯(창 19:3)과 에서(창 27:30-31)가 식사를 준비하는 모습이 나온다. 아내는 또 집안일을 맡은 종들을 감독했다. 뒤에서 자세히 살펴볼 잠언 31장의 여인의 사례에서 이런 역할과 책임을 많이 볼 수 있다.

셋째로, 아내는 하나님이 여자를 창조하신 본래의 목적에 맞게(창 2:18) **남편의 동반자가 되어야** 했다. 아내는 법적으로 남편에게 종속되었지만 이상적으로 남편의 절친하고 믿을 만한 친구 역할을 했다(참조. 말 2:14). 아가서는 이상적인 결혼의 특징인 상호 신뢰와 친밀함을 노래한다(예. 2:16, 6:3, 7:10). 이것도 뒤에서 살펴볼 것이다.

고대 이스라엘이 훼손한 결혼에 대한 하나님의 이상적 요소들

이제 창세기 1-2장에 제시된 결혼에 대한 하나님의 이상이 이스라엘 역사에서 변질된 여러 방식을 살펴보려 한다. 특히 하나님이 보신 이상적 결혼의 여섯 가지 모습이 훼손된 것을 살펴볼 것이다. 죄의 습성이 창조 원리의

창세기 2장 24절에 나타난 결혼에 대한 하나님의 이상이 ▬▬▬
이스라엘 역사 속에서 변질된 여러 방식

성경의 표현	창조의 이상	이스라엘 역사
"남자가…그의 아내와"	일부일처제	일부다처제
"합하여"	백년해로	정절
이혼	간음	"남자가…그의 아내와…한 몸을 이룰지로다"
이성애	출산	상호 보완
동성애	불임	성별 구분의 희석

본질적 요소를 변질시켰다. (1) 일부다처제는 하나님이 제정하신 일부일처제의 원리를 훼손했다. (2) 이혼은 결혼의 영속성과 백년해로를 무너뜨렸다. (3) 간음은 정절을 서약한 부부의 신성한 유대를 끊어 놓았다. (4) 동성애는 창조주가 설계하신 이성애 결혼에 반항하는 비정상적 행위로 생겨났다. (5) 불임은 부부 관계에서 하나님이 설계하신 원안의 한 특성인 출산을 앗아갔다. (6) 성별 구분의 희석은 하나님이 계획하신 본질적이고 근본적인 측면인 남녀 간의 상호 보완을 훼손했다. 이스라엘 역사 속에서 결혼에 대한 하나님의 이상이 훼손된 방식들을 지금부터 하나씩 차례로 살펴보자.

일부다처제

창세기 1-3장의 가르침대로 **일부일처제**는 하나님이 설계하신 결혼의 근본에 해당한다. 그럼에도 이스라엘 역사에는 일부다처제의 사례가 되풀이된다.[33] 창조주는 얼마든지 남자에게 복수의 아내를 주실 특권과 능력이 있었다. 하지만 그분은 의도적으로 하와 한 사람만 만드신 후 아담에게 그분의 계획을 이렇게 밝히셨다. "이러므로 남자[단수]가 부모를 떠나 그의 아

내[단수]와 합하여 둘이 한 몸을 이룰지로다"(창 2:24).[34]

사실 실제적 관점에서 보자면 하나님이 남자에게 아내를 둘 이상 **주셨어야 하지** 않나 하는 주장도 가능하다. 특히 다가올 인류의 타락과 그 결과로 만인에게 임할 죽음을 생각하면 그렇다. 하와가 만일 출산 전이나 출산 중에 죽으면 어떻게 되겠는가? 인류가 소멸되지 않겠는가? 하나님은 이 땅이 사람으로 충만해지기를 원하셨다(창 1:28). 그렇다면 논리적으로 그런 결과가 더 신속히 이루어지려면 아담에게 아내가 둘 이상이거나 아예 최대한 많아야 하지 않겠는가? 그러나 일부다처제를 옹호하는 이런 실제적 주장에도 불구하고 창조주의 설계는 간단명료하다. 한 남자와 한 여자의 연합, 이것이 창조 시에 제정된 결혼의 법칙이다.

그러나 인류가 타락한 이후로 예상대로 하나님의 이상인 일부일처제는 일관되게 유지되지 못했다.[35] 아담이 죽은 지 얼마 안 되던 불과 6대째 만에 "라멕이 두 아내를 맞이하였으니"(창 4:19)라는 기록이 성경에 나온다. 아마 라멕은 주제넘게도 복수의 아내라는 자신의 꾀로 하나님의 태곳적 복(참조. 창 1:28)을 얻으려 했을 것이다. 이스라엘의 하나님을 따르던 사람들 사이에 일부다처제가 **규범이 된 적은 없지만** 그래도 성경에 보면 그런 일이 정말 빈발했다.[36] 사실 구약은 이스라엘 역사에서 상당수의 개인들이 일부다처제(한 남편과 여러 아내, polygamy보다 polygyny가 더 정확한 표현이다)를 시행했음을 보여 주며, 그중에는 족장과 왕도 많이 있다.[37] 반면에 일처다부제(한 아내와 여러 남편)의 사례는 성경에서 볼 수 없다. 라멕 외에 아내를 여럿 둔 유명한 인물들로는 아브라함(창 16:3)과 에서(창 26:34, 28:9), 야곱(창 29:30), 기드온(삿 8:30), 엘가나(삼상 1:1-2), 다윗(삼하 3:2-5, 5:13), 솔로몬(왕상 11:3), 아합(왕하 10:1), 여호야긴(왕하 24:15), 아스훌(대상 4:5), 르호보암(대하 11:21), 아비야(대하 13:21), 여호람(대하 21:14), 요아스(대하 24:1-3), 벨사살(단 5:2) 등이 있다. 아내를 여럿 둔 이유를 본인들이 밝힌 경우는 성경에 없다. 여러 이유가 있겠지만 일부다처제는 아마 재정적 이익과 안정을 꾀하고, 권위와 세력을 과시하고, 자손을 많이 두기 위해서였을 것이다.

이렇듯 이스라엘 역사에서 일부 아주 중요한 인물들(불경한 사람뿐 아니라 경건하다는 사람까지도)이 일부다처제를 시행한 것은 분명하지만, 구약에 밝히 나와 있듯이 복수의 아내를 두던 관행은 하나님이 계획하신 결혼에서 이탈한 행위였다. 일부다처제를 명백히 금하는 듯 보이는 성경 구절들을 통해서는 물론이고(참조. 레 18:18; 신 17:17)[38] 일부다처제가 당사자들의 삶 속에 불러온 죄와 전반적 난맥상을 통해서도 그것을 알 수 있다. 예컨대 구약에서 아내를 여럿 둔 야곱(창 29:30)과 엘가나(삼상 1:4-5), 르호보암(대하 11:21)의 경우 편애가 가정을 분열시켰다. 또 아브라함(창 21:9-10)과 야곱(창 30:14-16), 엘가나(삼상 1:6)의 경우, 아내들의 경쟁과 질투가 고질적인 문제였다. 나아가 솔로몬의 외국인 아내들이 "그의 마음을 돌려 다른 신들을 따르게" 했다는 기록도 성경에 있는데(왕상 11:4), 이는 십계명 중 제1계명을 어긴 사례다. 그런가 하면 다윗의 복혼은 자손들 간의 근친상간과 살인으로 이어졌다.

요컨대 성경은 분명하다. 이스라엘 역사에서 하나님이 설계하신 일부일처제를 버리고 일부다처제를 행한 사람들은 창조주의 계획을 거스르다 결국 피해를 자초했다.[39] 그래서 일부다처제가 불러온 죄와 난맥상은 하나님이 설계하신 일부일처제가 선하다는 또 하나의 증거다. 일부일처제는 에덴 동산에서 아담과 하와의 결혼을 통해 최초로 계시되었다. 구약성경에 일부다처제를 승인하는 본문은 하나도 없지만(다만 출 21:10-11; 신 21:15-17 참조)[40] 일부일처제를 지속적 이상으로 명백히 지지하는 본문은 많이 있다(예. 잠 12:4, 18:22, 19:14, 31:10-31; 시 128:3; 겔 16:8).[41]

이혼

하나님이 설계하신 결혼의 요소들 중 구약의 이스라엘이 으레 변질시킨 또 다른 부분은 결혼의 **영속성**이다. 11장에서 이혼 문제를 더 자세히 다루 겠지만 여기서 몇 가지 간략히 짚어둘 것이 있다. 창세기 서두에서 밝혔듯 이 본래 하나님이 설계하신 결혼은 **백년해로**였다. 창세기 2장 24절에 묘사 된 결혼의 원형에서 그것을 분명히 볼 수 있다. "이러므로 남자가 부모를 떠나 그의 아내와 **합하여** 둘이 **한 몸을 이룰지로다**." "합하다"와 "한 몸을 이 루다"의 복잡한 의미를 두고 학자들 사이에 상당한 논쟁이 있지만, 하나님 이 설계하신 결혼이 영속적이라는 데는 의문의 여지가 없다.[42]

그러나 하나님이 설계하신 결혼의 다른 요소들과 마찬가지로 구약에 하 나님이 계획하신 백년해로를 존중하지 않은 사람이 많이 나온다. 사실 이 혼은 이스라엘 역사의 초기부터 심각한 문제였다. 모세 율법에 제사장은 (설령 이혼의 유책 배우자가 여자 쪽이 아니었어도) 이혼한 여자와 결혼할 수 없도 록 규정되어 있다(레 21:7, "그들은…이혼 당한 여인을 취하지 말지니 이는 그가 여호와 하나님께 거룩함이니라", 참조. 레 21:14). 이혼에서 파생하는 죄들을 막기 위해 모 세 율법은 여자가 이혼 후에 다른 남자와 재혼했으면 (설령 두 번째 남편이 죽었 다 해도) 첫 남편이 전 아내와 재결합할 수 없도록 했다(신 24:1-4). 재혼을 통 해 "그 여자는 이미 몸을 더럽혔"기 때문이다(신 24:4). 이는 아마 이혼 후의 불법 재혼이 간음에 해당한다는 의미일 것이다. 나아가 구약성경은 이혼의 여러 사례를 기록하여 히브리인들 사이에 이혼이 널리 시행되었음을 증언 한다(참조. 스 9-10장; 느 13:23-31; 말 2:14-16).

그러나 이스라엘 역사에 이혼이 존재했음에도 여전히 백년해로는 하나 님이 설계하신 결혼의 요소로 구약에 확증된다. 성혼 당시 아내가 처녀였 으면 이혼이 **금지되었던** 모세 율법의 명백한 조항에서 그 사실을 볼 수 있 다(참조. 신 22:19, 29). 게다가 구약에 이스라엘의 영적 배교가 번번이 이혼에

빗대어 표현되는 것으로 보아(참조. 사 50:1; 렘 3:8) 분명히 하나님은 이혼을 승인하지 않으신다. 또 선지자 말라기가 분명히 밝혔듯이 하나님은 미움에서 비롯된 이혼을 인정하지 않으신다(말 2:16).[43]

간음

이스라엘 역사에서 결혼에 대한 하나님의 이상이 변질된 또 다른 방식은 간음이었다.[44] 물론 아담의 경우는 간음의 기회 자체가 없었으니 정절이 부득이했다는 주장도 가능하다. 그래도 정절이 하나님의 결혼 원리의 고유한 요소라는 사실은 달라지지 않는다. "이러므로 남자가 부모를 떠나 그의 아내와 **합하여** 둘이 한 몸을 이룰지로다"(창 2:24). 그러나 앞서 살펴본 일부일처제의 원리와 마찬가지로 인류의 타락 이후로 배우자에게 정절을 지키지 못한 사람들이 구약에 무수히 많았다.[45]

구약에 기록된 간음 중 가장 잘 알려진 사건은 아마 다윗이 밧세바와 간음한 뒤 그녀의 남편 우리아를 살해한 일일 것이다(삼하 11장). 그밖에도 이스라엘 역사에는 외도의 사례가 넘쳐난다. 앞서 언급한 모든 일부다처의 결혼 외에도(사실상 조강지처를 배신한 간음이었다) 르우벤과 빌하의 간음(창 35:22, 참조. 49:3-4), 레위인의 첩의 간음(삿 19:1-2), 호세아의 아내 고멜의 간음(호 3:1) 등이 있다. 기타 이름 모를 수많은 이스라엘 사람의 간음을 하나님은 악하게 보셨다(렘 3:2, 5:7-8, 7:9-10, 23:10; 겔 22:11, 33:26; 호 4:2, 7:4). 나아가 구약에 기록된 많은 사람의 성적인 죄도 간음이었을 소지가 높다. 예컨대 입다의 아버지 길르앗(삿 11:1)이나 엘리의 두 아들 홉니와 비느하스(삼상 2:22)가 그런 경우다.

그뿐 아니라 창세기에는 간음이 일어날 뻔했던 경우도 여러 번 기록되어 있다. 주께서 섭리로 개입하지 않으셨다면 실제로 간음이 벌어졌을 것이다. 예컨대 아비멜렉과 사라(창 20:2-18), 아비멜렉과 리브가(창 26:7-9), 요셉과 보디발의 아내(창 39:7-12)가 그런 경우다. 이 모든 기사가 말해주듯이 구약 시대에 부부 간의 정절이라는 하나님의 이상은 지켜지지 못할 때가 많았다.

그러나 이스라엘 역사에 이처럼 간음이나 간음이 될 뻔했던 사례들이 있음에도 결혼에 대한 하나님의 이상이 **정절**이라는 사실은 구약에 누누이 되풀이된다. 예컨대 제7계명은 하나님의 백성에게 "간음하지 말라"(출 20:14; 신 5:18)고 명백히 지시한다. 성결법(레위기 17-26장을 가리킨다—역주)의 성에 관한 규정에도 분명히 "너는 네 이웃의 아내와 동침하[지]…말지니라"(레 18:20)고 했고 간음에 대한 처벌이 사형으로 정해져 있다(레 20:10, 참조. 민 5:11-31; 신 22:22).[46] 나아가 잠언에는 간음이 미련하고도 위험한 일로 거듭 지목된다(잠 2:16-19, 5:3-22, 6:32-33, 7:5-23, 9:13-18, 22:14, 23:27-28, 30:20).

그뿐 아니라 주님은 이스라엘의 영적 간음에 대한 노여움을 자주 육체적 간음에 비유하여 표현하셨다. 그들은 첫사랑인 그분을 떠나 다른 신들을 따르곤 했다(렘 3:8-9; 겔 16:32, 38; 호 1:1-3:5). 요컨대 이스라엘 역사에는 하나님이 설계하신 부부 간의 정절을 지키지 않은 사람이 많았지만, 구약에 분명히 나와 있듯이 그래도 주님의 기준은 변하지 않았다. 하나님은 그분의 백성이—각자의 배우자와 그분께—정절을 지키기를 바라셨고, 그렇지 못할 때는 분명히 노하셨다.[47]

동성애

이성애는 하나님이 설계하신 결혼의 명백한 요소다. 그러나 구약성경에서 보듯이 인류가 타락한 이후로 이성애의 원리는 동성 간의 관계를 통해 자주 변질되었다. 평원의 두 도시 소돔과 고모라의 많은 주민(창 19:1-29)과 사사 시대의 기브아 사람들(삿 19:1-21:25)이 좋은 예다. 그밖에도 이스라엘 역사에 이름 모를 수많은 사람이 그런 죄를 범했다(왕상 14:24, 15:12, 22:46; 왕하 23:7; 욥 36:14). 그러나 구약에 분명히 나와 있듯이, 창조 시에 제정된 이성애의 원리는 그런 많은 죄에도 불구하고 여전히 하나님이 설계하신 결혼의 필수 요소다. 그 증거로 동성애에 사형이라는 엄벌이 규정되었다는 점(레 20:13), 이성애가 규범으로 제시되었다는 점(잠 5:18-19; 전 9:9; 아 1-8장), 이스라엘 역사에서 동성애를 행한 사람들에게 닥친 운명 등을 들 수 있다.

10장에서 동성애를 자세히 살펴볼 것이므로 여기서 이 주제를 심층 분석할 필요는 없다. 다만 몇 가지 간략히 짚어둘 것이 있다. 동성 결혼이라는 개념은 동성 간 성관계를 금지한 성경의 명백한 명령(참조. 레 18:22, 20:13; 신 23:17)에 저촉될 뿐 아니라 창조주가 설계하신 결혼에 어긋난다. 하나님이 세우신 결혼의 법칙에 명백히 드러나 있는 것은 동성애가 아니라 이성애다. "이러므로 **남자**[남성]가 부모를 떠나 그의 **아내**[여성]와 합하여 둘이 한 몸을 이룰지로다"(창 2:24). 더욱이 부부로서 가능한 배합은 오직 그것뿐이다. 창조주가 부부들에게 "생육하고 번성하여 땅에 충만하라"고 명하셨고 그것을 바라시기 때문이다(창 1:28).

동성 간 성관계는 출산으로 이어질 수 없으므로 동성애는 비정상이며 논리적으로 결혼의 가능성을 내포할 수 없다. 사실 창세기 저자가 거듭 언급했듯이 하나님은 동물들도 "그 종류대로" 즉 종별로 암컷과 수컷을 지으셨으며 이는 명백히 번식을 위한 것이었다(창 1:21, 24, 25). 더욱이 출산은 인류가 하나님을 위해 땅을 다스리고 정복하는 대리 통치의 일면인데(창 1:27-28), 두 남자나 두 여자 사이에서는 출산이 불가능하다. 따라서 동성애는 하나님이 설계하신 결혼을 대적할 뿐 아니라 그분의 창조 질서까지 대적한다.

불임

출산은 하나님이 설계하신 결혼의 또 다른 필수 요소다. 그런데 구약 시대의 일부 개인들은 자녀를 낳지 못했다. 주께서 결혼 관계를 표현하신 "한 몸"(창 2:24)이라는 말에 성적 의미가 함축되어 있다고 본다면 그 안에 출산도 암시되어 있을 수 있다. 하나님이 아담과 하와에게 주신 "생육하고 번성"하라는 명령(창 1:28)—하나님이 인간에게 주신 최초의 명령이기도 하다—에는 분명히 출산이 내포되어 있다. 사실 성경에 부부의 다산은 누구나 추구해야 할 덕목으로 거듭 기술되고, 이미 낳은 자식은 복으로 간주된다(참조. 출 23:26; 신 7:14; 시 113:9, 127:4-5, 128:3-4).[48] 그뿐 아니라 구약의 율법에는 부부의 다산을 촉진할 목적으로 제정된 듯 보이는 조항들도 있다. 예컨대 군인이 결혼하면 1년 동안 복무하지 않고 "그가 맞이한 아내를 즐겁게" 하도록 되어 있었고(신 24:5), 계대결혼(繼代結婚) 제도의 목표는 죽은 친척의 자식을 낳아 주는 것이었다(신 25:5-10). 반대로 불임은 구약에서 치욕으로 간주된다(참조. 창 30:1, 22-23; 사 4:1, 47:9, 49:21).

이처럼 구약성경에 출산이 중요시됨에도 불구하고 사실 이스라엘 역사에는 임신에 어려움을 겪은 부부들이 많이 있다. 물론 불임은 하나님이 설계하신 결혼의 다른 요소들을 어기는 행위와는 한 가지 중요한 차이가 있다. 불임은 대개 의지적 선택이 아니라는 것이다. 그럼에도 구약에서 불임은 때로 개인의 죄로 인한 저주로 제시된다. 아비멜렉의 아내들(창 20:17-18)과 다윗의 첫 아내 미갈(삼하 6:23)이 그런 경우다. 반면에 불임이 단순한 자연 현상으로 제시되는 경우도 있다. 히브리 민족의 세 국모인 사라(창 11:30)와 리브가(창 25:21), 라헬(창 30:1)이 그런 경우다. 마노아의 아내(삿 13:2)와 한나(삼상 1:2), 엘리사를 도왔던 수넴 여인(왕하 4:14)도 마찬가지다. 불임을 극복하는 법에 대한 지침은 구약에 명확히 나와 있지 않지만, 한때 임신을 못하다가 나중에 자녀를 낳은 많은 성경 인물의 공통분모는 기도다. 예컨대 하나님은 자녀를 구하는 아브라함(창 15:2-5, 20:17)과 이삭(창 25:21), 레아(창 30:17), 라헬(창 30:22), 한나(삼상 1:9-20)의 기도에 응답하셨다. 이런 기도 응답이 한층 더 증언해 주는 사실이 있다. 출산은 하나님이 설계하신 결혼의 필수 요소이며, 하나님께 구하는 자들에게는 그것이 가능해진다는 것이다.[49] 아울러 주님은 자기 백성의 수를 전체적으로 번성하게 하심으로 아브라함에게 하신 언약을 이루셨다.

성별 구분의 희석

상호 보완이란 양성의 가치는 같되 역할은 다르다는 개념으로, 역시 하나님이 설계하신 결혼의 본질적이고 근본적인 부분이다.[50] 그러나 앞에서 언급한 결혼의 다른 변질들에서 명백히 보듯이, 이스라엘 역사에는 상호 보완의 원리가 지켜지지 않은 경우가 이따금 있었다. 사실 동성애를 행한 사람들이나 일부러 출산을 피한 사람들(예. 창 38:8-10의 오난)은 하나님이 정하신 상호 보완의 원칙에 온전히 부합했다고 볼 수 없다.

아울러 구약에는 하나님이 정하신 성 역할을 아주 분명히 저버린 사람들이 많이 나오는데, 그중에는 다른 방식들로는 결혼을 변질시키지 않은 사람들도 있다. 가정의 지도자로서 (적어도 가끔씩) 실패한 남자들의 예로는 아담과 엘리, 다윗, 아하스 등이 있고 가정에서 (적어도 때때로) "돕는 배필"이 되지 못한 여자들의 예로는 하와와 밧세바, 이세벨, 아달랴 등이 있다.[51]

이처럼 창조주가 설계하신 성 역할이 변질된 예들에도 불구하고, 상호 보완이 하나님이 설계하신 결혼의 일부라는 사실은 타락 이후에도 구약에 계속 확증된다. 남편과 아내의 대등한 가치는 다른 많은 영역에서도 드러난다. 예컨대 부모는 법적으로 동등하게 순종의 대상이고(출 20:12, 21:15, 17; 레 20:9; 신 5:16), 딸과 아내도 재산을 물려받을 경제적 권리가 있었다(민 27:1-11, 36:1-9, 참조. 잠 31:13-18, 24). 또 얼마든지 양성 모두 영적 만남을 개인적으로 체험하고(삿 13:2-25), 기도를 응답받고(삼상 1:9-20), 공예배에 참여하고(느 8:2), 심지어 선지자로 쓰임 받을 수 있었다(출 15:20; 삿 4:4; 왕하 22:14; 느 6:14).[52]

그러나 동시에 구약에서 주께서 설계하신 결혼에는 남녀 간의 중요한 역할 차이도 포함된다. 우선 그분은 타락 이후에 아담이 머리임을 분명히 확언하셨다(창 3:16). 또 창조 시에 확립된 상호 보완의 성 역할은 구약에 기록된 족장들(예. 창 18:12에 사라는 아브라함을 "내 주인"이라 부른다. 참조. 벧전 3:5-6)과 경건한 이스라엘 왕들(예. 다윗, 삼상 25:40-42; 왕상 1:16, 31)의 결혼생활 기사에 분명히 나타난다. 르무엘 왕은 덕스러운 아내를 남편의 권위 아래서 근면하게 일하는 주부로 묘사했는데(잠 31:10-31) 여기에도 창세기 2장에 제정된 상호 보완의 원리가 반영되어 있다.[53] 요컨대 하나님이 설계하신 결혼의 다른 요소들과 마찬가지로 주께서 계획하신 성 역할 역시 타락한 이스라엘 역사에도 불구하고 분명히 변하지 않았다.

요약: 이스라엘 역사의 전개

창세기 서두에 결혼에 대한 하나님의 이상이 제시되어 있으나 앞서 보았듯이 이스라엘 역사에는 그에 미치지 못하는 부정적 방식이 여럿 기록되어 있다. 가장 대표적인 예는 일부다처제와 이혼, 간음, 동성애, 불임, 성 역할의 희석 등이다. 이들 각 방식은 하나님이 정하신 결혼 제도를 변질시킨다. 하나님이 설계하신 결혼은 한 남자와 한 여자의 결합인데 일부다처제는 아내가 둘 이상이다. 이혼은 남편과 아내의 신성한 유대를 깨뜨린다. 부부가 한 몸으로 연합하여 정절을 지키는 것이 하나님의 뜻인데 간음은 그와 반대로 배우자 이외의 사람과 성관계를 맺는다. 동성애는 성경의 결혼을 성립시키는 "한 남자와 한 여자"의 원리를 거스른다. 자녀를 낳지 못하는 불임은 하나님이 인간 부부에게 주신 생육하고 번성하라는 명령에 부응하지 못한다. 성 역할의 희석은 인간을 **남자와 여자로** 구별하여 지으신 하나님을 대적한다. 이 모든 면에서 구약의 이스라엘은 하나님이 창조하신 결혼의 이상에 미치지 못했다.

나아가 결혼에 대한 하나님의 이상을 훼손시킨 이 모든 일은 과거 이스라엘 역사에서만 볼 수 있는 게 아니라 오늘의 남녀에게도 중요한 의미를 지닌다.

이상적 결혼상(지혜서)

구약의 역사서가 증언하듯 하나님이 계획하신 결혼은 제대로 지켜지지 않고 계속 더 변질되었다. 반면에 **구약의 지혜서**는 하나님의 이상을 떠받든다. 두 가지 대표적인 예는 현숙한 아내를 칭송하는 잠언 마지막 장의 시와 부부 간의 사랑을 예찬한 아가서다. 구약의 역사서와 예언서에 결혼에 대한 하나님의 이상이 훼손된 전반적 방식이 제시되었다면, 이 두 본문은 그와 참신한 대비를 이룬다.

현숙한 아 잠언 31장)

잠언은 현숙한 아내의 덕을 칭송하는 답관체의 시(각 소절의 첫 글자가 히브리어 알파벳순으로 진행된다)로 마무리된다(잠 31:10-31). 남편에게 이 아내는 많은 재물보다 더 귀하다. 시의 중심부(20-27절)에 등장하는 듯한 대칭 구조는 이 여자의 남편이 성문에서 존중을 받는다는 말로 절정에 달한다(23절). 이는 남편이 받는 존중이 다분히 아내의 어진 성품과 솜씨 덕분이라는 언질일 수 있다. 덕스러운 여인에 대한 잠언 31장의 묘사는 다음과 같은 흐름으로 진행된다.[54]

I. 도입: 이 여인의 가치(10-12절)

  1. 아주 드문 만큼 아주 귀하다(10절)

　이 여인이 틀림없이 대단한 인물이었으리라고 말하는 사람도 있다. 새벽같이 일어나서(잠 31:15) 밤에도 등불을 끄지 않았다니 말이다(잠 31:18)! 대체 잠은 언제 잤을까?[55] 그러나 이런 자질들이 그녀에게 한꺼번에 다 존재했다고 볼 필요는 없다. 이 시는 이상적 여인의 삶에서 어느 하루를 묘사한 것이 아니다. 그보다 이런 속성들은 세월을 두고 길러져 인생의 각기 다른 경우와 계절에 드러났다고 볼 수 있다. 사실 잠언 31장의 현숙한 아내가 보여 주는 많은 덕목은 오늘날 경건한 아내가 되기를 사모하는 여인들에게도 그대로 해당된다. 잠언 31장의 여인은 다음과 같다.

- 남편에게 큰 자산이다(10, 11절).
- 믿을 만한 동반자다(11절).
- 남편을 위하며, 남편에게 적대하지 않는다. 남편의 행복을 간절히 바라며 최대한 돕는다(12절).
- 부지런하여 열심히 일한다(13, 27절).
- 온 식구들의 양식을 조달하고 준비한다(14, 15절).
- 일찍 일어난다(15절).
- 부동산을 물색하여 구매한다(16절).
- 부업으로 번 가외 소득을 재투자한다(16절).
- 생기 있고 활력 넘친다(17, 25절).
- 가족들의 옷과 내다 팔 옷을 짓는다(13, 18-19, 21-22, 24절).
- 가난하고 궁핍한 자들에게 호의와 자비를 베푼다(20절).
- 자녀들을 알맞게 입히고 자신도 품위 있게 입는다(21-22절).
- 남편이 다른 사람들에게 존중 받게 한다. 집안을 돌보아 남편이 지역사회에서 지도자의 역할에 전념하게 한다(23, 27절).
- 미래를 준비하고 만일의 경우에 대비한다(21, 25절).
- 말로 지혜를 보이며 인애를 가르친다(26절).
- 자녀들과 남편에게 칭찬 받는다(28-29, 31절).
- 외모에 의지하지 않고 하나님을 경외한다(30절).

이런 이상에 도달할 수 없다고 생각할 사람들도 있겠지만 이것은 현대 여성이 동경할 만한 목표다. 이 그림은 여자가 남편을 내조하는 동역자라는 하나님의 전체적 설계와도 잘 맞는다. 하지만 이런 여자는 여자에 대한 고정관념, 즉 "집에 갇혀" 있거나 인격성이 축소된 여성상을 확실히 깨뜨린다.[56] 그녀는 아주 생활력이 강하여 남편과 자녀의 힘의 출처이자 더없이 소중한 복이다. 이런 역할 모델을 동경하는 아내이자 어머니를 누군들 원치 않겠는가? 다행히 하나님의 은혜로 그런 아내이자 어머니를 둔 사람들이 (이 책의 두 저자를 포함하여) 우리 중에 많이 있다.

부부 간의 섹스의 아름다움(아가서)

이스라엘 역사의 흐름 속에 명백히 드러나는 결혼 제도의 변질의 와중에도 구약 정경에 찬란한 정점이 하나 있으니 곧 아가서다. 하나님이 제정하신 결혼에는 남편과 아내의 육체적 연합도 포함된다(창 2:18-25 특히 24-25절, "한 몸을 이룰지로다…두 사람이 벌거벗었으나 부끄러워하지 아니하니라"). 이런 개념을 바탕으로 아가서는 친밀한 성적 표현까지 아울러서 부부 간의 사랑의 아름다움을 예찬한다.[57]

잠언에도 충실하고 헌신적인 부부 관계 내의 섹스를 칭송하고 간음을 경고하는 대목이 나온다.

너는 네 우물에서 물을 마시며
네 샘에서 흐르는 물을 마시라.
어찌하여 네 샘물을 집 밖으로 넘치게 하며
네 도랑물을 거리로 흘러가게 하겠느냐.
그 물이 네게만 있게 하고
타인과 더불어 그것을 나누지 말라.
네 샘으로 복되게 하라.
네가 젊어서 취한 아내를 즐거워하라.
그는 사랑스러운 암사슴 같고 아름다운 암노루 같으니

너는 그의 품을 항상 족하게 여기며

그의 사랑을 항상 연모하라.

내 아들아, 어찌하여 음녀를 연모하겠으며

어찌하여 이방 계집의 가슴을 안겠느냐(잠 5:15-20).

잠언에서는 또 누구나 마음을 지켜야 하고(예. 잠 4:23) 남자들은 음녀를 멀리해야 한다는 권고(잠 2:16-19, 5장, 6:20-35, 7장, 22:14, 23:26-28, 31:3)가 계속 되풀이된다. 이 모두를 종합하면 부부들에게 주는 강력한 명령이 나온다. 부부는 튼튼한 영적 울타리로 둘의 관계를 둘러야 하고, 부부 간의 헌신을 부지런히 힘써 가꾸어야 한다.[58]

아가서는 구약(과 신약) 정경에 들어 있는 사랑의 시집이며, 이 시들은 (섹스를 포함한) 부부 간의 사랑의 힘과 열정을 예찬한다. 나아가 아가서는 첫 남자 아담과 첫 여자 하와의 관계 회복을 예고한다. 둘의 관계는 일찍이 타락을 통해 불화해졌다. 타락 후에 여자에게 선고된 심판의 일환으로 여자는 남편을 원하게(tešûqâ) 되었다(창 3:16). 이는 틀림없이 남편에게 사랑으로 복종하기보다 남편을 조종하고 통제하려는 여자의 악한 욕망을 의미할 것이다. 창세기 다음 장의 아주 비슷한 용례에서 이를 유추할 수 있다. 죄가 가인을 원한다는 말은 분명히 가인을 통제하거나 정복하려는 욕망을 뜻한다(창 4:7).[59]

이 두 구절에 "원하다"로 번역된 단어가 세 번째이자 유일하게 다시 등장하는 곳은 아가서 7장 10절이다. 거기에 보면 여자는 "나는 내 사랑하는 자에게 속하였도다. 그가 나를 **사모하는구나**"라고 외친다. 이것은 남편을 부당하게 통제하려는 여자의 욕망이 아니라, 본연의 상태가 회복되어 남편이 아내를 갈망하는 그림이다.[60] 다시 말하지만 여자는 자신이 남편에게 속했다는 확신 가운데 즐거이 안식하고, 남편은 아내를 지배하지 않고 사모

한다. 그래서 "사랑은 낙원으로 돌아가는 것으로 경험된다."[61] 최초의 동산에서 그랬듯이 장차 남자와 여자는 "벌거벗었으나 부끄러워하지 아니"할 수 있다(창 2:25). 그러나 인간의 사랑이 그렇게 회복되려면 중요하게 다윗과 솔로몬의 위대한 후손이신 메시아가 왕으로 오셔야만 한다(참조. 예컨대 마 1:1, 12:42).[62] 아가서와 창세기 1-3장의 상징의 유사성, 남녀 간의 사랑에 관계된 예표, 창세기 3장 15절부터 다윗의 아들 솔로몬의 아가서와 그 너머로까지 성경에 면면히 흐르는 메시아 사상, 아가서에 이상화되어 그려진 사랑, 이 모두가 아가서의 메시아적, 즉 종말론적 지향을 뒷받침한다.

구약에 쓰인 히브리어 단어 "원하다"의 세 가지 용례

성경 구절	번역	해석
창세기 3:16	"너는 남편을 원하고 남편은 너를 다스릴 것이니라."	남편을 조종하고 통제하려는 여자의 악한 욕망을 가리킨다.
창세기 4:7	"죄가 문에 엎드려 있느니라. 죄가 너를 원하나 너는 죄를 다스릴지니라."	가인을 제압하려는 죄의 욕망을 가리키며, 가인에게 이를 정복할 것을 권고한다.
아가서 7:10 (히브리서 7:11)	"나는 내 사랑하는 자에게 속하였도다. 그가 나를 사모하는구나."	여자는 남편이 자기를 원함을 확신하며 즐거워한다.

　　진정 짜릿한 사랑은 결혼의 울타리 바깥에 있다는 세상의 통념과는 반대로, 성경은 다음 사실을 분명히 한다. 남녀 모두의 성적 만족과 충족이 가능한 것은 바로 평생의 배타적인 부부 관계가 가져다주는 안전 때문이다. 자기중심적인 죄에서 해방된 부부, 자신의 필요를 채우려고 배우자를 조종하려는 욕망에서 해방된 부부는 온전한 희생정신으로 자유로이 배우자를 사

랑할 수 있다. 그리하여 거부나 학대, 지배를 당할 두려움 없이 상대를 사랑하며 즐거워할 수 있다. 이렇게 부부 간의 사랑을 통해 결국 모든 남자와 모든 여자의 꿈이 실현된다. 하지만 성령으로 변화되지 않은 사람들은 이것을 좀처럼 이해하지 못한다. 성령으로 새롭게 되려면 회개하고 그리스도를 믿어야 한다.

구약의 부부들에게서 얻는 통찰

지금까지 결혼을 주제로 구약에 나오는 가르침을 고찰했으니 이제 흥미로운 실습을 해볼 차례다. 이제부터 구약의 지면을 쭉 훑으면서 특정한 부부들에게서 통찰을 얻을 것이다.

아담과 하와

성경의 역사에 등장하는 최초의 결혼은 아담과 하와의 결혼이다. 여기에 대해서는 이미 앞에서 중요한 영속적 모형과 원리의 관점에서 살펴본 바 있다. 하나님이 그들을 짝지어 주시고(창 2:23-24) 공동의 청지기로 땅을 다스리게 하시며(창 1:28) 번식을 명하셨다.[63] 이들 둘이 타락 전에 한동안 누렸을 지극히 행복한 결혼생활은 인류 역사에서 영영 자취를 감추었다(창 2:25, "아담과 그의 아내 두 사람이 벌거벗었으나 부끄러워하지 아니하니라"). 그 외에는 성경에 아담과 하와의 결혼생활에 대한 기록이 없다. 다만 하나님 앞에서 부부 관계의 궁극적 책임이 아담에게 있고 하와의 역할은 아담의 "돕는 배필"이었다고만 되어 있다(창 2:18, 20).

하나님이 의도하신 그 모형이 인류의 타락으로 말미암아 와해된 것만은 분명하다(창 3장). 하와는 아담의 "돕는 배필"이라는 자신의 역할을 벗어났고, 남편과 무관한 독자적 행동으로 사탄의 유혹에 굴복했다. 하와가 금지된 행동을 한 직후에 아담도 "함께 있[었다]"는 언급으로 보아(창 3:6) 아담은 관계의 지도자로서 책임을 다하지 못했을 수 있다(창 3:17도 참조, "네가 네아내의 말을 듣고…"). 어쨌든 타락 이후의 삶은 이전과 달라졌다. 여자의 출산에는 이제 극심한 고통이 수반된다. 또 죄성 때문에 여자는 더 이상 남자옆의 "돕는 배필"이라는 자신의 역할을 받아들이지 않는다(참조. 창 3:16). 남자는 남자대로 땅을 정복하는 데 고통과 수고가 따른다(창 3:17-19). 결국 인간은 남녀 모두 죽는다(창 3:19).

아브라함과 사라

성경에 아브라함과 사라의 관계에 대한 몇 가지 흥미로운 사건이 기록되어있다. 아브라함은 이집트에 갔을 때 꾀를 써서 아내를 누이라고 속였다. 이집트인들이 자신을 죽이고 용모가 아름다운 사라를 취할까 두려웠던 것이다(창 12:10-20, 나중에 창 20장에 아비멜렉을 상대로 똑같은 일이 반복된다). 사라도 남편의 계획에 동조했던 것 같다. 바로가 즉시 사라를 아내로 취하였으나 다행히 속임수가 발각되었다. 사라는 비겁하고 부정직한 남편 때문에 대가를치러야 했다(아브라함은 많은 경우에 아주 정직하고 용감한 사람이었지만 이때는 그랬다).[64] 여기서 사라의 경험이 아내들에게 가르쳐 주는 교훈이 있다. 아내는남편을 따라 죄를 지을 의무가 없으며, 반대로 어떻게 해서라도 죄를 물리쳐야 한다.

아직 자녀가 없던 사라는 상황을 해결하려고 나중에 아브라함에게 권하여 여종 하갈을 통해 자식을 낳게 했다. 임신한 하갈이 여주인을 멸시하자사라는 남편에게 불평하며 하갈을 구박했다(창 16:1-6). 그 후에 사라도 이삭을 낳아 기뻤으나 하갈의 아들 이스마엘이 이삭을 무시하자 사라는 남편에게 "이 여종과 그 아들을 내쫓으라"고 시켰다(창 21:10). 아브라함도 동조하여 하나님의 말씀대로(창 21:12) 하갈과 이스마엘을 내보냈다.[65] 이런 일련의 사건이 예시하듯이 부부는 불신으로 상황을 해결하려 해서는 안 된다. 그러면 죄의 결과로 상황이 더 복잡하게 꼬인다.

이삭과 리브가, 야곱과 라헬

아브라함의 아들 이삭과 손자 야곱은 둘 다 성경에서 아내를 몹시 사랑한 사례로 꼽힌다. 이삭의 신붓감이 정해지자 성경은 이삭과 리브가의 결혼을 이렇게 기술했다. "이삭이…그를 맞이하여 아내로 삼고 사랑하였으니"(창 24:67). 나중에 이삭과 리브가의 아들 야곱도 "곱고 아리따[운]"(창 29:17) 라헬과 사랑에 빠져 14년간 일해서 그녀를 아내로 맞았다. 그만큼 라헬을 깊이 사랑했다는 증거다.

라헬을 향한 야곱의 사랑은 지극했지만 이후로 결혼생활에 긴장이 싹텄다. 라헬이 아이를 낳을 수 없었기 때문이다. 라헬이 야곱에게 자식을 만들어내라고 닦달하자 야곱은 이렇게 대답했다. "그대를 임신하지 못하게 하시는 이는 하나님이시니 내가 하나님을 대신하겠느냐"(창 30:1-2). 나중에 하나님이 은혜로 라헬의 태를 열어 주셨고(창 30:22-24), 이로써 그간 야곱과 라헬의 결혼생활에 쌓였던 긴장이 해소되었음은 물론이다.[66] 이들의 사례가 우리에게 가르쳐 주듯이 부부는 (아내의 불임 같은) 난관에 부딪칠 때 함께 기도하며 하나님을 의지해야 한다. 그것 때문에 싸우며 부부 간에 불화를 일으켜서는 안 된다.

삼손과 들릴라

전체적 성격과 결과가 덜 긍정적이긴 하지만 구약의 또 다른 사랑 이야기로 삼손과 들릴라가 있다(삿 16장). 불행히도 삼손은 자신의 마음을 제대로 지키지 못하고 여자의 유혹에 넘어간 사례다. 여자는 그의 힘과 결국 목숨까지 앗아갔다. 이것은 우리에게 경종을 울려 준다. 삼손처럼 힘세고 뛰어나고 강력한 남자도 여자의 유혹과 꼬임에서 자유롭지 못하며, 여자의 계략에 빠져 몰락할 수 있다.

룻과 보아스

경건한 사랑의 훨씬 더 긍정적인 사례는 룻기에 기록된 룻과 보아스의 관계다. 모압 출신의 젊은 과부인 룻은 남편과 사별한 후에 시어머니 나오미를 따라 유다로 왔다. 보아스가 룻을 눈여겨보고 자비를 베푼다. 그는 쉬지 않고 일을 이루어 결국 룻을 자신의 아내로 맞이한다. 룻의 이야기는 한 (과부) 여인이 역경 속에서도 하나님을 신뢰한 훌륭한 사례다. 아울러 룻은 다윗 왕의 증조모이므로 이 이야기는 구속사적으로도 중요한 의미를 지닌다 (룻 4:22).

한나와 엘가나

사무엘상은 엘가나라는 남자와 그의 아내 한나의 관계에 대한 기사로 시작된다. 한나는 선지자 사무엘의 어머니다. 한나와 그녀의 라이벌인 브닌나와 그들의 남편인 엘가나, 이 세 사람의 얽힌 관계는 위에 말한 라헬과 레아와 야곱의 이야기와 비슷하다. 남편이 "내가 그대에게 열 아들보다 낫지 아니하냐"(삼상 1:8)며 애써 위로했지만 한나는 주께 아들을 달라고 간절히 기도한다.

한나의 경건한 신앙과 끈질긴 기도는 후대의 예비 엄마들이나 임신부들에게 모범이 된다. 스스로 아들을 주께 구별하여 드린 모습 또한 좋은 본보기다. 남편은 그녀를 믿었던 것 같다. 한나가 사무엘에 대한 계획을 말했을 때 남편은 "그대의 소견에 좋은 대로 하"라고 답했다(삼상 1:23). 그 후에 한나가 드린 기도는 하나님을 향한 깊은 헌신을 보여 준다(삼상 2장, 참조. 눅

1:46-55의 마리아).

다윗과 그의 아내들

다윗의 생애에는 결혼에 대한 몇 가지 교훈이 들어 있다. 우선 밝혀둘 것은 다윗이 여러 아내를 취한 일이 결코 용인될 수 없으며 하나님이 창조하신 일부일처제의 기준에 어긋난다는 것이다. 그럼에도 다윗과 아내들과의 관계에서 배울 만한 교훈들이 있다. 다윗의 첫 아내는 사울의 딸 미갈이었다. 다윗과 사랑에 빠진 미갈을 사울이 그에게 아내로 주었다(삼상 18:20, 27-28). 사울이 다윗을 죽이려 하자 미갈은 다윗에게 위험을 알리고 창에서 달아내려 그를 살렸다(삼상 19:11-12). 나중에 미갈은 다윗을 잡으러 온 사울의 신하들에게 다윗이 병들었다고 말했다(삼상 19:14). 미갈의 이런 행동은 아내로서 남편에게 충절을 다하고 부부 간의 결속을 지킨 좋은 사례다. 물론 거짓말이라는 방법은 용인될 수 없지만, 미갈은 부녀 간의 사이가 소원해지는 희생까지 감수했다(삼상 19:17).[67]

나중에 다윗은 아비가일과 결혼했다. 이 아름답고 지혜로운 여인은 자신의 첫 남편 나발이 무례하게 다윗을 퇴짜 놓았을 때 보기 좋게 다윗의 격노를 누그러뜨렸다(삼상 25:3, 14-42).[68] 아비가일은 고위직 지도자의 아내로서 좋은 본보기가 된다. 그녀는 남편을 존중하며 세심하게 대했고 그리하여 그의 사랑을 받았다. 그녀의 지혜와 겸손은 구약에 칭송되는 여인의 덕(참조. 잠 31:10-31)을 손색없이 보여 주는 사례다.

다윗이 밧세바와 간음한 일은 유명하다(삼하 11장). 이 사건을 경종으로 삼아 기혼 남성들은 아내를 향한 헌신을 타협해서는 안 되고, (밧세바 같은) 기혼 여성들은 옷차림과 몸가짐을 신중하고 단정하게 해야 한다. 이 문제가 십계명 중 두 계명에나 언급된 것으로 보아 하나님이 그것을 얼마나 중요하게 여기시는지 분명히 알 수 있다. "간음하지 말라"(출 20:14). "네 이웃의 아내[를]…탐내지 말라"(출 20:17).

솔로몬의 외국인 아내들

솔로몬은 지혜로운 사람인데도 "이방의 많은 여인을 사랑"하여 몰락했다. 하나님이 그들과 결혼하지 말라고 명하셨건만 솔로몬은 "그들을 사랑"했고 "그의 여인들이 왕의 마음을 돌아서게" 했다. 그는 자신의 모든 외국인 아내들에게 산당을 지어 주었을 뿐 아니라 함께 그들의 우상을 숭배하기까지 했다(왕상 11:1-8). 이것은 남자들에게 강력한 경고가 된다. 남자는 신자가 아닌 여자와 관계를 맺어서는 안 된다. 그리스도인이 아닌 배우자와 함께 "다른 멍에"를 메고도 아무 탈이 없을 줄로 생각한다면 이는 망상이다.[69]

아합과 이세벨

아합 왕과 이세벨의 결혼은 이스라엘 역사에서 최악으로 꼽힐 만하다. 한번은 이세벨이 남편을 도와 나봇의 포도원을 빼앗았다. 이를 위해 그녀는 거짓 증인들을 세우고 나봇을 죽이게 했다(왕상 21장). 이 사건에서 이세벨은 처음부터 끝까지 아합을 통제하고 지배하며 아합은 그녀가 시키는 대로 한다. 타락 이후에 주께서 아담과 하와에게 선고하신 판결을 완벽하게 보여 주는 사례다(창 3:16).

에스더와 아하수에로

왕비 에스더는 남편인 아하수에로 왕에게 사랑을 받았다. 그 사랑이 어찌나 깊었던지 왕은 다른 모든 여자보다 그녀를 더 사랑했고, 그녀는 왕의 은혜와 은총을 얻었다(에 2:17, 참조. 5:2). 하나님은 섭리 가운데 에스더와 왕의 신뢰 관계를 통해 자기 백성인 유대인들을 하만의 사악한 계략으로부터 구하셨다. 에스더는 룻과 아비가일과 구약의 다른 여인들과 마찬가지로 남편을 지혜롭고 세심하게 대한 아내의 전형이다. 그래서 남편은 그녀와 그녀의 요청에 애정을 보였다.

요약

구약의 지혜서와 예언서에도 연구할 만한 부부들이 더러 언급되어 있겠지만, 이상의 개괄만으로도 고대 이스라엘에서 구속사에 의미를 지니는 부부들을 충분히 폭넓게 예시했다. 타락은 부부가 서로를 대하는 방식에 죄를 불러들여 결혼생활에 영원히 영향을 미쳤지만, 그래도 사랑과 헌신의 아름다운 사례가 많이 남아 있다. 이삭과 리브가, 야곱과 라헬, 룻과 보아스 등이 그런 경우다. 아울러 여자들이 유혹의 출처가 되어 삼손과 다윗, 솔로몬 같은 남자들을 몰락으로 이끌었음도 알 수 있다. 다음 장에서 계속하여 신약에 나타난 결혼을 공부할 것이다.

결론

결혼에 대한 구약의 가르침을 개괄하면서 우리는 먼저 창세기의 창조 내러티브부터 자세히 살펴보았다. 거기서 보았듯이 결혼 제도는 창조주 하나님의 뜻에서 기원했다. 또 우리는 타락이 가장 친밀한 관계인 부부 관계에 불러온 결과도 알아보았다. 이어 구약의 역사서와 예언서에 제시된 이스라엘의 역사를 쭉 훑어보았다. 이 역사에는 결혼에 대한 창조주 하나님의 설계가 변질된 몇 가지 방식이 드러난다. 일부다처제와 이혼, 간음, 동성애, 불임, 성별 구분의 희석 등이 그런 경우다. 마지막으로 살펴본 자료는 구약의 지혜서다. 지혜서의 일부 본문은 앞에서 말한 전체적 쇠퇴의 흐름과 참신한 대비를 이룬다. 잠언은 남편과 가족에게 헌신하는 덕스러운 아내를 칭송하고, 아가서는 첫 남자와 첫 여자의 사랑의 관계가 메시아를 통해 회복될 것을 내다본다. 다음 장에서는 이런 통찰에 대한 보완으로 신약에 나타난 결혼에 대한 가르침을 공부할 것이다.

3.
신약의
결혼

앞서 보았듯이 결혼은 창조주 하나님이 제정하신 제도다. 그런데 타락 이후로 죄가 하나님의 제도를 변질시켰다. 결혼은 세력 다툼으로 변하여 남편들은 아내를 지배하기 일쑤였고 아내들은 남편을 조종하려 했다. 이혼은 지극히 사소한 이유로도 부부를 갈라놓았다. 일부다처제가 (널리는 아니어도) 시행되었고 외도는 부부 간 정절의 신성한 신뢰를 깨뜨렸다. 요컨대 창조 기사에 하나님의 영속적 이상이 명백히 제시되어 있지만 예수 당시와 초대 교회 시대에는 회복과 갱신이 절실히 필요했다.

이번 장에서는 이 주제에 대한 신약의 가르침을 집중적으로 공부하면서, 신구약 모두(이제 구약도 신약을 통해 조명된다)의 가르침에 근거하여 기독교 고유의 결혼 신학을 도출하고자 한다.[1] 먼저 결혼에 대한 예수의 관점을 논한 뒤에 남편과 아내에게 주는 베드로의 메시지를 공부할 것이다. 이어 이 주제에 대한 바울의 말을 고린도전서와 디모데전서와 에베소서에 특히 중점을 두어 살펴볼 것이다. 끝으로 신약의 몇몇 부부들을 간략히 개괄하면서 이번 장을 마칠 것이다.

둘이 아니라 한 몸: 결혼을 중시하신 예수의 관점

제자도의 요건에 대한 예수의 가르침은 으레 혈족관계를 하나님 나라의 본분에 종속시켰다.[2] 그런데 주님은 그분의 제자도의 부름에 누구나 최고의 우선순위를 두어야 한다는 말씀은 많이 하셨지만 결혼에 대한 가르침은 비교적 적게 하셨다. 가장 큰 이유는 틀림없이 예수도 동시대인들처럼 당연히 창세기 서두에 제시된 하나님의 결혼 원리를 정당하게 여기셨기 때문이다.[3] 따라서 기독교의 제자도라는 더 높은 영적 소명과 요건을 누구에게나 강조하셨다는 이유로 예수께서 결혼을 낮게 보셨다고 생각한다면 그건 우리의 오산이다. 그분은 하나님의 제도인 결혼이 군이 없어도 된다거나 더 높은 소명으로 대체되었다고 여기지 않으셨다. 임박한 종말에 비추어 독신 생활을 더 고결한 소명으로 제시하신 적도 없다.[4]

오히려 반대다. 이혼에 관한 질문을 받으셨을 때 예수는 결혼의 영속성을 명백히 확언하셨다. 그분은 구약의 기본 본문인 창세기 1장 27절과 2장 24절을 둘 다 인용하여 이렇게 단언하셨다. "그런즉 이제 둘[남편과 아내]이 아니요 한 몸이니 그러므로 하나님이 짝지어 주신 것을 사람이 나누지 못할지니라"(마 19:6).[5] 여기서 분명히 보듯이 예수께서 생각하신 결혼이란 한 남자와 한 여자의 신성한 연합으로, 하나님이 맺어 주시고 그분 앞에서 시작된다. 존 스토트(John Stott)가 잘 지적했듯이 "결혼은 인간의 계약 이상이다. 결혼은 하나님의 멍에다. 부부에게 이 멍에를 지우시는 방법으로 하나님은 무슨 신비로운 합일을 창조하신 게 아니라 그분의 목적을 말씀 속에 선포하셨다."[6]

이렇듯 예수는 결혼을 매우 중시하셨다. 하지만 앞서 언급했고 다음 장에서 더 자세히 보겠지만, 혈족관계에 대한 그분의 가르침은 그 관계의 궁극적 의미에 대한 중요한 기준을 제시하면서 혈족관계를 하나님 나라라는 더 큰 정황 속에 둔다.[7] 이러한 발전은 인간이 더 이상 결혼하지 않고 천사처럼 되는 영원한 상태(마 22:30과 상응 구절들)에서 절정에 이르게 된다. 이로써 예수는 다음과 같은 바울의 가르침의 초석을 다지셨다. "이후부터 아내 있는 자들은 없는 자 같이 하[라]…이 세상의 외형은 지나감이니라"(고전

7:29, 31). 결혼은 여전히 인류를 향한 하나님의 기본 제도이므로 잘 가꾸고 간수하고 보호해야 한다. 하지만 결혼 자체를 목표로 보아서는 안 되고, 하나님의 더 큰 구원의 목적에 결혼을 종속시켜야 한다.[8] 여기에 대해서는 결혼의 본질에 대한 바울의 에베소서의 가르침을 논의할 때 더 자세히 살펴볼 것이다.

복종과 세심한 배려—남편과 아내에게 주는 베드로의 메시지(벧전 3:1-7)

부부 관계에 대한 베드로의 말은 신자들이 비신자들에게 고난을 당하는 정황 속에서 기록되었다. 그중 본문의 상황은 신자 아내가 비신자 남편과 함께 살도록 부름 받은 경우다. 베드로의 전반적 행동 원칙은 "인간의 모든 제도를 주를 위하여" 복종하는 것이다(벧전 2:13). 모든 제도에는 정부(벧전 2:13-17), 일터의 상관(벧전 2:18), 가정의 머리(벧전 3:1)가 다 포함된다. 일터의 관계에서는 "선하고 관용하는 자들에게만 아니라 또한 까다로운 자들에게도" 복종할 것이 권고된다(벧전 2:18). 아내들도 "이와 같이" 비신자 남편에게 복종해야 한다(벧전 3:1).[9]

그리스도는 이 모든 일에 본을 보이시되(벧전 2:21) 십자가를 지기까지 하셨다(벧전 2:24). 이렇듯 결혼도 다른 인간관계와 마찬가지로 신자가 주변의 믿지 않는 세상 속에서 복음을 증언한다는 거시적 틀 안에 놓인다. 물론 보장은 없지만(참조. 고전 7:16) 믿는 아내들은 남편이 "너희의 두려워하며 정결한 행실을 봄"으로써 "말로 말미암지 않고 그 아내의 행실로 말미암아 구원을 받"도록 노력하고 기도해야 한다(벧전 3:1-2, 참조. 고전 7:12-14). 이런 아내들은 내면의 영적 아름다움을 가꾸면서(베드로는 벧전 3:3-4에 그것을 "너희의 단장은…오직 마음에 숨은 사람을 온유하고 안정한 심령의 썩지 아니할 것으로 하라"고 표현했다) 사라가 아브라함에게 했듯이 남편에게 복종해야 한다. 설령 남편의 지시가 중생한 마음과 사고에서 비롯되지 않았다 해도 그것이 죄만 아니라면 복종해야 한다(벧전 3:3-6, 참조. 예컨대 창 20장).[10]

베드로의 조언에 담긴 일반 원리는 비신자를 그리스도께 인도하는 일이 인간관계에서 정의(正義)에 집착하는 일보다 더 중요하다는 것이다. 신자들은 정의에 대한 자신의 욕구를 마지막 날까지 연기하며 예수처럼 하나님을 신뢰해야 한다(벧전 2:23). 바울은 에베소서와 골로새서에서 믿는 아내들을 상대로 믿는 남편에게 복종할 것을 명했지만, 베드로는 여기서 기준을 한 단계 더 높인다. 아내가 비신자 남편에게 복종하는 일은—그로 인한 모든 고난과 더불어—하나님 앞에 아름답다. 하나님께 소망을 두고 경외하는 마음으로 참으면 그렇다.[11]

베드로전서 3장의 문맥을 보면 거의 눈에 띄지 않게 초점이 신자와 비신자의 결혼에서 신자와 신자의 결혼으로 바뀌는 것 같다. 1-4절은 주로 전자에 적용되는 듯 보이나 5-6절에 가면 사라를 비롯한 과거의 "거룩한 부녀들"이 언급된다. 아브라함이 이따금씩 아내 사라에게 죄를 짓긴 했지만 그렇다고 그를 비신자 남편의 전형으로 보기는 힘들다. 따라서 베드로가 제시하는 신자들의 부부 관계의 특성도 바울과 마찬가지로 아내의 복종과 ("아내들아, 이와 같이 자기 남편에게 순종하라", 벧전 3:1) 남편의 세심한 배려다("남편들아, 이와 같이 지식을 따라 너희 아내와 동거하고 그를…생명의 은혜를 함께 이어받을 자로 알아 귀히 여기라", 벧전 3:7).

남편들에게 해당되는 딱 한 구절에서 베드로는 절묘한 균형을 이루어, 부부의 차이를 인정하면서도 그리스도 안에서 둘 다 평등하다는 개념을 보여 준다. 한편으로 아내는 "더 연약한 그릇"이므로 남편의 지식을 따라 동거해야 한다.[12] 그러나 또 한편으로 아내는 생명의 은혜로운 선물을 남편과 "함께 이어받을 자"다. 이어 부부의 합심 기도가 막히지 않도록 모든 장애

물을 치우라는 말이 나오는데, 이 또한 초점이 신자와 비신자의 결혼에서 신자와 신자의 결혼으로 옮겨갔음을 뒷받침해 준다.

만물의 머리이신 주님: 바울의 결혼관

성경 기자들 중에서 결혼을 가장 철저히 논한 사람은 바울이다. 우선 고린도전서 7장과 디모데전서에서 사도의 가르침을 살펴본 뒤, 결혼을 가장 상세히 다룬 에베소서로 넘어갈 것이다.[13]

부부의 의무를 다하라 (고전 7:2-5)

바울이 결혼에 대해 고린도전서에 한 말은 고린도 교인들에게서 받은 편지에 대한 답변의 일부다. 그 편지에 그들은 몇 가지 논란이 되는 이슈에 대해 사도의 판결을 요청했다(고전 16:17, 참조. 고전 7:1, "너희가 쓴 문제에 대하여 말하면"). 우선 사도는 독신을 결혼보다 신령하게 여기는 잘못된 금욕주의를 단호히 배격한다(고전 7:1). 금욕주의의 가르침을 지지하던 사람들은 영적 진보를 위해 신체 기능을 억압했다. 그래서 기혼자들에게 배우자와의 성관계를 삼가라고 요구했고, 아예 이혼하고 더 고상하다는 섹스 없는 영성을 추구하라고 부추기기도 했다.

고린도전서 7장은 흔히 바울이 높이 평가한 독신의 관점에서 다루어지지만, 같은 장에 결혼을 매우 강하게 긍정하는 말도 들어 있음을 눈여겨볼 만하다. 바울의 말을 들어 보자.

음행을 피하기 위하여 남자마다 자기 아내를 두고 여자마다 자기 남편을 두라. 남편은 그 아내에 대한 의무를 다하고 아내도 그 남편에게 그렇게 할지라. 아내는 자기 몸을 주장하지 못하고 오직 그 남편이 하며 남편도 그와 같이 자기 몸을 주장하지 못하고 오직 그 아내가 하나니 서로 분방하지 말라. 다만 기도할 틈을 얻기 위하여 합의상 얼마 동안은 하되 다시 합하라. 이는 너희가 절제 못함으로 말미암아 사탄이 너희를 시험하지 못하게 하려 함이라(고전 7:2-5).

이 본문에서 바울의 요지는 남편과 아내가 부부 간의 정상적 성생활을 끊지 않고 배우자에게 성적 의무를 다해야 한다는 것이다.[14] 보다시피 바울은 결혼을 존중하고 중시했다. 이는 원문의 정황 속에서 일부 고린도 교인들이 주창하던 잘못된 영성을 논박할 뿐 아니라, 이후의 교부 시대에 무리하게 동정(童貞)을 강조하던 현상도 배격한다.

결혼은 명예로운 상태다(딤전 2:15, 4:1-4)

고린도전서 7장과 비슷하게 디모데전서에도 그리스도의 시대에 결혼이 규범임이 아주 강하게 재확인된다. 고린도처럼 에베소 교회(디모데전서의 수신지)에도 그리스도인들이 결혼하지 말아야 한다고 가르치던 사람들이 있었다. 바울은 그런 가르침을 아주 강경한 어조로 반박하면서, "혼인을 금하"는 사람들(딤전 4:3)은 "미혹하는 영과 귀신의 가르침을 따르"고 있다고 역설했다(딤전 4:1). 반대로 그는 "하나님께서 지으신 모든 것[결혼을 포함하여]이 선하매 감사함으로 받으면 버릴 것이 없나니"(딤전 4:4)라고 단언한다.

서신의 앞부분에서 바울은 "해산함"—여자가 출산을 비롯한 가정적 의무와 가사에 헌신하는 것—을 여자의 신앙생활의 중대한 부분으로 인정했다(딤전 2:15). 또한 감독이나 집사가 되려는 사람들에게 명하기를 아내에게 충실하고(딤전 3:2, 12, 참조. 딛 1:6) 자기 집을 잘 다스려 자녀들로 복종하게 하라고 했다(딤전 3:4, 참조. 딛 1:6). 그 앞의 본문에는 창세기의 창조 기사와 타락 기사를 둘 다 인용했는데(참조. 딤전 2:13-14) 이는 바울이 결혼을 하나님의 창조명령으로 보았다는 증거다. 결혼은 타락의 영향을 입었으나 그리스도의 시대에 폐지된 것은 결코 아니다.

남편과 아내의 역할(엡 5:21-33)

바울이 결혼을 가장 상세히 다룬 내용은 에베소서에 나온다.[15] 결혼에 관한 이 본문(엡 5:21-33)을 **전체 서신의 문맥**에서 공부하는 게 중요하다. 곧 보겠지만 결혼은 하나님이 종말에 만물을 머리이신 그리스도 아래로 회복하신다는 거시적 정황 속에 놓이며, 그 회복의 일환으로 유대인과 이방인 신자들을 비롯하여 만물이 그리스도의 몸 된 교회 안에 통일된다. 그래서 그리스도와 교회의 관계는 그리스도인의 결혼의 모본이 된다. 남편은 머리로 세워지고(그리스도께서 교회의 머리이시듯이) 아내는 남편에게 복종하도록 명해진다(교회가 그리스도께 복종하듯이). 아래에 에베소서 5장 21-33절을 논하는 부분에서 이 내용을 자세히 살펴볼 것이다.

우선 바울은 그리스도의 시대에 인류(부부들을 포함하여)를 향한 하나님의 궁극적 목적을 이렇게 확언한다. "하늘에 있는 것이나 땅에 있는 것이 다 그리스도 곧 하나의 머리 아래로(anakephalaiōsasthai) 통일되게 하려 하심이라"(엡 1:10). 이렇듯 **그리스도**는 하나님의 종말 프로그램의 구심점이며 더 정확히 말해서 **머리**이시다(엡 1:22). 교회의 머리(엡 1:22)만이 아니라 현세와 내세의 모든 권위의 머리이시다(엡 1:21). 그리스도의 머리 되심에는 단지 일각에서 주장하는 공급이나 양육의 개념만이 아니라 분명히 최고 권위의 개념도 들어 있다.[16] 그리스도는 높여지신 주이시고 머리(kephalē)이시며 만물이 그분께 복종한다(hypotassō, 참조. 빌 2:9-11).

그러므로 바울이 에베소서에서 가르친 결혼에 대한 중요한 교훈 중 첫째는 이것이다. **부부 관계는 하나님의 구속사적이고 종말론적인 더 큰 목적의 정황 속에서 보아야 하며, 그 목적은 "하늘에 있는 것이나 땅에 있는 것이 다 그리스**

도 곧 하나의 머리 아래로 통일"되는 것이다(엡 1:10). 그 일환으로 영적 권세들이 온전히 그리스도께 복종하게 되고(엡 1:21), 유대인과 이방인이 구속사적이고 종말론적인 하나의 정체, 즉 교회 안에 통일되며(엡 2:11-22, 3:6-13), 하나님의 형상을 지닌 인간이 현재 정복하려 애쓰고 있는 만물이 드디어 회복된다(창 1:28, 참조. 롬 8:18-25). 또 우리의 현 취지에 가장 잘 해당되는 것으로, 남녀 부부 관계의 회복이 성령 충만하고 헌신된 그리스도인 신자들에게 실현된다. 그들은 조종과 지배라는 저주받은 싸움(참조. 창 3:16)[17]을 그리스도의 능력으로 정복하고, 올바른 복종과 그리스도를 닮은 사랑으로 서로를 대한다. 그러므로 하나님의 목적은 결혼이나 남녀의 역할보다 크지만 부부 관계도 그분의 목적에 의미심장하게 포함되어 있다(참조. 벧전 3:1-7).

이 중요한 진리들을 바울은 다음 장에 계속 전개해 나간다. 그가 에베소서 2장에 선포했듯이 신자들(물론 그리스도인 부부들도 포함된다)은 한때 사탄의 나라에 속했으나 이제 은혜로 그리스도 안에서 살리심을 받았다(엡 2:5). **그분과 함께** 일으켜지고 높여진 그들은 사탄을 이기신 그분의 승리에 동참한다(엡 2:6). 만물을 그리스도 안에서 그분 아래로 통일하시려는 하나님의 종말론적 계획이 가장 명백히 드러난 사건은 그분이 유대인만 아니라 이방인까지 신자 공동체로 받아들이신 일이다(엡 2:11-22, 3:6).[18] 바울은 이를 구속사의 "비밀"이라고 표현했다. 이 비밀은 하나님의 뜻에 따라 과거에 감추어져 있다가 이제 사도 바울을 통해 밝혀지고 드러났다.[19]

바울은 신자들이 그리스도 안에서 누리는 영적 복에 대한 말을 마치면서 모든 신자들을 위해 기도한다. 믿음으로 말미암아 그리스도께서 그들의 마음속에 계시게 해주시고, 그들이 사랑 안에 뿌리가 박히고 터가 굳어져 삶 속에서 그리스도의 사랑을 알게 해달라는 기도다(엡 3:17, 19). 기도를 시작할 때 바울은 하나님을 "하늘과 땅에 있는 각 족속[가족]에게 이름을 주신 아버지"라 부르는데(엡 3:14-15) 이는 그의 기도가 일반 신자들만 아니라 특히 부부들과 가족들에게도 해당됨을 강조해 준다. "땅에 있는 각 족속[가족]에게 이름을 주신 아버지"라는 호칭은 하나님이 창조주로서 결혼을 제정하셨을 뿐 아니라 결혼에 대한 정당한 통치권이 그분께 있다는 고백이다. 바울이 천상과 지상의 가족들을 하나님의 통치 대상으로 통칭한 것은 머리이신 그리스도 아래로 만물을 통일하신다는 그분의 종말론적 목적에 땅의 가족들뿐만 아니라 하늘의 실체들까지 포괄됨을 보여 준다. 그리스도는 땅의 존재들은 물론 모든 초자연적 존재들에게도 최고의 권위를 행사하신다. 유추컨대 이는 머리인 남편(엡 5:23에 밝혀진 이 내용은 아래에서 살펴볼 것이다)도 아내에게 권위를 행사함을 암시한다.

서신의 후반부에는 그리스도 안에서의 새로운 삶이 설명된다. 이는 신자들이 "그리스도의 몸" 된 교회의 연합 속에서 마땅히 누려야 할 삶이다. 그들은 부르심에 합당하게 행하고, 사랑으로 서로를 앞세우며, 화목하게 영적 연합을 지켜야 한다(엡 4:1-3, 참조. 4:4-6). 하나님이 교회에 은사를 주시고 각종 직분을 제정하심은 신자들을 준비시켜 각자 봉사하게 하시기 위해서다. 여기서 그분의 목표는 우리가 "온전한 사람"(andra teleion, 엡 4:13)이 되는 것이다. 이런 사람은 사랑 안에서 진실을 말하며 범사에 머리이신 그리스도에게까지 자라간다(엡 4:13-16). 이어 바울은 옛 사람과 새 사람을 대비한다. 옛 자아는 독자적이고 권위에 불복하고 반항적이고 욕심과 정욕에 매여 있었으나, 새 자아의 특징은 올바른 복종, 권위를 존중하는 자세, 사랑 등이다. 그리스도인이 된다는 것은 낡은 옷을 벗고 새 옷을 입는 것과 같다(엡 4:22, 24, 참조. 골 3:9-10). 마음과 행동의 변화가 확연히 눈에 띌 수밖에 없으며 이는 결혼과 가정 부분에서도 마찬가지다.

부부의 역할에 대해 가르치기 직전에 바울이 신자들에게 권면한 것은, 그들을 위한 제물로 자기 목숨을 버리신 그리스도의 사랑을 본받아 사랑의 삶을 살라는 것이다(엡 5:1-2, 참조. 5:25). 반면에 성적 부도덕(porneia)은 일체 있어서는 안 된다(엡 5:3, 참조. 고전 6:15-16). 교회는(따라서 모든 신자도) 하나님의 종말론적 공동체로서 성령 충만해야 한다(엡 5:18). 이는 하나님이 구약의 성전을 그분의 영적 임재로 충만하게 하신 일에 상응한다.[20] 여기서 성령 충만은 일차적으로 회중의 예배와 관계되며, 따라서 이는 단지 개인주의적 의미가 아니라 공동체적 의미다(엡 5:19-20).[21] 헬라어 원문에 연속되는 한 문장 안에서 바울은 성령 충만을 부부 관계에 적용한다(엡 5:21-24). 즉 올바른 복종(*hypotassō*, 엡 5:21, 22)이야말로 성령 충만의 표지로, 신자들의 이전의 생활방식과 대조를 이룬다. 그때는 권위에 반항하는 것이 특징이었다.

그래서 부부를 위한 중요한 교훈 중 둘째는 이것이다. 이 가르침의 대상이 되는 부부들은 그리스도 바깥에 있는 사람들이 아니라 성령 충만한 신자들이라는 것이다(뒤에 이어지는 부모와 자녀, 종과 상전의 경우도 마찬가지다). 그러므로 기독교의 제자도를 따르지 않는 사람들에게 바울의 말이 미련해 보이는 것은 당연한 일이다. 하지만 그렇다고 에베소서 5장 21-33절에 나오는 남녀 관계에 대한 가르침의 성격이 단지 사적이라는 뜻은 아니다. 오히려 이 명령에 제시된 창조주의 거룩한 이상과 영원한 뜻은 예수 그리스도를 믿는 사람들에게뿐만 아니라 모든 기혼 남녀들에게도 해당된다.

곧이어 바울은 고대 가훈표의 형식에 따라 아내와 남편이 본받아야 할 모범을 각각 제시한다. 아내의 모범은 그리스도께 복종하는 교회이고(엡 5:24), 남편의 모범은 희생적 사랑으로 교회를 깨끗하고 거룩하고 순결하게 하시는 그리스도이시다(엡 5:25-28). 바울은 또 세상의 상식적 이치인 자애(自愛)를 두 번째 비유로 덧붙인다. 사람은 누구나 자기 몸을 사랑한다는 것이다. 그러므로 한 몸으로 연합한 부부의 관점에서 보면 남편이 아내를 사랑하는 것은 곧 자신을 사랑하는 것과 같다(엡 5:29-30).

어떤 사람들은 에베소서 5장 21절("그리스도를 경외함으로 피차 복종하라")을 근거로 바울이 아내에게뿐만 아니라 남편에게도 복종을, 즉 "상호 복종"

을 가르쳤다고 주장한다.[22] 물론 21절만 따로 읽으면 그런 의미가 될 수도 있겠지만, 바울이 정의하는 "피차 복종"이 무엇인지 알려면 21절에서 멈추지 말고 그 뒤까지 계속 읽어야 한다. 분명한 답이자 바울의 에베소서에 나오는 결혼에 대한 중요한 교훈 중 셋째는 이것이다. 그리스도께서 교회의 머리이시듯 남편은 아내의 "머리"이므로 아내는 남편에게 복종해야 하고(엡 5:22-24), 남편은 그리스도의 희생적 사랑으로 아내를 사랑해야 한다(엡 5:25-30). "상호 복종"의 개념과 반대로 여기에 성 역할의 존재가 확언된다.[23] 한 저명한 주석가가 역설했듯이 "상호 복종은 기독교 가정 내의 역할 위계와 공존한다.…일반적 의미에서 남편도 아내에게 복종하는 자세를 품고 아내의 이익을 자신의 이익보다 앞세워야 한다. 하지만 그렇다고 아내가 남편에게 복종해야 하는 더 특수한 역할이 없어지지는 않는다."[24]

넷째로, 이것을 에베소서 1장 22절 및 4장 15절과 비교해 보면 한층 더 뒷받침되는 개념이 있다. **"머리"의 의미에는 단지 양육뿐만 아니라**(물론 그것도 있다, 참조. 엡 5:29) **권위의 지위도 내포된다.** 남자의 권위적 지위는 역할일 뿐이며, 자기 고유의 자격이나 가치에서 비롯된 게 아니라 하나님의 주권적 창조 의지에서 온 것이다(또한 자신을 아버지로 계시하신 하나님의 권위를 반영한 것일 수 있다). 따라서 아내의 복종처럼 남편의 리더십도 율법주의나 강요가 아니라 은혜의 궤도 안에서 행사되어야 한다. 또 하나 주목할 것으로, 골로새서의 단축된 상응 구절에 그리스도인 아내의 본분에 대한 바울의 조언 전체가 압축되어 있다. "아내들아, 남편에게 복종하라. 이는 주 안에서 마땅하니라."(골 3:18, 여기에는 "피차 복종하라"는 말이 없다).[25]

자기 위에 있는 권위를 올바로 인식하고 존중해야 한다는 명령은 아내에게만 해당하는 게 아니다. 남자도 그리스도와 지역 교회 지도자와 교회적 치리, 사회의 권위, 고용주 등에게 복종해야 한다. 그럼에도 앞서 말했듯이 달라지지 않는 사실이 있다. 남편에게 복종하라고 아내에게 주신 명령은 쌍방의 의미가 아니다(벧전 2:13, 18의 문맥에서 벧전 3:1-6을 참조하라). 남편은 남편대로 권위를 제멋대로 행사하거나 남용해서는 안 되고, 사랑이 동기가 되어야 한다.[26] 다시 말하지만 베드로의 가르침도 바울의 가르침과 일치한 다. "남편들아, 이와 같이 지식을 따라 너희 아내와 동거하고 그를 더 연약 한 그릇이요 또 생명의 은혜를 함께 이어받을 자로 알아 귀히 여기라"(벧전 3:7).

다섯째로 지적해야 할 것은 아내의 복종이 단지 타락의 결과라는 일각의 주장이 명백한 오류라는 것이다.[27] 반대로 앞서 2장에서 보았듯이 창세기 2장의 몇 가지 내용은 머리 됨과 복종이 본래 하나님의 창조의 일부였음을 보여 준다. 우선 하나님은 남자를 먼저 지으셨고(창 2:7, 바울이 고전 11:8과 딤 전 2:13에 지적했다) 두 가지 책임을 남자에게 맡기셨다(창 2:15-17). 또 하나님 은 남자를 위해 남자에게서 여자를 지으셨고(창 2:21-22, 참조. 고전 11:8-9), 그 여자를 남자의 돕는 배필이 되게 하셨다(창 2:18, 20). 남자가 머리라는 사실 은 타락 이전부터 설계된 부부 관계의 일부였고 타락 이후에도 그 사실은 달라지지 않았다. 창세기 3장 16절에 기록된 하나님의 심판에는 이후로 부 부가 서로를 대하는 방식에 미칠 죄의 부정적 결과가 언급되었을 뿐이다.[28] 아내의 복종이 단지 타락의 결과가 아니라는 사실은 에베소서의 본문을 통 해서도 확인된다. 본문의 아내들은 그리스도 안에서 구원받고 중생한 그리 스도인인데도 남편에게 복종하라는 명령을 받았다(엡 5:22). 앞서 말했듯이 이것은 바울의 다른 서신에 나오는 메시지와 일치한다. 그가 창세기 2장 18 절과 20절에 근거하여 강조했듯이 남자가 여자를 위해 지음 받은 게 아니 라 여자가 남자를 위해 지음 받았으며(고전 11:9) 그리하여 "각 남자의 머리 는 그리스도요 여자의 머리는 남자"다(고전 11:3).

그렇기 때문에 여섯째로 우리는 이렇게 결론지을 수밖에 없다. 그리스도 안에서 결혼의 원리가 회복되었다는 이유로 더 이상 복종과 권위가 필요 없다는 논리는 이곳을 비롯하여 성경 어디서도 입증되지 않는다. 바울은 당시 일각에서 주창되던 "부활이 이미 지나갔다"(딤후 2:18)는 관점을 명백히 이단으로 논박했다. 그런 거짓 교사들에 따르면 미래가 현재 속에 완전히 침투했으므로 현세의 신자들은 창조주가 창조 세계의 구조 속에 짜 넣으신 원리들을 더 이상 지킬 필요가 없다. 그러나 하나님의 창조 질서는 지금도 인간관계의 틀이 된다(참조. 딤전 4:3). 아무리 타락으로 말미암아 와해되었다 해도 그리스도인들은 그 질서를 무시해서는 안 된다. 오히려 그리스도 안에서 하나님의 구속(救贖)의 목적은, 신자들이 성령 안의 새로운 삶을 통해 인간관계(와 기타 영역들)에서 죄의 영향을 물리치는 것이다. 인간이 더 이상 결혼하지 않고 천사처럼 되는 것은 천국에서야 이루어질 일이다(마 22:30과 상응 구절들). 지금 우리는 여전히 결혼하고 자녀를 낳는다. 그래서 인간은 문화명령을 지켜 땅을 정복하고 경작하되, 창조 시에 정해진 남녀의 역할에 맞게 해야 한다.

바울은 잘 알려진 성경 구절을 인용하면서 논의를 마무리한다. "그 둘이 한 육체가 될지니"(엡 5:31, 참조. 창 2:24, "둘이"). 이렇게 창조 기사를 인용하여 그리스도와 교회의 관계를 부부의 연합과 결부시킨 것을 일각에서는 "예표"로 본다. 구속사의 흐름에 상응하는 모형이라는 것이다. 이에 따르면 아담은 그리스도의 전조이고, 하와는 교회의 그림자이며, 아담과 하와의 관계는 그리스도와 교회의 연합을 예표한다.[29] 그럴 수도 있지만 여기서 중요하게 주목해야 할 것은 이제 바울의 초점이 결혼에서(엡 5:21-29의 주제는 결혼이었다) 그리스도와 교회의 연합으로 옮겨졌다는 점이다(참조. 엡 5:30-32).[30] 따라서 바울이 창세기 2장 24절을 적용한 일은 예표라기보다 유비(類比)나 예화(부부 간의 "한 몸"의 연합은 그리스도와 교회의 연합을 예시한다)로 보는 게 가장 좋다.

어쨌든 바울의 핵심 요지는 "한 몸"의 원리를 육화하는 영광이 부부에게 주어졌다는 말로 보인다. 나중에 구속사에서 이 원리는 높여지신 그리스도와 교회의 연합에 영적으로 적용된다. 바울은 그것을 "머리," "지체," "몸" 등의 용어로 기술했다. 하나님의 구원 계획에 이방인이 받아들여진 일처럼 이것 역시 비밀(mystērion)이다. 지난 세대에는 하나님의 지혜 속에 감추어져 있었으나 이제 바울을 통해 계시되었다. 보다시피 결혼은, "다 그리스도 곧 하나의 머리 아래로 통일되게"(엡 1:10 NIV) 하신다는 하나님의 궁극적이고 구속사적인 목적의 중요한 한 부분이다. 여기서 건져야 할 교훈은, 기독교에서 가르치는 결혼이 그 자체로 목표가 아니라 그리스도의 통치 아래에 포섭되어야 한다는 것이다. 그리스도는 하늘의 모든 권세(엡 1:21-22)와 교회(엡 4:15)를 다스리시듯이 또한 부부 관계(엡 5:21-33)와 가정(엡 6:1-4)과 일터(엡 6:5-9)도 다스리셔야 한다. 부부는 교회(궁극적 가정, 참조. 딤전 3:15)의 일부다. 부부는 또 영적 전투에 가담하여 악을 단호히 물리치고(엡 6:10-14) 이 세상에서 하나님의 목적을 힘써 증진한다(무엇보다 복음을 전한다. 엡 6:15, 19-20).[31] 이렇듯 부부 관계는 주변의 비신자들을 향한 그리스도인의 증언이라는 문맥 속에서 보아야 한다. 그러려면 남편과 아내가 직접적으로는 그리스도인 부부를 향한 하나님의 목적을 삶으로 실천해야 하고, 간접적으로는 복음의 메시지를 적극적으로 전파하는 성경적 교회에 소속되어야 한다.

끝으로, 결혼은 그리스도 안에서 하나님의 종말론적 목적의 일부이자(엡 1:10) 성령의 역사의 일부일 뿐 아니라(엡 5:18) 흔히 간과되는 또 하나의 중요한 거시적 실체인 영적 전투의 일부다(엡 6:10-18).[32] 이는 결혼을 인간의 수평적 차원에서만 볼 게 아니라 영적 공격이 수반되는 일로 보아야 한다는 뜻이다. 그래서 부부는 "하나님의 전신갑주를 입"고 이 공격을 물리쳐야 한다. 영적 전투는 부부 관계에서뿐만 아니라 가정생활 전반에도 해당되는 만큼(참조. 엡 6:1-4) 이 문제는 8장에서 결혼과 가정에 관련된 몇 가지 중요한 이슈들을 논할 때 "결혼과 가정과 영적 전투"라는 단락에서 더 자세히 살펴볼 것이다.

결혼의 원리	성경 구절
결혼은 그리스도 안에서 하나님의 거시적 목적의 일부다.	에베소서 1:10
바울의 이 가르침의 대상은 성령 충만한 신자들이다.	에베소서 5:18
아내들은 복종하도록, 남자들은 사랑하도록 부름 받았다("상호 복종"이 아니다).	에베소서 5:21-33
머리의 지위에는 권위도 내포된다(단지 양육만이 아니다).	에베소서 5:23-24 (참조. 엡 1:22, 4:15)
그리스도인 여자들에게도 여전히 복종이 요구된다(단지 타락의 결과가 아니다).	에베소서 5:22; 골로새서 3:18 (참조. 창 2:18, 20; 고전 11:3, 9)
그리스도인의 결혼에 더 이상 복종이 필요 없다는 가르침은 그리스도의 구속 사역이 이생에 실현되는 범위를 과장하는 것이다.	에베소서 5:22 (참조. 마 22:30과 상응 구절들, 딤전 1:3; 딤후 2:18)
결혼에는 영적 전투가 수반되며 따라서 남편과 아내는 "하나님의 전신갑주"를 입어야 한다.	에베소서 6:10-18

요약과 적용

에베소서에서 살펴본 결혼에 대한 바울의 가르침을 이제 몇 가지 적용으로 마치려 한다. 첫째로, 남편의 권위에 복종하는 일을 부정적으로 볼 사람들도 있겠지만, 부부의 역할을 더 정확히 보려면 다음 사실을 이해해야 한다. 아내에게 주어진 명령은 결혼생활 속에서 **남편의 사랑의 리더십에 따르는** 것이다. 이런 리더십과 복종은 참된 동역자 관계의 정황 속에서 이루어지게 되어 있다. 남편은 아내의 동반과 조언을 진정으로 귀히 여기고 아내는 남편의 리더십을 진심으로 귀히 여긴다. 많은 사람이 남녀 관계를 적대 관계로 보는 것은 급진적 페미니즘의 불행한 유산이다. 이는 하나님의 바람과 설계에 어긋나며 성경의 메시지와도 맞지 않는다.

둘째로, **전통적 결혼과 성경적 결혼은 다르다**. 전통적 결혼은 여자가 요리, 청소, 세탁 등을 책임지고 남자는 일터에서 가계 소득을 버는 식의 노동 분담으로 이해될 수 있다. 성경에도 집 바깥의 일은 남자의 주요 영역으로, 가정은 여자의 활동 중심지로 명시되어 있긴 하다(예. 창 3:16-19; 잠 31:10-31 [다만 여자의 활동 범위가 가정으로 **국한되지는** 않는다]; 딤전 2:15, 5:10, 14). 그러나 성경은 법전이 아니므로 부부가 지켜야 할 노동 분담을 엄격히 규제하지 않는다.[33] 따라서 위에 개괄한 성경적 기준 내에서 각 부부가 특별한 상황에 맞게 조정할 여지가 있다. 이는 부부마다 다를 수 있으며 그리스도인의 자유의 일부로 보아야 한다.

예컨대 어떤 여자들은 재정 분야에서 남자보다 재능이 뛰어날 수 있다. 그런 가정에서는 부부의 동의하에 여자가 집안의 돈 관리를 맡는 게 유익할 수 있다. 단 이 분야에서도 궁극적 책임은 남편에게 있어야 한다. 반대로 어떤 남자들은 아내보다 요리를 잘할 수 있다. 역시 그런 가정에서는 부부의 동의하에 남자가 요리 쪽으로 기여하지 못할 이유가 없다. 다만 원칙이 완전히 뒤집혀 아내가 노동하는데 남편은 주로 또는 전적으로 가사에만 매달린다면 그때는 문제가 발생할 수 있다. 하지만 상황에 따라 그조차도 문제가 되지 않을 수 있다. 예컨대 남편의 학업 따위로 인해 **일정 기간** 동안 부부가 그런 식의 역할 분담에 합의할 수 있다.[34] 또한 아내가 **평생** 주된 공급자가 되어야 하는 예외적인 경우도 있다(예를 들어 남편이 신체장애 때문에 돈벌이가 될 만한 직업을 가질 수 없는 경우다). 그럼에도 그런 부부들 역시 기도하는 가운데 성경의 원리인 머리 됨과 복종을 힘써 실천해야 한다. 특수한 상황이 부부 전반을 향한 성경의 원리를 바꾸어 놓지는 못한다.

셋째이자 마지막으로, 성경이 가르치는 아내의 복종과 남편의 사랑의 리더십(권위의 적절한 행사도 포함하여)에 대한 **잘못된 희화화는 배격되어야** 한다. 그런 희화화는 성경의 부부 관계 모델이 여자의 인간적 존엄성이나 현대의 '계몽된' 시류에 어울리지 않는다며, 고의로든 본의 아니게든 그것을 무시한다. 성경이 말하는 복종은 한 사람이 다른 사람을 소유하는 **노예제도와** 같지 않다. 지성적 동참이나 대화 없이 무조건 상대방이 시키는 대로 하는 **굴종**도 아니다. 또 진정한 의미에서 **위계**도 아니다. 위계는 상관이 시키는 대로 군소리 없이 복종하는 군인처럼 군대식의 상명하달 개념을 연상시키기 때문이다. 이런 여러 관점들은 남녀의 역할에 대한 성경의 원리를 정확히 담아내지 못하며, 이 책에 제시된 성 역할의 개념을 제대로 대변하지도 못한다.

오히려 성경의 부부 관계 모델은 사랑에 기초한 상호 보완의 모델이다. 남편과 아내는 동역자로서 서로를 귀히 여기고 존중한다. 남편의 사랑의 리더십과 아내의 지성적 반응이 서로 맞물린다. 그리스도의 가치와 인격은 하나님과 동등하지만 그분은 자원하여 아버지께 복종하셨다. 그렇다면 하나님이 부부 관계도 똑같은 방식으로 설계하지 못하실 이유가 없어 보인다. 즉 아내의 가치와 인격은 남편과 동등하지만 아내는 남편에게 복종하라는 명령을 받았다. 바울이 고린도 교인들에게 말한 것처럼 "그러나 나는 너희가 알기를 원하노니 각 남자의 머리는 그리스도요 여자의 머리는 남자요 그리스도의 머리는 하나님"이시다(고전 11:3).

앞장과 비슷하게 이번에도 몇몇 부부들의 구체적 사례에서 통찰을 얻은 후에 신약의 결혼에 대한 논의를 마치고자 한다.

신약의 부부들에게서 얻는 통찰

구약에 비해 신약에는 부부들의 사례를 보여 주는 자료가 부족하다.

복음서

예수의 어머니 마리아와 요셉의 결혼생활에 대한 정보는 거의 나와 있지
않다(동정녀 마리아가 예수를 낳은 것은 그녀가 요셉과 결혼하기 전의 일이다). 복음서의
초점은 다분히 예수께서 사람들을 제자도로 부르신 부분에 있으며 특정한
부부 관계의 사례는 거의 없다. 예수를 따른 사람들 중 다수는 개인으로 등
장한다. 그들은 그분의 사역의 도움을 입고 그분의 부름을 받아 영적으로
헌신했다. 베다니의 마리아처럼 예수께 가장 헌신했던 사람들 중 일부는
미혼이 확실해 보인다. 설령 기혼이었다 해도 그들의 결혼생활에 대한 정
보는 거의 없거나 전무하다.

사도행전

사도행전에는 초대 교회의 부부들에 대한 정보가 좀더 나와 있다. 복음서
와 마찬가지로 사도행전의 경우에도 그리스도를 따른 사람들 중 일부는 미
혼이었거나(예. 행 16:11-15의 루디아) 부부 관계에 대한 구체적 정보가 거의
없다(예. 행 16:25-34의 온 집안과 함께 믿은 빌립보 간수). 그래도 사도행전에는 소
수나마 부부들의 사례가 나온다. 그중 우선 부정적 사례 하나를 간략히 살
펴본 뒤 긍정적 사례로 넘어가려 한다.

아나니아와 삽비라

부정적 사례는 아나니아와 삽비라다. 그들은 서로 짜고 사도들에게 헌
금에 대해 거짓말했으며 둘 다 그 부정직 때문에 엄중한 심판을 받았다(행

5:1-11). 여기서 배울 수 있는 교훈은 설사 배우자가 죄를 선택해도 남편이나 아내는 결과와 무관하게 스스로 결정하여 옳은 길을 가야 한다는 것이다. 하나님은 남편이나 아내가 배우자를 따라 죄를 짓기를 바라지 않으신다.[35]

아굴라와 브리스길라

기독교 사역과 선교에 헌신한 부부의 아주 긍정적인 사례는 아굴라와 브리스길라다. 바울은 이 부부를 고린도에서 처음 만나 함께 천막 만드는 일을 했다(행 18:2-3). 나중에 그들은 바울과 합류하여 에베소로 갔고(행 18:18-19), 사도는 그들을 거기에 남겨두고 계속 여행길에 올랐다. 얼마 후에 그들은 회당에서 재능이 뛰어난 아볼로의 설교를 들었는데, 그에게 교육이 더 필요함을 보고 그를 데려다가 하나님의 도를 더 정확히 설명해 주었다(행 18:26).

이 부부는 로마서 16장 3절에 다시 언급된다. 바울은 그들을 둘 다 "그리스도 예수 안에서 나의 동역자들"이라 부르며 그들이 자기를 위해 목숨까지 걸었다고 말했다. 그즈음 브리스길라와 아굴라는 로마로 돌아가 있었던 것 같다(참조. 행 18:2, 클라우디우스 황제가 모든 유대인을 로마에서 처음 축출했던 사건을 가리킨다). 이 부부가 마지막으로 언급된 곳은 디모데후서 4장 19절이다. 로마의 옥중에서 바울이 (다시 에베소로 가 있던?) 그들에게 안부를 전했다.[36] 이 유명한 선교사 부부는 바울의 이방인 선교에서 가장 전략적인 동지들에 속했고(참조. 롬 16:4) 에베소와 고린도와 로마 같은 요충지에서 중요한 역할을 했다. 그들은 어디를 가든 함께 가정 교회를 열었고, 아볼로 같은 사람들을 가르쳤고, 바울을 위해 "목까지도 내놓았"다.

신약에 이 부부가 묘사될 때 한 가지 특이한 점은 관계의 주도적 역할을 브리스길라가 맡았던 것으로 보인다는 점이다. 이를 입증해 주는 사실로,

신약에 언급된 여섯 번 중 네 번은 브리스길라의 이름이 남편보다 앞에 나온다(행 18:18-19, 26; 롬 16:3; 딤후 4:19, 아굴라의 이름이 먼저 언급된 곳은 행 18:2; 고전 16:19이다). 학자들의 추정에 따르면, 이는 브리스길라가 남편보다 먼저 회심했고 어쩌면 남편을 인도하여 그리스도를 믿게 했기 때문이거나 또는 그녀가 교회 생활과 사역에서 남편보다 두드러진 역할을 했기 때문이다.[37] 그밖에 "둘 중 브리스길라가 더 조건이 좋거나 사회적 신분이 높았으며, 따라서 사업에 자본을 댔거나 실제로 사업을 운영했을 수 있다"는 추측도 있다.[38] 이유야 어찌됐든(이상의 어떤 이유도 성경 본문에 구체적으로 나와 있지 않다) 이 부부야말로 신약에서 기독교 선교를 위해 온전히 헌신하여 함께 그리스도를 섬긴 가장 탁월한 사례 중 하나일 것이다.

나머지 신약과 결론

편지글이나 묵시록은 아무래도 부부 관계를 상술하기에 적합하지 않은 장르다. 그래서 신약의 서신서나 요한계시록에는 이 부분에 대한 비중 있는 자료가 없다. 그러나 방금 언급한 사도행전의 사례들 외에도 앞장에 훑어본 구약의 부부들과 뒤에 살펴볼 신구약의 자녀 양육 사례를 모두 종합하면, 이 주제로 하나님의 뜻을 공부하고 적용할 만한 유의미한 자원이 나온다(성경에 결혼과 가정을 교육적으로 설명한 부분은 말할 것도 없다).

결론

지금까지 신약이 가르치는 결혼을 쭉 개괄하면서 보았듯이, 그리스도의 시대에 결혼은 하나님이 인류를 위해 제정하신 기본 제도로 일관되게 확언된다.

이 주제에 대한 예수의 가장 중요한 발언은 일부 바리새인들이 그분께 이혼에 대한 견해를 물었을 때 나왔다(마 19:3). 그때 우리 주님은 이 주제에 대한 구약의 기본 본문을 둘 다 인용하시면서 **이성 간에 일부일처로 백년해로하는 결혼**이 하나님의 이상임을 재천명하셨다(마 19:4-6, 참조. 창 1:27, 2:24). 그분은 "하나님이 짝지어 주신 것을 사람이 나누지 못할지니라"(마 19:6, 상응 구절 막 10:9)고 말씀하셨다. 여기서 분명히 보듯이 예수는 결혼을 단지 사회적 제도나 인습으로 보지 않으셨다. 그분에 따르면 결혼이란 한 남자와 한 여자의 신성한 연합으로, 하나님이 맺어 주시고 그분 앞에서 시작된다.

결혼을 긍정하신 이 중대한 발언을 제외하고는 예수는 그분을 따르는 **제자도**의 절대적 중요성에 대한 말씀을 많이 하셨다. 예수께서 가르치신 제자도가 결혼을 중시하는 시각과 **상충되지는** 않지만, 제자도는 진정 헌신적으로 그리스도를 따르는 모든 사람의 **필수 요건**으로 제시된다. 그것은 가정의 의무까지도 초월하고 포괄한다. 예수는 독신을 소수의 선택된 사람들을 위한 하나님 나라의 은사로 보셨는데(마 19:11-12) 이는 그분이 결혼을 명백히 현세의(내세에는 아니다, 마 22:30) 규범으로 간주하셨다는 증거다.

신약의 저자들 중 베드로는 아내들을 상대로 비신자 남편에게도 복종할 것을 가르쳤다(벧전 3:1-7). 그는 사라를 비롯한 과거의 "거룩한 부녀들"을 모범으로 제시했다. 아브라함은 창세기의 증언대로 늘 온전한 남편은 아니었으나 그래도 사라는 남편을 존중했다.

독신을 긍정적으로 평했던 바울도 결혼을 단호히 인정하고 힘써 강화했다. 고린도 교회에 보낸 편지에서 그는 독신을 우월한 상태이자 더 깊은 영성으로 떠받들던 사람들에 맞서 결혼을 옹호했다(고전 7:2-5). 에베소의 디모데에게 보낸 편지에서도 그는 "혼인을 금하"는 것(딤전 4:3)을 "귀신의 가르침"이라 규탄하면서(딤전 4:1) 그런 사람들에 맞서 결혼을 옹호했다. 여자들에게 바울은 "해산함", 즉 가정적 의무와 가사가 그들의 핵심적 역할이라 확언했고, 교회 지도자가 되려는 남자들에게는 아내에게 정절을 지키고 자녀를 부지런히 훈육할 것을 요구했다.

　결혼에 대한 바울의 가르침은 에베소서에 가장 많이 표현되어 있다. 우선 사도는 결혼을 하나님의 계획이라는 더 큰 틀 안에 둔다. 그것은 "하늘에 있는 것이나 땅에 있는 것이 다 그리스도 곧 하나의 머리 아래로 통일되게 하"시려는 계획이다(엡 1:10 NIV). 그리스도께서 모든 인간 권위와 하늘의 권위 위에 머리가 되셨듯이(엡 1:21) 남편도 아내의 주관자로 세워졌다(엡 5:22-24). 이는 "땅에 있는 각 족속[가족]에게 이름을 주신 아버지"께서 하신 일이다(엡 3:14-15). 바울에 따르면 이 **머리 됨**에는 **아내가 남편의 권위에 복종하는** 일과 **남편이 사랑과 희생으로 아내에게 헌신하는** 일이 둘 다 내포된다. 바울은 또 그리스도인의 결혼의 필수 전제조건으로 부부가 둘 다 **신자이면서** 또한 **성령 충만해야** 한다고 가르쳤다. 그래야 부부의 역할과 의무를 다할 수 있다.

　요컨대 신약은 결혼에 대한 구약의 가르침에 기초하여 거기에 더 자세히 살을 입혔고, 따라서 창세기에 제시된 결혼에 대한 하나님의 이상과 일치한다.

4.
결혼의 본질과
섹스의 역할

결혼에 대한 성경의 가르침을 공부했으니 이제 우리는 결혼의 본질에 대한 가장 보편적인 관점 세 가지를 평가할 수 있다. 결혼의 본질에 대한 기본적 관점은 (1) 결혼을 성례로 보는 관점, (2) 결혼을 계약으로 보는 관점, (3) 결혼을 언약으로 보는 관점 등 세 가지다. 우리는 각각의 정의를 차례로 살펴볼 것이다.[1] 그 후에 수려하면서도 민감한 주제인 성 윤리에 대해 알아볼 것이다. 하나님은 왜 인간을 남자와 여자로 지으셨는가? 섹스에 대한 그리스도인의 올바른 이해는 무엇인가? 이 질문의 답을 알아야만 하나님의 계획을 더 깊이 깨닫고 남편과 아내로서 하나님이 의도하신 방식대로 살아갈 수 있다.

결혼을 성례로 보는 관점

결혼을 성례로 보는 관점은 성경으로 거슬러 올라가긴 하지만 다분히 교회 전통의 산물이다. 에베소서 5장 32절에 그리스도와 교회의 연합이 결혼에 비유되면서 *mystērion*("비밀")이라는 헬라어 단어가 쓰였는데, 제롬(Jerome)은 4세기의 벌게이트역 성경에 이를 라틴어 단어 *sacramentum*("성례")으로 옮겼다.[2] 결혼의 **성례 모델**은 영향력 있는 교회 교부인 아우구스티누스(Augustinus)의 저작에서 기원했다. 그는 "결혼의 유익"(*De bono conjugali*)이라는 글과 이후의 글들에서 결혼의 세 가지 주된 유익을 자손과 정절과 성례적 결속으로 꼽았다.[3] 그의 저작을 개괄해보면 알듯이 아우구스티누스가 "성례적 결속"(*sacramentum*)이라는 말로 전달하려 한 의미는 결혼이 한 남자와 한 여자 사이에 거룩하고 영속적인 결속을 만들어 내며 그것이 그리스도와 교회의 연합을 표현해 준다는 것이다.

그러나 천주교가 본격적으로 성사 신학을 개발하면서 아우구스티누스의 결혼 개념은 **개작되었다.** (천주교의 신학은 다분히 아우구스티누스의 저작에 기초하여 정립되었다. 교회가 베푸는 천주교의 7성사는 영세, 고해, 견진, 성체, 혼인, 신품, 종부다.) 천주교는 결혼의 개념을 고쳐 (아우구스티누스의 용어를 써서) **성례**(성사)로 정의하고 트렌트 공의회(1545-1563년)에서 정식으로 성문화하여 발표했다.[4]

결혼의 성례 모델에 따르면 부부는 교회의 이 의식에 참여함으로써 은총을 받는다. 여기에는 하나님이 교회를 통해 그리고 교회의 성사를 통해 은총을 베푸신다는 전제가 깔려 있다. 성례는 "하나님이 그분의 백성 가운데 임재하심을 상징할" 뿐만 아니라 "그 상징을 **실체화한다.** 다시 말해서 성례는 **그것이 상징하는 바를 발생 내지 실행시킨다.** 천주교인들이 믿기로 하나님의 뜻은, **교회 안에서 성사가 제대로 시행될 때마다** 그분이 특정한 방식으로 임재하시고 우리에게 은총을 베푸시는 것이다."[5] 그래서 누구나 경건한 마음과 믿음으로 성사에 임해야 한다.[6]

이런 결혼관은 비록 일부의 마음을 끌었지만[7] 성경적으로 보면 몇 가지 이유에서 부실하다. 무엇보다 첫째로, 결혼 제도 자체가 "신비롭게" 하나님의 은총을 가져다주는 게 결코 아니다.[8] 교회의 주관 하에 혼인이 이루어지면 그 제도 자체 속에 그리스도께서 신비한 방식으로 "친히 임재하신다"는 천주교의 주장은 옳지 못하다. 혼인 서약에 자체적 위력이란 전혀 없다. 그리스도인의 결혼의 전제조건은 제도화된 교회의 "성례적 축복"이 아니라 그리스도 안에서 "거듭나는" 중생을 통해(참조. 딛 3:5) 그분 안에서 "새로운 피조물"이 되는 것이다(참조. 고후 5:17; 엡 4:23-24).

둘째로, 결혼에 대한 이런 접근은 결혼 전반에 대한 성경의 핵심적 가르침과 일치하지 않는다. 성경에 따르면 창조주가 설계하신 결혼은 **육신의 새 생명을 낳는** 통로이지 **영적 생명을 얻는 기제**가 아니다. 다시 말해서 결혼을 통해 부여되는 생명은 번식을 통해 부부의 육신의 자손에게로 이어진다(참조. 창 1:27-28, 2:23-24). 부부가 교회의 성사나 "신비한" 의식에 참여함으로써 생명을 얻는 것도 아니고, 순전히 제도 자체의 작용을 통해(ex opere operatu) 은총이 시혜되는 것도 아니다.[9]

이러한 결혼 모델의 세 번째 문제는 부부 관계를 교회의 통제에 종속시킨다는 점이다. 이런 개념을 뒷받침하는 명령은 성경에 없다. 성경은 그리스도께서 친히 교회의 머리이시며 남편과 아내 모두의 구주요 주님이시라고 말한다(엡 5:23-27, 참조. 고전 11:3). 이런 이유들과 그밖의 이유들로 인해 [10] 우리의 결론은 성례 모델이 성경의 가르침을 통해 입증되지 않으며, 다분히 교부 시대와 중세 시대의 신비 사상의 산물이라는 것이다. 그것은 성경의 결혼 개념을 벗어날 뿐 아니라 사실은 거기에 어긋난다. 한 남자와 한 여자 사이의 신성하고 영속적인 결속이라는 아우구스티누스의 의미대로 바르게 이해한다면 결혼을 "성례"로 볼 수도 있다. 하지만 결혼이 천주교 신학에서 정의하는 "성례"(성사)는 아니다.

결혼을 계약으로 보는 관점

결혼의 두 번째 모델은 **계약** 모델이다. 계약 모델은 서구 문화를 지배하는 세속 결혼관이다.[11] 일부의 지적처럼 구약 시대에는 계약과 언약이 눈에 띄게 확연히 달라 보이지 않았다.[12] 사람들이 상호 협약을 맺을 때 으레 하나님을 증인으로 내세웠기 때문이다. 그러나 현대 세속 사회에서는 (세속적)

계약과 (신성한) 언약이 명확히 구분된다.

성례 모델은 적어도 성경을 출발점으로 삼고, 언약 모델은 결혼의 기원을 성경의 가르침에 둔다. 반대로 계약 모델은 꼭 성경을 권위의 출처 내지 근거로 삼지는 않는다(대개 그렇지 않다). 이런 관점을 주창하는 사람들은 결혼을 두 개인이 자발적으로 체결하고 유지하고 해지하는 쌍무 계약으로 본다. 게리 채프먼(Gary Chapman)은 계약의 일반적 특징을 다섯 가지로 정리했다.

1. 계약은 대개 기간이 한정되어 있다.
2. 계약은 대개 특정한 행동에 적용된다.
3. 계약은 상대측이 계약 의무를 계속 이행하느냐에 따라 조건적이다.
4. 계약은 본인의 유익을 위해 체결된다.
5. 계약은 때로 암묵적이고 암시적이다.[13]

계약 모델은 중세의 교회 법정과 계몽주의 시대 사상가들의 저작으로 거슬러 올라가며[14] 결혼의 근거를 시민법에 둔다. 이 관점에 따르면 결혼 제도를 감독하는 책임도 정부에 있고 혼인증명서와 이혼증명서를 발급하는 권한도 정부에 있다. 이 모델을 신봉하는 그리스도인들은 결혼을 "기독교화"하여 서약에 기독교 용어를 삽입하거나 정식 결혼식을 교회에서 올린다. 그러나 이런 기독교화는 정말 얄팍한 포장에 지나지 않으며, 결국 사역자는 정부에서 부여한 권한으로 주례를 맡는 것뿐이다.

이 모델은 (서구 기독교를 포함하여) 서구 문화의 지배적 결혼관이지만 몇 가지 이유에서 한계가 있다. 첫째로, 이 가르침은 환원주의적이며 결혼 전반을 기술하는 성경 어디에도 나오지 않는다. 물론 결혼에는 남자와 여자가 협약을 맺는 측면도 있으나 그것이 결혼의 전부는 아니다.[15] 사실 결혼의 계약 모델이 개발되고 존재한 것은 일러도 17세기 때부터다. **폴 파머**(Paul Palmer)가 지적했듯이 계약의 어원인 라틴어 단어(*contractus*)는 "고전 라틴어에서 **심지어 이교도의 결혼에도** 쓰인 적이 없다.…본격 스콜라 시대[약 1250-1350년]까지만 해도 기독교 결혼에 선호된 단어는 언약(*foedus*)이었다."[16] 교회가 결혼의 참 본질을 발견하는 데 1천년도 더 걸렸다고 보기는 어렵다.

이 관점에 대한 두 번째 반론은, 결혼이 하나님의 창조 질서에서 중심을 차지하는 데 계약 모델은 부합하지 않는다는 것이다. 이 관점은 결혼의 영속성에 대한 기초가 극히 빈약하다는 점에서 불충분하다. 사실상 계약 모델은 결혼의 안전성과 안정성의 기초를 사람들이 죄를 짓지 않는 능력에 둔다. 배우자가 계약 파기에 해당하는 중죄를 지으면 상대방은 부담 없이 연합을 무효화할 수 있다. (그리스도인들을 포함한) 인류 보편의 죄성을 생각할 때 이런 결혼은 매우 위태롭고 불안정한 제도다. 반대로 성경은 하나님 앞에서 결혼의 영속성과 신성한 본질을 일관되게 강조한다(마 19:4-6, 특히 6절과 상응 구절들, 참조. 창 2:24).

셋째이자 마지막으로, 이런 결혼 모델이 부적당한 것은 혼인의 근거를 시민법에 둠으로써 성경에 명백히 금지된 온갖 형태의 결혼을 (적어도 원칙상) 허용하기 때문이다. 그중 더 터무니없는 예를 몇 가지만 꼽자면 시민법만 개정되면 "합법적" 동성 결혼, 일부다처제, 근친혼, 수간 등이 허용될 수 있다. 그러나 아래에 예시한 대로 성경은 그런 모든 형태의 결혼을 일관되고 명백하게 금한다(예. 창 1:27-28, 2:23-24; 레 18장, 20:10-21).[17] 그렇기 때문에 중대한 부부 관계의 본질을 이해하는 기초를 하나님의 계시 대신 인간의 법으로 바꾸는 모든 결혼관은 결혼에 대한 성경의 가르침에 부합하지 못한다. 따라서 성경을 믿는 소신 있는 그리스도인들은 그것을 수용할 수 없는 부적당한 것으로 간주해야 한다.

그렇다고 결혼식을 교회에서 하지 않고 관청의 담당자 앞에서 하면 무효라든지 그런 부부가 진정으로 결혼한 상태가 아니라는 말은 아니다. 그들의 결혼도 유효하다. 다만 요지는 결혼을 계약으로 보는 사람들도 진정으로 결혼한 상태이긴 하지만 성경 자체에 기술된 부부 연합의 본질에는 미치지 못한다는 것이다. 따라서 그런 부부가 그리스도께로 회심하면 결혼식을 다시할 필요는 물론 없으나 결혼의 의미를 성경에 따라 더 온전하고 충분하게 이해해야 한다. 성경이 말하는 결혼은 언약으로 가장 잘 묘사된다. 다음 단락에서 그것을 예증하려 한다.

결혼을 언약으로 보는 관점

결혼의 본질에 대한 세 번째 접근은 **언약** 모델이다.[18] 이런 입장에서 정의하는 결혼이란 **한 남자와 한 여자의 신성한 연합으로, 하나님이 맺어 주시고 그분 앞에서 시작되며**(부부가 그것을 인정하는지 여부와 관계없이) **대개 성관계로 완성된다.**[19] 이런 관점은 여러 저자의 글마다 뉘앙스가 다르게 나타난다(또한 성경의 언약에 대한 각자의 전반적 이해에 결국 영향을 입을 수밖에 없다).[20] 그러나 언약적 결혼이란 본질상 두 개인의 쌍무계약이 아니라 증인이신 하나님 앞에서 이루어지는 남편과 아내의 **신성한 연합**이다(참조. 말 2:14).[21]

성례적 관점은 결혼의 근거를 **교회법**의 기준(즉 교회와 결혼의 본질에 대한 교회 자체의 이해)에 두고, 계약적 관점은 **시민법**의 기준(즉 공동의 사회생활을 규제하는 인간의 규정)에 둔다. 이와 달리 언약적 관점은 결혼의 근거를 **하나님의 법**의 기준(즉 성경 자체에 나오는 하나님의 권위적 계시)에 둔다. 그러므로 언약적 관점의 결혼이란 존 스토트가 창세기 2장 24절에 근거하여 정의한 것처럼 **"한 남자와 한 여자의 이성 간 배타적 언약으로, 하나님이 정하시고 인치시고,**

부모를 공적으로 떠남이 선행되며, 성적 연합으로 완성되고, 영속적 상호 지원의 동역 관계가 발생하며, 대개 자녀가 선물로 더해진다."[22]

구약 시대에 체결된 언약의 종류는 다양하지만 일반적으로 **언약**이라는 단어(히브리어로 *bᵉrît*이고 덜 빈번하게 *'ĕšed*도 쓰였으며 칠십인역에 쓰인 헬라어는 *diatheke*이다)에는 "언약 당사자 중 한쪽이나 양쪽에서 약속이나 의무를 이행할 것을 보증하는 엄숙한 헌신의 개념"이 담겨 있다.[23] 이 단어는 하나님과 인간 사이의 약속에 자주 쓰였지만(예. 노아 언약, 아브라함 언약, 모세 언약, 다윗 언약, 새 언약 등) 또한 결혼을 비롯하여(잠 2:17; 겔 16:8; 말 2:14) 인간끼리의 다양한 협약을 지칭하기도 한다(예. 창 21:22-24; 삼상 18:3; 왕상 5:1-12; 왕하 11:17).[24] 그러므로 언어학에서 말하는 "부당한 전폭적 전가"의 우를 범하여 하나님과 인간 사이에 이루어진 언약의 모든 특성을 인간끼리의 언약 관계(결혼 등)에 그대로 대입하지 않는 게 중요하다. 예컨대 에베소서 5장 21-33절에 결혼이 그리스도와 교회의 관계(새 언약으로 이루어지는)에 비유된다 해서 양쪽이 모든 면에서 동등하다는 의미로 보아서는 안 된다. 새 언약은 영원하지만 결혼은 예수님의 말씀대로 이생에만 국한된다(마 22:30).[25]

덧붙여 인식할 것은 결혼을 언약으로 보는 성경의 개념에 계약적 요소도 조금은 포함된다는 점이다. 인스톤-브루어(Instone-Brewer)가 지적했듯이 계약이나 언약이나 히브리어 단어(*bᵉrît*)는 똑같으며, **언약**의 신학적 의미는 "상대측이 언약의 규정을 어길지라도 충실한 사람 쪽에서 어기지 않을 협약"이다.[26] 후기 선지자들이 말하는 "새 언약"의 경우(특히 렘 31장, 참조. 겔 36-37장) 백성들이 지키든 말든 하나님이 언약을 지키기로 약속하신다. 인스톤-브루어에 따르면 이 번복 불능의 언약은 구약의 다른 모든 언약과 다르며, 새 언약이 그토록 특별하고 독특한 것은 바로 그 번복 불능의 특성 덕분이다.

결혼의 언약적 모델을 주장하는 사람들은 주로 두 그룹의 성경 본문에

	성례	계약	언약
정의	결혼은 은총을 얻는 수단이다.	결혼은 두 개인이 자발적으로 체결하고 유지하고 해지하는 쌍무계약이다.	결혼은 한 남자와 한 여자의 신성한 연합으로, 하나님이 맺어주시고 그분 앞에서 시작된다.
근거	교회법	시민법	하나님의 법
기원	아우구스티누스, 트렌트 공의회(1545-1563년)	중세 교회 법정, 계몽주의 사상	창세기 2장, 잠언 2:16-17, 말라기 2:14에 나오는 언약의 어법. 그밖에 성경의 여러 유비와 암시
약점 또는 우려	결혼의 본질이 "신비롭게" 하나님의 은총을 가져다주는 게 아니다.	환원주의적이며, 결혼 전반을 기술하는 성경에 나오지 않는다.	신약에는 결혼이 명시적으로 언약으로 언급되지 않는다.
	결혼 전반에 대한 성경의 핵심적 가르침과 일치하지 않는다. 결혼은 육신의 새 생명을 얻는 원천이지 영적 생명을 얻는 기제가 아니다.	결혼의 영속성에 대한 기초가 극히 빈약하다. 그 기초는 사람들이 죄를 짓지 않는 능력에 있다.	결혼은 하나님의 창조 질서의 일부이므로 언약의 개념을 초월한다.
	부부 관계를 교회의 통제에 종속시킨다.	성경에 금지된 온갖 형태의 결혼을 허용한다.	구약의 술어에서 계약과 언약의 뚜렷한 구분이 없다.

근거하여 이런 관점을 지지한다. (1) 하나님이 첫 남자와 첫 여자의 결혼을 제정하신 창세기 2장의 내러티브에 언약의 어법이 나온다(특히 창 2:24 참조). (2) 성경에 결혼을 명시적으로 "언약"으로 지칭한 본문들(특히 잠 2:16-17; 말 2:14)과 결혼을 암시적으로 언약에 빗댄 본문들이 있다.[27] 지금부터 이 두

그룹이 지지하는 본문들의 공헌을 간략히 살펴본 뒤, 현대의 결혼에 포함되어야 하는 다섯 가지 결혼의 언약적 번질을 살펴보고자 한다.

창세기의 기본 내러티브에 나오는 **언약의 어법**(즉 언약의 개념을 담고 있는 용어들)에는 창세기 2장 24절에 언급된 부부 간의 "한 몸"의 연합이 포함될 수 있다. 성관계를 통한 결혼의 완성은 구약의 다른 언약들에 나오는 맹세에 상응할 수 있다.[28] 창세기 2장 23절의 아담이 하와의 이름을 지은 일은 하나님이 아브라함과 야곱과 언약 관계를 맺으시면서 그들의 이름을 새로 주신 일과 상통한다(창 17:5, 35:10).

결혼을 "언약"으로 지칭한 **성경의 명시적 술어**에는 잠언 2장 16-17절의 음녀가 "그의 하나님의 언약"을 잊었다는 언급이 포함된다. 아마도 이는 하나님 앞에서 여자와 남편 사이에 (문서나 구두로) 체결된 결혼 협약을 가리킬 것이다.[29] 이를 뒷받침하는 비슷한 언급이 말라기에도 나온다. "이는 너와 네가 어려서 맞이한 아내 사이에 여호와께서 증인이 되시기 때문이라. 그는 네 짝이요 너와 서약[**언약**]한($b^e r\hat{\imath}t$) 아내로되 네가 그에게 거짓을 행하였도다"(말 2:14, 참조. 겔 16:8).[30]

끝으로, 그동안 결혼의 언약적 관점에 대해 제기된 몇 가지 우려를 간략히 언급해야 한다. 첫째로, 일각의 지적처럼 신약에는 결혼이 명시적으로 언약으로 언급되지 않는다(결혼에 관한 신약의 가장 중요한 본문인 에베소서 5장 21-33절에 언약이라는 말이 나오지 않는다). 그 말도 맞긴 하지만 신약에도 언약의 개념이 엄연히 존재한다(참조. 마 19:6과 상응 구절 막 10:9). 아울러 언약이 신약에서 결혼에 적용된 **가장 중요한** 개념이긴 하지만 **유일한** 개념은 분명히 아니다. 결혼의 본질을 보는 성경의 다른 모델들에도 결혼에 대한 신약의 가르침이 잘 반영되어 있으며, 그중 하나가 결혼을 **그리스도와 교회의 관계에 유비한** 것이다(엡 5:21-33, 다만 역사적으로 이 유비를 중심으로 개발된 결혼관은 없는데, 이는 언약적 관점에 그것을 통합하는 게 정당해 보이는 한 가지 이유다).

둘째로, 역시 일각의 지적처럼 결혼은 하나님의 창조 질서에서 기원하므로 언약의 개념을 초월한다. 언약 관계는 성경의 역사 속에서 나중에 확립되었지만 창조 질서는 그것을 선행한다. 그렇다고 결혼을 언약으로 보는 시각의 중요성이 축소되어서는 안 되겠지만, 창조 시에 설계된 결혼이 언약 이상인 것만은 사실이다.[31]

셋째로, 앞서 언급했듯이 인스톤-브루어 등의 주장에 따르면 고대 근동의 정황에서는 **계약 결혼과 언약 결혼 사이에 명백하고 뚜렷한 구분이 없었으며**, 따라서 구약에서 결혼을 "언약"으로 언급한 부분들은 언약보다 계약의 관점에서 이해되어야 한다. 분명히 이것은 중요한 정보다. 그래서 우리는 구약 시대에 하나님과 인간 사이에 맺어진 협약의 개념들을 결혼에 무조건 대입하지 않도록 조심해야 한다. 예수 그리스도께서 도입하신 "새 언약"의 개념들에 대해서는 더 말할 것도 없다. 새 언약은 최고의 개념으로 남아야 하며, 따라서 결혼생활은 머리 되신 그리스도의 사랑과 교회의 자발적 복종이라는 원리를 따라야 한다. 그러나 이런 몇 가지를 감안하더라도 결혼을 언약으로 보는 게 적절해 보인다.[32]

언약적 관점의 결혼에 함축된 의미

이상의 내용에 비추어, 부부가 결혼을 언약으로 보는 관점을 받아들인다는 것은 무슨 뜻인가? 결혼 언약의 정의가 **하나님이 맺어 주시고 그분 앞에서 시작되는 신성한 연합으로**(부부가 그것을 인정하는지 여부와 관계없이), **대개 성관계로 완성되는** 것이라면, "결혼 언약"의 개념을 받아들인다는 것은 우리가 보기에 부부가 적어도 다음 다섯 가지를 이해하고 거기에 헌신해야 한다는 뜻이다.

1) 결혼의 영속성. 결혼은 하나님이 제정하셨으므로 본래 영속적이다(마 19:6, 상응 구절 막 10:9). 결혼에 뒤따르는 진지한 헌신을 가볍게 또는 경솔하게 대해서는 안 된다. 혼인의 엄숙한 약속 내지 서약은 배우자에게만 하는 게 아니라 하나님 앞에서 하는 것이다. 이혼은 성경에 규정된 특정한 상황들을 제외하고는 허용되지 않는다.[33]

2) 결혼의 신성성. 결혼은 단지 두 개인이 동의하는 인간 간의 협약("시민결합")이 아니라 하나님 앞에서 그리고 그분 아래서 맺어지는 관계다(창 2:22, 따라서 "동성" 결혼은 어불성설이다. 성경에 동성애 관계가 일관되게 단죄되는 만큼 하나님이 부부의 신성한 연합을 동성인 두 사람에게 승인하실 리가 없다). 그러나 결혼이 신성하다 해서 "성례"(성사)는 아니다. 결혼은 구원을 얻거나 지키는 방편으로 교회의 주관 하에 이루어지는 신비한 연합이 아니다.

3) 결혼의 친밀성. 결혼은 모든 인간관계 중에서 가장 친밀하며 한 남자와 한 여자를 "한 몸"으로 연합하고 결속시킨다(창 2:23-25). 결혼은 본가를 "떠나" 배우자와 "합하여" 이루어진다. 양측 본가와 별개로 새로운 단위의 가정이 생겨난다는 의미다. "한 몸"은 성관계와 대개의 경우 번식을 암시하지만, 그 개념의 골자에는 서로 무관했던 두 사람이 인간의 가장 친밀한 유대를 통해 새로운 혈족관계를 이룬다는 의미가 담겨 있다.

4) 결혼의 쌍방성. 결혼은 한 사람이 다른 사람에게 자원해서 자신을 내주는 관계다(엡 5:25-30). 부부는 무엇보다 배우자가 잘되는 데 관심을 두고 한결같은 사랑과 헌신으로 서로를 위해 희생해야 한다. 그러려면 죄를 지었을 때 용서하고 관계를 회복해야 한다. 그러나 "쌍방적"이라 해서 "역할이 동일하다"는 뜻은 아니다. 성경에 명백히 나와 있듯이 아내는 남편에게 복종하며 남편의 "돕는 배필"이 되어야 하고, 남편은 하나님 앞에서 결혼의 궁극적 책임을 진다(엡 5:22-24와 상응 구절 골 3:18; 창 2:18, 20).

5) 결혼의 배타성. 결혼은 영속적이고 신성하고 친밀하고 쌍방적일 뿐 아

니라 또한 배타적이다(창 2:22-25; 고전 7:2-5). 어떤 다른 인간관계도 부부 사이의 헌신을 방해할 수 없다는 뜻이다. 그래서 우리 주님은 기혼자의 성적 부도덕을 더할 나위 없이 진지하게 취급하셨다(마 19:9, 남편이 품는 정욕의 생각까지도 포함하셨다, 마 5:28). 또한 그래서 혼전 성관계도 잘못된 것이다. 장차 배우자가 될 사람의 배타적 권리를 침해하기 때문이다. 아가서에서 밝혔듯이 부부 간의 자유롭고 온전한 희생은 배타적 결혼 관계 내에서만 가능하다.

지금까지 우리는 성례, 계약, 언약 등 결혼을 보는 세 가지 주요 관점을 고찰했다. 앞서 결론을 내렸듯이 성경의 결혼 개념은 언약으로 가장 잘 묘사된다. 즉 결혼이란 **한 남자와 한 여자의 신성한 연합으로 하나님이 맺어 주시고 그분 앞에서 시작되며**(부부가 그것을 인정하는지 여부와 관계없이) **대개 성관계로 완성된다.** 계약은 기간이 한정되어 있고, 상대측이 계약 의무를 계속 이행하느냐에 따라 조건적이며, 주로 또는 전적으로 본인의 유익을 위해 체결된다. 결혼은 단지 계약이 아니라 영속성과 신성성, 친밀성, 쌍방성, 배타성을 특징으로 하는 신성한 연합이다.

그러므로 부부 관계에 함축된 구속사적이고 우주적인 더 큰 의미를 온전히 인식하는 가운데 각자 하나님이 뜻하신 본연의 역할을 수행하는 것이 남편과 아내 모두에게 제자도의 중요한 일부가 된다. 더욱이 한 몸의 연합에 없어서는 안 될 부분이 있다. 부모는 **육신의** 자손만 낳을 게 아니라 **영적** 자손을 힘써 양육하고 성장을 촉진해야 한다. 즉 자녀의 삶 속에 죄의 자각과 회심, 중생, 성화가 이루어지도록 성령의 역사에 협력해야 한다. 기독교 가정과 자녀 양육의 주제는 5-8장에서 논할 것이다. 그러나 다음 주제로 넘어가기 전에 섹스의 신학의 기본 윤곽을 살펴보면 도움이 될 것이다. 하나님은 왜 섹스를 만드셨는가? 하나님의 사람들은 왜, 어떤 방식으로 섹스에 임해야 하는가?

섹스의 신학

섹스는 "무엇"이며 "왜" 존재하는가?

그리스도인들도 마찬가지로 대부분의 경우에 섹스가 "무엇"인지에는 많은 관심을 쏟지만[34] 섹스가 "왜" 존재하는지는 무시하기 일쑤다.[35] 그 결과 섹스라는 주제와 섹스를 더 잘하는 법에 대한 자료는 기독교 안팎에 부족하지 않지만, 섹스의 더 깊은 의미와 목적에 대한 기독교의 의식적 고찰은 비교적 결핍되어 있다.[36] 그러나 이렇게 올바른 신학적 기초가 부실한 데 따르는 대가가 있다. 섹스에 임하는 사람들 사이에 마음에서 우러난 더 깊은 연합이 상실된다는 것이다. 이는 그리스도인 부부들도 마찬가지다. 제프리 브로밀리(Geoffrey Bromiley)는 *God and Marriage*(하나님과 결혼)에서 이렇게 역설했다.

> 결혼생활의 문제나 이를 해결하려는 시도에 자기중심적으로 매달리는 사람이 너무 많으며 그리스도인들도 예외는 아니다. 결혼의 신학에 힘입어 그들은 하나님 중심의 시각으로 더 큰 정황을 볼 수 있다. 그들의 결혼이 결코 중요하지 않은 것은 아니지만 더 큰 정황의 작은 부분일 뿐이다. 장기적으로 새로운 시각은 새로운 이해를 낳고 새로운 이해는 새로운 행동으로 이어진다.[37]

섹스의 신학도 마찬가지다. 섹스는 우리 삶의 아주 중요한 부분이므로(일부 사람들이 말하는 것만큼 중요하지는 않겠지만) 우리 그리스도인들은 이 요긴한 주제를 신학적으로 고찰하는 게 바람직하다. 우리 삶의 다른 모든 분야처럼 그저 성생활도 그리스도의 주권에 맡기고 싶어서가 아니라 섹스에 대한 하나님의 목적을 올바로 이해하고 싶기 때문이다. 그분의 더 큰 영광과 우리 자신의 유익을 위해서 말이다.[38]

섹스의 목적

섹스의 목적과 더 깊은 의미는 무엇인가? 세상의 답은 섹스가 인간의 쾌락과 만족을 위해 존재한다는 것이다. 섹스는 인간 실존의 중요한 부분이고 하나님의 선물이기는 하지만 결코 우상화되어서는 안 된다. 섹스나 사랑이 인간을 "구원할" 수 있다는 신념은 강력하고 집요하지만 신화에 불과하다. 영화 "타이타닉"의 여주인공 로즈는 자신의 연인에 대해 말할 때 육체 관계를 내세운다. "그는 인간이 구원받을 수 있는 모든 방식으로 나를 구원했다." 이 말은 귀에 솔깃한 헐리우드 영화의 대사일지는 몰라도 실체와는 전혀 무관하다. 성경에 나와 있듯이 **하나님은** 사랑이시지만(요일 4:8) 사랑은 하나님이 아니다. 사실 섹스가 숭배의 대상이 되면 우상으로 변질되고, 현실성 없이 높은 기대가 낳은 확실한 피해자가 된다.[39]

반면에 성경이 가르치는 섹스는 하나님의 영광을 위해 인생을 살아야 하는 인간의 소명의 일부다. 따라서 우리 삶의 모든 영역과 마찬가지로 섹스도 "하나님을 섬기는 데" 쓰여야 한다.[40] 그렇기 때문에 섹스의 목적은 자아의 만족이나 개개의 부부를 초월한다. 섹스의 기원은 하나님의 마음과 창조 목적에 있으며, 따라서 섹스는 그분을 지향해야 한다. 앞서 살펴보았듯이 본래 결혼은 인간의 인습이 아니라 하나님의 제도이며,[41] 하나님이 설계하신 결혼은 영속성과 신성성, 친밀성, 쌍방성, 배타성을 특징으로 하는 평생의 충실한 언약 관계다. 그러므로 하나님께 드려져 그분의 창조 목적에 부응하는 섹스는 하나님을 영화롭게 하는 통로이자 부부가 점점 더 만족을 경험하는 통로다. 그런 만족은 선하고 신실하신 사랑의 창조주께서 의도하신 방식대로 인생을 살아갈 때 찾아온다.

기독교 시대의 첫 세기 이후 여러 세기 동안 지지를 얻었던 신념이 있다. 누구든지 하나님 앞에서 순결하고 거룩하고 신령해지려면 섹스를 아예 끊고 독신으로 남거나 이미 결혼한 경우라면 금욕해야 한다는 것이었다.[42] 동정(童貞)의 예찬은 기독교 세계에 널리 퍼졌고, 영적으로 뜨겁고 진지한 사람들은 수도원에 은둔하여 하루하루를 조용한 묵상과 고독 속에서 보내는 경우가 많았다.[43] 그러나 앞서 살펴보았듯이 구약성경에 부부 간의 섹스의 아름다움이 기쁘게 선포되어 있고(특히 아가서, 참조. 잠 5:15-19), 마찬가지로 신약성경도 창조주께서 정하신 기준 안에서 누리기만 한다면 섹스를 포함하여 하나님이 지으신 모든 것이 선하다고 칭송한다.[44]

그러므로 섹스는 하나님이 부부에게 주신 선한 선물이며 그분의 목적에 부합하게 향유되어야 한다. 그렇다면 하나님이 정하신 섹스의 목적이란 무엇인가?[45] 첫 번째 목적은 **번식**이다. 하나님은 인류를 남자와 여자로 지으신 뒤에 그들에게 "생육하고 번성하여 땅에 충만하라, 땅을 정복하라"고 말씀하셨다(창 1:28, 참조. 창 9:1). 따라서 번식은 남녀 인간을 향한 하나님의 창조명령의 일부다. 피임이나 낙태나 불임 때문에 막히지 않는 한 번식은 성적 연합의 자연스러운 결과이기도 하다.[46] 번식을 통해 인류가 확실히 지속되고, 하나님을 위해 이 땅을 경작하라는 그분의 명령이 수행될 수 있다.[47] 요컨대 번식으로 이어지는 섹스는 인류를 향한 하나님의 계획에 없어서는 안 될 역할을 한다. 그야말로 진정한 의미에서 "하나님을 섬기는 섹스"다.

섹스의 두 번째 목적은 부부 사이의 **관계적이고 사회적인** 차원과 연관된다.[48] 하나님은 여자를 창조하실 때 "사람이 혼자 사는 것이 좋지 아니하니 내가 그를 위하여 돕는 배필을 지으리라"라고 선포하셨다(창 2:18). 이어 그분이 남자의 갈빗대 하나로 여자를 지어 그에게 데려오시자 남자는 "이는 내 뼈 중의 뼈요 살 중의 살이라. 이것을 남자에게서 취하였은즉 여자라 부르리라"라고 탄성을 발했다(창 2:21-23). 이렇듯 성적 요소를 포함하여 남녀 관계는 사람의 외로움을 덜어 주는 동반의 역할을 하며, 그 결과로 남자와 여자는 "한 몸"이 된다(창 2:24).

섹스의 세 번째 목적은 크리스토퍼 애쉬(Christopher Ash)가 말한 "공공선"이다. 그는 이렇게 말했다.

> 공공선은 인간 사회 내의 질서 있고 규제된 성생활의 유익을 포괄한다. 무절제하
> 고 무질서한 성적 행동에는 규제가 필요하다. 가정의 파경, 파괴적 질투, 원망, 원
> 한, 상처 등 값비싼 사회적 비용과 개인적 비용을 수반하기 때문이다. 반면에 질
> 서 있는 행동은 장려되어야 한다. 그 유익이 부부를 넘어 자녀와 이웃, 사회의 더
> 넓은 관계망으로 뻗어나가기 때문이다.[49]

이 불신 세상의 섹스는 타락으로 인해 부정하게 훼손되고 오염될 때가
많다. 이 부정함은 단지 외적 도덕 기준을 어긴 결과가 아니라 결국 인간의
마음의 죄성에서 비롯된다. 예수는 산상수훈에서 천국의 비전을 제시하실
때 "마음이 청결한 자"가 어느 날 하나님을 본다고 하셨고(마 5:8), "음욕을
품고 여자를 보는 자마다 마음에 이미 간음하였느니라"라고 역설하셨다(마
5:28, 참조. 욥 31:1; 시 119:9).[50] 그러므로 누구든지 순결한 섹스를 원하는 사람
은 마음이 정결해야 한다. 그래야 첫 부부를 향해 품으셨던 창조주 하나님
의 이상을 경험할 수 있다. "아담과 그의 아내 두 사람이 벌거벗었으나 부
끄러워하지 아니하니라"(창 2:25, 참조. 시 51:10).

결혼의 공적 차원과 관련하여 적어도 세 가지 이유에서 공적 규제가 필
요하다.[51] 첫째는 타락한 인간에게 무질서하다 못해 때로 제멋대로 성욕을
충족시키려는 성향이 있기 때문이다. 특히 남자들이 이 부분에서 생각과
행동을 잘 절제하지 못할 때가 많다. 공적 규제가 없는 한 그들은 부적절한
성적 행위들을 범할 수 있다. 둘째로, 공적 규제가 필요한 이유는 성적 흥분
의 원리 때문이다. 구약에는 벗은 몸을 드러내지 말라는 경고가 반복된다
(예. 겔 16:36, 23:18). 그러려면 여자들 쪽에서 단정해야 하고, 몸의 공공연한
노출을 막는 공적 제한이 필요하다. 셋째로, 올바른 목적을 위해 성관계를

규제해야 한다. 이는 매매춘의 금지에 중요한 의미를 지닌다.[52]

끝으로, 섹스의 목적은 놀라운 **쾌락**이다. 특히 부부가 평생의 충실한 연합 속에서 섹스를 즐길 때 그렇다. 성적 자극과 절정, 성적 만족은 하나님이 인류에게 은혜로 주시는 선물이므로 부끄러움이나 죄책감, 두려움 없이 감사하며 누리면 된다. 부부의 섹스는 깊고 헌신적인 애정과 사랑에 대한 최고의 육체적 표현이다.

실제적 지침

일부일처의 결혼에서 남편과 아내는 "한 몸을 이"루어 "벌거벗었으나 부끄러워하지 아니하"는 놀라운 특권을 누린다(창 2:24-25). 섹스는 우리 창조주의 가장 놀랍고 유쾌한 선물 중 하나이며, 그리스도인의 자유와 사랑 안에서 향유되어야 할 선물이다. 그러나 제기되는 의문이 있다. 섹스에 넘지 못할 선이 있는가? 섹스에 대한 신학과 성경 전반의 도덕성에 기초하여 용인될 수 있는 것과 그렇지 못한 것이 있는가? 다음 목록은 린다 딜로우(Linda Dillow)와 로레인 핀투스(Lorraine Pintus)의 유익한 책《친밀한 하나됨》(이마고 데이)에서 다듬은 것이다.[53] 이 저자들은 그리스도인의 성생활에 용인될 수 없는 것 열 가지를 꼽았다.

1) 음행. 매춘부와의 섹스(고전 6:13, 15-16)와 간음(마 5:32) 등을 포함하여 부부 관계 바깥에서 벌어지는 모든 종류의 성생활이나 성관계를 총망라한다(고전 7:2; 살전 4:3).

2) 간음. 배우자가 아닌 사람과의 성관계로 십계명에 금지되어 있다(출 20:14, 참조. 17절; 신 5:18). 구약 시대에 간음은 사형에 처해야 할 죄였다(레 20:10). 예수는 간음의 정의를 확대 내지 어쩌면 명료화하여, 남자가 마음속에 여자를 향한 불순한 음욕의 생각을 품는 것까지 포함시키셨다(마 5:28).

3) 동성애. 남자끼리든 여자끼리든 동성애 행위는 성경 전체에 금지되어 있다. 이는 인류를 남자와 여자로 지으신 하나님의 창조에 어긋나며, 따라서 "순리대로…쓰기를 버리"기 때문이다(레 18:22, 20:13; 롬 1:27; 고전 6:9; 딤전 1:10). 이 주제에 대한 광범위한 논의는 이 책 10장을 참조하라.

4) 부정함. 이것은 타락한 생활과 도덕적 더러움 내지 불결함을 가리킨다(약 1:21; 계 22:11). 이런 생활방식에 빠져 있는 사람들은 더럽게 오염되어 있다(딛 1:15; 벤후 2:10). 부정한 마음과 생각은 성적 부도덕을 낳으며, 이는 도덕적 타락과 하나님의 심판을 보여 주는 증거다(롬 1:24).

5) 방탕. 부부가 다른 부부(들)와 함께 성적 방탕에 동참하는 것은 부적절한 일이며 죄다. 앞서 말한 원칙 1)과 2)와 4)에 어긋나기 때문이다. 신약에서 밝히고 있듯이 방탕은 불경한 세속적 생활방식의 빼놓을 수 없는 일부이며 흔히 과음이 수반된다(롬 13:13; 벧전 4:3). 이 금령에는 모든 종류의 공개적 섹스나 관음증도 포함된다.

6) 매매춘. 매춘부와의 성생활로 대개 돈을 주고 이루어진다. 이는 성경의 명백한 기준에 어긋나며 따라서 성경에 일관되게 단죄되어 있다(레 19:29; 신 23:17; 잠 5:1-23; 7:4-27; 고전 6:18).

7) 음욕. 부부 간의 서로를 향한 강한 성욕을 가리키는 말이 아니다. 그것은 하나님이 주신 것이다. 음욕은 배우자가 아닌 사람을 향한 무차별하고 무절제한 성욕을 가리킨다(마 5:28; 막 7:21-22; 롬 1:26-27; 엡 4:19). 무턱대고 오감을 만족시키는 색욕도 포함된다(갈 5:16, 24; 살전 4:5; 계 18:9). 기혼자든 미혼자든 각종 포르노를 사용하는 것 역시 당연히 금지된다.

8) 남색. 구약에서 남색(*sodomy*)은 남자와 남자의 성생활을 지칭한다(창 19:5-7; 레 18:22, 20:13, 참조. 유 1:7).[54] 현대 영어에서는 이 단어가 남자와 남자 사이 또는 인간과 동물 사이의 순리에 어긋나는 성관계를 뜻한다.[55]

9) 음담패설과 부적절한 성적 언어. 바울은 에베소서 5장 3-4절에 이렇게

말했다. "음행과 온갖 더러운 것과 탐욕은 너희 중에서 그 이름조차도 부르지 말라…누추함과 어리석은 말이나 희롱의 말이 마땅치 아니하니"(참조. 엡 4:29, "무릇 더러운[즉 썩거나 부패한] 말은 너희 입 밖에도 내지 말고").

10) 근친상간. 성경은 가족이나 친척과의 성행위를 일절 금한다(레 18:7-18, 20:11-21; 고전 5:1).

그밖에도 다음의 일반 원리들이 유익한 지침이 될 것이다. 이를 바탕으로 부부는 성생활과 관련하여 하나님께 용인되는 것과 그렇지 않은 것을 분별할 수 있다.[56] (1) 이 특정한 성적 행위나 활동은 성경에 금지된 것인가? 성경의 도덕 원리에 어긋나는가? 만일 그렇지 않다면 이는 그리스도인에게 선택의 자유로 주어진 문제일 수 있다(고전 6:12). (2) 이 특정한 성적 행위나 활동은 이로운 것인가, 해로운 것인가? 만일 해롭다면 당연히 삼가야 한다(고전 6:12). "이롭다"거나 "해롭다"라는 평가는 신체적·정서적·영적 부분에서 두루 이루어져야 한다. (3) 이 특정한 성적 행위나 활동에 배우자가 아닌 사람이 개입되는가? 만일 그렇다면 그것은 잘못된 일이다. 성적 행위를 공개적으로 하는 것도 마찬가지다. 기혼자들에게 부부의 침소를 더럽히지 말라고 성경이 명했기 때문이다(히 13:4).[57]

결론

그리스도인 부부가 그리스도의 주권 하에 섹스에 임할 때 그들이 경험하는 것은 망가짐이 아니라 온전함이고, 죄책감이 아니라 은혜이며, 한낱 덧없는 일시적 만족이 아니라 진정한 영속적 충족이다. 창조주 하나님을 인정하지 않고 그분의 창조 목적을 존중하지 않으면서 그분의 선한 선물만 누리려

들면 잠깐의 만족밖에 얻지 못한다(참조. 롬 1:18-32). 그러므로 본질상 하나님을 섬기는 섹스는 일부일처의 결혼이라는 보호된 장에서만 가능하다. 크리스토퍼 애쉬가 지적했듯이 "결혼의 올바른 윤리적 정황은 일련의 산발적인 성적 연합의 행위들이 아니라 평생의 충실한 연합이다."[58]

동성애 관계와 혼전 성관계, 간음, 기타 악한 성적 행위 등 성경의 기준을 넘어서는 모든 변질된 성적 표현은 거기서 제외된다. 우리는 부부 관계 안에서 이루어지는 섹스가 왜 옳고 선한지 살펴보았다. 하지만 부부 관계 바깥의 섹스는 왜 나쁜가? 매매춘과 포르노, 기타 성도착이 왜 악한가의 문제는 제한된 지면상 여기서 자세히 다룰 수 없다. 요컨대 답은 이것이다. 그런 모든 행위는 본래 창조주와 남녀 인간 사이에 맺어진 언약적 정황에 어긋난다. 하나님이 설계하신 결혼은 바로 그 정황 속에 놓여 있다.

인간은 비록 타락했어도 여전히 그 안에 하나님의 형상의 흔적이 남아 있다. 하지만 이제 그 형상은 왜곡되었다. 매매춘과 포르노, 기타 성적 죄는 인간성을 말살하고 인간의 품위를 떨어뜨린다. 피조물이 기쁘고 감사하게 누려야 할 창조주의 선하고 은혜로운 선물인 섹스가 오히려 짐과 굴레와 일종의 예속으로 변한다. 그러므로 거기서 해방되어 일부일처의 결혼이라는 장 속에서 기쁘고 순결한 섹스를 누릴 수 있는 사람은 결국 그리스도인들뿐이다. 창조주를 떠나 집요하게 성적 쾌락을 추구하는 사람들은 먼저 구원이 필요한 죄인으로서 그리스도께 나아와야 한다. 그러면 "인간이 구원받을 수 있는 모든 방식으로" 그분이 그들을 구원하실 수 있다.

5.
구약의
가정

지금까지 하나님이 설계하신 결혼을 공부했으니 이제 가정에 대한 성경의 가르침을 고찰할 차례다.[1]

가정이란 무엇인가? 앞장에서 우리는 결혼이 한 남자와 한 여자의 신성한 연합으로, 하나님이 맺어 주시고 그분 앞에서 시작되며(부부가 그것을 인정하는지 여부와 관계없이) 대개 성관계로 완성된다고 정의했다. 그것을 바탕으로 이제 "가정"을 이렇게 정의할 수 있다. 가정이란 **일차적으로 결혼으로 연합한 한 남자와 한 여자**(배우자가 사망하지 않은 한)**에 더하여** (대개) **친자녀나 입양 자녀가 있으며 이차적으로 기타 혈연관계가 있는 사람들이다.**[2] 차차 살펴보겠지만 성경 시대에는 대가족이 큰 가구를 이루어 함께 살았다. 반면에 현대 서구 문화의 가정은 대개 한 집에 사는 핵가족(부모와 자녀)으로 이루어진다.[3]

이제부터 우리는 먼저 고대 이스라엘의 가정 개념을 고찰하고, 구약이 가르치는 아버지와 어머니와 자녀의 역할과 책임을 살펴볼 것이다. 그 후에 부모가 자녀에게 하나님에 대해 교육하는 일이 구약에 얼마나 중요시되는지 알아볼 것이다. 구약의 가족관계 사례들에서도 통찰을 얻을 수 있다. 그 내용은 이번 장 맨 끝에 제시될 것이다.

고대 이스라엘의 가정 개념

이스라엘 민족은 한 조상의 후손이므로 자신들을 대단위의 혈족으로 여겼다.[4] 가정과 관계하여 구약에 나오는 주된 용어는 (1) "백성"(*'am*), (2) "지파"(*šēbeṭ maṭṭeh*), (3) "씨족"(*mišpāḥâ*), (4) "아버지의 집"(*bêt 'ēb*) 등 네 가지다.[5] "백성"은 흔히 이스라엘 민족을 지칭하고, "지파"는 야곱의 열두 아들의 후손인 백성의 부족(部族) 구조를 나타내며, "씨족"은 대개 지파보다 작지만 가정보다는 큰 하부집단을 가리킨다.

우리의 현 취지에 가장 가까운 표현은 네 번째인 "아버지의 집"이다(*bêt 'āb*를 직역한 말로 히브리어의 "가정"에 해당한다. 예컨대 참조. 삿 17-18장). 현대 서구 개념의 핵가족이 부부와 자녀로 이루어지는 것과 달리 고대 이스라엘의 가구는 부부의 기혼 자녀들의 가족, 아직 미혼인 아들딸, 남녀 품꾼, 노예 일가 등을 모두 포괄하는 대가족이었다.

아버지의 역할과 책임

대니얼 블록(Daniel Block)이 지적했듯이 대부분의 고대 근동 문화들과 마찬가지로 이스라엘의 가정도 **부계**(정식 가계가 아버지의 혈통을 따른다), **시집살이**(결혼한 여인은 남편 집안의 식구가 된다), **가부장제**(아버지가 집안을 주관한다)로 이루어졌다.[6] 흔히들 고대 이스라엘의 가정 구조를 "가부장제"(patriarchy, "아버지의 지배")라는 말로 기술하지만 블록에 따르면 "아버지 중심"(patricentrism)이라는 표현이 이 제도에 더 적합할 수 있다. 거기에는 몇 가지 이유가 있다. 첫째로, 페미니즘에서 가부장제라는 말에 부정적 어감을 덧입혀 권력남용이 없는 형태의 가부장제까지도 영영 나쁜 것으로 만들어 버렸다. 둘째로, "이스라엘의 가장의 역할을 보는 성경의 규범적 시각"이 "아버지 중심"이라는 말로 더 잘 대변된다.[7] 가정생활은 바큇살처럼 아버지를 중심으로 하여 밖으로 뻗어나갔다. 지역사회는 아버지를 중심으로 세워졌고 모든 면에 아버지의 흔적이 배어 있었다.[8] 셋째로, 아버지가 집안을 다스린 것은 논의의 여지가 없지만, 구약의 초점이 아버지의 권력에 맞추어진 경우는 거의 없다(창 3:16에서 보듯이 남자의 올바른 권위 행사는 전복되었다). 건강한 집안의 아버지이자 남편은 폭군이나 독재자 노릇을 한 게 아니라 대개 가족들의 신임과 안심을 자아냈다(참조. 욥 29:12-17; 시 68:5-6).[9] 요컨대 정말 강조된 것은 주로 아버지의 지위에 따르는 권력과 특권이 아니라 머리 역할에 따르는 책임이었다.

블록은 고대 이스라엘에서 아버지의 주된 책임을 다음과 같이 아홉 가지로 꼽았다.[10]

- 직접 솔선하여 여호와께 엄격히 충성을 다한다.[11]
- 가족들을 이끌어 민족의 절기를 지키고 이스라엘의 구원에 대한 기억을 되새긴다.[12]
- 가족들에게 출애굽의 전통과 성경을 교육한다.[13]
- 율법에 따라 토지를 관리한다(레 25장).
- 가족들에게 기본적으로 필요한 의식주와 안식을 공급한다.
- 외부의 위협에 맞서 집안을 보호한다(예. 삿 18:21-25).
- 시민들의 공식 집회에서 장로로 섬기며 집안을 대변한다(룻 4:1-11).
- 가족들의 안녕과 가정의 조화로운 운영을 유지한다.
- 씨족이나 지파 차원에서 결정된 사항을 이행한다.

아내(들)를 향한 책임 외에도[14] 아버지에게는 자녀를 향한 의무도 있었다. 블록이 지적했듯이 다음과 같은 목록을 보면 고대 이스라엘의 아버지의 역할을 "가부장적"이라 규정하여 권위의 행사(나 심지어 남용)에 주로 또는 전적으로 강조점을 두는 것이 부적절한 처사임을 알 수 있다.[15] 우선 아

들을 향한 아버지의 책임에는 다음 사항들이 포함되었다.[16]

- (아내와 함께) 자녀의 이름을 짓는다.[17]
- 맏아들을 하나님께 바친다.[18]
- 생후 8일째에 아들에게 할례를 행한다(창 17:12, 21:4; 레 12:3).
- 아들을 즐거워하고 긍휼히 여기고 사랑한다.[19]
- 아들의 영적 성장을 촉진한다. 아들 앞에서 직접 솔선하여 하나님과 성경에 깊이 헌신한다. 아들에게 구원과 언약의 전통과 성경을 교육한다. 아들의 영적 헌신을 공적으로 증언한다.[20]
- 자신의 도덕적 품행을 잘 간수하여, 아들을 죄에 끌어들이는 일이 없게 한다(출 20:5; 신 5:9).
- 아들을 지혜의 길로 교육한다. 인생과 직업에 대비하여 아들의 성품과 기술을 길러 준다. 아들에게 아버지의 발자취를 따르도록 가르친다(잠 1-9장).
- 잘못을 범한 아들을 훈육한다. 기어이 말을 듣지 않으면 아들을 지역 사회의 지도자에게 데려가 징계를 받게 한다.[21]
- 특히 유산과 관련하여 가사를 사려 깊게 관리한다. 그리하여 세대교체가 원활히 이루어지게 한다.
- 적합한 신붓감에게 아들의 결혼을 중매한다(창 24장; 삿 14장).
- 죽기 전에 아들을 축복한다(창 27장, 48-49장)

구약의 관점이 대체로 남성 지향적이다 보니 딸을 향한 아버지의 의무는 그보다 가짓수가 적다.[22]

- 딸을 남성 "약탈자들"로부터 보호하여 처녀로 결혼하게 한다. 그리하

여 아버지의 이름을 명예롭게 하고 남편에게 순결한 몸으로 가게 한다
(참조. 출 22:16-17; 신 22:13-21).

- 적합한 남편감을 찾아 딸의 결혼을 중매하고 적절히 준비한다.[23]
- 지참금을 보내 딸의 생활을 어느 정도 안정시켜 준다(참조. 창 29:24, 29).
- 경솔한 서원을 하지 못하게 딸을 보호한다(민 30:2-15).
- 결혼에 실패한 딸을 안전하게 지켜 준다.[24]
- 딸에게 성경을 교육한다.[25]

어머니의 역할과 책임

구약에 누누이 나와 있듯이 고대 이스라엘에서 아내이자 어머니는 지위가 높았다. (1) 창세기 1-2장에 보면 여자도 남자처럼 하나님의 형상대로 지음 받았다(창 1:27). (2) 땅을 정복하고 다스리는 일은 남녀의 공동 책임이다 (창 1:28). (3) 여자는 남자의 종이나 노예가 아니라 "돕는 배필"로 남자 옆에 놓였다(창 2:18, 20). (4) 여자가 남자의 갈빗대로 지어졌다는 사실에는 여자가 남자의 마음에 가깝고 소중하다는 개념이 있을 수 있다(창 2:22). (5) 히브리어로 된 여자의 이름을 보면 여자는 남자와 대등한 짝이다(창 2:23). (6) 한 몸의 연합도 부부가 가깝고 친밀한 관계임을 강조해 준다(창 2:24-25). 그러나 동시에 아내이자 어머니는 분명히 역할 면에서 남편이자 남자 가장에게 종속되었다.[26]

블록은 고대 이스라엘의 집안에서 아내이자 어머니가 존엄성과 영향력을 지닌 존재였다는 증거를 다음과 같이 제시했다.[27]

- 남자와 여자는 결혼 전에 구애할 때나 결혼 후에 성관계를 할 때나 서

로를 상호 보완의 차원에서 대했다(아가서).

- 아내이자 어머니가 종종 자녀의 이름을 지었다.[28]
- 십계명의 제5계명에 자녀는 아버지와 **어머니**를 공경하도록 규정되어 있다.[29]
- 결혼할 때 딸의 처녀성에 의문이 제기될 경우 아버지와 어머니가 함께 일어나 딸을 변호했다.
- 구약의 지혜서에 보면 어머니와 아버지가 가르치는 지혜가 각각 대구를 이룰 때가 많다(잠 1:8, 6:20).[30]
- 잠언 31장의 현숙한 여인은 주도권과 창의력과 에너지를 뿜어낸다. 그녀는 남편에게 종속되었지만 남편의 노예는 아니었다.
- 여자는 긍정적인 쪽으로든 부정적인 쪽으로든 남편에게 큰 영향력을 행사할 때가 많았다.[31]
- 여자는 지역사회의 공식 지도자 직분에서 제외되었으나 간혹 특별히 선지자 직분에 지명되었고 종교적 업무에 동참했다.[32]

고대 이스라엘에서 여자의 안전을 크게 위협한 요소는 일부다처제와 이혼과 과부가 되는 일이었다.[33] 흔히들 고대 이스라엘의 여자는 법적 지위가 없이 아버지나 남편의 법적 재산으로 취급되었다고 주장한다. 그러나 대니얼 블록은 그게 사실이 아님을 설득력 있게 논증한다. 그는 철저한 연구 끝에 이런 결론을 내렸다.

고대 이스라엘의 여자를 남편이나 아버지의 재산으로 보는 시각은 근본적 오류다. 권위와 소유권, 법적 부양과 예속, 기능적 종속과 소유물을 구분하지 못하는 행위다. 물론 성경 저자들의 일관되고 명백한 아버지 중심의 세계관을 부인할 수는 없다. 하지만 그렇다고 남자의 권위 아래 있는 사람들이 재산으로 간주되었다는 뜻은 아니다. 반대로 남편과 아버지는 성경 전체의 급진적 이상(理想)인 섬기는 종에 걸맞게 가족들의 안녕을 염두에 두고 권위를 행사해야 했다.[34]

자녀를 향한 어머니의 책임은 잠언 31장에 잘 요약되어 있듯이 의식주를 공급하는 일이었다.[35] 아이가 태어나면 어머니는 탯줄을 자르고 목욕을 시켜 아기를 포대기에 쌌다(참조. 겔 16:3-4). 인생의 첫 10년 동안 자녀는 어머니의 특별한 관심사였다. 고대 이스라엘에서는 가정이 교육의 중심지였으므로 어머니의 모본과 교육은 매우 중요했다. 자녀가 청소년기에 이르면 아버지와 함께 보내는 시간이 점점 많아졌지만, 그래도 어머니의 영향력이 더 이상 느껴지지 않은 것은 아니다. 어머니는 또 딸이 장차 아내와 어머니 역할을 잘 감당하도록 딸을 훈련시켰다. 그 일이 더욱더 중요했던 것은 딸이 결혼을 하면 부모의 집을 떠나 남편의 집에 속했기 때문이다. 그럼에도 어머니는 딸의 삶의 궤적을 계속 따라갔고, 손자 손녀의 출생을 보는 일은 특별한 복과 낙으로 통했다(예. 룻 4:14-16). 어머니는 집안의 품꾼과 노예를 관리할 책임도 있었다.[36]

번식

번식은 하나님이 설계하신 결혼의 필수적 부분으로 간주되었다.[37] 태초에 창조주께서 최초의 인간 부부에게 "생육하고 번성하여 땅에 충만하라"고 명하셨다(창 1:28, 참조. 9:1, 7, 35:11). 본래 남남이던 두 사람이 부부가 되어 "한 몸"으로 연합하면(창 2:24) 연합의 가시적 결과가 자녀로 나타난다. 따라서 구약 시대에 불임은 대개 하나님이 외면하신 결과로 여겨진 반면(예. 창 29:31) 자녀는 하나님의 선물과 복으로 받아들여졌다(예. 창 13:16, 15:1-

6; 출 23:25-26; 시 127:3-5, 128:3-6).[38] 야곱을 향한 라헬의 절규도 그런 징후였다. "내게 자식을 낳게 하라. 그렇지 아니하면 내가 죽겠노라"(창 30:1, 참조. 창 30:22-23, 아울러 창 16장과 21:1-17의 사라, 삼상 1장의 한나, 눅 1:6-7과 25의 엘리사벳의 곤경도 참조하라). 불임이 걷히면 곧 하나님께 받은 치욕이 풀린 셈이었고 주께서 "생각하신" 것으로 통했다(창 30:22-23; 삼상 1:19-20). 요컨대 구약은 자식이 없는 부부를 차별하지 않으면서도 일반적으로 결혼하여 자녀를 낳는 것을 하나님께 지음 받은 남녀의 당연한 삶으로 보았다.[39]

자녀의 역할과 책임

구약에서 자녀에 해당하는 가장 흔한 단어들은 "아들"(bēn), "딸"(bat), "태아, 남아, 청년"(yeled), "여아"(yaldâ), "씨"(zera') 등이다. 구약에는 또한 유년기(복중의 아기, 갓난아기, 젖먹이와 젖 뗀 아이 등의 단어를 포함한다)와 청소년기(사춘기 자녀와 가임 연령의 젊은 남녀를 포함하며 후자는 특히 잠언에 나온다)를 지칭하는 단어들이 단계별로 아주 다양하게 등장한다.[40] 유년기는 생후 1개월부터 5세까지, 청소년기는 5세부터 20세까지로 간주되었다(레 27:1-7).[41]

고대 이스라엘의 자녀들은 귀히 여김을 받았는데(유년과 청소년을 가리키는 다양한 어휘에도 그것이 반영되어 있다) 그 원인을 몇 가지 요인과 확신에서 찾을 수 있다.[42] (1) 모든 인간이 하나님의 형상대로 지음 받았다고 믿었다(창 1:27, 시 8편). (2) 자녀를 통해 인류가 존속되며 땅을 정복하고 다스리라 하신 하나님의 명령이 수행된다고 보았다(창 1:26, 5장, 9:18-19). (3) 임신을 궁극적으로 하나님이 역사하신 결과이며 따라서 하나님의 은총의 표시로 여겼다(반대로 불임은 하나님이 외면하신 표시로 간주되었다).[43] (4) 자녀를 중요한 경제적 자산으로 보았다. (5) 어떤 의미에서 자녀를 통해 부모의 삶이 지속된다고 믿었다(그래서 최악의 운명은 자신의 "씨"가 끊어져 "이름"이 소멸되는 것이었다, 참조. 삼상 24:21; 삼하 14:7; 시 37:28; 사 14:20-21).

특히 장자(bĕkōr)는 특권을 지닌 상속자로 매주 존중되었다.[44] 맏아들은 하나님의 소유로 인정되었고 특별한 예식을 통해 그분께 바쳐졌다. 할례도 매우 중요한 종교 의식으로 언약의 징표의 역할을 했다. 할례는 생후 8일째에 남자 아기들에게 시행되었다(창 17장). 그밖에는 고대 이스라엘에 청소년의 삶의 사건에 맞춘 일률적 의식은 없었다. 청소년에게 지혜와 분별력을 훈련시키는 멋진 모습을 잠언에서 엿볼 수 있는데, 이 주제에 대해서는 아래에 따로 살펴볼 것이다.

유년과 청소년 자녀의 첫째이자 가장 중요한 책임은 부모를 공경하는 것이었다. 이 의무의 중요성은 수많은 방식으로 강조되었다.[45]

- 부모를 공경한다고 말할 때 쓰인 단어들이 다른 곳에서는 하나님 자신을 경외한다는 뜻으로 쓰였다.[46]
- 부모를 공경하는 일은 민족의 근간을 이루는 원리이며 십계명에 언급된 수평적 언약 원리들 중 첫 번째다(출 20:12; 신 5:16).
- 부모를 공경하라는 명령은 아버지와 어머니를 둘 다 공경하라는 뜻이다.[47]
- 이 명령에는 조건이나 제한, 종료가 없다.
- 부모를 공경하는 사람에게는 하나님의 복과 장수가 약속되어 있다(참조. 엡 6:1-3).
- 레위기의 성결법에서 부모를 공경하라는 명령이 가장 중요하다.
- 이후의 율법에 보면 부모를 멸시하는 일은 사형에 해당하는 죄다.
- 에스겔은 부모를 무시한 죄를 BC 586년의 예루살렘 멸망과 성전 소실

의 한 이유로 꼽았다.

고대 이스라엘에서 자녀의 두 번째 책임은 나이에 따라 여러 가지 방식으로 집안일을 거드는 것이었다. 그런 활동이 전개되던 전형적 방식들을 블록이 잘 묘사했다.

5-6세의 남녀 아이들은 푸성귀를 뜯고 땔감을 모으고 식후에 뒷정리를 했다. 청소년기에 이르면 가사가 성별로 나뉘었다. 남자들에게는 더 힘들고 위험한 노동(사냥, 가축을 다루는 일, 소와 양을 잡는 일)이 할당되었고, 여자들에게는 살림에 필요한 특수한 기술(채소 수확, 음식 준비, 실잣기, 뜨개질, 아기를 돌보는 일)을 훈련시켰다(참조. 잠 31:10-31).[48]

더 나이가 든 자녀의 책임에는 "계대결혼"을 통해 가문의 족보를 순수하게 보존하는 일도 포함되었다. 계대결혼이란 아들 없이 죽은 남편의 과부와 고인의 형이나 동생 사이의 결혼을 말한다(즉 고인의 형이나 동생이 과부와 결혼해야 했다, 신 25:5-10). 또 자녀들은 노년의 부모를 봉양할 책임이 있었다. 무자함이 상당한 불안을 야기한 데는 그런 이유도 있다. 그밖에 자녀들은 부모나 조부모 외의 다른 노인들도 공경해야 했다.[49]

자녀에게 하나님에 대해 가르치는 일의 중요성

메시지의 전수(율법서, 역사서, 시편)
이스라엘 백성이 출애굽 여정에 오른 후에 하나님이 그들에게 계시를 주셨는데, 모세는 그들이 약속의 땅에 들어가기 전에 그 계시를 상기시켰다. 그 내용에는 십계명(신 5:6-21)을 비롯한 율법(신 4:1-14, 특히 9절), 쉐마("이스라엘아, 들으라, 우리 하나님 여호와는 오직 유일한 여호와이시니," 신 6:4), 지상계명("너는 마음을 다하고 뜻을 다하고 힘을 다하여 네 하나님 여호와를 사랑하라," 신 6:5) 등이 포함된다.[50] 이어 이스라엘 백성은 다음과 같은 명령을 받았다.

오늘 내가 네게 명하는 이 말씀을 너는 마음에 새기고 네 자녀에게 부지런히 가르치며 집에 앉았을 때에든지 길을 갈 때에든지 누워 있을 때에든지 일어날 때에든지 이 말씀을 강론할 것이며 너는 또 그것을 네 손목에 매어 기호를 삼으며 네 미간에 붙여 표로 삼고 또 네 집 문설주와 바깥 문에 기록할지니라(신 6:6-9, 참조. 신 4:9).

약속의 땅에 들어가서도 이스라엘 백성은 자기들을 이집트의 속박에서 구해 내신 주님을 잊어서는 안 되었다. 하나님을 시험하지 말고 부지런히 그분의 계명을 지키며 "여호와께서 보시기에 정직하고 선량한 일을 행"해야 "복을 받"을 수 있었다(신 6:12, 16-18). 그뿐 아니라 "후일에 네 아들이 네게 묻기를 우리 하나님 여호와께서 명령하신 증거와 규례와 법도가 무슨 뜻이냐 하거든" 이스라엘 백성은 하나님의 구원과 계시를 증언해야 했다(신 6:20-25). 이것은 일찍이 모세가 출애굽 도중에 유월절을 제정한 직후에 지시했던 내용과 일치한다. 그때 이스라엘 백성은 하나님이 민족을 구원하셨다는 메시지를 후손에게 전수하라는 명령을 받았다(출 13:14). 여호수아도 요단 강을 건넌 후에 비슷한 의식을 품고, 하나님의 구속 행위의 의미가 후대에 전수되게 했다.

후일에 너희의 자손들이 물어 이르되 이 돌들은 무슨 뜻이냐 하거든 그들에게 이르기를 요단 물이 여호와의 언약궤 앞에서 끊어졌나니 곧 언약궤가 요단을 건널 때에 요단 물이 끊어졌으므로 이 돌들이 이스라엘 자손에게 영원히 기념이 되리라 하라(수 4:6-7, 참조, 4:21-22).

시편 기자도 자녀에게 하나님에 대해 가르치는 일의 중요성을 강조했다. 그는 하나님이 옛날에 행하신 일을 자손들에게 숨기지 않고 "여호와의 영예와 그의 능력과 그가 행하신 기이한 사적을 후대에 전하"기로 다짐했다 (시 78:4). 그가 자손에게 말해 줄 법도는 "여호와께서…우리 조상들에게 명령하사 그들의 자손에게 알리라 하셨으니 이는 그들로 후대 곧 태어날 자손에게 이를 알게 하고 그들은 일어나 그들의 자손에게 일러서 그들로 그들의 소망을 하나님께 두며 하나님께서 행하신 일을 잊지 아니하고 오직 그의 계명을 지켜서 그들의 조상들 곧 완고하고 패역[한]…세대와 같이 되지 아니하게 하려 하심"이었다(시 78:5-8). 이렇듯 하나님의 길과 뜻은 대대로 전수되어야 한다. 그래야 자손들이 조상의 죄를 통해 배울 수 있고, 하나님의 능력과 영광이 알려질 수 있다.

구약의 율법서와 역사서와 시편에는 부모(특히 아버지)가 자녀에게 신앙 유산을 전수해야 한다는 인식이 속속들이 배어 있다. 그분의 백성인 이스라엘을 향한 하나님의 명백한 뜻은 오늘도 여전히 교회에 속한 그분의 백성을 향하고 있다. 그리스도인 부모들은 자녀에게 신앙의 유산을 물려줄 중대한 의무를 위임받았다.[51] 이 유산의 핵심은 죄로부터 하나님께 구원받은 본인의 경험, 주 예수 그리스도를 통한 하나님의 계시, 주께서 십자가에서 우리를 위해 죽으신 일 등이다. 그리스도인 부모들은 기회가 있을 때마다 이런 가장 중요한 내용을 자녀에게 말해 주어야 하고, 그동안 하나님이 자녀에게 행하신 일들에 대한 자신의 감사를 그들에게 표현해야 한다. 물론 자녀의 삶에 주일학교 교사들과 기타 중요한 사람들도 있겠지만, 자녀의 신앙 교육은 일차적으로 하나님이 부모에게 맡기신 책임이므로 부모는

결코 그 책임을 저버려서는 안 된다.[52]

아이에게 가르치라(잠언)

자녀 양육에 대한 잠언의 가르침은 유명한 다음 구절에 가장 잘 압축되어 있을 것이다. "마땅히 행할 [그의] 길을 아이에게 가르치라. 그리하면 늙어도 그것을 떠나지 아니하리라"(잠 22:6). 이것을 하나님의 약속으로 생각해서는 안 되지만, 삶 속에 흔히 벌어지는 일을 예리하고 틀림없게 관찰한 결과인 만큼 진지하게 받아들여야 한다.[53] 물론 자녀가 갈 길은 결국 본인이 결정한다. 하지만 장성한 자녀는 십중팔구 어렸을 때 보았던 길을 따르는 경향이 있다. 그래서 부모의 훈육과 교육이 그토록 중요하고, 성장기의 자녀에게 권위를 존중하고 순종하는 자세를 길러주어야 하는 것이다.[54]

잠언에 따르면 부모의 성경적 교육의 목적은 아들과 딸 안에 여호와를 경외하는 마음(그것이 지혜의 근본이다, 1:7)과 지혜를 심어 주는 것이다.[55] 지혜로운 자녀는 부모에게 큰 기쁨과 즐거움을 안겨 주지만(23:24-25, 29:3, 17) 미련한 자녀는 부모에게 근심(10:1)과 수치(28:7)와 심하면 재앙(19:13)을 불러온다. 본질상 청소년은 지혜의 길과 미련한 길 중에서 양자택일해야 한다. 본래 아이들은 어리석어 교육이 필요하며(1:22) 분별력과 지식이 없어 잘 속는다(14:15). 그래서 성품이 단련되지 않으면 나쁜 영향을 받기 쉽고 (9:16) 잘못을 고쳐 주지 않으면 처음의 순박했던 무지가 본격적인 우매함으로 발전한다(14:18). 성경적 지혜를 적절히 교육하면 그것을 면할 수 있다.

지혜의 가치는 다방면으로 나타난다. 자녀에게 지혜를 교육하는 것은 곧 생명을 주는 것과 같다. 지혜는 청소년을 음녀의 계략으로부터 구해 준다 (2:16-19, 5장, 6:20-35, 7장, 22:14, 23:26-28, 31:3). 지혜는 또 청소년을 부모의 훈육과 징계에 복종하도록 이끌어 준다(히 12:5-6에 인용된 3:11-12, 15:32, 23:13-14). 창조 질서의 일부(8:22-31)인 지혜는 사실 그들의 생명 자체다(4:13). 즉 지혜는 마음 상태일 뿐만 아니라 실제로 위험과 심지어 죽음으로부터도 사람을 보호해 준다. 그러므로 본질상 청소년이 부모에게 배워야 할 것은 자기를 의지하거나 잘못된 역할 모델이나 영향력을 따르지 않고, 마음을 다하여 주를 신뢰하고 범사에 그분을 인정하는 것이다(3:5-6).

부모는 솔선수범과 명백한 교육을 통해 어린이 및 청소년 자녀에게 다음의 여러 가지 긍정적 태도를 가르쳐야 한다.[56]

- 근면함과 부지런함(6:6-11, 11:27, 12:24, 13:4, 15:19, 18:9, 19:24, 20:4, 13, 21:5, 22:13, 26:13-16)
- 정의(11:1, 16:11, 17:23, 20:10, 23, 31:8-9)
- 인자함(11:17)
- 너그러움(11:24, 19:6)
- 절제, 특히 말(12:18, 13:3, 21:23)과 분노(14:17, 29, 15:18, 16:32, 19:11, 참조. 25:28)의 절제
- 의(12:21, 28, 14:34)
- 진실성과 정직성(12:22, 16:13, 24:26)
- 친구(13:20, 18:24)와 특히 배우자(18:22, 31:10-31)를 신중히 선택함
- 조심성과 슬기로움(14:16, 27:12)
- 온유함(15:1, 4)
- 자족(15:16-17, 16:8, 17:1)
- 온전한 성품(15:27, 28:18)
- 겸손함(16:19, 18:12, 22:4)
- 친절함(16:24)
- 솔직함(16:30, 17:20)
- 자제력(17:14, 27-28, 18:6-7, 29:20)

- 우정(17:17)을 비롯한 범사(28:20)에 성실함

- 정결함(20:9, 22:11)

- 옳고 선한 길을 힘껏 추구함(20:29)

- 능숙한 일솜씨(22:29)

- 인내(25:15)

부정적인 면에서 부모는 자녀에게 쾌락을 좇는 생활방식(21:17)과 특히 흥청망청한 주연과 식탐과 과음(23:20-21, 28:7)을 삼가도록 가르쳐야 한다. 유년과 청소년은 교만하거나 우쭐대지 않도록 배워야 한다(21:24). 그러기 위해 부모는 적절한 훈육(징계)을 시행해야 하고 자녀는 거기에 복종해야 한다. "내 아들아, 여호와의 징계를 경히 여기지 말라. 그 꾸지람을 싫어하지 말라. 대저 여호와께서 그 사랑하시는 자를 징계하시기를 마치 아비가 그 기뻐하는 아들을 징계함 같이 하시느니라"(3:11-12, 참조. 13:1). 훈육에는 체벌도 포함된다. "매를 아끼는 자는 그의 자식을 미워함이라. 자식을 사랑하는 자는 근실히 징계하느니라"(13:24, 참조. 22:15, 23:13-14). 아이를 제멋대로 행하게 두면 부모가 뻔히 욕을 당할 일밖에 없다(29:15). 오늘날 체벌을 "심각한 문제"로 (심지어 "유해한 교육법"으로) 보는 사람들이 있다.[57] 그러나 하나님의 감동으로 기록된 성경의 잠언에는 (체벌을 포함한) 징계가 지혜의 일부로 제시되어 있다. 따라서 오늘의 그리스도인 부모들은 적절한 체벌을 배제해서는 안 된다.[58]

구약의 가족관계 사례들에서 얻는 통찰

앞서 말했듯이 성경에는 자녀 양육의 좋고 나쁜 사례가 가득하다. 이 또한

"우리의 본보기가 되"므로 우리는 거기서 배워야 한다(참조. 고전 10:6). 예컨 대 이삭의 아내 리브가는 둘째 아들 야곱을 편애하여 아버지의 복이 맏아 들에서 대신 야곱에게 돌아가게 만들었다(창 27장). 반면에 선지자 사무엘 의 어머니 한나는 하나님께 아들을 달라고 구한 뒤 기도가 응답되자 그 아 들을 주께 바쳤다(삼상 1장). 기쁨에 겨운 한나의 기도(삼상 2:1-10)는 세례 요 한과 예수가 태어나기 전에 마리아가 부른 노래(눅 1:46-56)의 구속사적 전 조가 되었다.

곧바로 이어지는 문맥에서 한나의 경건한 모습과, 제사장 엘리와 함께 주를 섬기는 사무엘의 모습은 엘리의 악한 아들들과 대조를 이룬다. 그들 이 "여호와의 제사를 멸시"한 탓에(삼상 2:17) 하나님은 엘리 가문을 버리셨 다. 아들들의 잘못을 지적하려는 엘리의 시도는 한심하리만치 미온적이었 다. "그들에게 이르되 '너희가 어찌하여 이런 일을 하느냐. 내가 너희의 악 행을 이 모든 백성에게서 듣노라. 내 아들들아, 그리하지 말라. 내게 들리는 소문이 좋지 아니하니라. 너희가 여호와의 백성으로 범죄하게 하는도다'" (삼상 2:23-24). 하나님의 감동으로 기록된 본문은 이렇게 계속된다. "그들이 자기 아버지의 말을 듣지 아니하였으니 이는 여호와께서 그들을 죽이기로 뜻하셨음이더라"(삼상 2:25하). 반면에 사무엘은 예수를 예고하는 또 하나의 모형이 되어 "여호와 앞에서 자라"갔다(삼상 2:21, 참조. 눅 2:52, "예수는…하나님 과 사람에게 더욱 사랑스러워 가시더라").

반대로 때로 나쁜 부모 밑에서 훌륭한 자녀가 나올 수도 있는데, 사울의 아들 요나단이 좋은 예다. 부왕 사울이 질투심에 빠져 계속 다윗을 죽이려 하는데도 요나단은 다윗을 친형제처럼 사랑했다(삼상 20장).

다윗은 아들들 때문에 근심이 잦을 날이 없었다. 암논이 이복누이 다말 을 강간하자(삼하 13:1-22) 다윗의 다른 아들 압살롬은 이복형 암논을 살해 하고(삼하 13:23-33) 아버지에게 반역했다. 그 바람에 다윗은 예루살렘을 떠나 피난길에 올라야 했다(삼하 15장). 결국 압살롬은 죽임을 당했으나 다윗은 그가 초래한 근심에도 불구하고 아들이 죽었다는 말에 넋을 잃었다. "내 아들 압살롬아, 내 아들 내 아들 압살롬아, 차라리 내가 너를 대신하여 죽었더면, 압살롬 내 아들아, 내 아들아"(삼하 18:33).

나중에 다윗의 다른 아들 아도니야가 왕위를 찬탈하려 했다. 이때 성경 기자는 다음과 같은 참담한 판결을 덧붙인다. "그의 아버지[다윗]가 '네가 어찌하여 그리 하였느냐'고 하는 말로 한 번도 그를 섭섭하게 한[간섭한] 일이 없었더라"(왕상 1:6하). 다윗은 왕의 정무와 "하나님의 일"로 바쁜 나머지 아들들을 단속하거나 제대로 훈육하지 못했다. 그러니 그들이 나이가 들어서 주제넘게 권위에 반항한 것도 놀랄 일은 아니다! 자녀를 제멋대로 하게 그냥 두면 결국 무관심했던 부모에게 뼈아픈 대가가 돌아온다. 자녀 양육의 실패가 겉으로 드러나는 데 시간이 걸릴 수는 있으나 심은 대로 거둔다는 원리는 여기에도 그대로 적용된다(갈 6:7). 솔로몬의 아들 르호보암도 그런 습성을 답습했다. 그는 어리석게 장로들 대신 또래들의 조언에 귀를 기울여 이스라엘 백성에게 가혹한 답변을 내놓았고, 그 결과로 즉시 열 지파에 대한 통치권을 잃고 말았다(왕상 12:1-24).

결론

이 장에서 우리는 구약에 나타난 자녀상과 부모상을 자세히 살펴보았다. 우선 고대 이스라엘의 가정 개념을 배웠고, 아버지와 어머니와 자녀의 책임과 역할을 알아보았다. 이어 자녀에게 하나님에 대해 가르치는 일의 중요성을 강조한 신명기 6장 4-9절 같은 본문에 관심을 집중했다. 잠언은 자녀에게 하나님의 길을 가르치고 훈육을 시행하는 데 없어서는 안 될 자원

이다. 끝으로 한나와 다윗, 솔로몬의 삶 등 구약의 가족관계 사례들을 개
괄하면서 몇 가지 중요한 통찰을 얻었다.

앞장에서 살펴보았듯이 고대 이스라엘의 가정 개념은 혈연관계에 매우 큰 가치를 부여했다. 우리는 아버지와 어머니와 자녀의 역할과 책임에 대한 구약의 가르침을 배웠고, 자녀에게 하나님에 대해 가르치는 일의 중요성도 배웠다. 아울러 구약의 좋고 나쁜 부모들의 사례도 살펴보았다. 그런 기초 위에 이번 장에서는 자녀와 자녀 양육, 가정에 대한 신약의 가르침을 알아 보려 한다. 곧 보겠지만 예수와 바울은 이 중대한 주제에 대해 상당히 많은 교훈을 남겼다. 이번 장도 역시 신약의 가족관계 사례들에서 얻는 통찰로 마무리된다.

예수님의 모본과 가르침

1세기의 팔레스타인과 예수의 모본

예수 시대에는 대개 방이 서너 개인 집에서 대가족이 함께 살았다(예. 막 1:30). 딸들은 어머니처럼 가사를 맡아야 했고(마 10:35; 눅 12:53)[1] 아들들은 고대 이스라엘의 "부전자전"이라는 격언처럼 아버지를 본받아야 했다.[2] 예 수도 장인(匠人)으로서 아버지의 직업을 배우셨다(마 13:55; 막 6:31).[3] 신약 에서 예수나 다른 사람들이 "아이"를 지칭한 용어들은 "아기, 유아, 태아" (*brephos*), "3-4세의 작은 아이"(*nēpios*), "아이, 자손 일반,"(*teknon, teknion*), "대개 사춘기 이전의 작은 아이"(*paidion, paidarion*), "대개 사춘기 이전의 청소년"(*pais*) 등 다양하다. 아이의 사회적 환경과 발달 단계에 대해 그만큼 인식이 있었다는 뜻이다.[4] 예수도 이 땅의 부모에게 순종하는 모본을 보이 셨고(눅 2:51, "예수께서 함께 내려가사 나사렛에 이르러 순종하여 받드시더라") 무엇보 다도 하늘 아버지께 순종하셨다(예. 막 14:36, 참조. 히 5:8).

가정과 제자도에 대한 예수의 가르침

예수는 가정을 인정하고 아이들에게 복을 주셨지만 신자 공동체를 혈연관 계를 초월하는 가족으로 생각하셨다.[5] 앞서 여러 번 언급했듯이 이는 예수 께서 명하시는 제자도의 가장 두드러지고 독특하고 핵심적인 측면 중 하나 다.[6] 그분은 친히 이렇게 말씀하셨다. "무릇 내게 오는 자가 자기 부모와 처 자와 형제와 자매와 더욱이 자기 목숨까지 미워하지 아니하면 능히 내 제 자가 되지 못하고."[7] 구약에 예언된 대로 예수는 화평을 주러 오신 게 아니 라 검을 주러 오셨다. "내가 온 것은 사람이 그 아버지와, 딸이 어머니와, 며 느리가 시어머니와 불화하게 하려 함이니 사람의 원수가 자기 집안 식구리 라"(마 10:34-36).

예수는 그분의 가족들한테도 영적으로 거부당하는 일을 몸소 겪으셨고 (막 3:21, 6:1-6상; 요 7:1-9), 그분 자신이든 그분을 따르는 사람들이든 궁극적 충성의 대상은 하나님 아버지여야 한다고 역설하셨다(눅 2:49; 막 3:31-35). 예 수의 첫 제자들은 으레 가족들을 글자 그대로 떠나야 했다. 적어도 예수께 서 지상 사역을 하시던 3년 동안에는 그랬다(그 후에는 제자들도 기존의 가족관계 를 되찾은 것으로 보인다. 고전 9:5). 마가복음의 예수께서 제자들을 부르신 어쩌 면 최초의 기사에서 그 분명한 예를 볼 수 있다. 그분이 시몬과 안드레 형 제와 세배대의 두 아들을 부르시자 이 어부들은 기존의 직업과 가족들을 버려두고 예수를 따랐다(막 1:16-20과 상응 구절 마 4:18-22, 참조. 눅 5:2-11).

예수께서 제자로 부르실 때 거부하는 사람들은 대개 혈족관계를 버리고 예수께 전폭적으로 충성할 마음이 없다. 잘 알려진 예로 누가복음에 세 사람이 연달아 나온다. 그들은 예수의 제자가 될 뻔했으나 그분을 조건 없이 따를 마음이 없었다. 그분은 각각 다음과 같은 말씀으로 그들을 돌려보내셨다. "여우도 굴이 있고 공중의 새도 집이 있으되 인자는 머리 둘 곳이 없도다", "죽은 자들로 자기의 죽은 자들을 장사하게 하고 너는 가서 하나님의 나라를 전파하라", "손에 쟁기를 잡고 뒤를 돌아보는 자는 하나님의 나라에 합당하지 아니하니라"(눅 9:58, 60, 62, 참조. 마 8:19-22).

재물을 버릴 마음이 없어 예수를 따르지 않은 부자 청년의 예도 세 공관복음에 일제히 기록되어 있는데, 그의 거부는 주께 무조건 헌신한 제자들과 대조를 이룬다(막 10:17-31과 상응 구절 마 19:16-30; 눅 18:18-30). 베드로가 자기를 비롯한 동료 제자들이 모든 것을 버리고 주를 따랐다고 아뢰자 예수는 이렇게 약속하셨다. "나와 복음을 위하여 집이나 형제나 자매나 어머니나 아버지나 자식이나 전토를 버린 자는 현세에 있어 집과 형제와 자매와 어머니와 자식과 전토를 백배나 받되 박해를 겸하여 받고 내세에 영생을 받지 못할 자가 없느니라"(막 10:29-31과 상응 구절들).

예수 자신도 가족관계 때문에 궁극의 영적 충성이 가로막힐 것 같을 때면 거듭 그런 연줄을 버리는 모본을 보이셨다.[8] 예컨대 열두 살 때 그분은 노심초사 걱정하는 부모에게 이렇게 답하셨다. "어찌하여 나를 찾으셨나이까. 내가 내 아버지 집에 있어야 될 줄을 알지 못하셨나이까"(눅 2:49). 나중에 그분은 자신의 사역의 배후에 깔린 하나님의 때를 이해하지 못하는 어머니와 동생들을 각기 다른 상황에서 꾸짖으셨다(요 2:4, 7:6-8).

한번은 가족들이 걱정되어 그분을 붙들러 온 적이 있었다. 바쁜 사역의 긴장 때문에 그분이 미친 게 아닌가 생각되었기 때문이다. 이때도 그분은 가족관계의 울타리 안으로 돌아가지 않으셨다. 가족들이 밖에서 기다리고 있다는 말에 그분은 인상적인 몸짓을 해보이시며 이렇게 물으셨다. "누가

내 어머니이며 동생들이냐." 그러고는 둘러앉은 사람들을 보시며 이런 장중한 선언으로 질문에 친히 답하셨다. "내 어머니와 내 동생들을 보라. 누구든지 하나님의 뜻대로 행하는 자가 내 형제요 자매요 어머니이니라"(막 3:31-35와 상응 구절들, 참조. 막 3:20-21). 때가 되어 예수의 어머니와 (최소한 일부) 동생들도 정말 깨달았다. 그들도 가족의 권리를 자신의 구주요 주님이신 예수를 향한 충성에 종속시켜야 했다(예. 행 1:14, 그러나 훨씬 이전의 눅 1:46-47도 참조하라).[9]

예를 들자면 얼마든지 많지만(참조. 눅 11:27-28; 요 19:26-27) 제자도에 대한 예수의 가르침에 담긴 의미는 명백하다. 그분은 복음을 전하실 때 신자들에게 결혼과 가정─물론 그것도 인류를 향한 하나님의 목적에서 분명히 중요한 부분을 차지하지만─을 가장 우선시하라고 역설하신 게 아니라[10] 혈연관계를 하나님 나라라는 더 큰 문맥 속에 두셨다.[11] 요컨대 예수는 하나님의 제도인 결혼과 부모를 공경할 필요성(마 10:8-9, 19와 상응 구절) 등의 가족관계도 인정하셨지만 제자도를 그보다 높은 소명으로 보셨다. 진리에 헌신하면 가정에 평화 대신 분열이 닥칠 수 있는데(마 10:34), 그럴 경우 예수를 따르는 일이 우선시되어야 한다(눅 9:57-62).[12]

그러나 예수께서 인륜의 의무를 하나님 나라라는 더 큰 틀 안에 두셨다고 해서[13] 이를 그리스도인들이 가정의 책임을 무시해야 한다는 뜻으로 보아서는 안 된다. 바울이 나중에 썼듯이 "누구든지 자기 친족 특히 자기 가족을 돌보지 아니하면 믿음을 배반한 자요 불신자보다 더 악한 자"다(딤전 5:8). 예수께서 이 땅에 인간의 몸으로 계시며 3년 동안 공적으로 사역하실 때는 그분을 무조건 몸으로 따르는 특이한 방식이 분명히 필요했다. 하지만 예수를 따르는 일이 모든 그리스도인의 우선순위에서 첫째가 되어야 한다는 영적 원리는 지금도 그대로 적용된다. 그것이 가정의 의무와 충돌을 일으킨다면 마땅히 하나님의 나라와 의를 먼저 구해야 한다(마 6:33).

예수의 사역 속에 등장하는 아이들

예수는 아이들을 대하실 때 그들의 행실이나 생각이 어떠해야 하는가의 차원에 머무신 게 아니라 그들이 하나님 보시기에 어떤 존재인가의 차원에서 대하셨다. 아이들을 보신 예수의 관점을 공부하면 우리 자녀들 및 다른 아이들을 어떻게 보고 대해야 하는지 알 수 있다. 예수는 지상 사역 중에 아이들을 접하실 기회가 많았다.[14] 앞서 말했듯이 기적적인 치유로 아이를 부모에게 되돌려 주신 적도 여러 번 있었다.[15] 한번은 예수께서 한 아이를 제자도의 본질의 귀감으로 삼고자 제자들 가운데 세우시고 이렇게 단언하셨다. "누구든지 내 이름으로 이런 어린 아이 하나를 영접하면 곧 나를 영접함이요 누구든지 나를 영접하면 나를 영접함이 아니요 나를 보내신 이를 영접함이니라"(막 9:36-37과 상응 구절들). 예수의 청중은 깜짝 놀랐을 것이다. 당시에 아이에게서 뭔가를 배울 수 있다고 생각하는 어른은 드물었기 때문이다. 또 한번은 예수께서 사람들이 데려온 아이들에게 복을 주셨다(막 10:13-16과 상응 구절들).[16]

다음의 결정적 선언은 아이들을 향한 예수의 위와 같은 감수성을 하나님 나라의 한 중요한 특성과 연결한다. "내가 진실로 너희에게 이르노니 누구든지 하나님의 나라를 어린 아이와 같이 받들지 않는 자는 결단코 그 곳에 들어가지 못하리라"(막 10:15). 그 특성이란 바로 자신의 어쭙잖은 지위를 내세우지 않는 겸손이다(참조. 눅 22:26, "너희 중에 큰 자는 젊은 자와 같고"). 자격 없이 받는 하나님의 값없는 은혜를 예시하실 때 예수께서는 어린 아이를 가리켜 보이시는 것보다 더 좋은 방법이 없었다.[17] 많은 성인과 달리 대개 아이들은 전혀 자존심을 내세우지 않고 선물을 받기 때문이다. 더욱이 "어린 아이"—나이와 관계없이 지극히 작은 자를 뜻한다—는 제자도에 대한 예수의 가르침에 단골로 등장한다(마 18:5; 눅 9:48).[18] 사실 하나님 나라에 들어가려면 심령이 어린 아이와 같아야 한다. 이는 예수를 따르던 사람들이 더 배워야 할 교훈이었다.

마태가 보존한 말씀들을 보면 예수께서 의존과 신뢰라는 아이들의 특성에 더 구체적으로 초점을 맞추시는데, 이는 하나님 나라에 들어가려면 누구에게나 꼭 필요한 자질이다. 마태복음 11장 25-26절에서 예수는 자칭 지혜롭고 똑똑하다는 사람들에게는 진리를 숨기시고 어린 아이들에게는 나타내시는 아버지를 찬송하신다. 이 말씀은 예언처럼 나중에 그대로 성취된다. 마태복음 21장 15절에 아이들은 성전에서 "호산나, 다윗의 자손이여"를 외치는데 대제사장들과 서기관들은 예수를 찬송하는 아이들과 "예수께서 하시는 이상한 일"을 보고 분노했다.

예수에 따르면, 하나님 나라의 덕목을 가장 잘 상징하는 아이들의 자질은 그들의 낮은 지위다. 물론 아이들이라고 해서 반드시 영적 의미에서 겸손하거나 심지어 "무죄한" 것은 아니다. 하지만 그들은 지위가 없고 허세 부리지 않고 남들에게 의존한다는 점에서 예수의 나라의 후보자들에게 필요한 자세를 예시하기에 안성맞춤이다. 그 나라에 들어가려면 이 땅의 지위를 다 벗고 "자기를 비워"야 한다(참조. 빌 2:6-7). 이렇듯 아이들은 예수께서 명하시는 급진적 제자도의 화신이다. 예수를 따르는 사람들의 자격 요건은 "자기 십자가를 지고" 완전히 자기를 버리는 것인데(예. 막 8:34-38과 상응 구절들) 아이들은 이것을 온몸으로 보여 준다.

아이들은 그밖에도 여러모로 초대 교회 신자들에게 바람직한 태도의 전형이 되었다. 우선 아이들은 곤고한 자들, 즉 교회의 지체인 "작은 자들"을 대변한다. 또 그들은 배움의 은유이기도 해서 제자와 스승의 관계는 자녀와 부모의 관계로 표현된다(막 10:24하, 고후 12:14, 딤전 1:2, 요일 2:1). 나아가 아이들은 희망과 새 출발의 상징으로서(사 9:6, 참조. 눅 2:12-14) 새로운 피조물로 태어나는 이미지와 연계되는데, 이는 사제 관계를 설명할 때도 그렇고(갈 4:19) 메시아 시대의 산고를 언급할 때도 그렇다(요 16:21, 롬 8:22, 살전 5:3,

계 12:2, 참조. 사 26:16-19, 66:7-14).[19]

종합적으로 우리가 예수께 배우는 것은 아이들이 아직 어리고 어른보다 사회적 지위가 낮다는 이유로 그들을 얕보아서는 안 된다는 것이다. 예수처럼 우리도 아이들의 존엄성을 존중해야 한다. 그들을 하나님께 지음 받은 독특하고 소중한 피조물, 하나님 보시기에 귀한 존재로 대해야 한다. 나아가 아이들에게서 배울 게 없으며 관계가 부모나 어른 쪽에서 아이 쪽으로 완전히 일방적이라고 속삭이는 본능적 성향을 물리쳐야 한다. 오히려 하나님 나라의 바람직한 자질들이라는 긍정적 관점에서 아이들을 보아야 한다. 그들은 우리보다 확연하게 그런 자질들에 모범을 보일 수 있다. 이런 식으로 하나님은 스스로 지혜 있다 하는 자들의 지혜와 자기가 대단한 존재라고 생각하는 자들의 교만을 꺾으신다(마 11:25-27, 참조. 고전 1:27-29).

그러므로 어린이 사역을 할 때는 생색내는 자세가 아니라 겸손히 섬기는 마음으로 임해야 한다. 그 사역을 특권으로 여겨야 하며, 더 높은 소명에 도달할 수 없는 사람들에게 남겨진 달갑잖은 잡일로 보아서는 안 된다. 아이들은 배울 게 많지만 우리에게 가르쳐 줄 것도 많다. 우리가 겸손히 그들의 말을 경청하고 그들을 관찰한다면 말이다. 아이들은 단순한 믿음으로 하나님의 말씀을 그대로 받아들이고, 구하는 대로 해주실 하나님을 신뢰하며 기도하고, 기꺼이 타인의 주도에 따라 새로운 모험에 나선다. 이것은 어른들이 감동받고 본받아야 할 아이들의 자질 중 몇 가지 예에 불과하다. 예수는 아이들을 하나님 나라의 가치관과 태도의 본보기로 거듭 지목하셨다. 그리하여 이 세상의 낮은 자들을 높이시고 지위와 권력과 신분을 갖춘 자들을 낮추셨다.

아버지와 어머니와 자녀의 역할에 대한 바울의 가르침

고대의 가정과 "가훈표"

가족별 역할과 책임에 대한 신약의 가르침을 더 깊이 이해하려면 고대의 가정과 가훈표라는 장르를 간략히 살펴보는 게 좋다. 현대의 가정과 달리 고대의 가정에는 부부와 자녀만 아니라 노예 등 다른 부양가족들도 있었고, 아내와 자녀와 노예들은 가장의 권위에 복종해야 했다. 신약에 그리스-로마의 가훈표를 각색한 대목이 여러 번 나온다(특히 엡 5:21-6:9, 골 3:18-4:1). "가훈표"란 문학적 장치 내지 일종의 목록으로, 대개 "작은 자"(권위 아래에 있는 자)에서 "큰 자"(권위의 위치에 있는 자)의 순서로 가족별 의무가 명시되었다.[20] 가훈표의 배후에는 가정에 질서가 잡히면 사회 전반의 질서도 증진된다는 전제가 깔려 있었다. 신자들이 가훈표의 윤리 기준을 잘 지키면 기독교가 주변 문화의 칭송을 받을 뿐 아니라(딤전 3:7, 6:1; 딛 2:5, 8, 10, 3:8; 벧전 2:12) 교회의 사명인 전도에도 도움이 될 것이었다(살전 4:12).[21] 지금부터 우리도 바울의 순서대로, 종속 집단인 자녀에서 시작해 부모로 넘어가 아버지와 어머니를 차례로 살펴보고자 한다.[22]

바울의 가르침에 나타난 자녀

자녀에 대한 바울의 가르침으로 주의를 돌리기에 앞서 이 주제를 더 넓은 성경적·문화적 맥락 속에 두면 도움이 된다.[23] 이미 언급했듯이 구약에서 부모를 공경하는 일은 의무였고, 부모에게 반항하는 일은 하나님 자신을 멸시하는 것과 같았다. 부모에 대한 불순종은 반역죄나 우상숭배와 같은 차원에서 취급되었다(예. 출 21:15, 17; 레 19:3, 20:9; 신 21:18-21, 27:16을 참조).[24] 1세기의 유대인들 역시 자녀의 순종을 귀히 여겼다(그리스-로마 세계 전반도 마찬가지였다).[25] 그러나 그런 순종은 저절로 생겨나는 게 아니라 어려서부터 심어 주어야 한다는 인식이 있었다. 이는 결국 온 집안의 위신과 명예가 달린 문제였다. 더욱이 부모를 공경하라는 하나님의 계명과 자녀를 주의 교훈과 훈계로 양육하라는 그분의 명령이 무시되면, 그분의 복의 손길이 거두어질 수 있었다. 따라서 하나님의 사람은 반드시 "자녀들로 모든 공손함으로 복종하게" 해야 했다(딤전 3:4, 참조. 딛 1:6). 신약은 부모에게 불순종하는 일을 하나님의 심판을 부르는(롬 1:30, 32) 말세의 특징적 현상으로 본다(막 13:12; 딤후 3:1-2, 참조. 딤전 1:9).[26]

사도 바울은 자녀의 순종을 매우 중시했다. 자녀와 관계된 바울의 주된 명령은 가훈표의 일부로 에베소서 6장 1-3절에 나온다. "자녀들아, 주 안에서 너희 부모에게 순종하라. 이것이 옳으니라. 네 아버지와 어머니를 공경하라. 이것은 약속이 있는 첫 계명이니 이로써 네가 잘되고 땅에서 장수하리라."[27] 부모를 공경하라는 계명이 신약에 다섯 번 더 인용되었지만(마 15:4, 19:19; 막 7:10, 10:19; 눅 18:20) 약속까지 함께 인용된 곳은 에베소서뿐이다. 골로새서 3장 20-21절에도 바울의 비슷한 말이 나온다. "자녀들아, 모든 일에 부모에게 순종하라. 이는 주 안에서 기쁘게 하는 것이니라. 아비들아, 너희 자녀를 노엽게 하지 말지니 낙심할까[기가 죽을까] 함이라."

가장 긴 본문인 에베소서에 바울은 부모에 대한 자녀의 복종이 성령 충만의 결과임을 암시했다(엡 6:1, 참조. 엡 5:18, "성령으로 충만함을 받으라"). 중생한 자녀만이 성령의 능력으로 그런 식의 관계를 일관되게 실천할 수 있다는 의미다.[28] 자녀는 왜 부모에게 순종해야 하는가? 바울은 에베소서 6장 1절의 "이것이 옳으니라"라는 말에 뒤이어, 자녀가 부모에게 순종해야 할 의무의 근거를 구약의 십계명에서 찾는다(출 20:12 칠십인역, 참조. 신 5:16).[29] 흥미롭게도 부모를 공경하라는 명령은, 하나님의 거룩하심과 관계된 처음 네 계명 바로 뒤에 수평적 차원으로 나오는 올바른 인간관계에 대한 첫 계명으로 등장한다. 에베소서 본문을 보면 바울은 아이들을 회중의 책임감 있는 구성원들로 대한다. 부모에 대한 그들의 순종은 "그리스도를 향한 복종과 맞물려 있다."[30] 에베소서 6장 1절의 "주 안에서"라는 말은 "주께 하듯" 또는 "그리스도께 하듯"과 같은 뜻으로(참조. 엡 5:22, 6:5), 자녀의 순종이 그리스도인의 제자도의 일부임을 보여 준다. 순종은 공경과 존중을 뜻하며, 제대로 이해한다면 부모를 "경외한다"는 뜻이다(레 19:3, 참조. 레 19:14). 에베소서 본문의 문맥에서 부모에 대한 자녀의 순종은 그리스도 자신을 경외하는 경건한 마음에서 비롯되는 복종의 전형이다(엡 5:21).

부모를 공경하는 자녀가 잘된다는 약속은 본래 이스라엘이 (약속의) 땅에서 장수한다는 뜻이었다(출 20:12, "네 하나님 여호와가 네게 준 땅에서 네 생명이 길리라"). 바울은 이 약속을 보편화하여 지금도 그것이 타당하게 적용됨을 암시했다. 이 약속은 더 이상 지리적 제약을 받지 않는다. 순종하는 자녀에게는 어디에 살든 이 땅에서 장수가 약속되어 있다. 에베소서 6장 1-3절의 주된 대상은 "아직 배우고 자라는 중인" 아이들 또는 적어도 "노엽게"(참조. 엡 6:4) 될 만한 나이의 아이들로 보인다.[31] 하지만 자녀가 성가해도 부모를 향한 책임이 끝나는 것은 아니다. 다만 책임이 바뀔 뿐이다. 이후의 한 서신에서 바울이 지적했듯이 부모를 공경해야 할 자녀의 책임에는 노년의 부모를 봉양하는 일도 포함되며(딤전 5:8),[32] 이는 길러 주신 부모에 대한 당연한 보답으로 간주된다(딤전 5:4).

함축된 의미상 부모는 자녀에게 반드시 순종의 중요성을 가르쳐야 한다. 자녀의 순종을 감시하지 않는 부모는 자녀를 저버리는 것이다. 그리스도인의 제자도의 길을 가도록 자녀를 돕지 않기 때문이다. 순종은 제자도의 핵심 요소다. 그러므로 순종의 궁극적 중요성은 부모가 자녀의 순종을 받는 게 아니라 자녀에게 결국 **하나님과의 관계에서** 순종하는 법을 가르치는 데 있다. 아이든 어른이든 제대로 된 순종은 결국 예수 그리스도를 믿는 헌신과 성령의 능력의 결과로만 가능하다. 따라서 (주로 자녀의 구원을 바라는 마음에서) 자녀를 그리스도 안에서 하나님과 인격적 관계를 맺도록 인도하는 일이야말로 모든 그리스도인 부모의 초미의 관심사가 되어야 한다. 그렇지만 (아직) 그리스도인이 아닌 자녀에게도 순종을 요구하고 불순종을 벌해야 한다.

바울의 가르침에 나타난 아버지와 아버지 역할의 중요성

에베소서 6장 4절에서 바울은 "또 아비들아, 너희 자녀를 노엽게 하지 말고 오직 주의 교훈과 훈계로 양육하라"고 했다. 골로새서의 상응 구절에서는 "아비들아, 너희 자녀를 노엽게 하지 말지니 낙심할까 함이라"(골 3:21)고 되어 있다.[33] 자녀는 양쪽 부모에게 다 순종해야 하지만(엡 6:1, 골 3:20) 자녀를 훈육하는 특별한 책임은 아버지의 몫이다. 그래서 바울도 이 본문에 아버지들을 따로 지목해서 말했다.[34] 사실은 어머니들이 자녀와 더 많은 시간을 함께 보낼 수 있으나 자녀의 훈육은 일차적으로 아버지의 책임이다. 아버지들에게 자녀를 노엽게 하지 말라고 한 사도의 권고(엡 6:4)는 그전에 에베소서 4장 26-27절과 31절에 우려를 표했던 분노의 문제와 짝을 이룬다. 또 자녀를 주의 교훈과 훈계로 양육하라는 긍정적 명령은 그전에 에베소서 4장 20-21절에서 그리스도인의 가르침을 받을 것을 강조한 부분과 짝을 이룬다.[35]

아버지는 자녀를 노엽게 하지 않는 게 중요하다(참조. 엡 4:26-27, 31). 분노가 지속되면 사탄이 가족 간의 불화를 틈타 자신의 목적을 더 도모할 수 있다. 따라서 아버지는 자녀를 노하게 할 만한 태도나 말이나 행동을 일절 삼가야 한다. 여기에는 "지나치게 엄한 징계, 무리하게 가혹한 요구, 권위의 남용, 제멋대로인 기준, 불공평한 대우, 끊임없는 잔소리와 비난, 모욕감을 주는 일, 아이의 필요와 감성에 둔한 모든 무감각" 등이 포함된다.[36] 자녀는 그 자체로 존엄한 인격체다. 자녀는 부모가 소유하는 노예가 아니라, 하나님이 청지기인 부모에게 맡겨주신 신성한 존재다. 골로새서 본문에서 바울이 말했듯이 부당대우를 받는 자녀는 낙심할 수 있다(골 3:21). 형편없는 자녀 양육 때문에 "기가 죽은" 아이보다 더 우리의 마음을 아프게 하는 것은 없다.

긍정적인 면에서 아버지는 자녀를 "주의 교훈과 훈계로" 양육해야 한다. 에베소서 5장 29절에 그리스도께서 교회를 "양육"하신다고 했는데, 이 단어에는 자녀를 성숙하게 기른다는 의미가 담겨 있다. 여기에는 자녀의 물리적·심리적 필요를 공급하는 일과 그 이상이 포함된다. "훈계"(*paideia*)와 "교훈"(*nouthesia*)은 밀접한 관계가 있지만 아마 동의어는 아닐 것이다. 신약의 용례에서 "훈계"로 번역된 단어나 관련 동사(*paideuō*)는 교육이나 훈련 전반을 뜻할 수도 있고(행 7:22, 22:3; 딤후 3:16; 딛 1:2) 특수하게 잘못에 대한 징벌을 가리킬 수도 있다(고전 11:32; 고후 6:9; 히 12:5, 7, 8, 11). 에베소서 6장 4절의 경우 이 단어는 십중팔구 잘못에 대한 징계도 포괄하되 훈련 전반을 가리킬 것이다. "주의"(엡 6:4)라는 말에는 아버지 자신도 그리스도의 제자여야 한다는 뜻이 암시되어 있다. 그래야 참되고 철저한 기독교적 방식으로 자녀를 양육하고 훈육을 실시할 수 있다.

에베소서 6장 4절에 대한 논의는 이쯤하고 신약의 다른 관련 구절들을 살펴보면, 아버지의 주된 역할은 자녀를 부양하고 적절한 양육과 훈육을 확실히 베푸는 것이다. 그러려면 공식, 비공식의 교육이 필요하며 체벌을 포함한 각종 징계도 수반된다(잠 13:24, 22:15, 23:13-14; 히 12:6; 계 3:19, 참조. 집회서 3:23, 30:1-3, 12).[37] 그리스-로마 세계에서 아버지의 권위(*patria potestas*)가 독보적으로 가정을 지배했듯이 유대 문화와 성경의 가르침에서도 아버지는 마땅히 큰 존경을 받아야 했다. 하지만 앞서 말했듯이 아버지는 권위의 위치를 이용하여 자녀를 노엽게 해서는 안 되고 자녀를 온유하게 대해야 한다(고전 4:15, 21; 살전 2:11; 골 3:21; 엡 6:4).[38] 또 하나 흥미롭게 주목할 것은 사가(私家)를 다스리는 데 필요한 자질이 곧 공직을 수행하는 데 필요한

자질과 동일하다는 것이다(딤전 3:4-5).[39]

함축된 의미상 아버지(와 어머니)는 적절한 훈육과 자애롭고 지지적인 양육 사이에서 균형을 이루어야 한다. 훈육은 없이 격려만 하는 부모나 엄한 훈육으로만 치닫는 부모는 자녀 양육의 성경적 이상을 실현하지 못한다. 바울도 그런 균형을 유지하려 애썼다. 데살로니가 신자들에게 썼듯이 바울과 그의 동료들은 "너희 가운데서 유순한 자가 되어 유모가 자기 자녀를 기름과 같이 하"면서도(살전 2:7) 또한 "너희 각 사람에게 아버지가 자기 자녀에게 하듯 권면하고 위로하고 경계하노니 이는…하나님께 합당히 행하게 하려 함"이었다(살전 2:11-12). 결국 아버지들은 자신에게 맡겨진 아버지 역할이 "하나님도 한 분이시니 곧 만유의 아버지"(엡 4:6)로부터 기원했음을 깨달아야 한다. "하늘과 땅에 있는 각 족속[가족]에게 이름을 주신"(엡 3:15) 그분은 자신의 모든 자녀를 신실하게 돌보시고 채우시며, 그들 모두에게 완전하신 아버지의 역할을 하신다(히 12:5-10).[40]

바울의 가르침에 나타난 어머니와 어머니 역할의 중요성

사도 바울의 가르침에 따르면 여자의 주된 역할 중 하나는 "해산"인데, 이는 출산의 행위뿐만 아니라 자녀를 기르고 집을 다스리는 등의 가정적 역할을 총칭한다(딤전 2:15, 참조. 5:14).[41] 이렇듯 성경의 가르침은 어머니의 역할을 낮추어서 보지 않는다. 현대 사회의 중론과 반대로 성경은 그것을 여성의 가장 고귀한 소명이자 특권으로 옹호한다. 사실 디모데전서에서 사도는 여자가 집밖으로 겉도는 것이, 첫 타락 때에 자신의 한계선을 벗어난 하와와 비슷하게 마귀의 유혹에 굴하는 일이라고 암시했다(딤전 2:14-15).[42] 여기서 드러나듯이, 양성의 평등을 부르짖되 그것을 남녀가 동일하다는 뜻으로 해석하는 페미니즘과 또 여자들에게 가정의 소명을 버리고 집밖의 직장에서 자아실현을 이루라고 부추기는 페미니즘은 본질상 비성경적이다.[43]

사실 디모데전서 2장 15절은 우리 문화에 강력한 메시지를 던져 준다. 이 문화의 "많은 사람은 여자들을 가정의 모든 거추장스러운 책임들로부터 '해방시키려' 한다. 그런 역할들에서 풀려나 자아실현을 추구하라는 것이다." 그러나 반대로 "여성의 핵심적 소명은 가정과 관계된 역할에 충실할 때 비로소 실현된다."[44] 이는 여자들을 집안에 묶어 두려는 게 아니라 하나님이 주신 여성의 소명의 본질을 밝혀 그대로 살도록 격려하기 위해서다. 그 결과 여성 본인은 물론 남편과 가정도 더 큰 복과 만족을 얻고, 우리를 남자와 여자로 지으신 하나님께 영광이 돌아간다.

나이 든 여자가 젊은 여자를 멘토하는 일의 중요성

바울은 디도서에 그리스도인인 나이 든 여자와 젊은 여자의 본분을 각각 기술했다.

나이 든 여자들

나이 든 여자는 존중받아야 하며(딤전 5:1-2) 가정의 책임과 관련하여 젊은 여자의 멘토가 될 중요한 의무가 있다(딛 2:3-5). 나이 든 여자가 모범을 보여야 할 네 가지 특성은 다음과 같다. (1) 행실이 거룩해야 한다. (2) 모함하지 말아야 한다.[45] (3) 많은 술의 종이 되지(직역하면 "매이거나 예속되지") 않아야 한다.[46] (4) 선한 것을 가르쳐야 한다. 모함과 술을 삼가는 나이 든 여자들은 크레타(바울의 디도서의 수신지)의 부도덕한 환경 속에서 분명히 눈에 띄었을 것이다. 나이가 들면 아무래도 거동에 제약을 받기 때문에 노인들은 (그때나 지금이나) 특히 음주나 험담 같은 일로 소일하기 쉽다. 그래서 이 부분에 경건과 절제가 요구된다.

나이 든 여자들은 덕을 가꾸되 그 자체를 목적으로 해서가 아니라 젊은 여자들을 교육할 목적으로 그리해야 한다.[47] 하지만 자신에게 있지도 않은 자질을 남에게 훈련시키기란 불가능하다. 현대 교회에도 나이든 경건한 여자들이 성경의 명령에 순종하여 젊은 여자들을 신앙으로 훈련시키는 일이 절실히 필요하다. 많은 젊은 여자가 자신을 품어 주면서 그리스도인의 삶을 살아가는 법을 가르쳐 줄 더 성숙한 여인들을 간절히 원한다. 특히 젊은 여자들 중 다수는 자기 집에 그런 경건한 본보기가 없거나 집에서 멀리 떨어져 살고 있기 때문이다. 이런 훈련은 대개 공개 강습보다 개인 지도를 통해 이루어지며, 분명히 가정의 영역에 똑바로 초점이 맞추어져야 한다.[48]

젊은 여자들

바울은 젊은 여자들에게 주는 지침을 세 쌍으로 묶고 맨 끝에 일반적 명령을 하나 덧붙였다. 첫째로, 그 내용은 남편과의 관계로 시작되고 끝난다(딛 2:4, "그 남편과 자녀를 사랑하며"). 둘째로, 그들은 **그리스도인의 덕을 가꾸어야 한다.** 즉 신중하며 순전해야 한다(딛 2:5, 참조. 딤전 5:22; 고후 11:2; 빌 4:8; 벧전 3:2; 요일 3:3). 셋째로, 그들은 **올바른 태도로** 활동에 임해야 한다. 즉 집안일을 하며(딛 2:5, 참조. 딤전 5:14) 선해야 한다(참조. 살전 5:15; 엡 4:28). 끝으로, 그들은 자기 남편에게 복종해야 한다(참조. 엡 5:24; 골 3:18; 벧전 3:1, 5).

자녀 양육과 관련하여 바울의 이 가르침에서 배울 수 있는 교훈은 무엇인가? 다음 내용이 도움이 될 것이다.

1) 결혼생활도 견고해야 하지만 젊은 여자에게는 다른 중요한 관계들도 필요하다. 인생의 경륜과 기술과 지혜를 갖춘 나이 든 여자가 멘토로 필요하다. 나이 든 여자의 그런 자질은 긴 세월 동안 그리스도인의 덕을 실천한 데서 주어진다.

2) 남편을 사랑하는 일이 자녀를 사랑하는 일보다 먼저다(딛 2:4의 "그 남편과 자녀를 사랑하며"에서 순서에 주목하라). 유대 문화에서나 그리스-로마 문화에서 남편과 자녀를 사랑하는 일은 둘 다 칭찬받을 자질이었다. 남편을 향한

사랑을 앞세우는 일은 중요하다. 이를 통해 부모가 자녀 앞에서 건강하고 성경적인 부부 관계의 본을 보일 수 있기 때문이다(참조. 잠 14:26). 아울러 부부 관계에 소홀하면 그 결과로 자녀 양육과 가정 전체도 힘들어지게 마련이다.

3) 아내는 남편을 사랑하고 남편에게 복종하라는 명령을 둘 다 받았다.[49] 마지못해서나 겉치레가 아닌 사랑과 자원하는 마음으로 복종해야 한다. 헬라어로 "복종하다"(*hypotassō*)라는 단어에는 타인의 권위 "아래에 자신을 둔다"는 개념이 들어 있다. 강요에 의해서가 아니라 자발적으로 한다는 뜻이다. 에베소서 5장 21-33절은 아내의 복종을 남편을 향한 존경과 연결시킨다(엡 5:22, 33). 존경도 역시 자발적이어야 한다. 복종이 예속을 뜻하지 않듯이 존경도 비판 없는 숭배가 아니다.

4) 여자는 남편과 자녀를 대하는 부분에서 절제해야 한다. 아내로서는 성적 정절을 보여야 하고 어머니로서는 자녀에게 짜증을 부리기보다 애정을 유지해야 한다. 자녀를 짐으로 보려는 유혹을 물리치고 하나님의 복으로 보아야 한다.

5) 여자의 마음은 순전해야 하고, 가족들을 대하는 태도는 적대적이거나 반목하기보다 선해야 한다.

6) 여자는 무엇보다 먼저 가정에 헌신하여 "신중하고 근면하게 집안을 감독해야" 한다.[50]

7) 옛날에는 결혼생활과 자녀 양육에 대한 헌신이 높이 칭찬받는 덕목이었으나 지금은 폄훼될 때가 많다. 이런 우리 시대를 향해 바울은 하나님이 예비하신 **복**을 말한다. 세상의 틀에 박힌 생각을 깨뜨리고 하나님이 주신 소명을 받들어 가족과 가정에 집중하는 여자들에게 그분은 복을 주신다.

8) 아내의 올바른 복종과 근면한 가정 관리에 따르는 바람직한 결과는, 아무도 하나님의 말씀을 비방하지 못한다는 것이다(참조. 벧전 3:16). 다시 말

해서 아내들이 이런 원리대로 살면 비신자들이 기독교에 대해 나쁘게 말하기가 더 어려워진다. 나아가 그들에게 복음을 전할 문이 열릴 수 있다.

성경에 나타난 가족 구성원별 역할과 책임

역할	책임	책임
아버지	가족과 자녀를 부양한다.	고린도후서 12:14
	적절한 양육과 훈육을 확실히 베푼다.	에베소서 6:4, 골로새서 3:21, 히브리서 12:6
어머니	자녀를 기른다. 어머니의 도리를 다한다.	디모데전서 2:15
	집을 다스린다.	디모데전서 5:14
자녀	부모에게 순종한다.	에베소서 6:1-3, 골로새서 3:20
	노년의 부모를 봉양한다.	디모데전서 5:8

신약의 가족관계 사례들에서 얻는 통찰

신약에 자녀 양육의 좋고 나쁜 사례들이 많이 나온다. 긍정적인 예로 예수의 어머니 마리아가 있다. 그녀는 천사의 소식에 경건하게 반응했다(눅 1:38). 마리아와 요셉은 열두 살 난 예수를 며칠 동안 잃어버린 적이 있다. 성전에서 그를 다시 만났을 때 그들은 부모라면 누구나 할 수 있는 우려를 표했다. "아이야, 어찌하여 우리에게 이렇게 하였느냐. 보라, 네 아버지와 내가 근심하여 너를 찾았노라"(눅 2:48). "내 아버지 집"에 있어야 한다는 예수의 대답을 그들은 이해하지 못했다. 곧 예수는 그들과 함께 나사렛으로 돌아가 "순종하여 받드"셨고 "그 어머니는 이 모든 말을 마음에 두"었다(눅 2:51). 이렇듯 예수는 자녀로서 순종의 모범을 보이셨고, 마리아는 아들이 잘되기만을 깊이 바라는 경건하고 자애로운 어머니의 본보기가 되었다.

물론 이후의 공생애 기간에 예수는 가끔씩 혈연관계와 제자도의 요건 사이에 선을 그어야 하신 적도 있다(예. 요 2:4; 마 12:46-50과 상응 구절들, 막 3:20-21, 31-35; 눅 11:27-28). 하지만 그분은 어머니의 필요를 채워 주셨고(요 19:26-27) 틀림없이 긴밀한 모자관계를 유지하셨다. 시므온이 "칼이 네 마음을 찌르듯 하리니"(눅 2:35)라고 예언한 대로 마리아는 십자가에서 죽어가는 아들을 무력하게 지켜보아야 했다(요 19:25와 상응 구절들). 신약에 마지막으로 언급된 장면에서 "예수의 어머니" 마리아는 다락방에서 예수의 동생들, 사도들, 기타 경건한 여자들과 함께 기도하고 있었다(행 1:14).

신약에는 시름에 젖었던 자상한 부모들도 많이 나온다. 그들은 자녀를 예수께 데려와 치유를 받았다. 우선 나인 성 과부의 아들(눅 7:11-15)과 회당장 야이로의 딸(막 5:21-43, 눅 8:40-56)이 있다. 이들은 둘 다 죽었는데 예수께서 다시 살려 주셨다. 그밖에 수로보니게의 이방 여인은 남다른 믿음을 보여 예수께서 그녀의 딸에게서 귀신을 쫓아내셨다(마 15:21-28; 막 7:24-30). 또 다른 남자는 간질에 걸린 아들을 데려와 아들이 즉시 고침을 받았다(마 17:14-18과 상응 구절들). 가버나움의 한 관리는 가나에까지 가서 예수께 자기 아들을 고쳐 달라고 청했다. 그러자 그분은 "원격으로" 기적을 행하여 치유해 주셨다(요 4:46-54).

모자관계는 유난히 끈끈할 때가 많았다. 마리아와 예수의 경우라든가(눅 2:48-51, 요 2:1-5, 19:25-27) "어머니의 독자"였던 과부의 아들이 그랬다(눅 7:12). 때로 어머니들은 자식을 위한 열성이 약간 지나칠 수도 있는데, 세베대의 아들들의 어머니의 청탁이 좋은 예다. 그녀는 예수께 자신의 두 아들을 그분의 나라에서 높은 자리에 앉혀 달라고 담대히 청했다(마 20:20-21).

예수의 인자하지만 단호한 답변에서 분명히 알 수 있듯이 이 경우 아들들을 위한 어머니의 열정과 야심은 도를 넘어섰다(마 20:22-28).

몇 가지 함축된 의미

지금까지 우리는 아버지와 어머니와 자녀의 역할을 포함하여 가정에 대한 성경적 가르침을 신구약 모두에서 살펴보았다. 이를 바탕으로 그리스도인의 성경적 자녀 양육에 함축된 몇 가지 의미를 다음과 같이 도출할 수 있다.[51]

근본적으로 아이들도 모든 사람들처럼 영적 존재로 간주되어야 한다. 그들은 하나님께 독특하게 지음 받았으나 역시 타락한 죄인이다. 따라서 자녀 양육의 과제는 단지 행동의 조건화가 아니라 영적 양육과 훈련이다. 부모가 외적 훈육이나 훈련에 쓰는 하나의 특정한 방법론은 어느 정도 효과가 있지만 유용성에 한계가 있다. 인간의 모든 불의한 행동의 근본 원인은 죄이므로 그것을 다루는 것이 목표가 되어야 한다(롬 3:23, 6:23). 사실 그리스도를 믿어 개인적 중생을 체험하고 내주하시는 성령을 받는 유년과 청소년만이 하나님을 기쁘시게 하는 삶을 참으로 꾸준히 살 수 있고, 부모의 지도에 따라 더 큰 지혜의 유익을 누릴 수 있다. 물론 그렇다고 부모가 회심 이전의 자녀를 훈육하고 교육할 필요성이 사라지는 것은 아니다. 다만 초자연적 도움과 능력으로 아이가 내면의 반응을 보이지 않는 한 부모의 노력으로 이룰 수 있는 결과에는 한계가 있다. 그러므로 자녀의 회심은 부모의 지도에서 참으로 중요한 일면이다.

그렇기 때문에라도 부모는 자녀가 불순종할 때 놀라거나 충격을 받아서는 안 된다. 아이들도 죄인이니 불순종은 **당연한** 일이다! 오히려 부모는 자녀가 죄를 지을 것을 예상해야 하며, 이는 자녀가 그리스도를 믿은 후에라도 마찬가지다. 이런 현실성 있는 예상 덕분에 부모는 아이가 규율을 어길 때 매번 침착하고 신중하게 대처할 수 있고, 훈육을 공정하고 이치에 맞고 일관성 있게 실시할 수 있다(참조. 엡 6:4; 골 3:21). 자녀가 신자이든 아니든 부모는 옳고 그른 행동의 기준을 정해 주고 그대로 시행할 필요가 있다. 그래야 아이들이 자신의 행동에 책임지는 법을 배울 수 있고, 순종에든 불순종에든 결과가 따른다는 것을 깨달을 수 있다. 요컨대 부모는 긍정적 역할과 부정적 역할을 둘 다 해야 한다. 이는 성경이 우리 삶에 미치는 영향과 비슷하다. 부모는 자녀를 교훈하고 의로 교육할 뿐 아니라 또한 자녀를 책망하고 바르게 해주어야 한다(딤후 3:16-17).

회심한 자녀의 삶에서 부모의 역할은 성령을 대신하는 게 아니다(다만 자녀가 회심하기 전에는 부모가 자녀가 죄를 깨우쳐 주는 일에 좀더 직접적 역할을 할 수 있다). 자녀의 도덕적 선택을 부모가 **대신해** 주어서도 안 된다. 부모는 자기가 청지기로서 자녀의 마음과 사고를 가꾸고 길러 주는 책임을 (잠시) 위임 받았다고 생각해야 하며, 하나님의 입장에서 성경에 비추어 그 일을 해야 한다(시 127:3, 128:3-4). 그러려면 하나님 보시기에 독특한 피조물인 자녀의 개성을 또한 존중해야 한다(시 139:13-14; 잠 22:6). 아이들은 제각기 다르고 독특하다. 한 아이에게 잘 통하는 양육 기법이 다른 아이에게는 그만큼 잘 통하지 않을 수도 있다.[52]

그러므로 모든 경우와 각 상황 속에서 성령의 인도를 받는 길밖에 없다. 부모는 기도하는 마음으로 성경을 자세히 살펴야 하고, 가까이 사는 다른 가정들과 교회의 다른 그리스도인 부모들로 더불어 협력해야 한다. 부부는 서로 대화를 통해 자녀 양육 철학의 합일점을 찾아야 한다. 그래야 각기 다른 방향으로 가지 않고 서로 힘을 합할 수 있다. 아울러 부모는 도중에 필요하다면 자녀 양육의 접근법을 조정해야 한다.

하나님의 도움 없이 이 일을 충분히 감당할 수 있는 부모는 결코 없으며, 자녀도 하나님의 능력을 떠나서는 이런 특성들을 추구할 수 없다. 부모는 때로 자녀에게 용서를 구해야 할 수 있다. 이를 통해 자녀는 부모도 죄인임을 더 잘 이해할 수 있다. 부모는 매사에 하나님을 의지하며 기도하는 태도의 본을 보여야 한다. 그러면 자녀가 자기 부모와 기타 성인들도 한계가 있어 하나님의 도움이 필요함을 깨달을 수 있다. 끝으로, 지역 교회와 가정에서 부모와 자녀가 함께 드리는 예배는 온 가족을 그리스도 안의 형제자매로 묶어 주는 아주 중요한 부분이다.[53]

결론

이번 장에서 우리는 예수 자신의 모본을 출발점으로 하여 신약에 나타난 자녀와 부모에 대해 개괄했다. 지상의 사역 기간에 그분이 아이들에 대해 가르치신 내용과 직접 그들을 만나신 사례들도 함께 보았다. 이어 우리는 고대의 "가훈표"와 바울이 가르친 자녀상과 부모상으로 넘어갔다. 자녀와 아버지에 대해서는 에베소서 6장 1-4절에 특히 초점을 맞추었고, 어머니 역할과 젊은 여자의 멘토인 나이 든 여자에 대해서는 디모데전서 2장 15절과 디도서 2장이 특히 관련성이 많았다.

지금까지 몇 장에 걸쳐 결혼과 가정에 대한 성경의 가르침을 공부했는데, 이 공부를 마치면서 한 가지 꼭 기억할 것이 있다. 결혼과 가정이라는 두 제도는 그 자체가 목적이거나 근본적으로 우리의 유익을 위해 존재하는 게 아니라, 하나님이 **그분의** 더 큰 영광을 위해 창조하셨다는 것이다. 독일의 신학자 디트리히 본회퍼(Dietrich Bonhoeffer)는 이렇게 말했다.

결혼을 통해 인간은 예수 그리스도를 영화롭게 하고 그분의 나라의 확장을 위해 그분을 섬기는 존재가 된다. 결혼이란 단지 자녀를 낳는 문제가 아니라 예수 그리스도께 순종하도록 자녀를 교육하는 문제다.…결혼을 통해 창조되는 새 사람은 예수 그리스도를 섬기기 위해 존재한다.[54]

그래서 그리스도인의 결혼과 가정은 예수 그리스도께 헌신하고 복종해야 한다. 그래서 결혼과 가정을 어떤 식으로든 개인의 참된 거룩함과 순결과 성화의 장애물로 볼 게 아니라 오히려 그런 덕목들과 그밖의 덕목들을 기르는 중요한 발판으로 보아야 한다. 경건한 가정의 남편과 아내는 "철이 철을 날카롭게 하는 것 같이" 서로를 연마해 준다(잠 27:17). 그들의 자녀는 가정이라는 공동체의 삶으로 이끌리고, 솔선하여 힘쓰는 부모를 따라 제자도의 길로 이끌린다. 그리하여 주께서 바라시는 경건한 자손이 실현된다(말 2:15).

이것은 부활하신 그리스도께서 그분을 따르는 사람들에게 주신 "가서…제자로 삼"으라는 명령(마 28:18-20)에 순종하는 길이기도 하다. 나아가 제자도에는 성부와 성자와 성령의 이름으로 세례를 베푸는 일과 예수께서 제자들에게 분부하신 모든 것을 가르쳐 지키게 하는 일이 포함되는데, 이는 자기 자녀의 경우에도 마찬가지다(참조. 19절). 세례와 헌신적 교육은 선택 사항이 아니라 하나님이 통합적으로 설계하신 결혼과 가정의 필수 요소다. 교육에는 공식 교육(교리교육, 주일학교, 교회 프로그램, 신중하고 계획적인 가정교육 등)도 있고 수시로 이루어지는 비공식 교육도 있다.

부모는 자녀에게 기독교 신앙을 가르치며 제자도의 길을 따르도록 도울 뿐 아니라 자녀를 가정과 교회의 사역에도 동참시켜야 한다. 하나님이 원하시는 행복하고 안전하고 만족스러운 가정이란 가족들 개개인의 필요가 충족되긴 하지만 그 충족 자체가 목적이 아니다. 가정은 다른 사람들을 섬기는 통로가 되어야 한다. 그런 식으로 하나님은 가정을 통해 친히 영광을 얻으시고 그분의 나라를 확장하시며, 자신이 어떤 존재인지 세상에 알리시되, 가정에서 표현되는 사랑과 연합, 아내를 존중하는 남편, 남편에게 복종하는 아내, (부족하나마) 자녀의 순종을 통해 알리신다. 나아가 부부 관계는 하나님이 그리스도를 통해 자기 백성인 교회를 대하시는 방식을 대변한다. 따라서 진정으로 가정은 하나님의 계획에서 중대한 역할을 맡아 "하늘에 있는 것이나 땅에 있는 것이 다 그리스도 곧 하나의 머리 아래로 통일되게 하"여 "그의 영광의 찬송이 되게" 한다고 말할 수 있다(엡 1:10, 12 NIV).

7.
임신과 출산

독신의 삶으로 하나님의 부르심을 받은 사람들을 제외하면, 백년해로하는 일부일처의 결혼에 자녀가 선물로 더해지는 것이 하나님의 이상이다. 그러나 타락한 세상에 존재하는 죄가 일부 원인이 되어 복잡한 요인과 이슈가 많이 생겨났다. 7장에서는 이 주제를 다룬다.[1] 다음 장까지 두 장에 걸쳐 우리는 무자(無子)함, 현대의 의료 윤리, 낙태, 피임, 인공수태, 입양 등을 살펴본 뒤 현대 그리스도인들의 자녀 양육에 이슈가 되는 한부모의 자녀 양육, 체벌, 남성성과 여성성 계발, 부모의 훈육 원리 등을 고찰할 것이다. 이 책의 다른 장들과는 대조적으로 이번 두 장은 성경의 자료에서 직접 출발하지 않고 결혼과 가정에 관련된 현대의 해당 이슈들에서 출발한다. 그래도 가능한 한 매번 해당 주제에 대한 성경의 가르침과 원리를 제시할 것이다.

무자함과 그에 관련된 의료적 이슈들

친자녀를 간절히 원하는데 임신이 안 되는 여자보다 자녀의 소중함을 더 절감하는 사람은 없을 것이다. 독신자나 무자한 부부가 하나님의 뜻 가운데 있지 않다거나 하나님 나라에 중요하게 공헌할 수 없다는 말은 아니다. 하나님은 인간이 생육하기를 바라시지만 육신의 열매는 그분의 전체 뜻 중 일부에 불과하다. 그분은 영적 생육도 바라신다. 예수는 제자들에게 이렇게 말씀하셨다. "너희가 열매를 많이 맺으면 내 아버지께서 영광을 받으실 것이요 너희는 내 제자가 되리라…내가 너희를 택하여 세웠나니 이는 너희로 가서 열매를 맺게 하고 또 너희 열매가 항상 있게…하려 함이라"(요 15:8, 16). 이것은 기혼자뿐만 아니라 독신자와 무자한 부부에게도 적용된다.

그럼에도 자녀를 낳고 기르는 일은 지금도 여전히 하나님이 설계하신 남녀 인간에게 중요한 부분이다. 하나님의 종합 계획은 인류가 "생육하고 번성"하는 것인데 이것은 낙태, 피임, 불임, 입양 등 현대의 다양한 이슈들과 밀접한 관계가 있다. 지금은 의술이 발달해서 무자한 부부들의 선택 폭이 이전보다 훨씬 넓어졌다. 동시에 이는 신자들에게 시험관 수정, 대리모 임신, 인공 수정 같은 방법들의 타당성에 대한 의문을 제기한다.[2] 지금부터 이런 주제를 하나씩 차례로 다루고자 한다.

낙태

성경은 낙태를 용인하지 않는다. 인명을 중시하는 성경 전체의 가르침으로 보거나 특정한 본문들에 근거해서 보아도 마찬가지다.[3] 신구약은 공히 자녀가 하나님의 복이라고 가르치며(시 127:3-5,;막 10:13-16과 상응 구절들) 자녀를 죽이는 일을 특히 가증하게 여긴다(예. 출 1:16-17, 22; 레 18:21; 렘 7:31-32; 겔 16:20-21; 미 6:7; 마 2:16-18; 행 7:19). 하나님은 수태의 순간부터 능동적으로 인간을 창조하시는 분으로 나와 있다(구약의 예로는 사라[창 17:15-22, 21:1-7], 레아, 라헬[창 30:1-24], 룻[룻 4:13-17], 한나[삼상 1:19-20] 등의 출산이고 신약에서는 특히 눅 1:24-25, 39-44의 엘리사벳을 참조하라). 그래서 인간의 번식은 사실 "남녀 인간과 하나님이 합작하는 공동 창조의 과정"이라 할 수 있다.[4] 시편 기자는 모태에서부터 개입하여 인간을 지으시는 하나님께 아주 감동적인 찬송을 올려 드린다.

주께서 내 내장을 지으시며

나의 모태에서 나를 만드셨나이다.

내가 주께 감사하옴은 나를 지으심이 심히 기묘하심이라.

주께서 하시는 일이 기이함을

내 영혼이 잘 아나이다.

내가 은밀한 데서 지음을 받고

땅의 깊은 곳에서 기이하게 지음을 받은 때에

나의 형체가 주의 앞에 숨겨지지 못하였나이다.

내 형질이 이루어지기 전에

주의 눈이 보셨으며

나를 위하여 정한 날이 하루도 되기 전에

주의 책에 다 기록이 되었나이다(시 139:13-16).

다른 성경 본문에도 밝혀져 있듯이 하나님은 자궁 속에 태아를 지으실 뿐 아니라 아직 태어나지 않은 그 아기를 인격적으로 아신다. "내가 **너를 모태에 짓기** 전에 **너를 알았고** 네가 배에서 나오기 전에 너를 성별하였고 너를 여러 나라의 선지자로 세웠노라"(렘 1:5, 참조. 욥 10:9-12, 31:15; 시 119:73; 전 11:5). 구약에 태아가 "인격체"인지에 대한 이론적 논의는 나와 있지 않지만, 구약은 "태아를 하나님의 작품이자 그분의 지식과 사랑과 보호의 대상으로 묘사하고 있으며, 따라서 태아를 죽이는 일은 하나님의 뜻에 어긋난다고 보아야 한다."[5]

이처럼 구약은 "출생 전 단계의 생명을 깊이 존중하는데"[6] 이는 모세의 규정에도 계시되어 있다. 태중의 아기를 해친 사람은 "생명은 생명으로, 눈은 눈으로, 이는 이로, 손은 손으로, 발은 발로, 덴 것은 덴 것으로, 상하게 한 것은 상함으로, 때린 것은 때림으로" 벌을 받아야 했다(출 21:22-25).[7] 이 모든 본문에 명백히 함축되어 있듯이 성경은 인간의 생명이 수태의 순간에 시작되는 것으로 보며, 따라서 태아를 죽여야 하는 "인권"이란 존재하지 않는다. 이것은 성경에 단언된 다음 사실과도 일치한다. 즉 하나님은 생명의 하나님이시며, 그분의 모든 피조물(특히 인간)은 소중하여 보존할 가치가 있다(예. 시 8편). 이런 면에서 성경은 고대의 이교 문화들과 현저히 다르다.

고대 세계에서 낙태가 자주 시도되기는 했지만 그보다 생후의 갓난아기를 유기하는 일이 더 흔했다.[8] 낙태가 그만큼 흔하지 않았던 주된 이유 중 하나는 자칫 산모마저 죽을 수 있었기 때문이다. 또한 남아 선호 사상이 있어서 사람들은 아이가 아들인지 딸인지 보려고 출산 후까지 기다렸다. 아이가 딸이면 대개 그 불쌍한 어린것을 유기했다. 기독교 시대 이전에 양피지에 기록된 이집트의 한 편지글에서 그런 예를 볼 수 있다. 알렉산드리아의 힐라리온이라는 남자는 내륙의 집에 있던 아내 알리스에게 이렇게 썼다. "내 당부대로 아이를 잘 돌보시오. 봉급을 받는 대로 곧 보내리다. 혹시 아기를 낳거든 아들이면 살려두고 딸이거든 버리시오"(P. Oxyrhynchus 744).[9] 이렇게 버려진 아기는 쓰레기 더미나 외딴 곳에서 죽어갔다. 안타깝게도 어떤 때는 노예 매매업자들이 아이를 데려다가 노예로 기르거나 여아의 경우 나중에 매춘부로 삼기도 했다(Justin, 1 Apol. 27). 그리스-로마 세계에서 유기는 영아 살해가 아니라 사회 편입의 거부로 간주되었으므로 도덕적으로 부정적 의미가 담겨 있지 않았다.

이는 유대의 법과 극명한 대조를 이룬다. 유대의 법은 출애굽기 21장 22-25절을 근거로 낙태(Josephus, Ag. Ap. 2.25 §202; Ps.-Phoc. 184-85; b. Sanh. 57b)와 유기(Philo, Spec. Laws 3.110-19; Virtues 131-33; Sib. Or. 3.765-66; Tacitus, Hist. 5.5)를 금했다. 이 출애굽기 본문의 규정에 따르면, 임신한 여자를 쳐서 해를 입힌 사람은 "생명은 생명으로, 눈은 눈으로, 이는 이로, 손은 손으로,

발은 발로"(동태복수법[同態復讐法]) 벌을 받아야 했다. 유대의 법은 이를 태아의 생명도 생후의 생명과 동등한 가치가 있다는 암시적 인정으로 보았다. 1세기의 유대인 작가 필로(Philo)는 Special Laws(특별법)의 방금 인용한 대목에 초기의 낙태와 말기의 낙태를 구분하면서 후자를 규탄했다.[10]

초대 그리스도인들도 유대인들의 뒤를 이어 낙태와 유기를 정죄했다. 고대에 교회 교육의 교본으로 쓰인 《주님의 가르침 디다케》(Didache, 엘도론)에 "'살인하지 말라…' 낙태하지 말라. 영아를 살해하지 말라"는 말이 나온다(Did. 2:2). Letter of Barnabas(바나바 서신)에도 똑같이 "낙태하지 말라. 영아를 살해하지 말라"고 되어 있다(Barn. 19:5). 저스틴(Justin)은 "하지만 우리는 신생아를 유기하는 것이 악인의 일이라고 배웠다…첫째로, 보다시피 그렇게 버려진 아기들이 거의 대부분…매춘부로 길러지기 때문이다"라고 썼다(1 Apol. 1,27). 《디오그네투스에게》(Letter to Diognetus, 분도출판사)에는 그리스도인들이 이렇게 묘사되어 있다. "그들도 모든 사람들처럼 결혼하고 아이를 낳지만 자식을 유기하지는 않는다"(Diogn. 5:6, 참조. Athenagoras, Plea 35; Minucius Felix, Oct. 30-31).[11]

낙태를 둘러싼 현대의 논쟁을 여기서 직접 다루는 것은 우리의 취지가 아니다.[12] 그러나 방금 인용한 성경 본문들과 성경 외적인 문헌에서 분명히 볼 수 있듯이, 고대에 이 주제에 대한 유대-기독교의 가르침은 이교 세계와 현격히 달랐다. 현대의 담론 속에 일부 복잡한 요소들이 더해지긴 했지만, 해당 이슈들의 대부분은 기독교 시대의 처음 몇 세기 동안(심지어 그 이전에) 이미 다루어졌다. 방금 개괄했듯이 유대-기독교의 전통적 관점은 생명이 수태의 순간에 시작된다는 것이며, 이 관점만으로도 성경의 가르침 및 초대 교회의 삶과 실천이 충분히 공정하게 다루어진 셈이다. 그렇기 때문에 낙태는 태아의 인명을 무단으로 끊는 행위로 간주되어야 하며, 하나님의 뜻에 어긋난다.[13]

피임(마크 리더바크)[14]

피임은 성경적으로 타당한가? 성경에는 이 문제에 대한 직접적 언급이 없다. **피임**이라는 단어가 쓰인 적도 없을 뿐더러 피임법 사용의 타당성 여부를 따로 명확히 언급한 본문도 없다. 하지만 그렇다고 성경이 이 주제에 대해 완전히 침묵한다고 생각해서는 안 된다.

피임 전반의 타당성에 대한 문제

앞서 말했듯이 창세기 1장 28절은 번식을 부부 간 연합의 일차적 목적으로 보았고, 시편 127편에는 자녀가 하나님의 복으로 묘사되어 있다. 따라서 피임을 할 것인가의 문제를 생각할 때 우리는 자녀의 출산이 결혼생활의 당연한 규범이자 사랑의 하늘 아버지의 선한 선물이라는 인식에서부터 출발해야 한다. 앨버트 몰러(Albert Mohler)의 말대로 "우리는 피임 논리를 거부하는 데서 출발해야 한다. 피임 논리로 보는 임신과 자녀는 받아서 사랑으로 길러야 할 선물이 아니라 피해야 할 부담이다. 이런 논리는 창조 세계에 드러난 하나님의 영광과 창조주가 부부에게 선물로 주시는 번식을 교묘히 공격한다."[15]

하지만 알다시피 성적 표현은 임신과 중요하게 연관되어 있다. 그렇다면 부부는 성관계를 할 때마다 항상 임신의 가능성을 "열어 두어야" 하는가? 그렇다고 답하는 사람들은 흔히 창세기 38장 6-10절에 나오는 오난과 다말의 기사로 그런 입장을 뒷받침한다. 본문에 보면 유다의 맏아들 엘이 "여호와가 보시기에 악하므로" 하나님이 그를 죽이셨다. 그 결과 엘의 아내 다말은 과부가 되었다. 계대결혼으로 알려진 히브리의 관습에 따르면(신 25:5-10) 결혼한 남자가 자식이 없이 죽으면 과부는 고인의 가장 가까운 남자 친척과 결혼하도록 규정되어 있었다. 둘 사이에 태어나는 첫아이는 죽은 남편의 이름을 잇고 그의 상속자가 되어 고인의 이름이 "이스라엘 중에서 끊어지지 않게" 했다(신 25:6).

따라서 이 경우에는 엘의 큰 동생인 오난이 책임지고 다말에게 아이를 갖게 해주어야 했다. 그런데 창세기 38장 9절에 보면 오난은 다말과 성관계를 하긴 했으나 사정하기 전에 물러나 임신을 막았다. 첫 남편의 상속자를 낳았어야 할 그가 성경에 기록된 대로 "땅에 설정(泄精)"했다. 그 결과 이 행동이 "여호와가 보시기에 악하므로" 하나님이 그도 죽이셨다(창 38:10).

천주교는 으레 이 본문을 인용하면서 주께서 악하게 보신 일이란 다름 아닌 임신을 막기 위해 성관계를 도중에 끝낸 행위라고 말한다. 모든 성관계는 번식의 가능성에 열려 있어야 한다는 것이다. 따라서 오난은 물론 누구라도 임신을 막기 위해 어떤 식으로든 성관계를 도중에 그만두거나 인위적 방법을 쓰는 것은 도덕적으로 비난 받을 일이다. 천주교의 관점대로라면 모든 피임법은 번식의 자연스러운 과정을 막으므로 하나님의 뜻에 어긋난다.[16]

그러나 더 자세히 들여다보면 창세기 38장 10절에서 주께서 악하게 보신 일은 임신을 막은 행위 자체가 아니라 오난이 다말에게 심히 가학적이고 폭력적이고 파괴적인 방식으로 성행위를 한 점으로 보인다.[17] 신명기 25장 5-10절에 보면 형제가 후손을 낳을 "의무"를 이행하지 않을 경우, 이에 대한 벌은 사형이 아니라 명예형이다(신 25:9-10). 그런데 하나님이 오난의 생명을 취하신 것으로 보아 죽은 형의 자식을 낳기를 거부한 것 말고 다른 이유가 그런 엄벌을 부른 것으로 보인다.

그렇다면 피임에 관한 성경적 논리는 무엇인가? 성경에 보듯이 본래 하나님이 결혼을 통해 이루려 하신 목적은 번식 말고도 더 있다.[18] 몇 가지만 꼽자면 부부 간의 신성한 연합을 통한 동반 관계(창 2:18, 24), 성적 쾌락(잠 5:15-23; 아가서), 부부 간의 정절(고전 7:1-9) 등이 있다. 이 모두가 하나님이 부부 간의 성적 연합을 창조하신 성경적으로 타당한 목적들이다. 따라서 분명히 부부는 결혼생활 동안 자녀를 (어쩌면 많이, 참조. 시 127:5) 낳으려 해야 겠지만, 그렇다고 **매번 성관계를 할 때마다** 피임을 삼가야 하는 것은 아니다. 부부의 성관계는 연합, 쾌락, 정절 등의 목적들로도 매우 소중한 가치를 지니며, 이는 부부가 가족계획의 일환으로 피임을 하는 경우에도 마찬가지다. 사실 "서로에게 충실한 부부가 '매번 성관계 때마다' 자녀의 선물에 열려 있어야 한다는 주장은 성경의 요구를 벗어난다."[19]

그러므로 "평생의 부부 관계라는 정황 속에서 번식을 복으로 중시한다 해서 매번 성적으로 연합할 때마다 반드시 번식의 가능성을 받아들여야 한다는 뜻은 아니며, 그보다 (아마도 드문 예외적 상황이 아니고는…) 하나님이 부부의 연합에 자녀(들)로 복을 주시리라는 가능성(사실은 희망과 열망)에 열려 있으면 된다."[20]

도덕적으로 허용되는 피임법과 허용될 수 없는 피임법

그러나 피임 전반이 도덕적으로 허용된다고 결론짓는다 해서 산아제한의 **모든 특수한 방법**이 도덕적으로 용인된다는 뜻은 아니다. 출애굽기 20장 13절 같은 본문들에 살인은 명백히 금지되어 있다. 따라서 "출생 전 단계의 생명을 깊이 존중하는" 유대-기독교의 윤리는 어떤 방식의 산아제한이 성경적으로 허용되는가에 대한 우리의 관점에도 당연히 영향을 미칠 수밖에 없다.[21]

용인되는 피임법

도덕적으로 용인되는 산아제한의 방법은 무엇인가? 간단히 말해서 답은 **성격상 피임법 즉 임신을 막는 역할만 하는** 방법이다. 이 기본 원칙을 바탕으로 어떤 방법의 가족계획이 적절하고 적절하지 못한지 꽤 쉽게 평가할 수 있다.

용인되는 방법에는 우선 **금욕법**과 **월경주기법** 같은 자연적 피임법이 있다. 미혼자의 경우 성경적으로 정당한 방법은 금욕법뿐이다. 월경주기법에는 체온 주기에 의존하는 법, 배란기와 가임기를 계산하는 법 등 여러 가지가 있다.[22]

아울러 임신을 막는 역할만 하는 인공적 피임법도 도덕적으로 용인된다. 질격막, 경부캡, 콘돔, 살정제 같은 **차단법**이 거기에 포함되며, 살정제에는 거품, 크림, 스펀지, 질좌약 등이 있다.

용인될 수 없는 피임법

용인될 수 없는 가족계획 방법에는 모든 종류의 인공유산이 포함된다. 그래서 자궁 내 피임장치(IUD)는 용인될 수 없는 방법이다. 자궁벽에 수정란이 착상할 수 없도록 불안정한 환경을 조성하는 게 주목적이기 때문이다. 즉 이 방법은 자궁내막을 얇게 만들어 아기의 생명이 지속될 수 없게 한다.[23]

이른바 낙태약 또는 임신중절약(RU-486)도 마찬가지로 도덕적으로 용인될 수 없다. 새로운 태아가 자궁벽에 착상되지 못하도록 막는 것이 주목적이기 때문이다. 이 약은 인체에서 저절로 분비되는 프로게스테론을 막아 임신의 정착과 지속을 직접 방해하는 작용을 한다. 프로게스테론은 자궁을 준비시켜 수정란을 받아들이게 하고, 임신된 후에는 임신을 지속시켜 주는 중요한 호르몬이다.

특별한 언급과 각별한 주의를 요하는 방법

여기서 두 종류의 산아제한을 특별히 언급할 필요가 있다. 그리스도인들과 비그리스도인들에게 똑같이 널리 사용되고 있는 불임수술과 경구피임약이다.

불임수술이라는 피임법은 수술을 통해 사람의 임신 능력을 영구적으로 종식시키는 방법이다. 남성의 경우 정관절제술로 사정관을 막아 사정 시에 정자가 체외로 나가지 못하게 한다. 여성의 경우 난관폐쇄라는 시술을 통해 나팔관을 사실상 봉쇄하여 정자와 난자의 접촉을 막아 수정을 무산시킨다.

불임수술에 대해 몇 가지 중요하게 검토할 것이 있는데, 이를 경고 삼아 우리는 이 방법을 쓰지 말아야 할 수도 있다. 예컨대 이것은 인체의 한 기능을 의도적으로 영구히 없애거나 무력화시키는 임의적 방법이다. 시술의 영구성 때문에 콘돔이나 기타 일시적 방법과는 성격이 다르다. 아울러 순전히 편의상이라는 이유로 몸의 일부를 제거하는 것이 옳은 일인지(참조. 레 21:20; 신 23:1; 고전 6:19),[24] 그리고 그것이 "성령의 전"(고전 6:19)을 대하는 바른 자세인지 자문할 필요가 있다.

몸 관리가 우리의 궁극적 관심사가 되어서는 안 되지만 그래도 신구약 성경에 공히 나와 있듯이 우리는 몸을 존중하고 귀히 여겨야 한다(예. 창 2:7; 출 21:22-25; 고전 6:12-20을 참조하라). 윤리학자 존 제퍼슨 데이비스(John Jefferson Davis)는 이렇게 역설했다.

사도의 요지는, 신자에게 자기 몸을 지배할 무제한의 권한이 없으며 오히려 주께서 맡겨 주신 몸을 잘 돌보아 하나님을 영화롭게 해야 한다는 것이다. 불임수술 같은 수술은 단지 개인적 "선택"이 아니다. 우리는 그 결정을 인체에 대한 청지기직이라는 성경의 틀 안에서 보아야 한다. 우리 몸은 하나님이 맡겨 주신 것이며, 구약은 인간의 번식 능력과 대가족을 긍정적으로 평가한다. 그렇다면 부득이한 정당한 근거가 없이는 그런 번식 능력을 거부하거나 수술로 제거해서는 안 된다.[25]

이 주제는 아직 복음주의자들 사이에서 충분한 주목을 받고 있지 못하지만,[26] 앞에서 특정한 피임법들의 적절성 여부에 적용된 논리가 여기에도 동일하게 적용된다는 주장이 가능하다. 하나님은 우리에게 지성과 판단력을 주셔서 "생육하고 번성"하라는 그분의 명령에 충실하되 각 개인의 상황 속에서 성경의 명령과 원리(예를 들어 인명의 신성함)에 따르게 하셨다. 앞에서 우리는 이 명령을 부부의 모든 성행위가 매번 번식의 가능성을 받아들여야 한다는 뜻으로 해석하는 것은 오류라고 결론지은 바 있다. 그렇다면 부부가 어느 시점에서 하나님이 자녀를 주실 만큼 주셨다고 믿게 되면 자녀를 그만 낳기로 결정하는 것도 적절해 보인다. 다만 문제는 더 이상의 임신을 막는 방법으로 과연 불임수술이 적절한가 하는 점이다. 물론 그리스도인이라 해서 누구나 다 불임수술이 하나님의 성전인 우리 몸에 부당하게 어긋난다고 생각하는 것은 아니다.[27] 하지만 그래도 신자들은 성경적으로 허용되는 것이 무엇인지 기도하는 가운데 검토하면서 자신의 개인적 갈망을 거기에 복종시키는 게 중요하다.

불임수술이 그리스도인의 산아제한 방법으로 적절한가에 대해 찬반 논쟁이 가능하다. 하지만 성경에 현대의 다양한 불임수술 방식에 대한 직접적 언급이 없는 만큼 이 부분에서 독단적 태도를 삼가는 게 바람직해 보인다. 어떤 특정한 주제가 성경에 직접 언급되어 있지 않을 때는 성경의 원리들을 지혜롭고 신중하게 적용해야 한다. 우리가 아는 어떤 경건한 부부들은 기도하는 자세로 주님을 신뢰하며 불임수술을 받았노라고 우리에게 확언했다. 우리가 아는 똑같이 경건한 다른 부부들은 수술을 받았다가 나중에 후회하면서, 자녀를 더 낳고자 수술을 복원하려 했다. 양쪽 모두에서 엿볼 수 있듯이, 특정한 방법을 사용하려는 부부는 반드시 결정 과정에서 자신의 마음과 동기를 정직하게 살펴야 한다. 실용적 측면 때문에 성경의 원리들을 무시한다든지 무리하게 자신의 갈망을 성령의 인도하심으로 착각

해서는 안 된다.

특별한 언급과 각별한 주의를 요하는 또 하나의 산아제한 방법은 흔히 "피임약"으로 불리는 경구피임약이다. 우리 문화에 이것이 널리 용인되기 때문에 일부 그리스도인들이 알면 놀라겠지만, 그리스도인 윤리학자들은 경구피임약의 도덕적 용인 가능성에 문제를 제기한다(똑같은 기초 화학물질의 다양한 응용제품에 대해서도 마찬가지다). 이 산아제한 방법이 편리하고 효능이 좋아 대중에게 인기가 있는 것은 사실이지만 반드시 짚고 넘어가야 할 심각한 도덕적 의문들이 있다. 경구피임약이 과연 용인되는 피임법에 해당하는지는 그 후에 결정할 일이다.

호르몬성 화학 피임약에는 기본적으로 복합피임약과 프로게스틴 단일피임약 등 두 종류가 있다. 에스트로겐과 프로게스틴을 둘 다 함유한 복합피임약은 다시 내복약과 주사약으로 나뉜다. 내복약은 흔히 복합경구피임약(COC)이라 하며 Ortho Cyclen®이나 Ortho-trycyclen 등이 있고, 주사약은 복합주사피임약(CIC)이라 하며 Cyclofem과 Mesigyna 등이 있다. 프로게스틴 호르몬만 함유된 프로게스틴 단일피임약도 역시 내복약과 주사약으로 제조된다. 프로게스틴 단일경구피임약(POP)은 매일 복용하고, Depo-Provera와 Noristerat 같은 프로게스틴 단일주사피임약(PIC)은 약 두세 달에 한 번씩 주사해야 한다. 피하이식술(norplant)도 프로게스틴을 이용한 산아제한의 또 다른 방법으로, 프로게스틴이 들어 있는 작은 관을 피부 밑에 삽입하는 수술이다.[28]

Physician's Desk Reference(의사 처방 참고서)에 따르면 모든 종류의 복합피임약과 프로게스틴 단일피임약은 동일한 세 가지 기본 원리로 작용한다. 첫 번째는 배란을 막는 원리다(피임법에 해당한다). 두 번째는 자궁경부 점액의 농도를 높여 정자가 자궁에 들어가 난자와 수정하는 것을 어렵게 만드는 원리다(역시 피임법에 해당한다). 세 번째는 수정이 이미 이루어진 경우 **자**

궁내막을 방해하여 새로 임신된 아기의 생명이 지속될 수 없게 만드는 원리다. 의도적이든 그렇지 않는 모든 종류의 복합피임약과 프로게스틴 단일 피임약에는 이런 기능이 있다. 따라서 세 번째 원리는 피임법이 아니라 **낙태**에 해당한다. 즉 처음의 두 원리로 임신을 막지 못한 경우 이 방법으로 확실히 산아제한을 하는 것이다.[29]

*Physician's Desk Reference*의 자료에 기초하여 정보를 제공하는 웹사이트 피디알헬스닷컴(PDRHealth.com)에는 이 세 가지 원리가 이렇게 기술되어 있다.

경구피임약과 주사피임약(Depo-Provera와 Lunelle 등)은 주로 배란을 억제하는 방식으로 임신을 막는다. **피하이식술로 배란이 억제될 확률은 약 50퍼센트다.** 그러나 피임약을 정기적으로 복용하거나, 피하이식술을 받거나, 주사약을 계속 주사하면 자궁경부를 덮고 있는 점액―정자가 자궁내로 들어가는 부위―이 늘 두껍고 끈적끈적하여 정자가 통과하기가 매우 어려워진다. 이 끈적거리는 방해물은 정자세포 자체에도 영향을 미친다. 정자가 난자의 외피를 뚫고 들어가려면 정자내에 화학변화가 일어나야 하는데 그 찐득한 점액이 화학변화를 방해하여 수정을 막는다.

배란과 수정이 이루어진다 해도 호르몬성 피임법은 또 다른 보호책으로 자궁내막을 변화시킨다. 정상적인 경우 에스트로겐이 주기 초기에 자궁내막을 두껍게 만든 뒤 나중에 프로게스테론(천연 호르몬―역주)이 작용하여 내막의 숙성을 돕는다. 그런데 구강피임약은 그 두 가지 호르몬을 주기 내내 공존하게 만들며, 피하이식술과 주사약은 프로게스틴(합성 프로게스테론―역주)을 지속적으로 공급한다. 그 결과 **정상적 호르몬 변화가 방해를 받아 자궁내막이 수정란에 영양을 공급할 만큼 충분히 숙성할 기회를 거의 박탈당한다.**[30]

요컨대 복합피임약과 프로게스틴 단일피임약의 주된 도덕적 문제는 다음과 같은 상황에서 발생한다. 즉 첫 번째 방법(배란을 막음)과 두 번째 방법(점액의 농도를 높여 수정을 막음)이 실패로 돌아가 수정이 이루어진 경우다. 이때부터 이런 약들은 성격상 피임약이 아니라 낙태약에 해당한다. 물론 두 방법의 실패율이 낮은 것은 분명하다(복합피임약의 경우는 더 낮다). 하지만 그래도 이런 산하제한 방법을 사용하는 여자들이 워낙 많다는 점을 감안하면, 구강피임약이나 주사피임약이 이미 임신된 태아를 최소한 드물게라도 죽이는 역할을 한다는 데는 의문의 여지가 없다.[31] 앞서 말했듯이 우리는 "출생 전 단계의 생명을 깊이 존중하는" 입장에 마땅히 도덕적 권위를 부여해야 한다. 그렇다면 아이를 낙태할 확률이 조금이라도 있는 일에 과연 위험을 무릅쓸 가치가 있는지 재평가해 보는 게 옳을 것이다.[32]

끝으로, 주치의나 산부인과 의사에게 지혜롭게 조언을 구하는 사람들은 질문을 정확하고 신중하게 해야 한다. 이 주제와 관련된 용어들이 다소 애매하게 쓰이고 있기 때문이다. 예컨대 어느 젊은 부부가 의사에게 특정한 경구 피임법이나 화학 피임법이 낙태를 유발할 위험성이 있는지 물어본다고 하자. 답은 의사가 **낙태**와 **임신**을 어떻게 정의하느냐에 따라 달라진다. 다행히 일부 의사들은 낙태라는 말을 임신 상태를 종식시킨다는 의미로 이해하고 있다. 하지만 그들은 임신이라는 말을 수정란이 **자궁벽에 이미 착상되었다**는 의미로 정의할 수 있다. 그 경우 의사는 복합피임약과 프로게스틴 단일피임약이 낙태를 유발하지 않는다고 답할 것이다. 일단 수정란이 자궁벽에 자리를 잡은 후에는 그런 피임약이 수정란의 성장을 종식시키지 않기 때문이다. 그러나 이 부부가 모를 수 있는 사실이 있다. 피임약은 이미 임신된 아이를 실제로 죽일 수도 있다. 피임약 때문에 수정란이 자궁벽에 착상하지 못하여 임신이 지속될 수 없는 경우가 그에 해당한다.

그러므로 지혜로운 부부는 특정한 종류의 복합피임약과 프로게스틴 단

용인되는 방법	용인될 수 없는 방법	특별한 검토가 필요한 방법
일반 원칙: 성격상 피임법, 즉 임신을 막는 역할만 함	일반 원칙: 모든 종류의 인공유산	일반 원칙: 특별한 언급과 각별한 주의가 필요한 방법
금욕법	낙태	불임수술(정관절제술, 난관폐쇄)
월경주기법	자궁내 피임장치 (IUD)	경구피임약과 많은 응용제품(복합피임약, 프로게스틴 단일피임약)
차단법 (질격막, 경부캡, 콘돔, 살정제)	낙태약 또는 임신중절약 (RU-486)	관련 이슈: 성령의 전으로 대해야 할 몸(불임수술), 생명의 신성함에 관한 심각한 문제(경구피임약)

일피임약이 "낙태를 유발할 수 있는지"를 묻기보다 그 피임약이 자궁내막의 숙성을 방해하는지를 정확히 확인해야 할 것이다. 만일 방해한다면 그 피임약은 수정란이 자궁벽에 착상하지 못하게 막아 이미 임신된 아이를 죽일 수 있다. 이 주제로 의사와 상의할 때 그밖에 확인해서 유익할 만한 점들은 다음과 같다. (1) 피임약이라는 산아제한 방법이 난자의 수정을 백 퍼센트 막아 주는가? (2) 시장에 출시된 제품 중 난자의 수정을 백 퍼센트 막아 주는 것으로 명확히 검증되고 입증된 것이 **하나라도** 있는가? (3) 복합피임약이나 프로게스틴 단일피임약의 종류 중 자궁내막을 변화시켜 수정란의 지속과 착상과 결국 출생을 향한 성장을 막지 않는 것이 하나라도 있는가?[33] 현재까지 나는 이 질문들 중 어느 하나에 대해서도 긍정적 답을 실증할 수 없었다.[34]

결론적으로 불임수술의 경우는 다시 말하지만 각별히 주의하여 독단적 태도를 삼가는 게 중요하다. 성경이 금하거나 직접 언급한 문제가 아니기 때문이다. 불임수술을 활용할지의 여부를 결정하기 전에 심각하게 검토해야 할 것은 우리 몸을 "성령의 전"으로 존중해야 한다는 원리다. 피임약의 경우는 도덕적 정당성의 근거가 훨씬 빈약하다. 생명의 신성성의 원리가 직접 적용된다는 단순한 사실 때문이다. 그러나 두 경우 모두 성경적 원리들을 검토해볼 때 불임수술이나 각종 피임약을 가족계획의 방법으로 사용하지 않는 게 옳아 보인다.

인공수태(마크 리더바크)

난임

부부들이 "생육하고 번성"해야 한다는 성경의 분명한 명령에 비추어 볼 때(창 1:28) 부부에게 닥칠 수 있는 아주 힘겨운 시련 중 하나는 자녀를 낳지 못하는 일이다.[35] 구약에 사라(창 15-17장)와 한나(삼상 1:1-11)의 괴로운 감정과 경험이 기록되어 있다. 그들은 난임을 겪으며 힘들어했다. 신약에도 엘리사벳이 연로하도록 자식이 없었다고 나와 있다(눅 1:7). 이 세 사람의 경우 하나님이 은혜로 모두 임신하여 자녀를 낳게 해주셨고, 그 자녀들이 나중에 그분의 구속 계획에서 중요한 역할을 감당했다. 하지만 하나님이 모든 난임 부부에게 그런 기적적 방법으로 자녀를 주시는 것은 아니다.

근년 들어 발전한 현대의 수태 기술 덕분에 이제 난임 부부들도 생물학적 자녀를 낳을 수 있는 길이 많이 열렸다. 그리스도인들은 이런 발전된 기술에 어떻게 반응해야 하는가? 그런 신기술을 활용하는 게 적절한 일인가?[36] 난임에 대한 그리스도인들의 올바른 반응은 기도와 믿음뿐이라고 주장할 사람들도 있을 것이다.[37] 그러나 대부분의 그리스도인들은 하나님이 인간에게 논리력과 이 땅을 다스릴 권한을 주셨다는 사실에 근거하여(창

1:28-31), 성경의 다른 명백한 원리들(예를 들어 인명의 신성함)에 어긋나는 방법이 아닌 한 의술의 활용을 거부하지 않는다.[38]

예전 같았으면 친자녀를 낳을 가망이 전혀 없었을 부부들에게도 이제 진보된 현대 의술 덕분에 다양한 방안이 가능해졌다. 그중에는 남자의 속옷 종류만 바꾸어 정자 수를 늘리는 전문적이랄 것도 없는 간단한 방법이 있는가 하면, 인공수정이나 시험관 수정이나 심지어 수태를 목적으로 한 복제처럼 고도의 전문기술을 요하는 방법도 있다.[39] 모든 인공수태 방법은 적어도 어느 정도의 윤리적 평가를 요하지만, 더 복잡하고 기술에 대한 의존도가 높은 방법일수록 윤리적으로도 더 복잡해지는 경향이 있다.

지금부터 먼저 주요 인공수태 방법을 하나씩 간략히 설명한 뒤에, 네 가지 중요한 평가 원리를 바탕으로 이와 관련된 다양한 윤리적 이슈들을 논하고자 한다.

다양한 인공수태 방법에 대한 설명

다음은 더 자주 사용되는 다섯 가지 인공수태 방법에 대한 간략한 설명이다.

인공수정(AI)으로도 알려진 **자궁내 정자주입술**(IUI)은 난임의 문제가 주로 남자 쪽에 있는 경우의 부부들이 대개 일차로 쓰는 방법이다. 대개 정자 수가 적거나 어떤 이유로든 정자에 결함이 있는 게 난임의 원인이다. 이 방법의 원리는 비교적 단순하다. 남자의 정자를 채취하고 축적한 뒤 여자의 배란기가 절정에 달했을 때 (대개 바늘 없는 주사기로) 자궁 속에 주입한다. 그 시점부터는 수태 과정이 "자연적" 방법으로 진행되기를 기다린다. 이 방법에 쓰이는 정자는 남편의 정자(배우자 인공수정, AIH)일 수도 있고 기부자의 정자(기부자 인공수정, AID)일 수도 있다. 윤리적인 관점에서 기부자 인공수정보다 배우자 인공수정의 경우가 훨씬 문제가 적다(아래의 논의를 참조하라).

생식체 난관이식(GIFT)은 우선 배란을 촉진하는 호르몬제를 써서 복수의 난자를 숙성시켜 방출시킨다. 그 후에 질 안으로 들어가는 가벼운 초음파 유도 수술을 통해 난자들을 채취한다. 남자의 정액도 채취하여 수태되기 쉽게 미리 점성을 낮추어 놓는다. 이 생식체들을 작은 공기 방울 하나만을 사이에 두고 하나의 도관 안에 함께 넣어 여자의 나팔관 안에 이식한다. 이 방법은 난자와 정자를 확실히 접촉하게 만들어 수태 과정을 촉진하며, 그리하여 수정과 임신의 확률을 높인다.

시험관 수정(IVF)은 기술적 절차에서는 생식체 난관이식과 매우 비슷하지만 한 가지 큰 차이가 있다. 전자는 수정과 임신이 여자의 체내에서 이루어지는 데 반해 이 경우에는 시험관이나 페트리 접시라는 인공적 환경 속에서 이루어진다. 생식체 난관이식과 마찬가지로 우선 여자에게 호르몬제를 투입하여 복수의 난자가 방출되도록 자극한다. 그 난자들을 채취하고 남자의 정액도 채취한다. 이 생식체들(난자와 정자)을 같은 페트리 접시 안에 두고 복수의 수태가 이루어지기를 기다린다. 배아들이 새로 형성되면 수태 전문의가 검사한 뒤 **배아이식**(ET)을 통해 자궁 속에 배아를 많게는 네 개까지 이식한다. 그중 하나라도 아기로 자라기를 기대한다. 남은 배아들은 폐기하거나 냉동했다가 미래에 출산을 시도할 때 사용한다. 여러 연구 결과에 따르면 냉동된 배아의 25퍼센트는 냉동 및 해동 과정에서 살아남지 못해 다음번 시도에 사용될 수 없다.[40]

대리모 임신이란 아기의 임신과 출생이 아이의 생모가 아닌 여자를 통해 이루어지는 방법이다. 여기에는 여자가 자궁만 제공하는 경우(임신 대리모)와 난자와 자궁을 모두 기부하되 양육권을 계약 상대에게 양도하는 경우(유전적 대리모)가 있다. 유전적 대리모의 임신은 자궁내 정자주입술을 통해 이루어진다. 즉 대리모가 해당 부부의 남편의 정자를 받아 수태한 뒤 임신 기간을 걸쳐 출산한다. 아기는 유전적으로는 대리모의 소생이지만 계약한 부부의 "소유"가 된다. 임신 대리모가 유전적 대리모와 다른 점은 임신이 생식체 난관이식이나 시험관 수정을 통해 이루어진 뒤 그 배아가 배아이식을 통해 대리모 안에 이식된다는 점이다. 이 경우 대리모의 역할은 임신하거나 자신의 난자를 기부하는 게 아니라 자궁만 제공하여 아기를 낳아 주는 것이다. 두 경우 모두 대리모는 비용을 받으며 대개 태어난 아이의 양육권을 일체 포기하기로 계약한다.[41]

네 가지 평가 원리

피임의 경우와 마찬가지로 중요하게 인식할 것은, 단순히 기술이 존재한다는 이유만으로 그것의 사용이 반드시 윤리적으로 허용된다는 뜻은 아니라는 것이다. 성경의 원리들을 결정 과정의 지침으로 삼아 그런 기술적 방법들이 그 원리들에 부합하는지 반드시 따져 보아야 한다. 수태 기술의 문제와 특히 밀접한 관계가 있는 네 가지 원리가 있다.

첫째로, 임신의 경우와 마찬가지로 **인명의 신성성을 존중해야 한다**는 원리다. 이 원리는 다음 몇 가지 이유로 수태 기술의 문제와 직결된다. 복제 등 일부 수태 기술은 아이의 생명을 직접 위협한다. 기술의 성질과 개발이 불명확하기 때문이다. 다른 종류들의 수태 기술은 생명을 직접 위협하지는 않을지 몰라도 이를 사용하는 방식이 생명을 위협한다. 예컨대 일부 인공 수정이나 시험관 수정 방법의 경우 난자를 한 번에 대여섯 개씩 수정시키는 게 통상적 관례다. 그 수정란 하나하나마다 임신된 아기이며, 여성의 자궁에 착상되면 자라서 태어날 수 있다. 그러나 불행히도 의사들이 그중 한두 개의 수정란만 착상시키고 나머지는 죽게 두는 것 또한 통상적 관례다.

수태 기술이 신성한 생명을 위협하는 또 다른 방식은 기술(예. 인공수정이나 배란 촉진제)을 사용한 결과로 복수의 아기가 임신되는 경우다. 즉 여성의 자궁 안에 네다섯 명의 아기가 들어설 수 있다. 이 경우 유산의 위험이 증가하기 때문에 흔히 수태 전문의들은 "선택적 감수술"(selective reduction)이라는 절차를 권한다. 선택적 감수술이라는 용어는 흔히 일부 아기들의 생존 가능성을 높이기 위한 조치로 설명되지만, 사실은 다름 아닌 낙태 행위다. 다른 아기들이 살아서 태어날 수 있는 확률을 높이기 위해 하나나 그 이상의 아기를 죽이는 행위다.

따라서 그런 기술(인공수정, 시험관 수정)이 생명의 신성성이라는 성경의 기준에 부합하려면 부부가 모든 수정란을 전부 착상시켜 만기까지 가려는 의지가 있어야 한다(산모의 목숨이 위태로운 경우만은 예외가 될 수 있다). 존 밴 리젠모터(John Van Regenmorter)의 말대로 "당신이 실제로 낳으려는 자녀의 수보다 더 많은 배아를 형성하지 말라."[42] 마찬가지로 배란 촉진제를 사용하는 사람들도 복수의 출산이 가능하다는 점과 선택적 감수술이 성경적으로 정당한 방법이 아니라는 점을 미리 인식해야 한다.

두 번째로 생각해야 할 성경의 원리는 **모든 인간을 하나님의 형상을 지닌 존재로 존중해야 한다**는 원리다. 모든 인간은 하나님의 형상대로 지음 받았다(창 1:27). 따라서 인간을 어떤 목적을 위한 수단으로만 이용하는 것은 잘못이다. 아무런 잘못도 없는 인간을 오직 선택의 편의라는 이유만으로 해치는 것도 마찬가지다. 일부 수태 기술의 경우 복수의 난자를 수정시킨 뒤 그 아기들을 무기한 냉동시켰다가 사용하거나 또는 부모가 아이를 더 갖지 않기로 선택할 경우 그냥 폐기하는 것이 통상적 관례다. 이런 행위는 본질상 아기를 존중하지 않을 뿐더러 아기를 부모가 정한 목표의 수단으로만 이용하는 것이다. 따라서 그리스도인들은 이런 부적절한 방법을 버려야 한다.

특정한 수태 기술의 도덕성을 분별하는 세 번째 평가 원리는 **부부 관계의 정절을 존중해야 한다**는 원리다. 창세기 2장 24절에 보면 남자는 "부모를 떠나 그의 아내와 합하여 둘이 한 몸을 이룰지로다"라고 되어 있다. 바로 이 한 몸이라는 부부 관계의 정황 속에서 하나님은 생육하고 번성하라는 명령을 주셨다. 성경은 간음의 관계를 정죄할 뿐 아니라(출 20:14; 신 5:18; 롬 13:9)

부부 관계의 배타성을 확언한다(마 19:5; 고전 6-7장; 엡 5:28-31). 성경이 강조하는 부부 관계의 연합과 배타성은 수태 기술의 사용에 직접적 영향을 미치며, 배우자 이외의 사람의 유전물질(기부된 난자, 기부된 정자, 기부된 DNA)을 사용하는 경우는 특히 더하다. 기부된 난자나 정자를 사용하면 부부 관계(특히 성과 관련된 부분)에 성과 관련된 제3자의 유전물질이 개입된다. 따라서 이런 행위의 도덕성에 상당한 의혹이 제기된다.

이것을 정확히 역사적·사회적 통념상의 간음의 범주에 넣는 것은 무리일지 모르지만 기부된 난자와 정자의 사용이 간음과 같다는 주장은 얼마든지 가능하다. 적어도 이는 부부 간의 정절과 성의 배타성을 부적절하게 침해하는 일이다.[43] 스캇 레이(Scott Rae)가 지적했듯이 "성경의 가르침은 제3자인 기부자가 출산의 규범이 아니라는 데 무게가 실린다. 성경은 부부 관계 바깥에서 유전물질을 구하는 모든 수태 방법을 회의적으로 본다. 이는 수정란 기부, 난자 기부, 대리모 임신 같은 기술에 도덕적으로 문제가 있다는 뜻이다."[44]

수태 기술의 사용 여부를 평가할 지침이 될 네 번째이자 마지막 원리는 **기술의 종류**라기보다 **그것을 사용하려는 사람의 마음가짐**과 더 관계된다. 물론 친자녀를 낳아 기르려는 열망은 창조 규범에 근거한 것이며 하나님이 우리에게 "생육하고 번성"하라고 주신 분명한 명령이다. 하지만 우리의 소망이나 자존감을 과도히 출산 능력에 두지 않는 게 중요하다. 그리스도인의 궁극적 소망은 인간의 생식기관을 조작하는 능력이나 자녀를 낳는 능력에 있지 않다. 자녀는 하나님의 선물이다. 그분이 직접 개입하여 기적적으로 주시든(한나의 경우처럼) 아니면 그분이 허락하신 인간의 지성과 발전된 기술을 통해서 주시든 마찬가지다. 그 외에 우리의 궁극적 소망은 출산 능력에 있지 않고 성경의 가르침대로 우리 구주 예수 그리스도께 있다.

결론적으로, 수태 기술의 사용은 **전반적으로** 허용될 수 있으나 그렇다고

모든 방법의 인공수태가 성경적·도덕적으로 용인된다고 지레 단정해서는 안 된다. 인명의 존중, 인간의 존엄성, 부부의 정절 등의 기준으로 모든 특정한 수태 방법을 평가해야 한다. 다수의 인공수태 방법에 윤리적으로 애매하고 불확실한 부분이 상당히 많이 있다. 그 점을 고려한다면(금전적 비용은 말할 것도 없고) 오히려 그 방향의 노력을 제한하고 입양을 생각하는 게 지혜로울 것이다. 성경에 입양이 명백히 긍정적으로 기술되어 있음을 감안하면 정말 그것이 지혜의 길일 수 있다. 지금부터 그 주제를 살펴보려 한다.

인공수태와 잠재적 문제점 ▬▬

수태 방법	평가 원리	해당 영역
자궁내 정자주입술(IUI) 또는 인공수정(AI)	1. 인명의 신성성을 존중함	인공수정, 시험관 수정
생식체 난관이식(GIFT)	2. 모든 인간이 지닌 하나님의 형상을 존중함	배아의 수정, 냉동, 폐기
시험관 수정(IVF)	3. 부부 관계의 정절을 존중함	기부자 수정, 난자 기부, 대리모
대리모 임신	4. 특정한 방법을 사용하기 원하는 사람의 마음가짐	현대의 인공수태 사용에 대한 일반 원칙

입양

신구약 모두에 입양의 여러 사례가 실제로 등장한다.[45] 구약의 경우 단과 납달리는 야곱에게 입양되었고 이후의 에브라임과 므낫세도 마찬가지다 (창 30:1-13, 48:5). 모세는 바로의 딸에게(출 2:10), 에스더는 모르드개에게 각각 입양되었다(에 2:7). 구약의 이런 입양 사례들을 하나씩 더 자세히 살펴보자.[46] 우선 야곱의 경우 단과 납달리는 라헬의 여종 빌하를 통해 얻은 야곱과 라헬의 아들들이다. 라헬은 자신이 무자했으므로 아내로서 그 두 아들을 야곱에게 주었다(창 30:1-8). 이와 비슷하게 야곱은 레아의 여종 실바를 통해 얻은 아들들인 갓과 아셀도 입양하여(창 30:9-13) 정식 가족으로 받아들였다. 나중에 야곱은 요셉의 두 아들인 므낫세와 에브라임을 입양하여(창 48:5) 축복했다(8-22절). 그는 또 므낫세의 손자들이자 마길의 아들들인 자신의 증손자들도 입양했을 수 있다(창 50:23). 야곱의 양아들들에게는 레아와 라헬을 통해 태어난 생물학적 아들들과 똑같은 상속권이 주어졌다.[47]

모세는 유대인 부모 아므람과 요게벳 사이에서 태어났으나 당시의 모든 사내 아기들은 이집트 왕 바로의 칙령에 따라 죽임을 당해야 했다. 모세의 어머니는 아들의 목숨을 구할 계획을 짰는데, 그 결과로 다름 아닌 바로의 딸이 모세를 아들로 입양했다. 그러나 장성한 모세는 "바로의 공주의 아들이라 칭함 받기를 거절하고"(히 11:24) 자신의 출생 가정으로 돌아가 친형 아론을 만났다. 모세가 입양되었다가 본가로 돌아온 일은 하나님의 구원 계획의 일환이었다. 모세는 이스라엘 백성을 이집트의 노예생활에서 이끌어내 약속의 땅으로 인도해야 했다. 계획적으로 아들의 목숨을 구한 모세의 어머니는 생모의 사랑을 보여 준 훌륭한 사례다.

고아 에스더는 사촌오빠 모르드개에게 입양되었다. 이들의 이야기는 양부와 양녀의 친밀한 관계를 놀랍게 증언해 준다(다만 오늘의 일부 그리스도인 부모들에게는 에스더를 미인대회에 출전시킨 일이 지혜로워 보이지 않을 수 있다). 구약의 에스더서에 보면 "모르드개가 날마다 후궁 뜰 앞으로 왕래하며 에스더의 안부와 어떻게 될지를 알고자 하였"다고 했다(에 2:11). 에스더 또한 양부의 지시대로 "그 종족과 민족을 말하지 아니하니 그가 모르드개의 명령을 양육 받을 때와 같이 따름"이었다(에 2:20). 결국 에스더는 하나님의 섭리로 유대 민족을 구하는 데 쓰임 받는다.

신약에서 가장 눈에 띄는 예는 요셉이 예수를 입양한 일이다. 요셉은 예수의 양부가 되어 아기의 이름을 함께 지었고(마 1:25), 성전에서 아기를 바쳤고(눅 2:22-24), 모자를 이집트로 피신시켜 위험에서 보호했고(마 2:13-15), 예수에게 직업을 가르쳤다(마 13:55; 막 6:3). 이상의 예들에서 보듯이 성경에는 입양의 명예로운 선례들이 있으며, 이런 증거는 어떤 부부들에게 격려가 될 수 있다. 잠시 후에 보겠지만 신약에는 입양이 은유로 쓰이기도 했다. 모든 본문들을 종합해 보면 입양 자녀들이 성경적 결혼과 가정이라는 친밀하고 영속적인 사랑의 장 안에 받아들여져야 함을 알 수 있다.[48]

영적인 의미에서 바울은 신자들이 하나님의 아들딸로 그분의 가정에 입양되었다고 가르친다(롬 8:15, 23, 9:4; 갈 4:5; 엡 1:5).[49] 그의 가르침은 그리스-로마 신화에 나오는 신(神)의 입양 개념이나 로마의 입양 의식(소아를 생부의 권한에서 양부의 권한으로 이양하는 예식)에서 따온 게 아니다. 사도의 이 개념은 구약 출애굽의 모형과 사무엘하 7장 14절의 메시아의 입양 원리("나는 그에게 아버지가 되고 그는 내게 아들이 되리니," 참조. 고후 6:18; 시 2:7, 89:26-27)를 새 언약의 신학에 접목시킨 결과다. 이스라엘이 출애굽을 통해 구속(救贖)되어 언약의 특권을 받았던 것처럼(출 4:22; 신 1:31; 호 11:1) 신약의 신자들도 그리스도 안에서 그분을 통해 죄의 속박으로부터 구속되어 하나님의 자녀로 입양되었다(참조. 삼하 7:14를 인용한 고후 6:18).[50] 이것이 미래의 마지막 부활 때에야 완전히 실현된다는 사실도 중요하다(롬 8:23).

구약 시대에는 일정한 민족적 제약이 적용되었지만 지금의 신자들은 "다 믿음으로 말미암아 그리스도 예수 안에서 하나님의 아들이 되었"다(갈 3:26). 누구든지 그리스도께 속한 사람은 아브라함의 자손으로 언약에 동참한다(갈 3:28). 이는 구속사적이고 종말론적인 더없이 중요한 사건이다. 입양을 통해 신자들은 아들 예수와 아버지 하나님의 부자관계 속에 받아들여져 함께 하나님의 새 가정의 일원이 된다.[51] 물론 예수는 하나님의 독생자이시고 신자들은 그리스도 안에서 하나님의 아들딸이라는 그 차이는 없어지지 않는다(참조. 요 20:17). 그럼에도 신자들은 진정한 영적 의미에서 서로의 형제자매일 뿐 아니라 또한 예수의 형제자매가 된다. "거룩하게 하시는 이와 거룩하게 함을 입은 자들이 다 한 근원에서 난지라. 그러므로 [예수께서 그들을] 형제라 부르시기를 부끄러워하지 아니하시고"(히 2:11). 심지어 전에는 육신의 출산이었던 생육도 이제 그리스도의 몸의 다양한 지체들이 성령께 받은 은사를 따라 생산적이고 조화롭게 일하는 것으로 어느 정도 바뀌었다.[52]

결론

오늘의 세상은 우리 앞에 자녀의 출산에 관련된 수많은 이슈를 내놓는다. 그중 가장 중요한 것들 일부를 이번 장에 다루었다. 첫 번째 주제는 낙태였다. 앞에서 결론지었듯이 생명이 수태의 순간에 시작된다는 관점은 성경의 강력한 지지를 받고 있으며, 따라서 당연히 유대-기독교의 전통적 관점이었다. 그렇기 때문에 낙태는 성경적으로 정당화될 수 없다.

그 다음 주제는 피임이었다. 우선 우리는 피임 전반을 원칙상 그리스도인에게도 정당한 방안으로 보았다. 이어 산아제한의 종류 중 도덕적으로 용인되는 방법과 용인될 수 없는 방법을 논의하면서, 그중에서도 각별한 주의와 분별을 요하는 불임수술과 각종 피임약에 특별히 주목했다. 그리스도인들도 피임을 할 수 있으나 사실상 낙태에 해당하는 산아제한 방법은 삼가야 한다.

인공 수태를 고찰할 때도 우리는 까다로운 윤리적 이슈들을 공들여 다루었다. 무자한 부부들을 돕는 데 쓰이는 많은 새로운 방법에서 그런 이슈들이 제기된다. 이어 우리는 오늘의 그리스도인들에게 윤리적으로 허용되는 방안과 허용될 수 없는 방안이 무엇인지 최대한 분별했다.

마지막으로 언급한 주제는 입양이다. 문자적 의미로나 비유적 의미로나 성경에 이 주제를 다룬 자료가 상당히 많이 있다. 이를 종합하면 입양에 대한 성경의 탄탄한 선례가 나온다. 입양은 그리스도인들이 하나님을 영화롭게 하고 기독교 가정을 세울 수 있는 명예로운 방법이며, 특히 친자녀를 임신하는 데 어려움을 겪고 있는 부부들의 경우에는 더욱 그렇다.

8.
자녀
양육

자녀 양육의 도전은 수많은 이슈를 제기한다. 그중 가장 유관한 것들 일부를 이번 장에서 고찰할 것이다. 한 가지 근본적 질문은 부모가 어떤 방법론 내지 자녀 양육 철학을 선택할 것이냐의 문제다. 논란이 많은 또 다른 주제는 체벌의 정당성 여부인데 그것도 여기에 다루었다. 그밖의 주제로는 자녀에게 남성성과 여성성을 길러 주는 일, 부모의 훈육의 기본 원리, 결혼과 가정에 관계된 영적 전투 등을 다루었다.

오늘의 세상 속에서의 자녀 양육

어떤 방법론을 쓸 것인가?

자녀 양육에 관한 많은 대중 서적은 특정 방법론을 전수하려 하며 흔히 훈육의 적절한 시행에 초점을 맞춘다.[1] 이렇게 방법론에 집중하는 데는 몇 가지 장점이 있다. 첫째로, 특정한 방법론대로 하면 그것이 부모에게 자신의 자녀 양육에 어떤 계획과 목적이 있다는 확신을 더해 준다. 둘째로, 방법론에 집중하면 그것이 예측 가능성과 일관성을 가져다준다. 예컨대 일정한 행동의 결과로 일정한 상이나 벌을 줄 수 있다. 그러면 조건화에 성공하기가 더 쉬워진다. 모든 조건이 같다면 자녀들은 부정적 결과를 피하고 긍정적 보상을 얻으려 하는 경향이 있기 때문이다. 셋째로, 어떤 방법론을 받아들이면 같은 방법론을 쓰는 부모들끼리 단합할 수 있다. 서로 뜻이 맞는 부모들의 지원 모임은 어려움이 생길 때 토론과 도움의 장이 된다.

방법론에 집중하는 데는 몇 가지 단점도 있다. 첫째로, 부모의 확신은 모든 게 잘되고 있다는 그릇된 안심을 가져다줄 수 있다. 적어도 장기적으로는 잘되고 있지 않을 수 있는데도 말이다. 행동의 단기적 또는 중기적 조건화에는 아마 성공할 것이다. 그러나 장기적으로 청소년은 경직된 자녀 양육에 반항할 수 있다. 둘째로, 방법론에 집중하면 사람보다 일련의 추상적 원리에 강조점을 둘 수 있다. 자녀 양육은 사람을 다루고 관계를 다루기 때문에 정확한 과학으로 축소될 수 없다. 이와 관련하여 셋째로, 방법론에 집중하면 각 자녀의 개성과 독특성을 충분히 중시하지 못하기 쉽다. 불순종한 자녀는 누구나 훈육이 필요하지만 **훈육을 시행하는 방법**은 자녀별로 개인적 특성에 맞게 조정되어야 한다.

그러므로 결국 자녀 양육에 바르게 접근하려면 **관계**의 요소가 들어갈 여지를 충분히 두어야 한다. 그리스도인의 자녀 양육을 떠받쳐야 할 요소들은 **성경을 묵상하며 얻은 지혜, 성령 충만, 타인의 조언**(여기서 자녀 양육에 대한 양질의 책들이 큰 유익이 될 수 있으나 단 균형 잡혀 있고 성경의 원리들에게 기초한 것이라야 한다), 자녀와의 **관계적 경험** 등이다. 결국 우리는 어떤 하나의 인간적 방법론에 의지하지 않도록 조심해야 한다. 인간의 방법은 아무리 성경적이라고 자처해도 언제나 성경에서 한 발짝 떨어져 있다. 우리가 최고로 신뢰해야 할 대상은 하나님과 그분의 말씀이다. 아울러 우리가 이해하는 성경을 성경 자체의 가르침과 동일시해서는 안 됨을 겸손히 인정해야 한다.

이런 자녀 양육 관계에는 무조건적 사랑, 영적 양육, 훈육이 균형을 이루되(엡 6:4) 제자도와 그리스도인의 성장이라는 정황 속에서 그리해야 한다(벧후 3:18). 자녀를 성경적으로 기르려는 부모는 자녀가 단지 불순종하는 게 아니라 또한 죄인이라는 것, 죄인이기 **때문에** 불순종한다는 것을 이해해야 한다. 더욱이 앞장에서 말했듯이 자녀는 (성경에 쓰인 어의대로) "어리석은" 상태다(참조. 잠 1:22). 그래서 부모가 가르치고 훈련하고 늘 교화해야 한다. 정원을 늘 꾸준히 손질해야 하는 것과 아주 비슷하다.

부모도 역시 죄인이며, 따라서 자녀의 유익보다 자신의 사욕을 앞세우지 않도록 주의해야 한다. 자녀가 공공장소에서 불순종할까 봐 우려하는 이유는 단지 자신의 창피함 때문인가? 자녀가 학교 공부를 잘하기를 바라는 이유는 단지 자신의 위신을 세우고 인정받고자 함인가? 자녀가 특정한 직업이나 배우자를 고르기를 원하는 이유는 자신이 사회적으로 더 호감이나 선망을 사기 위함인가? 부모가 자녀의 교육에 대해 결정을 내리는 주된 기준은 자녀의 최상의 유익이 아니라 자신의 편리함(놀이방, 베이비시터, 조부모 등)인가?[2]

"방법론"으로 접근하는 자녀 양육의 장단점

장점	단점
부모에게 자신의 자녀 양육에 어떤 계획과 목적이 있다는 확신을 더해 준다.	적어도 장기적으로는 잘되고 있지 않을 수 있는데, 부모의 확신은 오히려 모든 게 잘되고 있다는 그릇된 안심을 가져다줄 수 있다.
예측 가능성과 일관성을 가져다준다.	사람보다 일련의 추상적 원리에 강조점을 둔다.
같은 방법론을 쓰는 부모들끼리 단합시켜 준다.	각 자녀의 개성과 독특성을 충분히 중시하지 않는 경향이 있다.
	유년과 청소년의 삶은 융통성과 꾸준한 조정을 요하는데, 그런 삶의 다양한 발달 단계를 놓치는 경향이 있다.

한부모의 자녀 양육

한부모의 자녀 양육은 애초에 하나님이 의도하신 계획의 일부가 아니었다.

그래서 한부모의 자녀 양육에 대한 성경의 가르침을 찾아내기가 어렵다. 한부모의 자녀 양육과 관련된 이슈들은 한편으로 고아들과 아버지 없는 아이들에 대한 성경의 본문들과 비슷하고 다른 한편으로 과부들에 대한 본문들과 비슷할 수 있다. 물론 명백한 차이가 있지만 말이다. 이혼의 결과로 한부모가 된 경우라면 **한부모**라는 단어는 현실을 충분히 반영하지 못한다. 더 이상 부부 사이는 아닐지라도 부모가 여전히 둘 다 존재하기 때문이다. 더 정확히 말해서 이 경우의 **한부모**란 이혼한 부부 중 자녀(들)의 양육권을 가진 배우자를 가리킨다. 그래서 부모 중 아이의 양육권을 가진 쪽과 그렇지 않은 쪽을 구분해야 할 수도 있다.

이혼의 결과로 한부모가 되면 양육권 여부를 떠나 양쪽 부모 모두에게와 자녀들에게 몇 가지 어려움이 닥친다. 첫째로, 결혼의 파경과 그 여파로 인해 자녀들은 결국 정서적으로 부모 사이에 끼어 갈피를 잡지 못할 수 있다(실제로 그런 경우가 많다).[3] 십중팔구 이는 이혼을 겪은 자녀(들)의 심리 발달에 부정적 영향을 미친다. 마치 부모가 결혼에 실패한 것이 자신의 책임인 양 죄책감을 느끼는 아이들도 적지 않다.

더욱이 대부분의 경우 그런 자녀들은 양분된 환경 속에서 어머니와 아버지를 둘 다 상대하며 자란다. 자녀의 연령이 18세가 될 때까지 법적으로 이혼수당 내지 자녀 양육비의 지급이 규정되어 있지만, 그래도 어머니가 자녀(들)를 충분히 부양하려면 사실상 취업이 필수일 때가 많다. 따라서 한 사람이 동시에 어머니와 아버지의 역할은 물론 부양자의 역할까지 도맡아야 한다. 훈육도 고스란히 한부모의 책임이 된다.[4]

하나님은 고아와 과부의 하나님이신 만큼 특별히 한부모를 긍휼히 여기신다. 자녀(들)에게 양쪽 부모의 노릇을 다해야 하는 그들의 짐이 무겁기 때문이다. 성경에 그려진 하나님은 아버지 없는 아이들을 변호하시는 분(신 10:18, 27:19; 시 10:18, 82:3)이시며 그들을 부양하고 도우시는 분(시 10:14,

146:9), 그들의 아버지이시다(시 68:5).[5] 하나님 자신이 아버지 없는 아이들(과 과부들과 나그네들)의 보호자요 공급자이시기에 그분은 자신의 언약 백성도 이와 똑같이 할 것을 명하신다.

이스라엘 백성은 명령에 따라 아버지 없는 아이들에게 음식과 기타 물질적 필요를 채워 주어야 했고(신 14:29, 24:19-21, 26:12-13), 송사에서 그들을 변호하여 불의로부터 지켜야 했다.[6] 선지자들은 하나님의 백성이 이 부분에 실패하면 혹독한 결과가 따를 것을 경고했다.[7] 신약의 야고보도 그런 명령과 맥을 같이하여 이렇게 썼다. "하나님 아버지 앞에서 정결하고 더러움이 없는 경건은 곧 고아와 과부를 그 환난 중에 돌보고 또 자기를 지켜 세속에 물들지 아니하는 그것이니라"(약 1:27).

오늘의 교회는 한부모들의 짐을 여러 가지 방법으로 덜어 줄 수 있다.[8] 우선 한부모를 "사역 대상"으로 지목할 게 아니라 평범하게 그리스도 안의 동료 신자로 대해야 한다. 신자 개개인이든 교회 전체든 민감하게 공감하는 마음이 있으면 한부모들에게 으레 도움이 필요한 부분들을 어렵지 않게 파악할 수 있다. 그 부분에 도움을 베풀면 된다. 그것은 부재하는 아버지나 어머니의 빈자리를 메워 주는 일일 수도 있고, 재정적 지원일 수도 있고, 사회적 필요나 그밖의 필요를 채워 주는 일일 수도 있다.[9]

체벌

체벌(매를 드는 일)이 부모가 자녀를 훈육하는 방법으로 정당하거나 적절한가에 대해서도 논란이 존재한다.[10] 이 논의의 출발점은 잠언에 거듭 언급된 징계의 "매"다. 잠언에 제시된 매는 크게 세 가지 목적을 수행한다. (1) 매는 부모의 사랑에 기초하여 자녀를 훈육하는 수단이다(잠 13:24). (2) 매는 어리석음을 없애고 지혜를 전수하는 방법이다(잠 22:15, 29:15). (3) 매는 자녀의 구원에 도움이 될 수 있다(잠 23:13-14). 잠언에 언급된 "매"는 또한 미련한 자들을 징계하거나 벌하는 수단이기도 하다(잠 10:13, 14:3, 22:8, 26:3).

이 글을 쓰는 현재 오스트리아, 불가리아, 크로아티아, 독일, 라트비아, 스칸디나비아 3국에서는 이미 체벌이 법으로 금지되어 있다. 그밖에 캐나다, 영국, 이탈리아, 벨기에, 아일랜드 등도 금지를 고려중이다. 유엔 아동인권위원회는 국가들을 상대로 자녀의 체벌을 법으로 금하지 않으면 비난과 공적 비판에 직면할 거라며 압력의 수위를 높이고 있다.[11] 그동안 자녀 양육에 체벌을 금해야 한다는 주장의 근거는 크게 세 가지였다. (1) 자녀에게 매를 드는 것은 신체적 학대와 같다. (2) 체벌은 구시대의 산물이며 심리적으로 해롭다. (3) 자녀와 훈육에 대한 구약과 신약의 관점 사이에 불연속성이 있으며, 체벌을 명한 구약이 이제 신약으로 대체되었다.

첫째로, 체벌이 학대와 같다는 주장은 외상을 부르는 아동 학대에 대한 의식이 제고된 결과다. 아동인권의 문제가 논의의 전면에 부상한 것은 1979년을 "국제 아동의 해"로 선언하면서부터였다.[12] 그 인권 중에는 "두려움이나 신체적 상해와 학대로부터 자유로울" 권리도 있다.[13] 그 후로 스웨덴은 체벌 금지법을 제정했다.[14] 지난 여러 해 동안 일부 국회의원들이 부모의 체벌의 권리를 명확히 인정했지만, 많은 미국인과 유럽인도 체벌을 법으로 금해야 한다는 데 동의한다.[15]

체벌과 신체적 학대의 구분은 체벌 반대론자들이 자주 동원하는 수사학의 결과로 더욱 흐려졌다. **손찌검**과 **구타와 잔인함** 같은 단어들이 **매**나 **회초리**를 몰아내고 있다.[16] 그뿐 아니라 오스터하이스(Oosterhuis)는 밴 르우윈(Van Leeuwin)의 말을 인용하여 이렇게 지적했다. "성폭행과 가정 폭력의 80퍼센트는 알코올 중독자 가정에서 발생하지만 이 두 가지 학대가 그 다음으로 가장 높게 발생하는 곳은 매우 종교적인 멀쩡한 가정이다."[17] 이런 어법에 실제의 학대 사례들이 더해져, 체벌이 신체적 학대와 같다는 개념을 퍼뜨린다.[18]

둘째로, 체벌은 구시대의 산물이며 심리적으로 아이에게 해롭다는 관점이다. 오스터하이스의 주장에 따르면 고대 사회들은 자녀를 재산으로 간주했으므로 노예와 동일하게 취급했다. 따라서 불순종한 자녀와 노예는 똑같은 벌을 받았다. 그녀는 "고대의 법들이 위법 행위를 심한 체벌로 다스렸기 때문에 부모들과 노예주들도 거리낌 없이 신체적 고통으로 비행을 징계했다"고 단정한다.[19] 그런데 지금은 아이들이 사회에서 이전보다 존중받고 있으므로 체벌은 부당한 징계 방법이라는 것이다.[20]

또 다른 저자 앨리스 밀러(Alice Miller)는 체벌이 심각한 심리적 외상을 유발한다고 주장한다. 그녀가 인용한 신경생물학자들의 연구 결과에 따르면 "외상을 입고 방치된 아동들은 감정을 조절하는 뇌 부위가 최고 30퍼센트까지 심각한 상해를 입은 것으로 확인되었다."[21] 그녀는 히틀러와 그를 추종한 나치들의 만행도 아동기에 당한 체벌의 부산물이라는 식으로 말했고,[22] 또 감옥에 있는 미국인의 90퍼센트가 아동 학대를 당했다면서 체벌 때문에 아이들이 커서 범죄자가 된다고 암시했다.[23] 요컨대 과거에는 부모들이 자녀를 때렸을 수 있으나 현대 사회가 그 후로 터득했듯이 체벌은 자녀에게 심각한 외상을 남긴다는 것이다.

마지막 주장은 자녀와 훈육에 대한 신구약의 관점 사이에 불연속성이 있으며 체벌을 명한 구약이 신약으로 대체되었다는 것이다.[24] 길로글리(Gillogly)와 오스터하이스는 둘 다 예수께서 아이들을 사랑으로 받아 주심으로써 아이들을 보는 새로운 틀을 제시하셨다고 보았다.[25] 아이들을 관리 대상인 재산으로 간주해서는 안 되며 "그리스도의 아이들에게는 인격체로서의 권리와 독립과 책임이 부여되어야 한다."[26] 그리스도는 아이들의 위상을 높여 주셨을 뿐 아니라 체벌의 개념까지도 폐기하셨으며,[27] 따라서 부모들은 하나님의 창조 사역의 역사적 발전을 인식해야 한다는 것이다.[28]

과연 부모들은 체벌을 시행해야 하는가? 오늘날 체벌을 비판하는 사람들은 대개 과장된 말과 선동적 수사학을 동원한다.[29] 하지만 학대로 번진 **극단적** 사례들을 내세운다 해서 그것이 체벌이라는 훈육 방법을 버려야 한다는 정당한 근거는 못 된다.[30] 아이들은 잘못된 행동의 결과를 배울 필요가 있으며, 체벌은 그 교훈을 가르치는 유용한 방법일 수 있다.[31] 다만 부모들은 자녀의 독특한 성격과 기질을 고려해야 하며,[32] 아이에 따라 다른 종류의 긍정적 또는 부정적 결과와 강화(예. 타임아웃, 보상, 특권의 박탈 등)에 더 잘 반응할 수도 있음을 인식해야 한다.[33]

아마도 가장 중요한 것은 부모의 훈육에 종합적 접근이 필요하다는 점이다. 즉 성경에 나와 있는 다양한 훈육 방법을 모두 인식하고 있어야 한다. 그래서 구약학자 폴 웨그너(Paul Wegner)는 이 주제로 성경을 철저히 고찰하여 "잠언에 나타난 훈육: '매를 들 것인가 말 것인가?'"라는 기사를 발표했다.[34] 그는 부모의 훈육 단계를 주로 잠언에서 모두 8단계나 찾아냈다.[35]

- **1단계: 적절한 행동을 장려한다.** 지혜로운 부모는 적절하게 행동하도록 자녀를 격려한다(잠 1:8-9, 2:2-5, 3:13-15, 4:7-8).
- **2단계: 부적절한 행동을 알려 준다.** 지혜로운 부모는 아이가 특정한 이슈들에 부딪치기 전에 미리 예방책으로 그 문제를 다룬다(잠 1:10-15, 3:31-32).
- **3단계: 죄의 부정적 결과를 설명한다.** 지혜로운 부모는 인생길에 도사리고 있는 죄의 부정적 결과를 지적해 준다(잠 1:18-19, 5:3-6).
- **4단계: 온유하게 권면한다.** 지혜로운 부모는 꾸준히 자녀에게 조언하고 권면하여 자칫 고질화되기 쉬운 죄를 멀리하게 한다. 또한 매사에 지혜롭게 행하도록 격려한다(잠 4:1-2, 14-16).
- **5단계: 온유하게 꾸짖거나 책망한다.** 지혜로운 부모는 적절하게 책망해야 할 때가 언제인지 안다(잠 3:12, 24:24-25, 참조. 잠 9:7-8, 15:12).

- **6단계: 신체적 상해를 유발하지 않는 체벌.** 지혜로운 부모는 학대가 아닌 체벌을 가해야 할 때가 언제인지 안다(잠 13:24, 19:18, 23:13-14, 29:15).
- **7단계: 신체적 상해를 유발하는 체벌.** 잠언에 부모가 이 훈육 방법을 써야 한다는 암시는 없으나 중한 죄에는 중한 벌이 따를 수 있음이 암시되어 있다(잠 10:31, 20:30).
- **8단계: 죽음.** 잠언은 이 방법 또한 부모의 훈육의 범위에 포함시키지 않고 정부(또는 사회 지도자들) 소관의 처벌 범위에 포함시킨다(잠 19:18, 참조. 창 9:6, 신 21:18-21).

웨그너는 이 연구에 함축된 의미를 다음과 같이 요약했다.[36]

1) 일반 원리로 "모든 자녀에게는 어떤 형태로든 훈육이 필요하다(단 모두에게 체벌이 꼭 필요한 것은 아니다). 지혜로운 부모는 최소한의 처벌로 부적절한 행동을 억제한다."

2) 지혜로운 부모는 "부적절한 행동을 다룰 때 여러 단계의 훈육을 활용하며…행동이 억제될 때까지 훈육의 수위를 높인다." 논리적 설명이나 나이에 맞는 징계도 거기에 포함되며, 모든 훈육은 일관되게 정성 들여 시행되어야 한다.

3) 지혜로운 부모는 다양한 방법으로 적절한 행동을 장려한다. 죄의 결과에 대한 부정적 사례를 들려줄 수도 있고, 적절한 행동 지침을 정하여 알려 줄 수도 있다. 또 그들은 직접적인 본보기의 위력을 알기에 자신의 삶에서 적절한 행동에 솔선하려 애쓴다.

4) 지혜로운 부모는 자녀가 가장 잘되기를 바라는 마음에서 분노가 아닌 사랑으로 훈육한다.

5) 지혜로운 부모는 하나님이 정해 주신 훈육의 한계선을 인식하고, 특

정한 형태들의 징계는 교회나 정부나 하나님 자신의 시행에 맡긴다.

자녀 양육과 훈육은 그리스도인 부모들의 깊은 지혜를 요하는 도전적인 일이다. 결국 부모는 자녀의 삶 속에 쓰이는 하나님의 도구다. 하나님의 일시적 대행자로서 아들딸을 훈련시키는 것이다. 자녀에게 마땅히 행할 길을 가르치면 그들이 늙어도 그것을 떠나지 않을 것이다(잠 22:6). 히브리서 저자도 잠언 3장 11-12절을 인용하여 독자들에게 이렇게 상기시킨다.

> 일렀으되 "내 아들아, 주의 징계하심을 경히 여기지 말며 그에게 꾸지람을 받을 때에 낙심하지 말라. 주께서 그 사랑하시는 자를 징계하시고 그가 받아들이시는 아들마다 채찍질하심이라" 하였으니 너희가 참음은 징계를 받기 위함이라. 하나님이 아들과 같이 너희를 대우하시나니 어찌 아버지가 징계하지 않는 아들이 있으리요. 징계는 다 받는 것이거늘 너희에게 없으면 사생자요 친아들이 아니니라. 또 우리 육신의 아버지가 우리를 징계하여도 공경하였거든 하물며 모든 영의 아버지께 더욱 복종하며 살려 하지 않겠느냐. 그들은 잠시 자기의 뜻대로 우리를 징계하였거니와 오직 하나님은 우리의 유익을 위하여 그의 거룩하심에 참여하게 하시느니라. 무릇 징계가 당시에는 즐거워 보이지 않고 슬퍼 보이나 후에 그로 말미암아 연단 받은 자들은 의와 평강의 열매를 맺느니라(히 12:5-11).[37]

남성성과 여성성 계발

자녀 양육의 또 다른 이슈로 현대와 밀접하게 관련된 것은 자녀에게 남성성과 여성성을 길러 주는 일이다. 방대한 주제라 여기서 다 다룰 수는 없지만 몇 가지 짚고 넘어가면 유익할 것이다. 1장에 말했듯이 현대 세계의 특징은 성에 대한 혼란이 점증하고 있다는 것이다.[38] 적어도 부분적으로 이는 페미니즘 혁명의 썩 긍정적이지 못한 결과 중 하나다. 제임스 답슨(James Dobson)이 《내 아들을 남자로 키우는 법》(두란노)에 설득력 있게 증언했듯이, 우리 문화의 남자 아이들은 남자가 된다는 것의 의미를 대개 상실했기 때문에 위기에 처해 있다.[39] 로버트 루이스(Robert Lewis)도 《아들은 어떻게 남자로 자라는가》(복있는사람)에 동일한 우려를 토로했다.[40]

성과 성차는 단지 생물학적·사회적 기능이 아니라 남자와 여자인 우리를 더 근본적으로 규정한다. 이 확신의 뿌리는 성경의 창조 기사에 있다. 창세기 1장 27절에 보면 하나님은 인간을 자신의 형상대로 남자와 여자로 창조하셨다. 그런데 남자와 여자는 둘 다 하나님의 형상대로 지어졌지만 똑같지는 않다. 창세기 2장에 분명히 나와 있듯이 하나님은 먼저 남자를 지으신 뒤에 남자의 "돕는 배필"로 여자를 지으셨다(창 2:18, 20). 둘의 연합은 동성 간의 결혼이 아니라 남녀 간의 동반 관계로 그려져 있다. 이들 두 개인은 성 정체에서 구별되며 그래서 서로 보완하는 관계다.[41]

아들과 딸에게 각각 독특한 남성적 정체감과 여성적 정체감을 길러 주는 일은 그리스도인의 자녀 양육에서 중요한 부분이다. 결혼을 앞두고 교제 중인 젊은이들의 경우, 남자가 주도하고 여자가 남자의 리더십에 반응하는 것이 하나님이 배정해 주신 남녀 각자의 독특한 역할에 부합해 보인다(2장을 참조하라). 예외가 있을 수 있으나, 원칙상 이것은 단지 전통적 역할 구분의 문제가 아니라 성경에 증언된 다음 사실에 함축되어 있다. 하나님은 가정과 교회를 둘 다 남자가 주관하게 하셨고, 두 기관에 대한 궁극적 책임과 권위를 남자에게 맡기셨다.

교제 기간에 이 부분의 혼란을 해결하지 않는다면 결혼 후에도 그것이 그 부부에게 길조가 되지 못한다. 결혼 전에 교제할 때부터 올바른 성경적 역할을 연습하면 얼마나 좋겠는가. 그래서 우리는 장래의 결혼을 꿈꾸는 미혼 독자들에게 권한다. 이 책의 결혼에 관한 장들과 특히 에베소서 5장 21-33절에 대한 3장의 자세한 설명을 읽으라. 아직 독신일 때부터 이성을 대할 때 이런 방식을 실천하기로 결심하라.

부모의 훈육 원리

오늘의 자녀 양육에 따르는 특수한 이슈들에 대한 단락을 마치기 전에, 자녀를 훈육하는 실제적 원리를 몇 가지 제시하고자 한다. 이 주제에 대한 많은 방법론 서적이 공식을 내놓지만 자녀 양육은 어떤 공식으로도 축소될수 없다. 그래도 성경에 훈육을 시행하는 중요한 지침과 교훈이 나와 있는것만은 분명하다.

첫째로, 훈육이 효과를 내려면 **일관성**이 있어야 한다. 자녀는 무엇이 옳고 그른 행동인지 알아야 한다. 또한 옳고 그른 행동에 각각 상과 벌이 따르리라는 것과 그것이 이랬다저랬다 하지 않고 예측 가능하고 일정하게 시행되리라는 것도 알아야 한다.

둘째로, 훈육은 **나이에 맞아야** 한다(눅 2:51-52). 분명한 예로 나이가 든 자녀에게는 회초리가 별로 효과가 없을 수 있다. 자녀의 나이가 들수록, 왜 특정한 행동이 용납될 수 없으며 왜 특정한 형태의 벌을 택했는지 자녀에게논리적으로 설명해 주는 것이 중요하다.

셋째로, 훈육은 **공평함과 공정함**이라는 성경의 보편적 원리에 충실해야한다. 예컨대 **벌의 수위가 잘못의 경중과 맞아들어야 한다.** 벌이 지나치게 엄하면 아이를 노엽게 할 뿐 아니라 교정의 효과도 내기 어렵다. 반대로 벌이너무 느슨하면 부모의 훈육이 진지하지 못하다는 메시지가 전해진다. 아울러 공평함에는 이런 의미도 있다. 부모는 특정한 벌을 결정하기 전에 아이에게 그 상황에 대한 아이의 관점을 제시할 기회를 주어야 한다. 그렇지 않으면 아이가 훈육을 공평한 것으로 받아들이지 않아 나중에 낙심하고 노엽게 될 수 있다(골 3:21).

넷째로, **각 아이에 맞게** 훈육해야 한다(하나님이 아이마다 독특하게 지으시고 개성을 주셨기 때문이다. 위의 내용을 참조하라). 훈육의 목적은 아이에게 앞으로 잘못된 행동과 태도를 삼가게 하고 올바른 태도와 행실을 장려하는 것이다.

그 목적에 비추어 볼 때 한 아이에게 잘 통하는 방법이 다른 아이에게는 그만큼 통하지 않을 수 있다. 독서를 즐기지 않는 아이에게 독서 시간을 제한하는 것은 진짜 벌로 느껴지지 않을 것이다. 아이마다 다 다르다.

다섯째로, 훈육을 시행할 때는 **분노로 하지 말고 사랑으로** 해야 한다(참조. 엡 6:4; 골 3:21). 부모는 자녀의 불순종을 감정적으로 받아들일 게 아니라 자녀가 가장 잘되기를 바라는 마음으로 행동해야 한다. 부모는 하나님의 도구로 자녀를 도와 순종을 배우게 해야 한다. 순종은 하나님이 온 우주에 짜 넣으신 원리 중 하나다.

여섯째로, 훈육은 **미래 지향적으로 앞을 내다보아야** 한다. 가장 중요한 목적은 당장의 복종이 아니라(그것도 바람직하지만) 장기적으로 자녀가 성숙하고 책임감 있는 그리스도인 성인으로 자라가는 것이다. 우리는 "마땅히 행할 길을 아이에게 가르"쳐야 하며 그러면 자녀가 "늙어도 그것을 떠나지 아니"할 것이다(잠 22:6). "무릇 징계가 당시에는 즐거워 보이지 않고 슬퍼 보이나 후에 그로 말미암아 연단 받은 자들은 의와 평강의 열매를 맺느니라"(히 12:11).

일곱째이자 마지막으로(더 계속할 수도 있지만), 훈육은 부모와 자녀의 **관계**의 일부가 되어야 한다. 그 관계가 모든 일시적 훈육 방법보다 더 크고 영속적이다. 훈육을 상벌 체계를 통한 행동 수정으로 제한하면 단기적으로는 효과가 있을지 모르나 결국은 반항을 낳기 쉽다. 아이들은 실험실의 쥐처럼 어떤 자극으로 특정한 행동을 조건화할 수 있는 대상이 아니라 하나님의 보배롭고 독특한 피조물이다. 그분은 아이들에게 인격적 가치와 존엄성을 부여하셨다. 관계라는 전체 정황을 존중하고 받아들이면 그 결실로 자녀와의 관계가 유년기와 성장기를 지나서도 오래도록 지속될 수 있는 가망성이 훨씬 높아진다.

청소년 자녀의 양육

청소년기의 특징

현재 미국의 청소년 인구는 3,350만 명이다.[42] 청소년은 대개 자율성과 또래들의 인정을 갈망한다. 그들은 어떻게든 오늘의 문화에 발맞추고, 진정성과 참된 모습을 보이고, 의미 있는 관계들을 통해 타인과 소통하려 한다. 또한 변화를 편안해 하고 당연히 예상하기도 한다. 물론 스트레스에 짓눌려 있는 아이들도 많고 완전히 지친 아이들도 꽤 있다. 그래도 미국 청소년의 70퍼센트는 가족들과 함께하기를 좋아하고, 60퍼센트는 동정을 지키는 게 "유행"이라고 말한다.

이상의 자료에도 아랑곳없이 청소년기라는 개념이 한낱 신화라고 주장하는 사람들도 있다.[43] 그들은 유대인의 문화에서 소년기가 12세 때에 곧장 성인기로 넘어갔으며 꼭 청소년이라는 과도기를 거쳤던 것은 아니라고 지적한다. 그러나 적어도 오늘의 문화에서는 청소년기가 한낱 신화가 아니라 별도의 단계임을 부인할 수 없다. 유년기에서 성인기로 넘어가려면 좋든 싫든 누구나 그 단계를 거쳐야 한다. 그렇다면 문제는 아들딸의 인생의 이 중요한 시기에 어떻게 하면 부모들이 하나님의 도구 역할을 가장 잘 감당할 수 있느냐는 것이다.

기회의 십대

폴 트립(Paul Tripp)이 《위기의 십대 기회의 십대》(디모데)에서 지적했듯이 십대 아이들은 몇 가지 독특한 공통점을 보인다. 그들은 자주 정서가 불안하고, 외모에 집착하고, 자유와 독립을 중시하고, 자기를 변호하는 방어적 경향이 있고, 끊임없이 한계를 넘보고, 수용을 갈망하여 또래들의 기대에 순응한다.[44] 그들의 세상은 새로운 친구, 새로운 장소, 새로운 책임, 새로운 사고, 새로운 계획, 새로운 자유, 새로운 유혹, 새로운 경험, 새로운 발견 등으로 급속히 넓어진다.

이런 정황 속에서 부모들은 십대 자녀에게 절제, 자족, 신뢰감, 책임감, 성실성 등 영적 자질들을 길러 주어야 할 도전과 기회 앞에 놓여 있다. 부모의 도움으로 청소년은 자신에게 닥쳐오는 유혹의 본질을 이해할 수 있고, 자신의 은사를 발견하여 구사할 수 있다. 성경적으로 말해서 청소년은 잠언에 묘사된 철없고 무지한 젊은이에 해당한다. 즉 그들은 아직 확실히 지혜롭지도 않고 미련하지도 않으며, 따라서 부모의 성경적 교육이 필요하다. 그렇게 지혜와 분별을 얻으면 매사를 결정할 때 하나님을 영화롭게 하고 본인과 가족들을 이롭게 할 수 있다. 성숙하게 자라가는 것이다. 그들은 자신의 명철을 의지할 게 아니라 길을 지도하실 하나님을 신뢰하는 법을 배워야 한다(잠 3:5-6).

심령을 구하는 싸움과 부모의 역할

삶 전체가 그렇듯이 청소년 자녀의 양육도 "치열한 영적 전투이고 심령을 구하는 싸움이다."[45] 그런 면에서 그것은 유년기 자녀를 기르는 일과 같다.[46] 물론 상당히 더 복잡한 도전들이 따르지만 그래도 아이의 심령을 목양해야 한다는 점에서는 그렇다. 부모들은 청소년기 자녀 때문에 좌절과 무력감과 심지어 분노를 느낄 때가 많지만, "청소년기는 대개 갈등과 고민과 슬픔과 격변의 시기다. 새로운 유혹과 시련과 시험의 시기다."[47] 부모는 하나님의 대행자로서 청소년 자녀의 삶에 변화와 성장을 가져다줄 수 있다. 부모가 자신을 그런 존재로 보고 사역의 기회를 깨닫는다면, 청소년기는 영적 성장과 성품 계발의 놀라운 기회가 될 수 있다.

그러나 부모가 청소년 자녀를 도울 수 있으려면 먼저 자기 자신과 자녀 양육의 동기를 깊이 살펴야 한다. 트립은 부모의 삶에서 하나님의 역사를 방해할 수 있는 우상을 몇 가지 지적했다. 안락, 존경과 감사를 받으려는 마음, 성공, 통제 등이다. 흔히 부모들은 자신에게 안정과 평안을 누릴 권리가 있다고 믿는다. 존중을 갈망하고 감사를 요구한다. 청소년 자녀의 삶 속에 일어나는 하나님의 역사보다 자녀 양육의 성공을 더 원한다. 또한 여간해서 통제를 내려놓지 않는다. 부모를 존경하고 부모에게 감사하는 것은 마땅한 일이지만 자녀들은 그것을 자발적으로 배워야 한다. 부모는 청소년의 심령 속에 하나님만이 하실 수 있는 일을 자신이 나서서 하려는 충동을 물리쳐야 한다.

요컨대 부모는 자아에 대해 죽고, 자신의 권리를 포기하고, 자기보다 남을 중요하게 여겨야 한다. 부모는 자녀를 자신이 추구하는 성공의 들러리로 이용하거나 청소년 자녀를 통해 대리 인생을 살아서는 안 된다. 자녀의 성적이나 부모의 노력이나 가문의 명예에 집중하는 것은 수평적 자녀 양육이다. 그보다 부모는 자녀 양육의 수직적 차원에 주목하여, 부모의 삶과 아들딸의 삶 속에 똑같이 은혜로 역사하시는 하나님을 보아야 한다.

청소년 자녀 양육의 목표

그렇다면 청소년 자녀를 양육하는 목표는 무엇인가? 트립에 따르면 그것은 "한때 우리에게 전적으로 의존했던 자녀를 성숙한 독립적 인간으로… 자기 발로 설 수 있는 사람으로 기르는" 것이다. 부모는 "하나님께 쓰임 받아 말씀의 원리들을 통해 자녀에게 점점 성숙한 절제력을 길러 주고 자녀의 선택권과 통제권과 독립의 반경이 점점 넓어지게 해주어야" 한다.[48] 영적 성숙의 징후에는 다음과 같은 것들이 포함된다. (1) 개인적으로 예배하고 헌신하는 독립적 삶을 살아간다. (2) 단체의 예배와 가르침을 갈망한다. (3) 그리스도의 몸 된 교회 안에서 교제에 힘쓴다. (4) 열린 마음으로 영적인 일들에 대해 대화한다. (5) 결정을 내릴 때 성경적 관점으로 임한다. (6)

사람들을 섬기고 자신의 신앙을 나누려는 열망이 있다. (7) 자신의 재물을 드려 하나님의 일을 후원하기를 원한다.[49]

이런 면에서 가정은 **일차적 학습 공동체**이자 **신학 공동체**로서 중대한 역할을 한다. 부모는 순간을 포착하여 잘 가르치고, 자신의 삶으로 그리스도를 닮은 행실의 본을 보이고, 청소년 자녀가 삶을 올바르게, 즉 성경에 일치하게 해석하도록 도와주어야 한다. 행동에만 초점을 맞추는 것으로는 불충분하다. 모든 인간이 그렇듯이 청소년의 행동도 마음에서 나오기 때문이다. 또한 부모는 십대 자녀에게 사랑하는 법과 용서하는 법을 가르쳐야 한다. 가정은 **구속(救贖) 공동체**가 되어야 한다. 가정은 자녀가 용서하는 법을 배우고, 자신의 힘이나 지혜로 부족할 때 하나님의 힘에 의지하는 법을 배우는 곳이다. 우리가 부모로서 그런 태도의 본을 보이려면 우리 자신의 죄를 인정하고 청소년 자녀에게 하나님의 은혜를 가리켜 보여야 한다.

이상의 목표를 이루려면 부모는 자녀에게 순간순간 하나님을 의식하며 살아가고 매사를 하나님과 관련해서 보도록 가르쳐야 한다. 자녀가 자신의 쾌락과 행복과 만족만을 위해 살지 않고 더 높은 목적―하나님의 뜻과 즐거움과 영광―을 위해 살도록 부모가 이끌어 주어야 한다. 부모의 도움으로 자녀는 **하나님의** 이야기 안에서 자신의 자리를 찾고 자신이 창조된 목적을 받아들일 수 있다. 자녀를 미래에 대한 생각이 별로 없이 현재에 급급하게 두어서는 안 된다.

더욱이 청소년 자녀를 양육하려면 **양쪽** 부모가 다 필요하다. 아버지와 어머니가 단합된 목적으로 자녀를 하나님의 계획대로 기르고, 결혼생활과 가정생활 속에서 하나님이 주신 역할을 실천해야 한다.[50] 그러려면 아버지는 가정의 영적 지도자로 섬겨야 하고, 어머니는 은혜의 공동 상속자이자 삶 전반의 동반자로서 남편의 리더십에 사랑과 지성과 자원하는 마음으로 복종해야 한다(벧전 3:7, 참조. 창 1:27-28). 그것이 하나님이 주신 부부 관계의 질서와 틀이다. 부모는 최선을 다해 청소년 자녀에게 그것을 가르치되 말로 명확히 교육할 뿐 아니라 성경적 머리 됨과 복종의 본을 보여야 한다. 그럴 때 부모는 하나님과 그리스도를 영화롭게 하고(엡 1:10, 5:21-32) 자녀에게 관계의 영적 틀과 역할을 정립해 준다. 덕분에 자녀는 평생 하나님의 복과 큰 유익을 누리게 된다.

또 청소년이 세상에서 제자리를 찾으려 하고 자존감 문제로 고민할 때, 부모는 그들의 가치의 근거가 또래들의 인정이나 본인의 느낌이 아니라 그리스도 안의 신분에 있음을 깨우쳐 줄 수 있다. 에베소서 1장 3-14절과 기타 비슷한 성경 본문들을 잘 공부하면 이 부분에 큰 복이 될 것이다. 한창 여리고 취약하고 감수성이 예민한 그 시기에 부모는 사랑으로 자녀를 추적하고, 자신의 사랑을 표현하고, 자녀가 씨름하는 문제에 그때그때 동참해야 한다. 시간과 노력을 들여 허심탄회한 질문을 던져가며 자녀를 이해하고 경청해야 한다. 이때 부모의 주된 역할은 탐정이나 간수나 판사가 아니라 사랑의 목자다.

그들의 문화 이해하기

청소년의 삶에 현대 문화가 워낙 중요하기 때문에 부모도 문화에 참여하려는 의식적 사고를 길러야 한다. 연속성의 한쪽 끝에는 "너희는 그들 중에서 나와서 따로 있"으라는 원칙에 따른 분리가 있다(고후 6:17; 계 18:4, 참조. 사 52:11; 렘 51:45). 거룩해지려면 무엇이든 악이 개입된 일을 피해야 한다는 것이다. 연속성의 반대쪽 끝에는 신자들이 "세상에 속하지 않았으나 세상 안에 있다"는 전제에 따른 **동화**(同化)의 전략이 있다(요 17:6, 11, 그 외에 요일 2:15 참조). 어떤 일 자체는 중립적이므로 그 주어진 행위에 동참하는 것은 해롭지 않다는 것이다.

이 상충되어 보이는 주장과 전략을 우리는 어떻게 해결할 것인가? 놀라운 사실은 위에 말한 두 가지 원칙이 모두 성경적이라는 것이다. 정말 하나님은 이스라엘을 고대 세계의 이교 국가들로부터 불러내 거룩한 나라가 되게 하셨고, 신약의 저자들은 이 원리를 그리스도인들에게 적용하여 그들이 이교의 행위에 참여해서는 안 된다고 가르쳤다(특히 고후 6:17 참조). 구약의 이스라엘처럼 신약의 신자들도 거룩하게 성화되어 하나님께 구별되도록 부름 받았고, 모든 악은 물론 악의 모양이라도 버려야 한다(예. 레 11:44-45, 19:2를 인용한 벧전 1:15-16 참조).

그러나 동시에 신자들이 세상 안에 있는 것도 사실이다. 예수는 제자들을 수도원으로 물러나 침묵과 고독 속에 살도록 부르신 게 아니다. 그분은 "죄인의 친구"로서 능동적이고 구속(救贖)적으로 사람들과 부대끼며 살아가는 본을 보이셨다. 마찬가지로 그리스도인들이 하나님께 거룩하게 구별된 것도 그분의 일에 쓰이기 위해서다. 그들은 부름 받은 세상으로 나가(요 17:18, 20:21) 거기서 "소금"과 "빛"의 소명을 다해야 한다(마 5:13-16). 그러려면 수동적으로 물러날 게 아니라 능동적으로 참여해야 한다. 청소년도 모든 신자들처럼 반드시 "하나님의 전신갑주"(엡 6:10-18)를 입어야 한다.

따라서 청소년 자녀를 양육할 때 우리는 영적으로 거룩하게 구별되어야 할 필요성과 세상에 구속적으로 참여해야 할 필요성을 **둘 다** 가르치되 꼭 그 순서대로 가르쳐야 한다. 예수는 제자들을 내보내시기 전에 먼저 그들을 준비시키셨다. 우리도 먼저 청소년 자녀를 준비시키고 신앙을 정립해주어야 그들이 보냄 받고 나가서 또래들 및 다른 사람들을 구속적으로 상대할 수 있다.[51] 영적으로 충분한 준비도 없이 세상에 내보내면 재앙을 부르기 십상이다. 그들에게 닥쳐오는 영적 전투는 현실이며 사상자가 많다. 준비된 군인만이 전투에 승리할 수 있다.[52]

따라서 청소년 자녀를 제대로 무장시켜 세상에 맞서게 해주려면 우리에게 문화의 신학이 필요하다. 문화란 무엇인가? 이것은 매우 복잡한 이슈이며 지면상 다 논할 수는 없지만, 간단히 말해서 문화란 "하나님의 형상대로 지음 받은 사람들이 하나님이 지으신 세상과 교류하는 것"이라 정의할 수 있다. 문화는 본래 창조 시에는 선했으나 타락의 결과로 혼란에 빠졌다. 하나님을 대적한 죄와 반항이 맹렬한 싸움을 불러들였다. 이제 우리가 호흡하는 문화는 오염되어 있으며, 신자들은 영적 여과기로 부정적 영향을 걸러내야만 "자기를 지켜 세속에 물들지 아니"할 수 있다(약 1:27).

나아가 문화 자체가 문화의 철학을 전수하고 증진하는 수단이기도 하다. 이 철학이란 무엇인가? 근본적으로 그것은 자아를 앞세우고, 자신의 욕심을 채우며, 외부의 도덕적 규범을 떠나 독자적 판단을 일삼는다. 우리 문화를 지배하는 다원주의와 포스트모더니즘이 그것을 더욱 부채질한다.[53] 이런 정황 속에서 청소년은 하나님의 말씀이 명백한 반문화적 메시지로 세상과 대결하고 있음을 알아야 한다. 그리스도인들은 남을 앞세우고, 하나님의 영광을 위해 살고, 성령의 능력으로 그분의 도덕적 지시에 복종해야 한다.

실제적 지침

청소년 자녀의 부모는 아들딸이 다음 다섯 가지 중요한 특성을 계발하도록 격려해 주어야 한다. (1) 하나님을 사랑하고 경외하는 마음을 가꾸면서 그분과의 친밀한 인격적 관계를 사모하고 키워 나간다. (2) 권위의 자리에 있는 사람들에게 복종하는 태도를 기른다. (3) 세상 풍속과 적절한 거리를 유지하고 지혜로운 사람들 틈에서 살아간다. (4) 성경적 사고를 기르고 삶을 성경적 관점에서 해석한다. (5) 성경적 자기인식을 계발하고 자신의 삶을 향한 하나님의 뜻과 자신의 은사를 안다. 물론 절대적 보장은 없고 도중에 넘어질 수도 있지만, 이런 방향으로 진보에 힘쓰면 잘될 것이다.

또 하나 중요한 것은 자녀를 위한 부모의 기도다. 부모는 자녀의 구원을 위해, 즉 자녀가 죄를 회개하고 주 예수 그리스도를 믿도록 기도할 수 있다.

또 친구들과 장래의 배우자를 잘 선택하도록 기도할 수 있다. 부모는 요한복음 17장에 기록된 예수의 마지막 기도를 본받아 하나님께 청소년 자녀를 예수의 이름으로 보전하시고(11절), 악한 자로부터 지키시고(15절), 진리로 거룩하게 하시고(17절), 예수와 아버지가 하나이시듯이 그들도 영적 연합을 경험하게 하시고(21절), 예수와 함께 있어 그분의 영광을 보게 해달라고(24절) 구할 수 있다. 이 세상의 무엇보다도 예수를 더 갈망하는 자녀는 세상의 것들에 굴하지 않는다(시 27:4, 84:1-4, 10, 참조. 요일 2:15).

무엇보다 우리에게는 하나님의 은혜로 도전에 부응하여 하나님이 원하시는 영적 지도자가 될 남자들이 필요하다. 남성성의 표지는 무엇인가? 앨버트 몰러는 아래와 같은 목록을 제시했다.[54]

1) 아내와 자녀를 이끌기에 충분한 영적 성숙
2) 책임감 있는 남편과 아버지가 되기에 충분한 인격적 성숙
3) 성인의 일자리를 보유하고 돈을 관리하기에 충분한 경제적 성숙
4) 일하여 가정을 보호하기에 충분한 신체적 성숙
5) 결혼하여 하나님의 목적을 이루기에 충분한 성적 성숙
6) 의의 본보기로서 이끌기에 충분한 도덕적 성숙
7) 책임감 있는 결정을 내리기에 충분한 윤리적 성숙
8) 무엇이 정말 중요한지 이해하기에 충분한 세계관의 성숙
9) 다른 사람들을 이해하고 존중하기에 충분한 관계적 성숙
10) 사회에 기여하기에 충분한 사회적 성숙
11) 남자로서 소통하고 표현하기에 충분한 언어적 성숙
12) 위급할 때 용기를 보이기에 충분한 성품의 성숙

실제적 지침으로 이번 단락을 마무리하려 한다. 요즘 다시 인식이 확산

되고 있듯이 부모 전반과 특히 아버지들은 장래의 배우자를 찾는 부분에서 아들딸을 이끌어 줄 책임이 있다.[55] 더글러스 윌슨(Douglas Wilson)은 "신랑감을 알아보기 위한 21가지 질문"과 "신붓감을 알아보기 위한 21가지 질문"이라는 두 개의 유익한 목록을 내놓았다.[56] 그것을 종합하고 다듬어 아래에 소개한다. 중요한 것은 정확한 질문지나 질문의 순서라기보다 삶의 취약하고도 한없이 중요한 이 부분에서 부모와 특히 아버지에게 아들딸을 지도하고 보호할 의무가 있다는 인식이다. 자녀의 신랑감이나 신붓감을 상대로 던져야 할 질문들은 이렇다.

1) 당신은 그리스도인인가? 당신이 어떻게 그리스도를 믿게 되었는지 간증을 들려 달라. 그리스도인으로서 현재 당신의 독서와 경건 생활에 대해서도 말해 달라.

2) 당신의 교회 배경과 교단 배경은 어떠한가? 과거에 어떤 교회들에 다녔으며 지금은 어느 교회의 교인인가?

3) 당신은 교회에 꾸준히 나가고 있는가? 교회 생활과 사역에 적극적으로 참여하고 있는가? 당신의 교회 활동에 대해 말해 달라.

4) 당신의 가정에 대해 말해 달라. 당신이 익숙해져 있는 생활방식은 무엇인가? 부모의 결혼생활은 어떠했으며 당신의 가정에서 성장하는 과정은 어떠했는가?

5) 당신과 부모의 관계는 어떠한가? 형제자매와는 어떻게 지내는가?

6) 당신의 직업윤리는 어떠한가? 지금까지 거쳐 온 직장이 몇이나 되며 거기서 무엇을 경험했는가?

7) 현재의 직업은 무엇이며 직업의 목표는 무엇인가? 앞으로 10년 후에 당신은 무엇을 하고 있을 것인가?

8) 빚이 있는가? 있다면 어떤 종류의 빚이며 액수가 얼마나 되는가? 당

신은 재정적 결정을 어떻게 내리는가? 앞으로 원하는 생활수준은 무엇인가?

9) 학교에서 무엇을 경험했는지 말해 달라. 당신이 공부하는 목표는 무엇이며 그 목표를 어떻게 이룰 계획인가?

10) 당신의 배경 중에 혹시 내가 알면 내 아들이나 딸과의 교제를 승낙할 마음이 줄어들 만한 부분이 있는가? 당신은 법을 어겨 문제가 된 적이 있는가? 이전의 관계들에 대해 말해 줄 수 있는가? 신랑감의 경우: 당신은 포르노와 관련된 문제가 있는가? 신붓감의 경우: 당신은 단정한 옷차림과 행실을 믿는가?

11) 하나님의 뜻이라면 앞으로 자녀를 낳고 싶은가? 신랑감의 경우: 당신은 어떻게 가족을 부양할 계획인가? 장래 아내와의 관계에서 당신의 역할이 무엇이라고 보는가? 신붓감의 경우: 당신은 손님을 대접하기를 즐기는가? 아이들을 좋아하는가? 장래 남편과의 관계에서 당신의 역할이 무엇이라고 보는가?

12) 내 아들이나 딸에게 마음이 끌리는 이유가 무엇인가? 당신이 이 관계에 기여할 수 있는 부분은 무엇인가? 이 일에 하나님의 뜻이 무엇이라고 생각하는가? 그것을 어떻게 아는가?

결론

어떤 이슈들은 여기서 간단히 언급하고 지나갈 수밖에 없다. 하지만 바로 그런 이슈들이 오늘의 세상에서 감당해야 하는 부모 노릇의 복잡성과 (때로 엄두가 안 날 정도의) 책임을 잘 보여 준다. 분명히 성경에 자녀 양육의 기준이 충분히 나와 있다. 그리스도인 부모들은 과도하게 주변 문화에 의지하거나 문화적 가치관과 규범과 기대치에 순응할 게 아니라, 오직 성경만을 따라야 한다. 하지만 동시에 성경에 부모에게 닥쳐올 만한 모든 이슈가 다루어져 있는 것은 아니다. 그래서 지혜, 다른 그리스도인 부모들과의 상의, 성령의 인도, 그리스도의 마음을 품는 일 등을 다른 무엇과도 바꿀 수 없다.

자녀는 주님의 복이자 상급이다. 자녀에게 최선의 노력을 투자할 가치가 있다. 자녀의 삶 속에 성경의 씨앗과 그리스도를 닮은 모습을 성실하게 뿌리면 십중팔구 언젠가 복을 수확할 것이다. 하지만 그보다 더 큰 것도 걸려 있다. 우리가 결혼생활과 가정에서 하나님의 창조 설계를 실천하면 첫 남자와 첫 여자에게 생육하고 번성하며 땅에 충만하라고 명하신 창조주 그분이 영광을 받으신다. 그러므로 우리는 자신의 유익뿐만 아니라 하나님의 영광을 위해서—하나님의 도움으로—가능한 한 최고의 부모가 되고자 힘써야 한다.

결혼과 가정과 영적 전투

이 우주에는 한편으로 하나님과 그분의 천사들과, 다른 한편으로는 사탄과 그의 귀신들 사이에 싸움이 벌어지고 있다. 결혼과 가정도 그 싸움에서 예외는 아니다. 결혼과 가정은 단지 인간의 인습이나 문화적 관습이 아니라 하나님의 제도다. 그러므로 하나님의 영광을 탈취하려는 사탄이 그것을 공격하는 것은 당연한 일이다. 이런 이유에서라도 우리는 결혼과 가정을 현대의 문화적 위기라는 정황에서만 볼 게 아니라(1장) 끊임없는 우주적 싸움이라는 틀 안에서 보아야 한다. 그러려면 영적 전투에 대한 영적 시각이 필요하고 적과 대결하는 기술도 필요하다.

결혼과 가정을 둘러싼 영적 전투는 분명히 현실이며, 이 싸움에 대한 인식과 실전 기술이 반드시 필요하다. 그런데 결혼과 가정에 대한 자료도 넘쳐나고 영적 전투에 대한 서적도 상당히 많지만[57] 이 둘을 함께 다룬 책은 거의 없다. 현재 결혼과 가정을 주제로 한 책들 중에 영적 전투를 대강이라도 논한 책은 우리가 알기로 없다.[58] 대개는 배우자의 필요를 채워 주는 일, 소통 기술을 향상시키는 일, 부부 간의 갈등을 해결하는 일 등에 초점이 맞추어져 있다. 그중 어떤 책을 읽어도 독자는 영적 전투가 결혼과 가정의 중대한 이슈임을 알 길이 없다. 하지만 사실 영적 전투는 삶의 모든 영역을 포괄하는 현실이다.

처음부터 계속된 싸움

영적 전투는 처음부터 결혼생활과 자녀 양육의 일부가 되었다. 창세기 3장에 나오는 성경의 기본 내러티브에 보면 유혹자 사탄은 첫 여자를 이겨 그 여자가 하나님의 계명을 어기게 만들었고, 그러자 뒤이어 남편도 죄를 지었다. 낙원이었어야 할 결혼생활은 그 뒤로 다분히 세력 다툼으로 변했다. 의식적으로든 무의식적으로든 서로를 조종하려는 노력의 장으로 변했다. 최초의 형제 간에도 대립이 싹터 가인이 시기와 질투 때문에 동생 아벨을 죽였다. 타락 이후로 죄가 부부 관계와 가족관계에 미친 온갖 악영향이 나머지 구약에 즐비하게 기록되어 있다.[59]

　신약의 메시지도 다르지 않다. 영적 전투가 가장 중요하게 다루어진 본문은 아무래도 에베소서 6장 10-20절인데, 그 바로 앞에 결혼(엡 5:21-33)과 자녀 양육(엡 6:1-4)이 상세히 언급되어 있다. 다시 그 앞의 단락들에는 신자들이 그리스도 안에서 영적 복을 받았고(엡 1:3-14), 그리스도 안에서 살리심을 받았고(엡 2:1-10), 그리스도 안에서 다른 신자들과 하나가 되었고(엡 2:11-22, 4:1-16), 빛의 자녀로 살며 옛 죄성을 벗고 "하나님을 따라 의와 진리의 거룩함으로 지으심을 받은" 새 속성을 입었음(엡 4:17-5:20, 특히 4:20-24,

인용된 구절은 4:24)이 쭉 설명된다. 안타깝게도 이 단락들은 조각조각 나누어지기 일쑤다. 그러나 바울이 생각한 영적 전투는 바로 인간관계—직장에서든 가정에서든 그리스도인들 사이에든 신자와 비신자 사이에든—속에서 벌어진다. 그래서 반드시 의식적으로 대응해야 한다.

사실 에베소서 6장 10-20절은 "나머지 서신이 가리켜 보이는 아주 중대한 요소"다.[60] 에베소서 전체의 구조를 보면 1-3장의 교리적 가르침에 입각하여 4-6장의 실제적 가르침이 나온다. 그래서 모든 신자는 우리가 그리스도 안에서 선택 받아 거룩하고 흠이 없게 된다는 것(엡 1:4, 11), 하나님의 예정과 기쁘신 뜻대로 그분의 아들딸로 입양되어 그 은혜의 영광을 찬송한다는 것(엡 1:5-6, 11), 그분의 피로 구속과 죄 사함을 받는다는 것(엡 1:7), 그리스도 안에서 우리의 기업의 보증이신 성령의 인 치심을 받는다는 것(엡 1:13-14) 등의 의미를 철저히 이해해야 한다. 신자들은 회심에 함축된 의미를 알아야 한다. 회심이란 죄로부터 돌아서서 더 이상 죄성이 시키는 대로 하지 않고, 하나님께로 돌아서서 성령의 능력으로 그분을 섬기는 것이다(엡 2:1-10). 그들은 또 자신이 그리스도 안에서 다른 신자들과 연합되었음을 알아야 하고(엡 2:11-22, 4:1-16), 삶 속의 죄와 대결하면서 자신의 옛 죄성이 그리스도 안에서 죽었고 자신이 부활하신 주 안에서 살아난 것으로 여겨야 한다(엡 4:17-5:20).

에베소서 6장 10-18절의 바로 앞 문맥을 보면, 바울이 5장 21절-6장 4절에서 다룬 결혼과 가정을 지배하는 중심 명령은 "성령으로 충만함을 받으라"(엡 5:18)이다.[61] 따라서 전투에 관한 본문인 6장 10-18절은 앞에서 잠깐 중단되었던 5장 18절을 그대로 이어받아 신자들에게 "우리의 씨름은 혈과 육을 상대하는 것이 아니요 통치자들과 권세들과 이 어둠의 세상 주관자들과 하늘에 있는 악의 영들을 상대함"(엡 6:12)임을 늘 기억하는 가운데 성령의 검을 들고(엡 6:17) 성령 안에서 기도할 것(엡 6:18)을 촉구한다.[62]

그러므로 결혼과 가정에 대한 성경의 가르침과 영적 전투, 이 둘을 서로 통합해서 보는 게 중요하다. 결혼과 가정에서 그리스도인의 신앙을 실천할 때 신자들이 꼭 인식해야 할 것이 있다. 성령의 도움을 받지 않는 한 그들은 자신의 죄성에 이끌려 하나님께 반항할 것이고, 마귀가 그런 죄성과 악한 기질을 이용하여 그들을 곁길로 빠뜨리려 할 것이다.

생각을 장악하려는 싸움

영적 전투의 핵심 요소는 무엇인가? 성경은 그것이 인간의 생각이라고 말한다. "뱀이 그 간계로 하와를 미혹한 것 같이 너희 마음[**생각**]이 그리스도를 향하는 진실함과 깨끗함에서 떠나 부패할까 두려워하노라"(고후 11:3). "우리가 육신으로 행하나 육신에 따라 싸우지 아니하노니 우리의 싸우는 무기는 육신에 속한 것이 아니요 오직 어떤 견고한 진도 무너뜨리는 하나님의 능력이라. 모든 이론을 무너뜨리며 하나님 아는 것을 대적하여 높아진 것을 다 무너뜨리고 모든 **생각**을 사로잡아 그리스도에게 복종하게 하니"(고후 10:3-5). 에덴동산에서 사탄이 하와에게 하나님께 불순종해야 하는 이유를 논리적으로 설명했듯이 인간의 사고 생활이야말로 영적 전투에 승리하거나 패배하는 장이다.[63]

그래서 신자들은 그리스도 안에서 얻은 새로운 신분에 대한 성경의 가르침으로 자신의 생각을 푹 적셔야 한다. 에베소서에는 결혼과 가정에 대한 중요한 본문도 있지만(엡 5:21-6:4) 이 서신을 벗어나지 않고도 알 수 있는 것들이 또 있다. 그리스도인들은 그리스도 안에서 모든 신령한 복을 받았고(엡 1:3), 그리스도 안에서 선택 받아 거룩하고 흠이 없게 되어 가고 있고(엡 1:4, 11), 예정대로 그리스도 안에서 그분의 아들딸로 입양되었고(엡 1:5, 11), 그분의 피로 구속과 죄 사함을 받았고(엡 1:7), 기업의 보증이신 성령을 받았다(엡 1:13-14). 그들은 그리스도께로 회심하기 전에는 죄성의 욕심을 채웠지만(엡 2:3), 이제 하나님이 그들을 그리스도와 함께 일으켜 그분과 함께 하늘에 앉히셨다(엡 2:6). 그들은 은혜에 의하여 믿음으로 말미암아 구원을 받았다(엡 2:8). 그리스도 안에서 얻은 새로운 신분에 대한 이러한 이해를 바탕으로 신자들은 결혼과 가정에 닥쳐오는 다양한 유혹과 씨름에 능히 효과적으로 대처할 수 있다.

마귀의 연장통: 성적 유혹, 분노, 둔감함

신약의 여러 본문들이 가르치고 있듯이, 결혼을 파괴하고 가정생활을 무너뜨리려는 사탄의 시도는 타락 때에 끝나지 않고 오늘도 계속되고 있다. 여기서는 세 가지 공격만 뽑아서 다루었지만 틀림없이 다른 공격들도 더 있다. 사탄이 공격하려는 첫 번째 취약 지구는 **성적 유혹**이다.[64] 고린도전서 7장 5절에서 바울은 신자 부부들에게 성관계를 끊지 말라고 조언하면서, 기도할 목적으로 "합의상 얼마 동안"은 하되 곧 다시 합해야지 그렇지 않으면 그들이 절제하지 못함으로 인해 사탄이 시험할 수 있다고 했다. 여기서 엿볼 수 있듯이 부부 관계의 성적 부분은 평소에 다분히 사탄의 공격 대상이며, 따라서 부부는 이 부분을 세심히 방비해야 한다.[65]

사탄이 노리는 두 번째 취약 지구는 **해결되지 않는 분노**다. 바울은 에베소서 4장 26-27절에 "해가 지도록 분을 품지 말고 마귀에게 틈을 주지 말라"고 했다. 결혼에만 국한되는 말은 아니지만 부부 관계에도 해당되는 것은 분명하다. 이 경고대로 신자들은 관계를 나빠지게 두어 마귀에게 약점을 보여서는 안 된다. 자녀 양육에 관련된 비슷한 명령이 바울의 에베소서와 골로새서에 나온다. 아버지들에게 그는 자녀가 낙심할 수 있으니 자녀를 노엽게 하지 말라고 명했다(엡 6:4, 골 3:21).

셋째로, 사탄은 아내에게 **둔감한 남편**을 통해 **부부 갈등의 씨앗**을 뿌려 둘을 갈라놓으려 한다. 사도 바울은 남편들에게 아내를 사랑하며 괴롭게 하지 말라고 했다(골 3:19). 베드로도 비슷하게 "남편들아, 이와 같이 지식을 따라[배려하여] 너희 아내와 동거하고 그를 더 연약한 그릇이요 또 생명의 은혜를 함께 이어받을 자로 알아 귀히 여기라. 이는 너희 기도가 막히지 아니하게 하려 함이라"(벧전 3:7)고 썼다. 베드로에 따르면 남편이 아내에게 둔감하면 부부 관계가 영적으로 분열될 수 있고, 그 결과 부부 간의 불화 때문에 합심 기도의 응답이 막힌다.[66]

부부의 성생활, 해결되지 않은 분노, 아내를 배려하지 않는 남편, 기타 무엇이든 신약은 이 모두가 영적 전투의 일부임을 명백히 밝힌다. 따라서 결혼생활에 관련된 영적 전투에 패하지 않으려면 남편과 아내는 꼭 필요한 예방대책을 세워야 한다. 또 하나 중요하게 알아야 할 것은 사탄이 외부의 적만이 아니라는 사실이다. 우리의 첫 조상은 마귀의 유혹에 굴하고 창조주께 반항함으로써 적을 이를테면 안으로 들여 놓았다. 그래서 이제 마귀는 하나님과 분리된 세상 전반을 이용할 뿐 아니라 우리의 타고난 선천적 죄성까지 이용하여 죄의 세력을 증강할 수 있다(요일 2:15-17). 이 세력을 꾸준히 효과적으로 물리칠 수 있는 길은 신자가 자신을 그리스도 안의 새로운 피조물로 인식하고 성령의 지시와 인도에 따라 사는 것뿐이다(요일 4:4).

전투에 임하는 법: 세 가지 중요한 교훈

그렇다면 우리는 어떻게 영적 싸움에 임할 것인가? 영적 전투에 대한 성경의 가르침에서 적어도 세 가지 중요한 교훈이 도출된다. 첫째로, 성공하려면 **싸움이 존재한다는 사실부터 인식하는** 게 필수다. 전쟁의 경우 자신이 교전 중임을 모르는 사람은 누구든지 일찍 사상자가 될 수밖에 없다. 자신을 제대로 방어하지 못하기 때문이다. 결혼에서도 마찬가지다. 이혼율이 치솟는 주된 이유는 아마도 선한 의도가 부족하다든지 견고한 성경적 결혼생활을 영위하는 법에 대한 자료와 교훈이 없다든지 심지어 사랑이 부족해서가 아니다. 그것은 영적 전투가 엄연한 현실이며 비상하고 치밀하고 계획적인 반응을 요한다는 사실을 비신자든 신자든 많은 사람이 충분히 인식하지 못하고 있기 때문이다.

둘째로, 반드시 **영적 적을 알아야** 한다. 우리의 적은 배우자도 아니고 자녀도 아니라 우리 영혼의 원수인 사탄이다. 그는 온갖 전략과 방법과 간계를 동원한다(참조. 고후 10:4; 엡 6:11; 벧전 5:8-9). 우리의 죄성을 이용하기도 하고 불경한 주변 세상의 악을 선동하기도 한다. 마귀는 아주 똑똑하지만 그래봐야 피조물이다. 따라서 그는 전지하지도 않고 전능하지도 못하다. 하나님과 사탄은 대등한 상대가 아니다. 마귀는 오판할 수 있고 실제로 오판한다. 가장 대표적인 예가 십자가다. 사탄은 십자가가 자신의 가장 큰 승리인 줄로 알았지만 예수께서 부활하심으로써 십자가는 그의 최종 패배가 되고 말았다. 사탄은 특히 사람들의 약한 부분과 가장 큰 취약점을 노린다. 누구든지 기습당하지 않으려면 거기에 대비하고 있어야 한다. 하지만 바울처럼 오늘의 신자들도 닥쳐오는 모든 도전을 하나님의 족한 은혜와 그리스도의 능력으로 능히 당해 낼 수 있다. 부지런히 "하나님의 전신갑주"를 입는 한에는 그렇다(아래를 참조하라).

셋째이자 마지막으로, **영적 싸움에 임하려면 올바른 무기를 써야 한다.** 앞서 말했듯이 어떤 사람들이 영적 전투에 지는 이유는, 싸움이 실제로 벌어지고 있음과 자신의 동참이 선택이 아니라 필수임을 모르기 때문이다. 그러나 어떤 사람들은 자신이 교전 중임을 알긴 하지만 영적 무기(이를테면 보호 장비)가 올바르지 않을 수 있다. 역시 그런 사람은 금방 사상자가 된다. 그리스도인의 결혼생활과 자녀 양육의 정황 속에서 신자들이 영적 적―자신의 죄성이든 악한 초자연적 방해이든―을 이기려면 반드시 다음과 같은 "하나님의 전신갑주"를 입어야 한다(엡 6:10-18).

- **진리.** 모든 신자들처럼 부부도 "거짓을 버리고" 서로에게 "참된 것을 말"해야 한다(엡 4:25). 반드시 "사랑 안에서 참된 것을" 말하여 "범사에 그에게까지 자"라야 한다. "그는 머리니 곧 그리스도"이시다(엡 4:15). 그들은 말할 때 최선을 다하여 "무릇 더러운 말"을 입 밖에 내지 말고 서로를 세워 주는 데 "소용되는 대로 선한 말을" 해야 한다(엡 4:29).

- **의.** 의란 그리스도를 통해 그분 안에서 하나님과 화목하게 되었다는 뜻이자(예. 롬 5:1, 9, 고후 5:21) 또한 하나님과 동료 인간들을 정직하게 대한다는 뜻이다(예. 시 15편). 그렇기 때문에 부부가 둘 다 그리스도인이어야만 하나님의 뜻을 참으로 일관되게 실천할 수 있다(엡 5:18, 참조. 롬 8:9).

- **평안.** 부부는 신자로서 성령 안에서 그리스도의 평안을 받았다(요 14:27, 16:33). 그들은 자신이 영원히 용서받고 하나님의 아들딸이 되었음을 안다(요 1:12, 요일 3:1). 하나님과 화평하기에(롬 5:1) 서로 간에도 화평할 수 있으며, 주변 세상에서 화평하게 하는 자로 살아갈 수 있다(마 5:9, 고후 5:17-18).

- **믿음.** 모든 신자들이 그렇듯이 부부도 주 예수 그리스도의 제자로서 그분을 따라야 한다. 모든 필요를 채우시고 모든 도전과 역경을 물리치실 그분을 신뢰하는 법을 배워야 한다. 그들의 최우선의 관심사는 물질적 필요가 아니라 하나님의 통치를 세상에 확장하는 일이 되어야 한다(마 6:25-34). 하나님을 믿는다는 것은 또한 배우자를 하나님께 맡기고, 자신의 삶을 변화시켜 주시는 성령 하나님의 지속적 역사를 신뢰한다는 뜻이다.

- **구원.** 부부는 구원의 확신과 영원한 운명 가운데 안전하기 때문에 진정 서로를 이타적으로 무조건 사랑할 수 있다. 남편은 권위를 남용하지 않고 책임감 있게 사랑으로 리더십을 행사할 수 있고, 아내는 남편

을 통해 자신을 이끄시는 하나님을 신뢰하며 즐거이 복종할 수 있다(엡 5:21-33).

- **하나님의 말씀.** 우리 삶의 영원한 기초는 오직 하나님의 말씀뿐이기에 (참조. 마 7:24-27; 히 4:12-13; 벧전 1:23-25) 부부는 "내[하나님의] 말에 거하"기로 헌신해야 한다(요 8:31, 15:4, 7). 개인적으로 그리고 부부가 함께 성경을 공부해야 하고, 하나님의 말씀을 전하는 지역 교회에 성실히 출석하고 참여해야 한다(딤전 4:2).

- **기도.** 부부는 범사에 늘 함께 기도하여 "평안의 매는 줄로 성령이 하나 되게 하신 것을 힘써 지"켜야 한다(엡 4:3). 하나님 앞에 감사와 간구를 올리는 습관을 들이고, 자신들을 위해 역사하실 하나님을 신뢰해야 한다(빌 4:6-7; 벧전 5:7). 예외적인 상황에서는 합심 기도를 목적으로 일부러 얼마 동안 성관계를 끊을 수도 있다(고전 7:5).

몇 가지 함축된 의미

영적 전투에 임할 때 그리스도인들은 전투가 실제로 벌어지고 있다는 사실을 받아들여야 하고, 인간의 죄성을 선동하여 하나님께 반항하게 만드는 자신의 적 마귀를 최대한 알아야 하며, 올바른 영적 무기로 싸워야 한다. 사도 바울이 말했듯이 "우리의 씨름은 혈과 육을 상대하는 것이 아니요…그러므로 하나님의 전신 갑주를 취하라. 이는 악한 날에 너희가 능히 대적하고 모든 일을 행한 후에 서기 위함이라"(엡 6:12-13).

부부 관계에서 영적 전투는 삶의 모든 영역을 포괄하는 엄연한 현실이다. 이것을 무시하는 사람은 위험을 자초한다. 마귀는 교회 지도자가 될 잠재력이 있는 사람들을 공격하듯이 부부들도 무너뜨리려 한다. 부부 관계야말로 그리스도와 교회의 관계의 본질을 세상에 보여 줄 잠재력이 가장 크기 때문이다(엡 5:31-32).

사탄이 노리는 세 가지 취약 지구	영적 전투에 대한 세 가지 교훈
성적 유혹 (고린도전서 7:5)	전투가 존재한다는 사실을 인식해야 한다.
해결되지 않은 분노 (에베소서 4:26-27, 6:4)	자신의 영적 적을 알아야 한다.
배려하지 않는 남편 (골로새서 3:19; 베드로전서 3:7)	올바른 영적 무기로 전투에 임해야 한다.

하나님이 얼마나 영광스럽고 선하신 분인지 결혼생활을 통해 세상에 보이고 싶다면, 신자들은 자신을 위해서만 아니라 하나님을 위해서 영적 싸움을 싸워야 한다. 또한 싸울 때는 영적 무기들을 써야 한다. 그럴 때에만 그리스도인의 결혼이 창조주의 형상과 설계를 드러낼 수 있다. 결국 그리스도인의 결혼의 올바른 목표는 단지 인간의 만족과 성취가 아니라 하나님의 영광이기 때문이다.[67]

가정의 관습

몇 가지 제안으로 이번 장을 마치려 한다. 그리스도인의 결혼과 가정을 지키고 기독교 가정의 긍정적 전통을 견고히 세우는 법에 관한 것이다. 가정의 독특한 관습을 세우면 가족들의 응집력과 정체감이 깊어질 수 있다. 우리 중 딱히 기독교 가정에서 자라지 못한 사람들에게는 이 일이 도전이자 기회다.

한 가지 중요한 실천은 **가정 예배**다. 가족끼리 **말씀 묵상**이나 **성경 공부**를 함께할 수도 있다.[68] 자녀들이 주일학교나 어와나나 기타 비슷한 프로그램에서 성경을 배우는 것도 유익하지만, 그리스도인 부모는 자녀에게 성경을 가르치는 책임을 저버리거나 남에게 미루어서는 안 된다. 아버지가 가장으로서 책임지고 자녀를 그리스도께로 이끌고 기독교 제자도의 길을 가도록 격려해야 한다. 그러려면 가족이 함께 성경을 읽고 공부하고, 찬송하고 기도하고, 그리스도를 신뢰하는 믿음의 자세로 (성공과 승리는 물론) 도전과 역경에 함께 부딪쳐야 한다.

가정을 견고하게 할 수 있는 또 하나의 중요한 방법은 독특한 **가정의 전통**을 만드는 것이다.[69] 주요 공휴일을 쇠는 방법도 그에 해당한다. 크리스마스나 부활절 같은 종교적 공휴일도 좋고 추수감사절이나 현충일 같은 국가적 공휴일도 좋다. 어느 경우든 세속적이거나 이교적인 찌꺼기를 걸러내고 기독교적 알맹이나 공휴일의 본질에 초점을 맞추는 게 바람직하다. 이 모두는 자녀에게 종교적 유산과 국가적 유산에 대한 의식을 심어 주기 위한 일환이다. 이스라엘 백성이 하나님의 명령대로 자손에게 유월절과 출애굽의 의미를 가르친 것과 비슷하다.

아울러 **건전한 활동**을 장려하면 좋다. 예컨대 독서, 야외 활동, 긍정적 역할 모델이 될 만한 다른 아이들과 함께 보내는 시간 등이다. 그러면 지나친 텔레비전 시청, 강박적 인터넷 탐닉, 컴퓨터 게임 중독 등 불건전한 활동을 제한하기가 더 쉬워진다. 또한 자녀에게 우정의 가치, 친구를 지혜롭게 선택하는 법, 남에게 좋은 친구가 되는 법 등을 가르치는 것도 중요하다.

끝으로, 방금 전에 살펴본 **영적 전투**의 원리에 유의해야 한다. 이것은 특히 갈등을 해결할 때 중요하다. 결국 우리의 적은 혈과 육, 즉 서로가 아니라 마귀와 초자연적 악이기 때문이다. 그래서 우리는 타인 중심으로 서로를 존중하는 그리스도의 마음을 길러야 한다(빌 2:1-11).

이 모두를 통해 우리의 가정들이 온전히 그리스도의 주권에 드려지기를 바란다. 가정마다 사랑과 믿음이 특징이 되기를 바란다. 그리하여 우리 구주이신 주 예수 그리스도를 욕되게 하는 게 아니라 그분을 영화롭게 하기를 바란다.

결론

이번 장에서 우리는 한부모의 자녀 양육, 체벌, 남성성과 여성성 계발, 부모의 훈육 원리 등 그리스도인의 자녀 양육에 관련된 현대의 다양한 이슈를 살펴보았다. 우선 자녀와의 관계를 가꾸는 일을 소홀히 한 채 방법론에 치중하는 접근의 위험성을 강조했고, 자녀 양육에서 성령의 인도에 의지하는 것이 얼마나 중요한지 역설했다. 한부모의 자녀 양육을 논하는 부분에서는 하나님이 아버지 없는 아이들을 돌보신다는 성경의 가르침을 인증했고, 교회가 한부모를 도울 수 있는 몇 가지 방법을 알아보았다. 체벌에 대한 논란도 개괄했다. 성경의 가르침대로 우리는 체벌을 금할 수 없으나 동시에 몇 가지 중요한 주의점도 짚어 보았다.

남성성과 여성성을 길러 주는 일은 우리 문화에서 더없이 중요하다. 우리 문화가 남성을 비하하는 급진적 페미니즘의 편견의 열매를 날로 더 거두고 있기 때문이다. 또 우리는 부모의 훈육에 대한 몇 가지 성경적 원리도 살펴보았다. 그것을 전반적 틀로 삼아 자녀에게 자신의 행동에 책임지는 법을 가르칠 수 있다. 거기에 청소년 자녀의 양육에 대한 성경적 원리도 덧붙였다. 끝으로 결혼과 가정에 관련된 영적 전투라는 중요한 주제를 다루었고, 신자들이 가정 예배를 시작하고 기독교 가정의 독특한 전통을 세울 수 있는 방법들을 제안했다.

이번 장에 포함될 만한 주제들이 더 많이 있음을 안다. 하지만 여기에 골라서 다룬 이슈들을 통해 우리의 적용의 기초가 성경의 가르침에 있어야 함이 잘 예증되었기를 바란다. 여기에 다루지 못한 이슈들에 대해서는 이번 장의 주제들이 사례 연구의 역할도 해주었으면 좋겠다. 지금까지 집중적으로 살펴본 결혼과 가정에 대한 성경의 가르침은 여기서 일단락된다. 이제부터는 독신(9장), 성경적 모델의 결혼과 가정을 변질시킨 동성애(10장), 이혼(11장) 등 결혼과 가정에 관련된 몇 가지 구체적 이슈를 논의하려 한다.

9.
독신의
은사

사춘기 이후의 독신자들은 현대 서구 교회에서 가장 간과되는 사회 집단일 것이다. 물론 큰 교회에는 대개 대학부와 청년부 사역이 있고(그중 더러는 교회에서 일부나마 중매 서비스도 주관하는 것 같다), 결혼과 가정에 대한 책에 간혹 독신이라는 주제가 짤막한 한 장을 차지하기도 한다(지금 이 책처럼). 그러나 현대 교회에서 독신자들은 대체로 소외되어 있다.[1] 대다수의 서구 그리스도인들에게 당연히 **결혼은 규범적 상태**로 보인다. 그러다 보니 그리스도의 몸 된 교회 안에 사춘기 이후의 독신자가 보이면 많은 선의의 신자가 그 사람의 짝을 찾아 주는 일을 그리스도인의 의무로 여긴다.

게다가 혹시 누가 자의로든 상황 때문에든 20대 후반을 지나 30대에 들어서서도 독신으로 남아 있으면, 많은 사람이 그 사람을 미혼이라는 부자연스럽고 바람직하지 않은 상태에 묶어 두고 있는 문제점(성적 성향, 외모, 지적 능력, 사회 부적응, 너무 높은 기준, 기타 요인 등)을 진단하려 한다. 독신의 상태도 엄연히 평생 지속될 수 있건만 오늘날 많은 교인에게 한 번도 그런 생각이 든 적이 없다고 해도 과언이 아닐 것이다. 더욱이 서구의 그리스도인들이 하나님의 부르심으로 선교의 소명보다 더 두려워하는 것은 독신의 소명뿐이다.

21세기가 시작되던 시점에 15세 이상의 미국 인구 46퍼센트가 독신이었다는 점을 감안하면[2] 서구 교회가 독신의 상태를 무시하고 왜곡하는 일은 결코 정당화될 수 없다. 물론 대부분은 결국 결혼하겠지만 통계에 따르면 평생 결혼하지 않는 사람의 수가 점점 늘고 있고, 결혼하는 사람들도 이혼이나 사별로 인해 다시 독신이 되는 경우가 많다. 게다가 (예수를 비롯하여) 기독교 신앙의 영웅들 중 다수는 독신이었다.[3] 독신이 하나님의 은혜로운 은사라는 성경의 가르침은 말할 것도 없다(마 19:11-12; 고전 7:7). 이런 여러 이유들로 인해 현대 교회는 독신 문제에 대한 자신의 입장을 시급히 재평가할 필요가 있다.

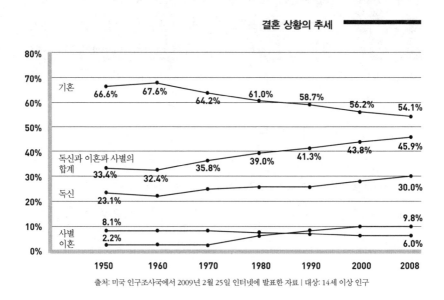

결혼 상황의 추세

출처: 미국 인구조사국에서 2009년 2월 25일 인터넷에 발표한 자료 | 대상: 14세 이상 인구

구약의 독신

구약 시대의 결혼 연령은 대개 여자 12-13세, 남자 15-16세였으며 그 나이의 사람들 중 독신은 거의 없었다.[4] 사실 다분히 하나님이 주신 번식의 명령 때문에(창 1:28) 구약 문화의 사람들에게는 현대적 의미의 사춘기와 비슷한 개념조차 없었고, 배우자와 자녀 없이 오랜 성인기를 보낸다는 개념도 없었다.[5] 대다수 사람들에게 독신은 창조에 반하는 삶으로 비쳐졌다. 사

실 구약 시대의 독신은 대개 다음 몇 가지 범주 중 하나에 해당되었다.

구약 시대 독신의 첫 번째 범주는 **과부**다.[6] 간단히 말해서 오늘날처럼 고대에도 과부란 탐탁한 신분이 못 되었다. 과부는 대개 재정적 어려움에 부딪쳤고(참조. 왕하 4:1) 당연히 고대 사회의 가장 무력한 집단에 속했다(신 10:18; 사 54:4).[7] 역사에서 보듯이 독신이 워낙 부자연스러운 일로 비쳐지다 보니 대부분의 과부들은 최대한 일찍 재혼하려 했고 실제로 재혼한 사람들이 많다(예. 룻 3-4장).[8] 그러나 재혼을 안 하거나 못하는 과부들을 위해 주님은 특별한 대책을 마련해 주셨다. 예컨대 계대결혼 제도도 그렇고(신 25:5-6),[9] 제사장 가문의 무자한 과부가 친정으로 돌아와 제사장의 음식을 먹도록 허용된 규정도 그렇다(레 22:13). 아울러 하나님은 자기 백성에게 가난한 과부들을 돌보아야 할 신성한 의무를 자주 상기시키셨고,[10] 거듭 자신을 과부의 재판장으로 기술하셨다.[11] 그럼에도 구약 시대의 과부는 누구도 부러워하지 않을 신분이었고 대체로 수치로 여겨졌다(사 4:1). 간혹 주님은 영적으로 불순종하는 이스라엘에게 과부라는 개념을 사용하여 벌을 경고하기도 하셨다(사 47:8-9).

구약 시대 독신의 두 번째 범주는 고자다. 과부처럼 고대의 고자도 부러움을 살 신분이 못 되었다. 물론 동양의 많은 왕궁에서 고자들은 처녀나 후궁의 관리자(에 2:3, 14-15), 왕비의 수행원(에 4:5), 지밀 내관(에 1:12), 감독자(단 1:7), 심지어 군 지도자(왕하 25:19, 렘 52:25) 등의 직위에서 일했다. 하지만 고대 유대인들은 고자라는 신분을 몹시 싫어했을 것이다. 고자는 주님을 예배하는 회중에 참여할 수 없었고(신 23:1) 제사장도 될 수 없었기 때문이다(레 21:20). 구약 시대에 "좋게" 그려진 고자들이 몇 있긴 하다. 이세벨을 창밖으로 내던져 죽게 한 두어 내시도 있고(왕하 9:32-33), 장차 바벨론 왕궁에서 일할 거라고 이사야가 언급한 아들들도 있다(사 39:7). 그래도 고자는 대개 경멸의 대상이었다. 주님을 떠난 사람들에게 경고된 하나님의 심판에 장차 고자가 되리라는 말이 간혹 포함된 적도 있다(왕하 20:18; 사 39:7). 이사야는 주께서 마지막 때에 고자의 비정상적 상태를 치료하실 거라고 말했다 (사 56:3-5).

구약 시대 독신의 세 번째 범주는 질병(예. 나병)이나 심한 경제적 어려움 때문에 **결혼할 수 없는 사람들**이었다.[12]

구약 시대 독신의 네 번째 범주는 **하나님의 부르심** 때문에 결혼하지 않은 사람들이었다. 하나님의 부르심으로 한동안이나마 독신으로 남았던 사람의 가장 대표적인 예는 아마 선지자 예레미야일 것이다(다만 그분의 명령은 "이 땅에" 적합한 여자들이 없었기 때문일 수 있다). 예레미야 16장 1-4절에 선지자는 이렇게 썼다.

여호와의 말씀이 또 내게 임하여 이르시되 **너는 이 땅에서 아내를 맞이하지 말며** 자녀를 두지 말지니라. 이곳에서 낳은 자녀와 이 땅에서 그들을 해산한 어머니와 그들을 낳은 아버지에 대하여 여호와께서 이와 같이 말씀하시오니 그들은 독한 병으로 죽어도 아무도 슬퍼하지 않을 것이며 묻어 주지 않아 지면의 분토와 같을 것이며 칼과 기근에 망하고 그 시체는 공중의 새와 땅의 짐승의 밥이 되리라.

그러나 고대에 평생을 독신으로 살라는 하나님의 부르심은 드물었고, 본인이 의지적으로 그것을 선택한 경우는 더 말할 것도 없다.[13] 구약에서 하나님이 명시적으로 누군가를 독신으로 부르신 예는 이것뿐이다.[14]

구약 시대의 독신의 다섯 번째 범주는 **이혼한 사람들**이었다.[15] 이혼의 주체는 거의 언제나 남편 쪽이었다(신 24:1-4, 그러나 삿 19:1-2 참조). 신명기의 율법대로 남편은 결혼의 해체를 법적으로 증명하는 이혼 증서를 주어야 했는데, 이는 이혼한 여자를 보호하기 위한 조치였다. 이혼을 당한 여자는 남편을 사별한 경우와 비슷하게 경제적으로 아주 취약한 처지에 놓였다. 과부나 고아처럼 이혼녀도 남자의 공급과 보호를 잃었다. 재혼할 수 없는 경우라면 아마 외부의 도움이 절실히 필요한 극빈자가 되었을 것이다.

고대 이스라엘의 독신의 여섯 번째이자 마지막 범주는 **젊은 미혼 남녀**였다. 아버지들은 대개 적절한 배우자감을 찾아 자녀의 결혼을 중매했다(창 24장; 삿 14장). 그들은 어떻게든 딸을 남자 약탈자들로부터 보호하여 처녀로 결혼하게 하는 한편(참조. 출 22:16-17; 신 22:13-21) 딸에게 지참금도 주었다. 결혼이 실패로 돌아갈 경우 지참금은 다시 딸의 몫이 되었다. 앞서 말했듯이 고대 이스라엘에서 대개 딸은 사춘기가 시작되는 13세를 전후하여 결혼했고 아들의 결혼은 그보다 2-3년 늦었다.[16] 따라서 유년기와 기혼 상태 사이에 실질적으로 "독신"이라 부를 만한 중간기가 거의 없었다.

신약의 독신

구약 시대와 마찬가지로 신약 시대에도 독신은 오늘의 서구 세계에서처럼 하나의 개념으로 명확히 정의되어 있지 않았다. 사실 예수 당시의 독신자는 아직 혼기가 되지 않았거나 배우자를 사별하여 과부가 되었거나 그밖의 이유로 십중팔구 과도기에 있었다. 요컨대 신약 시대에는 확정된 상태이자 의지적으로 선택한 생활방식으로서의 독신은 드물었고 결혼이 규범이었다.[17]

그런데 세례 요한과 예수와 사도 바울은 독신이었다.[18] 독신에 대한 정보가 신약에 비교적 적음에도 불구하고 예수와 바울은 둘 다 "하나님께 받은…은사"(고전 7:7)로 독신이란 게 있음을 언급했다.[19] 예수는 그것을 "천국을 위하여 스스로 된 고자"라 표현하셨다(마 19:12). 예수와 바울이 공히 지적했듯이 독신으로 부름 받은 사람은 관심이 분산되지 않아 신앙적 봉사에 더 집중할 수 있다.[20] 바울은 이 주제를 주로 다룬 부분에서 이렇게 말했다.

> 너희가 염려 없기를 원하노라. 장가 가지 않은 자는 주의 일을 염려하여 어찌하
> 여야 주를 기쁘시게 할까 하되 장가 간 자는 세상일을 염려하여 어찌하여야 아
> 내를 기쁘게 할까 하여 마음이 갈라지며…내가 이것을 말함은 너희의 유익을 위
> 함이요 너희에게 올무를 놓으려 함이 아니니 오직 너희로 하여금 이치에 합당하
> 게 하여 **흐트러짐이 없이[전념하여] 주를 섬기게** 하려 함이라(고전 7:32-35).

독신에 대한 예수와 바울의 언급을 잘 보면 세 가지 사실을 알 수 있다. 첫째로, 구약에 대한 유대교의 전통적 해석—구약 자체는 꼭 그렇지는 않지만—과 반대로 예수와 바울의 가르침에서 독신은 **긍정적** 개념이다. 구약 시대에는 독신을 완전히 순리에 어긋나거나 적어도 부정적인 일로 보았지만, 예수와 바울은 독신이 비록 규범은 아니어도 용인될 수 있다는 개념을 표명하고 직접 본을 보였다(참조. 고전 7:9; 딤전 4:1-3). 나아가 독신은 하나님이 주시는 **은사**로까지 제시된다. 구약의 전통에 젖어 있던 1세기의 청중에게 이것은 혁명적 가르침이었을 것이다.

나아가 요한계시록의 선견자는 비유적 의미로라도 독신을 칭송한다. 그래서 종말의 유대인 전도자 14만 4천 명을 이렇게 묘사한다. "이 사람들은 여자와 더불어 더럽히지 아니하고 순결한 자[동정을 지킨 자]라. 어린양이 어디로 인도하든지 따라가는 자며 사람 가운데에서 속량함을 받아 처음 익은 열매로 하나님과 어린양에게 속한 자들이니 그 입에 거짓말이 없고 흠이 없는 자들이더라"(계 14:4-5). 흥미롭게도 14만 4천의 전도자가 독신의 길을 간 동기는 예수와 바울이 언급했던 것과 똑같이 주께 더욱 헌신하기 위해서였다. 선견자는 그것을 "어린양이 어디로 가든지 따라가는" 것으로 표현했다. 요컨대 복음서부터 요한계시록까지 신약 전반에 걸쳐 독신은 긍

정적으로 제시된다.

독신에 대한 예수와 바울의 언급에 나타난 두 번째 사실은, 독신이 하나님의 **은사**일 뿐 아니라 또한 하나님의 부르심이라는 것이다. 독신은 **소수의** 선택된 자들에게 한정된 길이며, 상황이나 조건 때문에 억지로 떠맡는 게 아니라 각자 자원하여 **택하는** 삶이다. 천국을 위한 고자에 대해 예수께서 말씀하신 서론과 결론을 그대로 인용하면 이렇다. "사람마다 이 말을 받지 못하고 오직 타고난 자라야 할지니라…이 말을 받을 만한 자는 받을지어다"(마 19:11-12). 이 말씀은 하나님 나라를 위해 독신으로 부름 받은 사람이 그 소명을 인지하려면 하나님의 특별한 은혜가 필요하다는 의미인 것 같다.

사도 바울은 이 주제를 고린도 교인들에게 이렇게 제시했다. "음행을 피하기 위하여 남자마다 자기 아내를 두고 여자마다 자기 남편을 두라… **만일 절제할 수 없거든** 결혼하라. 정욕이 불 같이 타는 것보다 결혼하는 것이 나으니라…그러나 장가 가도 죄 짓는 것이 아니요 처녀가 시집 가도 죄 짓는 것이 아니로되"(고전 7:2, 9, 28).[21] 사실 바울이 나중에 디모데에게 썼듯이, 혼인을 금하는 것은 "귀신의 가르침" 중 하나다(참조. 딤전 4:1-3).

셋째로, 앞서 말했듯이 바울이 가르치는 독신에 대한 이해는 **고린도 교인들의 정황을 어떻게 재구성하느냐**에 따라 다분히 달라진다. 바울이 고린도전서 7장에 한 말이 그 정황 속에서 나왔기 때문이다. 이에 대한 근래의 일치된 의견은 특히 고든 피(Gordon Fee)와 데이비드 갈런드(David Garland) 같은 주석가들을 통해 대변된다. 그들에 따르면 고린도전서 7장 1-7절은, 명백한 금욕적 목적을 위해 부부 간의 성관계를 끊어야 한다는 일부 고린도 교인들의 주장에 대한 바울의 대응으로 해석되어야 한다. 이 해석대로 하자면 "남자가 여자를 가까이 아니함이 좋으나"(고전 7:1하)라는 말은 고린도 교인들이 보내온 편지에서 직접 인용한 것이며, 그들이 편지로 바울에게 제기한 근본적 이슈는 결혼 자체에 대한 의문이 아니라 **부부 간의** 성관계와 관련된 것이다.

그러나 배리 대닐랙(Barry Danylak)은 그런 재구성이 고린도 교인들의 정황이나 바울의 논리 전개에 잘 맞지 않는다고 주장한다.[22] 그는 지적하기를 6절의 "허락"을 피의 해석대로 일시적 금욕으로 본다면, 바울이 7절에 독신을 인정한 목적이 무엇인지 이해하기 힘들어진다고 했다. 8절부터 새로운 주제가 시작되기 때문에 7절은 바울이 6절에 한 말의 근거 내지 이유로 보는 게 가장 타당하다. 허락을 피처럼 해석한다면 7절에 부부 간의 성관계의 중요성을 확언하는 말이 나오는 게 자연스럽다. 이 해석대로 7절을 설명하려면 7절 하반절의 "그러나"(헬라어로 *alla*)에 큰 강조점을 둘 수밖에 없다. 즉 "나는 모든 사람이 나와 같기를 원하노라. **그러나** 각각 하나님께 받은 자기의 은사(헬라어로 *charisma*)가 있으니 이 사람은 이러하고 저 사람은 저러하니라"가 된다.

다시 말해서 남들도 다 자기처럼 독신의 은사가 있었으면 좋겠다는 바울의 말은 기껏해야 부수적 언급이 된다. 수사적 방점은 바울 같은 사람이 워낙 **극소수이니** 부부들은 배우자와의 성관계를 충실히 지속해야 한다는 개념에 찍힌다. 하지만 그렇게 해석해도 여전히 논리적 흐름이 매우 억지스러워 보인다. 바울의 초점이 부부 간의 의무 수행의 중요성에 있을 뿐 독신의 신분이나 은사와는 명백한 연관이 없기 때문이다. 일치된 의견인 이런 해석은 독신의 은사가 극단적 상태라는 결론에는 잘 들어맞지만(데비 메이큰 [Debbie Maken] 등의 관점도 비슷하다. 아래를 참조하라), 그렇게 되면 독신은 평범한 그리스도인들이 도전받아 탐색해 볼 만한 삶이 될 수 없다.

이에 대한 대안으로 7절 상반절을 바울이 6절에 한 말을 뒷받침하는 근거 내지 이유로 해석할 수 있다. 즉 그는 자신의 상태인 독신을 제한적으로 긍정한 뒤 곧바로 8절에서 아직 결혼하지 않는 사람들에게 그 상태를 권한다(만일 그렇다면 분명히 독신은 그렇게 극단적 예외는 아니다). 피의 재구성대로 하면 7절 상반절은 바울과 고린도 교인들이 다루고 있는 이 단락의 논지―부부 관계를 중단하지 않는 게 중요하다는 강조―와 별로 연관이 없어 보인다. 그러나 고린도 교인들의 질문을 결혼에 대한 **실제적** 질문으로 보고 **금욕적** 동기를 배제하면(역사적으로 알려진 바와 같이 이는 그리스-로마 사람들이 품었던 결혼에 대한 질문과 완전히 일치한다), 우리는 바울이 긍정적으로 확언한 독신의 무게를 충분히 인식할 수 있다. 그러면서도 우리는 그가 독신의 소명을 도덕적으로 우월한 개념으로 여겼다고 보는 함정을 피할 수 있다.

이런 대안적 해석이 옳다면 본문의 의미는 이렇게 된다. 독신의 소명과 은사는 정말 선한 것이므로 한편으로 우리는 회중에게 그것을 진정으로 권해야 한다(즉 "그냥[결혼하지 않은 채로] 지내는 것이 좋으니라"). 동시에 독신의 소명을 불편해하는 사람들에게는 하나님의 결혼 제도가 도덕적 타협이 아니라 은사가 다른 대다수 사람들을 위한 탁월하고 고결한 제도임을 충분히 확신시켜 주어야 한다. 고린도전서 7장 1-7절의 분명한 메시지는 하나님이 우리 모두에게 독신과 결혼 모두를 고귀한(즉 도덕적으로 순결한) 것으로 보도록 명하신다는 것이다.

초대 교회의 독신

초대 기독교의 가장 중요한 일부 지도자들은 놀랍게도 독신이었다(사도 바울도 그랬을 수 있다).[23] 바울이 사도 인생의 전부는 몰라도 대부분의 기간 동안 독신이었다는 점은 꽤 분명하지만(특히 고전 7:8 참조, "나와 같이 그냥[결혼하지 않은 채로] 지내는 것이 좋으니라")[24] 일각에는 그가 아내를 사별했거나[25] 기독교로 회심한 후에 (비신자) 아내로부터 버림받았을 수 있다는 견해도 있다.[26] 하지만 바울이 이전에 결혼했다는 증거는 순전히 부수적일 뿐이

	구약	신약
독신을 보는 관점	창세기 2:24에 근거하여 결혼이 규범으로 간주된다. 독신은 대개 바람직하지 않은 상태로 비쳐진다.	여전히 결혼이 규범으로 간주되지만, 독신으로 부름 받은 사람들에게는 독신이 하나님 나라의 일에 유익한 상태로 제시된다.
독신의 여러 가지 범주	과부	하나님의 은사이며 모두에게 요구되지는 않는다(고전 7:7).
	고자	
	질병이나 경제적 어려움 때문에 결혼할 수 없던 사람들	하나님께 부름 받은 사람들이 그 부르심을 받아들인다(마 19:11-12).
	이혼한 남녀	
	결혼하기 전의 젊은 남녀	

며 바울 자신도 그 주제를 언급한 적이 없다. 결국 우리는 "단순히 모른다" 고 고백할 수밖에 없다.[27] 어쨌든 전략적으로 부름 받은 바울은 사도 인생의 전부는 몰라도 대부분의 기간 동안 독신이었던 덕분에 기혼자로서는 능히 감당하지 못했을 이방인 선교의 선구자가 될 수 있었다. 그의 잦은 여행과 옥살이도 결혼생활에 큰 부담을 주었을 것이다. 반면에 다른 많은 사도는 아내가 있었다(참조. 고전 9:5, 바울도 원칙상 아내를 둘 권리를 주장했다).

기혼 남자들은 당시의 유대 관습에 따라 아내의 허락 하에 집을 떠나 랍비 밑에서 공부할 수 있었다. 예수의 제자들도 그렇게 했다(막 1:18-20, 10:28-29와 상응 구절). 바울도 부부가 장시간의 기도를 위해 "합의상 얼마 동안은" 성관계를 끊어도 된다고 했다(고전 7:5). 틀림없이 대부분의 그리스도인 부부들은 이 예외를 별로 활용하지 않을 것이다.[28] 그래도 바울은 부부들에게 짧은 기간의 금욕 후에 성관계를 재개할 것을 권했다. 그들이 절제하지 못함으로 인해 사탄이 시험할 수 있기 때문이다. 어쨌든 앞서 말했듯이 분명히 사도들에게 독신이 규범은 아니었다(고전 9:5).[29]

사도들의 경우와 마찬가지로 첫 수세기 동안의 교회에서도 독신은 규범이 아니라 예외였다. 3세기 알렉산드리아의 신학자 오리겐(Origen)처럼 일부 비중 있는 사람들이 독신을 주창하긴 했으나[30] 초대 교회의 지도자들은 대부분 결혼했으며 결혼이 선하다고 자주 가르쳤다. 그러나 여러 요인들—육체보다 영혼을 떠받든 그리스의 영지주의 철학, 마니교 같은 일부 사이비 기독교 집단의 금욕 교리, 세력 기반을 중앙으로 집중시키려던 로마 교회의 점증적 욕구 등—이 수렴된 결과로 교회는 점차 독신을 용인하다가 나중에는 떠받들게 되었다.[31] 사실 4세기 말부터 벌써 교회의 많은 지역별 공의회에서 성직자에게 독신을 요청하다가 결국 의무화하기 시작했고, 1123년 제1차 라테란 공의회에서 교회의 모든 지도자들에게 독신이 의무화되었다.

이렇게 독신(천주교의 표현으로 "교회와의 결혼")의 이상화로 기우는 추세는 교회사의 첫 1천년 동안 수도원과 수녀원 제도를 발전시켰고, 교회의 일부 가장 저명한 신학자들의 저작의 흐름에도 반영되었다. 예컨대 5세기의 교부 아우구스티누스만 해도 부부 간의 성관계에 관한 글에서 결혼은 선한 것이며 "남편과 아내는 음란한 정욕의 충동 없이도 임신의 드라마에서 능동적 역할과 수동적 역할을 수행할 수 있다"고 했다.[32] 아우구스티누스는 정욕이 종종 성관계를 더럽힌다고 보았고 섹스의 목적이 번식에 있어야 한다고 믿었지만, 그래도 신성한 부부 관계 내의 성행위는 그 자체로 선하다고 역설했다. 그는 에덴동산의 아담과 하와의 성관계를 그리스도인 부부들이 본받아야 할 모형으로 제시하기까지 했다.

그러나 12세기에 토마스 아퀴나스(Thomas Aquinas)는 부부 간의 성관계에 관한 글에서 "결혼의 모든 고결함으로 장식된 부부 간의 섹스에도 어느 정도 수치가 담겨 있다.…이제 동정은 도덕적 순결로 정의된다.…그러므로 의심의 여지없이 동정이 더 나은 상태다"라고 썼다.[33] 아퀴나스는 결혼이 고결한 것이라 믿긴 했으나 당시의 교회 교리에 따라 독신을 더 바람직한 상태로 보았다. 그러나 부부 간의 섹스에 "어느 정도 수치가 담겨 있다"는 그의 믿음은 성경과 정면으로 충돌한다. 성경은 "하나님께서 지으신 모든 것이 선하매 감사함으로 받으면 버릴 것이 없나니"(딤전 4:4)라고 말한다. 창세기 1장 31절에 하나님은 인간을 남자와 여자로 지으시고 "심히 좋"게 여기셨으며, 창세기 2장 18절에 여자가 없는 남자의 상태를 "좋지 아니하"게 보셨다.

성경적 독신 신학을 향하여

조사 결과 요약

독신에 관련된 다양한 이슈들을 논하기 전에, 지금까지 신구약과 초대 교회의 독신에 대해 조사한 주요 결과를 요약하면 도움이 될 것이다. 우선 독신에 대한 구약의 가르침을 공부한 결과 독신의 범주는 (1) 과부나 홀아비, (2) 고자, (3) 질병이나 경제적 어려움 때문에 결혼할 수 없던 사람들, (4) 하나님의 부르심 때문에 결혼하지 않은 사람들, (5) 이혼자, (6) 결혼하기 전의 젊은 남녀 등 여섯 가지로 나타났다.

사실상 이 모든 범주가 신약 시대에도 계속되었다.[34] 그러나 구약 시대에는 독신이 흔치 않은데다 대개 부득이한 경우였던 반면, 신약에는 독신이 하나님 나라의 일에 유익하다고 호평한 예수와 바울의 발언이 나온다. 예수는 "천국을 위하여 스스로 된 고자"가 있다고 말씀하셨고(마 19:12), 바울은 독신을 "하나님께 받은…은사"라 칭하면서(고전 7:7) 독신이기에 "흐트러

짐이 없이[전념하여] 주를 섬"길 수 있는 이치를 뒤이어 상술했다(고전 7:32-25).

신구약 시대와 같이 초대 교회에서도 계속 결혼이 규범이었다(예. 고전 9:5). 다만 유명한 예외였던 바울은 사도로 사역한 기간의 전부는 몰라도 대부분의 기간을 미혼으로 지냈다. 그러나 기독교 시대가 몇 세기쯤 흐르면서 여러 요인들—육체보다 영혼을 높인 그리스의 영지주의 이원론, 마니교 같은 사이비 기독교 집단의 금욕주의 등—이 수렴된 결과로 점차 독신이 결혼보다 영적으로 우월한 것으로 떠받들어졌다.

아우구스티누스 같은 교회 지도자들은 결혼이 고결하고 부부 관계 내의 섹스가 선하다고 인정했으나 후기 교부 시대와 중세 시대에는 독신을 떠받드는 추세가 나타나 AD 12세기에는 교회의 모든 지도자들에게 독신이 의무화되었다. 지금부터 우리는 이 시대의 독신과 관련된 이슈들을 논의한 뒤, 독신에 대한 성경의 가르침을 대상 집단별로 살펴보고자 한다.

우리가 제안하는 성경적 독신 신학

여기서 의문이 생겨난다. 독신을 보는 성경의 관점이 앞에서 살펴본 대로 놀랍도록 발전한 이유는 무엇인가?[35] 배리 대닐랙이 지적했듯이 하나님의 아브라함 언약으로부터 시작해서(창 12:1-9, 15:1-21, 18:1-15, 22:15-19) 다윗 언약에 이르기까지(삼하 7:12-13) 구약의 언약들에서는 늘 번식이 필수 요소였다.[36] 구약 시대에는 집안의 유산이라는 구조 전체가 자손과 복의 연계성을 중심으로 이루어졌고(출 32:13; 신 4:20, 32:9; 왕상 21:3; 대상 28:8), 계대결혼은 가문의 이름을 존속시켜 주었다.

그러나 놀랍게도 이사야를 비롯한 선지서로 가면 "아브라함의 복이 성취되는 방식에 새로운 조짐"이 나타나기 시작한다.[37] 이사야의 세 번째 "종의 노래"에 보면 고난당하는 종은 "살아 있는 자들의 땅에서 끊어"지지만

(사 53:8) 그럼에도 "씨를 보게" 된다(사 53:10). 즉 새로운 복이 임하는 통로는 물리적 자손이 아니라 하나님이 친히 일으키실 자손이다. 이런 초자연적 출생은 여호와의 종의 대리 희생을 통해 가능해진다. 이사야서의 다음 장은 잉태하지 못한 여인의 역설적인 노래로 시작된다. 그녀는 "홀로된 여인의 자식이 남편 있는 자의 자식보다 많음"을 기뻐한다(사 54:1).

요컨대 알렉 모티어(Alec Motyer)의 설명대로 "종의 노래는 타인의 수고를 통해 실현되는 복을 상징한다. 여기 **잉태하지 못한 여인**이 노래하는 이유는 이제부터 잉태하게 되었기 때문이 아니라, 여호와께서 자신의 종을 통해 역사하셔서 그 종의 '씨'를 그녀의 **자식**이 되게 하셨기 때문이다.…이렇게 모여드는 가족은 자연적으로 설명되지 않는다.…주의 백성인 교회는 초자연적 출생을 통해 창조된다."[38] 이 여인의 씨는 장차 열방을 소유할 것이며(사 54:3) 그녀의 남편이신 주께서(5절) 영원한 사랑으로 그녀를 안으실 것이다(8절).

나아가 이사야 56장에 또 다른 회복의 그림이 나온다. 이번에는 잉태하지 못한 여인이 아니라 고자다. 과거에 고자는 신체적 결함 때문에 여호와의 총회에 들어갈 수 없었으나(신 23:1) 이제 회복된 성전에 들어갈 수 있다(사 56:5). 자녀 없는 마른 나무였던(3절) 그에게 이제 "아들이나 딸보다 나은…이름"이 주어진다(5절). 대닐랙의 말처럼 "이 본문은 독신자들과 무자한 자들에게 다음 사실을 일깨워 준다. 그들이 하나님의 영원한 집의 식구로서 받는 유산은 자녀와 후손이 줄 수 있는 어떤 물리적 유산보다도 훨씬 우월하다. 하나님 자신이 그들의 분깃이요 기업이시다(애 3:24; 겔 44:28)."[39]

대닐랙은 "이사야에 등장하는 씨의 은유와 그것이 상징하는 새 언약은 신약에 극적으로 다시 등장한다"고 지적한다.[40] 갈라디아서 3장에 바울이 분명히 밝혔듯이 하나님의 영적 씨인 약속의 자손은 믿음으로 말미암아 그리스도 안에서 하나님의 언약을 복으로 누린다. 로마서 9장에서 바울은, 언약에 동참하는 사람들은 아브라함의 육신의 자손이 아니라 그리스도 안에서 믿음으로 말미암은 영적 자손이라 덧붙였다(특히 롬 9:6, 8 참조). 신약의 다른 곳들에서도 "기업"의 은유는 육신의 자손이 아니라 영적 자손에게 적용된다(예. 엡 1:14, 18, 5:5; 벧전 1:3-4).

예수의 삶과 가르침으로 넘어가면, 그분이 니고데모에게 주신 메시지의 초점은 새로운 영적 출생의 필요성이며, 이는 유대인에게도 동일하게 적용된다(요 3:3, 5). 앞서 6장에서 자세히 보았듯이 예수는 자신의 제자와 가족이 될 사람들의 영적 속성을 거듭 강조하시며 그것을 혈연관계와 대비하셨다(예. 마 12:46-50; 눅 14:26, 18:28-30). 그분은 전통적 가족 구조를 허물지 않으면서도 하나님 나라를 가장 중요하게 높이셨다. 그 나라가 그분을 따르는 사람들에게 요구하는 충절은 혈연관계에 요구되는 도리조차도 능가한다. 아울러 예수는 천국에는 결혼이 없다고 가르치셨다(눅 20:34-36과 상응 구절들).

마태복음 19장 11-12절에서 예수는 세 부류의 고자를 말씀하셨다. 어머니의 태로부터 된 고자(선천적 결함)도 있고 사람이 만든 고자(물리적 거세)도 있지만 천국을 위하여 스스로 된 고자도 있다. 예수께서 쓰신 "고자"의 은유가 처음에는 충격으로 다가올 수 있다. 당시의 유대 문화에서 고자가 경멸의 대상이었기 때문이다. 그러나 다시 보면 고자는 예수께서 말씀하시려는 취지에 꼭 맞는 모델이다. 내시들은 자식이 없었으므로 일편단심 왕을 섬기는 데 전념할 수 있었다. 물론 모두에게 해당하는 길은 아니지만(마 19:11) 예수는 이 가르침을 받을 만한 자들에게 받으라고 권하셨다(마 19:21).[41] 바울도 비슷한 맥락에서 가르쳤다(고전 7:32, 35).

예수의 삶을 더 공부해 보면 알듯이 그분은 독신이었지만 혼자 살지 않으셨다. 그분의 측근에는 세 제자가 있었고, 열두 사도와 일단의 헌신된 여자 제자들이 그분을 수행했다(눅 8:1-3). 예수는 또한 다른 사람들과 친밀한 우정도 유지하셨다. 아마도 가장 잘 알려진 예는 예루살렘 근처 베다니의 나사로와 마르다와 마리아 일가일 것이다(눅 10:38-42; 요 11:1-12:19). 그분은 순회 설교자로서 사람들의 대접을 잘 받으셨고, 많은 어려운 사람을 가까이 대하며 섬기셨다. 마침내 죽으시기 전에 가장으로서 제자들을 모아 놓고 새 언약을 제정하실 때, 그분은 자신의 영적 자녀들에게 유산을 남기시며 하나님의 새 가정을 주재하셨다. 이 가정은 그분이 친히 희생적 죽음을 통해 낳으신 것이다. 이처럼 여러모로 예수는 하나님 나라의 일에 전념하는 모범을 보이셨다.[42]

그렇다면 독신이 구약과 신약에 다르게 제시된 것을 어떻게 설명할 것인가? 대닐랙의 설명대로 "구약의 정황에서 신약의 정황으로 가면서 독신의 의미가 변화된 것은 그 양쪽이 다분히 대변하는 옛 언약과 새 언약의 고유한 차이 때문이다."[43] 옛 언약의 성취에는 육신의 자손이 필수였으나 새 언약의 기초는 고난당하는 여호와의 종의 대리 희생을 통해 영적 자손을 낳는다는 개념에 있다. "천국을 위하여 스스로 된 고자"로 부름 받고 그 길을 택하는 사람들에게 예수의 생애는 하나님 나라의 일에 전념하는 하나의 모형을 보여 준다.

그렇다면 독신에 대한 성경의 가르침이 오늘의 교회에 주는 의미는 무엇인가? 대닐랙의 지적대로 독신은 "하나님의 백성의 일원이 되는 길이 육신의 가족관계가 아니라 영적 중생임을 상기시켜 준다. 마찬가지로 교회에 독신자들과 기혼자들이 공존하는 것도 교회가 중간 시대를 살고 있다는 사실을 보여 준다. 교회가 여전히 현세에 속해 있기에 결혼한 사람들도 필요하지만, 독신자들은 영적 시대가 그리스도 안에서 이미 도래했으며 임박한 완성을 기다리고 있음을 상기시켜 준다."[44] 따라서 교회는 이 두 가지 영적 실체를 모두 인식하고 실천하는 공동체적 회중 생활을 장려할 책임이 있다.[45]

현대의 담론

2004년에 이 책의 초판이 간행된 뒤로 데비 메이큰은 *Getting Serious about Getting Married: Rethinking the Gift of Singleness*(결혼에 진지해져라: 독신의 은사 재고하기)라는 책을 펴내 큰 반향을 일으켰다.[46] 앨버트 몰러도 메이큰의 책이 "건전한 조언, 진지한 사고, 정직한 접근"이라고 호평했다. 책에 썼듯이 메이큰은 28세에 결혼을 진지하게 생각하게 되었고 온라인 크리스천 결혼정보 사이트에 가입해 머잖아 배우자를 만났다. 그녀는 아직 미혼인 20대 후반과 30대 초반의 여성들이 자기처럼 "결혼에 진지해져" 그 방향으로 필요한 조치를 취해야 한다고 역설한다. 그러려면 집으로 돌아가 아버지나 아버지 위치의 사람의 도움을 받아 신랑감을 물색해야 할 수도 있다.

메이큰의 책은 꽤 많은 비판적 반응을 불러일으켰다. "크리스채너티 투데이"지에 실린 "서른에 미혼이라면 당신 책임이다"라는 캐머린 코트니(Camerin Courtney)의 기사도 그중 하나다.[47] 코트니는 자신과 자신의 미혼 친구들의 문제가 노력 부족이 아니라고 반론을 폈다. 그녀는 결혼을 **진지하게 여기는데도** 여태 배우자를 만나지 못한 경우였다. 그녀는 결혼이 모든 신자를 향한 하나님의 뜻이라는 메이큰의 주장이 다분히 창조 질서에 기초한 것이며 마태복음 19장에 나오는 독신에 대한 예수의 긍정적 입장을 과도히 일축했다고 지적했다. 아울러 코트니는 위에 언급한 메이큰의 "일률적 신학"과 신기한 해법에 반대했다. 그것은 성경에 규정된 내용에 충실하기보다 옛 유대 문화를 재현하려는 노력이나 메이큰 자신의 문화적 유산에 더 충실한 것일 수 있다.

비슷하게 앨버트 몰러도 2004년에 "새로운 태도"라는 집회에서 결혼에 대해 논란이 될 만한 강연을 했다가 비난의 표적이 되었다.[48] 《노 데이팅》(두란노)의 저자 조슈아 해리스(Joshua Harris)가 주최한 집회였다. "결혼의 신비"에 대한 강연에서 몰러는 만연해 있는 결혼의 위기를 다루면서 젊은이들에게 더 이른 나이부터 더 진지하고 책임감 있게 결혼에 힘쓸 것을 촉구했다. 신학적 근거로 그는 "창세기부터 요한계시록까지 성경이 결혼을 인간의 규범으로 전제한다"고 역설했고, 문화적 분석으로는 사춘기가 길어지고 그에 따라 결혼이 늦어지는 문제를 개탄했다.[49]

해법의 처방으로 몰러는 "이 세대의 젊은 그리스도인들이 앞장서서 성경적 비전을 회복하고 기독교 반문화를 일으켜 결혼을 다시 인간의 삶과 그리스도인의 삶의 중심에 돌려놓아야 한다"고 촉구했다. 신자들은 주변 문화에 순응할 게 아니라 "결혼에 대한 성경의 종합적 비전과 그 모든 영광을 충분히 회복해야" 한다. "삶의 모든 차원에서 하나님의 영광을 추구"한다면, "성경의 명령으로 무장되고 그리스도인의 열정에 이끌리는" 젊은이들이 "회복의 선봉장이 되어" 결혼할 수 있다.[50] 그러나 몰러의 우려는 근거가 탄탄해 보이지만 그가 제시한 독신 신학에는 더 세심한 뉘앙스가 필요할 수 있다.

2006년 가을에 나(안드레아스 쾨스텐버거)는 다섯 편의 블로그 게시물을 포함하는 긴 대화를 데비 메이큰과 나누었다.[51] 여기서는 대화의 가장 두드러진 요점들만 요약할 수밖에 없다. 관련 이슈들을 철저히 평가하기 원하는 독자들은 게시물 전체와 그에 따른 여러 토론을 참조하기 바란다.

첫째로, 어휘의 문제가 있다. 메이큰은 독신만 은사이고 미혼—독신의 은사가 없는데 결혼하지 않기로 선택한다는 의미—은 비성경적이라는 가정 하에 "독신"과 "미혼"을 구분한다. 하지만 이는 필요 이상의 순환 논리다. 그래서 우리는 이 책에 "독신"이라는 말을 쓸 때 현재의 미혼자에게 독신의 은사가 있는지 여부를 미리 판단하지 않았다.

둘째로, 결혼이 여전히 규범이고 독신이 하나님의 은사라는 데는 양측의 의견이 본질상 일치한다. 하지만 독신의 은사가 얼마나 드물거나 흔한가

하는 문제가 남는다. 메이큰과 몰러는 이 은사가 극히 드물다고 보았으나 (메이큰은 "불후의 성취가 될 높은 기준"이라 말했다) 그렇게 주해한 근거는 불확실하다. 예수는 마태복음 19장 12절에 "…고자도 있고…고자도 있고…고자도 있도다"라고 하신 뒤 "이 말을 받을 만한 자는 받을지어다"라고 덧붙이셨다. 바울은 고린도전서 7장 7절에 "나는 모든 사람이 나와 같기를 원하노라"라고 썼다. 모두 결혼하지 않기를 원한다는 뜻이다! 이 두 본문을 그대로 읽으면 독신의 "은사"가 메이큰과 몰러의 주장만큼 그렇게 드물다는 의미는 전달되지 않는다.

셋째로, 특정인에게 독신의 은사가 있는지 어떻게 분간하는가 하는 문제도 있다. 이 은사가 영원불변이 아닐 수도 있다는 사실이 문제를 더 복잡하게 만든다. 예컨대 바울은 한때 결혼했다가 아내를 사별했거나 비신자 아내에게 버림받은 후에 독신으로 부름 받았을 수 있다. 그가 고린도전서 7장에 제시한 논리에는 상황적인 면이 있으며(예. 26절의 "임박한 환난으로 말미암아"와 29절의 "그 때가 단축하여진 고로"를 참조하라), 따라서 상황이 변하면 결혼이나 독신에 대한 각자의 소명도 변할 수 있다.

넷째로, 다음의 주장 속에는 부정적 판단이 깔려 있다. 즉 결혼이 압도적 규범이므로 현재 미혼인 사람의 대다수는 비성경적인 이유로 미혼이라는 것이다.

다섯째로, 이상의 제시된 내용(대닐랙의 훌륭한 논문도 그것을 지지한다)으로 보아 결혼과 독신에 대한 메이큰(정도는 약하지만 몰러도 마찬가지다)의 신학에는 적절한 뉘앙스가 부족하다. 예컨대 메이큰은 "하나님이 어제나 오늘이나 영원토록 동일하시고 그분의 율법이 변하지 않기" 때문에 결혼을 규범이라 말하지만 이는 부실한 논리다.[52] 성경에 밝혀져 있듯이 하나님의 계획은 성경 전체를 통해 점차 발전되어 나간다. 타락의 결과가 해결되면서 하나님의 새 창조가 완성되어 가기 때문이다. 앞서 보았듯이 성경이 시작될 때는 결혼이 규범이었으나 영원한 상태에 들어가면 결혼은 순전히 영적 의미로 변한다. 특히 메이큰은 이렇게 전개 중인 성경의 흐름을 충분히 인식하지 못한 것 같다. 메이큰의 신학과 처방이 안고 있는 다른 난점들에 대해서는 앞서 언급한 블로그 게시물들에 자세히 비판했다.

결국 결혼과 독신에 대한 성경 신학의 전체 흐름을 철저히 공부하는 수밖에 없다. 이번 장에 시도한 일이 바로 그것이다. 마태복음 19장의 예수와 고린도전서 7장의 바울은 상호 보완적인 두 관점 사이에 긴장을 유지하려 했다. 그들은 한편으로 하나님이 제정하신 결혼의 정당성을 인정하면서도 다른 한편으로 하나님의 은사와 소명을 받은 자들에게는 하나님 나라를 위해 독신으로 남기를 권했다. 결국 독신자들에게 근본적으로 필요한 것은 선하신 주권자 하나님의 섭리와 인도를 신뢰하는 가운데 결혼과 독신이 둘다 가치 있고 고결한 소명임을 이해하는 일이다. 하나님은 그 두 가지를 모두 쓰셔서 그분의 교회를 세우시고 그분의 나라를 진척시키신다.

독신과 관련된 이슈

독신과 사역

천주교는 모든 사제에게 독신을 요구하지만(예수 자신도 독신이셨다는 게 표면상의 이유다) 복음주의는 독신을 사역자의 자격 요건으로 보지 않는다. 복음주의의 관점에서 교회 지도자는 성례적 의미로 그리스도를 구현하는 게 아니다(즉 구약의 제사장직의 모형을 따라 미사를 집전하는 게 아니다). 따라서 의식(儀式)상의 정결함을 유지하기 위해 사역자가 성관계를 끊을 필요도 없다. 요컨대 독신은 모든 사역자의 자격 요건이 아니라 선택된 소수에게 주시는 하나님의 은사다.[53]

이것을 현대의 정황에 적용하면 독신이란 선택된 소수의 은사로 **사역에 상당한 이점이 있으나 본질상 결혼 제도보다 우월하거나 열등한 것은 아니다.** 바울이 교회 직분자들을 대체로 기혼자로 가정했고(딤전 3:2, 12; 딛 1:6) 결혼과 가정을 교회의 예비 지도자들을 훈련하고 검증하는 장으로 생각하긴 했지만(딤전 3:4-5, 참조. 딤전 3:15), 그렇다고 결혼 자체를 자격 요건으로 해석해서는 안 된다.[54] 교회에는 독신 교인들과 기혼 교인들이 다 필요하다. 대부분의 교회에서 자녀를 둔 기혼자들이 회중의 주를 이루지만 당연히 그들은 독신자들을 회중의 정식 교인으로 대해야 한다.

더욱더 그래야 하는 이유가 있다. 독신자들은 성경을 공부하고, 어려운 사람들을 위해 기도하고, (선교사를 비롯한) 여러 전략적 역할을 맡아 섬기는 등 하나님 나라의 일에 더 전념할 수 있는 특권이 있기 때문이다. 기혼자들은 그리스도인의 사랑과 형제애의 일환으로 독신자들을 각종 활동과 모임에 동참시켜 함께 교제해야 한다. 독신자들은 그리스도와 그분을 섬기는 삶으로 만족을 얻어야 한다. 그 상태로 만족하지 못한다면 아마도 하나님이 결국 그 사람을 결혼으로 인도하실 것이다. 결혼은 구약에서 하나님이 제정하신 인간관계의 기본 틀이며 신약에도 그렇게 재천명되어 있다.

동거와 혼전 성관계

외로움을 제외하고 독신자들에게 닥쳐오는 가장 큰 유혹 중 하나는 불법 성관계의 유혹이다. 지난 수십 년 사이에 미혼 동거와 혼전 성관계가 급증한 데는 의심의 여지없이 그런 이유도 있다.[55] 그러나 성경의 가르침을 통해 명백히 알 수 있듯이 동거와 혼전 성관계는 둘 다 하나님이 설계하신 남녀 관계에 위배된다.[56] 사실 성경 시대의 유대인들은 여자의 혼전 성생활을 매춘과 동일하게 간주했고, 배우자 이외의 사람과의 간통에 대한 형벌은 대개 죽음이나 이혼이었다.[57]

앞서 논증했듯이 성경이 말하는 결혼은 한 남자와 한 여자의 배타적인 신성불가침의 관계다. 이 관계는 평생 부부로서 정절을 지키겠다는 상호 간의 서약을 통해 정식으로 시작되고, 부부를 "한 몸"으로 연합하게 하는 성관계로 완성된다(창 2:23-24). 부부로 연합한 남녀는 예수의 말씀대로 이제 둘이 아니라 한 몸이며, 둘을 짝지어 주신 분은 다름 아닌 하나님 자신이시다(마 19:6; 막 10:8-9). 바울은 매춘부와의 성관계도 잘못된 연합이나마 한 몸의 연합을 낳는다고 역설했다(창 2:24를 인용한 고전 6:15-17, 참조. 엡 5:31).[58] 일부일처의 부부 관계 바깥에서 벌어지는 모든 종류의 성관계는 다 마찬가지다.[59]

약혼한 커플의 경우는 상황이 다르다고 주장할 사람들도 있을 것이다. 장차 부부로 연합할 계획이기 때문이다. 어차피 전심으로 서로에게 충절을 서약할 사이인데 장래의 부부끼리 결혼 전에 성생활을 한다 해서 해로울 게 무엇이냐는 논리다. 하지만 보장이 없고 약혼이 깨질 수 있다는 사실 외에도, 장차 결혼할 사람과의 혼전 성관계 역시 책임감이 부족한 행동이다. 어느 작가가 특징을 아주 잘 포착했듯이, 부부라면 마땅히 서로에게 "전폭적 책임과 특별한 사랑과 신뢰와 정절"을 다해야 하는데 혼전 성관계는 이 부분에서 **부부 간의 사랑에 요구되는 것보다 덜 내주고 더 취하면서 마치 부부인 양 행세하려는 헛된 시도다.**[60]

성경의 가르침을 지킬 마음이 없는 세상 문화 속의 사람들은 동거나 혼전 성관계를 고집할 수밖에 없지만, 이것이 신자들에게 가능한 방안이 아님은 의심의 여지가 없다. 성경의 기준은 **혼전의 성적 금욕과 부부 간의 성적 정절**이다. 분명히 전자의 실천이 후자를 지키기 위한 최선의 준비다.[61] 독신자들은 혼전의 성생활을 삼가야 할 뿐 아니라 자칫 그것으로 이어질 만한 것이면 무엇이든 피하여 말과 생각을 힘써 순결하게 지켜야 한다.[62] 여자들은 옷차림을 단정히 해야 하고, 남녀 모두 성경에 명한 대로 절제해야

한다.[63]

그렇다면 이것이 이미 동거와 혼전 성관계를 하고 있는 그리스도인들에게 미치는 의미는 무엇인가? 그중에는 이 주제에 대한 성경의 가르침을 몰라서 그러는 사람들도 있을 것이고, 알면서도 일부러 성경을 어기는 사람들도 있을 것이다. 또한 이것이 결혼하지 않고 동거하거나 혼전 또는 혼외 섹스를 행하는 비신자들에게 미치는 의미는 무엇인가? 우선 진정한 신자들의 경우, 그들이 지역 교회의 교인이라면 교회 지도자들이 젊은이들에게 성경이 동거와 혼전 성관계를 허용하지 않음을 가르쳐야 한다. 또한 더 이상 주님께 그런 죄를 짓지 말라고 권면해야 한다. 그들이 권고를 듣지 않으면 교회에서 치리해야 한다.

비신자들의 경우, 일차적으로 필요한 일은 죄에서 돌이켜 그리스도를 자신의 구주와 주님으로 신뢰하는 것이다. 이는 동거와 혼전 성관계의 문제를 초월한다. 그렇지만 하나님이 원하시면 그 사람들의 삶 속의 이 특정한 죄를 통해 그들을 회개와 믿음으로 부르실 수도 있다. 가능하다면 해당 비신자 커플과 그럴 만한 관계에 있는 신자들이 이 기회를 살려 이 문제를 거론해야 한다. "혹 하나님이 그들에게 회개함을 주사 진리를 알게 하실까 하며 그들로 깨어 마귀의 올무에서 벗어나 하나님께 사로잡힌 바 되어 그 뜻을 따르게 하실까 함"이다(딤후 2:25-26).

구애와 연애

고대 이스라엘에서 젊은 남녀 간의 약혼은 결혼과 동격으로 간주되었고(다만 성관계는 결혼에 국한되었다), 따라서 약혼을 깨려면 정식 이혼 절차를 거쳐야 했다.[64] 배우자의 선택과 구체적인 약혼 및 결혼 관습을 보면, 성경 시대의 결혼은 대개 양가 부모의 중재로 이루어졌다. 중매 과정에는 신부의 지참금도 포함되었으나[65] 현대적 의미의 구애나 연애는 포함되지 않았다. 요컨대 젊은 커플의 결혼을 제대로 준비하는 일은 기본적으로 부모의 역할이 었고, 당사자들의 참여는 훨씬 더 제한되었다.[66]

현대 서구 문화에서는 추가 반대쪽 극단으로 휙 돌아갔다. 대개 부모는 아들딸이 선택하는 배우자에 대해 사실상 발언권이 없다(그런데도 대개 딸의 결혼 비용을 부담해야 한다).[67] 요즘은 학업 때문에 결혼을 미루는 사람들이 많아지다 보니 젊은이들이 본가와 가깝게 지내지도 않고 그렇다고 아직 새 가정을 이루지도 못한 어중간한 시기가 길어졌다. 이로 인한 감시 없는 독립 상태는 그들에게 비참한 결과를 초래할 수 있다. 그런 자유를 누릴 준비가 충분히 되어 있지 못하다면 특히 더하다. 게다가 혼전 성관계와 동거가 널리 성행하다 보니[68] 현대의 결혼식은 대개 김빠진 행사가 되고 만다.

이 부분에서 한 가지 핵심 이슈는 참 사랑이 무엇인가의 문제다. 흔히 젊은이들은 누구와 "사랑에 빠질지" 자신이 통제할 수 없다고 말한다. 할리우드에서 줄기차게 퍼뜨린 고정관념에 따르면, 사람을 지배하는 사랑의 인력(引力) 내지 위력을 물리친다는 것은 불가능하거나 부질없는 짓이다.[69] 그게 사실이라면 당연히 혼전 성관계, 간음, 이혼, 어쩌면 동성애나 강간까지 그어떤 행동도 정당화된다.[70] 그중 어느 경우든 불가항력적인 사랑의 운명 때문에 각종 무책임한 행동이 정당화된다면, 사랑(그렇게 정의되는)이야말로 다른 모든 도덕 요건을 무력하게 만드는 최고의 윤리 원칙이 된다.

이런 변질된 사랑과 반대로 성경에 이상으로 제시된 인간의 사랑은 타인 중심이고, 자신을 희생하며, 변하는 외적 조건보다 내면의 참 자아에 초점을 맞춘다(특히 고전 13장; 잠 31:30 참조). 남편은 바로 그렇게 아내를 사랑하며 교회를 향한 그리스도의 사랑을 본받아야 한다(엡 5:25-30). 이런 사랑을 추구하고 실천하면 배우자감의 기준이 달라질 뿐 아니라 부부 관계도 완전히 달라진다. 참 사랑은 결혼 때까지 섹스를 기다리며, 상대의 존엄성을 힘써 지킨다.[71]

잠언에 밝혀져 있듯이 하나님을 경외하는 아내를 얻는 것은 주님의 특별한 복이다(잠 18:22). 젊은 남자는 아내감을 찾을 때 미모를 볼 게 아니라 경건한 성품과 온유하고 안정한 심령을 보아야 한다(벧전 3:3-4). 사도 바울은 그리스도인들에게 비신자인 이성과 친밀한 관계를 맺지 않도록 조심하라고 가르쳤다(참조. 고전 7:39, 고후 6:14). 물론 장래의 배우자를 결국 주께로 인도한 사람들의 이야기를 우리도 다 들어 보았다. 하지만 이 부분에서 주님의 뜻을 함부로 단정하는 것은 경건하지 못하게 주님을 시험하는 일과 같다(신 6:16을 인용한 마 4:7과 상응 구절 눅 4:12).

그리스도인에게 연애는 적절한가? 적절하다면 몇 살 때부터 그런가? 오늘날 그리스도인들이 자주 하는 질문이지만 성경에 이에 대한 직접적 명령은 없다.[72] 남녀 젊은이들은 이 부분에서 부모가 지혜롭게 정해 주는 적절한 기준을 마땅히 존중해야 한다. 또 주님을 신뢰해야 한다. 주께서 그들이 결혼하기를 원하신다면 그분의 때에 장래의 배우자를 만나게 하실 것이다. 나이든 독신자들은 사역과 봉사에 시간을 보내되 다른 성숙한 독신자들 및 부부들과 함께 그룹으로 하는 것이 지혜롭다. 그러면 더 친밀한 환경에 수반될 수 있는 문제들을 피할 수 있다. 하나님은 우리를 돌보시며 삶의 모든 영역에 친밀하게 개입하신다. 그런 그분이 굉장히 중요한 이 분야에서도 우리를 적극적으로 인도하시지 않겠는가? 감사하게 그렇다고 증언할 수 있는 사람들이 우리 중에 많이 있다.[73]

대상 집단별로 주는 독신에 대한 성경의 가르침

성경은 독신 전반의 문제를 다룰 때도 있지만 특정한 집단의 독신자들에게 특수한 메시지를 줄 때도 있다. 이번 단락에서는 젊은 남자, 젊은 여자, 과부나 홀아비, 한부모, 남녀 이혼자 등의 집단에 초점을 맞춘 성경의 권고를 차례로 살펴볼 것이다.

젊은 남자

성경은 젊은 (또한 종종 미혼인) 남자들에게 할 말이 많다. 구약의 잠언에는 시종 젊은 남자들이 대상으로 지목된다. 앞장에서 말했듯이 음녀의 덫에 빠지지 말라는 경고와 자신의 마음을 일절 순결하게 지키라는 권고가 그들에게 주어졌다. 훌륭하고 경건한 젊은 독신 남자들의 예를 몇 사람만 꼽자면 요셉, 사무엘, 다윗, 솔로몬, 다니엘과 세 친구 등이 있다.

하나님을 경외한 요셉은 보디발의 아내가 접근해 올 때 그 손길을 뿌리쳤다(창 39:12). "아이 사무엘"은 실로에서 제사장 엘리를 도와 "여호와 앞에서 섬겼"고(삼상 2:18) "여호와 앞에서 자"랐다(삼상 2:21, 참조. 삼상 2:26). 다윗은 사무엘을 통해 이스라엘의 차기 왕으로 기름 부음을 받은 후에도(삼상 16:19) 아버지의 양떼를 성실히 지켰고(삼상 16:11), 나중에 사울이 자기를 죽이려 할 때도(삼상 18:10-11) 사울 왕에게 헌신적으로 봉사했다(삼상 16:21-23). 사울의 한 종은 다윗을 "수금을 탈 줄 알고 용기와 무용과 구변이 있는 준수한 자라. 여호와께서 그와 함께 계시더이다"(삼상 16:18)라고 평했다. 다윗의 아들 솔로몬은 지혜롭게 통치하며 주께 쓰임 받았고 젊은 나이에 이미 나라를 견고하게 했다(왕상 2:12, 27, 46).

다니엘과 세 친구는 "흠이 없고 용모가 아름다우며 모든 지혜를 통찰하며 지식에 통달하며 학문에 익숙하여 왕궁에 설 만한 소년"들이었다(단 1:4). 젊은 다니엘은 지혜와 학식 면에서나 성품과 수완 면에서 독보적인 존재였다(단 1:8-21). 반대로 불경한 젊은 남자들의 부정적 사례도 많은데 그중에 요셉의 형들(시기심에서 요셉을 노예로 팔았다. 창 37:12-36), 엘리의 아들들(회막 문에서 일하던 여인들과 성관계를 했고 아버지의 말을 무시했다. 삼상 2:22-25), 르호보암 왕의 친구들(그에게 미련하게 조언하여 짐을 가볍게 해달라는 백성의 요구에 엄히 답하게 했다, 왕상 12:8-11) 등이 있다.

신약으로 넘어오면 열두 제자(반드시 독신은 아니었다, 참조. 마 8:14와 상응 구절들의 베드로)를 향한 예수의 훈련 속에 젊은 남자들을 위한 교훈이 풍성히 들어 있다. 젊은 남자는 충동적 성격(베드로, 예컨대 마 16:22, 17:4)과 지나친 열성(야고보와 요한, 참조. 눅 9:54), 냉소나 회의(도마, 참조. 요 11:16, 20:25), 경쟁심(열두 제자의 흔한 모습, 예컨대 마 20:20-24와 상응 구절 막 10:35-41) 등에 빠질 수 있다. 바울은 디모데(성경에 밝혀져 있지는 않으나 아마도 독신이 아니었던 것으로 알려져 있다)에게 아무도 그의 연소함을 업신여기지 못하게 하고 말과 행실과 사랑과 믿음과 정절에 본을 보이라고 가르쳤다(딤전 4:12). 바울의 수제자인 그는 모든 더러운 것들로부터 자신을 깨끗하게 하여 거룩하고 주인이 쓰시기에 합당하며 모든 선한 일에 준비되어 있어야 했다(딤후 2:21). 그러기 위해 그는 "청년의 정욕을 피하고 주를 깨끗한 마음으로 부르는 자들과 함께 의와 믿음과 사랑과 화평을 따"라야 했다(딤후 2:22).

바울은 또 새로운 회심자를 교회 지도자로 세우지 말 것을 거듭 경고했다(딤전 3:6, 5:22). 너무 일찍 직분을 맡은 사람은 "교만하여져서 마귀를 정죄하는 그 정죄에 빠질" 수 있다(딤전 3:6. 사도 베드로도 젊은 남자들이 겸손할 것과 나이든 남자들에게 복종할 것을 강조했다, 참조. 벧전 5:5). 젊은 남자의 삶이나 교회 직분의 자격에서 이처럼 영적 차원이 강조된다. 젊은 남자들은 하나님 나라에 선하게 쓰일 수 있는 특유의 장래성과 잠재력이 있지만 또한 두드러진 취약점들도 있다. 사탄은 그런 취약점을 공격하여 그들을 무능하게 만들려 한다.

앞서 언급했듯이 젊은 남자(특히 독신자)의 주된 취약점 중 하나는 **성적 유혹**이다. 성경은 젊은 그리스도인 여자들에게 단정한 옷차림을 명하건만(다음을 참조하라) 세상 문화에서나 교회에서나 현실은 그렇지 못하다. 대중매체는 성적으로 유혹하는 야한 내용을 쏟아낸다. 게다가 지금은 마우스를 몇 번만 클릭하면 되는 인터넷 포르노의 시대다.[74] 자위행위 때문에 힘들어하는 젊은 남자들도 많이 있다.[75] 그들은 생각과 행실을 순결하게 지키기로 결단할 뿐 아니라 자신을 지켜 성적 유혹에 굴하지 않을 방책을 세워야 한다. 다음 조치들이 그 방책에 포함될 수 있다(물론 전부는 아니다).

첫째로, (자신을 의지할 게 아니라) 유혹에서 구하실 **하나님을 신뢰하며 기도하는** 것이 지혜롭다(마 6:13; 눅 11:4; 마 26:36, 40-41과 상응 구절들). 시편에는 "주여, 나를 구하소서!"라고 부르짖은 의인들의 간구가 가득하다. 제자들이 겟세마네 동산에서 그랬던 것처럼 젊은 남자들도 마음에는 원이로되 육신이 약함을 깨달아야 한다(마 26:41). 자신의 힘으로는 유혹을 물리칠 수 없다. 하나님을 바라보고 그분의 능력을 내 것으로 받아 활용해야 한다. 그러면 그분이 유혹의 때에 그들을 강건하게 해주신다. 하나님은 신실하신 분이기 때문이다.

> 그런즉 선 줄로 생각하는 자는 넘어질까 조심하라. 사람이 감당할 시험 밖에는 너희가 당한 것이 없나니 오직 하나님은 미쁘사 너희가 감당하지 못할 시험 당함을 허락하지 아니하시고 시험 당할 즈음에 또한 피할 길을 내사 너희로 능히 감당하게 하시느니라(고전 10:12-13).

하나님이 신실하실 뿐 아니라 우리 주 예수 그리스도께서 우리가 유혹당할 때 도우실 수 있다. "그가 시험[유혹]을 받아 고난을 당하셨은즉 시험받는 자들을 능히 도우실 수 있느니라"(히 2:18). 그래도 유혹에 부딪치기 전에 미리 기도하고 예방대책을 강구하는 게 중요하다. 그래야 "모든 일을 행한 후에" 능히 설 수 있다(엡 6:13). 준비되지 않은 상태로 걸려들면 유혹을 물리치기가 너무 어려워질 수 있다.

둘째로, 젊은 남자들은 **주 안에서와 주의 말씀을 아는 지식에서 강건해지기**를 힘써야 한다. 그러면 자신이 강하고, 하나님의 말씀이 자기 안에 살아 있고, 자신이 그리스도 안에서 악한 자를 이겼다는 참된 확신이 생겨난다(요일 2:12, 14, 참조. 잠 20:29). 예수는 유혹이 닥쳐왔을 때 하나님의 말씀을 훤히 꿰고 계시다가 그것을 능숙히 구사하여 사탄의 간계를 물리치는 모습을 보여 주셨다(마 4:1-11, 눅 4:1-13).

셋째로, 젊은 남자들은 최선을 다하여 **절제의 덕**(딛 2:6, 참조. 딤전 3:2; 딛 1:8)**과 청결한 마음**(딤전 4:12; 딤후 2:22)**을 길러야** 한다. 잠언에 크게 칭송되는 절제는 영적 성숙의 특징이며 오랜 실천의 산물이다. 히브리서 저자가 지적했듯이 "단단한 음식은 장성한 자의 것이니 그들은 지각을 사용함으로 연단을 받아 선악을 분별하는 자들"이다(히 5:14). 청결한 마음은 우리 주께서 천국의 자질로 예찬하셨으며 이로써 우리는 하나님을 보게 된다(마 5:8). 이는 우리가 이 세상이나 세상에 있는 것들─육신의 정욕과 안목의 정욕과 이생의 자랑─을 사랑하지 말아야 한다는 뜻이다. 이 세상과 그 정욕은 지나가기 때문이다(요일 2:15-17).

넷째로, 이 중요한 부분에서 젊은 남자들은 **뜻이 맞는 다른 남자 신자들과 동행하며 감시를 받아야** 한다. 바울은 디모데에게 청년의 정욕을 피하고 "주를 깨끗한 마음으로 부르는 자들과 함께" 그리스도인의 덕을 추구하라고 했다(딤후 2:22). 성적 유혹을 성공적으로 막아내려면 뜻이 맞는 남자 교인들끼리 서로 감시해 주는 관계 속에서 살아야 한다.

다섯째로, **유혹이 죄가 아님**을 안다면 젊은 남자들은 유혹에 더 적절히 준비되어 막상 유혹이 닥칠 때 더 잘 이겨낼 수 있다. 히브리서 저자가 상기시켜 주듯이 예수도 "모든 일에 우리와 똑같이 시험[유혹]을 받으신 이로되 죄는 없으"시다(히 4:15). 여기서 분명히 보듯이 유혹이 닥치는 것은 죄가 아니고 유혹에 굴하는 것이 죄다. 우리는 누구나 하루에도 몇 번씩 유혹을 당하며, 성적 유혹은 우리(특히 젊은 남자)에게 닥쳐오는 가장 강력한 도전 중하나다. 사도 베드로에 따르면 마귀는 우는 사자 같이 두루 다니며 삼킬 자를 찾는다(벧전 5:8). 그러나 우리는 믿음을 굳건하게 하여 마귀를 대적해야한다(벧전 5:9).

여섯째로, **죄를 지었을 때는** 우리는 **하나님이 언제라도 용서해 주심**을 알아야 한다(요일 1:9, 2:1). 죄책감 때문에 무력해질 게 아니라 죄를 자백하여 하나님이 깨끗하고 새롭게 해주심을 경험해야 한다. 그리스도 안에서 늘 용서받을 수 있음을 온전히 확신하며 다시 앞으로 나아가야 한다. "그러므로 우리는 긍휼하심을 받고 때를 따라 돕는 은혜를 얻기 위하여 은혜의 보좌 앞에 담대히 나아갈 것이니라"(히 4:16). 물론 이는 하나님의 은혜를 남용해야 한다는 뜻이 아니다. 바울은 이렇게 썼다. "은혜를 더하게 하려고 죄에 거하겠느냐[바울이 그렇게 가르친다는 비난이 있었다]. 그럴 수 없느니라. 죄에 대하여 죽은 우리가 어찌 그 가운데 더 살리요"(롬 6:1-2). 이제 우리는 죄로부터 해방되었으므로 우리 몸의 지체를 의의 무기로 드려야 한다(롬 6:15-23).

일곱째로, 성적 유혹을 막는다고 해서 젊은 남자들이 젊은 여자들을 무조건 겁내거나 피해야 하는 것은 **아니다**(1세기의 유대교 랍비들은 그렇게 가르치고 실천했다). 그것은 버릇없고 무례한 행위다. 반대로 사도는 디모데(젊은 남자)에게 나이 든 여자들을 어머니처럼 대하고 젊은 여자들을 "온전히 깨끗함으로" 자매처럼 대하라고 했다(딤전 5:2). 이렇듯 젊은 남자는 젊은 여자들을 피할 게 아니라 주 안의 자매로 사랑해야 한다.

여덟째이자 마지막으로, **유혹을 물리치는 자신의 능력을 과대평가하지 말고 유혹하는 마귀와 유혹의 위력을 과소평가하지 말라.** 자신의 힘이 너무 약하고 유혹이 너무 강하거든 보디발의 아내가 접근했을 때 요셉이 한 것처럼 하라(창 39장). 도망갈 수 있을 때 도망가라!

물론 이상의 목록이 전부는 아니지만 보다시피 젊은 남자들은 성적 유혹에 대비하여 비상한 대책을 세워 두어야 한다. 사탄은 우리의 증언을 무너뜨리고 우리를 무능하게 만들어 하나님 나라를 진척시킬 수 없게 하려 한다. 이 부분에서 적절한 조치를 취하여 함께 행진하지 않는 한 우리는 많은 사상자 중 하나가 될 수밖에 없다. "거룩하고 주인의 쓰심에 합당하며 모든 선한 일에 준비함이 되"기는커녕(딤후 2:21) 끝내 무력해지고 말 것이다.

로마 교인들에게 보낸 바울의 편지에서 여기에 딱 들어맞는 한 대목을 인용하면서 이번 단락을 마무리하려 한다.

> 밤이 깊고 낮이 가까웠으니 그러므로 우리가 어둠의 일을 벗고 빛의 갑옷을 입자. 낮에와 같이 단정히 행하고 방탕하거나 술 취하지 말며 음란하거나 호색하지 말며 다투거나 시기하지 말고 오직 주 예수 그리스도로 옷 입고 **정욕을 위하여 육신의 일을 도모하지 말라**(롬 13:12-14).

젊은 여자

여자와 관련된 성경의 자료는 대부분 기혼 여성을 대상으로 한다. 나이 든 기혼 여성들과 젊은 기혼 여성들에게 주는 바울의 교훈에 대해서는 앞서 기독교 가정에 대한 장(6장)에서 이미 자세히 논한 바 있다. 특히 성경 시대에는 여자들이 대개 이른 나이에 결혼했고, 소녀들은 흔히 아버지의 집과 관할권에서 새로운 남편의 집으로 곧장 옮겨갔다. 그래서 신약의 저자들은 혼전의 젊은 여성들에게 따로 교훈을 주어야 할 필요가 별로 없었다. 앞의 젊은 남자들에 관한 내용에 비해 이번 단락이 상당히 짧은 것도 그래서다.

젊은 남자들에게 따로 주는 성경 본문들은 절제의 필요성과 성적 유혹에 대한 경계에 초점이 맞추어지는 반면, 여자들(젊은 여자들도 포함해서)과 관련하여 성경이 주로 강조하는 것은 **단정한 외모**다(딤전 2:9-10; 벧전 3:3-6. 물론 절제도 거듭 언급된다, 참조. 딤전 2:9, 15; 딛 2:3, 5).[76] 사도 바울에 따르면 "또 이와 같이 여자들도 단정하게 옷을 입으며 소박함과 정절로써 자기를 단장하고 땋은 머리와 금이나 진주나 값진 옷으로 하지 말고 오직 선행으로 하기를 원하노라. 이것이 하나님을 경외한다 하는 자들에게 마땅한 것이니라"(딤전 2:9-10). 그렇다고 여자들이 절대로 액세서리를 달거나 머리를 땋아서는 안된다는 말이 아니다. 그보다 여자들이 중점을 두어야 할 것은 영적 덕을 기르고 선행에 힘쓰는 일이다.

사도 베드로도 바울의 교훈에 담긴 정신과 동일하게 이렇게 말했다. "너희의 단장은 머리를 꾸미고 금을 차고 아름다운 옷을 입는 외모로 하지 말고 오직 마음에 숨은 사람을 온유하고 안정한 심령의 썩지 아니할 것으로 하라. 이는 하나님 앞에 값진 것이니라"(벧전 3:3-4). 잠언 31장의 "현숙한 여인"이 잘 알았듯이 "고운 것도 거짓되고 아름다운 것도 헛되나 오직 여호와를 경외하는 여자는 칭찬을 받을 것"이다(잠 31:30). 하나님을 경외한 단정한 여자로 성경의 두드러진 예는 룻(룻 2:10, 13, 3:7, 14)과 예수의 어머니 마리아(눅 1:34, 38)가 있다.

단정함은 여자들이 어떤 옷을 입느냐의 문제로 국한되지 않는다. 단정함은 몸짓 언어, 언행의 버릇, 은근한 행동, 공격적 태도, 부적절한 주도권 등으로 확대된다. 단정하다는 것은 칙칙하고 멋없는 옷만 입는다거나 화장품이나 향수를 멀리한다거나 이성 앞에서 침묵만 지킨다는 뜻이 아니다. 재물 자체가 나쁘지 않듯이(돈을 **사랑함**이 나쁠 뿐이다, 딤전 6:10, 참조. 마 6:24) 아름다운 외모도 나쁜 게 아니라 하나님의 선물이다. 그러나 재물처럼 미모도 하나님의 청지기로서 대해야 하며 지혜와 분별력이 수반되어야 한다(잠 11:22).

과부나 홀아비

성경에 특별히 언급되는 또 다른 미혼 남녀의 집단은 과부와 홀아비다.[77] "그리스-로마 세계에서 과부의 자리는 혹독한 시련일 수 있었다. 대개 여자는 남편의 유산의 직접적 상속자가 아니었기 때문이다. 다만 과부에게는 자신이 가져온 지참금과 그녀를 봉양하도록 유언자가 상속자에게 남기는 조항이 있었다.…아들(들)이 어머니(또는 종종 계모)를 봉양하지 않을 경우 과부는 그나마 지참금이라도 넉넉하지 못하다면 비참한 상황에 처할 수 있었다."[78] 그래서 야고보에 따르면 정결한 경건은 "곧 고아와 과부를 그 환난 중에 돌보"는 것이다(약 1:27).[79]

과부들은 자칫 그들의 상황을 이용하여 재정적 이득을 취하려는 사람들의 먹이가 되기 쉬웠다. 예수는 "과부의 가산을 삼키"는 유대인 종교 지도자들을 질타하셨다(막 12:40과 상응 구절 눅 20:47). 성경에서 가장 잘 알려진 과부들 중 하나는 성전 헌금함에 적으나마 전부를 드렸다가 예수께 그 헌신을 칭찬받은 이름 모를 여인이다(막 12:41-44와 상응 구절 눅 21:1-4). 복음서 저자들 중 누가는 과부들에게 특별한 관심을 보였다. 그는 아기 예수에 대해 예언한 과부 안나(눅 2:36-38), 예수께서 언급하신 엘리야 시대의 사렙다의 과부(눅 4:25-26, 참조. 왕상 17:8-24), 과부의 아들이 다시 살아난 이야기(눅 7:12), 끈질긴 과부의 비유(눅 18:1-8) 등을 자신의 책에 담아냈다. 예수께서 과부들을 돌보셨으니 그분을 따르는 사람들도 똑같이 해야 한다.

과부를 돌보는 일은 초대 교회의 사역에서도 중요한 부분이었다. 회중 가운데 성숙한 사람 일곱을 세운 이유는 헬라어를 쓰는 과부들을 빠뜨리지 않고 매일 그들에게 양식을 나누어 주기 위해서였다(행 6:1-6). 과부는 초대 그리스도인들 사이에서 인정받는 집단이었다(행 9:39, 41). 사도 바울은 "참" 과부들을 봉양하는 일이 교회의 책임이라고 했다(딤전 5:13-16, 지원받을 만한 과부를 가려내는 지침도 함께 나온다). 그런 과부들을 "존대"하는 일은 제5계명(바울이 엡 6:2에 인용했다)의 실천으로 제시되며, 여기에는 존중을 표하는 일만 아니라 물질적 차원도 포함된다. 그는 디모데에게 말 그대로 "참 과부인 과부"를 존대하라고 명했는데(딤전 5:5, 16) 그런 과부는 다음의 요건을 충족하는 사람이다.

첫째로, 그런 과부는 자녀든 손자든 다른 후손이든 **자신을 봉양할 친척이 없다**(딤전 5:4). 만일 있다면 그들이 그녀를 봉양해야 한다. 그들은 부모와 조부모에게 (말 그대로) "보답"함으로써(참조. 딤후 1:3) 경건의 실천을 배워야 한다. 모든 경건과 거룩함으로 고요하고 평안한 생활을 하는 것이 하나님을 기쁘시게 하듯(참조. 딤전 2:3) 가족을 돌보는 일도 그분을 기쁘시게 한다. 부모를 공경하라는 제5계명의 구체적 실천이기 때문이다. 가족을 봉양하는 이 책임을 교회에 떠넘기기가 너무 쉽다. 하지만 교회의 자금은 가장 궁핍한 사람들, 물질적으로 도와줄 혈육이 없는 사람들에게 쓰여야 한다.

둘째로, "참 과부로서 외로운"—즉 돌보아 줄 친척이 없는—사람이 교회의 지원을 받을 만한 자격이 있는지 입증하려면 **하나님께 소망을 두어야** 한다(딤전 5:5, 참조. 딤전 4:10, 6:17). 이는 "주야로" 항상 간구와 기도를 하는 삶으로 나타난다(참조. 딤전 5:5).[80] "참 과부"는 **쾌락을 구하는 생활방식에 빠지지 않는다**(딤전 5:6, 참조. 약 5:5). 일부 젊은 과부들은 그렇게 했던 것 같은데(딤전 5:13) 그런 과부들은 몸으로는 살았으나 영적으로 "죽었"다(참조. 딤전 5:6, 이는 롬 8:10 및 요 11:25와 대조를 이룬다).

이상의 요건에 덧붙여 셋째로, 바울은 또한 **연령 제한**을 두었다. 교회의 지원을 받을 자격을 갖추려면 과부의 나이가 최소한 60세가 되어야 한다(딤전 5:9). 아마도 이는 그 나이가 되면 재혼이 힘들었기 때문이자 60세 이하의 여자는 일할 수 있다고 간주되었기 때문일 것이다. 이로써 과부의 명단은 상당히 짧아졌고 평균 수명이 짧았기에 특히 더했다(지금은 국민연금과 노령연금의 시대이므로[다음에 나올 내용을 더 참조하라] 연령 제한도 그에 따라 상향되어야 할 것이다). 젊은 과부들은 재혼해야 한다(딤전 5:11-15, 참조. 고전 7:8-9).

넷째로, 그런 과부는 기도하며 하나님을 의지해야 할 뿐 아니라(딤전 5:5) 또한 "한 남편의 아내**였던** 자"라야 한다(딤전 5:9, 참조. 딤전 3:2, 12; 딛 1:6, "[죽은 남편에게 정절을 지켰던 자"로 옮긴 역본도 있다). 다섯째로, 과부는 **자신의 선행으로 잘 알려져 있어야** 한다. 그중 다섯 가지 선행이 구체적으로 명시되어 있다(딤전 5:10).

1) 자녀를 양육했다(참조. 딤전 2:15).

2) 손님을 대접했다(참조. 롬 12:13; 히 13:2; 벧전 4:9). 아마 여행 중인 신자들과 특히 교사들에게 자신의 가정을 열었을 것이다(요삼 1:5-8).

3) "성도들의 발을 씻"었다(겸손한 섬김을 뜻하는 관용구로 예수께서 실제로 제자들의 발을 씻어 주신 데서 연유했다, 참조. 요 13장; 빌 2:1-11).

4) 환난(*thlibō*, 각종 고난을 뜻한다. 예컨대 고후 1:6, 4:8)을 당한 사람들을 도왔다.

5) 모든 선행에 힘썼다. 바울이 자주 쓴 포괄적 표현이다(고후 9:8; 골 1:10; 살후 2:17; 딤전 2:10, 6:18; 딤후 2:21, 3:17; 딛 1:16, 3:1).

이렇듯 과부의 기준—대부분 가정의 영역과 관계된다—은 매우 높아서 어떤 면에서 교회 지도자들의 자격 요건을 연상시킨다(참조. 딤전 3:1-13). 디모데가 이 원칙을 지키면 반드시 교회는 지원받을 자격을 갖춘 여인들만 돕게 되고, 조성된 자금은 달리 지원받을 데가 없으면서 성숙한 그리스도인의 기준에 부합하는 사람들을 위해 쓰이게 된다.

반면에 젊은 과부들을 독신의 서약에 얽어매는 일은 없어야 한다. 정욕에 져서 그리스도께 대한 헌신을 저버리면 서약을 지키지 못해 정죄를 자초할 수 있기 때문이다(딤전 5:11-12). 바울이 다른 곳에 말했듯이 정욕이 불

타는 것보다 결혼하는 것이 낫다(고전 7:9). 게다가 젊은 과부들은 게으름을 익혀(딤전 5:13, 참조. 딛 1:12) 집집마다 돌아다니며 험담을 일삼고(참조. 요삼 1:10) 일을 만들고(참조. 살후 3:11) 마땅히 아니할 말을 할 수 있다(거짓 교사들처럼, 참조. 딛 1:11).

그래서 바울은 젊은 과부들에게 재혼하여 자녀를 돌보고 집을 다스리고—디모데전서 2장 15절에 "해산함"이라고만 표현했던 말이 여기에 상술된다—대적에게 비방할 기회를 주지 말라고 조언한다(딤전 5:14, 참조. 고후 5:12). 그의 불길한 결론처럼 이미 돌아서서 사탄을 따르는 사람들도 있었다. 역시 디모데전서 2장 15절에 암시만 되었던 말이 여기에 명백히 밝혀진다. 즉 그들은 거짓 가르침의 먹이가 되었다.

과부들에 대한 교훈을 마무리하면서 바울은 믿는 여자들에게 과부 친척을 직접 돌보아 교회의 짐을 덜어 주라고 권면한다(딤전 5:16). 그럴 때 회중은 "참 과부" 즉 바울이 제시한 요건에 충족하는 과부들을 도울 수 있다. 사도가 이 문제를 다룬 방식은 교회 내의 특정한 이슈를 다루는 법에 대한 유익한 사례 연구가 된다. 물론 지금은 국민연금과 생명보험과 은퇴 연금의 시대이므로 풍경이 사뭇 달라졌지만, 그래도 교회는 달리 지원받을 데가 없는 과부들을 계속 돌보아야 한다. 과부를 비롯하여 어려운 사람들을 돌보는 일은 교회가 하나님의 은혜로운 마음과 주 예수 그리스도의 긍휼과 자비를 본받을 수 있는 한 가지 중요한 방식이다.

한부모들

한부모란 파트너와 결혼하지 않은 채로 자녀(들)를 둔 사람, 이혼한 사람, 과부나 홀아비 등에 해당한다.[81] 이 집단은 여러 가지 도전에 직면해 있다. 자녀(들)를 물질적으로 부양하고 정서적·영적으로 양육해야 할 뿐 아니라 배우자가 없다 보니 자녀(들)에게 남성이든 여성이든 한쪽 성의 가장 중요한 역할 모델마저 없기 때문이다.

앞서 살펴본 바 바울이 젊은 과부들에게 준 조언이 한부모 전반에게도 그대로 적용된다고 볼 수 있다. 즉 가능하다면 그들은 재혼하여 물질적으로나 자녀를 기르는 일에서나 자신의 짐을 가볍게 해야 한다.[82] 부모가 아닌 독신자들의 경우와 마찬가지로 교회는 한부모들도 친교 모임에 동참시켜 한쪽 부모의 부재로 인한 공백을 조금이라도 메워 주어야 한다. 다른 가족들이 재정 지원을 할 수 없는 경우라면 교회가 물질적 도움과 기타 지원도 베풀어야 할 수 있다.

이혼한 자

이혼한 자들은 "독신"이라는 무정형의 범주를 구성하는 또 다른 집단이다. 뒤에 11장에서 이혼이 허용되는 성경적 예외가 가능한가의 문제를 살펴볼 것이고, 12장에서는 성경적으로 정당한 이혼인 경우(정말 그것이 가능하다면) 이혼한 남자가 교회 지도자로 섬길 자격이 있는가의 문제를 논의할 것이다.

신자들은 이혼자의 곁에서 지원과 격려를 베풀어야 한다. 이혼의 대가는 크며 이혼은 당사자만 아니라 자녀에게까지 치유가 필요한 많은 상처를 남긴다.[83] 이혼은 용서될 수 없는 죄가 아니며 그리스도 안에서 언제나 용서를 누릴 수 있다. 이혼한 사람이 감당해야 할 결과는 여전히 있겠지만 말이다.

예수께서 간음한 여인을 대하신 방식이 단서가 될 수 있다면, 주님은 우리가 이혼의 유책 배우자를 대할 때도 판단하는 자세가 아니라 긍휼과 은혜와 자비로 대하기를 원하실 것이다. 교회의 이혼자들을 돕는 사역기관이 많이 있다. 이혼자들은 그리스도의 몸 된 교회를 구성하는 일부가 되어야 한다. 다른 많은 부분에서와 마찬가지로 교회는 이혼자들을 구속(救贖)적으로 대하는 면에서도 본을 보여야 한다.[84]

함축된 실제적 의미

그렇다면 독신에 함축된 몇 가지 실제적 의미는 무엇인가?[85] 첫째로, 독신자(기혼자도 마찬가지다)는 **기혼 상태가 어느 누구에게도 최종적 운명이 아니라는** 사실을 명심해야 한다(마 22:30, 참조. 롬 7:3; 고전 7:39). 우리 인간도 장차 하나님의 임재 안에 완전히 들어설 때는 현재 천국 보좌 앞에 있는 천사들처럼 결혼이라는 굴레에서 해방된 상태로 영원히 하나님을 예배하게 된다. 그리스도의 몸의 지체인 모든 신자는 영원히 그분과 함께 있어 그분을 영화롭게 하는 어린양의 신부이기 때문이다(사 43:7; 고전 10:31; 고후 11:2).

둘째로, 우리의 궁극적 운명과 그리스도의 신부라는 현재의 신분을 생각할 때 **독신자는 늘 자족해야 한다.** 사도 바울은 "자족하는 마음이 있으면 경건은 큰 이익이 되느니라"라고 했다(딤전 6:6, 참조. 빌 4:11). 다시 말해서 독신자가 현재의 독신의 상태에 대해 습관적으로 불만을 표출한다면, 이는 지켜보는 주변 세상을 향해 예수가 자신에게 불충분하다든지 어쩌면 자신의 필요를 (아예 모르시거나) 채워 주실 능력이 없다고 증언하는 셈이다. 우리는 늘 자족하는 마음을 기를 의무가 있으며, 바울이 고린도 교인들에게 다음과 같이 쓴 데는 그런 이유도 있다. "내 생각에는 이것이 좋으니 곧 임박한 환난으로 말미암아 사람이 그냥 지내는 것이 좋으니라. 네가 아내에게 매였느냐, 놓이기를 구하지 말며 아내에게서 놓였느냐, 아내를 구하지 말라. 그러나 장가 가도 죄 짓는 것이 아니요 처녀가 시집 가도 죄 짓는 것이 아니로되 이런 이들은 육신에 고난이 있으리니 나는 너희를 아끼노라"(고전 7:26-28).

셋째로, 독신자는 현세에서 하나님 나라를 위해 결혼과 가정을 버리는 모든 사람이 이생에서 **그리스도의 몸 된 새로운 가정**과 천국에서 영원한 가정을 **상으로 받는다는** 사실을 명심해야 한다(참조. 눅 18:28-30). 이사야는 이렇게 기록했다. "고자도 말하기를 나는 마른 나무라 하지 말라. 여호와께서 이와 같이 말씀하시기를 나의 안식일을 지키며 내가 기뻐하는 일을 선택하며 나의 언약을 굳게 잡는 고자들에게는 내가 내 집에서, 내 성 안에서 아들이나 딸보다 나은 기념물과 이름을 그들에게 주며 영원한 이름을 주어 끊어지지 아니하게 할 것이며"(사 56:3-5).

결론

이번 장에서 우리는 신구약과 초대 교회의 독신에 대해 살펴보았다. 또 독신과 사역, 동거와 혼전 성관계, 구애와 연애 등 독신에 관련된 여러 이슈들을 탐색했고, 독신에 대한 성경의 가르침을 젊은 남자, 젊은 여자, 과부나 홀아비, 한부모, 이혼자 등 대상 집단별로 알아보았다. 끝으로 함축된 몇 가지 실제적 의미도 도출했다.

우선 독신에 대한 구약의 가르침을 살펴본 결과 독신의 범주는 과부나 홀아비, 고자, 질병이나 경제적 어려움 때문에 결혼할 수 없던 사람들, 하나님의 부르심 때문에 결혼하지 않은 사람들, 이혼자, 결혼하기 전의 젊은 남녀 등 여섯 가지로 나타났다. 사실상 이 모든 범주가 신약 시대에도 계속되었다(다만 예수께서 마태복음 19:12에 말씀하신 "고자"는 문자적 의미가 아니라 비유적 의미다). 그럼에도 성경 전체에서 흥미로운 역동이 관찰된다. 독신은 하나님이 인류를 창조하실 때에는 의도되지 않았고, 구약 시대에는 별로 흔하지 않고 대개 바람직하지 않았다. 그런데 신약에 와서는 예수와 바울이 둘 다 **독신을 그리스도인의 사역에 이롭다**며 긍정적으로 말했고, 특히 예수는 **천국에는 결혼이 없다**고 가르치셨다. 이렇듯 본래 **존재하지 않던 독신**(창조)이 그 후에 **흔하지 않고 대개 바람직하지 않은 현상**(구약 시대)과 **사역에 이로운 상태**(신약)를 차례로 거쳐 결국 **모든 사람의 모습**(최종 상태)으로 발전되어 나간다. 이런 전개 과정을 어떻게 설명할 것인가?

성경적 독신 신학: 창조에서 최종 상태까지 ━━━━

	창조	구약	신약	최종 상태
독신	존재하지 않았다.	흔하지 않았고 대개 바람직하지 않았다.	하나님 나라의 사역에 이점이 있다.	모든 사람
결혼	규범	규범	규범	결혼이 없고 "천사들과 같다".

우선 주목해야 할 것은, 이런 발전이 뜻밖일 수 있지만 실제로 구약과 신약 사이에나 예수와 바울 사이에 상충되는 내용은 전혀 없다는 점이다. 성경 전체의 기록의 배후에 이생에서는 결혼이 일반 규범이고 독신은 예외라는 개념이 깔려 있다. 또한 앞서 성경을 살펴보면서 확인했듯이 독신의 범주 중 다수—과부나 홀아비, 이혼자, 혼전의 젊은 남녀, 하나님의 소명이나 은사—는 신구약에 공히 나타난다. 독신을 보는 관점이 신약에서 더 긍정적이라면 이는 부분적으로나마 다음 사실 때문일 수 있다. 즉 결혼이 없는 최종 상태가 미리 그림자를 드리워(말하자면 미래가 현재 속으로 침투해 들어와) 모든 인간의 영원한 상태인 미래가 하나님 나라의 시민들에게 이미 현재에 일정한 유익을 끼치고 있다.[86]

10.
동성애

앞의 여러 장에서 우리는 하나님이 계획하신 결혼과 가정을 개괄했고, 하나님이 설계하신 두 제도의 통합적 성격에 주목했고, 이스라엘 역사에서 성경의 모델이 다양하게 변질된 모습을 추적했다. 이미 보았듯이 하나님이 계획하신 결혼과 가정을 가장 심각하게 변질시킨 것 중 하나는 동성애다. 이 죄는 고대 이스라엘의 끈질긴 문제였고(예. 소돔과 고모라, 사사 시대의 기브아 사람들, 불경한 왕들의 치세에 거듭 등장한 동성애자들), 신약의 세계에도 분명히 존재했으며(롬 1:24-28, 고전 6:9-11, 딤전 1:9-10), 21세기의 사회에도 계속되는 도전이다.

1장에서 말했듯이 동성애 현상은 현대 문화 속에 점증하고 있다. 동성애를 공식적으로 용인하려는 현대 미국 사회의 움직임은 1973년에 미국 정신의학협회가 〈정신질환 진단통계 편람〉의 심리질환 목록에서 동성애를 빼면서부터 시작되었다.[1] 이 결정의 여파로 동성애는 세속 문화에서 점차 지지를 얻다가 급기야 현재 여러 주(州)가 동성 결혼 내지 "시민결합"을 인정하는 쪽으로 가고 있다. 역사를 통틀어 비기독교 사회들까지도 으레 동성애를 거부했다는 점을 고려하면 이런 추세는 우려를 자아낸다.[2]

동성애를 대안적 생활방식으로 점점 받아들이는 것은 세속 문화만이 아니다. **교회** 내의 많은 사람은 물론이고 이 주제로 성경학자들이 써서 출간한 많은 학술서적도 동성애에 대한 입장을 누그러뜨리고 있다.[3] 일부 목사들은 자신의 동성애 성향을 공표했고, 많은 주류 교단이 동성애의 도덕적 정당성을 열띠게 논의하는 중이며, 적어도 한 교단은 동성애를 실행하고 있는 사람을 지도자로 선출했다.[4] 일부 더 보수적인 복음주의 교단들도 지역 교회 차원에서 동성애와 관련된 이슈들에 봉착해 있다.[5] 어떤 교단들은 동성애를 인정하는 교회들을 제명했고, 어떤 교단들은 이 문제에 대해 공식 성명을 발표했다.

동성애 그리고 결혼과 가정의 통합적 성격

창세기의 첫 몇 장에 제시된 결혼과 가정의 **성경적** 모형과 비교해 보면 동성애는 아주 다방면에서 거기에 못 미친다.[6] 첫째로, 이성애의 대립 개념인 **동성애**는 가장 근본적인 차원에서 하나님이 설계하신 결혼과 가정에 어긋난다. 창세기 2장 24절 말씀에 그것이 명백히 나와 있다. 보다시피 본래 결혼은 동성애가 아니라 이성애의 개념이다. "이러므로 **남자**[남성]가 부모를 떠나 그의 **아내**[여성]와 합하여 둘[남자와 여자]이 한 몸을 이룰지로다."[7]

동성애가 거스르는 성경적 결혼 모델의 두 번째 요소는 **상호 보완적** 성격이다.[8] 창세기 2장과 3장에 보면 성 역할의 차이는 창조주께서 설계하신 결혼의 본질적 부분이다. 그분은 남자를 아내의 주관자로 세우시고 여자를 남편의 "돕는 배필"로 곁에 두셨다. 이런 성 역할은 하나님이 창조 시에 부여하신 것이며(창 2:18, 20) 타락 후에는 물론이고(창 3:16-19) 신약의 가르침을 통해서도 재확인되었다(엡 5:22-33; 벧전 3:1-7). 부부의 이런 역할은 고유하고도 변개될 수 없게 성별과 맞물려 있으므로 동성 파트너들은 성경적 결혼의 이런 측면에 동참할 수 없다.[9]

하나님이 설계하신 결혼과 가정의 통합적 요소 중 동성애가 충족하지 못하는 세 번째 요소는 **번식의 의무**다.[10] 이미 말했듯이 번식은 결혼의 핵심 요소이며 창조주께서 계획하신 이 중대한 사회 제도의 명백한 일부다. 하나님이 인간 부부에게 주신 최초의 명령에서 그것을 볼 수 있다. "생육하고 번성하여 땅에 충만하라"(창 1:28).[11] 하지만 본질상 동성애는 결혼과 가정에 대한 성경적·전통적 모델의 이 본질적 요소에 미달된다. 동성애를 통해서는 자녀를 출산할 수 없기 때문이다.[12]

동성애는 **이성애, 상호 보완성, 출산**의 기준에서만 성경적 결혼 모형에 못 미치는 게 아니다. 동성애 커플들은 대개 **"일부일처," 정절, 백년해로** 등 성경적 결혼의 다른 측면들도 지지하지 않는다.[13] 동성애는 결혼과 가정에 대한 성경적 모델에서 벗어나는 정도가 아주 심하며, 아마 그것이 성경에 이 죄가 그토록 신랄하게 비난받는 이유 중 하나일 것이다. 사실 동성애는 하나님이 설계하신 결혼과 가정을 단지 **한 가지** 면에서만 잘못 대변하거나 오해하는 게 아니라 **거의 모든** 면에서 창조주의 모형을 변질시킨다.[14]

그러므로 당연히 성경에는 동성애 범죄자들에게 혹독한 벌이 규정되어 있고 실제로 그 벌이 그들에게 임했다. 바울이 로마 교인들에게 쓴 편지를 보면 동성애는 하나님을 거부한 죄의 흉한 도덕적 결과 중 하나로 지목된다. 바울은 동성애가 잘못이라는 구약의 가르침을 되풀이했을 뿐 아니라 또한 동성애가 워낙 "순리대로 쓸 것을 바꾸"기 때문에(롬 1:26) 거기에 동참하는 사람들은 자신의 행위가 창조주께서 설계하신 결혼과 가정에 어긋난다는 사실을 알 수밖에 없다고 지적했다. 나아가 그렇게 고의적으로 하나님께 반항하면 결국 사형을 당해 마땅하다고 지적했다.[15]

구약에 나타난 동성애[16]

성경에 동성애를 암시하거나 명백히 언급한 부분이 최소한 스무 군데가 넘지만[17] 그중 세 가지 주된 부분은 소돔과 고모라가 멸망당한 창세기

18-19장의 기사, 레위기 18장과 20장의 성결법 중 성에 관한 율법, 사도 바울이 로마서와 고린도전서와 디모데전서에 기술한 내용 등이다. 차차 살펴보겠지만 이들 성경 본문은 하나같이 동성애를 단호히 정죄한다. 이런 성경의 메시지를 동성애 행위에 대한 긍정적이고 수용적인 입장으로 둔갑시키려면 해석을 완전히 뒤바꾸어야만 가능하다.[18]

소돔과 고모라

소돔과 고모라가 멸망당한 기사(창 18:17-19:29)는 동성애에 반대하시는 하나님을 계시해 주는 성경의 일화 중 가장 잘 알려진 일화일 것이다. 이 기사는 적어도 다음 세 가지 이유에서 특히 중요하다. (1) 동성애를 대적하시는 하나님에 대한 최초이자 가장 상세한 기사다. (2) 모세 이전에 동성애가 언급된 곳은 성경에서 여기뿐이다. (3) 소돔과 고모라의 죄와 멸망은—종종 분명히 성적 죄의 맥락에서—성경에 자주 인용되며,[19] 기브아 사람들의 동성애 죄로 촉발된 이스라엘과 베냐민 지파의 내전에 대한 기사(삿 19-21장)도 소돔과 고모라에서 벌어진 사건들과 유사하게 구성된 듯 보인다. 따라서 그동안 동성애 옹호론자들이 이 기사에 상당한 관심을 쏟은 것은 당연한 일이다. 두 도시를 멸망시킨 죄가 동성애가 아니라고 설득력 있게 밝힐 수만 있다면, 동성애를 배격하는 성경의 증언 중 매우 중요한 부분이 전복될 것이기 때문이다.[20]

소돔과 고모라의 죄에 대한 전통적 이해를 개정하기 위해 그동안 주로 두 가지 새로운 해석이 제기되었다. 첫째로, 일부 학자들은 두 도시를 멸망으로 이끈 죄가 동성애가 아니라 **집단 강간**이었다고 말한다. 월터 바넷(Walter Barnett)은 이런 해석을 최초로 제시한 사람은 아니지만 아마 이런 관점의 가장 영향력 있는 주창자일 것이다. 바넷은 짧지만 널리 읽히는 자신의 소책자 *Homosexuality and the Bible: An Interpretation*(동성애와

성경: 한 해석)에 "소돔의 죄가 반드시 동성애나 동성애 행위는 아니다. 롯이 성읍 사람들에게 하지 말라고 당부한 악한 일은 순전히 강간이며 그것도 집단 강간이다"라고 썼다.[21] 게다가 바넷은 이 사건에 암시된 의미가 **동성애** 집단 강간이 아니라 **이성애** 집단 강간일 수 있다고 보았고, 이와 짝을 이루는 기사 즉 기브아 사람들의 성적 죄로 인한 이스라엘과 베냐민 지파의 내전에 대해서도 똑같이 보았다. 그는 주장하기를 "설령 소돔과 기브아의 성읍 사람들이 본래 양쪽 다 동성애 강간을 의도했다 해도 분명히 두 이야기는 모두 강간을 재미삼아 즐기던 이성애 남자들에 관한 것이다"라고 했다.[22]

바넷의 관점은 아주 영향력이 커서 동성애를 지지하는 다른 많은 저자의 글에도 등장한다. 예컨대 레타 스캔조니(Letha Scanzoni)와 버지니아 레이미 몰렌코트(Virginia Ramey Mollenkott)의 책 *Is the Homosexual My Neighbor? Another Christian View*(동성애자는 나의 이웃인가? 또 하나의 기독교적 관점)에도 그런 해석이 나온다. 그들은 "소돔 이야기의 초점은…폭력적 집단 강간으로 보인다.…강간, 즉 타인에게 강요하는 성행위가 이야기의 진짜 요지다. 다시 말해서 만일 그 천사들이 여자의 모습으로 지상에 왔다 해도 소돔 남자들이 그들을 강간하려던 욕심은 하나님 보시기에 똑같이 악했을 것이다"라고 주장했다.[23] 요컨대 이런 해석은 하나님이 소돔과 고모라를 멸하신 이유가 동성애 자체가 아니라 집단 강간 때문이라고 가르친다.

이에 대한 대응으로, 우선 이 관점에 담겨 있는 진실의 요소를 그대로 인정해야 한다. 즉 소돔과 고모라의 죄에는 분명 **강간의 의도**가 포함되어 있었다. 그러나 이런 해석자들의 오류는 두 도시의 죄를 **오직** 집단 강간으로만 국한시키려 하고, 그 범하려던 죄를 일종의 이성애 성향의 강간으로 재정의하려 한다는 것이다. 사실 소돔과 고모라를 멸망시킨 죄를 이성애 강간으로 보는 시각은 다음과 같은 유다서의 말씀에 비추어 보면 몹시 빈약해 보인다. "소돔과 고모라[의 주민들]도…음란하며 **다른 육체[순리에 어긋나는 욕심]를 따라 가다가…육체를 더럽히며**"(유 1:6-8, 참조. 벧후 2:4-10). 다시 말해서 소돔과 고모라의 범죄자들의 성욕은 그냥 **통제 불능인** 정도가 아니라 **순리에 어긋나는** 것이었다. 더욱이 두 도시의 죄를 오직 집단 강간—이 성애든 동성애든—으로만 국한시켜 정의하는 게 문제가 있어 보이는 이유가 또 있다. 강간이 실행되지 않고 미수로 그쳤다는 사실이다. 그런데도 하나님은 소돔과 고모라를 다 멸하셨다. 따라서 만일 롯의 집을 에워싼 사람들의 죄가 오직 집단 강간이라면 하나님은 불의하신 분이 되고 만다. 실제로 범하지도 않은 죄 때문에 소돔을 (남녀 모두!) 멸하셨고, 부지중에라도 가담조차 하지 않은 죄 때문에 고모라의 주민들까지 죽이셨기 때문이다. 소돔과 고모라를 멸망시킨 죄를 그렇게 해석하는 것은 이런 이유들로 인해 개연성이 극히 희박하다.

소돔과 고모라의 죄에 대한 전통적 이해를 개정하려는 두 번째이자 더 영향력이 큰 시도가 있다. 그 죄가 동성애가 아니라 **손님을 소홀히 대접한 것**이라는 주장이다. 이 관점의 가장 영향력 있는 주창자는 물론 D. 셔윈 베일리(D. Sherwin Bailey)다. 그는 획기적 연구서인 *Homosexuality and the Western Christian Tradition*(동성애와 서구 기독교 전통)을 통해 이 해석을 최초로 제시한 학자로 널리 알려져 있다. 간단히 말해서 이 관점은 히브리어 단어 *yāda'*의 정의에 근거한 것이다. 창세기 19장 5절에 나오는 이 단어는 역본에 따라 "알다"로 옮겨져 있다. 이 해석에 따르면, 구약에 이 단어가 총 943회 쓰였는데 그중 대다수가 "알게 되다"라는 뜻이므로 소돔과 고모라의 기사에서도 그런 의미여야 한다. 따라서 소돔 남자들이 롯의 집을 에워싸고 "오늘 밤에 네게 온 사람들이 어디 있느냐. 이끌어내라. 우리가 그들을 **알리라**"(창 19:5)라고 물은 것은 손님으로 온 천사들을 단순히 **소개해** 달라는 요청이었다. 진작 롯이 천사들과 성읍 사람들을 서로 제대로 알게 하지 않았기 때문에 말이다. 베일리의 표현을 빌리자면 "대개 *yāda*'는 '알게 된다'는 뜻이므로 롯의 영접을 받은 손님들을 '알고자' 한 요구는 아마 손님 대접의 원칙이 심각하게 어겨졌음을 암시할 것이다."[24]

동성애를 지지하는 성경 주석가들은 이 본문을 다룰 때 거의 모두가 이런 해석을 받아들여 되풀이했다. 해리 A. 워건(Harry A. Woggon)은 "구약에 나타난 소돔과 고모라의 죄는 나그네를 대접해야 한다는 신성한 의무를 어긴 것이다"라고 썼다.[25] 존 J. 맥닐(John J. McNeill)은 소돔에서 자행되었다는 소홀한 손님 대접을 가리켜 "하나님께 복수를 부르짖는 범죄"라 칭했다.[26] 존 보스웰(John Boswell)은 "본래 [소돔과 고모라] 기사의 도덕적 파장은 손님 대접과 관계된 것이었다"라고 주장했다.[27] 제임스 B. 넬슨(James B. Nelson)도 "현대의 성경 연구들이 설득력 있게 보여 주듯이 [소돔과 고모라] 이야기의 중심 주제이자 저자의 관심사는 동성애 행위가 아니라 고대 히브리의 손님 대접 규범을 위반한 일이다"라고 역설했다.[28] 요컨대 이 모든 해석자들의 공통점은 소돔과 고모라의 죄를 동성애가 아니라 부실한 손님 대접으로 본다는 것이다.

이 해석은 창의적이며 분명히 일부 사람들에게 설득력이 있지만, 소돔과 고모라의 멸망을 둘러싼 사실들을 간략히 검토해 보면 이 관점 또한 성립될 수 없음이 밝혀진다. 우선 *yāda*'라는 히브리어 단어를 보면, 물론 이 단어는 대개 "알게 되다"라는 뜻이지만 분명히 성관계를 가리킬 수도 있다. 창세기 4장 1, 17, 25절, 24장 16절, 38장 26절 등이 확실한 예다. 이 단어가 어떤 의미로 쓰였는지 분별하는 결정적 요인은 (복수의 의미를 지닌 다른 모든 단어가 그렇듯이) 전후 문맥이 될 수밖에 없다. 이 원리를 소돔과 고모라의 기사에 적용하면, 창세기 19장 5절의 *yāda*'는 성적 의미가 될 수밖에 없다. 세 절 후에 다시 등장하는 그 단어는 성적인 의미여야만 말이 통하기 때문이다. 그렇지 않으면 롯의 말은 자신의 두 딸이 실제로 아는 남자가 하나도 없다는 뜻이 된다. 그들이 약혼한 두 남자가 버젓이 소돔 주민인데도 말이다! 게다가 롯의 대문을 두드린 남자들이 단순히 손님들을 소개해 달라고 했다면, 롯이 소돔 남자들에게 자신의 두 딸을 내주려 한 일은 완전히 앞뒤가 맞지 않는다. 성읍 사람들의 요청이 그게 다였다면 그냥 호기심 많은 그들에게 천사들을 소개해 주면 그만 아닌가?

이 해석의 문제점은 또 있다. 롯이 현지의 손님 대접 법도를 여겨 죄를 지었다면 왜 방문한 천사들이 롯의 목숨은 살려 주고 오히려 법을 지킨 성읍 사람들을 하나님의 심판으로 멸했는가? 나아가 롯은 소돔 주민인데 왜 죄에 가담하지 않은 고모라 주민들까지 죽임을 당했는가? 또 소돔 주민들이 밤늦게 롯의 집을 찾아가 현지의 손님 대접 법도를 실천할 정도로 그렇게 평화를 사랑하고 정직했다면, 왜 하나님이 그 성 전체에서 의인 열 명을 찾지 못하셨는가(창 18:23)? 아울러 이 해석으로는 롯이 성읍 사람들의 등장에 위협을 느낀 듯한 이유(창 19:6)나 무리가 아무런 잘못도 없는 롯과 손님들을 양쪽 다 해치겠다고 으름장을 놓은 이유(창 19:9)도 설명될 수 없다. 또 하나 지적할 것은 이 해석이 이 본문에 대한 20세기 중반 이전의 모든 해석에 어긋날 뿐 아니라 앞서 언급한 유다서 1장 7절과도 어긋난다는 사실이다(참조. 눅 17:26-29; 벧후 2:6-7, 10). 요컨대 이 관점은 이런 수많은 이유로 인해 타당성이 없다 못해 아예 성립될 수 없다.

그러므로 많은 사람의 시도에도 불구하고, 소돔과 고모라를 멸망으로 이끈 죄는 이성애 집단 강간이나 소홀한 손님 대접이나 기타 동성애와 무관한 죄(또는 일부 잘못된 동성애)가 아니었음이 분명해 보인다.[29] 대신 앞에서 이 기사에 대한 동성애 찬성론자들의 해석들을 비판하면서 이미 보았듯이, 소돔과 고모라 주민들에게 하나님의 심판을 부른 죄는 동성애의 죄였을 소지가 매우 높다. 그 이유는 다음과 같다.

첫째로, 유다서 1장 6-7절에 소돔과 고모라의 죄가 언급될 때(참조. 벧후

2:4-10) 그곳 주민들이 "음란하며 **다른 육체[순리에 어긋나는 욕심]를 따라가다가…육체를 더럽히며**"라고 했다. 신약의 정황(참조. 롬 1:26-27)으로 보나 고대의 문화적 환경(아래를 참조하라)으로 보나 "순리에 어긋나는 욕심"은 거의 틀림없이 그 죄가 동성애였음을 말해 준다.

둘째로, 소돔과 고모라 사건에 나오는 죄는 분명히 성적인 죄이며(창세기 19장 5, 8절에 *yāda'*라는 단어가 그런 의미로 쓰인 것이 거의 확실하다),[30] 문맥상 그 죄는 단지 불법 성관계가 아니라 하나님이 정죄하신 변태적 성관계를 가리킨다.

셋째로, 소돔과 고모라에 임한 하나님의 가공할 심판은 동성애라는 죄로 가장 잘 설명된다. 미흡한 손님 대접이나 미수에 그친 집단 강간(이성애든 동성애든)에 대한 심판이 그렇게 혹독했을 리는 거의 희박하다.

따라서 소돔과 고모라의 죄는 동성애의 죄였다.

레위기의 성결법

동성애를 지지하는 주석가들이 기존과 다른 해석들을 내놓은 두 번째 성경 본문은 레위기의 성결법 중 성에 관한 율법이다.[31] 성결법에 동성애가 구체적으로 언급된 율법은 레위기 18장 22절("너는 여자와 동침함 같이 남자와 동침하지 말라. 이는 가증한 일이니라")과 20장 13절("누구든지 여인과 동침하듯 남자와 동침하면 둘 다 가증한 일을 행함인즉 반드시 죽일지니 자기의 피가 자기에게로 돌아가리라") 등 두 곳이다. 사실 이 두 율법은 동성애를 배격하는 성경의 증언에서 아주 중요한 부분을 이룬다. 둘 다 동성애 관계를 원칙적 입장에서 명시적으로 언급했을 뿐 아니라, 동성애 범죄자들을 사형에 처하도록 규정했기 때문이다(이전에 하나님이 소돔과 고모라에 시행하신 벌도 그것이다). 그렇다면 누구든지 성경이 동성애 행위를 금하지 않는다고 주장하려면 당연히 이 두 구절을 완전히 재해석해야 한다.

동성애 옹호론자들은 이 두 구절을 논할 때 대개 일시성과 문화적 상대성의 접근을 취한다. 즉 그들의 주장에 따르면 이 두 구절은 문화의 구속을 받는 한시적 지시로 이스라엘 백성에게 주어진 것이지, 영원한 구속력을 지닌 도덕적 절대 가치로 모든 시대의 선민(選民)에게 적용되는 것이 아니다. 주석가마다 주장하는 방식과 뉘앙스는 다르지만 이 관점을 떠받치는 근본 논리는 대개 동일하다(적어도 구약과 신약의 연속성을 믿는 사람들의 경우는 그렇다).[32] 간단히 말해서 이 관점의 핵심은 히브리어 단어 *tōʻēbāh*의 용법에 있다. 위의 두 구절 모두에 이 단어는 "가증한"으로 옮겨져 있다. 이 입장을 주창하는 사람들에 따르면 성경에 쓰인 *tōʻēbāh*는 대개 우상숭배와 관련된 모종의 부정한 의식(儀式)을 가리킨다. 따라서 하나님이 레위기 18장 22절과 20장 13절에 동성애를 금하신 것도 동성애 자체를 말씀하신 게 아니라, 성결법 중 이 부분의 문맥상 **우상숭배의 일부로 가나안 성전의 남창들이 행하던 동성애 행위**를 금하신 것이다.

월터 바넷의 말을 인용하자면 "이 두 명령[레 18:22와 20:13]의 전체 문맥은 장차 팔레스타인에서 몰아낼 가나안의 더러운 관행을 이스라엘이 본받아서는 안 된다는 논지다. 거듭 말하지만 금지 대상은 가나안의 다산 숭배에서 행해지던 남창의 의식(儀式)이다. 어쨌든 이것이 모든 동성애와 동성애 행위를 정죄하려는 의도일 수는 없다."[33] 비슷하게 존 보스웰도 "레위기의 법률[레 18:22와 20:13]에 금해진 동성애 행동의 특징을 보면 분명히 그 행동은 본질상 악한 게 아니라 의식상 부정한 것"이라고 썼다.[34] 스캔조니와 몰렌코트도 비슷하게 "이 두 금령[레 18:22와 20:13]이 주어진 이유에는 주변 국가들과의 분리⋯금지된 우상숭배⋯의식상의 부정함 등 여러 요인이 개입된다⋯[동성애] 행위는 다산 종교의 일부였다"라고 주장한다.[35] 이렇듯 이 관점은 레위기 18장 22절과 20장 13절의 해석과 적용을 우상숭배 중에 행해지는 성행위로 국한시키려 한다.

이 해석에 대한 대응으로 우선 지적할 것은, 히브리어 단어 *tōʿēbāh*가 우상숭배와 관련된 모종의 부정한 의식을 지칭할 수 있으나(참조. 왕상 16:3; 사 44:19; 렘 16:18; 겔 7:20) 그런 의미로 쓰이지 않은 때도 많다는 사실이다(참조. 창 43:32; 시 88:8; 잠 6:16-19, 28:9). 실제로 *tōʿēbāh*는 동성애 등 도덕적으로 하나님이 악하게 보시는 행동들을 지칭할 때도 있다. 성결법의 본문만 하더라도 전후 문맥을 보면 흥미롭게도 근친상간(레 18:6-18), 간음(레 18:20), 수간(레 18:23) 등 동성애 이외의 행동들에도 *tōʿēbāh*라는 단어가 쓰였다(참조. 레 18:26). 앞의 해석법을 본문 전체에 똑같이 적용한다면, 이런 다른 행동들도 역시 우상숭배의 정황 안에서만 금지된다는 결론이 불가피하다. 물론 이것은 무책임한 해석이다. 동성애와 마찬가지로 이런 다른 행동들도 성경 전체에 일관되게 정죄되어 있기 때문이다.[36]

더욱이 설령 성결법의 이 두 율법이 오로지 부정한 의식에만 해당됨을 입증할 수 있다 해도(그럴 리가 없지만), 여전히 동성애 행위의 도덕성은 정당화되지 않는다. 일례로 아동 제사는 가나안의 몰렉 신을 숭배하는 의식의 일부이므로 성경은 아동 제사를 명백히 금한다(참조. 레 20:2-5; 왕하 16:1-4; 대하 28:1-4; 렘 7:30-31; 겔 23:36-39). 그러나 우상숭배와 관계되든 그렇지 않든 아동 제사는 언제나 악하다. 본질상 제6계명을 위반하기 때문이다. 마찬가지로 동성애도 하나님이 통합적으로 설계하신 결혼과 가정에 위배되기 때문에 언제나 악하다. 요컨대 **성경이 특정한 정황 속에서 특정한 행위를 금할 때 그 행위의 부도덕성이 반드시 그 특정한 정황에만 국한되는 것은 아니다.** 그것이 동성애처럼 성경 전체에 명백히 금지된 행위라면 특히 더하다.

그러므로 동성애를 지지하는 주석가들이 대안으로 제시한 레위기 18장 22절과 20장 13절에 대한 해석들은 명백히 함량 미달로 보인다. 사실 이 두 구절에 금지된 죄는 전통적으로 그래왔듯이 동성애 행위 전반으로 이해되어야 한다.[37]

신약의 동성애

동성애에 대한 신약의 관점을 보여 주는 주된 출처는 사도 바울이다. 그는 로마서와 고린도전서와 디모데전서에 동성애를 언급했다.[38] 구약의 경우와 마찬가지로 지금부터 이 본문들을 차례로 살펴보되 특히 전통적 이해에 맞서 이 본문들을 재해석하려 한 시도들에 주목하려 한다.[39]

로마서

바울의 저작에서 동성애에 대한 주된 본문은 로마서 1장에 나온다. 그는 창조주 하나님을 버린 온 인류의 죄성을 전체적으로 제시하면서(롬 1:18-23) 그 일부로 동성애를 규탄한다.[40] 바울의 말대로 인류가 하나님을 버렸기 때문에 그분은 타락한 인류를 "마음의 정욕대로 더러움에 내버려 두사 그들의 몸을 서로 욕되게 하게 하셨으니 이는 그들이 하나님의 진리를 거짓 것으로 바꾸어 피조물을 조물주보다 더 경배하고 섬김"이다(롬 1:24-25).

이어 바울은 "그들의 몸을 서로 욕되게" 한다는 게 정확히 무슨 뜻인지 자세히 설명한다.

> 이 때문에 하나님께서 그들을 부끄러운 욕심에 내버려 두셨으니 곧 그들의 여자들도 순리대로 쓸 것을 바꾸어 역리로 쓰며 그와 같이 남자들도 순리대로 여자 쓰기를 버리고 서로 향하여 음욕이 불 일듯 하매 남자가 남자와 더불어 부끄러운 일을 행하여 그들의 그릇됨에 상당한 보응을 그들 자신이 받았느니라(롬 1:26-27).[41]

바울이 뒤이어 거듭 말했듯이 이런 "부끄러운 일"은 사람들이 하나님을 버린 결과이며, 그래서 그분은 "그들을 그 상실한 마음대로 내버려 두사 합당하지 못한 일을 하게" 하셨다(롬 1:28). 그 다음에는 각종 악이 열거되는데, 동성애는 인간의 악한 행동과 태도의 장황한 목록과 맞물려 있다(롬 1:29-31, 참조. 고전 6:9-10, 딤전 1:9-10). 바울은 이 사람들이 "이 같은 일을 행하는 자는 사형에 해당한다고 하나님께서 정하심을 알고도 자기들만 행할 뿐 아니라 또한 그런 일을 행하는 자들을 옳다 하느니라"라는 고발로 이 단락을 종결짓는다(롬 1:32). 따라서 하나님의 심판은 동성애를 행하는 사람들뿐만 아니라 그런 행동을 묵인하는 사람들에게도 선고되어 있다(참조. 고전 5:1-13).

인류의 타락에 대한 전면적 고발과 특히 동성애(여성 동성애까지 포함하여, 롬 1:26)에 대한 준엄한 규탄이 바울의 로마서에 나오는 것은 아마도 우연의 일치가 아니다. 로마서를 쓰던 당시에(AD 57년경) 로마 세계의 도덕적 타락, 성적 부절제, 변태 행위는 주지의 사실이었다.[42] 클라우디우스의 통치(AD 41-54년)는 그런 악들로 악명을 떨쳤고 그의 후계자 네로 시대(AD 54-68년)에도 마찬가지였다. 바울이 로마서를 쓴 것은 네로가 재위 중일 때였다. 그로부터 수십 년 후에 로마 제국은 요한계시록에 "음녀 바벨론"으로 묘사된다. 모든 나라가 "그 음행의 진노의 포도주"에 취했다(계 18:3, 참조. 계 18:9, 19:2). 선견자가 환상 중에 본 이 여자는 "자주 빛과 붉은빛 옷을 입고 금과 보석과 진주로 꾸미고 손에 금잔을 가졌는데 가증한 물건과 그의 음행의 더러운 것들이 가득"했고(계 17:4), 이마에 기록된 정체대로 "큰 바벨론…땅의 음녀들과 가증한 것들의 어미"였다(계 17:5). 또 이 여자는 "성도들의 피와 예수의 증인들의 피에 취한" 자였다(계 17:6).

바울이 하나님의 창조 질서에 어긋나며 따라서 정죄당해 마땅하다고 본 것은 단지 더 좁게 정의된 일부 변태적 동성애 행위가 아니라 동성애 전반이다. 그가 동성애를 언급한 로마서 1장의 전후 문맥과 문화적 정황을 보면 그 점에 의심의 여지가 없어 보인다. 나아가 바울은 동성애를 **행하는** 사람들뿐만 아니라 직접 행하지는 않아도 그런 행동을 **묵인하는** 사람들까지도 정죄한다. 그런데 근래 들어 로마서와 신약의 다른 부분들에 정죄된 이 죄를 더 협의의 죄로 정의하려는 시도들이 등장했다. 그런 시도들의 출발점은 대개 *arsenokoitēs*라는 특정한 헬라어 단어다. 이 단어가 로마서에는 나오지 않고 바울이 이 주제를 언급한 다른 두 곳에 나오기 때문에 이 반론들은 아래에 다루었다.

고린도전서

바울은 로마서에서 동성애를 규탄할 때는 "그들의 몸을 서로 욕되게 하게 하셨으니"(롬 1:24), "순리대로 쓸 것을 바꾸어 역리로 쓰며"(롬 1:26), "순리대로 여자 쓰기를 버리고 서로 향하여 음욕이 불 일듯 하매 남자가 남자와 더불어 부끄러운 일을 행하여"(롬 1:27) 등 다양한 완곡어법으로 그 행위를 표현했다. 그런데 이 주제를 언급한 다른 두 주요 본문인 고린도전서 6장 9

고린도전서와 디모데전서의 악의 목록에 언급된 동성애 ▰▰▰

고린도전서 5:10, 6:9-10	디모데전서 1:9-10
이 말은 이 세상의 음행하는 자들이나 탐하는 자들이나 속여 빼앗는 자들이나 우상 숭배하는 자들을 도무지 사귀지 말라 하는 것이 아니니… 미혹을 받지 말라. 음행하는 자나 우상 숭배하는 자나 간음하는 자나 탐색하는 자나 남색하는 자나 도적이나 탐욕을 부리는 자나 술 취하는 자나 모욕하는 자나 속여 빼앗는 자들은 하나님의 나라를 유업으로 받지 못하리라.	율법은 옳은 사람을 위하여 세운 것이 아니요 오직 불법한 자와 복종하지 아니하는 자와 경건하지 아니한 자와 죄인과 거룩하지 아니한 자와 망령된 자와 아버지를 죽이는 자와 어머니를 죽이는 자와 살인하는 자며 음행하는 자와 남색하는 자와 인신매매를 하는 자와 거짓말하는 자와 거짓맹세하는 자와 기타 바른 교훈을 거스르는 자를 위함이니.

절과 디모데전서 1장 10절에는 *arsenokoitēs*라는 헬라어 단어로 동성애를 지칭했다(고전 6:9에는 *malachos*라는 단어도 함께 썼다. 아래를 더 참조하라).[43]

바울이 고린도전서에 동성애자들을 언급한 일은 고린도 교회가 부딪쳐 있던 갖가지 성적 이슈들을 논하는 과정에서 나왔다.[44] 우선 짚어 둘 것은 1세기의 고린도가 성적 부도덕으로 유명했다는 사실이다.[45] 고린도전서 5장에 바울이 언급한 보고에 따르면 고린도 교인들은 "아버지의 아내를 취"한 남자를 용인했다. 즉 그 남자는 자신의 계모와 성관계를 지속하고 있었다(고전 5:1, 참조. 레 18:8). 바울은 이 잘못된 "관용"에 격노하면서 고린도 교인들에게 "이런 자를 사탄에게 내주었으니 이는 육신은 멸하고 영은 주 예수의 날에 구원을 받게 하려 함이라"고 말했다(고전 5:5). 그 이전의 편지에 바울은 고린도 교인들에게 성적으로 부도덕한 사람들(이 세상의 성적으로 부도덕한 사람들이 아니라 성적 부도덕을 범하는 "어떤 **형제라 일컫는** 자"[즉 동료 그리스도인]들을 뜻한다. 고전 5:9-11)을 사귀지 말라고 말했다. 고린도 교인들은 회개와 회복을 바라며 그런 사람을 자기들 중에서 내쫓아야 했다(고전 5:13).

바울은 서로 법정에 소송하는 고린도 교인들을 꾸짖은 뒤에(고전 6:1-8) "음행하는 자나 우상 숭배하는 자나 간음하는 자나 탐색하는 자나 남색하는 자[헬라어 원문에서 '탐색하는 자'와 '남색하는 자'는 각각 동성 성관계의 수동적 파트너와 능동적 파트너를 가리킬 수 있다]나 도적이나 탐욕을 부리는 자나 술 취하는 자나 모욕하는 자나 속여 빼앗는 자들은 하나님의 나라를 유업으로 받지 못하리라"고 역설했다(고전 6:9-10, 참조. 고전 5:10).[46] 이어 그는 "너희 중에 이와 같은 자들이 있더니 주 예수 그리스도의 이름과 우리 하나님의 성령 안에서 씻음과 거룩함과 의롭다 하심을 받았느니라"고 덧붙였다(고전 6:11). 그 다음 단락에서 바울은 창녀와 성관계를 맺는 그리스도인들을 질타하면서 그것이 그리스도인의 참된 자유를 심히 왜곡시키는 처사라고 역설했고, 신자들에게 성적 부도덕을 피하라고 촉구했다(고전

6:12-20).

고린도전서 6장 9-10절에 열거된 악의 목록에 동성애와 관련된 두 단어가 나온다. 이 목록은 그전의 5장 10-11절에 나오는 6개 항목을 전부 반복하면서 거기에 몇 가지를 덧붙인 것이다.[47] 사실 5장의 목록은 6장의 목록의 액자와도 같다. 즉 6장의 처음 두 가지와 마지막 네 가지는 5장의 반복이고 그 중간에 네 가지 특성이 더해져 있다. "음행하는 자"와 "우상 숭배하는 자"는 서신의 전후 문맥에 언급된 두 가지 주요 이슈인 성적 부도덕(참조. 고전 5:1-13, 6:12-20)과 우상숭배(참조. 고전 8:1-11:1)를 반영한 것이다. 새로 추가된 네 가지 중 셋(간음하는 자, 탐색하는 자[malakoi], 남색하는 자[arsenokoitai])은 성적인 것이고 네 번째는 도적이다("강도"가 더 정확한 번역일 수 있다). 이 악의 목록은 고린도전서 5장 10-11절에 나왔던 다른 네 가지 항목들로 끝난다.

우리의 현 취지에 해당하는 3개 항목을 보면 우선 "간음하는 자"(moichoi)는 말 그대로 기혼자의 혼외 성관계를 뜻한다(출 20:14; 레 20:10; 신 5:18, 참조. 눅 18:11). 그 다음에 나오는 malakoi와 arsenokoitai라는 두 단어에 대해서는 더 자세한 설명이 필요하다. 두 표현 모두 동성애와 관련이 있다. 영어 역본에는 그 둘이 한 문구로 합성될 때도 있다(예. ESV에 "동성애를 행하는 남자들"로 되어 있다. 그러나 둘을 따로 구분하는 게 더 바람직해 보인다. NIV의 "남창들…동성애 범죄자들," TNIV의 "남창들…동성애를 행하는 자들"을 참조하라). 첫 번째 단어 malakos는 문자적으로 "부드럽다"는 뜻이며(참조. 마 11:8과 상응 구절 눅 7:25), 바울 당시에 동성애(남색) 관계의 "부드러운" 또는 여자 같은(즉 수동적인) 파트너를 가리키던 별칭이었다.[48] 중요하게 malachoi는 단지 성향뿐만 아니라 행동도 가리킨다(arsenokoitai도 마찬가지다). "너희 중에 이와 같은 자들이 있더니"라는 바울의 말(고전 6:1)에 그것이 암시되어 있다.[49]

단어 arsenokoitēs의 의미는 근년에 적잖은 논쟁의 주제가 되었다(딤전

1:9-10에도 이 단어가 나온다. 아래의 논의를 참조하라).[50] 동성애를 지지하는 일부 주석가들은 이 단어를 협의의 죄에 국한하여 적용시키려 했다. 예컨대 존 보스웰은 초대 교회가 동성애 행위를 비난하지 않았음을 입증하려고 고린 도전서 6장 9절의 두 단어 *malakoi*와 *arsenokoitai*의 연관성을 일체 부정했다. 그리하여 전자와 후자를 각각 "자위행위를 하는 자"와 "남창"으로 번역했다.[51] 보스웰에 따르면 만일 *arsenokoitai*가 정말 동성애 전반을 가리킨다면 "동성애에 관한 그토록 많은 문헌에" 이 단어가 나오지 않을 리가 없다는 것이다.[52] 보스웰은 또한 레위기의 성결법과 동성애를 언급한 신약의 연관성도 일체 부정하면서 신약의 저자들이 "새것의 도덕성을 정당화하려고 옛것의 권위에" 호소하지는 않았을 거라고 주장했다.[53]

로빈 스크로그스(Robin Scroggs) 같은 사람들은 바울의 정죄가 고대의 동성애 행위인 남색—성인 남성과 소년 사이의 성관계—의 정황에서 여자 역을 맡은 소년 남창에게만 해당된다고 주장했다.[54] 스크로그스는 보스웰과 달리 고린도전서 6장 9절의 두 명사를 서로 연계시켜, 바울이 정죄한 것이 동성애 전반이 아니라 남색일 뿐임을 입증하려 했다.

그런가 하면 어떤 사람들은 사도가 언급한 동성애가 동성애 **행위**만을 가리킬 뿐 동성애 "금욕" 관계(동성애 성향은 있으나 성관계는 하지 않는 사람들의 관계)는 가리키지 않는다고 주장했다.[55]

또 다른 부류는 신약에 정죄된 것이 **1세기의 헬라 문화에 성행하던 부정적이고 비인간적인 형태의 동성애**일 뿐이며, 따라서 상호 동의하에 착취 없이 이루어지는 현대의 동성애 관계에 직접 적용될 수 없다고 주장한다.[56] 예컨대 데일 마틴(Dale Martin)은 *arsenokoitai*의 의미를 실제로 아는 사람은 아무도 없다면서 아마도 모종의 착취적 섹스일 소지가 높다고 말했다. 마틴에 따르면 *malachoi*는 (동성 간 성관계의 수동적 파트너가 아니라) 그냥 여자 같은 사람을 가리킨다. 즉 그는 이 단어가 눈에 거슬리는 타인의 행위를 정죄

하는 유연한 개념이라고 주장했다.[57]

끝으로 윌리엄 피터슨(William Petersen)은 존 보스웰을 비판한 데이비드 라이트(David Wright)와 뜻을 같이하면서도 고린도전서 6장 9절과 디모데전서 1장 10절의 *arsenokoitai*를 "동성애자"로 번역하는 데 반대했다. 현대적 개념의 동성애와 고대 세계에 성행했던 동성애 사이에 자신이 보기에 큰 괴리가 있다는 이유에서였다. 피터슨의 주장에 따르면 사람의 성을 특징짓는 요소가 그리스-로마의 사상에서는 성적 성향이 아니라 성적 행위인 반면, 현대에 쓰는 "동성애자"라는 말은 주로 실제의 행동을 떠나 욕구와 성향의 문제다. 그러므로 *arsenokoitai*를 "동성애자"로 표현한다면 이는 현대의 개념을 "그에 상응하는 개념이 존재하지도 않았던" 고대 세계 속에 부당하게 소급하는 것이다.[58]

이상의 내용을 요약하면, 동성애에 대한 신약의 언급을 일부 변태적 동성애 행동에 국한시켜야 한다는 주장이 된다. 그 행동은 (1) 남창의 종교의식, (2) 남색(소아성애), (3) 동성애 "금욕" 관계를 제외한 동성애 행위, (4) 동성애 전반이 아니라 부정적이고 비인간적이고 착취적인 형태의 동성애 관계 등이다. 아울러 (5) 동성애의 개념이 변했으므로 *arsenokoitai*를 현대의 동성애로 번역하는 것은 옳지 못하다는 주장도 있다. 그렇다면 우리는 이런 주장들을 성경의 증거에 비추어 어떻게 평가할 것인가?

첫째로, 앞서 살펴본 구약과 로마서의 가르침에 비추어 볼 때 히브리 성경에 한결같이 정죄된 행위가 신약 시대나 우리 시대에 와서 용인될 가능성은 극히 희박하다. 앞서 레위기의 성결법을 공부할 때 결론지었듯이 그 두 구절, 즉 레위기 18장 22절과 20장 13절에 금해진 죄는 전통적으로 그래왔듯이 동성애 행위 전반으로 이해되어야 한다. 그 죄는 동성애를 지지하는 일부 해석자들의 주장과 달리 협의의 죄가 아니다. 예컨대 가나안 신전의 남창들이 우상숭배의 일환으로 행하던 동성애 행위 따위가 아니다.

둘째로, *arsenokoitēs*라는 단어는 신약성경 이전의 현존하는 문헌에는 등장하지 않는 듯 보이며 바울이나 헬라파 유대교의 누군가가 "[남자]는… 남자와 동침하지 말라"는 레위기의 금령(레 18:22의 *arsenos…koitēn*[칠십인역], 20:13의 *arsenos koitēn*)으로부터 새로 지어낸 단어일 소지가 높다.[59] 그렇다면 레위기의 성결법에서처럼 이 단어도 **전반적 광의**의 성격이 있어, 단지 **일부 특정한 변태적** 동성애 행동뿐만 아니라 동성애 전반을 아우른다고 볼 수 있다.[60] 고든 웬함(Gordon Wenham)이 정확히 지적했듯이 "남자와의 동침"은 모든 종류의 남자 대 남자의 성관계를 가리키며 상호 동의 하에 이루어지는 성인들의 관계도 포함된다.[61] 그리스도인들이 새 질서를 정당화하려고 옛 질서(즉 레위기의 성결법)에 호소하지는 않았을 거라는 보스웰의 주장에 대해서라면, 바울은 근친상간을 용인한 고린도 교인들에게 이미 서신의 앞부분에 격렬한 반대를 표한 바 있는데(고전 5장) 이 또한 레위기의 성결법에 금해진 일이다(참조. 레 18:7-8, 20:11). 바울 사도는 히브리 성경의 가르침과 권위에 헌신되어 있던 유대인인 만큼 동성애를 용인할 수 없다는 점에도 똑같은 확신이 있었을 것이다.[62] *arsenokoitai*라는 단어가 동성애에 대한 고대의 많은 문헌에 등장하지 않기에 그것을 동성애 전반을 통칭하는 용어로 보아서는 안 된다는 보스웰의 반론도 설득력이 없기는 마찬가지다. (바울이 지어냈을 수 있는) 표현이 바울 이전의 글에 나오기를 바라서도 안 되겠거니와 헬라인들은 아주 다양한 단어와 문구로 동성애를 지칭했다.[63] 또 하나 기억할 것은 그리스-로마 세계에 성행했던 종류의 남성 동성애가 남색이었으므로 그리스-로마 문헌에 언급된 동성애 행동 역시 당연히 남색이 대다수를 이룬다는 점이다.

셋째로, 바울의 언급이 남색에만 국한된다는 스크로그스의 주장은 적어도 세 가지 점에서 성립될 수 없다.

1) 헬라어에 분명하고 정확하게 남색을 뜻하는 *paiderastēs*라는 단어가 있었다. 바울이 만일 동성애 전반이 아니라 남색만 정죄하고 싶었다면 얼마든지 그 적절한 단어를 써서 그 행위를 지칭했을 것이다.

2) 바울의 정죄를 남색(성인 남성이 소년을 수동적 섹스 파트너로 삼아 성관계를 탐하던 관행)으로 제한하려는 시도는 로마서 1장 27절에서 그가 말한 남성 파트너들 **상호 간의 정욕**("서로 향하여 음욕이 불 일듯 하매")과 상충된다.

3) 같은 본문인 로마서 1장 26절에 바울은 여성 동성애도 정죄했는데 여성 동성애에는 소아가 개입되지 않았다. 따라서 남색의 논리로는 본문에 금해진 동성애 관계가 충분히 설명되지 않는다.

4) 설령 (순전히 논의상) 바울이 이 본문에서 남색만 질타했다 해도, 그렇다고 성경에 충실한 그가 동성애 전반을 인정했을 리는 없다. 오히려 정반대다. 주변의 그리스-로마 세계는 동성애 행위를 대체로 용인했지만, 대조적으로 헬라파 유대교의 문헌들은 한결같이 동성애를 정죄했고 (우상숭배와 나란히) 이방인의 가장 사악한 도덕적 타락의 예로 취급했다.[64]

넷째로, 설령 (역시 논의상) 바울이 딱히 동성애 **행위**만 금했다 해도(참조. 롬 1:27, 32. 그러나 롬 1:21, 24, 28에 언급된 사람들의 허망해진 생각, 마음의 정욕, 하나님을 싫어하는 상실한 마음 등에 주목하라), 그렇다고 그가 동성애 "금욕" 관계를 하나님의 창조의 뜻 가운데 있다고 본 것은 아니다. 그런 관계는 인간의 "순리적" 기능을 "역리"와 바꾸는 일이기 때문이다.[65] 그래서 바울은 로마서에 "그들의 여자들도 **순리**대로 쓸 것을 바꾸어 **역리**로 쓰며 그와 같이 남자들도 **순리**대로 여자 쓰기를 버리고 서로 향하여 음욕이 불 일듯 하매"(롬 1:26-27)라고 썼다. 여기서 분명히 알 수 있듯이 바울은 동성애를 "역리"로 즉 창조 질서에 역행하는 것으로 보았다.[66]

앞서 보았듯이 창세기의 내러티브가 이것을 확실히 증언해 준다. 창세기

1장은 하나님이 모든 생물을 "그 종류대로" 지으셨음을 거듭 확언할 뿐 아니라(창 1:21, 24) 또한 그분이 남자를 보완하시되 다른 **남자**를 지으신 게 아니라 **여자**를 지으셨음을 보여 준다. 하나님이 인간을 "남자와 여자"로 지으신 사실은 창조 질서의 필수적 부분이며, 남녀 인간은 바로 **남자와 여자로서** 하나님의 형상을 닮았다(창 1:27). 이 사실은 로마서에 바울이 동성애 전반을 말했음을 단지 부인한다든지 또는 동성애 행위와 동성애 성향을 구분한다고 해서 달라지지 않는다. 동성애가 하나님이 설계하신 창조에 어긋나지 않는다는 주장은 **성경의 창조 기사 자체를 완전히 거부할** 때에만 성립될 수 있다. 이미 언급했듯이 분명히 창세기 1-2장의 문맥 속에는 동성애가 들어설 자리가 없다. 동성애는 번식의 잠재력조차 없으며 따라서 인류를 남녀 양성으로 지어 "생육하고 번성"하게 하신 하나님의 창조 목적을 벗어난다.[67]

로버트 가뇽(Robert Gagnon)이 역설했듯이 "예수와 바울 같은 1세기의 유대인들이 만일 착취하고 않고 서로 돌보아 주는 동성애 관계의 사례를 충분히 보기만 했다면 동성애의 생활방식을 전반적으로 인정했으리라는 개념은 공상에 불과하다. 동성 간의 성관계에 대한 정보가 더 많거나 달랐다고 해서 누구를 막론하고 1세기의 유대인의 판결이 변했을 리는 없다. 해부학적인 면에서나 번식 면에서나 남녀 간의 연합의 성적 상호 보완성은 여자끼리의 관계나 남자끼리의 관계와는 대조적으로 논박의 여지가 없기 때문이다."[68]

다섯째로, 바울이 본 동성애는 창세기 1-2장의 근본적 창조 내러티브에 근거하여 순리에 어긋났을 뿐 아니라, 동성애를 보던 그 당시 그리스-로마 문화의 지배적 관점들도 그의 관점을 뒷받침해 준다.[69] 예컨대 슈테게만 (Stegemann)이 설득력 있게 주장했듯이 동성애 성관계는 두 남자나 두 여자 중 한쪽 파트너가 각각 여자나 남자처럼 행동해야 한다는 점에서 존재 양식의 순리를 뒤집는다.[70] 그래서 필로(*Spec. Laws* 3.7 ßß 37-42)는 남색의 "수동적 파트너들은…여자 같아지는 병을 견디는 데 익숙해져 육과 영을 모두 낭비하고 남성성의 불씨를 남겨 두지 않는다"며 남색을 정죄했다. 그는 그들이 순리에 어긋나게 남성성을 여성성으로 대체하며, 그리하여 남자답지 못하게 여자 같아지는(*malakia*) 죄를 범한다고 혹평했다.

반면에 바울 당시의 이교 세계에서 남색이 용인된 이유는 성행위를 평가하는 기준이 하나님이 주신 도덕성이 아니라 사회의 가치관과 규범이었기 때문이다.[71] 남자 자유인은 여자나 소년이나 노예를 아무나 섹스 상대로 골라도 그것이 남자 자유인의 신분에 저촉되지 않는 한, 그리고 본인이 "여자나 노예처럼 사랑의 수동적 행위를 맡지" 않는 한 죄가 되지 않았다.[72] 그러나 놀랍게도 남자 자유인끼리의 동성애 행위는 경멸의 대상이었다. 앞서 말했듯이 한쪽 파트너가 수동적(즉 여자의) 역할을 맡아야 했기 때문이다. 그래서 "사회는 신분이 같은 두 남자 사이의 동성애 행위를 수치스럽게 여겼을 것이다. 현대 사회의 일각에서는 헌신된 관계인 대등한 남자끼리의 성애를 용인하지만 고대 사회에서는 그것이 정죄되었을 것이며," 그것도 남색 성관계를 용인하는 등 많은 면에서 성경적 도덕 기준에 크게 미달되었던 문화인데도 그러했다.[73] 이는 동성 결혼을 포함하여 동성애에 대한 현대의 담론에 시사하는 바가 크다.[74] 바울의 생각도 동성애 관계가 순리에 어긋난다는 그런 논리와 일치했음은 물론이다. 하지만 유대인으로서 복음을 당대의 그리스-로마 세계에 토착화하려 했던 바울도 **모든** 동성애 성행위를 **일체** 정죄했다는 점에서는 당시 사회의 성도덕과 달랐다."[75]

여섯째이자 마지막으로, 동성애의 개념이 바뀌었으므로 *arsenokoita*와 *malakia*를 "동성애자"로 번역하는 게 잘못이라는 피터슨의 주장은 설득력이 없다. 당시에 동성애가 오직 행위로만 정의되고 성향은 제외되었다는 그의 명제가 고대의 자료들을 통해 입증되지 않기 때문이다. 사도 바울도 로마서에 동성애 행위(롬 1:27의 "부끄러운 일을 행하여", 롬 1:32의 "행하는 자")와 그 이면의 생각 및 정욕(롬 1:24의 "마음의 정욕", 롬 1:28의 "상실한 마음", 참조. 롬 1:21)을 양쪽 다 언급했다. 따라서 피터슨이 내세운 이분법은 오류이며, 성경은 물론이고 성경 외적인 헬라 문헌도 그것을 뒷받침하지 않는다.[76]

이상을 비롯한 많은 이유로 인해, 신약에 언급된 동성애를 일부 협의의 변태적 동성애 행동으로 국한시키려는 시도들은 설득력이 없는 것으로 판정되어야 한다. 구약처럼 신약도 동성애를 하나님의 창조 질서에 위배되는 죄로 정죄한다는 전통적 관점이 유지되어야 한다.

동성애에 관한 이런 전반적 결론에 덧붙여, 특히 여태껏 살펴본 고린도전서 6장 9-10절에 나오는 몇 가지 사실이 있다.

1) **교회 안에 성적 부도덕을 용납해서는 안 된다**(고전 5:1-13). 여기에는 동성애를 행하는 사람들도 포함된다. 분명히 사도 바울은 동성애를 공공연히 행하는 사람들을 기독교 회중의 (지도자는 고사하고) 교인으로 용납하지 않았을 것이다

2) 동성애는 사람을 하나님 나라에 들어가지 못하게 막는 요인으로, **다른 많은 악과 함께 열거되어** 있다(고전 6:9-11, 참조. 고전 5:10). 동성애가 천국에 용납될 수 없다면 교회 안에도 용납될 수 없음을 분명히 알아야 한다.

3) 바울이 밝혔듯이 고린도 교회의 일부 교인들은 **동성애자 출신**이었다 (고전 6:11). 이는 그리스도 안에서 동성애자의 참된 변화가 가능함을 보여준다. 바울이 말했듯이 그 사람들은 그리스도 안에서 성령으로 말미암아 죄로부터 깨끗해졌고("씻음", 아마도 영적 중생을 가리키며 부수적으로 세례를 지칭할 수도 있다), 하나님과 그분의 일을 위해 구별되었고("거룩함"), 용서받고 하나님과 화목해졌다("의롭다 하심", 고전 6:11, 참조. 고전 1:30). 기꺼이 죄를 회개하고 그리스도의 용서와 삶을 변화시키는 능력을 받아 누리려는 모든 동성애

자에게 정말 희망을 주는 말씀이다.[77]

이제 우리는 동성애가 언급된 신약의 마지막 본문으로 넘어가 바울의 디모데전서를 살펴보려 한다. *arsenokoitēs*의 의미에 대한 논쟁은 이미 고린도전서 6장 9-10절을 다룰 때 결론을 내렸으므로 이번 본문은 더 간략히 설명할 수 있다.

디모데전서

동성애에 대한 디모데전서의 마지막 중요한 언급도 고린도전서의 경우와 마찬가지로 악의 목록에 포함되어 나온다. 이 언급은 율법을 오용하던 이단들의 속성을 자세히 설명한 곁가지(딤전 1:8-11)의 일부다.[78] 바로 뒤의 두 번째 곁가지(딤전 1:12-17)에는 거짓 교사들과 대조적으로 바울이 은혜로 구원받은 죄인의 전형으로 제시된다. 여기서 분명히 보듯이 바울은 자신이 본래 대적들보다 낫다며 자신을 높이지 않는다. 오히려 그가 이단들과 구별됨은 오직 그리스도 안에서 값없이 주시는 하나님의 구원과 용서를 받아들였기 때문이다.

이 본문에서 바울은 자칭 "율법의 선생"들이 내세운 전문 지식을 반박했다. 그들은 사도가 율법을 배척한다며 그를 비난했을 것이다. 그러나 확신에 찬 태도에도 불구하고 그들은 율법의 참 목적(딤전 1:8)과 본연의 대상(딤전 1:9-10)을 몰랐다. 이단들은 율법을 그리스도인의 삶의 기준으로 삼았는데 이는 바울의 말대로 "바른 교훈"(참조. 딤전 6:3, 딤후 1:13, 4:3, 딛 1:9, 2:1)에 어긋났다. 바른 교훈이란 바울에게 맡겨진 "복되신 하나님의 영광의 복음"을 따르는 것이었다.

율법의 대상은 구원받은 죄인이 아니며 그럴 필요도 없다(참조. 딤전 1:15-16). 율법의 주목적은 불의를 깨우치는 것이다. 물론 율법은 제대로만 쓰면 선한 것이다. 그러나 율법의 목적이 죄를 막는 것이라면 신자들의 경우, 그 목적이 이미 실현되었다. 그리스도인들은 죄에서 해방되어 이제 고요하고 경건한 삶을 영위하고 있기 때문이다. 이런 논증은 바울이 이전에 갈라디아서와 로마서에 가르친 율법의 목적과 일치한다(참 롬 7:7, 12-14, 16, 8:3-4, 13:8-10; 갈 5:14, 22-23).

본문의 악(또는 죄인)은 여섯 가지로 대별되어 각각 둘(이나 셋)씩 제시된 뒤 결론적으로 포괄적 문구가 덧붙여진다. 그 내용은 다음과 같다.[79]

1) 불법한 자와 복종하지 아니하는 자
2) 경건하지 아니한 자와 죄인
3) 거룩하지 아니한 자와 망령된 자(여기까지 합해서 십계명의 처음 네 계명을 연상시킨다)
4) 아버지를 죽이는 자와 어머니를 죽이는 자와 살인하는 자(제5계명인 "네 부모를 공경하라"와 제6계명인 "살인하지 말라"를 연상시킨다)
5) 음행하는 자와 남색하는 자(제7계명인 "간음하지 말라"를 연상시킨다)
6) 인신매매를 하는 자와 거짓말하는 자와 거짓 맹세하는 자(제8계명인 "도둑질하지 말라"와 제9계명인 "네 이웃에 대하여 거짓 증거하지 말라"를 연상시킨다), 기타 바른 교훈을 거스르는 자

둘(이나 셋)씩 묶여서 표현된 각각의 죄들은 대략 동일한 범주에 속한다. 따라서 우리의 현 취지에 가장 해당하는 "음행하는 자"(pornois, 참조. 고전 6:9의 pornoi와 moichoi)와 "남색하는 자"(arsenokoitais)는 둘 다 제6계명에 위배되는 성적 죄를 가리킨다.[80] 위에 표시했듯이 바울의 목록 중 처음의 광범위한 세 쌍은 불경하다는 개념으로, 포괄적 의미의 처음 네 계명과 관련될 수 있다. 그 다음에는 십계명의 뒷부분(출 20:12-16; 신 5:16-20) 중 특히 제5-9 계명이 이어진다.[81] 강경한 어휘들을 골라 쓴 것은 아마 이교 세계의 심한

악을 부각시키고, 아직 복음을 듣지 못한 사람들에게 율법의 필요성을 강조하기 위해서일 것이다(참조. 롬 1:21-32).

디모데전서 1장 9-10절에 악을 행하는 자들을 열거하던 바울은 자연스럽게 "죄인을 구원하시려고" 세상에 임한 "우리 주의 은혜"로 넘어간다. 바울 자신도 한때 율법에 정죄된 일들을 행하던 사람이었으나 이제 긍휼을 입었다. 이는 심지어 거짓 교사들과 앞에 언급된 계명 중 무엇이든 어긴 죄인들에게도 희망을 준다. 단 그들은 죄를 회개하고 여태까지 모세 율법을 잘못 사용하던 일을 그만두어야 한다.

이번에도 역시 바울은 악의 목록에 동성애를 포함시킨다(다만 고전 6:9-10과 달리 동성애 성관계의 두 파트너를 구분하지는 않는다). 그는 동성애를 간음과 한데 묶어 제7계명의 위반으로 제시함으로써 동성애가 그리스도인들에게 용인될 수 없음을 보여 준다. 이제 우리는 그동안의 조사 결과를 간단히 요약한 뒤 거기에 함축된 몇 가지 실제적 의미를 살펴보고 마치려 한다.

결론

동성애에 대한 성경의 판결

동성애에 대한 성경의 판결은 시종일관 똑같다. 모세오경에서 요한계시록까지, 예수에서 바울까지, 로마서에서 목회서신까지 성경은 동성애가 죄이며 하나님을 향한 도덕적 도발임을 한 목소리로 확언한다. 따라서 단체적으로 현대 교회와 개별적으로 성경적 그리스도인들은 성경의 일관된 증거를 명확하고 담대하게 증언해야 한다.[82]

"정치적 공정성"을 떠받드는 현대의 풍조 속에서 동성애를 규탄하는 사람들은 동성애 혐오자로 비난받고, 동성애는 여성이나 소수집단의 인권처럼 개인의 인권으로 제시된다. 자연히 교회에 대한 압력도 점점 거세지고 있다. 교회도 동성애에 대한 입장을 누그러뜨려 동성애를 행하는 사람들—일반인들만 아니라 교인들까지도—을 용인해야 한다는 것이다.[83] 근년 들어 일부 주류 교단들은 동성애를 공공연히 행하는 사람들을 지역과 전국의 지도자로 임명하기까지 시작했다.

물론 교회가 동성애에 대한 성경의 가르침을 명확히 선포할 때는 동성애자를 포함하여 모든 사람을 향한 하나님의 사랑도 함께 선포해야 한다. "하나님이 **세상을** 이처럼 사랑하사 독생자를 주셨으니 이는 그를 믿는 자마다 멸망하지 않고 영생을 얻게 하려 하심이라." 우리가 좋아하는 구절인 이 요한복음 3장 16절에는 모든 죄인이 포함되므로 당연히 동성애자도 포함된다. 동성애는 용서받지 못할 죄가 아니며 누구나 언제든 용서받을 수 있다 (고전 6:11).

그러나 용서받으려면 회개해야 하고 회개하려면 죄를 인정해야 한다. 회개가 **없는데도** 관용하고 죄를 인정하지 **않는데도** 수용한다면 교회는 성경의 명령을 저버리는 것이다(참조. 고전 5장). 사실 교회가 동성애에 대한 규탄을 누그러뜨리거나 아예 없애 버린다면 이는 사실상 동성애자들의 회개의 길을 막는 셈이다. 동성애가 교회에서뿐만 아니라 하나님 앞에서도 용인된다는 메시지를 전하는 셈이다. 이 경우에 적어도 우리는 하나님의 도움으로 죄를 미워하고 죄인은 사랑하려 해야 한다(그러려면 죄인에게 회개를 촉구해야 한다).

동성애 관련 성경 본문들에 대한 동성애 지지 해석과 그런 해석의 약점

본문	해석	약점
창 18:17–19:29	집단 강간	그들의 죄는 집단 강간으로 국한되지 않는다.

	소홀한 손님 대접	단지 성적 부도덕이 아니라 "순리에 어긋나는 욕심"이다(유 1:6-7, 참조. 벧후 2:4-10). 집단 강간이 미수로 그쳤는데도 소돔과 고모라는 멸망당했다. $y\bar{a}da$'의 의미는 창 19:8에서처럼 창 19:5에서도 ("알게 되다"가 아니라) "성관계"여야 한다. 현지의 손님 대접 법도를 어겼다는 사람은 롯인데 주민들이 죽임을 당했다.
레 18:22, 레 20:13	$t\bar{o}$'$\bar{e}b\bar{a}h$("가증한")는 가나안 신전의 남창들이 우상숭배의 일환으로 행하던 동성애 행위를 가리킨다.	이 단어는 그런 의미로 쓰이지 않은 때도 많으며, 도덕적으로 하나님이 악하게 보시는 행동들을 지칭한다. 근친상간(레 18:6-18), 간음(18:20), 수간(18:23) 같은 행동들에도 동일한 단어가 쓰였다. 아동 제사도 숭배 의식의 일부였으나 아동 제사는 언제나 악하다.
롬 1:18-32 고전 6:9-10 딤전 1:9-10	$arsenokoit\bar{e}s$("남자와 동침하는 사람")는 1세기의 헬레니즘 문화에 성행하던 남창, 남색, 동성애 행위, 부정적이고 비인간적인 형태의 동성애 등에 국한된다. 고대와 현대의 동성애는 개념이 너무 달라 같은 용어를 쓸 수 없다.	구약은 동성애 전반을 한결같이 정죄하며, 신약 또한 그것을 묵인한다고 보기 어렵다. 이 단어의 출처로 보이는 레위기에서 그것은 모든 종류의 남자 대 남자의 성관계를 지칭한다. 헬라어에 남색이라는 단어가 따로 있기 때문에 이 단어가 남색을 가리킨다고 보기 어렵다. 상호간의 정욕은 남색의 특징이 못 된다.

여성 동성애에는 남색(소아성애)이 없었다. 유대인인 바울이 동성애를 인정했을 리 없다.

동성애 "금욕" 관계도 "순리에 어긋나기" 때문에 용인될 수 없다. 그리스-로마 세계는 동성애를 인정하지 않았고 오히려 "순리에 어긋나는" 것으로 여겼다.

로마서 1:18-32에서 성경은 동성애 행위와 동성애 성향을 구분하지 않는다.

현대의 담론

동성애에 관한 현대의 담론에서 가장 주목할 만한 사실은 성경에 동성애가 허용된다고 주장하는 사람들이 내놓는 성경적·신학적 논거가 거의 없거나 전무하다는 것이다. 즉 동성애를 옹호하는 사람들은 앞서 논박된 논거들만 계속 똑같이 내놓는다. 동성애 지지자들이 근래에 이 주제로 쓴 글들을 보면 새로운 증거나 이론적 근거는 제시되지 않고 이번 장에 이미 기술된 전형적 논증들과 해석들만 되풀이된다.[84]

그러나 학문적·대중적 담론은 별로 진전이 없는데도 문화 전반에 정치적·사회적 차원의 소동은 상당하다. 사실 동성애의 수용은 세속 사회와 많은 교회에서 하나의 현실성 있는 대안적 생활방식으로 입지를 확보하고 있는 것 같다. 그 증거로 교회의 경우 다수의 주류 교단에서 평신도들과 성직자들 사이에 동성애에 대한 관용(과 심지어 증진)이 점증하고 있다. 예컨대 미국장로교(PCUSA), 복음주의 루터교, 연합감리교, 미국성공회 등이 그런 경우다.[85] 이중 일부 교단에서는 동성애에 대한 논의가 많아지고 있을 뿐이지만 일부 교단에서는 교회의 공식 정강으로 동성애를 지지한다. 그런가

하면 동성애가 통상적 관행으로 받아들여지는 교단들도 있다. 일반 사회의 경우 동성애 이데올로기의 성장은 동성애 행위를 허용하는 민법을 논의 또는 승인하는 지자체와 주 정부의 숫자가 많아지는 것으로 나타나고 있다. 거기에는 동성 결혼의 승인도 포함된다.[86]

그러나 중요하게 지적할 것이 있다. 동성애를 옹호하는 현대의 논리는 대부분 그 기초를 인권에 두고 있다. 소수집단의 권리를 정당하게 보호한 20세기 중반의 민권법과 비슷하게 동성애 생활방식에 대한 현대의 지지도 다분히 사회 정의로 표현된다. 그러나 그런 논리는 **욕망의 행위를 헌법상의 권리**와 동일시하기 때문에 성립되지 않는다. 현대의 많은 동성애 옹호자가 동성애 섹스를 인권으로 분류하지만 이는 동성애가 단지 개인의 취향이 아니라 천부인권의 일부라고 단정하는 처사다. 이런 개념은 입증된 적도 없거니와 심각한 문제를 야기한다. 온갖 종류의 성적 죄가 정당화될 길이 열릴 수 있기 때문이다. 즉 동성애를 증진하는 데 기용되는 인권의 논리대로 하자면, 일부다처나 근친상간이나 소아성애의 정당화와 심지어 법제화도 막을 길이 묘연해진다. 그런 행위들도 헌법상의 권리로 보호되어야 한다고 주장한다면 말이다.[87]

함축된 실제적 의미

그렇다면 동성애를 금하는 성경의 한결같은 증언에 함축된 실제적 의미는 무엇인가? 우선 분명히 할 것은 이 땅의 교회가 결혼과 가정에 대한 창조주의 성경적/전통적 모델을 변질시킨 동성애를 계속 배격해야 한다는 것이다. 동성애에 대한 기독교의 역사적 정통 입장을 떠난 교단들은 (동성애를 공공연히 지지하든 아니면 이 문제에 침묵으로 일관하든) 분명히 유대-기독교의 전통에서는 물론이고 더 중요하게 하나님의 말씀에서 벗어나 있다.

그러나 교회 안에 있으면서 동성애에 반대하는 사람들이나 그냥 개인적으로 이 행위의 죄성을 확신하고 있는 그리스도인들은 더 개인적인 딜레마에 부딪칠 수 있다. 예컨대 친구나 가족이 동성애에 가담하고 있거나 당신 자신이 동성애자라면 어찌할 것인가? 이것은 엄두가 나지 않는 문제처럼 보일 수 있고 특히 직접 관련된 사람들에게는 더 그렇다. 그러나 성경에 언급된 사실상의 다른 모든 죄와 마찬가지로 여기에도 요한일서 1장 9절이 적용됨을 잊어서는 안 된다. "만일 우리가 우리 죄를 자백하면 그는 미쁘시고 의로우사 우리 죄를 사하시며 우리를 모든 불의에서 깨끗하게 하실 것이요."

나아가 앞서 보았듯이 바울은 자신의 여러 편지에 동성애를 명백히 정죄했지만 그럼에도 고린도 교인들에게 이렇게 썼다. "불의한 자가 하나님의 나라를 유업으로 받지 못할 줄을 알지 못하느냐. 미혹을 받지 말라. 음행하는 자나 우상 숭배하는 자나 간음하는 자나 탐색하는 자나 남색하는 자나 도적이나 탐욕을 부리는 자나 술 취하는 자나 모욕하는 자나 속여 빼앗는 자들은 하나님의 나라를 유업으로 받지 못하리라. **너희 중에 이와 같은 자들이 있더니** 주 예수 그리스도의 이름과 우리 하나님의 성령 안에서 씻음과 거룩함과 의롭다 하심을 받았느니라"(고전 6:9-11).

그러므로 분명히 동성애는 극복될 수 있는 죄다. 동성애를 끊으려는 사람들을 위한 사역기관들과 기타 자료들이 다행히 많이 있다.[88]

11.
이혼과
재혼

하나님이 계획하신 아름다운 결혼이 성경에 명백히 밝혀져 있고, 많은 사람이 성경적 결혼에만 존재하는 친밀함과 사랑을 경험하기를 간절히 원한다. 그러나 종종 부부 관계가 깨져 성경의 이상에 이르지 못하는 게 서글픈 현실이다. 그것은 구약의 모세의 규정(신 24:1-4)에도 반영되어 있고 신약에도 인정되어 있다. 예수와 바울은 둘 다 일부일처의 백년해로라는 성경의 이상을 강력히 지지했지만 또한 둘 다 이혼과 재혼의 이슈를 다루었다. 그러나 차차 보겠지만 일부일처의 백년해로가 이상이라는 데는 모두가 동의하지만, 성경이 특정한 경우에 이혼과 재혼을 허용하는 것에 대해서는 성경을 믿는 그리스도인들 사이에도 의견이 나뉜다.[1]

구약의 이혼과 재혼

이혼과 재혼에 대한 신약의 가르침을 공부하기 전에 이혼이라는 주제를 구약에서 간략히 살펴보면 도움이 될 것이다. 신약의 논의가 다분히 그것을 기초로 이루어지기 때문이다. 이혼과 재혼의 논의에서 가장 중요한 본문은 아무래도 창세기 2장 24절이다. 결혼의 제정이 이 구절에 기록되어 있을 뿐만 아니라 예수께서 이혼과 재혼의 도덕성에 대한 질문을 받으셨을 때 인용하신 것도 그 구절이다(마 19:5; 막 10:8, 아울러 바울이 창 2:24를 인용한 고전 6:16; 엡 5:31도 참조하라). 그러나 창세기 2장 24절은 앞의 2장에서 충분히 다루었으므로 이혼과 재혼에 대한 우리의 논의는 이 주제에 대한 모세의 가르침이 나오는 신명기 24장 1-4절에서부터 시작된다.

신명기 24:1-4

차차 보겠지만 신명기 24장 1-4절은 이혼과 재혼을 주제로 한 예수와 바리새인들의 대화에 두드러지게 등장하는 본문이다.[2] 예수께서 마태복음 19장 8절과 마가복음 10장 5절에 분명히 밝히셨듯이, 신명기의 이 본문을 하나님이 이혼과 재혼의 관행을 지지하신다는 뜻으로 해석해서는 안 된다. 오히려 그것은 기존의 관행을 규제하고 억제하려는 시도였다.[3] 신명기의 이 규정에서 랍비들의 장황한 논쟁을 유발한 결정적 문구는 흔히 "수치 되는 일"이나 "어떤 수치"로 번역되는 *'ērwat dābār*라는 표현이다(신 24:1).

　예수 당시에 랍비들의 학파들이 지지한 해석의 전통은 크게 두 가지였다. 보수적인 샤마이(Shammai, 약 BC 50-AD 30년) 학파는 *'ērwat dābār*을 "벌거벗음의 문제"라는 뜻인 *debar 'ērwat*와 동의어로 보아 그 문구가 (결혼 전이든 후든) 난잡한 행동이나 성적 부도덕을 가리킨다고 해석했다. 그러나 더 온건파인 힐렐(Hillel, 약 BC 110-10년) 학파는 *'ērwat*("벌거벗음")과 *dābār*("뭔가")을 따로 분리하고(참조. 칠십인역의 *aschēmon pragma* 즉 "수치스러운 일") 또한 같은 구절의 "그[아내]를 기뻐하지 아니하면"이라는 말에 중점을 두어, 아내가 뭔가 남편의 마음에 들지 않는 일을 했다면 어떤 경우에도 이혼이 허용된다고 주장했다.[4] 더 허용적인 이 해석이 예수의 동시대 사람들을 대부분 지배하고 있었던 것으로 보인다(참조. 마 19:3). 예수 당시에 가장 영향력 있는 랍비였던 가말리엘(행 5:34, 22:3)이 랍비 힐렐의 손자이자 신학적 계승자였음을 감안한다면 어쩌면 그것은 당연한 일이었는지도 모른다.

　성경 시대에나 지금이나 *'ērwat dābār*의 의미에 대해서는 논란이 있지만 한 가지 분명한 사실이 있다. 원문의 정황상 이혼의 문제가 간음 때문이었다면 이 문구가 필요하지도 않았고 그런 의도로 쓰이지도 않았다. 모세오경에 따르면 간음에 대한 형벌은 사형이지 이혼이 아니기 때문이다(레 20:10; 신 22:22).[5] 하지만 동시에 고대 이스라엘에서 결혼이 매우 중시되었기 때문에 본문의 "수치 되는 일"도 한낱 사소한 것이 아니라 분명히 중대한 것이었다. 아마도 아내의 불임, 선천성 결손,[6] 여성 동성애 같은 음란하고 부도덕한 행동, 성관계에 못 미치는 성적 불륜,[7] 생리 불순[8] 등 남편 쪽에서 이의를 제기할 만한 여러 가지 사유였을 것이다. 다시 말하지만 모세의 이 규정은 그런 이혼을 묵인한다는 뜻이 아니라 단지 이혼을 규제하기 위한 것으로 해석되어야 한다. 요컨대 신명기 24장 1-4절의 취지는 명령이 아니라 기술이다. 예수의 동시대 사람들은 바로 그 점을 잘못 해석했던 것으로 보인다.[9]

이어지는 본문을 보면 남자가 이혼을 선택하여 아내가 재혼했는데 재혼마저 이혼으로 끝나거나 두 번째 남편이 죽었다면 첫 남편은 그녀와 다시 결합할 수 없다(신 24:2-4). 그것은 "여호와 앞에 가증한 것"이다(신 24:4). 이 규정은 남편에게 너무 성급히 이혼하지 말라는 경고의 역할을 한다. 이혼 후에도 여자가 혼자 산다면 남자는 다시 그녀를 데려올 수 있으나(참조. 호 3장) 일단 여자가 재혼하면 더 이상 그것이 불가능하다. 나아가 이 규정은 남편이 전 아내의 부도덕한 죄의 행실에 동참하지 못하게 남편을 보호하는 역할도 할 수 있다. 지참금과 관련된 문제도 있을 수 있지만 그것은 불확실하다.[10]

이혼과 재혼이 언급된 구약의 다른 본문들

이혼과 재혼이라는 주제가 율법서(레 21:7, 13-14; 신 22:13-29)와 역사서(스 10:3)와 예언서(사 50:1;;렘 3:1-14; 겔 44:22; 말 2:16) 등 다른 곳들에도 언급되어 있긴 하지만, 이런 산발적 언급은 대부분 지나가는 말일 뿐 특별히 교훈적 성격은 없다. 그 모든 본문에 이혼은 부정적으로 그려져 있다. 이 본문들을 읽으면 당연히 다음 세 가지가 드러난다. 즉 창세기 2장 24절에 제시된 결혼에 대한 창조의 이상이 계속 옹호되고, (이혼이 창조의 이상을 무너뜨리기 때문에) 하나님이 일관되게 이혼에 반대하시며, 뒤에 12장에서 다시 살펴볼 주제이지만 영적 지도자의 위치에 있는 사람들의 경우 삶 속에서 부부 간의 정절을 지켜야 한다.

신약의 이혼과 재혼

현대의 정황에서 이혼과 재혼이 절실한 문제임을 감안할 때, 이 주제가 신약의 지면을 뒤덮고 있지 않음을 알면 현대의 많은 독자가 놀랄 것이다. 사실 사도 요한과 베드로 같은 신약의 핵심 인물들의 저작이나 예수의 동생인 야고보와 유다의 서신에는 이혼과 재혼이라는 주제가 전혀 등장하지 않는다. 그나마 신약에 나오는 이혼과 재혼에 관한 자료는 딱 두 가지뿐이다. 하나는 공관복음에 기록된 예수의 비교적 짧은 발언들이고(마 5:31-32, 19:3-10; 막 10:2-12; 눅 16:18) 또 하나는 바울 서신 중 두 곳이다(롬 7:1-4; 고전 7:10-16, 39).

이혼과 재혼에 대한 예수의 가르침

모세 율법에 이혼을 규제하는 조항이 들어 있음에도 불구하고 앞서 보았듯이 구약은 이혼이 하나님의 이상에 미치지 못함을 분명히 밝힌다(말 2:16).[11] 따라서 예수께서 이혼과 재혼에 대한 질문을 받으셨을 때 청중을 태초의 시점으로 도로 데려가신 것은 놀랄 일이 못 된다. 그분이 그들에게 상기시키셨듯이 하나님은 인류를 남자와 여자로 지으셨고(창 1:27), 남자가 결혼할 때 부모를 떠나 아내와 연합하여 하나님 앞에서 한 몸을 이루도록(창 2:24) 그리고 사람들이 그것을 나눌 수 없도록 규정하셨다. "그런즉 이제 **둘이 아니요 한 몸이니** 그러므로 하나님이 짝지어 주신 것을 사람이 나누지 못할지니라"(마 19:4-6; 막 10:6-9).[12]

예수의 청중의 반응에서 분명히 보듯이 그들은 하나님이 창조 시에 정하신 본래의 목적이 모세의 규정으로 사실상 대체되었다고 생각했다. 당시의 신학적 풍조로 보건대 신명기의 법규에 이혼이 규정된 이유가 그들의 생각에 달리 무엇이겠는가(신 24:1-4)? 그러나 예수께서 말씀하셨듯이 모세가 추가한 규례는 하나님의 본래 의도를 대체하기 위함이 아니라 단지 인간의 완악한 마음이라는 현실을 반영한 것뿐이다(마 19:7-8; 막 10:5, 참조. 마 5:31-32). 어디까지나 결혼이란 **본래 한 남자와 한 여자가 정절을 지키며 백년해로하는 연합**이다.[13]

제자들의 반응

예수의 첫 제자들은 그분이 제시하신 높은 기준을 듣고는 그분의 관점이 너무 제한적으로 보여 이렇게 반응했다. "만일…이같이 할진대 장가들지 않는 것이 좋겠나이다"(마 19:10).[14] 예수는 그들의 반론을 일단 제쳐두신 채,[15] 소수의 사람들에게 정말 독신의 은사가 있을 수 있지만(19:11-12) 결혼에 대한 하나님의 본래 이상은 여전히 건재하다고 대답하셨다. 일각의 주장에 따르면 제자들의 반응은 예수의 기준이 지극히 높았어야만 한다는 증거다. 즉 일단 결혼이 완성되면 이혼이나 재혼이 아예 불가능하다는 것이다.[16] 예수께서 당대의 유대교 중 더 보수적인 계열에 그냥 동조하신 정도였다면 제자들이 그렇게 놀랄 이유가 없지 않겠는가? 그러니 예수의 기준이 "간음의 경우에는 이혼해야 한다"던 샤마이의 관점보다 더 엄격했을 수밖에 없다고 그들은 주장한다. 제자들의 반응은 예수께서 "결혼이 완성된 후에는 이혼이 불가능하다"는 입장을 옹호하셨다는 증거라는 것이다.

그러나 그런 논리는 대체로 설득력이 없다. 특히 제자들의 반응이 분명히 그들 자신의 정황과 가정(假定)에 영향을 입었기 때문에 그렇다. 동시대의 많은 유대인처럼[17] 예수의 제자들도 좀더 느슨한 기준을 가정했을 수 있다. 심지어 그들은 간음하다 붙들린 여인에게 예수께서 긍휼을 베푸신 일에 근거하여(요 7:53-8:11의 기사가 실제로 발생한 사건이라는 전제 하에) 그분의 기준이 더 느슨하다고 가정했고 그래서 엄하게 들리는 예수의 발언에 반발한 것인지도 모른다.[18] 아울러 당시의 유대교는 성적 부도덕의 경우에 이혼을 **의무화**했지만(참조. m. Soṭah 5:1) 본문에 보면 예수는 단지 이혼을 **허용하신** 것으로 보인다(따라서 용서의 필요성을 암시하셨다). 그러므로 마태복음 19장에서 제자들이 예수의 가르침에 기겁한 것은 이혼에 대한 예수의 기준이 보수적인 샤마이 학파보다도 높았다는 사실로 충분히 설명될 수 있다.[19]

"예외 조항"

이혼이 허용될 수 있는 경우에 대한 예수의 명백한 예외 조항에 그동안 많은 논의가 집중되었다. 마태복음 5장 32절과 19장 9절에 양쪽 다 언급된 예외 규정에 따르면(헬라어 표현은 각각 parektos logou porneias와 mé epi porneia로 약간 다르다) "음행한 이유 외에"는 이혼이 불법이다(헬라어 porneia를 "성적 부도덕"으로 옮긴 역본들도 있다).[20] 공관복음의 상응 구절인 마가복음 10장 11-12절과 누가복음 16장 18절에는 예외가 나오지 않는다. 그래서 일각에서는 예수께서 예외를 두신 적이 없는데 나중에 마태(나 다른 누군가)가 이 부분을 첨가했다고 주장한다.[21] 하지만 설령 그렇다 해도(그럴 소지는 낮지만) 이 "예외 조항" 역시 하나님의 감동으로 기록된 무오한 성경의 일부이며 따라서 오늘의 그리스도인들에게 권위를 지닌다.[22]

예수께서 예외를 언명하셨다고 인정하는 사람들 중 일부는 마태의 예외 조항을 마가와 누가와 바울의 절대적 표현에 맞추려 한다. 그리하여 마태의 본문이 아닌 다른 세 사람의 본문들을 궁극적 기준으로 삼아야 한다고 주장한다. 반대로 다른 일부는 마태의 예외 조항을 너무 성급하게 마가와 누가와 바울의 절대적 표현 밑에 포섭시키지 않으려 한다. 그들은 두 부류의 본문을 각각 그 자체로 연구하여 이 주제에 대한 예수의 가르침을 살려내야 한다고 주장한다.

"porneia의 이유 외에"

마태복음 19장 3-12절에 기록된 사건은 바리새인들의 이런 질문으로 시작된다. "사람이 **어떤 이유가 있으면** 그 아내를 버리는 것이 옳으니이까[적법하니이까]"(마 19:3, NIV에는 "아무 이유로라도"로 되어 있다[개역한글도 "아무 연고를 물론하고"로 옮겼다—역주]. 참조. 마 5:31).[23] 다른 경우들과 마찬가지로 예수의 적들은 그분을 자가당착에 빠뜨리거나 상충되는 관점들 중에서 택일해야 하는 명백한 딜레마를 내놓으려 했다. 사실 "그를 시험하여"라는 말(마 19:3, 참조. 막 10:2)로 보아 종교 지도자들은 예수를 상충되는 신학 학파들 중에서 택일해야 하는 상황에 몰아넣으면서 동시에 헤롯 안디바를 상대로 그분을 위험에 빠뜨리려 했다. 일찍이 세례 요한도 헤롯이 동생 빌립의 아내인 헤로디아와 불법으로 결혼한 일을 비난했다가 고초를 겪었다(참조. 마 4:12, 11:2-3, 14:3-4; 막 6:14-29).[24]

어쨌든 바리새인들의 질문은 예수 당시의 상이한 랍비 학파들이 신봉하던 관점들을 끌어들인다. 〈미쉬나〉는 AD 200년경에나 가서야 편찬되었지만 이혼을 보던 1세기 유대교의 각 입장에 해당하는 정보가 들어 있다.

샤마이 학파는 말한다. 아내의 부정(不貞)을 발견하지 않은 한 남자는 아내와 이혼할 수 없다. 기록되었으되 "그[아내]에게 수치 되는 일이 있음을 발견하고"라고 했기 때문이다(신 24:1). 힐렐 학파는 말한다. 아내가 남편의 요리를 망치기만 해도 [남자는 이혼할 수 있다]. 기록되었으되 "그에게 수치 되는 일이 있음을 발견하고"라고 했기 때문이다(*m. Git.* 9:10).[25]

예수께서 "예외 조항"을 직접 말씀하셨다는 (또는 적어도 마태가 추가한 표현 속에 그분이 그 상황에서 실제로 말씀하신 뜻이 담겨 있다는)[26] 전제 하에, 그분의 입장은 당대의 랍비 학파들과 어떻게 같거나 다른가? 분명히 예수의 관점은 힐렐 학파가 옹호하던 관점보다 무한히 더 엄격했다. 힐렐 학파는 "어떤 이유로든" 이혼이 가능하다고 보았다(참조. 마 19:3). 예수의 관점은 적어도 표면상으로는 샤마이 학파 쪽에 훨씬 가까웠다. 샤마이 학파는 정당한 이혼(재혼의 가능성과 함께)을 부부 간의 정절이 깨진 경우로 제한했다.[27] 그러나 앞에서 예수의 가르침에 대한 제자들의 반응과 연결시켜 이미 지적했듯이, 1세기의 유대교는 *porneia*의 경우에 이혼을 **의무화**했으나 예수는 샤마이와 반대로 이혼을 **허용만** 하신 듯 보인다.[28]

그뿐 아니라 매우 중요한 의미에서 예수의 답변은 두 랍비 학파들 사이의 율법주의적 입씨름을 초월하여 사안의 정곡을 찌른다. 본질상 예수는 정통 랍비의 방식대로 구약의 근거를 주어진 본문(신 24:1-4)에서 그보다 앞선 본문들(창 1:27, 2:24)로 옮기셨고, 그리하여 시기적으로 늦은 신명기의 규정을 예외적 허용 정도로 상대화시키셨다. 즉 그 규정은 창세기의 근본적 본문들에 확립된 영속적 원리를 결코 약화시키지 못한다.[29] 이렇게 예수는 하나님이 설계하신 결혼의 원안에 초점을 맞추심으로써 제자들에게 결혼의 참된 의미를 가르치신다.[30] 그분은 단지 인간의 제도가 아닌 하나님의 제도로서 결혼의 영속성을 강조하실 뿐 아니라 이혼이 하나님의 창조 목적에 근본적으로 어긋남을 역설하신다.

사실 예수께서 이혼과 재혼에 대한 기준을 **남녀 모두에게** 똑같이 적용하신 일(특히 막 10:11 참조)은 그야말로 혁명적이다. 모세 율법의 규정에도 이혼과 관련하여 남자와 여자를 평등하게 대하도록 되어 있다(레 20:10-12). 그러나 구약 시대에 이중 잣대가 성행하여 여자는 남편에게 정절을 지켜야 했지만(그렇지 않으면 처벌이 뒤따랐다) 남자에 대한 기준은 그보다 훨씬 느슨했다. 그런데 예수의 가르침은 부부 동거권을 남녀에게 대등하게 부여했다. 그래서 그분은 남자가 다른 여자들에게 음욕을 품으면 마음에 이미 간음한 것이라고 가르치셨다(마 5:28). 이 말씀 속에는 혼외정사가 남녀 모두에게 똑같이 잘못된 일임이 암시되어 있다.[31]

이혼에 대한 관점의 차이 ▬▬▬▬

관점	샤마이	힐렐	예수
배경으로 삼는 결혼에 대한 구약의 본문	신명기 24:1-4	신명기 24:1-4	창세기 1:27, 2:24
*porneia*의 의미	난잡한 행동이나 성적 부도덕	아내가 남편의 마음에 들지 않는 일을 한 모든 경우	아내 쪽의 부도덕한 행동으로 간음을 포함하나 그것으로 국한되지 않는다. (대다수의 견해)
*porneia*로 인한 이혼	의무	의무	허용
이혼과 재혼에 대한 기준의 적용	남자에게만 적용된다.	남자에게만 적용된다.	남녀 모두에게 적용된다.

상충되는 관점들

이상의 논의에 비추어 볼 때 이혼과 재혼에 대한 예수의 가르침을 이해하려면 *porneia*라는 단어의 의미가 분명히 핵심 쟁점이 된다. 그것이 예수께서 말씀하신 "예외 조항"의 중심 단어이기 때문이다. 이번 장 서두에 언급했듯이 *porneia*의 의미가 정확히 무엇인지에 대해서는 성경을 믿는 그리스도인들 사이에도 의견이 나뉜다. 그러나 여태까지 학자들이 제의한 해석들은 세 가지 상충되는 관점들로 쉽게 대별될 수 있다. 그 내용을 자세히 살펴보면 다음과 같다.

첫 번째 관점은 *porneia*가 간음 내지 성적 부도덕을 지칭하는 것으로 이해하며, **배우자의 간음 내지 성적 부도덕으로 인한 결백한 쪽의 이혼과 재혼이 성경적으로 정당하다고** 믿는다("이혼과 재혼이 둘 다 가능하다"). 유명한 개혁가인 로테르담의 에라스무스(Erasmus)가 이 입장을 신봉하고 개신교계에 대중화시켰기 때문에 이를 "에라스무스의 관점"이라 부르기도 한다(다른 명칭들도 있다).[32] 웨스트민스터 신앙고백에도 나오는 이 입장은 오늘날 개신교의 복음주의자들 중 대다수의 견해를 대변한다. 가장 잘 알려진 주창자로 크레이그 블롬버그(Craig Blomberg), D. A. 카슨(D. A. Carson), 존과 폴 페인버그(John & Paul Feinberg), 고든 휴겐버거(Gordon Hugenberger), 데이비드 클라이드 존스(David Clyde Jones), 존 맥아더 주니어(John MacArthur Jr.), 존 머레이(John Murray), 로버트 스테인(Robert Stein), 존 스토트, 윌리엄 헤스(William Heth) 등이 있다.[33]

두 번째 관점도 *porneia*가 간음 등 모종의 성적 죄를 가리킨다고 보지만, 예수께서 **성적 죄로 인한 이혼을 허용하셨을 뿐 재혼을 허용하신 것은 아니라고** 믿는다("이혼은 되지만 재혼은 안 된다"). 교회가 처음 생겨날 때부터 16세기까지 만인의 일치된 의견이었던 이 입장은 예수의 가르침 중 예외 조항의 위치에 초점을 맞추어 *porneia* 뒤에 나오는 "다른 데 장가드는 자는"이라는 말에 주목한다. (*porneia*로 인한 이혼 후에) 재혼을 해야만 죄가 실제로 성립된다는 것이다. 오늘날에는 지지층이 넓지 않지만 근래에 특히 고든 웬함, 로버트 건드리(Robert Gundry), 워렌 카터(Warren Carter), 앤드류 콘즈

(Andrew Cornes), 프랑스 작가 자크 뒤퐁(Jacques Dupont) 등이 이 관점을 받아들였다.[34]

예외 조항에 대한 세 번째 관점은 현대적 의미의 **이혼과 재혼을 둘 다 허용하지 않는다**("이혼도 안 되고 재혼도 안 된다"). 이 입장을 신봉하는 학자들은 *porneia*로 지칭되는 특정한 성적 죄가 당시의 유대 민법상 결혼 자체를 이미 위법으로 만들었을 거라고 본다. 마태복음의 수신자들에게 적용되었을 이 성적 죄의 정체로는 (약혼 기간의) 혼전 성관계, 근친상간, 유대인과 이방인의 영적 혼혈혼, 이상 몇 가지의 조합 등이 제시되었다. 이 관점을 옹호하는 학자들로는 특히 F. F. 브루스(F. F. Bruce), 제임스 몽고메리 보이스(James Montgomery Boice), 조셉 A. 피츠마이어(Joseph A. Fitzmyer), 에이블 아이작슨(Abel Isaksson), J. 칼 레이니(J. Carl Laney), 드와이트 펜티코스트(Dwight Pentecost), 존 파이퍼(John Piper), 찰스 라이리(Charles Ryrie) 등이 있다.[35] 앞에 언급한 다른 두 관점과 마찬가지로 이 입장 내에도 미묘한 견해 차이가 많이 존재한다.

우리가 제안하는 기준

여러 변이와 혼합을 곁들여 앞의 각 관점에 대한 논증과 반증을 열거할 수도 있다(이 책의 부록을 참조하라). 그러나 이 책의 성격이 입문서이기도 하거니와 "예외 조항"에 대한 각 해석마다 박식하고 영적인 선의의 주창자들이 있다. 따라서 여기서는 어느 특정한 입장을 옹호하기보다 이혼과 재혼에 대한 예수의 가르침을 보는 각자의 관점을 정립할 수 있도록 몇 가지 기준을 제안하고자 한다.

첫째로, 모든 주요 헬라어 사전에 나와 있듯이 *porneia*는 성적 죄를 가리키는 포괄적 단어다.[36] *porneia*의 정확한 의미는 항상 그 단어가 쓰인 문맥을 보아야 알 수 있다. 그러나 *porneia*는 **언제나 구체적인 성적 죄를 가**

리킨다. 이 사실을 강조하는 이유는 아무도 예수께서 쓰신 *porneia*라는 단어로부터 성적 죄가 없는 "무과실" 이혼의 원리를 도출할 수 없음을 밝히기 위해서다. 현대의 일부 학자들은 *porneia*의 범위를 넓혀 성적 죄가 아닌 죄까지 포함시키려 했다. 아마도 문화에 부응하거나 부합하려는 욕심이 더 많이 작용했을 것이다. 다른 학자들은 *porneia*가 구체적인 성적 죄를 떠나 단지 사람의 마음 상태를 가리킬 수 있다고 주장하기도 했다. 물론 사도 바울이 비신자 배우자의 유기로 인한 이혼을 인정하긴 했지만(아래의 논의를 참조하라), 공관복음에 나타난 예수의 가르침에서 "무과실" 이혼과 그에 따른 재혼의 관점에 도달할 수는 없다.

둘째로, 이 주제에 대한 예수의 가르침 중 의미가 명확한 부분, 하나님이 설계하신 결혼 제도, 이혼과 재혼에 대한 구약의 가르침 등을 모두 종합하면 "예외 조항"에 대한 각자의 관점이 어떠하든 간에 부부 관계의 신성함이 강조되어야 한다. 설령 자신이 이해하는 *porneia*의 의미에 입각하여 외도 같은 성적 죄로 인한 이혼과 재혼을 허용한다 해도(현대 교회의 대다수의 입장이다) 여전히 이혼을 하나님의 창조 설계에 어긋나는 가슴 아픈 실패로 보아야 한다. 요컨대 이혼을 허용하는 사람들도 이혼을 죄의 결과로 이해해야 한다. 최소한 유책 배우자 쪽에는 죄가 있다. 반대로 예외 조항이 현대적 의미의 이혼을 허용하지 않는다고 보는 사람들은 이혼을 허용하는 사람들이 결혼을 가볍게 여긴다고 비난해서는 안 된다. 특히 이혼을 허용하긴 하되 자신이 이혼을 비극으로 본다는 사실을 명확히 밝히는 사람들을 비난해서는 안 된다.

셋째로, "예외 조항"에 대한 각자의 관점을 정립할 때는 이혼과 재혼에 관한 성경의 자료 전체를 편견 없이 읽고 거기에 기초하도록 신중을 기해야 한다. 논란이 되는 모든 성경 교리의 경우와 마찬가지로 이혼과 재혼에 대한 자신의 입장을 정할 때도 과거의 경험, 사사로운 감정, 실용적 취지 등에 이끌리기가 너무 쉽다. 현대 문화에서 이혼과 재혼이 절실한 문제인 만큼 신자들은 각별히 주의하여 자신의 관점의 근거를 성경 본문에 두어야 한다. 또한 가혹함을 거룩함으로, 방임을 은혜로 혼동하는 흔한 오류를 삼가야 한다. 나아가 이 주제에 대해 정통 신자들 사이에도 이견이 있기 때문에 우리는 모두에게 이혼과 재혼에 대해 소신껏 주관을 품되 관대할 것을 권하고 싶다. 입장이 다른 사람들과의 솔직한 대화에 마음이 열려 있기를 바란다.

이혼과 재혼에 대한 바울의 가르침

앞서 말했듯이 공관복음에 나오는 이혼과 재혼에 대한 예수의 가르침 외에 이 주제에 대한 신약의 다른 자료는 사도 바울의 서신에만 있다(롬 7:1-4; 고전 15:10-16, 39). 더욱이 다음에 보다시피 바울이 로마서에 제시한 이혼과 재혼은 다분히 예화이며, 이 주제에 대해 고린도전서에 설명한 내용은 고린도 교회의 질문에 대한 답변으로 보인다(참조. 고전 7:1, "너희가 쓴 문제에 대하여 말하면…").

로마서 7:1-4

로마서에서 바울은 우선 모든 사람이 죄인임을 입증하고(롬 1:1-3:20) 하나님이 신자들에게 베푸시는 의를 설명한 뒤에(롬 3:21-5:21) 6장 1절부터 8장 39절까지에 걸쳐 성화의 교리를 체계적으로 풀어낸다. 뜻밖일지 모르지만 로마서의 이 대목에 이혼과 재혼에 대해 가장 흔히 간과되는 신약의 본문이 들어 있다. 독자들에게 성화를 권고하면서 바울은 결혼이라는 지극히 실제적인 예화를 들어, 그리스도께서 인류의 죄를 위해 죽으셔야 했던 필요성과 그 죽음에 함축된 의미를 예시한다. 사도는 속죄를 성화의 근거로 제시한 뒤에 로마서 7장 1-4절에 이렇게 썼다.

형제들아, 내가 법 아는 자들에게 말하노니 너희는 그 법이 사람이 살 동안만 그를 주관하는 줄 알지 못하느냐. 남편 있는 여인이 그 남편 생전에는 법으로 그에게 매인 바 되나 만일 그 남편이 죽으면 남편의 법에서 벗어나느니라. 그러므로 만일 그 남편 생전에 다른 남자에게 가면 음녀라. 그러나 만일 남편이 죽으면 그 법에서 자유롭게 되나니 다른 남자에게 갈지라도 음녀가 되지 아니하느니라. 그러므로 내 형제들아 너희도 그리스도의 몸으로 말미암아 율법에 대하여 죽임을 당하였으니 이는 다른 이 곧 죽은 자 가운데서 살아나신 이에게 가서["결혼하여," KJV, NKJV] 우리가 하나님을 위하여 열매를 맺게 하려 함이라.

그렇다면 사도가 결혼을 예로 든 요지는 분명하다. 배우자가 죽으면 결혼의 속박에서 자유로워지듯이 그리스도의 죽음은 우리를 죄의 속박에서 자유롭게 한다. 성화와 관련시켜 더 실제적으로 말하면, 배우자가 죽으면 자유로이 다른 사람과 결혼할 수 있듯이 그리스도의 죽음은 우리를 예수와 연합시켜 "하나님을 위하여 열매를 맺게" 한다(롬 7:4).

성화를 결혼에 비유한 이런 가르침을 바울의 유대인 독자들과 헬라인 독자들은 금방 알아들었을 것이다. 사도의 말대로 그들은 "법 아는 자들"(롬 7:1)이며 아마 창조 내러티브도 알았을 것이다. 그래도 중요하게 기억해야 할 것은 로마서 7장 1-4절에서 바울의 취지가 이혼과 재혼의 도덕성을 철저히 논의하는 게 아니라 속죄의 필요성과 의미에 대해 더 깊은 진리를 예시하는 것이라는 점이다.

고린도전서 7:10-16, 39

이혼과 재혼을 주제로 한 신약의 마지막 본문은 고린도전서 7장 10-16, 39절이다. 우선 10-11절에서 바울은 예수의 가르침에 의지하여 이렇게 말한다. "결혼한 자들에게 내가 명하노니 (명하는 자는 내가 아니요 주시라) 여자는 남편에게서 갈라서지 말고 (만일 갈라섰으면 그대로 지내든지 다시 그 남편과 화합하든지 하라) 남편도 아내를 버리지 말라." 마가와 누가처럼 바울의 말도 절대적 표현으로 되어 있다. 따라서 *porneia*로 인한 이혼이라는 "예외 조항"은 신약에서 마태복음에만 나온다. 사도는 남편이든 아내든 배우자와 이혼해서는 안 되며 그래도 이혼했다면 재혼해서는 안 된다고 썼다. 10-11절은 "이혼도 안 되고, 재혼도 안 된다"는 관점을 전제로 하면 무리 없이 읽히지만, 12-16절로 가면 논의가 약간 복잡해진다.

고린도전서 7장 12-16절에서 바울은 똑같은 문제를 약간 다른 정황에서 다룬다. 바로 비신자 배우자가 신자를 버리는 경우다.[37] 예수께서 이 특정한 문제를 언급하신 적이 없으므로 바울이 스스로 상황을 판정해야 한다 ("내가 말하노니 [이는 주의 명령이 아니라]", 고전 7:12). 그렇다고 사도로서 바울의 공언에 결코 권위적 성격이 떨어지는 것은 아니다. 바울에 따르면 영적 혼혈혼(신자와 비신자의 결혼)을 했더라도 이혼보다는 그대로 사는 게 낫다(참조. 벧전 3:1-2). 이 부부의 자녀들에게 기독교적 환경이 주어지기 때문이다(고전 7:14).[38] 그러나 비신자 배우자가 굳이 떠나겠다면 신자는 상대를 붙잡아서는 안 된다. 하나님이 화평을 바라시기 때문이고, 비신자가 결국 구원받으리라는 보장도 없기 때문이다(고전 7:15-16).[39]

이 본문에서 바울은 "혹 믿지 아니하는 자가 갈리거든 갈리게 하라. 형제나 자매나 이런 일에 구애될[**속박될**, 헬라어로 *douloō*] 것이 없느니라"고 결론짓는다(고전 7:15). "속박될 것이 없다"는 말은 무슨 뜻인가? 고린도전서 7장 39절의 비슷한 표현에서 이 물음의 단서를 찾을 수 있다. 거기에서 바울은 "아내는 그 남편이 살아 있는 동안에 **매여 있다가**[헬라어로 *deō*] 남편이 죽으면 자유로워 자기 뜻대로 시집 갈 것이나 주 안에서만 할 것이니라"라고 썼다. 그렇다면 결국 질문은 이것이다. 바울은 비신자 배우자한테 버림받아 이혼한 사람에게 재혼을 허용하는가? 마태복음 5장 32절과 19장 9

절의 "예외 조항"에 대한 해석과 마찬가지로 이 물음의 답에도 해석자들의 이견이 있다.

상충되는 관점들

대다수의 복음주의 학자들(즉 앞서 말한 "이혼과 재혼이 둘 다 가능하다"는 관점을 표방하는 사람들)은 고린도전서 7장 15절을 7장 39절과 연계하여, 결백한 쪽은 재혼할 자유가 있다는 가르침으로 해석한다. 이 관점을 지지하는 사람들은 헬라어 단어 *douloō*와 *deō*가 서로 연관성이 있어 혼용이 가능하다고 본다.[40] 따라서 39절에 맞추어 보면, 떠나는 배우자는 결백한 배우자에게 그 유기의 결과로 "죽은" 상태가 된다는 것이다. 나아가 그들은 39절에 나오는 "자유로워 자기 뜻대로[아무에게나] 시집 갈 것"이라는 바울의 문구가 "자유로이 아무 남자하고나 결혼할 수 있다"(*m. Giṭ* 9:3)는 유대교의 이혼 문구와 비슷하다고 주장한다. 이 관점에 따르면 버림받은 쪽은 결혼 자체에 수반되는 **신분적 위치**에 속박되지 않는다. 다시 말해서 그들은 비신자 배우자의 유기가 결혼의 구속력을 해체시키므로 상대는 자유로이 다른 사람과 재혼할 수 있다고 해석한다.

그러나 소수의 해석자들(즉 앞서 말한 "이혼은 되지만 재혼은 안 된다"는 관점이나 "이혼도 안 되고 재혼도 안 된다"는 관점을 표방하는 사람들)은 다음과 같이 주장한다. 바울이 고린도전서 7장 15절에서 인정했듯이 사람이 복음을 받아들인 결과로 비신자 배우자에게 버림받을 수는 있으나(예수도 그런 암시를 하셨다. 참조. 눅 14:26-27, 18:29-30) 그렇다고 바울이 그 결과로 결혼의 구속력이 해체된다거나 재혼할 권리가 생겨난다고 가르치지는 않았다. 이 입장을 지지하는 사람들은 바울이 고린도전서 7장 10-11절에서 재혼을 명백히 금했다는 사실에 주목한다. 또한 사도의 글에 재혼의 가능성이 명시될 때는 언제나 배우자의 물리적 죽음이 전제된다는 점도 지적한다(롬 7:2; 고전 7:39). 따라서 이 관점에 따르면 버림받은 쪽은 떠나려는 비신자 배우자를 붙잡을 **관계적 의무**에 속박되지 않는다. 말리려 하는 게 오히려 그리스도를 닮지 못한 모습이며(참조. 렘 3:8, 14) 화해의 가능성마저 막을 수 있다는 것이다(고전 7:16).[41]

우리가 제안하는 기준

마태복음의 "예외 조항"에 상충되는 관점들의 경우처럼 고린도전서 7장 15절의 다양한 해석들에 대해서도 논증과 반증을 열거할 수 있다(부록을 참조하라).[42] 그러나 알다시피 바울이 비신자 배우자의 유기에 따른 재혼을 허용했는지의 여부에 대한 논란을 해결해 줄 "묘책"은 없다. 그래서 우리는 실생활의 상황에 대처할 때나 각자의 관점을 정립할 때 고려할 수 있도록 독자들에게 다음과 같은 기준을 제시하고자 한다.

첫째로, 주지하다시피 고린도전서 7장 15절에서 바울은 비신자 배우자가 원할 경우 이혼이 발생할 수 있음을 인정했다. 이는 고린도전서 7장 10-16, 39절에 대한 모든 정통 해석이 공인하는 사실이다. 본문에 관련된 논란은 그런 이혼이 허용 가능한가가 아니라 신자 쪽이 무엇에 속박되어 있는가—결혼 자체인가, 아니면 떠나는 배우자를 향한 관계적 의무인가—의 문제다. 이는 소위 "이혼도 안 되고 재혼도 안 된다"는 관점을 고수하는 사람들도 인정하는 부분이다. 그러므로 바울은 15절에 당연한 이혼 사유를 제시한 게 아니라 타락한 세상에 이혼이 발생함을 인정한 뒤 모세처럼 그런 상황을 규제할 지침을 준 것이다. 그렇다면 바울의 가르침에 비추어, 그런 이혼이 발생할 때 신앙 공동체는 버림받은 쪽을 배척하거나 깔보아서는 안 된다. 이 경우 버림받은 쪽이 이혼을 원한 게 아니라 오히려 유기의 피해자임을 기억해야 한다.

둘째로, 비신자 배우자의 유기에 따른 재혼이 허용된다고 보는 사람들의 경우에도(현대 교회의 대다수의 관점이다) 재혼은 비신자 배우자와 화해하고자 장기간 노력한 후에만 이루어져야 한다. 바울은 혹 신자끼리 이혼하는 경우에도 화해를 명백히 이상(理想)으로 제시했다(고전 7:11). 그렇다면 배우자가 비신자일 때도 결코 기준이 더 낮아서는 안 된다. 사실 성공 여부를 떠나서 화해의 시도는 백년해로하는 일부일처의 부부 관계라는 창조의 이상에 잘 부합된다.

셋째로, 고린도전서 7장 15절이 재혼을 허용한다는 해석에 정직히 도달했으나 비신자 배우자와의 화해가 끝내 불가능한 사람들의 경우는 죄책감이나 교회의 비난 없이 자유로이 재혼할 수 있어야 한다. 이 구절에 대한 해석이 서로 달라도 모두가 기억해야 할 것은 자유로이 재혼하는 사람들이 결혼을 가볍게 여기거나 성경 본문에 어긋나게 행동하는 게 아니라는 점이다. 오히려 그들의 행동은 자신이 이해하는 성경에 따른 것이다. 따라서 버림받고 이혼한 후에 재혼한 사람들을 우리가 소외시킨다면 이는 바울이 고린도전서 7장 15-16절에서 장려하려 한 그리스도의 몸 된 교회 내의 화평이라는 이상(理想) 자체에 어긋나는 행동이 될 것이다.

결론

지금까지 이혼과 재혼에 대한 성경의 자료를 훑어보았으니 이를 바탕으로 다음과 같은 결론이 가능하다. 창조 내러티브는 하나님이 결혼을 한 남자와 한 여자의 평생의 연합으로 제정하셨음을 지지하며, 모세와 예수와 바울도 그것을 재천명했다. 죄가 현실로 상존하고 이혼이 실제로 벌어지지만 하나님의 이상은 이런 타락한 세상에서도 여전히 유효하다. 그러나 죄로 물든 세상에 이혼이 불가피하기에 성경의 저자들은 규정을 제시하여 이혼을 규제할 필요성을 느꼈다. 다만 이혼과 재혼이 발생할 수 있는 예외 상황의 정확한 의미에 대해서는 앞서 보았듯이 논란이 있다.

현대의 담론

이혼과 재혼의 도덕성이나 사유에 대한 논란은 현대 교회 안에서 지금도 계속되고 있다.[43] 가끔 격해질 때도 있지만 현대의 문헌을 개괄해 보면 알 듯이, 그동안 이 중요한 주제에 대한 논의는 대체로 신사적이었다. 그 정신을 이어받아 결론적으로 네 가지 원리를 남기고 이 주제를 맺고자 한다. 이혼과 재혼을 고민 중이거나 어쩌면 진행 중인 사람들에게는 물론이고, 현대의 담론에도 도움이 되리라 믿는다.

첫째로, 이혼과 재혼에 대한 각자와 관점과 관계없이 모든 신자들이 명심해야 할 사실이 있다. 이혼과 재혼이 인생을 바꾸어 놓는 사건이긴 하지만, 설령 누가 이혼과 재혼으로 죄를 범했다 해도 그 행동을 용서받지 못할 죄로 보아서는 안 된다. 물론 성경에 용서받지 못할 죄가 밝혀져 있지만(참조. 마 12:31; 막 3:28-29) 그 죄는 성령을 모독하는 행위이지 이혼과 재혼이 아니다. 그러므로 죄가 되는 이혼과 재혼에 평생의 결과가 따를 수는 있을지언정 그 행위 자체는 죄의 자백을 통해 분명히 용서받을 수 있다(요일 1:9).

둘째로, 어떤 그리스도인들은 이혼과 재혼이라는 주제를 아예 피하고 싶을 수 있다. 주제의 성격상 감정이 개입되기 때문일 수도 있고 학자들 사이에 일치된 의견이 없기 때문일 수도 있다. 그러나 우리는 모든 신자들에게 이혼과 재혼에 대한 성경 본문들을 세심히 훑어볼 것을 권한다(아울러 이 책의 "참고문헌"에 소개된 이혼과 재혼에 대한 유익한 자료들도 참조하라). 이혼과 재혼은 현대 문화에서 절실한 문제이며, 따라서 책임감 있는 그리스도인들이라면 이 주제를 논할 만한 능력을 힘써 기를 것이며 "너희 속에 있는 소망에 관한 이유를 묻는 자에게는 대답할 것을 항상 준비"할 것이다(벧전 3:15). 이번 장에서 보았듯이 이혼과 재혼에 대한 성경의 자료는 그다지 많지 않다. 관련 본문들을 애써 훑어보고 부지런히 공부하면 개인이나 교회 전반이나 반드시 유익을 누릴 것이다.

셋째로, 이혼과 재혼에 대한 대다수의 현대 복음주의자들의 관점에 따르면 간음 같은 성적 죄로 인한 이혼(과 어쩌면 재혼)은 허용된다. 하지만 성적 죄가 아닌 구타 같은 죄의 경우에는 어찌할 것인가의 문제가 여전히 남는다.[44] 이런 경우 신자들은 별거(예를 들어 매 맞는 아내의 생명을 보호하기 위한)가 이혼과는 다름을 기억해야 한다. 사실 배우자의 악한 행동 때문에 목숨이 위태로운 지경이라면 별거가 허용되는 정도가 아니라 도덕적으로 필수라는 게 우리의 결론이다. 우리가 믿기로 이럴 때는 교회가 개입하여 피해자를 섬길 의무가 있다(예를 들어 물리적 보호책을 확보하도록 도울 수도 있고 재정적 필요를 채워 줄 수도 있다). 나아가 이런 별거는 대개 둘 중 하나의 결과를 낳는다. (1) 가해자가 중생한 사람이라면 회개하고 화해를 구할 것이다. (2) 가해자가 중생하지 않았다면 얼마 후에 떠나갈 소지가 높은데, 그러면 위에 말한 고린도전서 7장 15절의 상황이 된다.

끝으로, 이혼과 재혼에 대한 관점은 일반 교인들이 개입된 경우뿐만 아니라 특히 교회 지도자들과 관련하여 중요한 영향을 미친다. 이혼한 사람에게도 상황에 따라 목사나 장로나 집사의 직분을 성경적으로 정당하게 맡길 수 있는가? 아니면 성경은 이혼자에게 일체의 교회 직분을 금하는가? 이는 위에서 논한 이혼과 재혼 전반에 대한 성경의 가르침과 분명히 관련되는 문제다. 그러나 다른 여러 본문들과도 맞물려 있기 때문에 이 논의는 다음 장으로 넘긴다.

12.
교회 지도자의
자격

목회서신에 규정된 교회 지도자의 자격에는 지원자의 결혼생활과 가정생활이 중요하게 다루어진다.[1] 이 주제에 관한 주요 본문인 디모데전서 3장 1-13절에 보면 감독과 집사는 둘 다 "한 아내의 남편"(*mias gynaikas andra*)이어야 하고(딤전 3:2, 12, 참조. 딛 1:6, 다음을 더 참조하라), 감독은 자녀들로 모든 공손함으로 복종하게 하고(딤전 3:4, 참조. 딛 1:6) 자기 집을 잘 다스려야 한다(딤전 3:4). "사람이 자기 집을 다스릴 줄 알지 못하면 어찌 하나님의 교회를 돌보리요"(딤전 3:5). 그것이 바울의 논리다. 사실 사도가 같은 장의 뒷부분에 밝혔듯이 교회는 "**하나님의** 집"이다(딤전 3:15).[2] 이렇듯 교회와 가정은 밀접한 관계가 있으며, 남편과 아버지로서 본분을 다하는 성숙한 그리스도인의 모습이야말로 목사나 장로의 직분을 사모하는 사람들의 가장 기본적인 자격 요건 중 하나다.[3]

부부 간의 정절이라는 자격 요건

"한 아내의 남편"의 의미

디모데전서 3장 2절과 12절에 나오는 *mias gynaikas andra*라는 문구의 의미에 대해서는 역본과 주석가마다 상당한 차이를 보인다.[4] (1) 바울의 말은 교회 지도자가 기혼자여야 한다는 뜻인가(미혼 직분자를 배제하는가)? (2) 이혼한 지원자를 금하는 말인가? (3) 사별하고 재혼한 사람은 교회 직분을 맡을 자격이 안 되는가(NRSV)? (4) 사도는 일부다처를 반대하는 것인가(NIV에 암시된 의미)? (5) 아니면 실제로 결혼한 경우(또한 대개 기혼자라는 전제 하에) 직분자에게 부부 간의 정절을 요구하는 것인가? 결혼한 상태에서 아내에 대한 정절을 어기는 일과 반대되는 의미로 말이다. 예컨대 한 번이나 여러 번의 혼외정사가 그에 해당할 것이다(고대 세계에 그런 경우가 축첩의 형태로 많이 있었다). 사실상 이 모든 입장마다 그 입장을 취하는 역본과 주석가가 최소한 얼마라도 있다.[5] 이 난해한 이슈를 어떻게 만족스럽게 해결할 것이며, 문구의 의미와 고대의 문화적 배경에 비추어 어떤 해석이 가장 타당하겠는가?

첫째로, 바울은 사도 인생의 전부는 몰라도 대부분의 기간에 독신이었고(참조. 고전 7:8, 이 책의 9장) 독신이 하나님 나라의 일에 이롭다고 호평한 적도 있다(고전 7:32-35). 그런 그가 독신자들을 교회 직분에서 배제했을 리가 없다. 게다가 교회 직분을 기혼자들에게 제한하는 게 사도의 의도였다면 그는 훨씬 더 명확히 말할 수도 있었다(예를 들어 감독의 자격 요건으로 "결혼한 자"[gamos]를 꼽았을 수 있다). 그러므로 이 요건은 단순히 대부분의 유자격 후보들을 기혼자로 전제하고 아내를 향한 남편의 행실을 다루었을 소지가 높다.

둘째로, 이혼한 남자들을 제외시키는 게 바울의 의도였다면 역시 이 요건도 얼마든지 더 직접적으로(예. "이혼하지 않은 자") 표현했을 수 있다. "**한** 아내의 남편"은 이혼자를 금한다는 의미의 직설적 표현이 아니므로 이 해석은 적어도 문구 자체만 보아서는 추론에 그칠 수밖에 없다. 사실 목회서신을 통틀어 이혼은 한 번도 언급되지 않는다(재혼도 마찬가지다).

셋째로, 바울은 사별하고 재혼한 사람들(문자적으로 한 번이 아니라 두 번 결혼한 사람들)에게 교회 직분을 금하려 했을 리도 없다. 다른 본문에서 바울은 배우자를 사별한 사람들을 온전히 긍정적으로 대하며 그들에게 재혼을 권했다.[6] 그런 그가 자신의 조언을 따라 재혼한 사람들에게 왜 교회 직분을 막아야 하는지 납득하기 어렵다. 특히 그들 중에는 나이가 지긋하고 성숙하여 존경받는 사람들, 인생 경험과 영적 경륜을 갖추어 교회에서 유능하고 탁월한 리더십을 발휘할 만한 사람들이 많겠기에 더욱 그렇다(참조. 딛 2:2; 벧전 5:5; 살전 5:12; 히 13:17). 사별하고 재혼한 경우 재혼은 그 사람의 도덕적 실패나 성품상의 결함을 뜻하는 게 아니다. 새 아내가 있다고 해서 남편의 지도자 자격에 걸림돌이 되는 것도 아니다. 이 사람은 다른 기혼 남자들이 교회 직분을 구하고 맡는 경우와 다를 바 없다. 그러므로 사별하고 재혼한 사람들에게 교회 직분을 금해야 할 성경적·신학적·상식적 이유가 전혀 없어 보인다.

넷째로, 바울이 일부다처인 사람들을 교회 직분에서 배제하려 했다는 이론[7]은 당시의 그리스-로마 세계에 일부다처제가 널리 시행되지 않았다는 점에서 난관에 봉착한다.[8] 그보다 *mias gynaikas andra*라는 문구는 첩을 하나나 여럿 둔 남자들에게 교회 직분을 금할 목적으로 쓰였을 개연성이 상당히 높다. 축첩은 당시에 널리 성행하던 관행이었다.[9] 헬라인들과 로마인들은 이런 관행을 간음이나 일부다처로 간주하지 않았던 모양이지만 바울이 보기에는 축첩도 일부다처와 본질상 똑같았다. 성적 연합은 "한 몸"의 관계를 낳기 때문이다(참조. 고전 6:16).

그렇기 때문에 다섯째로, *mias gynaikas andra*라는 표현의 정신을 가장 잘 포착해 낸 말은 "정절을 지키는 남편"일 것이다.[10] 디모데전서 5장 9절의 비슷한 표현도 이 문구가 부부 간의 정절을 가리킴을 뒷받침해 준다. 거기에 보면 과부가 교회의 지원을 받을 자격을 갖추려면 "한 남편의 아내"였어야 한다(참조. 고전 7:2-5). 즉 "남편에게 정절을 지켰어야" 한다(NIV, TNIV). 이 말은 일처다부(여자가 동시에 둘 이상의 남편을 두는 일로 어차피 고대 세계에 사실상 존재하지 않았다)를 금하는 뜻일 수 없다. 대상이 이미 남편을 사별한 과부이기 때문이다. 게다가 바울이 젊은 과부들에게는 기껏 재혼을 권해 놓고 나중에 가서 남편이 (문자적으로) 둘 이상이었다는 이유로 그들의 자격을 박탈하는 것은 앞뒤가 맞지 않는다.[11] 하나 덧붙이자면 교회 지도자들(집사도 포함하여, 딤전 3:12)이 부부 간의 정절을 지켜야 한다는 이 자격 요건은 간음을 금한 십계명의 규정과도 일치한다(출 20:14와 상응 구절 신 5:18).[12]

그러므로 이상의 논의가 옳다면 앞서 말한 처음 네 가지 해석의 문제점은 *mias gynaikas andra*라는 문구를 문자적이다 못해 경직되게 해석하는 데 있다. 즉 평생 한 여자와만 결혼해야 한다는 직역이 문제다. 여기서 하나란 교회 직분의 후보가 독신자인 경우에는 숫자 "0"과 반대되고, 동시적이든(일부다처) 순차적이든(사별이나 이혼 후의 재혼) 아내가 둘 이상인 경우에는 복수와 반대된다. 그보다 이 문구는 관용구적으로 (즉 "한 아내만 아는 남편"의 의미로) 이해하는 게 더 타당하다. 즉 그것은 후보에게 요구되는 결혼의 특정한 횟수(영이나 둘 이상이 아닌 한 번)라기보다 부부 간의 정절을 뜻하는 말이다.[13]

그것이 사실임을 뒷받침해 주는 증거로 로마의 *univira*("한 남편만 아는 아내") 개념을 담아 낸 비문들이 있다.[14] 배우자에 대한 정절을 나타내는 이 단어는 처음에는 남편과 관련하여 아직 생존 중인 여자에게 쓰였으나 나중에는 남편이 자신의 죽은 아내에게 붙여 주는 호칭이 되었다. 현존하는 수많은 문헌과 비문이 그것을 입증해 준다. 예컨대 BC 1세기의 시인 카툴루스(Catullus)는 "아내가 들을 수 있는 최고의 칭찬은 남편 하나로만 만족하며 산다는 말이다"라고 썼다.[15] 로마의 한 황후의 비문에는 "고인은 50년을 살면서 한 남편으로 만족했다"라는 글귀가 나온다.[16] BC 1세기 후반의 〈투리아 송덕문〉(*Laudatio Turiae*)에 보면 한 남편이 자신의 아내에 대해 "이혼하지 않고 평생 해로하다 죽음으로 끝나는 결혼은 진기하다"라고 말했다.[17]

이런 이유들로 인하여 우리의 결론은 다음과 같다. 바울이 말한 *mias*

*gynaikas andra*라는 요건은 교회 직분의 후보(장로와 집사 모두)가 (현재 기혼자라는 전제하에) 정절을 지키는 남편이어야 한다는 규정으로 보는 게 가장 타당하다. 이것이 옳다면 이 자격 요건이 오늘의 교회에 미치는 의미는 무엇인가? 지금부터 이 요건에 함축된 의미를 교회 직분의 후보 중 독신자와 이혼자와 재혼한 사람과 관련하여 간단히 살펴보고자 한다.

함축된 의미

"한 아내의 남편"이라는 요건에 함축된 첫 번째 의미는 이것이다. 자기 집을 잘 다스리는 능력을 아직 입증할 기회가 없었던 젊은 후보들에게는 대개 교회 지도자의 직분을 맡겨서는 안 된다. 물론 그들은 적절한 공식 훈련을 받았을 수 있고 열정과 성품과 기질 면에서 자격을 갖추었을 수 있다. 하지만 교회 지도자의 소임을 다하려면 삶의 경륜과 성숙을 필수로 갖추어야 하므로, 이 요건을 조금이라도 낮추는 것은 갓 회심한 사람을 지도자로 세우는 일과 거의 맞먹을 정도로 위험하다. 성경은 후자를 더없이 강경한 어조로 만류한다(딤전 3:6, 참조. 5:22).

둘째로, 교회에서는 적임자답게 유능한 리더십을 보이면서 가정에서는 분주한 사역이나 잘못된 우선순위 때문에 자신의 본분을 소홀히 한다면 이는 어리석기 짝이 없는 일이다. 그러므로 목사나 장로는 직분을 맡아 섬기는 중에도 수시로 자신을 살펴야 한다. 남편과 아버지로서 본연의 소임을 충분히 다하는 일과 교회를 감독하는 일을 자신이 계속 병행할 수 있는지 평가해야 한다. 그렇지 않으면 그들도 바울처럼 남에게 전파한 후에 도리어 자신이 자격을 박탈당할까 조심해야 할 것이다(고전 9:27).

셋째로, 신약은 가정과 교회를 아주 밀접하게 연결시킴으로써, 신학적으로 후자를 전자의 종말론적 연장(延長)으로 제시한다. 하나님이 창조하신 첫 남녀에게로 거슬러 올라가는 가정이 이제 "하나님의 집"인 교회에서 더

	해석	약점	해석 또는 잘못된 해석의 기초
타당성 없는 해석	이 문구는 독신자들을 교회 직분에서 제외시킨다.	바울 자신이 독신이었다. 고린도전서 7장에서 바울은 독신이 하나님 나라의 일에 이롭다고 호평했다. 그런 의도였다면 바울이 더 명확히 말할 수도 있었다.	문자적 이해: 한 여자는 숫자 "0" 영(독신)의 반대이자 동시적인(일부다처) 또는 순차적인(이혼이나 사별 후의 재혼) 둘 이상의 반대다.
	이 문구는 이혼한 남자들을 배제한다.	그런 의도였다면 바울이 더 명확히 말할 수도 있었다. 목회서신 어디에도 이혼이 언급되지 않는다.	
	이 문구는 사별하고 재혼한 사람들을 금한다.	다른 본문에서 바울은 배우자를 사별한 사람들에게 재혼을 권했다. 사별하고 재혼한 사람들에게 교회 직분을 금해야 할 성경적·신학적·상식적 이유가 없다.	
	바울은 일부다처인 사람들을 배제한다.	당시의 그리스-로마 세계에 일부다처가 널리 시행되지 않았다.	
가장 타당한 해석	첩을 하나나 여럿 두었거나 다른 식으로 아내에게 정절을 지키지 않는 남자들을 배제할 목적이었다.	바울 자신이 독신이었다.	관용구적 이해: "한 아내만 아는 남편" 또는 "정절을 지키는 남편"

확장되고 발전된다(참조. 엡 5:31-32). 따라서 직분자가 자기 집을 잘 다스리고 아내에게 정절을 지키고 자녀를 제대로 단속해야 한다는 자격 요건은 교회 직분에 대한 그 사람의 적합성을 따지는 데 꼭 필요한 전제조건이다. 하나님의 집을 이끌 수 있으려면 먼저 자기 집에서 지도자의 책임을 제대로 이행할 수 있음을 보여야 한다.

교회 직분자와 이혼의 문제

하지만 이혼한 남자가 목사/장로나 집사로 섬기는 문제는 어떤가? 예수와 바울은 이혼과 재혼에 대해 아주 엄격하게 말했고(앞장을 참조하라), 지역 교회에서 목사나 장로나 집사로 섬긴다는 것은 상당한 책임이 뒤따르는 막중한 소명이다. 그렇다면 이혼을 겪은 남자에게는 교회 지도자의 직분, 특히 목사/장로나 집사의 직분으로 섬기는 것을 금해야 하는가? 그런 직분을 맡을 사람들에게 요구되는 높은 도덕적 자격에 비추어 보면 그것이 거의 정해진 결론처럼 보인다. 그렇지 않고서야 어떻게 교회 지도자들이 교인들에게 그리스도를 닮은 모본을 보이겠는가?

사실 "이혼도 안 되고 재혼도 안 된다"는 입장을 취하는 사람들에게는 이혼한 남자가 교회 지도자로 섬길 수 있는지 여부의 문제가 아예 발생하지 않는다. 이혼이 어느 그리스도인에게나 결코 정당하지 못하므로 당연히 교회 지도자의 직분을 사모하는 사람들도 예외가 아니다. 따라서 이혼한 남자는 결코 "한 아내의 남편"이나 "책망할 것이 없는" 사람으로 간주될 수 없다. 그러나 제한된 상황에서 이혼이 성경적으로 정당할 수 있다는 가능성에 최소한 원칙적으로라도 열려 있는 사람들에게는(참조. 마 19:9; 고전 7:15) 이 문제가 그렇게 명료하지 않다. 지도자의 자격을 밝힌 주요 본문들

(딤전 3장; 딛 1장)에는 이 문제가 직접 언급되어 있지 않고, 대신 후보자가 현재의 배우자에게 정절을 지켜야 한다는 요건에 초점이 맞추어져 있다. 그러므로 이 문제는 다분히 *mias gynaikas anēr*라는 요건의 의미가 무엇인가에 달려 있다.

이 문구가 앞서 살펴본 대로 "정절을 지키는 남편"을 뜻한다면, 이혼을 겪은 남자도 현재의 아내에게 정절을 지키면 이 요건을 충족할 수 있다. 즉 이혼(하고 재혼)한 남자도 목사/장로나 집사의 후보에서 반드시 배제되지 않으며, 특히 이혼이 정당했을—앞장에 개괄한 바 대다수의 사람들이 지지하는 관점의 일반 원리들에 일치했을—경우에는 더욱 그렇다. 이혼이 부당했다면—마태의 "예외 조항"이나 바울의 특별 지침에 해당되지 않았다면—후보자가 과거의 그 죄를 회개했다 해도 목사/장로나 집사의 직분에서 배제되는 것으로 보인다.[18]

요컨대 단순히 "안전성"과 "보수성"을 지키려고 사람들에게 무조건 더 엄격한 기준을 요구해서는 안 된다. 예수와 바울이 둘 다 기꺼이 예외를 인정했다면(그렇지 않다고 보는 사람들도 있다) 우리도 결혼을 중시하는 관점이 타협될까 봐 두려워할 것 없이 기꺼이 예수와 바울의 뒤를 따라야 한다. 그럼에도 감독은 "책망할 것이 없어야" 한다는 요건(지역사회의 평판도 포함된다)과 결부지어 생각하면, 많은 경우에 이혼한 남자를 과연 목사/장로나 집사로 세울 것인지 심사숙고하는 게 가장 좋다. 특히 이혼을 겪지 않은 유자격 후보자들이 있을 경우에는 더욱 그렇다. 이것이 가장 지혜로운 행동 방침으로 보이며, 특히 이혼 경력이 있는 사람들에게 굳이 교회의 최고 직분이 아니어도 다른 섬김의 장이 많이 있기 때문에 더욱 그렇다.

그러나 **영적으로 성숙하고 도덕적으로 정직해야** 한다는 기준이 곧 **완벽**을 뜻하는 것은 아니다. 사실 지도자의 요건으로 열거된 자질들 중 다수는 그리스도인이라면 누구나 사모해야 할 것들이다. 물론 목사는 영적 성숙의 모범을 보여야 하지만, 목사의 직무가 그리스도를 대변하되 그분 자신의 특성—독신으로 사신 것이든[19] 이혼이나 재혼을 하지 않으신 것이든—을 문자적으로 구현하는 의미라고 보아서는 안 된다. 그보다 그리스도께서 자신의 영적 신부인 교회에 충실하신 것을 본받아 기혼 직분자들도 자신의 아내에게 충실해야 한다고 보는 게 더 적절하다(참조. 엡 5:25-30). 이는 앞서 제시한 관점과 온전히 조화를 이룬다. 즉 바울은 직분자들에게 부부 간의 정절을 요구하면서도 또한 성경적으로 허용되는 이혼(그것이 가능하다고 본다면)을 겪은 사람들이 최소한 원칙적으로라도 직분을 맡을 자격이 있는가의 문제를 열어 두었다.

교회 지도자의 자녀와 관련된 자격 요건

바울이 디모데와 디도에게 보낸 편지에는 "한 아내의 남편"이라는 요건뿐만 아니라 교회 지도자의 자녀와 관계된 규정도 들어 있다. 우선 디모데에게 쓴 말을 보면 직분의 후보자는 "자기 집을 잘 다스려 자녀들로 모든 공손함으로 복종하게" 해야 한다(딤전 3:4). 이어서 바울은 소전제를 대전제로 확장하는 논법을 써서 "사람이 자기 집을 다스릴 줄 알지 못하면 어찌 하나님의 교회를 돌보리요"라고 했다(딤전 3:5). 디도서에 언급된 요건은 더 엄격해 보인다. 이 규정에 따르면 교회 지도자는 "방탕하다는 비난을 받거나 불순종하는 일이 없는 믿는[신자인, ESV] 자녀"를 둔 자라야 한다(딛 1:6, "방종하거나 불순종한다고 비난받을 일이 없는 **충실한** 자녀"[NIV], "**믿는** 자녀"[TNIV]). 이번에도 바울은 "감독은 하나님의 청지기로서 책망할 것이 없"어야 한다는 논리를 따른다(딛 1:7).

여기 "믿는"으로 번역된 헬라어 단어는 pistos로 "믿는다"(ESV, TNIV)는 뜻일 수도 있고 "충실하다"(NIV)는 뜻일 수도 있다. 목회서신에 이 단어가 대부분 "믿는다"는 의미로 쓰인 것은 분명하지만, 이 본문에서는 "충실하다" 즉 "아버지의 명령에 순종하고 복종한다"는 의미로 쓰였을 소지가 높다(참조. 딤전 3:11; 딤후 2:2, 13).[20] 문맥상으로 보나 디모데전서 3장 4절의 유사한 내용으로 보나 "믿는다"는 의미로 쓰였을 가능성은 낮다. 이 요건을 선택의 교리와 조화시켜야 한다는 신학적 난점은 논외로 하더라도 말이다.

"방탕하다"(asōtias)는 다른 두 용례에서 술 취함과 관계되고(엡 5:18; 벧전 4:4, 참조. 칠십인역의 잠 28:7) "불순종하다"(직역하면 "복속되지 않다," anypotakta, 참조. 히 2:8)는 다른 두 용례에서 노골적 반항과 관계된다(딤전 1:9; 딛 1:10). 이로 미루어 본문의 의미는 어쩌다 한 번의 불순종이 아니라 부모의 권위에 맞서는 뿌리 깊은 반항이라 할 수 있다. 교회의 장로는 교인들에게 권위를 행사해야 하므로 누구든지 장로가 되려면 가정에서 권위를 제대로 행사하여 자녀의 순종과 복종을 이끌어내야 한다(자녀가 영적으로 중생했든 아니든 관계없다). 책망할 것이 없는 "하나님의 청지기"(oikonomos theou, 참조. 고전 4:1, 2; 벧전 4:10)가 되려면 그것이 요구된다(참조. 딤전 3:5, 15).[21]

독신과 교회 지도자

독신과 교회 지도자에 대해 간단히 몇 마디만 말하고 결혼과 가정과 교회 지도자의 관계에 대한 논의를 마치고자 한다. 앞서 말한 이혼한 후보자의 경우와 마찬가지로 "한 아내의 남편"이라는 문구는 교회 직분을 사모하는 독신자에게도 직접 적용되지 않는다. 교회 지도자가 정절을 지키는 남편이어야 한다는 요건은 분명히 "주교가 기혼자여야 한다는 뜻이 아니라 결혼을 감독 직분과 전혀 상충되지 않는 일로 높게 평가한 것뿐이다."[22] 예수와 바울은 독신을 긍정적으로 보았을 뿐 아니라(앞의 9장을 참조하라) 본인들이 직접 독신자로 사역을 수행했다. 따라서 미혼자라 해서 목사나 장로로 섬길 자격을 잃는 것은 아니라고 결론지어도 무방해 보인다.[23]

물론 비교적 젊은 독신 남자를 목사나 장로의 직분에 세우지 않도록 주의해야 할 다른 이슈들이 있을 수 있다. 예컨대 그런 사람은 경험이나 검증된 이력이나 영적 성숙이 부족할 수 있다. 하지만 여기서 우리의 요지는 독신 자체 때문에 결코 교회 지도자의 직분에 부적격자가 되지는 않는다는 것이다. 사실 바울이 고린도전서 7장에 결혼과 독신을 집중적으로 다룰 때 지적했듯이 독신의 신분에는 하나님 나라의 일을 하는 데 몇 가지 중요한 이점이 따라온다.[24] 주님과 그분의 일에 온전히 헌신된 독신 남자는 아내와 자녀를 돌보아야 할 책임이 없으므로 그리스도인의 사역에 기혼자보다 더 몰두할 수 있다(고전 7:32-35). 반면에 교인 가정들과 부부들에게 닥쳐오는 많은 도전에 효과적으로 대응하는 부분에서는 독신자에게 한계가 있을 수 있다.

그러므로 결국 독신자인 후보에게도 기혼자와 똑같은 검증 과정과 요건을 적용하여 과연 교회 직분을 감당하기에 적합한지 개인별로 판정하는 수밖에 없다. 바울이 집사에 대해 한 말처럼 "이에 이 사람들을 먼저 시험하여 보고 그 후에 책망할 것이 없으면…직분을 맡게" 해야 한다(딤전 3:10).

결론

성경이 가르치는 결혼과 가정에 대해 이 책의 앞부분에 말한 많은 내용을 우리는 이번 장에서 교회 지도자의 자격이라는 문제에 적용했다. 사도 바울이 디모데전서와 디도서에서 규정했듯이 장로와 집사의 후보는 "한 아내의 남편"이어야 한다(딤전 3:2, 12, 딛 1:6). 그동안 이 문구는 교회 지도자가 기혼자여야 한다(미혼의 반대로), 이혼하지 않았어야 한다, 재혼하지 않았어야 한다(배우자를 사별한 경우), 일부다처가 아니어야 한다(즉 아내가 동시에 둘 이상이면 안 된다), 아내에게 정절을 지켜야 한다(축첩의 경우처럼 정절을 어기는 게 아니라) 등 여러 가지로 해석되었다. 상세한 논의 끝에 우리는 마지막 관점이 이 요건에 대한 가장 타당한 해석이라고 결론지었다. 즉 교회 직분의 후보자는 "정절을 지키는 남편"이어야 한다고 보았다.

이 해석에 함축된 의미를 몇 가지 도출한 뒤에 우리는 교회 직분의 후보와 관련하여 이혼의 문제를 논했다. 거기서 결론지었듯이 "한 아내의 남편"이라는 요건에는 이혼자가 장로나 집사의 후보가 되거나 실제로 직분을 맡을 자격이 있는가의 문제가 직접 거론되지 않는다. 그래서 우리는 이 가능성을 원칙적으로 열어 둘 것을 조언함과 동시에 몇 가지 주의사항을 명기했다.

교회 지도자의 자녀와 관련된 요건도 논의하되 역시 목회서신에 나오는 바울의 두 규정에 중점을 두었다(딤전 3:3-5; 딛 1:6). 첫 번째 본문에서 바울이 요구했듯이 감독은 "자기 집을 잘 다스려 자녀들로 모든 공손함으로 복종하게" 해야 한다. 두 번째 본문에서 바울은 교회 지도자의 자녀가 "신자"이거나 "충실해야" 하며 "방탕하다는 비난을 받거나 불순종하는 일이 없"어야 한다고 했다. 약간의 논의 끝에 우리는 "신자"보다는 "충실하다"는 번역이 더 적합해 보인다고 판단했다. 디모데전서 3장 4절의 유사한 내용으로 보아도 그렇고 문맥상과 어휘상의 근거로 보아도 그렇다.

마지막으로 논한 주제는 독신과 교회 지도자의 문제였다. 이미 지적했듯이 독신 남자도 결코 교회 직분에서 배제되어서는 안 되며 그 이유는 적어도 다음 두 가지다. 첫째로, "한 아내의 남편"이라는 규정의 취지는 교회 지도자가 기혼이어야 한다는 게 아니라 기혼자라면 아내에게 정절을 지켜야 한다는 것뿐이다. 둘째로, 예수와 바울은 둘 다 몸소 교훈과 실천으로 독신의 상태를 호평하면서 독신이 사역에 이롭다고 지적했다. 그러나 동시에 우리는 독신자 개개인에 따라 연소함이나 경험 부족이나 영적 미성숙 때문에 자격이 안 될 수도 있음을 언급했다. 아울러 결혼한 교인들에게 닥쳐오는 많은 도전에 대응할 때 독신자에게 일정한 한계가 있을 수 있음도 지적했다. 교회 직분의 모든 후보들과 마찬가지로 독신자도 먼저 시험을 거쳐 지도자의 자격에 부합하는지의 여부에 따라 임명 여부가 결정되어야 한다.

13.
하나님,
결혼, 가정, 교회

지금까지 우리는 하나님을 결혼과 가정에 대한 생각의 첫 자리에 두면서 결혼과 가정에 대한 성경적 기초를 재건하려 했다. 그러나 마지막 중요한 단계가 하나 남아 있다. 그동안 배운 결혼과 가정에 대한 하나님의 계획을 교회에 적용하는 일이다. 앞서 보았듯이 하나님의 목적은 "하늘에 있는 것이나 땅에 있는 것이 다 그리스도 곧 하나의 머리 아래로 통일되게 하려 하심"이며(엡 1:10 NIV) 여기에 부부 관계와 가족관계도 포함된다(엡 5:21-6:4). 바울은 그 결과로 "[하나님]에게 **교회 안에서**와 그리스도 예수 안에서 영광이 대대로 영원무궁하기를 원하노라. 아멘"이라고 기도했다(엡 3:20-21).

하나님은 어떻게 결혼과 가정을 교회와 연관시키려 하시는가? 이것은 신론(하나님에 대한 교리)과 교회론(교회에 대한 교리)의 문제다. 또 하나 다르지만 연관된 질문이 있다. 오늘의 교회는 어떻게 가정을 강화할 수 있는가? 이것은 방법과 적용의 문제다. 이 두 질문에 답하려면 결혼과 가정의 성경 신학에 대해 그동안 발견한 내용에 입각하여, 그 내용을 교회의 본질에 대한 성경적 가르침에 적용하는 게 중요하다. 아울러 교회의 사역과 프로그램의 성경적 철학에 관한 실제적 의문들을 다루는 것도 중요하다. 결혼과 가정을 강화하려면 그런 사역과 프로그램이 필요하기 때문이다.

결혼과 가정에 대한 신구약의 가르침

앞서 보았듯이 구약에 나타나는 전형적 가정의 특징은 "가부장제"보다 "아버지 중심"이라는 말로 가장 잘 표현된다. 이런 가정에서는 아버지가 가정생활의 중추이자 생명을 주는 지휘소다. 진정한 권위가 아버지에게 부여되어 있긴 하지만, 가정에서 아버지의 역할은 결코 하나님께 받은 권위를 행사하는 것으로 끝나지 않고 가족을 보호하고 부양하는 등 여러 많은 직무까지 포괄한다.[1] 동시에 구약에서 아버지의 본분 중 일부—딸에게 지참금을 주는 일, 자녀의 결혼을 중매하는 일, 혈족뿐만 아니라 가노까지 대가족을 감독하는 일 등—는 문화적 요소라서 오늘의 기독교 가정에 직접 대입되기 어렵다. 이런 본문들을 적용할 때는 지혜와 분별력이 요구된다.

예수의 가르침에서 보았듯이 그분은 창세기 1장 27절과 2장 24절을 둘 다 인용하여 결혼에 대한 창조주 하나님의 원안을 인증하셨다(마 19:4-6과 상응 구절들). 이로써 우리 주님은 하나님이 본래 설계하신 결혼(남편이 머리이고 아내는 복종하며 내조하는 동반자인)이 다른 방안(예. 평등주의)으로 대체된 게 아니라 그리스도인들에게 여전히 유효함을 힘주어 강조하고 확증하셨다. 또 하나 중요한 것은 예수께서 밝히셨듯이 그분이 화평을 주러 오신 게 아니라 검을 주러 오셨으며 그분을 믿으면(또는 믿지 않으면) 가정이 **분열된다**는 것이다(마 10:34-36과 상응 구절들). 따라서 그리스도와 그분의 나라를 향한 충성이 육적 가족관계보다 우선되어야 한다. 뒤에서 보겠지만 이 때문에 교회 구조에 대한 접근들 중에서 아버지가 가장인 온전한 이상적 가정 단위를 출발점으로 삼는 모든 접근은 냉엄한 현실에 맞닥뜨릴 수밖에 없다. 많은 핵가족의 경우 아버지가 신자가 아니거나 아예 존재하지 않기 때문이다.

예수는 또 천국에는 결혼이 없다고 밝히셨고(마 22:30) 이생에서도 "천국을 위하여" 독신을 택할 사람들이 있다고 설명하셨다(마 19:12). 고린도전서

7장에 바울이 독신에 대해 말한 내용과 더불어 이것은 교회 내 결혼과 가정이라는 주제에 중요한 종말론적 의미를 더해 준다. 여기서 보듯이 결혼은 비록 태초에 하나님이 제정하여 종말의 순간까지 계속 유효하지만 그래도 "이 세상의 외형"의 일부로 **"지나"가는** 것이다(고전 7:31). 반면에 하나님 나라는 영원하다(계 11:15, 22:5).

바울도 마찬가지로 에베소서 5장 21절부터 6장 4절까지에서 그리스도인 남편들과 아내들과 자녀들을 상대로 명하기를, 아내는 남편에게 복종하고, 남편은 아내를 희생적으로 사랑하며 영적으로 양육하고, 자녀는 부모를 공경하며 순종하라고 했다. 또 아버지들에게는 자녀를 노엽게 하거나 엄하게 대하지 말고 주 안에서 훈련하고 교육하도록 명했다. 업무 관계도 대가족 단위의 정황 속에서 이루어졌으므로 종들과 상전들에게도 지침이 주어졌다(엡 6:5-9). 이렇듯 가정은 신약 시대에도 계속 중심 단위였고, 가족 중 하나(배우자)가 그리스도인이 아닌 경우에는 그 점이 감안되었다(예. 고전 7:12-16; 벧전 3:1-2). 아울러 구약에서 남편과 아버지에게 주어진 권위 구조라든가 가족을 공급하고 부양할 책임이 신약에도 똑같이 나온다. 이처럼 바울의 가르침에는 부부와 가족의 역할에 대한 중요한 성경적 원리가 나와 있다. 그러나 그런 원리를 교회 구조에 적용하는 방법이 가족별 역할과 어떤 관계가 있는지는 그의 저작에 명확히 밝혀져 있지 않다.

성경이 가르치는 결혼과 가정에 대한 이런 간략한 개괄을 염두에 두고 이제 우리는 다음 몇 가지 중요한 질문을 논의할 준비가 되었다. 결혼과 가정과 관련하여 교회의 역할은 무엇인가? 어떻게 교회는 가정과 교회의 유익을 위하고 하나님의 영광을 위하여 부부 관계와 가족 관계를 강화할 수 있는가?

결혼과 가정 그리고 교회

일각에서는 교회가 구약 시대로부터 기원하여 어쩌면 아브라함 때까지로 거슬러 올라간다고 주장하지만, 정확히 말해서 교회는 예수께서 승천하신 뒤 오순절 날에 시작된 것으로 보아야 한다. 중핵을 이룬 첫 신자들에게 구약의 예언대로 성령이 부어졌고 그것을 입증하는 표적과 기사가 나타났다(행 2장).[2] 특히 이것을 뒷받침해 주는 사실이 있다. 사복음서를 통틀어 예수께서 "교회"(ekklēsia)라는 단어를 쓰신 것은 두 번뿐이며(마 16:18, 18:17), 그것도 "메시아 공동체"라는 일반적 의미였고 적어도 첫 번째 경우에는 미래 시제로 되어 있다("내 교회를 세우리니").[3] 아울러 사도행전에 ekklēsia라는 단어를 24회나 쓴 누가가 자신의 복음서에는 그것을 전혀 언급하지 않은 점도 이를 뒷받침한다. 이로 미루어 누가는 사도행전의 시기 이전까지는 교회가 존재하지 않은 것으로 본 듯하다.[4]

따라서 제대로 이해한다면 교회에 관한 신약의 가르침은 대부분 사도행전과 서신서, 그중에서도 특히 바울 서신에 가서야 나온다. 결국 교회의 존재는 기독교의 복음대로, 죄인을 구원하시는 예수의 대속의 죽음과 부활을 기초로 한다(예. 고전 15:3-4). 신약에 명백히 나와 있듯이 누구든지 교회의 일원이 되려면 거듭나야 한다. 즉 주 예수 그리스도를 믿고 회개하여 중생해야 한다.[5] 그런 사람은 누구나 죄 사함을 받고(엡 1:7), 의롭다 하심을 얻고(롬 5:1), 하나님의 일을 위해 구별되며(고전 1:2), 교회의 덕을 세우는 데 쓰일 성령의 은사를 성령과 더불어 받는다(엡 1:13-14). 그러므로 진정한 교인의 요건은 개개인이 인격적으로 회개하고 주 예수 그리스도를 믿는 것이며, 그것이 중생을 낳고 성령의 내주와 은사로 이어진다(고전 12:4-13; 딛 3:4-7, 참조. 롬 8:9). 누군가가 신자가 될 때 그 사람이 가정에서 기혼, 독신, 이혼, 사별 등 어떤 상태에 있는지는 전혀 중요하지 않다.

그렇다면 교회란 무엇인가? 신약과 특히 바울의 가르침에서 교회의 본질과 역할의 몇 가지 특성을 볼 수 있다. 가장 두드러지고 보편적인 것은 교회가 "그리스도의 몸"이라는 바울의 가르침일 것이다(예. 롬 12:4-8; 고전 12-14장; 엡 4:11-17, 5:30).[6] 이 은유의 강조점은 "머리"이신 그리스도와 그분의 "몸"인 교회의 관계에 있으며, 여기에는 교회에 대한 예수의 권위와 주권뿐 아니라 교회의 필요를 채우시는 그분의 공급도 포함된다. 이 공급의 핵심은 성령께서 몸의 각 지체에게 주셔서 몸을 성숙하게 세우게 하시는 특정한 은사들이다(엡 4:13). 그 은사들 중에 목사-교사로 교회를 섬기는 사람들이 있는데(엡 4:11) 이들의 역할은 "성도를 온전하게 하여 봉사의 일을 하게 하"는 것이다(엡 4:12). 이렇듯 이 은유에서 강조되는 것은 교회가 그리스도와 연합하고 머리되신 그분께 복종한다는 점과 교인들이 다양한 은사를 구사한다는 점이다. 여기서 중요하게 주목할 것은 신자들을 준비시켜 사역을 감당하게 하는 일이 영적 은사를 받고 정식으로 세워진 교회 지도자들에게 맡겨져 있다는 사실이다. 물론 아버지들도 가정에서 영적 지도자로 섬길 책임을 하나님께 받았지만 가정의 영역과 교회의 영역은 별개다. 교회에서는 디모데전서 3장 1-7절 같은 본문들에 규정된 교회 지도자의 자격 요건을 갖춘 영적으로 성숙한 남자들에게 권위가 부여된다.

신약에 나오는 교회에 대한 또 다른 그림은 "집" 또는 "하나님의 가정"이다(딤전 3:4-5, 12, 14-15, 5:1-2; 딛 2:1-5). 디모데전서 3장 15절에서 바울은 신자들이 "하나님의 집"이라고 말하면서 "이 집은 살아 계신 하나님의 교회요 진리의 기둥과 터"라고 했다. 그는 또 집안을 감독하는 남자의 본분과 교회 일을 감독하는 장로의 자격을 중요하게 연관시킨다(딤전 3:4-5).[7] "집"의 은유에 걸맞게 바울은 신자들에게 명하기를, 나이든 교인들을 대할 때는 그리스도 안의 "아버지"와 "어머니"에게 하듯 하고 동년배나 연소한 교인들을 대할 때는 "형제"와 "자매"에게 하듯 하라고 했다(딤전 5:1-2). 이것은 누구든지 하늘 아버지의 뜻대로 행하는 자가 자신의 "형제"요 "자매"라 하신 예수의 가르침을 연상시킨다(예. 막 3:31-35; 눅 11:27-28).

바울은 나이 든 여자들에게 젊은 여자들을 교훈하라고 권면했다. 마치 어머니가 가정에서 딸에게 하듯 그들은 젊은 여자들에게 남편과 자녀를 사랑하고 집안일을 하고 남편에게 복종하도록 가르쳐야 했다(딛 2:3-5). 교회의 늙은 남자들이 젊은 남자들을 대할 때도 마찬가지다. 젊은 남자들은 하나님의 말씀 위에 굳게 서서 악한 자를 이기는 법을 배워야 한다(예. 요일 2:12-14). 이 그림은 교회가 가정의 모델 위에 **영적 가족으로 세워진다**는 사실을 더욱 예리하게 부각시켜 준다. 곧 보겠지만 여기에는 하나님이 원하시는 교회의 기능 방식에 대한 중요한 의미가 함축되어 있다.

지금까지 언급한 성경 본문들에 비추어 여기서 짚어 둘 것이 있다. 신약이 교회를 "집"에 비유했다고 해서 교회가 가정들의 가정이라는 뜻은 아니다. 즉 교회의 뼈대를 구성하는 핵심 단위는 개개의 가정이 아니다. 그보다 교회는 범위가 확대된 하나님의 가정으로, 더 성숙하고 나이든 신자들이 젊은 신자들을 훈련하고 양육하는 곳이다.[8] 물론 온 가족이 중생한 신자라면―자녀가 자신을 위한 그리스도의 십자가 사역의 의미를 깨달을 나이가되어 죄를 회개하고 믿는다면―바람직하겠지만, 앞서 말했듯이 신약 교회의 일원이 되는 본질적 원리는 언약 가정에 소속되는(때로 "유기체의 원리"라한다) 게 아니라 **각자가 예수 그리스도를 믿는** 것이다. 그러므로 교회를 "집"으로 보는 은유는 신자들이 하나님의 가정인 교회에 입양되었다는 개념으로 이해하는 게 더 적합하다. 일반 가정과 비슷하되 누구든 예수 그리스도를 믿어서 가족이 된다는 점만 다르다. 그리하여 신자들은 그리스도 안에서 영적 "형제"와 "자매"가 된다. 기억해야 할 중요한 원리는 이 일이 가족관계와 **무관하게** 각자의 믿음에 기초하여 이루어진다는 사실이다. 물론 그렇다고 가정의 중요성이 줄어드는 것은 결코 아니며, 특히 자녀를 양육할 때 구주를 알도록 돕는 일은 중요하다. 그러나 가정의 영역과 교회의 영역은 늘 별개여야 하며, 거의 구분되지 않을 정도로 둘을 하나로 뭉뚱그려서는 안 된다. 여기에 대해서는 뒤에서 더 자세히 살펴볼 것이다.

그밖에도 신약에는 교회가 "신령한 집"(벧전 2:4-5, 7), "성령의 전"(고전 3:16-17; 엡 5:32), "그리스도의 신부"(고후 11:2; 엡 5:32) 등 다양한 은유로 표현되어 있다.[9] 베드로가 교회를 "신령한 집"으로 공들여 묘사하면서 분명히 밝혔듯이 교회는 "예수께 나아가"(4절) "믿는"(7절) 사람들로 이루어진다. 즉 교회는 믿는 개인들로 구성되며 이 본문에 가족은 전혀 언급되지 않는다. "그리스도의 신부"라는 은유는 그리스도와 교회의 관계를 종말에 이루어질 약혼과 성혼의 관점에서 그렸다. 교회의 주된 기초 단위가 부부들이라는 신학을 성경에서 억지로 짜내서는 안 된다.

교회의 역할과 가정의 역할

이 책에 개괄한 결혼과 가정에 대한 성경의 가르침과 앞서 간략히 개괄한 교회의 본질에 비추어 이제 우리는 매우 중요한 질문으로 다시 돌아간다. 교회와 가정의 역할은 각각 무엇이며 둘은 서로 어떤 관계가 있는가? 우선 교회에서부터 시작한다. 신약에 교회의 역할이 여러 가지로 나와 있다.[10] 첫째로, 교회는 "진리의 기둥과 터"다(딤전 3:15). 불경한 문화 속에서 교회는 하나님이 계시하신 진리를 증언하고 그리스도를 통한 하나님의 구속(救贖)을 증언한다. 그러나 태초에 하나님이 제정하신 결혼은 중생한 사람들로만 이루어진 교회와 달라서 중생 여부를 떠나 누구나 결혼할 수 있다. 그렇기 때문에 결혼과 가정은 하나님의 진리를 전하는 충분한 통로의 역할을 할 수 없다. 그러므로 잃은 세상에 복음을 전하고 지상명령을 수행하는 일차적 책임은 가정이 아니라 교회에 있다.

둘째로, 교회는 하나님을 예배하고 전도하고 모든 민족을 제자로 삼는 소명을 받았다(마 28:16-20). 열한 제자는 교회를 대표하여 이 명령을 받았고 육신의 가족을 (일시적으로) 버렸다. 이는 예수를 따르는 일이 심지어 혈연관계보다 절대적으로 우선됨을 보여 준다. 그들은 지상명령을 가장으로서 받은 게 아니라 무엇보다도 신생 교회의 대표로서 받았다. 마찬가지로 사도행전의 바울, 베드로, 바나바, 실라 등 사명에 힘쓴 초대 교회의 주역들도 복음을 전할 때 가족관계의 역할을 떠나 복음의 사역자라는 직분에 충실했다. 사실 바울과 디모데를 비롯하여 그중 일부는 아마 독신이었을 것이다. 기혼자들이 복음을 전한 경우에도 결혼과 가정에 수반되는 헌신은 선호되는 수단이나 정황이 아니라 어떤 면에서 이생의 짐이나 불가피한 부담으로 비쳐졌다(특히 고전 7:32-35 참조). 또한 설교자와 교회 개척자의 역할과 아버지와 가장의 역할은 구분되었다. 그러므로 사도행전에서 바울이 온 가족을 목표로 했을 때도(잘 알려진 예로 고넬료, 루디아, 빌립보의 간수, 그리스보 등이 있다. 참조. 행 10:24, 16:15, 31-34, 18:8) 십중팔구 그 이유는 그가 교회를 "가정들의 가정"으로 보는 교회론을 신봉했기 때문이 아니라 당시의 문화에 따라 가족들에게 미칠 가장의 영향을 내다보고 가장을 주된 말상대로 삼았기 때문이다.[11]

오늘날에도 그것은 많은 정황 속에서 매우 실용적인 전략이 되고 있다. 다만 그것을 일차적으로 전도의 방법으로 보아야지 신학적 규범이라든지 조직이나 전도의 유일한 성경적 방법으로 보아서는 안 된다. 모든 민족을 제자로 삼는 제자도의 실천도 **교회**의 역할이다(마 28:19). 믿는 부모들도 중요한 역할을 하지만 그렇다고 이 사실이 달라지지는 않는다. 개개인을 제자로 삼아 주 예수 그리스도께서 분부하신 모든 것을 가르쳐 지키게 하는 책임은 **교회**에 맡겨졌다.

셋째로, 교회는 세례식과 성찬식을 집행할 사명을 받았다(예. 마 28:19; 눅 22:19; 행 2:42). 이 권한 역시 교회에 주어졌다. 아버지가 가장으로서 자신의 가족들에게 세례를 베풀거나 성찬을 집전해야 한다는 암시는 성경에 없다. 이것은 교회와 교회 지도자들의 직무이지 개별적 또는 집단적 가정 단위의 직무가 아니다.[12]

교회의 역할을 알아보았으니 이제 잠시 두 번째 질문으로 넘어간다. 가정의 역할은 무엇인가? 교회와 가정은 동일하지 않으며, 가정은 교회의 핵심 구조도 아니다. 그렇다면 하나님의 더 큰 포괄적 계획에서 가정의 역할은 무엇인가? 간단히 말해서 가정의 근본적 역할은 **가족들의 신체적·사회적·영적 안녕을 돌보는 것**이다. 여기에는 구약 시대에 가장에게 맡겨진 부양과 보호와 돌봄이 포함되며, 이는 신약의 가정에도 계속되는 특성이다(참조. 엡 5:25-30; 딤전 5:18).[13]

가정은 **번식과 자녀 양육의 장**이기도 하다. 물론 이는 가정의 핵심적 특성 중 하나로, 인류를 향한 하나님의 창조명령 즉 "생육하고 번성하여 땅에 충만하라"(창 1:28)는 명령을 수행하는 데 일조한다. 이런 이해를 뒷받침하는 또 다른 사실로, 타락 이후의 저주는 남자의 부양과 여자의 자녀 양육 양쪽 모두에 영향을 미쳤다(창 3:16-19). 예나 지금이나 어떤 사람들은 육신의 번식의 본분을 한사코 얕보며, 참으로 영적인 사람이 되려면 아내와 어머니로서의 육신의 소명을 버려야 한다고 주장한다(예. 고전 7:1, 12; 딤전 2:15, 4:1, 3-4을 참조하라). 그러나 하나님의 말씀은 아버지와 어머니의 역할을 중시한다. 그러므로 주변 세상의 대세는 하나님의 참된 부르심보다 자아실현이나 재물이나 기타 대용품을 추구하는 데 더 의미를 부여하지만, 교회는 그와 대조적으로 결혼과 가정에 대한 하나님의 고귀한 비전을 받들어야 한다.[14]

끝으로, 어느 가정이든 먼저 영적으로 회심한 사람은 **가족들에게 자신의 영향력을 구사하여 그리스도를 증언하고 그들을 그분께로 인도해야 한다**(고전

7:14; 벧전 3:1-6). 이렇듯 "구원받은 사람들이 가정의 영역에 영향력을 행사한다는 점에서 가정도 기독교의 사명에 한몫을 담당한다."[15]

사실 가정은 인간 사회가 생존하고 번영하는 데 더없이 중요하다. 활력이 넘치는 교회와 도덕적으로 건전한 사회가 유지되려면 하나님의 말씀에 계시된 그분의 뜻대로 살아가는 가정들이 절대적으로 필요하다. 그러나 동시에 무엇이 가정이고 무엇이 가정이 아닌지에 대해 혼동이 없어야 한다. 가정은 교회가 아니며 둘이 "연합"되어서도 안 된다. 그 단어의 통상적 의미대로 둘—가정과 교회—이 하나가 되는 게 아니다.[16] **하나님의 가정은 핵가족들의 가정이 아니라 중생한 신자들의 모임 내지 몸으로서 일정한 장소에 지역 교회로 조직되어 가정에서의 지위와 무관하게 정식으로 세워진 지도자들의 지도를 받는다.** 가정과 교회는 각자 역할도 구별되고 하나님의 계획에서 부여받은 목적도 다르다. 각기 고유한 활동 영역과 힘과 권한이 있다. 어느 정도 겹치는 부분도 있지만 두 정체를 혼동하거나 지나치게 하나로 뭉뚱그려서는 안 된다.

교회와 가정 사역

교회와 가정의 역할과 바람직한 관계를 정리했으니 이제 몇 가지 후속 질문이 자연스럽게 제기된다. 그렇다면 교회는 어떻게 가정을 지원할 수 있는가? 가정은 또 어떻게 교회를 떠받칠 수 있는가? 태초부터 하나님의 계획에서 결혼과 가정이 더없이 중요하기 때문에, 말할 것도 없이 교회는 최선을 다하여 부부 관계와 가족관계를 강화해야 한다. 교회는 젊은 커플들에게 남편과 아내의 올바른 성경적 역할을 가르쳐 하나님의 계획대로 가정을 세우도록 이끌어야 한다. 아울러 기존의 부부들과 가정들을 격려하여 그리스도를 통한 하나님의 선하심과 지혜와 신실하심을 주변 문화에 증언하게 해야 한다. 교회 자체도 하나님이 계획하신 가정의 모형을 본받아, 앞서 말했듯이 성숙한 윗세대가 젊은 교인들을 가르치고 제자 양육을 해야 한다. 교회는 또 일부 교인들이 하나님 나라를 위해 독신으로 부름 받을 수 있음을 인식하고 그들을 교회생활 속에 온전히 통합해야 한다.

또 하나 분명한 것은 서구 교회가 흔히 부부들과 가족들을 양육하는 일을 썩 잘하지 못했다는 것이다. 서구 교회는 남편이 가정의 머리이고 아버지가 가족의 중심임을 공표하지 못할 때가 많았다. 따라서 믿지 않는 세상은 하나님이 세우신 질서가 가정에서 무너지고 남자의 리더십이 가정과 교회에서 붕괴되는 것을 쭉 지켜보았다. 교회가 결혼과 가정의 성경적 원형을 공표하고 교육하고 독려하지 못했기 때문이다. 그리하여 세상까지 합세하여 안타깝게 우리 문화 속에서 결혼과 가정의 성경적 기초를 약화시켜 왔다. 교회는 교회와 가정의 구분을 뭉뚱그리지 않으면서도 어떻게든 결혼과 가정을 강화시키는 일을 교회의 중대한 사명으로 삼아야 한다. 특히 교회는 가족들이 충분한 시간을 함께 보내야 할 필요성을 존중해야 한다. 그래야 부모들이 자녀를 영적으로 양육할 수 있다. 교회 달력이 온갖 행사와 프로그램으로 가득 차 있어 가족끼리 보낼 시간도 별로 없고 심신이 지쳐버린다면 가족 간의 요긴한 결속을 다지는 데 별로 도움이 되지 않는다.

이렇듯 세상은 여러모로 결혼과 가정을 약화시키고 있고, 교회도 결혼과 가정을 강화해야 할 사명을 인식하지 못한 채 그런 붕괴 세력에 역행하지 못할 때가 많다(물론 이런 필요를 깊이 인식하고 진지한 노력으로 가정을 세우고 있는 교회들도 있다). 그 점은 분명해 보이는데 교회가 **어떻게** 이런 추세를 뒤집을 수 있냐는 점은 분명하지 않다. 이 부분에서 신학과 방법을 구분하는 게 중요하다. **신학**은 반드시 교회의 본질과 역할에 대한 성경적 가르침에 근거해야 한다. 그러나 **방법** 면에서는 어느 정도 융통성 있게 다양한 접근에 열려 있어야 한다. 또 하나 중요한 것은 신학과 방법을 혼동하여, 방법이 우리와 다른 사람들을 단지 특정한 해법에 동의하지 않는다는 이유만으로 비성경적이라고 비난해서는 안 된다.

결혼과 가정을 지원하고 강화하되 교회의 본질에 대한 탄탄한 성경적 이해에 기초하여 그리할 수 있는 교회 모델이 필요하다. 거기에는 결혼과 가정의 리더십이 남자에게 있어 아내가 남편에게 복종하고 자녀가 부모에게 순종해야 한다는 내용도 포함된다. 세대 간 또는 다세대 사역도 매우 중요한데, 이런 사역은 교회를 반드시 단위별로 가르고 분리하는 게 아니라 혈연관계를 포함한 자연스러운 동질성 그룹을 활용한다. 동시에 지역 교회의 지도자들은 제자 양육의 한 방편으로 교인들을 연령별로 모아 교육할 정당할 권리와 권한이 있다. 물론 청소년에 대해서도 예외가 아니다. 또래 집단 구조를 활용한다 해서 반드시 가정 구조가 무너지는 것은 아니며, 오히려 유익한 보완과 보충이 될 수 있다.

가정통합 교회 접근

지금까지 우리는 결혼과 가정에 대한 성경의 기본적 가르침을 개괄했고, 교회의 정체 및 가정과의 관계에 대한 신약의 가르침을 (각각의 역할과 함께) 논의했고, 교회가 결혼과 가정을 강화할 수 있는 몇 가지 방법을 제시했다. 이제부터는 근년 들어 가정을 지키는 데 앞장서 온 교회 내의 몇몇 모델을 평가하고자 한다. 우리는 조심스러운 자세를 취할 것이다. 곧 분명해지겠지만 이런 접근들의 배후 관심사 중 많은 부분을 우리도 공유하고 있기 때문이다. 특히 가정의 강화와 안녕에 대한 우려가 그렇다. 결국 교회론이 가장 첨예한 이슈다. 차차 살펴보겠지만 이런 접근들은 다양하며 여러모로 아직 진화 중이므로 몇 가지 중요한 근본적 교리 문제는 차차 더 명확히 정리될 필요가 있다.

이런 사역 철학을 가진 사람들이 교회 안에 분명히 많이 있다. 그만큼 그들은 가정에 대한 관심이 깊고 "교회 운영"의 전통적 접근들을 정당하게 비판한다. 이들 중 상당수는 홈스쿨링을 하는 가정들이다. 그들은 가정에서 자녀를 교육할 때 경험하는 친밀한 가족적 분위기를 교회 안에 재현하기를 원한다. 일부 가정 지향적 교회들은 다세대 사역, 온 가족을 대상으로 한 전도, 아버지를 가정의 영적 지도자로 세우는 일 등의 일반 원리들을 적절히 수용하면서도, 가정통합에 대한 좀더 반발적이고 때로 극단적인 핵심 교의들에 철학적으로나 신학적으로 얽매이지는 않는다. 이런 접근들에 대한 다음의 비판은 바로 그런 그룹들에게 적용되되, 그들이 신론과 교회론의 더 근본적 차원에서 이 운동의 교의들을 신봉하는 정도만큼만 적용된다.

가정의 중요성에 대해서는 우리도 깊이 확신하는 바이지만, 우리는 결혼과 가정에 대한 **성경적 기초**에 헌신되어 있으며 거기에는 신약이 가르치는 **교회**에 대한 건전한 이해도 포함된다. **우리의 잠정적 평가로 다음에 정의된 가정통합 접근은 가정의 지위를 과도히 높여 이 주제에 대한 성경의 가르침에 비추어 볼 때 근거가 없을 뿐 아니라 교회를 "가정들의 가정"으로 보는 관점도 성경으로 충분히 입증되지 않는다.**[17] 물론 우리도 교회가 가정 사역을 필수로 삼아 가정을 지원하고 강화할 것을 강력히 촉구한다. 하지만 그렇다고 교회에 대한 신약의 가르침을 타협하거나 가정을 과도히 교회보다 높여서는 안 된다.[18]

가정통합 교회 접근의 신조와 실천은 획일적이지 않다.[19] 소신을 고수하는 "순수파" 교회들이 있는가 하면 좀더 유연하게 이 모델에 다른 접근들을 결합하는 교회들도 있다.[20] 대개 가정통합 접근의 핵심 강령은 교회에서 가족끼리 함께 예배해야 하고, 성경 공부나 교제나 기타 예배에 관련된 활동을 할 때도 가족들이 함께 있어야 한다는 주장이다.[21] 가장(아버지)들은 가정에서뿐만 아니라 **교회에서도** 영적 지도자가 되어야 하는데, 여기에는 교회의 사역 방식에 대한 중요한 의미가 함축되어 있다. 예컨대 교회는 중고 등부 전도사를 채용하기보다 학부모들이 협력하여 학생들에게 사역하는 식 으로 가정에 기초한 중고등부 사역을 추구할 수 있다. 남자 하나나 여럿이 그런 활동을 조정할 수도 있고 아예 중고등부 사역 자체를 없앨 수도 있다.

가정통합 교회 접근의 배후 동기를 이해하려면 이 접근이 오늘날의 인습 적인 "교회 운영" 방식에 대한 저항임을 알아야 한다. 가정통합을 옹호하 는 사람들에 따르면 전통적 접근은 교인들을 독신, 젊은 부부, 청소년, 노인 등 연령별 및 기타 동질성 그룹으로 부당하게 나눈다. 가정통합을 지지하 는 사람들은 이런 "분리"(바람직하지 못한 단어이지만 자주 쓰인다. 아래를 참조하라) 가 가정을 강화하고 단합시켜 주기보다 오히려 분열시킨다고 주장한다. 교 회는 가정을 **분리**하기보다 **통합**해야 하며, 사역의 지향점을 아버지를 머리 로 하는 온 가족에 두어야 한다는 것이다. 그런 면에서 가정통합 접근이 초 대 교회의 실천을 더 잘 대변하고 청교도의 교회론에 더 잘 부합된다는 주 장이 자주 제기된다.[22]

일부 남편들은 자신이 결혼과 가정에 충분히 우선순위를 두지 못했음을 자각했고, 종종 이를 계기로 교회가 가정을 약화시키기보다 강화해야 한 다는 인식이 제고되었다. 예컨대 보디 바우컴 주니어(Voddie Baucham Jr.)는 《가정아, 믿음의 심장이 되어라》(미션월드 라이브러리)의 대부분을 이에 관한 자신의 간증에 할애하면서 남자들에게 아버지와 남편의 역할에 우선순위 를 둘 것을 촉구했고, 마지막 한두 장에 걸쳐 그것이 교회에 미치는 의미를 설명했다.[23] 또 다른 주목할 만한 작품들에서 마크 폭스(Mark Fox)는 가정통 합 교회를 향한 자신의 여정을 술회했고, 에릭 월리스(Eric Wallace)는 교회 와 가정의 "연합"을 촉구했다.[24] 이런 모든 노력의 중심은 가정의 영적 지도자로서 아버지의 제자리를 회복하는 일과 교회를 믿음의 가정들이라는 기초 위에 세우는 일에 있다. 요컨대 이런 시도는 교회를 가정에 대한 하나님의 원안으로 돌아가게 하는 긍정적 자극제가 된다.

그러나 앞서 암시했듯이 가정통합 접근에는 대체로 철저한 성경적 이론이 부족하기 때문에 그것을 평가하기가 꽤 어렵다. 어떤 때는 막연히 역사적 또는 실천적 측면에서 비평이 제기되기도 하고, 어떤 때는 "가정통합" 접근이 **아닌** 것—교인들을 연령별이나 삶의 상태별로 분리하는 것—에서부터 논증이 진행되기도 한다. 즉 전통 교회의 실패로 보이는 부분에 논의가 갇혀 버린다. 인용되는 성경 구절도 대부분 구약이거나 아니면 범위가 매우 넓어 딱히 가정통합 교회 접근을 지지한다고 보기 힘들다.

가정통합 접근의 공헌과 가능한 한계

어떤 교회는 많은 면에서 주변 문화를 닮아 관계가 단절되어 있고, 어떤 교회는 교인들의 신앙이 양육되는 기본 조직인 가정을 건강하게 유지시키기에 대체로 역부족이다. 가정통합 교회 접근은 그런 교회에 몇 가지로 중요하게 공헌할 잠재력이 있다. 특히 세 가지 공헌을 지적할 수 있다. 첫째로, 이 접근은 좀더 **전인적인 사역 방식**을 제시한다. 즉 사람들을 단지 개인주의적 관점에서 보기보다 바울과 초대 그리스도인들이 그랬던 것처럼 온 가족에게 다가간다. 둘째로, **아버지의 역할과 영적 책임을 강조하는** 부분이 유익하다. 전통 교회의 많은 목사가 가정의 영적 지도자인 아버지의 역할을 독려하고 교육하지 못한 게 사실이다. 예컨대 아버지들에게 가정 예배를 인도하는 법을 구체적으로 가르치고 지원하는 교회가 얼마나 되는가? 사실 많은 교회가 이 부분에 충분히 주목하지 못했을 텐데, 가정통합 교회 접근이 요긴한 교정책이 될 수 있다. 셋째로, 전통 교회이든 가정통합 교회이든 **견고한 가정들은 건강한 교회의 중추다.** 따라서 가정통합의 전체를 기본 지침으로 받아들일 마음이 없는 교회들도 일부 유익한 특성들을 접목하고 싶을 수 있다.

그러나 몇 가지 주의할 점도 있다. 우선 "분리"라는 말에 인종차별의 어감이 들어 있으므로 전통 교회의 실태를 말할 때는 그런 말투를 피하는 게 좋다. 적대적 자세를 취하면 전통 교회들이 가정통합 접근의 타당한 통찰을 고려해 볼 가능성이 낮아진다. 그러므로 "우리 대 그들"의 사고방식을 피하는 게 유익하며, 논의에 임할 때 반발적 자세를 삼가야 한다. 진짜 적은 전통 교회가 아니라 사탄이며, 교회의 핵심 메시지는 가정통합이 아니라 주 예수 그리스도를 믿음으로 말미암아 은혜로 구원받는 복음이다. 또 하나 중요한 것은 파벌주의를 삼가는 것이다. 사랑의 정신으로 제기되는 정당한 비판에 마음을 닫고 저항할 게 아니라 모두가 겸손히 마음을 열어야 한다.

이미 말했듯이 결혼과 가정을 결코 교회보다 높여서는 안 된다. 종말론적 관점에서 보면 이 땅의 결혼생활과 가정생활은 일종의 "훈련용 보조 바퀴"에 불과하며 그리스도와의 영원한 관계(결혼)를 위해 우리를 준비시키기 위한 것이다. 결국 "새 땅"에는 인간의 결혼이 없으며 가정이라는 제도는 이미 그 목적을 다한 후다. 그러므로 영원에 비추어 볼 때 결혼과 가정은 중요한 준비의 역할을 하지만 결코 절대화되어서는 안 된다. 하나님 나라의 영원한 목적보다 우위에 놓여서도 안 된다. 같은 맥락에서, 가장인 아버지의 권위가 지역 교회의 지도자의 권위보다 높거나 하다못해 대등하다고 생각할 만한 정당한 성경적 근거도 없다.[25]

또 하나 우려되는 부분은 통합의 개념 자체와 관계된다. 본래 신약 교회는 가정뿐만 아니라 성별, 연령, 인종, 피부색, 사회경제적 계층 등 **가능한 모**

든 면에서 통합되어야 한다. 교회의 창조자는 모든 피조물을 지으셨고 교회의 구속자는 모든 부류의 사람을 구원하셨다. 그런 그분을 닮으려면 교회도 포괄적으로 누구나 받아들여야 한다. 그렇기 때문에 어느 **한 가지** 통합에만 집중하고 **다른 모든** 차원의 통합을 똑같이 강조하지 않는 모든 단체나 접근은 성경의 이상인 하나님 나라에 미치지 못한다. 실제로 가정통합 교회 접근은 자칫 전반적 통합의 **결핍**을 조장할 수 있다. 해당 교회들이 깨어진 가정의 사람들을 품는 일을 때로 등한시할 수 있기 때문이다. 사실 역설적이게도 어떤 교회들은 자신들이 바로잡으려 하는 분리를 오히려 부추길 수 있다. 온전한 가정들과 이상적이지 못한 배경의 가정들을 분리시키는 것이다.[26]

교회에서 가족끼리 함께 있는 문제라면, 가족들이 **집에서** 가정 예배를 드리고 교회에서는 연령 집단이나 기타 그룹별로 다른 신자들과 함께 예배하지 못할 이유가 전혀 없어 보인다. 교회에 모일 때마다 가족끼리 늘 뭉쳐 다녀야 된다는 가르침은 성경에 없다. 아버지가 집에서 가정 예배와 성경 읽기를 인도할 수 있듯이 지역 교회의 목사도 가정적·사회적 배경이 다양한 사람들로 이루어진 회중 전체의 공예배를 인도할 수 있다. 주일학교, 유초등부 예배, 중고등부 모임 등 다른 여러 환경에 대해서도 똑같이 말할 수 있다. 교회는 일부러 그런 장을 마련하여 성경의 명령대로 신자들을 교육하고 덕을 세울 수 있다.

또 하나 남아 있는 문제는 가정통합 접근이 주로 성경적이고 신학적인 전제들에 근거한 것인가 아니면 방법이나 취향을 바탕으로 제시된 것인가 하는 점이다. 만일 전자라면 다른 모든 접근은 성경이 명하는 바에 미달된다는 뜻이다. 그러나 만일 후자라면 누구나 다양한 방법에 열려 있어야 하며 그중 어느 하나라도 유일한 성경적 접근이라 주장할 수 없다. 따라서 여러 요소들의 혼합도 가능해진다. 예컨대 전통 교회는 가정 지향 중 더 명확한 부분을 수용할 수 있고, 극단적 가정통합을 내세우는 교회는 균형을 찾을 수 있다.[27] 제기되는 또 다른 의문은 가정통합 접근의 배후 신학이 구약의 이스라엘과 신약 교회 사이의 연속성을 얼마나 강조하는가, 그리고 신약에 명백히 강조된 개인의 믿음을 얼마나 제대로 인식하지 못하는가 하는 점이다.

끝으로, 남자가 머리임을 강조하면 자칫 여성의 중요성과 의미가 반감되기 쉽다. 남자를 지도자로 굳히려다 보면 여자도 가정과 교회와 사회에 아주 다양하게 공헌할 수 있다는 인식이 때로 부족해질 수 있다. 경우에 따라 일종의 남성 가부장제가 지나친 권위주의의 형태로 나타날 수 있다.

결론

이 주제에 대한 예수의 가르침을 공부해 보면 그분이 다음 사실을 강조하셨음을 알 수 있다. 즉 한 가정의 아버지나 다른 가족은 신자가 아닐 때가 많으며, 신자인 모든 사람은 새로운 영적 가정을 이루어 그리스도 안의 형제자매가 된다. 따라서 비신자를 영적 머리로 의지하는 일은 성립될 수 없다. 대신 그리스도의 몸 된 교회가 그런 상황에 처한 사람들에게 가정이 된다. 또 바울이 말한 교회는 그 자체로 독립적 정체이며 가정이 교회 구조의 일부로 언급되지 않는다. 장로, 집사, 목사-교사 같은 직분들은 "양떼"의 "목자"로 교회를 감독한다(행 20:17-35; 딤전 3:1-15; 딛 1:6-9, 참조, 벧전 5:1-3). 구약의 이스라엘은 신정체제였고 씨족과 지파의 혈연관계에 기초를 두었지만 예수는 누구든지 하늘 아버지의 뜻대로 행하는 사람이 자신의 형제요 자매라고 말씀하셨다. 교회를 집으로 보는 모델에도 일정한 한계가 있으며, 구약의 가부장적 모델을 신약 교회에 직접 대입하는 데는 문제가 있다.

서신서에 분명히 나와 있듯이 교인의 자격은 언약 가정에 소속되는 게 아니다. 여기서 언약 가정이란 부모 중 한쪽이나 양쪽 모두가 신자인 가정을 말한다. 앞서 말했듯이 교회의 일원이 되는 신약의 기준은 개인이 회개하고 주 예수 그리스도를 믿는 것이다. 그러므로 신약 교회론의 근본적 기초와 본질적 원리는 어떤 민족이나 가족에의 소속이 아니라 예수 그리스도를 믿는 개인적 믿음이다. 따라서 당연히 교회는 그리스도를 믿어 거듭난 모든 중생한 신자들로 구성되며, 이제 그들이 영적 가정과 하나님의 집을 이룬다.[28] 온 가족이 믿는 경우에도 변하지 않는 사실은 가족들이 **일차적**으로 그리스도 안의 형제자매이며 혈연관계는 **부차적**이라는 점이다.[29]

그래서 신자들은 친형제자매처럼 서로 사랑하고 돌보도록 부름 받았다. 그래서 그들은 피만 섞이지 않았을 뿐 마치 친척처럼 서로를 대한다. **영적으로** 친척이기 때문이다. 신자들은 예수 그리스도를 똑같이 믿어 하나가 되었다. 더욱이 온 가족이 그리스도를 믿는 경우에도 그들을 하나로 묶어 주는 것은 일차적으로 혈연관계가 아니라 신앙이다. 이 공동의 신앙 때문에 그들은 함께 예배하고 함께 섬기고 함께 기도하고 함께 성경을 공부한다. 이 새 가정 안에서 그들은 생면부지의 사람들을 신기하게도 부모형제처럼 사랑한다. 그리스도 안에서 정말 형제자매이기 때문이다. 요컨대 믿지 않는 혈육보다도 신자들과의 공통분모가 더 많다.

그러므로 교회는 미혼자, 배우자를 사별한 사람, 이혼자, 젊은이, 노인, 부자, 가난한 사람 할 것 없이 누구나 함께 속하여 어울리는 곳이다. 혈연의 가정 단위만 새로운 능력을 받는 게 아니다. 교회를 하나님의 가정으로 보는 신약의 개념은 혈연관계를 초월한다. 동시에 교회 안의 온전하고 경건한 가정들을 결집시켜 기독교 가정이 어떠해야 하는지 본을 보이게 하는 것도 바람직하다. 이로써 깨어진 가정 출신의 사람들을 끌어들여 교회 가정 안에 통합할 수 있다.

여기 중요한 요소가 있다. 참으로 통합된 교회는 현재 가정이 온전히 성하지 못한 사람이나 독신의 은사를 받은 사람을 차별하지 않는다. 오히려 진정으로 마음을 열고 그들을 교회 안에 반가이 맞아들인다. 예컨대 독신으로 부름 받은 사람도 가정과 대등하게 "하나님 나라의 단위"로 인정되어야 한다. 후자가 전자에게 우월감을 품어서는 안 된다. 참으로 통합된 교회는 영원한 천국의 특성인 그리스도의 몸의 다양성을 온전히 닮는다(참조. 요한계시록). 또 그런 교회는 부모와 자녀가 있는 성한 가정을 다른 가정보다 배타적으로 특별대우하기보다 지역사회의 모든 사람에게 진정으로 다가간다.

예수의 모범이 여기서 특히 교훈이 된다. 우리 주님은 절묘한 균형을 유지하셨다. 한편으로 혈육의 가정을 인정하시면서도(마 19:4-6과 상응 구절들) 다른 한편으로 영적 신앙 가족이 혈연관계를 초월하는 하나님 나라의 도래를 전하셨다. 따라서 교회의 인적 구성은 단지 아버지가 이끄는 가정들로만 대변되어서는 안 된다. 결국 하나님의 뜻을 행하는 모든 개인은 하나님 나라의 정당한 일원이다. 바울도 그것을 암시하며 "이후부터 아내 있는 자들은 없는 자 같이 하며…이 세상의 외형은 지나감이니라"(고전 7:29, 31)라고 썼다. 그러면서도 그는 결혼과 가정을 이생의 규범으로 인정했다(엡 5:21-6:4).

이런 여러 이유로 인해 교회는 **가정 지향적**이고 **가정 친화적**이어야 한다. 교회 지도자들은 친히 건강한 가족 관계의 모범을 보여야 하고(딤전 3:4-5) 힘써 교회 내의 가정들을 예배 공동체로 무장시켜야 한다. "하나님의 집"인 교회가 거시적 차원에서 보여야 할 모습을 가정은 미시적 차원에서 구현해야 한다(딤전 3:15). 그러려면 교회가 더 의지적으로 **멘토링과 제자양육**에 힘써야 한다. 교회가 더 공적으로 노력을 집중하여 남자들을 무장시켜 주어야 그들이 영적 지도자로서 가정에서 기독교 신앙을 실천하고 예배와 성경 읽기 등을 인도할 수 있다. 교회는 멘토링이나 제자양육을 주로 또는 전적으로 개인적 차원에서만 생각해서는 안 된다.

또 하나 중요한 것은 이것이 **전 교회적 차원**에서 이루어져야지 단지 결혼 세미나나 결혼과 가정에 대한 훈련반처럼 일부 사람들만 선택하는 특별 프로그램으로 그쳐서는 안 된다는 것이다. 교회의 **제반** 측면은 사람들의 가정적 정황에 중점을 두어, 깨어진 가정이나 특이한 상황 출신의 사람들을 품어야 한다. 경건한 가정들이 회중의 뼈대가 되면 현재의(또는 평생의) 미혼자들도 가족적 환경 속으로 이끌릴 수 있다. 그러면 깨어진 관계로부터 회복 중인 사람들은 치유를 얻고, 젊은 미혼자이든 이전에 결혼했던 사람이든 사랑과 양육이 있는 미래의 가족관계를 사모하는 사람들은 희망을 얻는다.

그렇다면 가정과 교회의 관계를 어떻게 보아야 적합한가? 둘을 서로 대치시켜야 하는가? 가정이 교회의 부당한 간섭 없이 자녀를 제자로 훈련할 수 있도록 교회가 손을 떼야 하는가? 아니면 가정이 교회 프로그램의 홍수 속에 파묻혀 고통당할 정도로 교회의 위상이 높아져야 하는가? 어느 쪽 극단도 바람직하지 않다. 그보다 교회와 가정은 하나님께 받은 각자의 역할을 인식하고 **동역자**로서 하나님을 영화롭게 해야 한다. 서로의 영역을 존중하고 인정해야 한다. 예컨대 결혼생활을 가꾸고 자녀를 제자로 훈련하는 일은 누구의 역할인가? 어떤 의미에서 부부 자신이 결혼생활을 위해 노력해야 하고, 부모가 하나님의 명령을 받들어 자녀를 주의 교훈과 훈계로 양육해야 한다(엡 6:4). 그러나 결혼생활을 가꾸고 가정을 강화하고 전도와 제자훈련을 하는 일은 당연히 **또한 교회**의 역할과 책임이기도 하다. 그런 교회의 지도자들은 성경적 자격을 갖추어 정식으로 임명된 성숙한 남자(장로)들이어야 하고, 교인들은 주 예수 그리스도를 믿어 중생하고 거듭나 성령께서 내주하시고 무장시켜 주시는 신자들이어야 한다. 교회는 교인들의 결혼 여부를 떠나 교인들 위에 군림해서는 안 되고, 가정은 하나님의 계획 속에서 가정이 지닌 한계를 겸손히 받아들여야 한다. 그러면 하나님을 영화롭게 하는 조화로운 동역자 관계가 형성되어 영적으로 많은 열매를 맺을 수 있다. 그 속에서 모든 교인들이 교회 지도자들에게 복종하고, 결국은 모두가 교회의 머리이신 그리스도께 복종할 수 있다(엡 1:10, 4:15-16, 5:23-24; 벧전 5:5-6).

그리하여 다음과 같은 바울의 비전이 점점 더 현실이 되어간다. "그가 어떤 사람은 사도로, 어떤 사람은 선지자로, 어떤 사람은 복음 전하는 자로, 어떤 사람은 목사와 교사로 삼으셨으니 이는 성도를 온전하게 하여 봉사의 일을 하게 하며 그리스도의 몸을 세우려 하심이라. 우리가 다 하나님의 아들을 믿는 것과 아는 일에 하나가 되어 온전한 사람을 이루어 그리스도의 장성한 분량이 충만한 데까지 이르리니 이는 우리가 이제부터 어린 아이가 되지 아니하여…온갖 교훈의 풍조에 밀려 요동하지 않게 하려 함이라. 오직 사랑 안에서 참된 것을 하여 범사에 그에게까지 자랄지라. 그는 머리니 곧 그리스도라. 그에게서 온 몸이 각 마디를 통하여 도움을 받음으로 연결되고 결합되어 각 지체의 분량대로 역사하여 그 몸을 자라게 하며 사랑 안에서 스스로 세우느니라"(엡 4:11-16). 중요하게 기억할 것은 이들 각 마디와 지체가 신자 개개인이지 꼭 가정 단위는 아니라는 것이다. 예수께서도 복음의 진리가 가정을 분열시킬 것을 예언하시며 그 점을 분명히 밝히셨다(마 10:36, 참조. 미 7:6). 요컨대 하나님의 영적 가정인 교회는 각 가정들의 총합과 일치하지 않는다.

가정통합 교회이든 그렇지 않든 모든 교회가 던져야 할 몇 가지 질문으로 이번 장을 마치려 한다. (1) 우리는 독신을 정당한 은사로 인정하고 독신자를 가정과 대등하게 교회의 일원이자 하나님 나라의 시민으로 받아들이는가? 아니면 가정을 특별대우하고 독신자를 어딘지 부족한 이류로 취급하는가? (2) 우리는 삶의 단계나 인종이나 계층과 무관하게 모든 사람에게 다가가는가? 아니면 교인들의 대다수를 차지하는 인적 구성—특정한 사회경제적 계층, 홈스쿨링을 하는 가정들, 기타 집단—에 해당하는 부류에게만 다가가는가? 다시 말해서 우리 교회는 예수께서 선포하신 하나님 나라에 일치하게 **진정으로 포괄적인가?** (3) 우리는 하나님 나라에 대한 예수의 가르침과 교회에 대한 신약의 가르침을 이해하고 실천하는가? 아니면 우리의 접근은 주로 또는 전적으로 구약의 모델들에 입각한 것인가?

물론 가정과 교회의 관계에 대한 현재의 담론은 다분히 진행 중이다. 논의가 진척되면서 용어도 틀림없이 바뀔 것이고, 새로운 모델들이 제시될 것이고, 바라기는 담론의 반발적 성격도 줄어들 것이다. 결국 명심해야 할 중요한 사실은 최종 해법이 어느 하나의 접근이나 일련의 어구들에 있지 않다는 점이다. 장기적 질문들의 중심은 계속해서 가정의 중요성, 성경이 가르치는 교회의 본질, 교회가 하나님께 받은 사명—가정을 강화하고 지원하는 일도 포함하여—을 다하는 최선의 방법 등에 있다. 그 사명을 다할 때 교회는 모든 민족을 제자로 삼으라 하신 지상명령을 수행할 수 있다.

바울은 변화가 필요한 당대의 노예제도를 다룰 때 그 제도의 약점을 분명히 알면서도 굳이 사회경제적 관계의 대안적 모델을 제시하지 않았다. 오히려 더 근본적인 성격의 접근을 취하여 인간의 가치, 권위에 대한 복종의 중요성, 사회 질서의 필요성 등에 집중했다. 그러면서 그는 당대의 문화와 사회 속에서 사회경제적 관계의 내적 변화를 지향하여 열심히 노력했다. 물론 이 유비가 적용되지 않는 측면도 많이 있지만, 바울이 이를 통해 그리스도인들이 교회에서 진정한 영속적 변화를 위해 노력할 수 있는 한 방법론을 제시한 것만은 분명해 보인다. 같은 맥락에서 이번 장의 목적도 문제를 단번에 해결하는 것이 아니었다. 그래서 우리는 기존의 접근들 중 하나에 합류하거나 우리만의 새로운 모델을 제안한 게 아니라 현재의 논의에서 제기되는 일부 가장 두드러진 점들을 더 근본적이고 신학적인 차원에서 탐색하고 평가했다. 물론 논의는 계속될 것이다.

이제 우리는 결혼과 가정에 대한 성경적 가르침의 최종 종합으로 넘어간다.

14.
주 안에서 이루는
만물의 통일

논의를 마치면서 그동안 결혼과 가정 및 관련 이슈들에 대한 성경의 가르침을 공부하며 발견한 내용을 간략히 요약해 보자. 서두에 지적했듯이 서구 문명은 사상 최초로 **결혼**과 **가정**의 의미를 정의해야 하는 상황에 직면했다. 두 단어의 정의와 관련된 극심한 문화적 위기는 배후의 영적 위기에서 비롯된 증상이다. 한때 공유했던 사회적 가치관의 기초를 영적 위기가 허물고 있다. 우주적 규모의 이 영적 전쟁에서 사탄과 그 졸개들은 하나님이 설계하신 결혼과 가정에 극렬히 저항하며, 하나님을 높이는 기독교적 결혼과 가정에 그분의 형상이 드러나지 못하게 그분의 형상 자체를 왜곡시키려 한다. 이렇게 시대가 결혼과 가정에 대한 혼란에 빠져 있는데 이 주제에 대한 기독교 문서는 충분하지 못하므로 성경적·통합적 고찰이 필요하다. 이 책은 그러한 한 시도였다.

인간의 성과 인간관계는 창조주의 영원한 뜻에서 기원하여 하나님이 남녀 인간을 지으신 방식으로 표현되었다. 남자와 여자는 하나님의 형상대로 지음 받았고(창 1:27) 번식을 포함한 대리 통치를 위임 받았다(창 1:28). 먼저 창조된 남자는 일부일처라는 결혼의 정황 속에서 하나님 앞에 최종 책임을 맡은 반면, 여자는 남자 옆에 "돕는 배필"로 놓였다(창 2:18, 20). 인류의 타락은 심각한 결과를 불러와 남녀 각자의 고유 분야는 물론 부부 관계에도 영향을 미쳤다. 남자의 노동과 여자의 관계 영역은 둘 다 큰 영향을 입고 세력 다툼으로 변했다. 그럼에도 인간 안에 있는 하나님의 형상은 없어지지 않았고 결혼과 가정은 여전히 하나님이 인류를 위해 제정하신 주요 질서다. 사실 결혼과 가정에 대한 창조주의 설계 내지 기준은 타락 이후에도 달라지지 않았다. 지금도 그분은 두 제도의 특성인 일부일처제, 정절, 이성애, 출산, 상호 보완, 백년해로가 지속되기를 바라신다.

신약도 태초에 창조주께서 정하신 역할과 똑같이 부부의 역할을 존중과 사랑의 관점에서뿐만 아니라 복종과 권위의 관점에서도 정의한다. 물론 남편과 아내는 하나님의 은혜를 함께 상속받을 자들이며(벧전 3:7), 그리스도 안의 구원에 관한 한 "남자나 여자나…다 하나"다(갈 3:28). 하지만 아내가 그리스도께 복종하는 교회를 본받고 남편이 교회를 사랑하시는 그리스도를 본받아야 한다는 원리는 변함이 없다(엡 5:21-33). 요컨대 논란이 되는 소수의 산발적 본문들만 아니라 성경신학 전체가 성 역할에 대한 상호 보완적 관점을 증언해 준다. 공동의 청지기직 외에도 부부는 주변 문화를 상대로 복음을 증언하는 중요한 역할을 맡고 있으며, 결혼 자체를 그리스도 안에서 실현되는 하나님의 종말론적 목적이라는 더 큰 틀 안에서 보아야 한다(참조. 엡 1:10).

4장에서는 결혼의 세 가지 주요 모델인 성례, 계약, 언약을 살펴보면서 성경적 개념의 결혼은 언약(또는 언약적 특성을 지닌 창조 명령)으로 가장 잘 묘사된다고 결론지었다. 거기서 정의했듯이 결혼이란 **한 남자와 한 여자의 신성한 연합으로, 하나님이 맺어 주시고 그분 앞에서 시작되며**(부부가 그것을 인정하는지 여부와 관계없이) **대개 성관계로 완성된다.** 계약은 기간이 한정되어 있고, 양측이 계약 의무를 계속 이행하느냐에 따라 조건적이며, 주로 또는 전적으로 본인의 유익을 위해 체결된다. 그러나 결혼은 영속성, 신성성, 친밀성, 쌍방성, 배타성을 특징으로 하는 신성한 연합이다. 4장의 마지막 단락에서는 섹스의 신학을 논하면서 섹스의 세 가지 목적을 번식, 부부 관계, 공공선과 관련하여 제시했다.

위에 말한 결혼의 정의에 암시되어 있듯이 성경은 자녀의 출산과 양육을 하나님이 설계하신 결혼의 필수적 부분으로 명백히 계시한다. 구약에서 자녀는 주님의 복으로 그려진 반면 불임은 (예외도 있지만) 대개 하나님이 외면하신 표시로 간주되었다. 아버지와 어머니와 자녀의 책임도 구약에 자세히 설명되어 있다. 신약에 명한 대로 부모는 자녀를 주의 교훈과 훈계로 양육해야 하고(엡 6:4), 여자는 하나님께 받은 어머니와 주부로서의 소명에 특별히 우선순위를 두어야 한다(딤전 2:15; 딛 2:4-5). 마찬가지로 신구약 모두 자녀를 부양하고 훈육해야 하는 아버지의 신성한 의무를 일깨워 준다(잠 13:24; 고후 12:14; 히 12:6).

번식과 관련하여 몇 가지 중요한 이슈가 다루어졌다. 첫째로, 성경에 분명히 나와 있듯이 생명은 수태의 순간에 시작되며 낙태는 도덕적으로 용인될 수 없다. 둘째로, 피임 전반은 그리스도인에게도 정당한 방안이지만 그렇다고 모든 종류의 산아제한이 신자들에게 도덕적으로 용인된다는 뜻은 아니다. 성격상 낙태가 아니라 피임의 역할을 하는 방법들만 그리스도인에게 정당한 방안이다. 셋째로, 인공수태도 마찬가지로 여러 가지 복잡한 윤리적 문제를 야기한다. 그중 오늘의 신자들에게 윤리적으로 허용되는 것과 그렇지 않은 것이 무엇인지 분별하려면 신중한 판단이 요구된다. 끝으로, 성경에 입양은 하나님을 영화롭게 하고 기독교 가정을 세울 수 있는 명예로운 방법으로 제시되며, 특히 친자녀를 임신하는 데 어려움을 겪고 있는 부부들의 경우는 더욱 그렇다.

그리스도인의 자녀 양육과 관련해서는 특정한 자녀 양육 방법들의 장단점을 따져 보았고, 자녀와의 관계를 가꾸는 일과 자녀 양육에서 성령의 인도에 의지하는 일을 소홀히 한 채 방법론에 치중하는 접근의 위험성을 지적했다. 한부모의 자녀 양육을 논하는 부분에서는 하나님이 아버지 없는 아이들을 돌보신다는 성경의 가르침을 인증했고, 교회가 한부모들을 도울 수 있는 몇 가지 방법들을 알아보았다. 체벌에 대한 논란도 개괄했다. 성경의 가르침대로 우리는 체벌을 금할 수 없으나 동시에 몇 가지 중요한 주의점도 짚어 보았다. 이 단락에서 논의한 또 다른 특수한 이슈는 청소년 자녀를 양육하는 문제였다.

남성성과 여성성을 길러 주는 일은 우리 문화에서 더없이 중요한 일이다. 우리 문화가 남성을 비하하는 급진적 페미니즘의 편견의 열매를 날로 더 거두고 있기 때문이다. 아울러 우리는 부모의 훈육에 대한 몇 가지 성경적 원리도 살펴보았다. 그것을 활용하여 자녀에게 자신의 행동에 책임지는 법을 가르칠 수 있다. 뒤이어 다루어진 주제는 결혼과 가정에 관련된 영적 전투였다. 결혼이 하나님의 경륜에서 워낙 중요한 요소이므로 마귀는 하나님이 제정하신 이 인간관계를 계속 공격한다. 그러므로 신자들은 늘 준비된 상태로 선한 싸움을 싸우며, 자신들의 결혼생활은 물론 결혼 제도 자체를 옹호해야 한다.

또한 우리는 아직 미혼인 사람, 배우자를 사별한 사람, (자의로든 상황 때문에든) 평생 혼자 살 사람과 관련하여 독신의 문제도 논의했다. 물론 커플도 결혼 전에는 성관계를 금해야 하며, 배우자를 사별한 사람에게는 재혼이 허용된다(경우에 따라 장려된다). 그러나 예수와 바울은 평생 미혼인 상태(즉 독신)를 하나님의 은사로 보았다. 단, 독신이 교회 직분의 필수 요건은 아니다(참조. 딤전 3:2, 12; 딛 1:6). 사실 독신자는 주님께 더 전념할 수 있으므로 독신은 하나님 나라의 일에 매진하는 독특한 기회가 될 수 있다(고전 7:32-35). 이어 우리는 독신을 둘러싼 현대의 담론들을 집중적으로 더 논의하면서 성경적 독신 신학을 개발할 필요성을 제기했다.

아울러 창조 시부터 분명했듯이 남녀 인간을 향한 하나님의 원형은 동성애가 아니라 이성애다. 성은 둘로 구별되어 창조되었으므로 그 구분이 흐려지거나 지워져서는 안 된다. 인류가 남자와 여자로 존재하는 데는 상호 보완과 번식이라는 목적이 있는데, 동성 간의 성관계에서는 그 두 목적

중 어느 쪽도 제대로 실현될 수 없다. 더욱이 하나님의 형상은 **남녀 인간** 안에 새겨져 있는 만큼 동성 간의 결합은 다양성 속의 연합이라는 하나님 자신의 형상을 드러내지 못한다. 그동안 성경의 기록을 재해석하려는 시도가 많이 있었고 자칭 그리스도를 따른다는 사람들까지도 일부 거기에 가세했지만, 분명히 성경은 한결같이 동성애를 하나님께 반항하고 그분의 창조 질서를 무시하는 행위로 본다(창 18:17-19:29; 레 18:22, 20:13; 롬 1:24-27; 고전 6:9-10; 딤전 1:9-10, 벧후 2:4-10; 유 1:6-7). 사실 동성애는 거의 모든 면에서 하나님이 통합적으로 설계하신 결혼과 가정에 역행한다. 동성애에 대해 성경에 규정된 벌이 그토록 혹독한 것도 그래서일 수 있다.

결혼은 단지 인간의 계약적 합의가 아니라 하나님이 제정하신 언약적 제도다(창 1:28, 2:24). 그래서 대다수의 견해에 따르면 이혼은 오직 신중히 기술된 일부 예외적인 경우에만 허용된다. 이 견해에 따라 용인되는 이혼 사유에는 부부 간의 성적 부정(간음)과 비신자 배우자 쪽에서의 유기가 포함된다. 그러나 그런 경우에도 화해를 목표로 삼아야 하며 이혼은 허용될 뿐이지 명령은 아니다. 사실 어느 경우를 막론하고 이혼은 하나님이 설계하신 결혼과 가정에 미치지 못하기 때문에 **가장 덜 바람직한 방안**이다. 그래도 이혼이 성경적으로 "정당한" 경우에는 (이 책의 두 저자를 포함하여) 대다수가 동의하듯이 재혼 역시 정당하다. 배우자를 사별한 경우에도 재혼이 허용되되 "주 안에서만" 가능하다(고전 7:39).

부부 간의 정절, 순종하는 자녀, 적절한 집안 관리 등은 목회서신에 나오는 교회 지도자의 자격 요건에서도 더없이 중요하게 간주된다(특히 딤전 3:2-5; 딛 1:6 참조). 가정과 하나님의 "집"인 교회(딤전 3:15)는 밀접한 관계가 있으므로, 좋은 남편이자 아버지이고 충분히 관심을 쏟아 자기 집을 관리하는 사람들만이 교회를 이끌 자격이 있다. 그렇다고 이혼자나 독신자나 무자한 기혼자가 목사직에서 자동으로 배제되는 것은 아니지만, 여기서 강조되듯이 목사는 그리스도의 몸 된 지역 교회의 최고 책임자로서 참으로 "한 아내만 아는 남편" 내지 "한 여자만 아는 남자"가 되어야 한다.

마지막 장에서는 신학적으로나 실제적으로 중요한 주제인, 교회 지도자들이 어떻게 결혼과 가정을 지원하고 강화할 수 있는가의 문제를 다루었다. 특히 "가정통합 교회 운동"에 주목했는데, 이 운동은 교인들을 연령별 및 기타 동질성 그룹으로 구분하는 인습에 대한 비판에서 싹텄다. 가정통합 교회 운동의 관심사 중에는 타당한 점도 많이 있지만 몇 가지 주의할 점도 지적할 필요가 있었다. 이 운동을 둘러싼 논쟁 그리고 이슈의 양극화는 성경이 가르치는 결혼과 가정에 대한 신중한 성경적·신학적 작업이 더 필요함을 부각시켜 준다.

종합적으로 신구약에 공히 제시된 결혼과 가정에 대한 가르침은 시종 일관성이 있다. 에덴동산에서 시작하여 이스라엘, 예수, 초대 교회, 바울에 이르기까지 한결같이 삶의 이 중요한 부분에 대해 아주 높은 기준이 고수된다. 사람들이 하나님의 이상에 미치지 못할 때가 수없이 많았고 앞으로도 그러겠지만, 그래도 성경에 밝혀져 있듯이 결혼과 가정에 대한 하나님의 기준은 변함이 없다. 창조 시에 정해진 그 기준이 오늘의 인류에게도 요구되고 있다. 1세기에나 지금이나 다른 부분들 못지않게 이 부분에서도 기독교는 이교 문화들을 능가하며, 하나님의 사람들의 삶과 관계 속에서 거룩하신 그분의 속성을 드러낸다.

결론

지금까지 우리는 결혼과 가정에 대한 성경의 가르침을 이해하고자 먼 길을 왔다. 이 책의 마무리로 에베소 신자들을 위한 바울의 기도로 우리의 가정들을 위해 기도하는 것보다 더 좋은 방법은 없을 것이다. 에베소 신자들은 결혼생활과 자녀 양육과 영적 전투에 대한 사도의 놀라운 교훈을 받은 수취인기이도 하다.

이러므로 내가 **하늘과 땅에 있는 각 족속[가족]에게 이름을 주신** 아버지 앞에 무릎을 꿇고 비노니 그의 영광의 풍성함을 따라 그의 성령으로 말미암아 너희 속사람을 능력으로 강건하게 하시오며 믿음으로 말미암아 그리스도께서 너희 마음에 계시게 하시옵고 너희가 사랑 가운데서 뿌리가 박히고 터가 굳어져서 능히 모든 성도와 함께 지식에 넘치는 그리스도의 사랑을 알고 그 너비와 길이와 높이와 깊이가 어떠함을 깨달아 하나님의 모든 충만하신 것으로 너희에게 충만하게 하시기를 구하노라.

우리 가운데서 역사하시는 능력대로 우리가 구하거나 생각하는 모든 것에 더 넘치도록 능히 하실 **이에게** 교회 안에서와 그리스도 예수 안에서 **영광이 대대로** 영원무궁하기를 원하노라. 아멘(엡 3:14-21).

이 책에 다루어진 까다로운 논란거리들에 대해서는 바울의 이 말이 적절하다. "우리가 지금은 거울로 보는 것 같이 희미하나 그때에는 얼굴과 얼굴을 대하여 볼 것이요 지금은 내가 부분적으로 아나 그때에는 주께서 나를 아신 것 같이 내가 온전히 알리라. 그런즉 믿음, 소망, 사랑, 이 세 가지는 항상 있을 것인데 그중의 제일은 사랑이라"(고전 13:12-13). 과연 "지식은 교만하게 하며 사랑은 덕을 세"운다(고전 8:1). 이 책에서 하나님께 더 큰 영광이 될 만한 부분은 그분이 사용해 주시고, 그분의 완전한 지혜에 미치지 못하는 부분은 용서해 주시기를 기도한다. 우리 모두의 결혼과 가정을 통해 하나님이 언제나 더 큰 영광을 받으시기를 기도한다.

부록:
"예외 조항"과
바울의 특별 지침

독자들에게 일러둔다. 여기 부록의 자료는 이 책의 초판에 실렸던 내용이다. 개정판을 내면서 이혼과 재혼에 대한 장의 구성을 손보았지만(11장) 우리는 이 자료가 독자들에게 여전히 귀중하며 이혼과 재혼에 대한 현대의 논의에 도움이 되리라 생각한다.

마태복음 9장의 "예외 조항"

왜 예외가 존재하는가?

마태복음 19장 9절에서 예수는 *porneia*를 예외적 이혼 사유로 인정하신다. 여기서 이런 질문이 제기될 수 있다. 창조의 원안이 이상이라면 왜 예수는 이런 예외를 두시는가? (물론 이 예외의 정확한 본질에 대해서는 이견이 있다. 아래를 더 참조하라.) 그 답을 우리는 확실히 알 수 없다. 아마도 그 이유는 간음이 결혼의 근간인 "한 몸"의 원리를 깨뜨리기 때문일 것이다.[1] 적어도 구약에서 부부 간의 성적 부정을 사형으로 다스린 것도 그래서일 수 있다(레 20:10; 신 22:22).[2] 간음죄를 지은 쪽이 돌에 맞아 죽었다면 결혼생활이 지속되기는 어렵지 않겠는가!

그러므로 "간음 내지 성적 부도덕의 경우에는 이혼과 재혼이 허용된다"는 입장의 지지자들과 "이혼이 불가능하다"는 다양한 입장의 지지자들의 근본적 차이는 여러 면에서 **결혼의 정의** 자체에 달려 있다. 더 좁혀서 말하자면 결혼을 **언약**으로 본다는 의미가 무엇인가에 대한 각자의 이해에 달려 있다. 결혼 언약을 **어떤 상황에서도 해체될 수 없는 것**으로 본다면(천주교를 비롯하여 "결혼이 일단 완성되면 이혼이 불가능하다"는 입장의 많은 지지자가 그렇게 본다) 아무리 마태복음 19장을 연구하고 주해를 바탕으로 논증해도 예수께서 특정 상황에서 이혼이나 재혼을 허용하셨다고 설득력 있게 입증하기 어려울 것이다. 언약이란 본질상 종료될 수 없기 때문이다.[3] 반면에 언약이 깨질 수 있는 가능성을 인정하는 사람들은 예수께서(또는 바울이) 예외적 상황에서 이혼과 재혼을 허용하셨을 수 있다는 가능성에 더 마음이 열려 있는 편이다.[4] 물론 그렇다고 "결혼이 일단 완성되면 이혼이 불가능하다"는 입장을 주해에 근거하여 주장하거나 신봉하는 사람들이 없다는 말은 아니다. 특히 마태의 예외 조항을 약혼으로 해석하면서 소위 "바울의 특별 지침"(아래를 참조하라)을 수용하는 사람들에게는 방금 언약에 대해 한 말이 적용되지 않는다.

"간음 내지 성적 부도덕의 경우에는 이혼과 재혼이 허용된다"는 관점을 논박하는 주장들

다음은 "간음 내지 성적 부도덕의 경우에는 이혼과 재혼이 허용된다"는 입장을 논박하는 주장들이다.[5]

1) 마태복음 19장은 이 이슈에 대한 본문들 중 더 "난해한" 쪽에 속한다. 이 관점은 그것을 다른 공관복음들의 더 명확한 표현들에 비추어 해석하기보다 이 본문을 지나치게 강조하는 게 아닌가 하는 의문을 야기한다. 난해한 본문을 더 명확한 본문에 비추어 해석하는 게 개혁주의의 주해 원리가 아닌가?

2) 예외 조항은 마태복음에만 나온다. 마가와 누가와 바울은 이혼에 대

한 예수의 가르침에서 예외를 언급하지 않았다. 그렇다면 세 저자들이 일반 규범을 제시했고 마태는 모종의 특수한 경우를 다루었다는 가능성이 제기된다.

3) 예수께서 마태복음 19장 4-6절에는 하나님이 창조 시에 제정하신 결혼의 이상을 언급하셨고 마태복음 19장 9절에는 예외적 이혼 사유를 허용하셨는데, 양쪽 사이에 긴장이 있어 보인다.

4) 마태복음 19장 9절에 예수께서 예외적으로 허용하신 이혼 사유가 성적 부도덕 내지 간음이라면 이는 모세가 신명기 24장 1-4절에 규정한 이혼 사유와는 다르다. 여기서 연속성의 문제가 제기된다. 신명기 24장은 마태복음 19장에서 바리새인들과의 대화의 배경이 된 본문인데 예수의 견해는 그 본문과 상충되어 보인다.

5) 이 관점에 따르면 예수는 힐렐의 관점에서 제기된 이혼 관련 질문에 사실상 샤마이의 방식으로 답하신다. 예수라면 그저 당대의 더 보수적인 관점 편에 서시는 게 아니라 둘 중 어느 학파보다도 높은 기준을 제시하셔야 하지 않겠는가. "결혼이 일단 완성되면 이혼이 불가능하다"는 입장이 더 부합되어 보인다.

6) 제자들의 반응이 잘 설명되지 않는다. 그들이 경악한 것으로 보아 그들로서는 도달 불가능해 보이는 기준이 전제되었을 것이고, 그 기준은 간음 내지 성적 부도덕의 경우에 예외를 허용하는 기준보다 더 높았을 것이다.

7) "간음 내지 성적 부도덕의 경우에는 이혼과 재혼이 허용된다"는 관점은 예외를 허용함으로써 결혼 언약을 경시하는 것 같다. 언약의 영속성을 중시하는 성경에는 결혼 언약이 더 중요하게 보증된 듯하며, 특히 결혼의 모형으로 알려져 있는 그리스도와 교회의 언약은 더욱 그렇다.

이에 대한 반응

이 관점을 지지하는 사람들이 이에 대한 반응으로 지적하는 내용들은 다음과 같다.

1) 마태의 본문을 "난해하다"고 제쳐두고 무효하게 여기면서 다른 공관복음들의 절대적 표현을 지지하는 것은 해석학적으로 문제가 있다. 어떤 본문이 "난해하고" 어떤 본문이 "명확한지" 판단하는 일 자체가 너무 주관적이기 때문이다. 그보다 각 본문을 제대로 해석하여 상응 본문들과 조화시키는 게 더 바람직하며, 모든 본문을 종합하여 해당 주제에 대한 성경의 가르침을 이해해야 한다. 게다가 "예외 조항"은 마태복음 19장뿐만 아니라 마태복음 5장(산상수훈의 문맥 속)에도 나온다. 따라서 마태에 따르면 "예외 조항"은 이혼에 대한 예수의 가르침에 반복되는 요소이므로 가볍게 일축해서는 안 된다. 개혁주의의 원리에 대한 말이 나왔으니 덧붙이자면, "*porneia*의 이유 외에"라는 문구는 헬라어 단어의 의미론적 특성상 분명히 "성적 부도덕의 이유 외에"로 해석하는 것이 자연스럽고 지극히 당연한 독해로 보인다.[6]

2) 마가와 누가와 바울의 취지는 마태와 달랐으며, 그들이 예외 조항을 생략한 것은 그들이 보기에 그 사실로 충분히 설명된다(아래에 개괄한 재혼에 관한 해당 본문들을 더 참조하라). 또한 비록 마태복음에만 나오지만 예외 조항은 여전히 존재하며 따라서 다루어져야 한다. 우리는 성경의 어떤 가르침이 **한 번만**(또는 두 번, 위의 1)을 참조하라) 나온다는 이유로 그것을 제쳐둘 수 있는 재량이 없다.

3) 바르게 해석한다면 예수는 하나님의 창조의 이상과 신명기 24장 1-4절의 모세의 규정을 둘 다 인정하셨고, 그리하여 양쪽 모두에서 성경의 정당성을 지지하셨다. 긴장이 있다면 이는 세상에 죄가 존재하기 때문이지

예수께서 부당하게 타협하셨기 때문이 아니다. 예외를 허용한다 해서 이상이나 규범이나 일반 원리가 문제시되는 것은 결코 아니다.

4) 마태복음 19장 9절의 예수의 말씀이 신명기 24장 1-4절의 모세의 규정과 상충되어 보일 수 있으나 원칙상 본질적 연속성이 존재한다. 모세가 사람들의 완악한 마음 때문에 예외를 허용했듯이(이 경우 "수치 되는 일") 예수도 예외를 두셨다(이 경우 *porneia* 즉 성적 부도덕 내지 간음). 그럼에도 모세의 규약과 예수의 판결 사이에는 심화와 전환이 나타난다.[7] 구약에서는 간음에 대한 처벌이 사형이었지만(따라서 간음이 정당한 이혼 사유인지 여부의 문제는 아예 제기되지 않았다), 신약의 가르침의 경우 간음에 더 이상 사형이 적용되지 않음을 반박할 사람은 거의 없을 것이다. 그래서 자연히 의문이 제기된다. 그렇다면 간음을 범한 경우에는 어찌할 것인가? 여기에 예수는 그 경우에 이혼(더 이상 사형이 아니라)이 허용된다고(의무는 아니지만) 답하신 듯 보인다.

5) 앞서 논의했듯이 예수의 기준은 신명기 24장 1-4절에 대한 샤마이의 해석과 맥을 같이하면서도 사실은 더 엄격하다. 그분은 *porneia*의 경우에 이혼을 의무화하신 게 아니라 단지 허용만 하셨고, 랍비들의 논쟁을 초월하여 하나님의 창조의 이상을 참된 규범으로 제시하셨다(다만 예외를 두셨다).[8]

6) 제자들의 반응은 이혼에 대한 그들 자신(적어도 그중 일부)의 관점이 지나치게 느슨했기 때문일 수 있다. 예외 조항이 **딸려 있어도** 예수의 기준은 샤마이의 제한적인 관점까지 포함하여 당대의 모든 랍비 학파보다 여전히 더 높다. 간음의 경우에도 이혼을 **의무화**하지 않으시고 단지 **허용**만 하셨다는 점에서 그렇다.

7) 성경의 언약들은 구속력이 있고 결혼도 제대로 이해한다면 언약이 맞지만, 앞서 2-4장에서 보았듯이 성경의 일부 언약들도 종료될 수 있고 실제로 종료되었다고 믿을 만한 이유가 있다. 따라서 결혼의 언약적 속성을

결혼의 해체가 절대로 불가능하다는 주장과 동일시하는 것은 성경적 근거가 없을 수 있다.[9]

더 제한적인 관점들: 약혼의 파혼이나 근친상간 등의 경우에만 이혼이 가능하다

앞서 언급했듯이 마태복음 5장 32절과 19장 9절에 규정된 예외의 정확한 의미에 대해 현재 복음주의자들 사이에 일치된 의견은 없다. 대다수의 복음주의 학자들은 두 본문의 *porneia*가 부부 간의 성적 부정을 가리킨다는 입장을 지지하며, 따라서 간음이나 기타 부부 간의 성적 정절을 어긴 경우에는 이혼을 허용한다. 그러나 일각에서는 이것을 근친상간(금지된 촌수 내의 친척 간의 결혼, 레 18:6-18, 20:17; 신 27:22)이나 약혼 기간 중의 성적 부정(신 22:20-21) 같은 협의의 죄로 해석한다.[10]

근친상간의 관점은 금지된 촌수 내의 친척끼리 부지중에 결혼한 사람들의 이혼을 허용한다. 이교의 법으로는 그런 결혼이 허용되었으므로 이것은 마태복음의 독자인 유대인 그리스도인들에게 중요한 문제였을 것이다. 그들은 교회에 대거 유입해 들어오는 이방인들과 관련하여 그런 우려가 있었다. 그러나 이 관점은 다음 사실 때문에 타당성이 별로 없다. 금지된 촌수 내의 친척 간의 결혼은 참된 결혼으로 인정되지 않았을 것이며 따라서 이혼도 요구되지 않았을 것이다.[11] 게다가 마태복음의 본문의 배경은 레위기 18장이 아니라 신명기 24장일 소지가 훨씬 높다.[12]

단어 *porneia*를 약혼 기간 중의 성적 부정으로 해석하는 관점은 흔히 마태복음의 정황에서 요셉의 결정의 정당성을 입증하기 위한 시도로 제시된다. 요셉은 마리아가 약혼 기간 중에 임신했다는 말을 듣고 이혼하기로 했었다.[13] 이 주장에 따르면 마태는 예수의 말씀을 예외 조항까지 담아냄으로써 요셉이 취하려던 행동이 의인의 행동임을 보여 주었다.[14] 이 관점을 지지하는 사람들이 지적하듯이 지금과 달리 유대 사회에서는 약혼한 커플도 이미 "남편"과 "아내"로 간주되었고 따라서 결혼처럼 약혼도 정식 이혼 증서가 있어야만 파기될 수 있었다.[15] "약혼 관점"의 주창자들은 아직 완성되지 않은 결혼(즉 약혼)만 "이혼"으로 갈라질 수 있다고 주장한다.[16] 성적 연합을 통해 완성된 결혼은 이혼이 발생한 후에도 하나님이 보시기에는 여전히 존속된다.[17]

약혼 관점의 옹호자들은 마가복음 10장 11-12절과 누가복음 16장 18절의 절대적 표현을 마태복음 19장에 비추어 고찰하는 게 아니라 그 반대의 접근을 취한다. 마가와 누가는 완성된 결혼의 이혼에 대한 예수의 가르침 전체를 담아냈고, 마태복음의 본문도 정확히 해석하면 역시 "결혼이 일단 완성되면 이혼이 불가능하다"는 입장을 가르친다는 것이다. 약혼이 깨지는 것은 결혼이 깨진다는 의미의 참된 이혼(현대의 기준으로)에 해당하지 않기 때문이다. 이 관점의 지지자들은 또 마태복음 15장 19절에 *porneia*가 *moicheia*와 나란히 등장하므로 서로 구분된다고 지적하면서(개역개정에 각각 "음란"과 "간음"으로 번역되었다—역주) 이 두 단어가 19장 9절에서도 구별되어야 한다고 주장한다. 따라서 마태복음 19장 9절에서 *porneia*는 간음(즉 부부 간의 성적 부정)을 뜻할 수 없거나 또는 간음을 포함할 수조차 없다. 마태가 간음이라는 의미로 말할 취지였다면 *porneia* 대신 *moicheia*를 사용했을 테니 말이다.

약혼 관점의 대변자들은 *porneia*가 약혼 기간 중의 (의심스러운) 성적 부정을 지칭한다는 증거로 대개 요한복음 8장 41절을 인용한다. 그 사례에서 예외가 "음란"을 지칭한다면 마태복음 19장 9절의 같은 단어도 정당하게 "음란"을 뜻할 수 있다는 것이다. *porneia*가 약혼 기간 중의 성적 부정을 지칭하든 그렇지 않든, 이 관점의 지지자들은 이 본문을 마태복음 1장 18-25절의 예수의 탄생 기사와 연결시킨다. 그들의 결론에 따르면 마태가 19장 9절에 예외 조항을 넣은 것은 마리아와 이혼하려던 요셉의 결정(마리아가 약혼 기간 중에 성적 정절을 어겼다는 전제하에)이 옳은 일이며 다름 아닌 예수 께서 친히 인정하신 일임을 보이기 위해서였다.[18]

그러므로 약혼 관점이 옳다면 예수께서 허용하신 예외적 이혼은 약혼 기 간 중에 성적 정절을 어긴 경우에만 해당되며 부부 간(현대적 의미의 "결혼"에 서)의 성적 부정에는 해당되지 않는다. 이는 이혼에 대한 예수의 가르침을 "어떤 상황에서도 이혼이 허용되지 않는다"고 해석하는 관점이다. 약혼자 나 약혼녀의 성적 부정을 발견한 경우(사실상 다른 어떤 이유로든) 파트너가 약 혼을 깰 자유가 있음을 오늘날 문제 삼을 사람은 아무도 없기 때문이다. 앞 서 "간음 내지 성적 부도덕의 경우에는 이혼과 재혼이 허용된다"는 관점을 논할 때와 마찬가지로 이번에도 "약혼" 관점을 논박하는 주장들을 살펴보 면 유익할 것이다.

약혼 관점을 논박하는 주장들

다음은 약혼 관점을 논박하는 주장들이다.[19]

1) 마태복음 19장의 토론을 유발한 것은 신명기 24장 1-4절에 대한 해 석인데, 신명기 본문의 논지가 약혼으로 제한되었을 가능성은 극히 희박하 다. 그 본문은 또한 결혼과 이혼과 재혼으로 연장되는 게 거의 확실하다.

2) 마태복음 19장의 문맥상 명시적으로든 암시적으로든 *porneia*가 약 혼으로 국한된다는 의미는 전혀 없어 보인다. 약혼의 파혼도 그 단어에 **포 함될** 수 있으나 그게 **전부라고** 보기는 어렵다.

3) 비슷한 맥락에서 단어 *porneia*의 의미 폭은 문맥상 따로 좁혀지지 않 는 한 약혼 기간 중의 "섹스"보다 넓다. 약혼 관점이 성립되려면 이 단어가 음란을 뜻하는 단독 용어여야 하겠지만 사실은 그렇지 않다(마 19:9의 흠정역 번역에 이것이 암시되어 있을 수 있다). 마태복음 19장 9절의 취지가 간음이었다

면 *porneia* 대신 *moicheia*가 쓰였을 거라며 15장 19절과 연관시키는 주장은 설득력이 떨어진다. 의미 폭이 넓은 *porneia*에 아마 moicheia도 **포함되겠지만** 그게 전부는 아니기 때문이다(앞서 살펴본 렘 3:8-10과 호 2:2-5상을 참조하라). 신명기 24장 1절의 "수치 되는 일"이라는 광의의 표현 때문에 마태복음 19장 9절에도 아마 비슷하게 광의의 단어가 쓰였을 것이다.

4) 마태복음 1장 18-25절과 19장 3-12절을 연결시키는 문제에 대해서는 전자의 본문이나 이슈가 후자에 언급되지 않았음을 지적할 수 있다. 후자는 훨씬 넓은 주제에 대해 예수와 바리새인들 사이에 오간 랍비들의 토론이었다. 그 주제는 이혼과 재혼이 허용된다면 어떤 상황에서 허용되는가의 문제였지 마리아의 약혼자 요셉에게 닥친 그런 부류의 이슈만이 아니었다. 연관성의 주장을 더 약화시키는 사실이 또 있다. 마태복음 19장은 1장과 열여덟 장이나 떨어져 있는데다 1장 18-25절에는 *porneia*라는 단어가 나오지 않는다.

5) "약혼 관점"의 지지자들은 마가와 누가가 이혼에 대한 예수의 완결된 가르침을 제시한 반면 마태만 약혼에 관련된 예외를 다루었다고 주장하는데, 이는 이야기를 단축하여 더 기억하기 좋게 만들던 랍비들의 통상적 관행을 충분히 인식하지 못한 처사다.[20] 이 관점은 예수께서 성적으로 완성된 결혼의 이혼을 일체 허용하지 않으셨다고 결론짓지만, 그보다 그분이 당대의 통념 중 그분이 동의하는 부분들에 대해서는 상술하지 않으셨을 가능성이 훨씬 높다. 이 분야의 한 권위자는 이렇게 말했다.

예수께서 어떤 보편적 통념에 대해 아무 말씀이 없으신 경우 대부분의 학자들은 그분이 거기에 동의하신다는 뜻으로 본다. 그분의 기록된 말씀 중 혼전 성관계의 부도덕에 대한 언급은 없지만(많은 중고등부 지도자로서는 놀랍게도) 그분이 그것을 인정하셨다고 보는 사람은 아무도 없다. 비슷하게 누구나 그분이 유일신론을 믿으셨다고 보지만 그것을 복음서의 기사에서 입증하기는 어렵다. 예수는 배우자를 사별한 사람의 재혼도 명시적으로 허용하거나 금하신 적이 없지만 우리는 그분이 그것을 허용하셨다고 본다. 바울을 포함하여 모든 유대인이 그것을 허용했기 때문이다.[21]

여기 인용된 모든 예에서 우리는 당연히 예수께서 그런 통념들에 동의하셨다고 본다. 우리도 거기에 동의하기 때문이다. 그런데 이혼 문제의 경우 약혼 관점의 지지자들은 예수께서 이 주제에 침묵하셨다고 주장하면서, 이를 그분이 당대의 지배적 관례에 이의를 제기하신 것으로 (잘못) 해석한다.

6) 마가와 누가와 바울이 예외 조항을 뺐다고 해서 약혼 관점의 지지자들이 주장하는 것처럼 "간음 내지 성적 부도덕의 경우에 이혼이 허용된다"는 관점이 정당성을 잃는 것은 아니다. 그 조항의 생략은 글의 문맥상 그들 각 저자의 취지에 따라 설명될 수 있기 때문이다. 사실 마가와 누가 또는 예수 자신이 예외가 없어서 예외를 언급하지 않았다기보다는 예수의 가르침이 당대의 통념과 일치되는 부분들에 대해서는 그들이 (또는 예수께서) 상술하지 않았다고 볼 수 있다. 앞서 말했듯이 1세기의 유대인치고 간음으로 인한 이혼의 허용을 문제시한 사람은 아무도 없었다. 그러므로 마가복음과 누가복음에 예수께서 예외적 이혼에 대해 "침묵하신" 것을 두고 그분이 그런 예외를 가르치지 않으셨다고 보는 것은 확실성이 부족한 해석이다.

7) 바리새인들이 예수께 이 문제를 제기한 이유 중 하나는 세례 요한이 최근에 헤롯 안디바와 헤로디아(헤롯의 동생 빌립과 불법으로 이혼했다. 특히 마가의 기사를 참조하라)의 결혼에 반대했다가 죽임을 당했기 때문일 수 있다. 만일 그렇다면 이 또한 약혼(만의) 관점과 모순된다. 헤롯과 헤로디아의 경우는 분명히 약혼의 문제가 아니었기 때문이다. 그들의 문제는 이미 부부가 된 사람들의 불법 이혼과 그에 따른 불법 재혼이었다.

이에 대한 반응

약혼 관점의 지지자들이 이에 대해 제시하는 반응은 다음과 같다.

1) 다양한 반응이 있다. 이 입장의 옹호자들 중 일부는 예수의 가르침이 신명기 24장 1-4절을 초월한다고 주장한다. 다른 사람들은 마태복음 19장의 *porneia*의 의미가 신명기 24장 1절의 *ʻerwat dābār*과 같으며 양쪽 모두 약혼 기간 중의 성적인 수치를 의미한다고 주장한다.

2) 역시 반응이 다양하다. 대체로 이 관점의 지지자들에 따르면 요한복음 8장 41절은 *porneia*가 약혼 기간 중의 성적 부정을 지칭할 수 있음을 보여 주고, 마태복음 1장 18-25절과의 연관성은 마태복음 19장에 이 단어가 아마도 그런 의미로 쓰였을 것을 암시한다. 다른 사람들은 역시 신명기 24장과 마태복음 19장 사이의 연속성을 강조한다.

3) 약혼 관점을 주창하는 사람들의 반응에 따르면 *porneia*의 의미 폭이 과연 더 넓을 수 있으나 마태복음 19장에는 그렇게 쓰였을 소지가 낮다. 신명기 24장 1절의 *ʻerwat dābār*의 의미, 마태복음 1장 18-25절과의 연관성 등 여러 가지 요인을 고려해야 하기 때문이다.

4) 마태복음 내에서 1장 18-25절과 19장 3-12절은 물리적으로 멀리 떨어져 있지만 예수께서는 이 땅의 아버지를 변호하시는 일이 당면한 관심사였다. 마리아와 이혼하려던 요셉의 행동을 예수께서 옳다고 인정해 주시는 19장의 말씀은 비록 1장과 간격을 두고 있지만 마태복음에서 신학적으로 의미가 있다.

5) 이 주제에 대한 기존의 문헌에서 이 주장에 대한 반응은 찾을 수 없었다. 약혼 관점의 지지자들은 기억의 편의상 말수를 줄이는 것과 줄이면서 고치는 것은 전혀 다른 문제라고 반응할 수 있다. 예수께서 예외를 말씀하셨다면 마가와 누가가 절대적 금령으로 기록하지 않았으리라는 것이다.

6) 예외 조항이 마태복음에만 나오므로 마태의 예외를 마가와 누가와 바울의 절대적 표현에 맞추어 설명하는 게 바람직해 보인다. 그 반대가 아니다. 그러므로 마태복음 19장은 이혼에 대한 성경의 가르침을 공부하는 출발점으로서는 문제가 있다. 약혼 관점의 주창자들 중에는 다음과 같이 지적하는 사람들도 있다. 마태복음의 "예외 조항"이 약혼 기간에만 해당된다고 전제할 때 마가와 누가는 굳이 그런 예외를 언급할 필요가 없었을 것이다. 독자가 주로 이방인들이라서 그리스-로마의 정황에는 그것이 해당되지 않았기 때문이다.

7) 약혼 관점의 지지자들 대부분은 헤롯 안디바와 헤로디아의 정치적 상황이 본문의 토론과 별로 관계가 없다고 본다.

요약

예수는 모세와의 사이에 이중의 연속성을 보이신다. 즉 그분은 결혼에 대한 하나님의 이상이 평생의 "한 몸"의 연합이라는 것(참조. 창 2:24-25)과 인간의 완악한 마음 때문에 특정한 상황에서 이혼이 (의무는 아니지만) 허용된다는 것을 양쪽 다 인정하신다. 이런 본질적 연속성의 정황 속에서 예수는 모세보다 "더 가벼우면서" 또한 "더 엄격하시다." 한편으로 간음에 대한 형벌은 더 이상 죽음이 아니다(이는 신구약 사이의 부정할 수 없는 차이다). 다른 한편으로 이제 정당한 이혼 사유는 간음—또는 성적 부도덕 즉, 한쪽 배우자의 모든 성적인 죄—뿐이다(간음에 대한 형벌이 사형이었을 때는 더 이상의 법규가 필요 없었으나 이제는 다르다).

신명기 24장에서는 분명히 간음이 정당한 이혼 사유가 아니었다. 그래서 예수는 유대의 법과 당대의 랍비 학파들로부터 훌쩍 벗어나 신명기 24장 부류의 모든 위반을 정당한 이혼 사유에서 배제하셨다(물론 샤마이 학파와 힐렐 학파가 이 본문을 서로 다르게 해석했지만 말이다). 그분의 발언이 청중(그분의 제자들도 포함하여)을 경악하게 한 것도 그것으로 설명된다. 요컨대 예수는 모세율법—결혼에 대한 하나님의 이상은 물론 인간의 완악한 마음으로 인한 예외까지—의 참뜻을 멋지게 옹호하시면서 동시에 사람들에게 율법의 참 취지와 부부 간의 연합의 본질을 더 깊이 이해하게 해주셨다.

예수께서 마태복음 19장 4-6절에 인용하신 창세기 본문(즉 창 1:27과 창 2:24)에 양쪽 다 인간의 성이 언급되어 있고, 예수께서 해체될 수 없다고 옹호하신 결혼은 창세기 2장 24절에 언급된 ("한 몸"의) 성적 연합에 근거한다. 따라서 성적 문란은 명실상부한 예외가 된다. 결혼 언약이 깨졌다고 반드시 이혼해야 하는 것은 아니지만 "예수께서 이런 상황에서 이혼과 재혼을 허용하신 것은 그분의 사상과 모순되기는커녕 오히려 완벽한 조화를 이룬다."[22] 아울러 앞서 말했듯이 "부부 간의 *porneia*에 대한 사형이 사실상 폐지되었기 때문에 '이혼을 통해 관계의 종결이 응당하게 성취되었을 수 있다.'"[23]

**"간음 내지 성적 부도덕의 경우에 이혼이 허용된다"는 관점과
"이혼도 안 되고 재혼도 안 된다"는 관점의 차이**

	잠재적 약점	약점에 대한 반응
간음 내지 성적 부도덕의 경우에 이혼이 허용된다 (일반적 해석: *porneia*는 부부 간의 성적 부정을 가리킨다).	왜 "더 난해한 본문"에서부터 출발하는가?	"더 난해하다"는 게 너무 주관적이다. "예외 조항"은 마태복음 5:32에도 나온다. 더 자연스러운 독해다.
	예외 조항이 마태복음에만 나온다.	마가와 누가와 바울의 취지는 마태와 달랐다.

예수께서 마태복음 19:4-6에서는 하나님이 창조 시에 제정하신 결혼의 이상을 언급하셨고 19:9에서는 예외적 이혼 사유를 허용하셨는데, 양쪽 사이에 긴장이 있어 보인다.

예수는 하나님의 창조의 이상과 신명기 24:1-4의 모세의 규정을 둘 다 인정하셨다. 긴장은 세상의 죄 때문이다.

신명기 24장의 모세와 마태복음 19장의 예수 사이에 어떻게 연속성이 있는가?

하나님의 이상과 인간의 완악한 마음으로 인한 예외 사이에 원칙상 연속성이 있다.

예수는 힐렐의 관점에서 제기된 이혼 관련 질문에 사실상 샤마이의 방식으로 답하신다. 예수라면 둘 중 어느 학파보다도 높은 기준, 즉 "어떤 상황에서도 이혼이 불가능하다"는 기준을 제시하셔야 하지 않겠는가.

예수의 기준은 사실 더 엄격하다. 그분은 이혼을 의무화하신 게 아니라 단지 허용만 하셨고, 하나님의 창조의 이상을 참된 규범으로 제시하셨다.

제자들의 반응이 잘 설명되지 않는다.

제자들의 반응은 이혼에 대한 그들 자신의 관점이 지나치게 느슨했기 때문일 수 있다.

이 관점은 결혼 언약을 경시하는 것 같다. 언약의 영속성을 중시하는 성경에는 결혼 언약이 더 중요하게 보증된 듯하다.

언약이 깨질 수 있다고 믿을 만한 이유가 있다.

이혼도 안 되고 재혼도 안 된다 (제한적 해석: porneia는 근친상간이나 약혼 기간 중의 성적 부정을 가리킨다).

마태복음 19장의 토론의 배후가 되는 신명기 24:1-4는 약혼으로 제한되지 않고 결혼과 이혼과 재혼으로 연장된다.

예수의 가르침은 신명기 24:1-4를 초월한다.

마태복음 19장의 문맥상 *porneia*가 약혼으로 국한된다는 내재적 의미는 전혀 없다.	요한복음 8:41에 보듯이 *porneia*는 사실 혼전의 성적 부정을 지칭할 수 있다.
*porneia*의 의미 폭은 문맥상 따로 좁혀지지 않는 혼전 성관계보다 더 넓다.	*porneia*의 의미 폭이 더 넓을 수 있으나 마태복음 19장에는 그렇게 쓰였을 소지가 낮다. 더 큰 신학적 요인들을 고려해야 하기 때문이다.
마태복음 1:18-25과 19:3-12의 연관성을 주장하지만 이는 타당성이 낮다.	두 본문의 연관성은 마태복음의 본래의 정황에서 얼마든지 의미가 있다. 즉 이혼에 대한 예수의 가르침을 통해 요셉의 명예를 회복시킨다.
이야기를 단축하는 랍비들의 관행을 충분히 인식하지 못했다	예수의 발언을 짧게 줄이는 것과 그 의미를 고치는 것은 서로 다른 문제다.
마가와 누가와 바울이 예외 조항을 뺀 것은 글의 문맥상 이들 각 저자의 취지에 따라 설명될 수 있다.	마태의 예외를 마가와 누가와 바울의 절대적 표현에 맞추어 설명하는 게 바람직하다. 그 반대가 아니다.
약혼 기간 중의 성적 부도덕의 문제는 헤롯 안디바와 헤로디아의 불법 이혼과 재혼이라는 정치적 이슈와 어떤 관계가 있는가?	이 해석의 지지자들은 이 문제가 헤롯과 헤로디아의 배경과 별로 관계가 없다고 본다

고린도전서 장에 나오는 바울의 특별 지침

신명기 24장 1-4절의 모세의 규정은 이혼의 경우에 재혼을 허용한다. 동일인과의 재혼만 아니면 된다. 마태복음 5장 32절 및 19장 9절과 관련하여 일각에서는 예수께서 약혼 기간 중의 성적 부정의 경우에 이혼만 허용하시고 재혼은 허용하지 않으셨다고 주장한다. 이 학자들은 마태가 마태복음 5장 32절에 "다른 데 장가 드는 자는"이라는 말을 뺐다는 점(참조. 막 10:11, 눅 16:18)과 마태복음 19장 9절에서 예외 조항의 위치가 *porneia*로 인한 이혼이 언급된 직후이지만(원문의 어순—역주) 재혼이 언급되기 **이전**이라는 점을 강조한다. 이것을 그들은 예수께서 *porneia*의 이유로(그것도 약혼의 경우에 한하여) 이혼만 허용하시고 재혼은 허용하지 않으셨다는 강한 암시로 해석한다.[24] 그렇다면 이 관점의 지지자들은 요셉도 "재혼할" 수 없다고 주장해야 할 텐데(요셉의 약혼녀가 성적 부정을 범했다는 전제하에) 이는 극히 현실성이 떨어진다. 게다가 *porneia*가 **부부 간의** 성적 부정을 가리키는 경우에도, 예수께서 그런 사유로 이혼만 허용하시고 재혼을 금하신다면 이는 이혼이라 보기 힘들고 단지 별거일 뿐이다.[25]

고린도전서 7장 15절과 관련하여 대다수의 복음주의 학자들은 이 본문을 고린도전서 7장 39절과 연계하여, 결백한 쪽은 재혼할 자유가 있다는 가르침으로 해석한다.[26] 7장에 나오는 "자유로워 자기 뜻대로[아무에게나] 시집 갈 것"이라는 바울의 문구는 "자유로이 아무 남자하고나 결혼할 수 있다"(*m. Giṭ* 9:3)는 유대교의 이혼 문구와 비슷하다. 또 그들은 헬라어 단어 *douloō*와 *deō*가 서로 연관성이 있어 혼용되었다고 본다.[27] 그러나 소수의 사람들은 재혼의 가능성에 대한 명시적 언급이 없다고 반박하면서, 심지어 비신자에게 버림받은 경우에도 다음의 이유들로 인해 재혼이 허용되지 않는다고 주장한다. (1) 결혼은 창조명령이자 언약이므로 비신자 배우자에게 유기당하는 등의 상황에서도 영속적 구속력을 지닌다. (2) 바울은 고린도전서 7장 10-11절에 재혼을 명백히 금했다. (3) 단어 *douloō*와 *deō*는 혼용될 수 없다. (4) 바울이 재혼의 가능성을 언급할 때는 언제나 배우자의 물리적 죽음이 전제되었다(롬 7:2; 고전 7:39).

이에 대한 반응으로 대다수의 사람들(약혼 관점의 지지자들도 이 부분에서는 의견이 갈린다)은 다음 몇 가지를 지적한다. (1) 결혼의 언약적 속성에서 제기되는 의문이 있다. 정당한 언약도 상황에 따라 해체될 수 있는가의 문제인데 여기에 대해서는 2-4장에 다루었다. (2) 바울이 고린도전서 7장 15절에 말한 내용은 10-11절의 범위를 벗어난다. 10-11절에는 신자 부부 사이의 이혼 문제가 다루어진다. 신자끼리의 이혼은 부당하므로 금지된다. 12절부터 사도는 "그 나머지 사람들에게" 말하면서 15절에 비신자가 신자 배우자를 버리는 경우를 언급한다. (3) *douloō*와 *deō*는 같은 단어는 아니지만 정말 동일한 의미 영역에 속하는 듯 보인다("구애[속박]될," "매여 있다"). 따라서 고린도전서 7장 15절과 7장 39절의 유사성이 정당하게 인정된다고 볼 수 있다. 덧붙여 지적하자면 15절의 "구애될 것이 없느니라"(*ou dedoulōtai*)라는 문구의 동사 시제(완료시제)에, 비신자가 과거에 결혼을 끝낸 결과로 신자 배우자는 현재 "**더 이상** 속박되지 않는다"는 의미가 깔려 있다(유기의 영향이 현재에까지 지속된다). 여기 헬라어의 완료시제가 "재혼 불가"의 입장과 어떻게 양립할 수 있는지를 설명할 책임은 이 관점을 지지하는 사람들의 몫으로 보인다. (4) 바울의 말은 비신자 배우자가 상대를 버리면 마치 그 배우자가 죽은 것이나 같다는 유비일 수 있다.[28]

그러므로 이상의 논의에 기초하여, **정당하게 이혼한 사람은 재혼할 자유가 있다**고 보는 게 전체적으로 더 타당하며 1세기 유대인들의 신념과도 맞아든다.[29] 이것이 오늘날 대다수 복음주의 해석자들의 관점이다.[30] 유대교의 이혼 증서에 나오는 표준 문구로 〈미쉬나〉에 인용된 "자유로이 아무 남자하고나 결혼할 수 있다"(m. Giṭ 9:3)는 말도 이 결론을 입증해 준다.[31] 또한 "누구든지…아내를 버리면 이는 그로 간음하게 함이요[재혼이 당연히 전제된다] 또 누구든지 버림받은 여자에게 장가 드는 자도 간음함이니라"(마 5:32) 하신 예수의 말씀에도 그것이 전제로 깔려 있는 듯 보인다.[32]

배우자를 사별한 사람들의 경우도 마찬가지다. 그래서 바울은 젊은 과부들에게 재혼을 권했고(딤전 5:14), 다른 본문에서는, 과부는 "**자유롭게 되나**니 다른 남자에게 갈지라도 음녀가 되지 아니하느니라"(롬 7:3)고 더 포괄적인 지침을 제시했다(참조. m. Qid. 1:1).[33] 앞서 말했듯이 바울은 고린도전서 7장 39절에서 "아내는 그 남편이 살아 있는 동안에 **매여 있다가** 남편이 죽으면 **자유로워** 자기 뜻대로 **시집갈** 것이나 주 안에서만 할 것이니라"라고 썼다. 그러므로 사별했든(이 경우 바울은 명시적으로 재혼을 권했다) 정당하게 이별했든 배우자를 잃은 사람은 자유로이 재혼할 수 있다.

배우자가 성적 부도덕을 행했거나("간음 내지 성적 부도덕의 경우에 이혼이 허용된다"는 관점에 입각하여) 비신자가 유기한 경우, 피해자 쪽에 재혼이 허용되는지 여부를 떠나 가해자 쪽은 어떤가? 간음을 범한 배우자나 상대가 신앙인이 되었다는 이유로 상대를 버린 배우자는 어떻게 되는가? 전자의 경우 이미 간음을 행했으므로 가해자 쪽의 재혼은 자신의 죄를 더 악화시킨다고 추측할 수 있다.[34] 후자의 경우에는 사실상 문제 자체가 성립되지 않는다. 비신자의 핵심 문제가 불신인 만큼 어차피 그 사람은 성경의 기준에 복종하지 않을 것이기 때문이다.

재혼 불가	재혼 허용
결혼은 창조명령이자 언약이므로 어떤 상황에서도 영속적 구속력을 지닌다.	언약도 상황에 따라 깨질 수 있다.
바울은 고린도전서 7:10-11에 재혼을 명백히 금했다.	고린도전서 7:10-11의 대상은 신자 부부이고 7:15의 대상은 비신자 배우자에게 버림받은 신자다.
단어 *douloō*와 *deō*는 혼용될 수 없다.	*douloō*와 *deō*는 같은 단어는 아니지만 정말 동일한 의미 영역에 속하는 듯 보인다.
바울이 재혼의 가능성을 언급할 때는 언제나 배우자의 물리적 죽음이 전제되었다 (롬 7:2; 고전 7:39).	바울의 말은 비신자 배우자가 상대를 버리면 마치 그 배우자가 죽은 것이나 같다는 유비일 수 있다.

참고할 만한
자료

1. 기초 다시 쌓기

Berthoud, Jean-Marc. "The Family in Theological Perspective." *The Religion & Society Report Online Edition 22*, no. 2 (2008): 1-10.

Clapp, Rodney. *A Peculiar People: The Church as Culture in a Post-Christian Society*. Downers Grove, IL: InterVarsity, 1996.

Davies, Jon, and Gerard Loughlin, eds. *Sex These Days: Essays on Theology, Sexuality and Society*. Sheffield: Sheffield Academic Press, 1997.

Grudem, Wayne, ed. *Biblical Foundations for Manhood and Womanhood*. Wheaton, IL: Crossway, 2002.

Heimbach, Daniel R. *True Sexual Morality: Biblical Standards for a Culture in Crisis*. Wheaton, IL: Crossway, 2004.

Kassian, Mary A. *The Feminist Gospel: The Movement to Unite Feminism with the Church*. Wheaton, IL: Crossway, 1992.

―――. *The Feminist Mistake: The Radical Impact of Feminism on Church and Culture*. Wheaton, IL: Crossway, 2005.

―――. *Women, Creation and the Fall*. Wheaton, IL: Crossway, 1990, (《여자, 창조, 그리고 타락》 바울).

Loughlin, Gerard. "The Want of Family in Postmodernity." In *The Family in Theological Perspective*. Edited by Stephen C. Barton. Edinburgh: T & T Clark, 1996, pp. 307-27.

Moseley, N. Allan. *Thinking against the Grain: Developing a Biblical Worldview in a Culture of Myths*. Grand Rapids: Kregel, 2003.

Piper, John, and Justin Taylor, eds. *The Supremacy of Christ in a Postmodern World*. Wheaton, IL: Crossway, 2007.

Pyper, Hugh S., ed. *The Christian Family: A Concept in Crisis*. Norwich: Canterbury Press, 1996.

Stanton, Glenn T. *Why Marriage Matters: Reasons to Believe in Marriage in Postmodern Society*. Colorado Springs: Piñon Press, 1997.

Thatcher, Adrian, and Elizabeth Stuart, eds. *Christian Perspectives on Sexuality and Gender*. Leominster: Gracewing; Grand Rapids: Eerdmans, 1996.

The Colorado Springs Statement on Sexual Morality. Commissioned by Focus on the Family. Appendix in Daniel R. Heimbach, *True Sexual Morality: Recovering Biblical Standards for a Culture in Crisis*. Wheaton IL, 2004.

Wallerstein, Judith S., Julia M. Lewis, and Sandra Blakeslee. *The Unexpected Legacy of Divorce: A 25 Year Landmark Study*. New York: Hyperion, 2000, (《우리가 꿈꾸는 행복한 이혼은 없다》 명진출판).

Wells, David F. *God in the Wasteland: The Reality of Truth in a World of Fading Dreams*. Grand Rapids: Eerdmans, 1995.

2. 구약의 결혼
결혼에 대한 일반적 논의

Augustine. "On the Good of Marriage" [*De Bono Conjugali*]. In *The Nicene and Post-Nicene Fathers*. Edited by Philip Schaff. Grand Rapids: Eerdmans, repr. 1980 [1887]. First Series, Vol. 3, pp. 397–413.

Barth, Karl. *Church Dogmatics*. Vol. 3: *The Doctrine of Creation*. Translated by A. T. Mackay et al. Edinburgh: T & T Clark, 1961, pp. 116–285.

Bromiley, Geoffrey W. *God and Marriage*. Grand Rapids: Eerdmans, 1980.

Erickson, Millard J. *Christian Theology*. Second edition. Grand Rapids: Baker, 1998, pp. 517–36, 563–66, (《복음주의 조직신학》 크리스챤다이제스트).

Grudem, Wayne A. *Systematic Theology*. Grand Rapids: Zondervan, 1994, pp.

442 – 50, 454 – 70, 《조직신학: 성경적 교리학 입문서》 은성).

Luther, Martin. "The Estate of Marriage (1522)." In *Luther's Works*. Edited by Hilton C. Oswald. Translated by Edward Sittler. Saint Louis: Concordia, 1973, Vol. 28, pp. 1 – 56, 《루터 전집》 컨콜디아사).

———. "A Sermon on the Estate of Marriage (1519)." In *Martin Luther's Basic Theological Writings*. Edited by Timothy F. Lull. Minneapolis: Fortress, 1989, pp. 630 – 37.

Wilson, Douglas. *Reforming Marriage*. Moscow, ID: Canon, 1995.

성경적 배경

Campbell, Ken M., ed. *Marriage and Family in the Biblical World*. Downers Grove, IL: InterVarsity, 2003.

Cohen, Shaye J. D., ed. *The Jewish Family in Antiquity*. Brown Judaic Studies 289. Atlanta: Scholars Press, 1993.

Hurley, James B. *Man and Woman in Biblical Perspective*. Grand Rapids: Zondervan, 1981, 《성경이 말하는 남녀의 역할과 위치》 여수룬).

Moxnes, Halvor, ed. "Early Christian Families." *Biblical Interpretation* 11, no. 2 (2003): 115 – 246. Includes articles by Halvor Moxnes, Beryl Rawson, Mary R. D'Angelo, Carolyn Osiek, John H. Elliott, Adriana Destro and Mauro Pesce, and Amy-Jill Levine.

Osiek, Carolyn, and David L. Balch, eds. *Families in the New Testament World*. Louisville, KY: Westminster, 1997.

Perdue, Leo G., Joseph Blenkinsopp, John J. Collins, and Carol Meyers. *Families in Ancient Israel*. Louisville, KY: Westminster, 1997.

Towner, Philip H. "Household, Family." In *Dictionary of the Later New Testament and Its Developments*. Edited by Ralph P. Martin and Peter H. Davids. Leicester; Downers Grove, IL: InterVarsity, 1997, pp. 511 – 20.

Tractate *Giṭṭin* ("Bills of Divorce"). In *The Mishnah*. Translated by Herbert

Danby. Oxford: Oxford University Press, 1933, pp. 307 – 21.

구약의 가르침

Block, Daniel I. "Marriage and Family in Ancient Israel." In *Marriage and Family in the Biblical World*. Edited by Ken M. Campbell. Downers Grove, IL: InterVarsity, 2003, pp. 33 – 102.

Davidson, Richard M. *Flame of Yahweh: Sexuality in the Old Testament*. Peabody, MA: Hendrickson, 2007.

Guenther, Allen R. "A Typology of Israelite Marriage: Kinship, Socio-Economic and Religious Factors." *Journal for the Study of the Old Testament* 29:4 (June 2005), 387 – 407.

Hugenberger, Gordon P. *Marriage as a Covenant: A Study of Biblical Law and Ethics Governing Marriage Developed from the Perspective of Malachi*. Leiden: E. J. Brill, 1994. Repr. Grand Rapids: Baker, 1998.

Ortlund, Raymond C., Jr. "Male-Female Equality and Male Headship." In *Recovering Biblical Manhood and Womanhood: A Response to Evangelical Feminism*. Edited by John Piper and Wayne Grudem. Wheaton, IL: Crossway, 1991, pp. 95 – 112.

결혼에서의 성과 사랑

Akin, Daniel L. *God on Sex: The Creator's Ideas about Love, Intimacy and Marriage*. Nashville: Broadman, 2003.

Ash, Christopher. *Marriage: Sex in the Service of God*. Leicester: Inter-Varsity, 2003.

Bainton, Roland H. *What Christianity Says about Sex, Love and Marriage*. New York: Association, 1957.

Dillow, Joseph C. *Solomon on Sex*. Nashville: Thomas Nelson, 1977, (《부부의 성》홍성사).

Dillow, Linda, and Lorraine Pintus. *Intimate Issues: 21 Questions Christian Women Ask about Sex*. Colorado Springs, CO: WaterBrook, 1999, (《친밀한 하나됨》이마고).

Dobson, James. *What Wives Wish Their Husbands Knew about Women*. Wheaton, IL: Tyndale, 1975, (《남편이 알아야 할 아내》보이스사).

Elliot, Elisabeth. *Passion and Purity: Learning to Bring Your Love Life under Christ's Control*. Grand Rapids: Revell, 1984, (《열정과 순결》좋은씨앗).

Gardner, Tim A. *Sacred Sex: A Spiritual Celebration of Oneness in Marriage*. Colorado Springs, CO: WaterBrook, 2002.

LaHaye, Tim, and Beverly LaHaye. *The Act of Marriage: The Beauty of Sexual Love*. Grand Rapids: Zondervan, 1976, (《性이야기》예은).

Leman, Kevin. *Sheet Music: Uncovering the Secrets of Sexual Intimacy in Marriage*. Carol Stream, IL: Tyndale, 2003, (《침실학 개론》금요일).

Mahaney, C. J. *Sex, Romance and the Glory of God: What Every Christian Husband Needs to Know*. Wheaton, IL: Crossway, 2004.

———. "A Song of Joy: Sexual Intimacy in Marriage." In *Building Strong Families*. Edited by Dennis Rainey. Wheaton, IL: Crossway, 2002.

Rosenau, Douglas E. *A Celebration of Sex: A Guide to Enjoying God's Gift of Married Sexual Pleasure*. Nashville: Nelson, 1994.

Smedes, Lewis. *Sex for Christians*. Grand Rapids: Eerdmans, 1976, (《크리스챤의 성》두란노).

Wheat, Ed, and Gaye Wheat. *Intended for Pleasure: Sex Technique and Sexual Fulfillment in Christian Marriage*. Revised edition. Old Tappan, NJ: Revell, 1981, (《즐거움을 위한 성》IVP).

3. 신약의 결혼

고대 가정의 관계

Balch, David L. "Household Codes." In *Graeco-Roman Literature and the New*

Testament: Selected Forms and Genres. Edited by David E. Aune. Society of Biblical Literature Sources for Biblical Study 21. Atlanta: Scholars Press, 1988.

─────. Let Wives Be Submissive: The Domestic Code in 1 Peter. Society of Biblical Literature Monograph Series 26. Chico, CA: Scholars Press, 1981.

Dunn, James D. G. "The Household Rules in the New Testament." In The Family in Theological Perspective. Edited by Stephen C. Barton. Edinburgh: T & T Clark, 1996, pp. 43 – 63.

Keener, Craig S. "Family and Household." In Dictionary of New Testament Background. Edited by Craig A. Evans and Stanley E. Porter. Leicester; Downers Grove, IL: InterVarsity, 2000, pp. 353 – 68.

Towner, Philip H. "Households and Household Codes." In Dictionary of Paul and His Letters. Edited by Gerald F. Hawthorne et al. Leicester; Downers Grove, IL: InterVarsity, 1993, pp. 417 – 19.

─────. "Household Codes." In Dictionary of the Later New Testament and Its Developments. Edited by Ralph P. Martin and Peter H. Davids. Leicester; Downers Grove, IL: InterVarsity, 1997, pp. 513 – 20.

결혼과 가정

Adams, Jay. Christian Living in the Home. Phillipsburg, NJ: P&R, 1989, (《희망과 행복이 넘치는 가정을 위하여》 쿰란출판사).

Allender, Dan B., and Tremper Longman III. The Goal of Marriage. Downers Grove, IL: InterVarsity, 2005, (《결혼의 목적》 은혜출판사).

Ash, Christopher. Married for God: Making Your Marriage the Best It Can Be. Nottingham: Inter-Varsity, 2007.

Barton, Stephen C. "Family." In Dictionary of Jesus and the Gospels. Edited by Joel B. Green et al. Leicester; Downers Grove, IL: InterVarsity, 1992, pp. 226 – 29.

————. *Discipleship and Family Ties in Mark and Matthew*. Cambridge: Cambridge University Press, 1994.

————, ed. *The Family in Theological Perspective*. Edinburgh: T & T Clark, 1996. 293

————. "Hospitality." In *Dictionary of the Later New Testament and Its Developments*. Edited by Ralph P. Martin and Peter H. Davids. Leicester; Downers Grove, IL: InterVarsity, 1997, pp. 501 -7.

Beam, Joe. *Becoming One: Emotionally, Spiritually and Sexually*. West Monroe, LA: Howard, 1999.

Chapell, Bryan, with Kathy Chapell. *Each for the Other: Marriage as It's Meant to Be*. Revised edition. Grand Rapids: Baker, 2006, (《피차 복종하라》그리심).

Dominian, Jack. *Marriage, Faith and Love*. New York: Crossroad, 1982.

Elliot, Elisabeth. *The Shaping of a Christian Family*. Grand Rapids: Revell, 2000.

Garland, Diana S. Richmond, and Diane L. Pancoast, eds. *The Church's Ministry with Families: A Practical Guide*. Dallas: Word, 1990.

Gilder, George. *Men and Marriage*. Gretna, LA: Pelican, 1986.

Gross, Edward. *Will My Children Go to Heaven? Hope and Help for Believing Parents*. Phillipsburg, NJ: P&R, 1995.

Gushee, David P. *Getting Marriage Right: Realistic Counsel for Saving and Strengthening Relationships*. Grand Rapids: Baker, 2004.

Harvey, Dave. *When Sinners Say "I Do": Discovering the Power of the Gospel for Marriage*. Wapwallopen, PA: Shepherd Press, 2007.

Hess, Richard S., and M. Daniel Carroll R., eds. *Family in the Bible: Exploring Customs, Culture, and Context*. Grand Rapids: Baker, 2003, (《성경 속의 가정》미션월드 라이브러리).

Hughes, Kent R., and Barbara Hughes. *Disciplines of a Godly Family*. Wheaton, IL: Crossway, 2004.

Jenkins, Jerry B. *Hedges: Loving Your Marriage Enough to Protect It*. Dallas, TX:

Word, 1990.

Keener, Craig S. "Family and Household." In *Dictionary of New Testament Background*. Edited by Craig A. Evans and Stanley E. Porter. Leicester; Downers Grove, IL: InterVarsity, 2000, pp. 353 –68.

──────. "Marriage." In *Dictionary of New Testament Background*. Edited by Craig A. Evans and Stanley E. Porter. Leicester; Downers Grove, IL: InterVarsity, 2000, pp. 680 –93.

Köstenberger, Andreas J. "Marriage and Family in the New Testament." In *Marriage and Family in the Biblical World*. Edited by Ken M. Campbell. Downers Grove, IL: InterVarsity, 2003, pp. 240 –84.

Lewis, Robert. *Raising a Modern-Day Knight: A Father's Role in Guiding His Son to Authentic Manhood*. Carol Stream, IL: Tyndale, 1999.

MacArthur, John, Jr. *Different by Design: Discovering God's Will for Today's Man and Woman*. Wheaton, IL: Victor, 1994, (《남성과 여성》 생명의 말씀사).

Moore, Doreen. *Good Christians, Good Husbands? Leaving a Legacy in Marriage and Ministry. Lessons from the Marriages and Ministries of Elizabeth and George Whitefield, Sarah and Jonathan Edwards, Molly and John Wesley*. Ross-shire, Scotland: Christian Focus, 2004, (《신실한 크리스천은 모두 신실한 남편인가?》 미션월드 라이브러리).

O'Brien, Peter T. *The Letter to the Ephesians*. Pillar New Testament Commentary. Cambridge; Grand Rapids: Eerdmans, 1999, pp. 405 –38.

O'Donovan, Oliver. *Marriage and the Church's Task*. England: Church Information Office, 1978.

Packer, J. I. "Marriage and Family in Puritan Thought." In *A Quest for Godliness: The Puritan Vision of the Christian Life*. Wheaton, IL: Crossway, 1990, 259 – 73.

Patterson, Dorothy Kelley. *The Family*. Nashville: Broadman, 2001.

Piper, John. *This Momentary Marriage: A Call of Permanence*. Wheaton, IL:

Crossway, 2009.

Ricucci, Gary, and Betsy Ricucci. *Love That Lasts: When Marriage Meets Grace*. Wheaton, IL: Crossway, 2006.

Scott, Kieran, and Michael Warren, eds. *Perspectives on Marriage: A Reader*. 3rd edition. New York/Oxford: Oxford University Press, 2007.

Sproul, R. C., Jr., ed. *Family Practice: God's Prescription for a Healthy Home*. Phillipsburg, NJ: P&R, 2001.

Strobel, Lee, and Leslie Strobel. *Surviving a Spiritual Mismatch in Marriage*. Grand Rapids: Zondervan, 2002.

Thomas, Gary. *Sacred Marriage*. Grand Rapids: Zondervan, 2000.

Twelker, Paul A. "The Biblical Design for Marriage: The Creation, Distortion and Redemption of Equality, Differentiation, Unity and Complementarity." Http://www.tiu.edu/psychology/design.htm.

Various. *Studies in Christian Ethics: Christianity and the Family*. Vol. 9, no. 1 (1996). http://www.familymin.org/private/bib_full.html의 참고문헌과 http://www.familymin.org/private/bib_full2.html의 참고문헌과 239-57쪽의 Gushee, Getting Marriage Right를 참조하라.

남자와 남성성, 그리고 아버지

Beck, Stephen. *A Father's Stew: Biblical Integration of Family*, Work and Ministry. Bryan, TX: Ranger Press, 2002.

Blankenhorn, David. *Fatherless America: Confronting Our Most Urgent Social Problem*. New York: HarperCollins, 1995.

Courtney, Vicky. *Your Boy: Raising a Godly Son in an Ungodly World*. Nashville: Broadman, 2006.

Doriani, Daniel. *The Life of a God-Made Man: Becoming a Man after God's Own Heart*. Wheaton, IL: Crossway, 2001.

Eberly, Don E., ed. *The Faith Factor in Fatherhood: Renewing the Sacred*

Vocation of Fathering. Lanham, MD: Lexington, 1999.

Eisenman, Tom. *The Accountable Man*. Downers Grove, IL: InterVarsity, 2004, (《남자, 그들의 우정》 IVP).

Elliot, Elisabeth. *The Mark of a Man*. Grand Rapids: Revell, 1981.

Farrar, Steve. *Anchor Man*. Nashville: Nelson, 2000.

─────. *Point Man*. Revised edition. Sisters, OR: Multnomah, 2003.

Farris, Michael. *The Home Schooling Father*. Nashville: Broadman, 2001.

─────. *What a Daughter Needs from Her Dad: How a Man Prepares His Daughter for Life*. Minneapolis: Bethany, 2004, (《아빠 딸이라 행복해요》 포이에마).

Graham, Jack. *A Man of God*. Wheaton, IL: Crossway, 2007.

Hughes, R. Kent. *Disciplines of a Godly Man*. Wheaton, IL: Crossway, 1991.

Lancaster, Philip. *Family Man, Family Leader*. San Antonio, TX: Vision Forum, 2004.

Minirth, Frank, Brian Newman, and Paul Warren. *The Father Book: An Instruction Manual*. Minirth-Meier Clinic Series. Nashville: Nelson, 1992.

Oliver, Gary, and Carrie Oliver. *Raising Sons and Loving It! Helping Your Boys Become Godly Men*. Grand Rapids: Zondervan, 2000.

Palkovitz, Rob. *Involved Fathering and Men's Adult Development: Provisional Balances*. Mahwah, NJ: Lawrence Erlbaum Associates, 2002.

Ryle, J. C. *Thoughts for Young Men*. Amityville, NY: Calvary Press, 1999, (《하나님의 청년에게》 복 있는 사람).

Scott, Stuart. *The Exemplary Husband: A Biblical Perspective*. Bemidji, MN: Focus, 2002.

Vitz, Paul C. *Faith of the Fatherless: The Psychology of Atheism*. Dallas, TX: Spence, 1999, (《무신론의 심리학》 새물결플러스).

Weathers, Mark A. *How to Pray for Your Wife: A 31-Day Guide*. Wheaton, IL: Crossway, 2006.

Weber, Stu. *Four Pillars of a Man's Heart*. Sisters, OR: Multnomah, 1997, (《남자의 마을을 받쳐주는 네 기둥》 디모데).

Wilson, Douglas. *Federal Husband*. Moscow, ID: Canon Press, 1999.

남성과 여성의 역할

Bordwine, James E. *The Pauline Doctrine of Male Headship*. Vancouver, WA: Westminster Institute; Greenville, SC: Greenville Seminary Press, 1996.

Clark, Stephen B. *Man and Woman in Christ: An Examination of the Roles of Men and Women in Light of Scripture and the Social Sciences*. Ann Arbor, MI: Servant Books, 1980.

Clarkson, Sally. *Seasons of a Mother's Heart*. Walnut Springs, TX: Whole Heart Ministries, 1998.

DeMoss, Nancy Leigh, ed. *Biblical Womanhood in the Home*. Wheaton, IL: Crossway, 2002.

————. *Lies Women Believe and the Truth That Sets Them Free*. Chicago: Moody, 2001.

Doriani, Daniel. *Women and Ministry: What the Bible Teaches*. Wheaton, IL: Crossway, 2003.

Grenz, Stanley J., with Denise Muir Kjesbo. *Women in the Church: A Biblical Theology of Women in Ministry*. Leicester; Downers Grove, IL: InterVarsity, 1995.

Grudem, Wayne. *Evangelical Feminism and Biblical Truth: An Analysis of 118 Disputed Questions*. Sisters, OR: Multnomah, 2004.

House, H. Wayne. *The Role of Women in Ministry Today*. Grand Rapids: Baker, 1995.

Hove, Richard. *Equality in Christ? Galatians 3:28 and the Gender Dispute*. Wheaton, IL: Crossway, 1999.

Hunt, Susan. *By Design: God's Distinctive Calling for Women*. Wheaton, IL:

Crossway, 1998.

Hunt, Susan, and Barbara Thompson. *The Legacy of Biblical Womanhood.* Wheaton, IL: Crossway, 2003, (《하나님의 위대한 유산, 여자》사랑플러스).

Impson, Beth. *Called to Womanhood: The Biblical View for Today's Woman.* Wheaton, IL: Crossway, 2001.

Jones, Rebecca. *Does Christianity Squash Women? A Christian Looks at Womanhood.* Nashville: Broadman, 2005.

Knight, George. *The Role Relationship of Men and Women.* Phillipsburg, NJ: P&R, 1989.

Köstenberger, Andreas J. *Studies in John and Gender: A Decade of Scholarship.* New York: Peter Lang, 2001, pp. 173 – 352.

Köstenberger, Andreas J., and Thomas R. Schreiner, eds. *Women in the Church: An Analysis and Application of 1 Timothy 2:9–15.* Grand Rapids: Baker, 2005.

Köstenberger, Margaret Elizabeth. *Jesus and the Feminists: Who Do They Say That He Is?* Wheaton, IL: Crossway, 2008.

Moore, Russell D. "After Patriarchy, What? Why Egalitarians Are Winning the Gender Debate." *Journal of the Evangelical Theological Society 49*, no. 3 (September 2006): 569 – 76.

Neuer, Werner. *Man and Woman in Christian Perspective.* Translated by Gordon J. Wenham. Wheaton, IL: Crossway, 1991 [1981].

Piper, John, and Wayne Grudem, eds. *Recovering Biblical Manhood and Womanhood: A Response to Evangelical Feminism.* Wheaton, IL: Crossway, 1991, 2006.

Saucy, Robert, and Judith TenElshof, eds. *Women and Men in Ministry: A Complementarian Perspective.* Chicago: Moody, 2001.

Strauch, Alexander. *Men and Women: Equal Yet Different.* Littleton, CO: Lewis & Roth, 1999.

여성과 여성성

Clarkson, Sally. *The Ministry of Motherhood*. Colorado Springs, CO: WaterBrook Press, 2002, (《어머니, 당신은 위대한 선교사입니다》 꿈을 이루는 사람들).

―――. *The Mission of Motherhood*. Colorado Springs, CO: WaterBrook Press, 2002.

―――. *Seasons of a Mother's Heart*. Walnut Springs, TX: Whole Heart Ministries, 2001.

DeMoss, Nancy Leigh, ed. *Biblical Womanhood in the Home*. Wheaton, IL: Crossway, 2002.

―――. *Lies Women Believe: And the Truth That Sets Them Free*. Chicago: Moody, 2002, (《새빨간 거짓말》 좋은씨앗).

Elliot, Elisabeth. *Let Me Be a Woman*. Wheaton, IL: Tyndale, 1976, (《아름다운 여성이 되려면》 보이스사).

Fitzpatrick, Elyse. *Helper by Design*. Chicago: Moody, 2003.

George, Elizabeth. *A Woman after God's Own Heart*. Eugene, OR: Harvest, 2001.

Hughes, Barbara. *Disciplines of a Godly Woman*. Wheaton, IL: Crossway, 2001.

Mahaney, Carolyn. *Feminine Appeal: Seven Virtues of a Godly Wife and Mother*. Wheaton, IL: Crossway, 2004.

Patterson, Dorothy Kelley. *BeAttitudes for Women: Wisdom from Heaven for Life on Earth*. Nashville: Broadman, 2000.

Peace, Martha. *Becoming a Titus 2 Woman*. Bemidji, MN: Focus, 1997.

―――. *The Excellent Wife: A Biblical Perspective*. Revised edition. Bemidji, MN: Focus, 1997, (《나는 현숙한 아내이고 싶다》 생명의 말씀사).

Piper, Noël. *Faithful Women and Their Extraordinary God*. Wheaton, IL: Crossway, 2005, (《불멸의 신앙》 살림출판사).

Schaeffer, Edith. *The Hidden Art of Homemaking*. Carol Stream, IL: Tyndale, 1985.

Wilson, Nancy. *The Fruit of Her Hands: Respect and the Christian Woman*. Moscow, ID: Canon Press, 1997.

―――. *Praise Her in the Gates: The Calling of Christian Motherhood*. Moscow, ID: Canon Press, 2000.

4. 결혼의 본질과 섹스의 역할

결혼의 본성

Atkinson, David. *To Have and to Hold: The Marriage Covenant and the Discipline of Divorce*. Grand Rapids: Eerdmans, 1979.

Augustine. "On the Good of Marriage" [*De Bono Conjugali*]. In *The Nicene and Post-Nicene Fathers*. Edited by Philip Schaff. Grand Rapids: Eerdmans, repr. 1980 [1887]. First Series, Vol. 3, pp. 397–413, 《아우구스티누스의 결혼론》야웨의말씀).

Brighton, Louis A. "Where Is the Holy Family Today? Marriage a Holy Covenant Before God—The Biblical Role of Man and Woman." *Concordia Journal* 31:3 (July 2005): 260–68.

Brown, Dave, and Philip Waugh. *Covenant vs. Contract: Experiencing God's Blessing in and through Your Marriage*. Franklin, TN: Son Publishing, 2004.

Chapman, Gary D. *Covenant Marriage: Building Communication and Intimacy*. Nashville: Broadman, 2003.

Dunstan, Gordon R. "Marriage Covenant." *Theology* 78 (May 1975): 244–52.

Grisez, Germain. "The Christian Family as Fulfillment of Sacramental Marriage." *Studies in Christian Ethics* 9, no. 1 (1996): 23–33.

Hudson, Devin Paul. "Covenant as a Framework for Understanding the Primary Divorce and Remarriage Texts in the New Testament." Ph.D. diss., The Southern Baptist Theological Seminary, 2005.

Hugenberger, Gordon P. *Marriage as a Covenant: Biblical Law and Ethics as Developed from Malachi*. Grand Rapids: Baker, 1998 [1994].

Köstenberger, Andreas J. "The Mystery of Christ and the Church: Head and Body, 'One Flesh.'" *Trinity Journal* 12 n.s. (1991): 79 – 94.

Levitt, Laura S. "Covenant or Contract? Marriage as Theology," *Cross Currents* 48, no. 2 (Summer 1998): 169 – 84.

Lowery, Fred. *Covenant Marriage: Staying Together for Life*. West Monroe, LA: Howard, 2002, (《결혼은 하나님과 맺은 언약입니다》미션월드 라이브러리).

Palmer, Paul F. "Christian Marriage: Contract or Covenant?" *Theological Studies* 33 (1972): 617 – 65.

Tarwater, John K. "The Covenantal Nature of Marriage in the Order of Creation in Genesis 1 and 2." Ph.D. diss., Southeastern Baptist Theological Seminary, 2002.

von Soden, Hans. "MÁΥΣΤHPION und sacramentum in den ersten zwei Jahrhunderten der Kirche." *Zeitschrift für die neutestamentliche Wissenschaft* 12 (1911): 188 – 227.

Witte, John. *From Sacrament to Contract: Marriage, Religion, and Law in the Western Tradition*. Louisville, KY: Westminster, 1997, (《성례에서 계약으로》대한기독교서회).

성의 이론

Ash, Christopher. *Marriage: Sex in the Service of God*. Leicester: Inter-Varsity, 2003.

Brown, David Mark. *Tainted Love*. Downers Grove, IL: InterVarsity, 2002.

Cole, W. G. *Sex and Love in the Bible*. New York: Associate Press, 1959.

Dwyer, John C. *Human Sexuality: A Christian View*. Kansas City, MO: Sheed & Ward, 1987.

Ford, Jeffrey E. *Love, Marriage, and Sex in Christian Tradition from Antiquity to Today*. San Francisco: International Scholars, 1998.

Grenz, Stanley J. *Sexual Ethics: A Biblical Perspective*. Dallas, TX: Word,

1990. Reprinted: Sexual Ethics: An Evangelical Perspective. Louisville, KY: Westminster, 1997. (《성 윤리학》 살림출판사).

Heimbach, Daniel R. *True Sexual Morality*: Recovering Biblical Standards for a Culture in Crisis. Wheaton, IL: Crossway, 2004.

Henry, Carl F. H. *Christian Personal Ethics*. Grand Rapids: Eerdmans, 1957, pp. 305 – 33, 425 – 36.

Hollinger, Dennis P. *The Meaning of Sex: Christian Ethics and the Moral Life*. Grand Rapids: Baker, 2009.

Jones, David W. "The Asperity of Sexual Sin: Exploring the Sexual-Spiritual Nexus." *Faith and Mission* 22:1 (Fall 2004): 3 – 22.

Jones, Peter. *The God of Sex: How Spirituality Defines Your Sexuality*. Colorado Springs, CO: Victor, 2006.

Lewis, C. S. *The Allegory of Love: A Study in Medieval Tradition*. New York: Oxford, 1958.

Moseley, N. Allan. "Sex and 'The Wicked Bible.'" Chapter 8 in *Thinking against the Grain: Developing a Biblical Worldview in a Culture of Myths*. Grand Rapids: Kregel, 2003.

Piper, John, and Justin Taylor, eds. *Sex and the Supremacy of Christ*. Wheaton, IL: Crossway, 2005.

Porter, Jean. "Chastity as a Virtue." *Scottish Journal of Theology* 58:3 (2005): 285 – 301.

Thielicke, Helmut. *The Ethics of Sex*. Translated by John W. Doberstein. New York; Evanston, IN; London: Harper & Row, 1964. Reprinted: Grand Rapids: Eerdmans, 1978.

―――. *Theological Ethics: Sex*. Grand Rapids: Eerdmans, 1964. (《기독교 성윤리》 화평앤샬롬).

Turner, Philip. *Sexual Ethics and the Attack on Traditional Morality*. Cincinnati, OH: Forward, 1988.

Watson, Francis. *Agape, Eros, Gender: Towards a Pauline Sexual Ethics*. Cambridge: Cambridge University Press, 2000.

Winner, Lauren. *Real Sex: The Naked Truth about Chastity*. Grand Rapids: Brazos, 2005.

5. 구약의 가정
자녀와 자녀 양육(일반)

Austin, Michael W. *Wise Stewards: Philosophical Foundations of Christian Parenting*. Grand Rapids, MI: Kregel Academic, 2009.

Bunge, Marcia J., ed. *The Child in Christian Thought and Practice*. Grand Rapids: Eerdmans, 2001.

―――. ed. *The Child in the Bible*. Grand Rapids: Eerdmans, 2008.

Carroll, John T. "Children in the Bible." *Interpretation* 55 (2001): 121 –34.

Clarkson, Clay. *Heartfelt Discipline*. Colorado Springs, CO: WaterBrook, 2002.

Dobson, James. *Bringing Up Boys*. Carol Stream, IL: Tyndale, 2001, (《내 아들을 남자로 키우는 법》 두란노).

―――. *Preparing for Adolescence*. Updated edition. Ventura, CA: Regal, 1997, (《사춘기 문제해결》 보이스사).

Farris, Michael. *How a Man Prepares His Daughters for Life*. Minneapolis: Bethany, 1996, (《아버지들이여, 지금 딸의 미래를 잡아라!》 나침반 출판사).

Francis, James M. M. *Images of Childhood in the Ancient World and the New Testament*. Religions and Discourse, Vol. 17. New York: Peter Lang, 2006.

Graham, Jack. *Courageous Parenting*. Wheaton, IL: Crossway, 2006.

Keathley, J. Hampton III. "Biblical Foundations for Child Training." Biblical Studies Press, 1997. Http://www.bible.org.

Kimmel, Tim. *Grace-Based Parenting*. Nashville: Nelson, 2005.

Lewis, Robert. *Real Family Values: Leading Your Family into the 21st Century with Clarity and Conviction*. Sisters, OR: Multnomah, 2000.

MacArthur, John Jr. *Safe in the Arms of God: Truth from Heaven about the Death of a Child*. Nashville: Nelson, 2003, 《다시 너를 만날 수 있을까?》 넥서스).

―――. *What the Bible Says about Parenting*. Waco, TX: W Publishing Group, 2000.

Melton, Alan, and Paul Dean. *Disciple Like Jesus for Parents: Following Jesus' Method and Enjoying the Blessings of Children*. N.p.: Xulon, 2009.

Miller, Donna. *Growing Little Women: Capturing Teachable Moments with Your Daughter*. Chicago: Moody, 1997.

Rainey, Dennis, and Barbara Rainey. *Parenting Today's Adolescent*. Nashville: Nelson, 2002.

Sproul, R. C., Jr. *Bound for Glory: God's Promise for Your Family*. Wheaton, IL: Crossway, 2003.

Strange, William A. *Children in the Early Church: Children in the Ancient World, the New Testament and the Early Church*. Carlisle, UK: Paternoster, 1996.

Tripp, Paul David. *Age of Opportunity: A Biblical Guide to Parenting Teens*. Phillipsburg, NJ: P&R, 2001.

Tripp, Tedd. *Shepherding a Child's Heart*. Wapwallopen, PA: Shepherd Press, 1998, 《마음을 다루면 자녀의 미래가 달라진다》 디모데).

Tripp, Tedd, and Margy Tripp. *Instructing a Child's Heart*. Wapwallopen, PA: Shepherd Press, 2008.

Ware, Bruce A. *Big Truths for Young Hearts: Teaching and Learning the Greatness of God*. Wheaton, IL: Crossway, 2009, 《부모와 함께하는 청소년 교리 교실》 부흥과개혁사).

Watters, Steve, and Candice Watters. *Start Your Family: Inspiration for Having Babies*. Chicago: Moody, 2009.

Wilson, Douglas. *Future Men*. Moscow, ID: Canon Press, 2001.

Wood, Diana, ed. *The Church and Childhood*. Studies in Church History 31. Rochester, NY: Boydell & Brewer, 1997. First published Oxford: Blackwell, 1994, for The Ecclesiastical Historical Society.

6. 신약의 가정

신약의 자녀 양육

Balla, Peter. *The Child-Parent Relationship in the New Testament and Its Environment*. Wissenschaftliche Untersuchungen zum Neuen Testament 155. Tübingen: Mohr-Siebeck, 2003.

Barton, Stephen C. "Child, Children." In *Dictionary of Jesus and the Gospels*. Edited by Joel B. Green et al. Leicester; Downers Grove, IL: InterVarsity, 1992, pp. 100 – 104.

Derrett, J. D. M. "Why Jesus Blessed the Children (Mk 10.13 – 16 Par.)." *Novum Testamentum* 25 (1983): 1 – 18.

Francis, James. "Children and Childhood in the New Testament." In *The Family in Theological Perspective*. Edited by Stephen C. Barton. Edinburgh: T & T Clark, 1996, pp. 65 – 85.

Kinlan, Stephen. *The Family Metaphor in Jesus' Teaching: Gospel and Ethics*. Eugene, OR: Cascade, 2009.

O'Brien, Peter T. *The Letter to the Ephesians*. Pillar New Testament Commentary. Cambridge; Grand Rapids: Eerdmans, 1999, pp. 439 – 47.

가족으로서의 교회

Aasgaard, Reider. *'My Beloved Brothers and Sisters': Christian Siblingship in the Apostle Paul*. Studies of the New Testament and Its World. Edinburgh: T & T Clark, 2003.

Burke, Trevor J. *Adopted into God's Family: Exploring a Pauline Metaphor*. New Studies in Biblical Theology 22. Downers Grove, IL: InterVarsity, 2006.

Hellerman, Joseph H. *The Ancient Church as Family*. Minneapolis: Fortress, 2001.

———. *Jesus and the People of God: Reconfiguring Ethnic Identity*. New Testament Monographs 21. Sheffield: Phoenix, 2007.

7. 임신과 출산
낙태

Gorman, Michael J. *Abortion and the Early Church: Christian, Jewish and Pagan Attitudes in the Greco-Roman World*. New York: Paulist, 1982.

Grisanti, Michael A. "The Abortion Dilemma." *The Master's Seminary Journal* 11, no. 2 (Fall 2000): 169–90.

Hoffmeier, James K., ed. *Abortion: A Christian Understanding and Response*. Grand Rapids: Baker, 1987.

Lindemann, Andreas. "'Do Not Let a Woman Destroy the Unborn Babe in Her Belly': Abortion in Ancient Judaism and Christianity." *Studia theologica* 49 (1995): 253–71.

Olasky, Marvin, and Susan Olasky. *More Than Kindness: A Compassionate Approach to Crisis Childbearing*. Wheaton, IL: Crossway, 1990.

Schlossberg, Terry, and Elizabeth Achtemeier. *Not My Own: Abortion and the Marks of the Church*. Grand Rapids: Eerdmans, 1995.

Waltke, Bruce K. "Reflections from the Old Testament on Abortion." Journal of the Evangelical Theological Society 19 (1976): 3–13.

피임

Alcorn, Randy. *Does the Birth Control Pill Cause Abortions?* Gresham, OR: Eternal Perspective Ministries, 2000.

Beginton, Linda K., and Russell DiSilvestro, eds. *The Pill: Addressing the Scientific and Ethical Question of the Abortifacient Issue*. Bannockburn, IL:

The Center for Bioethics and Human Dignity, 2003.

McLaren, Angus S. *A History of Contraception*. Oxford: Blackwell, 1992.

Noonan, John T., Jr. *Contraception: A History of Its Treatment by the Catholic Theologians and Canonists*. Cambridge, MA: Harvard University Press, 1965.

O'Donovan, Oliver. *Begotten or Made?* Oxford, UK: Clarendon; Oxford University Press, 2002 [1984].

Thielicke, Helmut. *The Ethics of Sex*. Translated by John W. Doberstein. New York: Harper & Row, 1964, pp. 200 – 225.

Waters, Brent. *Reproductive Technology: Towards a Theology of Procreative Stewardship*. Cleveland, OH: Pilgrim, 2001.

난임과 인공수정

Anderson, Ray. "God Bless the Children—and the Childless." *Christianity Today* 31, no. 11 (August 7, 1987): 28.

Baskin, Judith. "Rabbinic Reflections on the Barren Wife." *Harvard Theological Review* 82 (1989): 101 – 14.

Callaway, Mary. *Sing O Barren One: A Study in Comparative Midrash*. Society of Biblical Literature Dissertation Series 91. Atlanta: Scholars Press, 1986.

Daube, David. The Duty of Procreation. Edinburgh: Edinburgh University Press, 1977.

Halverson, Kaye. *The Wedded Unmother*. Minneapolis: Augsburg, 1980.

Van Regenmorter, John. "Frozen Out: What to Do with Those Extra Embryos." *Christianity Today* 48, no. 7 (July 2004): 32 – 33.

Van Regenmorter, John, and Sylvia Van Regenmorter. *When the Cradle Is Empty: Answering Tough Questions About Infertility*. Carol Stream, IL: Tyndale; Focus on the Family, 2004.

Smietana, Bob. "When Does Personhood Begin? And What Difference Does It Make?" *Christianity Today* 48, no. 7 (July 2004): 24 – 28.

Stout, Martha. *Without Child: A Compassionate Look at Infertility.* Grand Rapids: Zondervan, 1985.

Van Seters, John. "The Problem of Childlessness in Near Eastern Law and the Patriarchs of Israel." *Journal of Biblical Literature* 87 (1968): 401–8.

입양

Andersen, David V. "When God Adopts." *Christianity Today* 37, no. 8 (July 19, 1993): 36–39.

Gilman, Lois. *The Adoption Resource Book.* San Francisco: HarperCollins, 1998.

Kincaid, Jorie. *Adopting for Good: A Guide for People Considering Adoption.* Downers Grove, IL: InterVarsity, 1997.

Moore, Russell D. *Adopted for Life: The Priority of Adoption for Christian Families and Churches.* Wheaton, IL: Crossway, 2009.

Packer, J. I. "Amazing Adoption." *Christianity Today* 37, no. 8 (July 19, 1993): 38.

Piper, John. "Adoption: The Heart of the Gospel." http://www.desiringgod.org.

Ring, June M. "Partakers of the Grace: Biblical Foundations for Adoption." http://www.ppl.org/adopt.html.

Schooler, Jayne. *The Whole Life Adoption Book.* Colorado Springs, CO: NavPress, 1993.

8. 자녀 양육
여러 방식의 훈육

Aries, P. *Centuries of Childhood: A Social History of Family Life.* New York: Vintage, 1962.

Charity Wire. "Focus on the Family Defends Parents' Right to Discipline." http://www.charitywire.com/charity63/03826.html.

Child Protection Reform. "Spanking as Disicipline, Not Abuse." http://www.

childprotectionreform.org/policy/spanking_home.htm.

Clarkson, Clay. *Heartfelt Discipline: The Gentle Art of Training and Guiding Your Child*. Colorado Springs, CO: WaterBrook, 2003.

Florea, Jesse. "Does Spanking Work for All Kids?" *Focus on Your Child*. http://www.focusonyourchild.com/develop/art1/A0000507.html.

Gangel, Kenneth O., and Mark F. Rooker. "Response to Oosterhuis: Discipline versus Punishment." *Journal of Psychology and Theology* 21, no. 2 (Summer 1993): 134–37.

Gillogly, Robert R. "Spanking Hurts Everybody." *Theology Today* 37, no. 4 (January 1981): 415–24.

Greenleaf, B. K. *Children through the Ages: A History of Childhood*. New York: Barnes & Noble, 1978.

Haeuser, Adrienne A. "Swedish Parents Don't Spank." The No Spanking Page. http://www.neverhitachild.org.

Larimore, Walter L. "Is Spanking Actually Harmful to Children?" *Focus on Your Family's Health*. Http://www.health.family.org/children/articles/a0000513.html.

Larzelere, Robert E. "Response to Oosterhuis: Empirically Justified Uses of Spanking: Toward a Discriminating View of Corporal Punishment." *Journal of Psychology and Theology* 21, no. 2 (1993): 142–47.

Miller, Alice. "Against Spanking." *Tikkun* 15, no. 2 (March/April 2000): 17–19.

Mohler, R. Albert, Jr. "Should Spanking Be Banned? Parental Authority under Assault." June 22, 2004, http://www.crosswalk.com/news/weblogs/mohler/1269621.html.

Mollenkott, Virginia Ramey. "Gender, Ethics and Parenting." Review of *The Case against Spanking: How to Discipline Your Child without Hitting*, by Irwin A. Hyman. The Witness (April 2000): 28–29.

Oosterhuis, Alyce. "Abolishing the Rod." *Journal of Psychology and Theology*

21, no. 2 (Summer 1993): 127 – 33.

Pike, Patricia. "Response to Oosterhuis: To Abolish or Fulfill?" *Journal of Psychology and Theology* 21, no. 2 (1993): 138 – 41.

Rainey, Dennis, and Barbara Rainey. "Deciding When to Spank." *FamilyLife.* Http://www.familylife.com/articles/article_detail.asp?id=322.

———. "What to Do about Children Expressing Anger through Hitting." *FamilyLife.* http://www.familylife.com/articles/article_detail.asp?id=321.

Straus, Murray A., and Denise A. Donnelly. *Beating the Devil out of Them: Corporal Punishment in American Families and Its Effect on Children.* Second edition. Piscataway, NJ: Transaction Publishers Rutgers, 2001.

Straus, Murray A., and Anita K. Mathur. "Social Change and Trends in Approval of Corporal Punishment by Parents from 1968 to 1994." University of New Hampshire, 1996. http://www.unh.edu/frl/cp27.htm.

Wegner, Paul D. "Discipline in the Book of Proverbs: 'To Spank or Not to Spank.'" Journal of the Evangelical Theological Society 48, no. 4 (December 2005): 715 – 32.

Whelchel, Lisa. Creative Correction: Extraordinary Ideas for Everyday Discipline. Minneapolis: Bethany, 2000, (《우리 아이가 달라졌어요》 좋은씨앗).

십대 자녀 양육

Baucham, Voddie Jr. *What He Must Be ... If He Wants to Marry My Daughter.* Wheaton, IL: Crossway, 2009.

Bertrand, J. Mark. *(Re)Thinking Worldview: Learning to Think, Live, and Speak in This World.* Wheaton, IL: Crossway, 2007.

Grudem, Wayne A. *Christian Beliefs: Twenty Basics Every Christian Should Know.* Edited by Elliot Grudem. Grand Rapids: Zondervan, 2005.

Jones, Stan, and Brenna Jones. *How and When to Tell Your Kids about Sex: A Lifelong Approach to Shaping Your Child's Sexual Character.* Colorado

Springs, CO: NavPress, 2007, (《내 자녀에게 성을 이야기할 때》 소원나무).

Mahaney, C. J., ed. *Worldliness: Resisting the Seduction of a Fallen World*. Wheaton, IL: Crossway, 2008.

Mahaney, Carolyn, and Nicole Mahaney Whitacre. *Girl Talk: Mother-Daughter Conversations on Biblical Womanhood*. Wheaton, IL: Crossway, 2005.

Rainey, Dennis. *Interviewing Your Daughter's Date: 8 Steps to No Regrets*. Little Rock, AR: FamilyLife, 2007.

Rainey, Dennis, and Barbara Rainey. *Parenting Today's Adolescent*. Nashville: Nelson, 2002.

————. *Passport2Purity*. Little Rock, AR: FamilyLife, 2004.

Regnerus, Mark D. *Forbidden Fruit: Sex and Religion in the Lives of American Teenagers*. New York: Oxford University Press, 2007.

Tripp, Paul David. *Age of Opportunity: A Biblical Guide to Parenting Teens*. Phillipsburg, NJ: P&R, 2001, (《위기의 십대 기회의 십대》 디모데).

가정예배

Alexander, James W. *Thoughts on Family Worship*. *Morgan*, PA: Soli Deo Gloria, 1998 [1847], (《가정예배는 복의 근원입니다》 미션월드 라이브러리).

Baucham, Voddie Jr. *Family Driven Faith: Doing What It Takes to Raise Sons and Daughters Who Walk with God*. Wheaton, IL: Crossway, 2007, (《가정아, 믿음의 심장이 되어라》 미션월드 라이브러리).

Clarkson, Clay. *Our 24 Family Ways: Family Devotional Guide*. Colorado Springs, CO: Whole Heart Press, 2004.

Cromarty, Jim. *A Book for Family Worship*. Harrisburg, PA: Evangelical Press, 1997.

Gaither, Gloria, and Shirley Dobson. *Creating Family Traditions: Making Memories in Festive Seasons*. Sisters, OR: Multnomah, 2004.

Garland, Diana. *Family Ministry: A Comprehensive Guide*. Downers Grove, IL:

InterVarsity, 1999.

Johnson, Terry L. *The Family Worship Book: A Resource Book for Family Devotions*. Fearn: Christian Focus Publications, 2000.

Prince, David E. "Family Worship: Calling the Next Generation to Hope in God." http://www.cbmw.org.

Ptacek, Kerry. *Family Worship: The Biblical Basis, Historical Reality and Current Need*. Greenville, SC: Greenville Seminary Press, 2000.

영적 전투

Arnold, Clinton E. *Three Crucial Questions about Spiritual Warfare*. Grand Rapids: Baker, 1997.

―――. *Powers of Darkness: Principalities and Powers in Paul's Letters*. Leicester; Downers Grove, IL: InterVarsity, 1992, (《바울이 분석한 사탄과 악한 영들》 이레서원).

O'Brien, Peter T. *Gospel and Mission in the Writings of Paul: An Exegetical and Theological Analysis*. Grand Rapids: Baker, 1995, pp. 109-31.

Page, Sydney H. T. *Powers of Evil: A Biblical Study of Satan and Demons*. Grand Rapids: Baker, 1995.

Powlison, David. *Power Encounters: Reclaiming Spiritual Warfare*. Grand Rapids: Baker, 1995.

Various. "Elements/Elemental Spirits of the World," "Power," and "Principalities and Powers." In *Dictionary of Paul and His Letters*. Edited by Gerald F. Hawthorne et al. Leicester; Downers Grove, IL: InterVarsity, 1993, pp. 229-33, 723-25, and 746-52.

9. 독신의 은사

독신

Arterburn, Stephen, and Fred Stoeker. *Every Man's Battle: Winning the War on Sexual Temptation One Victory at a Time*. Colorado Springs, CO: WaterBrook, 2000, (《모든 남자의 참을 수 없는 유혹》좋은씨앗).

Arterburn, Stephen, Fred Stoeker, and Mike Yorkey. Every Man's Battle Guide: Weapons for the War against Sexual Temptation. Colorado Springs, CO: WaterBrook, 2003, (《모든 젊은 남자의 순결 전쟁》사랑플러스).

Birkett, Kirsten, and Lois Hagger. "Gift of Singleness? You're Not Serious? A Look at Paul's Call to Singleness in 1 Corinthians 7." *Journal of Biblical Manhood and Womanhood* 5, no. 2 (Fall 2000): 8–9.

Chapman, John. "The Holy Vocation of Singleness: The Single Person in the Family of God." *Journal of Biblical Manhood and Womanhood* 5, no. 2 (Fall 2000): 4–5.

Chediak, Alex. *With One Voice: Singleness, Dating and Marriage to the Glory of God*. Ross-shire, Scotland: Christian Focus, 2006.

Clarkson, Margaret. *So You're Single*. Wheaton, IL: Harold Shaw, 1978.

Daniels, Robert. *The War Within: Gaining Victory in the Battle for Purity*. Wheaton, IL: Crossway, 2005.

Danylak, Barry. *A Biblical Theology of Singleness*. Grove Series B 45. Cambridge, UK: Grove, 2007.

———. *Redeeming Singleness*. Wheaton, IL: Crossway, 2010.

Deming, Will. *Paul on Marriage and Celibacy: The Hellenistic Background of 1 Corinthians 7*. Grand Rapids: Eerdmans, 2004.

Elliot, Elisabeth. *Passion and Purity: Learning to Bring Your Love Life under Christ's Control*. Grand Rapids: Revell, 2002.

Farmer, Andrew. *The Rich Single Life*. Gaithersburg, MD: PDI Communications, 1998.

Foster, Richard J. *The Challenge of the Disciplined Life*. San Francisco: HarperCollins, 1985, pp. 114–33, "Sexuality and Singleness." In *Readings in Christian Ethics*. Vol. 2: *Issues and Applications*. Edited by David K. Clark and Robert V. Rakestraw. Grand Rapids: Baker, 1996, pp. 155–65.

Gore, Ruth. *Singleness: A Life Grounded in Love*. Downers Grove, IL: InterVarsity, 2002.

Harris, Joshua. *Boy Meets Girl: Say Hello to Courtship*. Sisters, OR: Multnomah, 2000, (《YES 데이팅》두란노).

――――. *I Kissed Dating Goodbye*. Sisters, OR: Multnomah, 1997, (《No 데이팅》두란노).

――――. *Not Even a Hint*. Sisters, OR: Multnomah, 2003, (《절대순수》두란노).

Harris, Monford. "Pre-marital Sexual Experience: A Covenantal Critique." *Judaism* 19 (1970): 134–44.

Hsu, Albert Y. *Singles at the Crossroads: A Fresh Perspective on Christian Singleness*. Downers Grove, IL: InterVarsity, 1997, (《싱글? 하나님의 뜻》서로사랑).

Köstenberger, Andreas J. "Review Article: The Apostolic Origins of Priestly Celibacy." *European Journal of Theology* 1 (1992): 173–79.

Lum, Ada. *Single and Human*. Downers Grove, IL: InterVarsity, 1976, (《싱글의 미학》IVP).

McCulley, Carolyn. *Did I Kiss Marriage Goodbye? Trusting God with a Hope Deferred*. Wheaton, IL: Crossway, 2004, (《오늘 허락된 선물》IVP).

Piper, John. "Foreword: For Single Men and Women (and the Rest of Us)." In *Recovering Biblical Manhood and Womanhood*. Edited by John Piper and Wayne Grudem. Wheaton, IL: Crossway, 1991, pp. xvii–xxviii.

Ramsey, Paul. "One Flesh: A Christian View of Sex Within, Outside and Before Marriage." Grove Booklets on Ethics 8. Bramcote, Grove Books, 1975.

Smith, David L. "Towards a Theology of Singleness." *Didaskalia* 1 (1989): 34–41.

Stagg, Frank. "Biblical Perspectives on the Single Person." *Review and Expositor* 74 (1977): 5–19.

Swindoll, Luci. *Wide My World, Narrow My Bed*. Portland, OR: Multnomah, 1982.

Taylor, Rhena. *Single and Whole*. Downers Grove, IL: InterVarsity, 1984.

Treas, Judith, and Deirdre Giesen. "Sexual Infidelity among Married and Cohabiting Americans." *Journal of Marriage and the Family* 62 (2000): 48–60.

Watters, Candice. *Get Married: What Women Can Do to Help It Happen*. Chicago: Moody, 2008.

Weising, Edward F., and Gwen Weising. *Singleness: An Opportunity for Growth and Fulfillment*. Springfield, MO: Gospel Publishing, 1982.

Wenham, David. "Marriage and Singleness in Paul and Today." *Themelios* 13, no. 2 (1988): 39–41.

Wilson, Douglas. *Her Hand in Marriage: Biblical Courtship in the Modern World*. Moscow, ID: Canon Press, 1997.

Yoder, John Howard. *Singleness in Ethical and Pastoral Perspective*. Elkhart, IN: Associated Mennonite Biblical Seminaries, 1974.

한부모 양육

Barnes, Robert G. *Single Parenting*. Wheaton, IL: Living Books, 1992.

Blackwelder, David. "Single Parents: In Need of Pastoral Support." *Clinical Handbook of Pastoral Counseling* Vol. 2. Edited by Robert J. Wicks and Richard D. Parsons. Mahwah, NJ: Paulist, 1993, pp. 329–59.

Brandt, Patricia, with Dave Jackson. *Just Me and the Kids: A Course for Single Parents*. Elgin, IL: David C. Cook, 1985.

Cynaumon, Greg. *Helping Single Parents with Troubled Kids: A Ministry Resource for Pastors and Youth Workers*. Colorado Springs, CO: NavPress, 1992.

Garfinkel, Irwin, and Sara McLanahan. *Single Mothers and Their Children: A*

New American Dilemma. Washington DC: The Urban Institute Press, 1986.

Hannah, Jane, and Dick Stafford. *Single Parenting with Dick and Jane: A Biblical, Back-to-basics Approach to the Challenges Facing Today's Single Parent*. Nashville: Family Touch, 1993.

Kerr, Gerri. "Making It Alone: The Single-Parent Family." In *Family Ministry*. Edited by Gloria Durka and Joanmarie Smith. Minneapolis: Winston, 1980, pp. 142–67.

Olsen, Richard P., and Joe H. Leonard Jr. *Ministry with Families in Flux: The Church and Changing Patterns of Life*. Louisville, KY: Westminster, 1990.

Richmond, Gary. *Successful Single Parenting*. Eugene, OR: Harvest, 1990.

Sandefur, Gary. *Growing Up with a Single Parent: What Hurts, What Helps*. Cambridge, MA: Harvard University Press, 1994.

Warren, Ramona. *Parenting Alone*. Family Growth Electives. Elgin, IL: David C. Cook, 1993.

겸손

Gresh, Dannah. *The Secret Keeper: The Delicate Power of Modesty*. Chicago: Moody, 2002.

Mahaney, C. J. "God, My Heart, and Clothes." In *Worldliness: Resisting the Seduction of a Fallen World*. Edited by C. J. Mahaney. Wheaton, IL: Crossway, 2008, pp. 117–38, 173–79.

Mohler, Mary K. Modeling Modesty. Louisville, KY: The Southern Baptist Theological Seminary, n.d. Http://www.albertmohler.com/documents/ModelingModesty.pdf.

Pollard, Jeff. *Christian Modesty and the Public Undressing of America*. San Antonio, TX: Vision Forum, 2003.

Shalit, Wendy. *A Return to Modesty: Discovering the Lost Virtue*. New York: Free Press, 1999.

10. 동성애

Adams, David L. "The Challenge of Homosexuality: What Is at Stake?" *Concordia Journal*. 31:3 (July 2005): 220–30.

Balch, David L., ed. *Homosexuality, Science, and the "Plain Sense" of Scripture*. Cambridge; Grand Rapids: Eerdmans, 2000.

Burtoff, Larry. "Setting the Record Straight." Focus on the Family. http://www. family.org.에서 볼 수 있다.

Cole, Sherwood O. "Biology, Homosexuality, and the Biblical Doctrine of Sin." *Bibliotheca Sacra* 157 (July–September 2000): 348–61.

Dallas, Joe. *Desires in Conflict: Hope for Men Who Struggle with Sexual Identity*. Eugene, OR: Harvest House, 2003.

———. *A Strong Delusion*. Eugene, OR: Harvest House, 1996.

Davies, Bob, and Lori Rentzel. *Coming out of Homosexuality: New Freedom for Men and Women*. Downers Grove, IL: InterVarsity, 1994.

De Young, James B. *Homosexuality: Contemporary Claims Examined in Light of the Bible and Other Ancient Literature and Law*. Grand Rapids: Kregel, 2000.

———. "The Source and NT Meaning of Arsenokoitai, with Implications for Christian Ethics and Ministry." *The Master's Seminary Journal* 3 (1992): 191–215.

Dobson, James. *Marriage Under Fire: Why We Must Win This Battle*. Sisters, OR: Multnomah, 2004.

Gagnon, Robert A. J. *The Bible and Homosexual Practice: Texts and Hermeneutics*. Nashville: Abingdon, 2001.

Gagnon, Robert A. J., and Dan O. Via. *Homosexuality and the Bible: Two Views*. Minneapolis: Fortress, 2003.

Garland, David E. *1 Corinthians*. Baker Exegetical Commentary on the New Testament. Grand Rapids: Baker, 2003, pp. 212–18.

Haley, Mike. *101 Frequently Asked Questions About Homosexuality*. Eugene, OR: Harvest, 2004.

Halperin, D. M. "Homosexuality." *Oxford Classical Dictionary*. Third edition. Edited by Simon Hornblower and Antony Spawforth. Oxford; New York: Oxford University Press, 1996, pp. 720–23.

Hays, Richard B. "Relations Natural and Unnatural: A Response to John Boswell's Exegesis of Romans 1." *Journal of Religious Ethics* 14 (1986): 184–215.

Jones, Stanton L., and Mark A. Yarhouse. *Homosexuality: The Use of Scientific Research in the Church's Moral Debate*. Downers Grove, IL: InterVarsity, 2000.

Kennedy, D. James, and Jerry Newcombe. *What's Wrong with Same-Sex Marriage?* Wheaton, IL: Crossway, 2004.

Lutzer, Erwin W. *The Truth about Same-Sex Marriage: 6 Things You Need to Know about What's Really at Stake*. Chicago: Moody, 2004.

Mohler, R. Albert Jr. "The Compassion of Truth: Homosexuality in Biblical Perspective." http://www.henryinstitute.org.

Montoya, Alex D. "Homosexuality and the Church." *The Master's Seminary Journal* 11, no. 2 (Fall 2000): 155–68.

Moseley, N. Allan. "Homosexuality and the Christian Worldview." Chapter 9 in *Thinking against the Grain: Developing a Biblical Worldview in a Culture of Myths*. Grand Rapids: Kregel, 2003.

Paulk, Anne. *Restoring Sexual Identity: Hope for Women Who Struggle with Same-Sex Attraction*. Eugene, OR: Harvest, 2003.

Pope, M. H. "Homosexuality." *The Interpreter's Dictionary of the Bible: Supplementary Volume*. Nashville: Abingdon, 1976, pp. 415–17.

Satinover, Jeffrey. *Homosexuality and the Politics of Truth*. Grand Rapids: Baker, 1996.

———. "The Gay Gene?" Http://www.cbmw.org.

Schmidt, Thomas E. *Straight or Narrow? Compassion and Clarity in the Homosexuality Debate.* Leicester; Downers Grove, IL: InterVarsity, 1995.

Sears, Alan, and Craig Osten. *The Homosexual Agenda: Exposing the Principal Threat to Religious Freedom Today.* Nashville: Broadman, 2003.

Stanton, Glenn T., and Bill Maier. *Marriage on Trial: The Case against Same-Sex Marriage and Parenting.* Downers Grove, IL: InterVarsity, 2004.

Stegemann, W. "Paul and the Sexual Mentality of His World." *Biblical Theology Bulletin* 23 (1993): 161 – 68.

Stott, John R. W. "Homosexual Partnerships?" Chapter 8 in *Involvement: Social and Sexual Relationships in the Modern World.* Vol. 2. Old Tappan, NJ: Revell, 1984.

Taylor, J. Glen. "The Bible and Homosexuality." *Themelios* 21, no. 1 (1995): 4 – 9.

Türner, P. D. M. "Biblical Texts Relevant to Homosexual Orientation and Practice: Notes on Philology and Interpretation." *Christian Scholar's Review* 26 (1997): 435 – 45.

Weise, Robert W. "Christian Responses to the Culture's Normalization of Homosexuality." *Concordia Journal* 31:3 (July 2005): 231 – 47.

Wenham, Gordon J. "The Old Testament Attitude to Homosexuality." *Expository Times* 102 (1991): 359 – 63.

White, James R., and Jeffrey D. Niell. *The Same Sex Controversy: Defending and Clarifying the Bible's Message about Homosexuality.* Minneapolis: Bethany, 2002.

Worthen, Anita, and Bob Davies. *Someone I Love Is Gay: How Family and Friends Can Respond.* Downers Grove: InterVarsity, 1996.

Wright, David F. "Homosexuality." In *Dictionary of Paul and His Letters.* Edited by Gerald F. Hawthorne et al. Leicester; Downers Grove, IL: InterVarsity, 1993, pp. 413 – 15.

――――. "Homosexuality: The Relevance of the Bible." *Evangelical Quarterly* 61

(1989): 291-300.

11. 이혼과 재혼
재혼

Adams, Jay. Marriage, Divorce, and Remarriage in the Bible. Grand Rapids: Zondervan, 1986, (《성경이 가르치는 결혼, 이혼, 그리고 재혼》 베다니).

Atkinson, David. *To Have and to Hold: The Marriage Covenant and the Discipline of Divorce*. London: William Collins Sons, 1979.

Blomberg, Craig L. "Marriage, Divorce, Remarriage, and Celibacy." *Trinity Journal* 11 (1990): 161-96.

Carson, D. A. *Matthew*. Expositor's Bible Commentary 8. Grand Rapids: Zondervan, 1984, pp. 412-19.

Collins, Raymond F. *Divorce in the New Testament*. Collegeville, MN: Liturgical Press, 1992.

Cornes, Andrew. *Divorce and Remarriage: Biblical Principles and Pastoral Care*. Kent: Hodder & Stoughton; Cambridge; Grand Rapids: Eerdmans, 1993.

Ellisen, Stanley A. *Divorce and Remarriage in the Church*. Grand Rapids: Zondervan, 1980.

Fee, Gordon D. *The First Epistle to the Corinthians*. New International Commentary on the New Testament. Cambridge; Grand Rapids: Eerdmans, 1987, pp. 290-306.

Fitzmyer, Joseph A. "The Matthean Divorce Texts and Some New Palestinian Evidence." *Theological Studies* 37 (1976): 197-226.

Harrell, P. E. *Divorce and Remarriage in the Early Church: A History of Divorce and Remarriage in the Ante-Nicene Church*. Austin, TX: Sweet, 1967.

Hawthorne, Gerald F. "Marriage and Divorce, Adultery and Incest." In *Dictionary of Paul and His Letters*. Edited by Gerald F. Hawthorne et al.

Leicester; Downers Grove, IL: InterVarsity, 1993, pp. 594–601.

Heth, William A. "Jesus on Divorce: How My Mind Has Changed." *Southern Baptist Journal of Theology* 6, no. 1 (2002): 4–29.

Heth, William A., and Gordon J. Wenham. *Jesus and Divorce: The Problem with the Evangelical Consensus*. Nashville: Nelson, 1985. Updated edition. Carslisle, UK: Paternoster, 1997.

House, H. Wayne, ed. *Divorce and Remarriage: Four Christian Views*. Leicester; Downers Grove, IL: InterVarsity, 1990.

Instone-Brewer, David. *Divorce and Remarriage in the Bible: The Social and Literary Context*. Grand Rapids: Eerdmans, 2002, (《이혼과 재혼》 아가페출판사).

―――. *Divorce and Remarriage in the Church: Biblical Solutions for Pastoral Realities*. Downers Grove: InterVarsity, 2003.

Jensen, Joseph. "Does Porneia Mean Fornication? A Critique of Bruce Malina." *Novum Testamentum* 20 (1978): 161–84.

Jones, David Clyde. *Biblical Christian Ethics*. Grand Rapids: Baker, 1994, pp. 177–204.

Jones, David W. "The Betrothal View of Divorce and Remarriage." *Bibliotheca Sacra*. 165:657 (Jan.–Mar. 2008): 68–85.

Keener, Craig S. . . . *And Marries Another: Divorce and Remarriage in the Teaching of the New Testament*. Peabody, MA: Hendrickson, 1991.

―――. "Adultery, Divorce." In *Dictionary of New Testament Background*. Edited by Craig A. Evans and Stanley E. Porter. Leicester; Downers Grove, IL: InterVarsity, 2000, pp. 6–16.

―――. "Marriage, Divorce and Adultery." In *Dictionary of the Later New Testament and Its Developments*. Edited by Ralph P. Martin and Peter H. Davids. Leicester; Downers Grove, IL: InterVarsity, 1997, pp. 712–17.

Murray, John. *Divorce*. Phillipsburg, NJ: P&R, 1989.

Norman, R. Stanton. "Biblical, Theological, and Pastoral Reflections on Divorce, Remarriage, and the Seminary Professor: A Modest Proposal." *Journal for Baptist Theology and Ministry* 1, no. 1 (Spring 2003): 78-100.

Piper, John. "Divorce and Remarriage: A Position Paper" and "On Divorce and Remarriage in the Event of Adultery." Http://www.desiringgod.org.

Smith, David L. "Divorce and Remarriage: From the Early Church to John Wesley." *Trinity Journal* 11 (1990): 131-42.

Stein, Robert H. "Divorce." *Dictionary of Jesus and the Gospels*. Edited by Joel B. Green et al. Leicester; Downers Grove, IL: InterVarsity, 1992, pp. 192-99.

Stott, John R. W. "Marriage and Divorce." Chapter 6 in *Involvement: Social and Sexual Relationships in the Modern World*. Vol. 2. Old Tappan, NJ: Revell, 1984.

Wenham, Gordon J. "The Biblical View of Marriage and Divorce." *Third Way*, Vol. 1, Nos. 20-22 (Oct. and Nov. 1997).

————. "The Syntax of Matthew 19.9." *Journal for the Study of the New Testament* 28 (1986): 17-23.

————. "The Restoration of Marriage Reconsidered." *Journal of Jewish Studies* 30 (1979): 36-40.

Wenham, Gordon J., William A. Heth, and Craig S. Keener. *Remarriage after Divorce in Today's Church: 3 Views*. Counterpoints. Grand Rapids: Zondervan, 2006.

Wingerd, Daryl, Jim Elliff, Jim Chrisman, and Steve Burchett. *Divorce and Remarriage: A Permanence View*. Parkville, MO: Christian Communicators Worldwide, 2009.

12. 교회 지도자의 자격
리더십

Baugh, Steven M. "Titus." In *Zondervan Illustrated Bible Backgrounds*

Commentary. Vol. 3. Edited by Clinton E. Arnold. Grand Rapids: Zondervan, 2002, pp. 498 – 511.

Knight, George W. *The Pastoral Epistles*. New International Greek Testament Commentary. Grand Rapids: Eerdmans; Carlisle: Paternoster, 1992.

Köstenberger, Andreas J. "Hermeneutical and Exegetical Challenges in Interpreting the Pastoral Epistles." *Southern Baptist Journal of Theology* 7, no. 3 (Fall 2003): 4 – 13.

─────. *The Pastoral Epistles*. The Expositor's Bible Commentary. Revised edition. Vol. 12. Grand Rapids: Zondervan, 2006, pp. 487 – 625.

Lightman, Marjorie, and William Zeisel. "Univira: An Example of Continuity and Change in Roman Society." *Church History* 46 (1977): 19 – 32.

Merkle, Benjamin L. "Hierarchy in the Church? Instruction from the Pastoral Epistles concerning Elders and Overseers." *Southern Baptist Journal of Theology* 7, no. 3 (Fall 2003): 32 – 43.

Mounce, William D. *The Pastoral Epistles*. Word Biblical Commentary. Nashville: Nelson, 2000.

Page, Sidney. "Marital Expectations of Church Leaders in the Pastoral Epistles." *Journal for the Study of the New Testament* 50 (1993): 105 – 20.

13. 하나님, 결혼, 가정, 교회

Baucham, Voddie Jr. *Family Driven Faith: Doing What It Takes to Raise Sons and Daughters Who Walk with God*. Wheaton, IL: Crossway, 2007.

DeVries, Mark. *Family-Based Youth Ministry*. Downers Grove, IL: InterVarsity, 1994.

─────. "Focusing Youth Ministry through the Family." In *Starting Right: Thinking Theologically about Youth Ministry*. Edited by K. Dean et al. Grand Rapids: Zondervan, 2001.

Freudenberg, Ben. *The Family-Friendly Church*. Loveland, CO: Group, 1998.

Jones, Timothy Paul, ed. *Perspectives on Family Ministry*. Nashville: B&H
　　Academic, 2009, 《가정 사역 패러다임 시프트》 생명의 말씀사).

Penner, Marv. *Youth Worker's Guide to Parent Ministry*. Grand Rapids:
　　Zondervan, 2003.

Stinson, Randy, and Timothy Paul Jones, eds. *Trained in the Fear of God: A
　　Theology and History of Family Ministry*. Grand Rapids: Kregel, 2011.

Wallace, Eric. *Uniting Church and Home: A Blueprint for Rebuilding Church
　　Community*. Lorton, VA: Solutions for Integrating Church and Home, 1999.

Wright, Steve, with C. Graves. *reThink*. Raleigh, NC: InQuest, 2007.

14. 주 안에서 만물이 통일되다

Akin, Daniel L. *God on Sex: The Creator's Ideas about Love, Intimacy and
　　Marriage*. Nashville: Broadman, 2003.

Alexander, James W. *Thoughts on Family Worship*. Morgan, PA: Soli Deo Gloria,
　　1998.

Arterburn, Stephen, and Fred Stoeker. *Every Man's Battle: Winning the War
　　on Sexual Temptation One Victory at a Time*. Colorado Springs, CO:
　　WaterBrook, 2000.

Arterburn, Stephen, Fred Stoeker, and Mike Yorkey. *Every Man's Battle Guide:
　　Weapons for the War against Sexual Temptation*. Colorado Springs, CO:
　　WaterBrook, 2003.

Ash, Christopher. *Marriage: Sex in the Service of God*. Leicester: Inter-Varsity,
　　2003.

Cromarty, Jim. *A Book for Family Worship*. Harrisburg, PA: Evangelical Press,
　　1997.

Dobson, James. *Bringing Up Boys*. Carol Stream, IL: Tyndale, 2001.

———. *Preparing for Adolescence*. Updated edition. Ventura, CA: Regal, 1997,
　　《격동의 십대들》 두란노).

Farris, Michael. How a Man Prepares His Daughters for Life. Minneapolis: Bethany, 1996.

Hughes, Kent, and Barbara Hughes. *Disciplines of a Godly Family*. Wheaton, IL: Crossway, 2004.

Jenkins, Jerry B. *Hedges: Loving Your Marriage Enough to Protect It*. Dallas, TX: Word, 1990.

Johnson, Terry L. *The Family Worship Book: A Resource Book for Family Devotions*. Fearn: Christian Focus Publications, 2000.

Lewis, Robert. *Raising a Modern-Day Knight: A Father's Role in Guiding His Son to Authentic Manhood*. Carol Stream, IL: Tyndale, 1999.

———. *Real Family Values: Leading Your Family into the 21st Century with Clarity and Conviction*. Sisters, OR: Multnomah, 2000.

MacArthur, John, Jr. *Different by Design: Discovering God's Will for Today's Man and Woman*. Wheaton, IL: Victor, 1994.

Miller, Donna. *Growing Little Women: Capturing Teachable Moments with Your Daughter*. Chicago: Moody, 1997.

Piper, John. *This Momentary Marriage: A Call of Permanence*. Wheaton, IL: Crossway, 2009.

Ptacek, Kerry. *Family Worship: The Biblical Basis, Historical Reality and Current Need*. Greenville, SC: Greenville Seminary Press, 2000.

Rainey, Dennis, and Barbara Rainey. *Parenting Today's Adolescent*. Nashville: Nelson, 2002.

———. *Passport2Purity*. Little Rock, AR: FamilyLife, 2004.

Tripp, Paul David. *Age of Opportunity: A Biblical Guide to Parenting Teens*. Phillipsburg, NJ: P&R, 2001.

Tripp, Tedd. *Shepherding a Child's Heart*. Wapallopen, PA: Shepherd Press, 1998.

Wilson, Douglas. *Future Men*. Moscow, ID: Canon Press, 2001.

2. 구약의 결혼

1. 성경에 나오는 다른 많은 주제의 경우와 마찬가지로 이 주제를 논한 그리스도인들도 모두 의견이 같은 것은 아니다. 결혼과 가정에 관련된 이슈들로 책을 쓴 복음주의자들은 대체로 크게 두 부류로 나뉜다. 보완주의자는 성경에 남녀의 역할이 따로 규정되어 있다고 주장하는 반면, 평등주의자는 성경에 근거하여 남녀 간에 역할의 차이가 전혀 없다고 믿는다. 보완주의 입장에 대해서는 다음 책들을 참조하라. John Piper & Wayne Grudem 편집, *Recovering Biblical Manhood and Womanhood: A Response to Evangelical Feminism* (Wheaton, IL: Crossway, 1991, 2006). Andreas J. Köstenberger, Thomas R. Schreiner & Henry S. Baldwin 편집, *Women in the Church: A Fresh Analysis of 1 Timothy 2:9-15* (Grand Rapids: Baker, 1995). Andreas J. Köstenberger, "Women in the Pauline Mission," *The Gospel to the Nations: Perspectives on Paul's Mission* (Downers Grove, IL: InterVarsity, 2000), 236-37 (Andreas J. Köstenberger, Studies on John and Gender: A Decade of Scholarship [New York: Peter Lang, 2001], 348-50에 다시 수록되었다). Robert L. Saucy & Judith K. TenElshof 편집, *Women and Men in Ministry: A Complementary Perspective* (Chicago: Moody, 2001). Wayne Grudem, *Evangelical Feminism and Bilbical Truth: An Analysis of 118 Disputed Questions* (Sisters, OR: Multnomah, 2004). 평등주의 입장에 대해서는 다음 책들을 참조하라. Stanley J. Grenz & Denise Muir Kjesbo, *Women in the Church: A Biblical Theology of Women in Ministry* (Downers Grove, IL: InterVarsity, 1995, 《교회와 여성》 기독교문서선교회). Alvera Mickelsen 편집, *Women, Authority and the Bible* (Downers Grove, IL: InterVarsity, 1986). Ruth A. Tucker & Walter Liefeld, *Daughters of the Church: Women and Ministry from*

New Testament Times to the Present (Grand Rapids: Zondervan, 1987). 두 입장의 비교에 대해서는 다음 책을 참조하라. James R. Beck & Craig L. Blomberg 편집, *Two Views on Women in Ministry* (Grand Rapids: Zondervan, 2001). 결혼과 가정을 포함하여 인간의 성에 대한 성경 신학을 개괄하려면 다음 책을 참조하라. Charles H. H. Scobie, *The Ways of Our God: An Approach to Biblical Theology* (Grand Rapids: Cambridge: Eerdmans, 2003), 802-11, 827, 835-42, 859, 864-69.

2. 다음 저자는 거기에 반대한다. William J. Webb, *Slaves, Women and Homosexuals: Exploring the Hermeneutics of Cultural Analysis* (Downers Grove, IL: InterVarsity, 2001), 142-43. 웹은 "에덴동산에 속삭이는 가부장제는 저주를 예고하는 장치일 수 있다"고 주장한다. 또 창세기 2-3장은 "과거를 현재의 범주들을 통해 기술하는 한 방법"일 뿐이라며 "창조 기사에 모세의 청중이 알아들을 만한 사회적 범주들이 사용되었을 수 있다"고 보았다. 그러나 웨인 그루뎀은 좁게는 창세기 2-3장에 대한 웹의 관점을, 넓게는 웹의 "구속(救贖) 운동 해석법"을 예리하게 논박했다. 다음 잡지에 실린 그의 기사를 참조하라. Wayne Grudem, Journal of the Evangelical Theological Society 47, no. 2 (2004년 6월): 299-347.

3. 마태복음 19:5-6, 마가복음 10:9, 고린도전서 6:16, 에베소서 5:31을 참조하라. 아울러 말라기 2:10-16, 특히 10절을 참조하라.

4. 다음 기사를 참조하라. Raymond C. Ortlund Jr., "Male-Female Equality and Male Headship," Recovering Biblical Manhood and Womanhood, 95-112.

5. 그 외에 창세기 1-2장에서 언약의 어법을 감지한 사람들도 많이 있다. 하지만 우리는 이 이슈를 나중에 4장에서 따로 다룰 것이다. 이는 창세기 1-2장에 아직 "언약"이라는 용어가 쓰이지 않았기 때문이기도 하고, 소위 결혼의 "언약 모델"에 대한 본격적 논의에 구약과 신약의 다른 본문들이 개입되기 때문이기도 하다.

6. 창세기 1:26-27에 "형상"과 "모양"으로 옮겨진 두 히브리어 단어는 (거의 동의어로) 각각 tselem("복제품의" 의미로 참조. 민 33:52; 삼상 6:5, 11; 왕하 11:18; 겔 7:27, 16:17, 23:14) 과 demût("닮다"는 의미로 참조. 왕하 16:10; 대하 4:3-4; 시 58:4; 겔 23:15)이다.

7. 다음 책을 참조하라. Millard J. Erickson, *Christian Theology*, 재판 (Grand Rapids: Baker, 1998), 532-34, (《기독교 신학》 시리즈, 기독교문서선교회). 아울러 같은 책 pp. 520-

29에 인간 안에 있는 하나님의 형상을 보는 세 가지 주요 관점을 개괄한 다음 내용도 참조하라. (1) 본질 (루터, 칼뱅, 더 근래에는 Wayne Grudem, *Systematic Theology* [Grand Rapids: Zondervan, 1994], 445-49, 《조직신학》 은성), (2) 관계 (바르트, 브루너), (3) 역할 (여러 개혁파 학자들, Anthony Hoekema, Created in God's Image [Grand Rapids: Eerdmans, 1986], 특히 72-73. 호크마는 (2)와 (3)을 결합하되 (3)에 더 무게를 둔다). 고대의 배경에 대해서는 특히 다음 두 책 등을 참조하라. Hans Walter Wolff, *Anthropology of the Old Testament* (Philadelphia: Fortress, 1973), 160. William Dyrness, *Themes in Old Testament Theology* (Downers Grove, IL: InterVarsity, 1979), 83. 아울러 다음 책도 참조하라. G. C. Berkouwer, *Man: The Image of God* (Grand Rapids: Eerdmans, 1962), 70.

8. "모양"의 개념에 주목하라(참조. 창 5:3). 아울러 같은 단어가 쓰인 창세기 9:6과 야고보서 3:9도 참조하라.

9. Wolff, *Anthropology of the Old Testament*, 160.

10. 특히 Hoekema, *Created in God's Image*, 73을 참조하라. "인간을 하나님의 형상으로 보려면 직무와 재능을 함께 보아야 한다. 그러나 직무가 더 중요하고 재능은 부차적이다. 재능은 직무를 수행하는 수단이다."

11. 다음 책을 참조하라. James B. Hurley, *Man and Woman in Biblical Perspective* (Grand Rapids: Zondervan, 1981), 210-12, (《성경이 말하는 남녀의 역할과 위치》 여수룬). 이름 짓기는 대개 권위를 상징하므로 여기서 중요하게 주목할 것은 아담이 아내의 이름을 두 번 지어 주었다는 사실이다. 한 번은 타락 전이었고("여자," 창 2:23) 또 한 번은 타락 후였다("하와," 창 3:20). 따라서 남편의 권위는 단지 타락의 결과가 아니다.

12. 다음 기사를 참조하라. Larry J. Kreitzer, "Adam and Christ," Gerald F. Hawthorne, Ralph P. Martin & Daniel G. Reid 편집, *Dictionary of Paul and His Letters* (Leicester; Downers Grove, IL: InterVarsity, 1993), 10. "사도 바울은 아담이 최초로 창조된 인간임을 당연한 역사로 받아들인 것으로 보인다."

13. 다음 책을 참조하라. Christopher Ash, *Marriage: Sex in the Service of God* (Leicester: InterVarsity, 2003), 12장 "One Man and One Woman."

14. 독신에 대해서는 9장을 참조하라.

15. Ash, *Marriage*, 348-55을 참조하라. 애쉬가 바르게 지적했듯이 부부 간의 "한 몸" 의 연합에는 가족관계가 공적으로 시작된다는 의미와 성관계를 통해 성혼한다는 의미 가 함께 들어 있다.

16. 다음 두 책을 비롯한 많은 평등주의적 작가의 저작을 참조하라. R. David Freedman, "Woman, A Power Equal to Man," *Biblical Archaeological Review* 9, no. 1 (1983): 56-58. Joy L. E. Fleming, *A Rhetorical Analysis of Genesis 2-3 with Implications for a Theology of Man and Woman* (박사학위 논문; University of Strasburg, 1987).

17. "존재"와 "역할"의 구분에 대해서는 다음 책을 참조하라. Helmut Thielicke, *Theological Ethics: Sex*, John W. Doberstein 번역 (Grand Rapids: Eerdmans, 1979[1964]), 20-26.

18. 다음 기사를 참조하라. Stephen D. Kovach & Peter R. Schemm Jr., "A Defense of the Doctrine of the Eternal Subordination of the Son," *Journal of the Evangelical Theological Society* 42 (1999): 461-76.

19. 특히 고린도전서 11:9을 참조하라. Thielicke, *Theological Ethics*, 281에 나오는 고린도전서 11:7에 대한 통찰력 있는 내용을 참조하라.

20. 다음 기사를 참조하라. Andreas J. Köstenberger, "Ascertaining Women's God-Ordained Roles: An Interpretation of 1 Timothy 2:15," *Bulletin of Biblical Research* 7 (1997): 107-44.

21. Thomas R. Schreiner는 *Women in the Church* 초판에 그런 입장을 취했으나 이 제 견해를 바꾸었다. *Women in the Church*, 재판 (Grand Rapids: Baker, 2005), 114를 참조하라.

22. 아담과 하와를 향한 하나님의 저주란 곧 그들이 뿌린 씨앗의 열매를 거두도록 두신 것이다. 다시 말해서 주께서 설계하신 결혼과 가정은 남자의 머리 역할과 여자의 복종 을 통해 완벽한 조화와 질서를 이루도록 되어 있었다. 그런데 아담과 하와는 하나님이 정해 주신 성 역할을 버리기로 선택했고 그 결과로 타락했다. 그들이 하나님의 창조 설 계를 일부러 버렸으므로 하나님은 그들이 선택한 역할대로 (새로운 죄성에 따라) 살도록 선고하셨다. 이것이 첫 부부에게 임한 하나님의 저주였다. 이런 관점에서 볼 때 아담과

하와를 향한 하나님의 저주에 내재된 심판은 본질적으로 자신들의 악한 선택의 결과를 경험하도록 두신 것이다. 하나님이 사람들에게 각자의 악한 행위의 결과를 당하도록 두시는 또 다른 예를 로마서 1:24, 26, 28에 세 차례 언급된 "하나님께서 그들을…내버려 두"셨다는 표현에서 볼 수 있다. 하나님을 따르는 사람들에게 임하는 심판은 오늘날에도 비슷하다(참조. 갈 6:7-9).

23. 다음 기사를 참조하라. Susan T. Foh, "What Is the Woman's Desire?" *Westminster Theological Journal* 37 (1975): 376-83.

24. 남자가 아내와의 성관계를 얼마나 오랫동안 끊어도 되는가에 대한 후기 랍비들의 논의는 다음 책을 참조하라. David Instone-Brewer, *Divorce and Remarriage in the Bible: The Social and Literary Context* (Grand Rapids: Eerdmans, 2002), 106 (m. Ketub 5:6-7을 인용했다.《성경 속의 이혼과 재혼》아가페출판사).

25. Daniel I. Block, "Marriage and Family in Ancient Israel," Ken M. Campbell 편집, *Marriage and Family in the Biblical World* (Downers Grove, IL: InterVarsity, 2003), 40-48을 참조하라. 이 책 5장의 논의도 참조하라.

26. Instone-Brewer, *Divorce and Remarriage*, 99-110을 참조하라. 인스톤-브루어는 이 본문이 유대교의 이혼법에 미친 영향도 분석했다. 그 법에 물리적 책임 불이행("음식과 의복," pp. 103-5)과 정서적 책임 불이행("동침하는 것," pp. 106-10)이 둘 다 이혼 사유로 규정되어 있다. 계속해서 그는 예수께서 출애굽기 21:10-11에 근거한 이혼에 대해 침묵하신 것은 그분이 이 부분에서 유대교의 일치된 관점에 동의하신 것으로 해석되어야 하며(pp. 166, 181-82, 185), 바울이 고린도전서 7장에 이 본문을 암시한 것은 바울 역시 책임 불이행으로 인한 이혼을 허용했다는 뜻으로 보아야 한다고 주장했다(pp. 193-94, 212). 그러나 침묵에 근거한 인스톤-브루어의 주장은 우리가 보기에 위험하다. 예수의 경우, 만일 그분이 부부 간의 책임 불이행을 정당한 이혼 사유로 인정하셨다면 **음행** 외에 그것을 이혼의 두 번째 예외 조항으로 의당 덧붙이셨을 것이다. 바울의 경우, 출애굽기 21:10-11을 암시했다는 이유만으로 그가 부부 간의 책임 불이행으로 인한 이혼을 인정했다고 해석하는 것은 억지다. 특히 그런 관점의 엄청난 파장(부부 간의 책임 불이행이 오늘날에도 정당한 이혼 사유가 될 것이다)에 비추어 볼 때, 침묵에 근거한 인스톤-브루어의 애매한 주장보다는 당연히 더 명백한 성경적 증거가 필요하다고 하겠다.

27. "동침하는 것"이라는 말은 "(바르는) 연고"나 "기름"으로 번역될 수도 있다. Block, "Marriage and Family in Ancient Israel," 48을 참조하라. 블록의 지적대로 이 구절이 직접적으로 지칭하는 대상은 (적어도 그의 관점에서는) 남자의 아내가 아니라 그에게 자식을 낳아 줄 첩이다. 하지만 랍비들이 사용하는 칼바호메르(*qal-wa-homer*) 원리(작은 사례에 적용되는 사실은 큰 사례에도 더더욱 적용된다는 논리)에 따르면, 이런 기본적 보호가 남자의 첩에게 적용된다면 남편이 아내를 대할 때는 더더욱 해당한다고 보아도 무방하다. 블록이 설명했듯이(같은 기사, 48쪽의 주석67) 구약에는 *iššâ*("여자")라는 단어 외에 따로 "아내"라는 호칭이 없다.

28. Tanakh(유대교 경전 즉 구약성경-역주)는 마지막 단어(구약에서 이곳에만 쓰였다)가 "부부 동거권"을 가리킨다고 해석한다. Instone-Brewer, *Divorce and Remarriage*, 100에 따르면 이 단어를 "부부 동거권"으로 번역하는 데 초기와 후기의 유대교 해석자들 사이에 사실상 전원 합의가 이루어졌다. 그러나 "연고"나 "기름"이라는 주장에 대해서는 다음 두 책을 참조하라. Shalom M. Paul, "Exod. 21:10: A Threefold Maintenance Clause," *Journal of Near Eastern Studies* 28 (1969): 48-51. 같은 저자, *Studies in the Book of the Covenant in the Light of Cuneiform and Biblical Law* (Vetus Testamentum Supplement 18; Leiden, Netherlands: Brill, 1970), 56-61 (Block, "Marriage and Family in Ancient Israel," 48, 주69에 인용되어 있다). 인스톤-브루어는 본래 "기름"을 지칭하던 이 단어가 부부 동거권으로 변했다고 결론지었다(그는 부부 동거권이라는 말을 "사랑"으로 해석한다). *Divorce and Remarriage*, 9, 45, 주37, 100.

29. 흔히 남편이 아내에게 해주던 또 다른 일은 아내가 죽었을 때 장례의 예를 다하는 것이었다(예. 창 23:16, 35:19-20).

30. 예컨대 창세기 16:1, 16, 17:17, 19, 21, 21:2, 3, 5, 7, 9, 22:20, 23, 24:15, 24, 47, 25:2, 12를 참조하라.

31. Block, "Marriage and Family in Ancient Israel," 72-73 주185에 추가로 인용된 예들을 참조하라.

32. 랍비의 본문은 Instone-Brewer, *Divorce and Remarriage*, 103에 인용되어 있다. 인스톤-브루어는 그 저작 연대를 AD 70년 이전으로 보았다. 그는 또 출애굽기 21:10-11을 인용하면서, 이 말씀을 남자는 양식과 재료(또는 그것을 구입할 돈)를 공급하

고 여자는 식사와 옷가지를 준비해야 한다는 뜻으로 보았다.

33. 같은 책, 59-61에 개괄된 내용을 참조하라. 아울러 Ash, *Marriage*, 249-52에 나오는 구약의 일부다처제에 대한 논의도 참조하라.

34. 그러나 같은 책, 21의 다음과 같은 주장을 참조하라. "창세기 2:24가 그런 식으로 [즉 율법서에 일부일처제를 이상적 결혼으로 밝히는 의미로] 해석된 것은 거의 신약 시대에 와서였을 것이다." 어쨌든 인스톤-브루어도 인정했듯이(같은 책, 136-41) 예수께서 친히 창세기 2:24를 그렇게 해석하셨다는 데는 의문의 여지가 없다(마 19:4-6, 상응 구절 막 10:6-9).

35. Scobie, *Ways of Our God*, 807에 나오는 간략한 개괄을 참조하라. 그에 따르면 일부일처제의 이상은 창세기 2:24에 수립되었고, 율법서(신 28:54, 56)와 예언서(렘 5:8, 6:11; 말 2:14)에 전제되었고, 지혜서에 지지되었다(잠 5:18, 31:10-31; 전 9:9).

36. 그러나 Instone-Brewer, *Divorce and Remarriage*, 59-60에 주목하라. 그의 지적에 따르면 전쟁으로 남성 인구가 격감했을 때를 혹 제외하고는(참조. 사 3:25, 4:1) 이스라엘에 일부다처제가 만연했다는 증거가 없고, 일부다처제는 종종(인스톤-브루어는 "거의 항상"이라는 표현을 썼다) 자식이 없는 상황과 관련이 있었으며(예. 창 16:1-4; 삼상 1장), 기드온과 삼손과 다윗과 솔로몬 같은 지도자들과 왕들 사이에 일부다처제가 존재한 것은 아마 다른 나라들의 지도자들을 흉내 낸 때문이었다(참조. 삼상 8:5, 19-20, 일부다처를 비판한 신 17:17).

37. 다음 기사를 참조하라. David W. Chapman, "Marriage and Family in Second Temple Judaism," *Marriage and Family in the Biblical World*, 217. 흔히 일부다처제로 번역되는 polygamy보다 polygyny가 더 정확한 표현이다. 전자는 엄밀히 말해서 양성 중 어느 쪽이든 배우자가 복수라는 뜻이다.

38. 다음 책을 참조하라. Gordon P. Hugenberger, *Marriage as a Covenant: Biblical Law and Ethics as Developed from Malachi* (Grand Rapids: Baker, 1998), 112, 115-18. 아울러 일부다처의 결혼을 규제하기 위해 주어진 것으로 보이는 출애굽기 21:10-11, 신명기 21:15-17의 내용도 참조하라.

39. 일부다처제가 오늘날 시행된다 해도 비슷한 결과가 예상될 것이다. 서구 국가에는 일부다처제가 흔하지 않지만 선교사들은 외국에서 그 제도가 허용되는 상황에 놓인다.

그러면 최선의 행동 방침이 무엇인가에 대해 당연히 의문이 제기된다. 특히 그런 변질된 결혼을 새로운 회심자들이 시행 중일 때는 더하다. 일부다처제가 하나님이 제정하신 일부일처제의 원리를 변질시킨 것은 맞지만, 그래도 성경은 일부다처의 결혼을 의사(擬似) 결혼이 아니라 실제 결혼으로 취급한다. 그렇다면 위와 같은 상황에서 최선의 행동 방침은 다음과 같을 것이다. 일단 사회 차원에서는 일부다처제의 관행을 폐지하도록 촉구한다. 동시에 이미 아내가 여럿인 사람들에게는 그들이 그 상태를 유지할 수 있으나 가능하다면 일부다처의 결혼을 일부일처로 전환하는 게 바람직하며 일단 목표로라도 추구하는 게 좋다고 조언한다. 아울러 아내가 여럿인 회심자들이 직분을 맡을 수 있는 자격 요건에 대해서도 의문이 제기된다. 이 문제에 대해서는 이 책 12장에 간략히 논한 디모데전서 3:2의 해석을 참조하라.

40. 계대결혼은 오난의 이야기(창 38:8, 11), 룻의 기사(룻 4-5장), 바리새인들이 예수께 던진 질문(마 22:24; 막 12:19-23; 눅 20:28) 등에 나온다. 일각에서는 계대결혼 제도를 통해 일부다처제의 시행이 명백히 인정된다고 보기도 한다. 하지만 계대결혼은 결혼 자격을 갖춘 가장 가까운 친척에게만 해당되었다. 그밖의 여러 이유로 인해 계대결혼은 일부다처제와 동등시될 수 없다. 같은 책을 참조하라. 또한 Ash의 책의 부제(Sex in the Service of God, "하나님을 섬기는 섹스")를 참조하라.

41. Instone-Brewer, *Divorce and Remarriage*, 59를 참조하라. 다음 책을 인용했다. Louis M. Epstein, *Marriage Laws in the Bible and Talmud*, Harvard Semitic Series 12 (Cambridge, MA: Harvard University Press, 1942), 4.

42. 특히 예수께서 창세기 2:24을 인용하고 해석하신 마태복음 19:4-6과 상응 구절 마가복음 10:6-9를 참조하라.

43. 말라기 2:16을 해석하는 다양한 접근법에 대해서는 이 책 11장을 참조하라.

44. 구약의 간음에 관한 논의는 Ash, *Marriage*, 356-64을 참조하라.

45. 다음 저자는 거기에 반대한다. Instone-Brewer, *Divorce and Remarriage*, 98 (그는 다음 책을 인용했다. Louis M. Epstein, *The Jewish Marriage Contract: A Study in the Status of the Women in Jewish Law* [New York: Johnson Reprint Corp., 1968 (1942)]). 인스톤-브루어는 "일부다처제를 허용하는 법 때문에 남자가 아내에게 성적 정절을 어기기가 사실상 불가능해졌다"고 주장했다.

46. 간음의 형벌은 사형이었지만 흥미롭게도 구약에 이 형벌이 시행된 기록은 없다. 가장 가까웠던 예는 아비멜렉이 사라를 간부(姦婦)로 만들 경우 하나님이 그를 죽이겠다고 말씀하신 일(창 20:7), 누구든지 리브가를 간부로 만드는 사람을 아비멜렉이 죽이겠다고 말한 일(창 26:11), 유다가 다말을 불사르려 했다가 무산된 일(창 38:24) 등이다. 보다시피 이 모든 사건은 율법이 주어지기 **이전**인 창세기에 등장한다. 또 하나 흥미로운 사실은 구약에 간음죄에 대한 사형 방법이 명시되어 있지 않다는 것이다. 유다는 다말을 불사르려 했지만 랍비들의 전통에 규정된 사형 방법은 교살이었다. 신약 시대에는 돌로 죽이는 방법을 썼던 것 같다(참조. 요 8:5).

47. 혼외 성관계를 단죄한 성경의 내용은 Scobie, *Ways of Our God*, 804-6에 개괄되어 있다. 스코비가 포함시킨 죄는 간음(출 20:14; 신 5:18, 참조. 레 18:20, 20:10), 매매춘(레 19:29; 신 23:17, 참조. 잠 2:18-19), 수간(출 22:19; 레 18:23; 신 27:21), 동성애(레 18:22, 20:13 외, 이 부분에는 스코비의 시각에 약간 문제가 있다) 등이다.

48. Instone-Brewer, *Divorce and Remarriage*, 92. 그에 따르면 후기의 유대교 랍비들은 결혼한 지 10년이 되도록 자녀가 없는 부부는 이혼하고 재혼하여 자녀를 낳아도 된다고 가르쳤다(다만 랍비들 사이에 의견이 일치되지는 않았다).

49. 불임, 피임의 영향 등 관련 이슈들은 7장에 다루었다.

50. 앞서 창세기 1-3장을 고찰한 내용을 참조하라.

51. 일각에서는 아내를 얻기 위해 비용을 치르는 구약의 관행(참조. 창 29:18, 34:12; 출 22:16-17; 삼상 18:25)이 상호 보완의 원리에 어긋난다고 본다. 여자를 아버지의 재산이자 남자보다 가치가 덜한 존재로 본다는 이유에서다. 그러나 사실은 그렇지 않다. 현재까지 나와 있는 가장 확실한 증거에 따르면 이 비용은 주로 경제적 기능을 수행했다. 즉 여자의 지위가 열등하다는 표시가 아니라 오히려 여자의 신분을 강화시켜 주는 것이 목적이었다. 이 비용에 대한 논의는 다음 책을 참조하라. Campbell 편집, *Marriage and Family in the Biblical World*, 13-14, 54, 193-98. 아울러 Instone-Brewer, *Divorce and Remarriage*, 5도 참조하라. 그에 따르면 고대 근동에서 이 비용은 신부의 마음을 웬만큼 안정시켜 주고 결혼 언약을 법적으로 확정짓는 역할을 했다.

52. 레위기 12장의 모세의 민법에 보면 산모가 부정한 기간은 아들을 낳았을 때는 7일(12:2), 딸을 낳았을 때는 14일(12:5)로 규정되어 있다. 그래서 어떤 사람들은 본래부터

모세 율법에 남성우월주의나 남녀 간 가치의 불평등이 내재해 있다고 말한다. 하지만 민법의 이 규정은 여자의 가치가 열등하다는 의미로 볼 게 아니라 하와가 인류의 타락에 앞장선 데 대한 여자의 일반적 오명으로 보아야 한다(참조. 딤전 2:14, 15).

53. 사도 베드로는 구약의 원리를 이렇게 요약한다. "전에 하나님께 소망을 두었던 거룩한 부녀들도 이와 같이 자기 남편에게 순종함으로 자기를 단장하였나니 사라가 아브라함을 주라 칭하여 순종한 것 같이"(벧전 3:5-6).

54. 다음 책의 내용을 다듬었다. Bruce K. Waltke, *The Book of Proverbs Chapters 15-31*, New International Commentary on the Old Testament (Grand Rapids: Eerdmans, 2005), 515, 528. 아울러 pp. 510-38의 상세한 주해를 보면 귀한 주해의 통찰을 얻을 수 있다.

55. 다음 책을 참조하라. John MacArthur Jr., *Different by Design: Discovering God's Will for Today's Man and Woman* (Wheaton, IL: Victor, 1994), 77, (《남성과 여성: 그 아름다운 하나님의 계획》 생명의 말씀사). 잠언 31장의 여성에 대한 유익한 논의가 pp. 75-82에 아내로서의 성품, 주부로서의 헌신, 이웃으로서의 아량, 교사로서의 영향력, 어머니로서의 수완, 인간으로서의 탁월함 등 여섯 가지 제목으로 제시되어 있다.

56. 이 책 6장에서 사도 바울의 저작에 나타난 어머니들과 어머니상을 소개한 단락을 참조하라.

57. 성경적이고도 실제적인 유익한 고찰은 다음 책을 참조하라. Daniel L. Akin, *God on Sex: The Creator's Ideas about Love, Intimacy and Marriage* (Nashville: Broadman, 2003). 아울러 다음 책들도 참조하라. Duane A. Garrett, *Proverbs, Ecclesiestes, Song of Songs, New American Commentary* (Nashville: Broadman, 1993). Othmar Keel, *The Song of Songs: A Continental Commentary*, Frederick J. Gaiser 번역 (Minneapolis: Fortress, 1994). Ash, *Marriage*, 192-99. 또한 Scobie, *Ways of Our God*, 803-804의 개괄도 참조하라. "섹스에 대한 기독교의 관점"을 간략히 논한 책으로는 다음을 참조하라. Allan N. Moseley, *Thinking against the Grain* (Grand Rapids: Kregel, 2003), 170-83. 저자는 다음 일곱 가지 요지를 제시했다. (1) 섹스는 하나님이 창조하셨다(창 1:27-28, 2:24-25). (2) 섹스에 대한 하나님의 목적은 본래 부부 간의 연합과 번식이다(창 2:24). (3) 하나님이 의도하신 섹스는 남편과 아내에게 쾌락을 가

져다준다(잠 5:18-20; 아가서; 고전 7:3-5). (4) 부부가 아닌 사람들 간의 성관계는 잘못된 것이다(살전 4:3-5; 히 13:4). (5) 불법적인 섹스는 해롭다(잠 5:10-11, 6:28-29, 32-33). (6) 그리스도인들은 성적 유혹을 물리칠 수 있고 물리쳐야 한다(롬 16:19). (7) 삶과 사랑에는 섹스 이상의 것들이 있다(골 3:4; 고전 13:1-13).

58. 예컨대 다음 책을 참조하라. Jerry B. Jenkins, *Hedges: Loving Your Marriage Enough to Protect It* (Dallas, TX: Word, 1990).

59. 특히 다음 기사를 참조하라. Foh, "What Is the Woman's Desire?" 아울러 Ash, *Marriage*, 277-79도 참조하라. 특히 "남편은 너를 다스릴 것이니라"라는 문구를 이해하는 세 가지 방식을 논한 p. 278을 보라.

60. 이런 종말론적 해석을 지지하는 책으로는 예컨대 다음 둘을 참조하라. Francis Landy, The Literary Guide to the Bible, Robert Alter & Frank Kermode 편집 (Cambridge, MA: Belknap Press of Harvard University Press, 1987), 318. "아가서를 통해 우리는 늦게나마 시의 은혜에 힘입어 낙원의 가능성을 엿본다." Raymond B. Dillard & Tremper Longman III, *An Introduction to the Old Testament* (Grand Rapids: Zondervan, 1994), 265, 《최신 구약개론》 크리스챤다이제스트사). "이 책은 인간의 사랑이 타락 이전의 한없이 복된 상태로 회복된 모습을 그려낸다."

61. Keel, *Song of Songs*, 252. 이 책은 우리의 동료 밥 콜(Bob Cole)이 소개해 주었다.

62. 밥 콜은 미간행 논문 "Song of Songs/Canticles"에 아가서와 다른 다양한 본문들 사이의 성경 내적인 연결 고리를 밝혔다. 예컨대 창세기 2-3장, 49:9, 출애굽기 30:23, 25, 민수기 24:7-9, 시편 45편, 잠언 5:15-20, 이사야 5:1, 35:1-2, 호세아 14:6-7 등과의 고리이며 그밖에도 많이 있다. 이런 연결 고리들이 분명히 보여 주듯이 아가서는 동떨어진 사랑의 시집이 아니라 성경의 구속사적 흐름에 없어서는 안 될 필수적 부분이다.

63. 이어지는 창세기의 내러티브를 보면 거듭해서 강조점이 아내가 남편에게 자녀를 낳는 데 있다(창 4:1-2, 17, 25, 5:3 등).

64. 기막히게도 아브라함의 아들 이삭도 나중에 아버지의 죄를 되풀이하여 자신의 아름다운 아내를 누이라고 속였다가 아비멜렉(아브라함 때 통치자였던 사람의 아들이나 손자)에게 혼난다(창 26:7-11).

65. 아브라함과 사라와 하갈은 물론 (잠시 후에 살펴볼) 야곱과 라헬과 레아에 대한 유익한 배경 정보는 다음 기사를 참조하라. Joe M. Sprinkle, "Law and Narrative in Exodus 19-24," *Journal of the Evangelical Theological Society* 47 (2004): 248-49.

66. 야곱의 두 아내인 레아와 라헬 사이의 긴장은 하나님의 계획이 일부다처제가 아니라 일부일처제라는 간접적 증거다.

67. 그러나 이후에 다윗은 또 이스르엘의 아히노암과 결혼했고, 사울은 미갈을 라이스의 아들 발디엘이라는 다른 남자에게 주었다(삼상 25:43-44). 이는 다윗 쪽의 책임 불이행일 수도 있고(참조. 출 21:10-11), 그보다 어쩌면 사울의 지독한 복수일 소지가 더 높다. 훗날 다윗은 아내 미갈을 돌려 달라고 요구하여 미갈의 두 번째 남편에게 큰 고통을 안겨 준다(삼하 3:13-14, 참조. 삼상 25:43-44). 그러나 언약궤가 예루살렘으로 돌아올 때 다윗이 뛰놀며 춤추자 미갈은 창으로 내다보며 심중에 다윗을 업신여겼다(삼하 6:16; 대상 15:29). 다윗이 자기 가족에게 축복하러 돌아왔을 때 미갈은 신복의 계집종들 앞에서 창피하게 몸을 드러낸 다윗을 책망했다(삼하 6:20). 그 뒤로 미갈은 자식을 더 낳지 못했다. 이것은 아내들에게 혹 주님을 섬기려는 남편의 열정이 지나쳐 보여도 남편을 비난해서는 안 된다는 교훈이 될 수 있다.

68. 나중에 아비가일이 다윗의 다른 아내들 중 하나인 아히노암과 함께 아말렉 사람들에게 잡혀갔을 때 다윗은 용감하게 그들을 구조한다(삼상 30:5, 18). 다윗의 이런 모습은 결혼생활에서 용기와 주도권을 보여 준 확실한 모범이다.

69. 성경은 이교도와의 결혼을 금하지만(예. 신 7:1-5) 타인종과의 결혼에 대한 부정적 언급은 성경 어디에도 없다. 이 주제를 다룬 자료로는 다음 두 책을 참조하라. J. Daniel Hays, *From Every People and Nation: A Biblical Theology of Race* (Downers Grove, IL: InterVarsity, 2003). George A. Yancey & Sherelyn Whittum Yancey, *Just Don't Marry One: Interracial Dating, Marriage, and Parenting* (Valley Forge, PA: Judson Press, 2002).

3. 신약의 결혼

1. 간략한 개괄은 다음 책을 참조하라. Charles H. Scobie, *The Ways of Our God: An Approach to Biblical Theology* (Grand Rapids; Cambridge: Eerdmans, 2003), 835-40.

다음 책의 편집자들과 몇몇 기고자들은 결혼과 가정에 대한 신약의 가르침이 본질적으로 아리스토텔레스의 영향을 받았으며, 그것이 에베소서 5:21-33, 골로새서 3:18-25, 베드로전서 3:1-7 같은 "초대 기독교의 문서에 흘러들었다"고 주장한다. *Does Christianity Teach Male Headship? The Equal-Regard Marrigae and Its Critics* (Grand Rapids: Eerdmans, 2004), p. 4. 아울러 pp. 94-95, 133도 참조하라. 그들에 따르면 기독교의 결혼과 가정은 머리와 복종의 모델을 "평등 대우"라는 이웃 사랑의 접근으로 대체해야 한다. "남편이 아내에게 그리스도를 대변할 수 있듯이 아내도 남편에게 그리스도가 될 수 있다"(p. 138). 이런 입장에 대한 본격적 비판은 이 책의 범위를 벗어나지만, 그들이 남자의 머리 됨과 아내의 복종에 대한 신약의 가르침에 최종 권위를 부여했다고 보기는 어렵다. 따라서 성경을 중시하는 견해에 근거했다고 보기도 어렵다.

2. 4장을 참조하라.

3. 2장을 참조하라.

4. Diana S. Richmond Garland & Diane L. Pancoast 편집, *The Church's Ministry with Families: A Practical Guide* (Dallas: Word, 1990). 결혼과 가정에 관한 1987년의 한 집회 내용을 묶은 이 책에서 저자들은 가정을 "부모와 자녀" 또는 "혈연이나 혼인으로 맺어진 사람들"로 정의하던 데서 벗어나 "생태학적" 정의로 넓혀야 한다고 주창했다. 기존의 정의에서는 핵가족―부부와 자녀―이 규범으로 통한다. 그러나 그들은 A. Hartman & J. Laird, *Family-centered Social Work Practice* (New York: Free Press, 1983)을 따라 결혼을 "친밀함, 자원의 공유, 가시적 또는 비가시적 도움, 헌신, 책임, 장기적이고 주관적인 의미 등 인간의 필요를 채워 주는 관계"로 정의한다(p. 11). 친구, 룸메이트, 직장의 "가족," 공동체 그룹 등이 다 거기에 포함된다. David Garland는 Church's Mministry with Families에 실린 자신의 기사를 통해 "법률혼과 생물학적 자녀를 더 이상 가정의 결정적 특성으로 보아서는 안 되며, 이제 그 특성은 상호 헌신으로 압축된다"고 결론지었다(p. 33). 이런 전제에 따라 가정 사역은 "생태학적 가족 간의 관계를 강화해 주는 일"이 된다(p. 14). 하지만 이런 접근에는 몇 가지 문제점이 있다.

첫째로, 가정에 대한 이 정의는 너무 넓어서 의미가 없다. 둘째로, 이 정의는 동성 간의 결합을 단죄하는 성경의 도덕성에 충분히 근거하지 않았다. 따라서 이 넓은 정의에는 (필시 본의 아니게) 동성 간의 결합도 포함될 것이다. 셋째로, 이 정의는 성격상 신학적이고 성경적이라기보다 주로 사회학적이다. 그래서 사회적 관계의 영역에서 성경의 최종 권위를 인정하지 않는다. 넷째로, 이 정의에는 다음 사실에 대한 인식이 부족하다. 예수는 비록 혈연관계를 초월하는 제자도를 강조하셨지만 동시에 결혼을 매우 중시하시며 결혼에 대한 하나님의 본래의 목적을 재확인하셨다(마 19:4-6, 참조. 창 2:24). 그리하여 하나(제자도)가 다른 하나(결혼)와 대립되지 않게 하셨다. 그러므로 제자도에 대한 예수의 가르침을 근거로 결혼과 가정에 대한 전통적 정의를 사회학적 정의로 넓혀, 공동의 헌신으로 생겨난 가족 네트워크와 그 특성인 단결을 부각시키는 것은 언어도단이다.

5. "둘"이라는 단어가 헬라어 칠십인역에는 나오지만 히브리어 마소라 사본에는 나오지 않는다. 마태복음 19장에 대해서는 10장에서 이혼을 다룰 때 더 자세히 살펴볼 것이다.

6. John R. W. Stott, "Marriage and Divorce," *Involvement: Social and Sexual Relationships in the Modern World*, vol. 2 (Old Tappan, NJ: Revell, 1984), 167. 결혼의 본질을 설명한 이번 장 뒷부분을 참조하라. 고대 유대인들의 결혼과 결혼식에 대해서는 다음 기사를 참조하라. Craig S. Keener, "Marriage," Craig A. Evans & Stanley E. Porter 편집, *Dictionary of New Testament Background* (Downers Grove, IL: InterVarsity, 2000), 684-86, (《IVP 성경배경주석: 신약》 IVP).

7. 그러나 Cynthia Long Westfall의 이 말은 약간 너무 심한 이분법일 수 있다. "하지만 예수께서 의도하신 가정은 지상에서 가장 중요한 제도나 그리스도인의 정체와 목적에서 중심적 단위가 아니다." "Family in the Gospels and Atcs," Richard S. Hess & M. Daniel Carroll R. 편집, *Family in the Bible* (Grand Rapids: Baker, 2003), 146.

8. 혼외 성관계에 대한 신약의 가르침을 간략히 개괄하면서 예수와 바울과 기타 신약 저자들의 일치점을 밝힌 다음 책을 참조하라. Scobie, *Ways of Our God*, 837-38. 스코비가 포함시킨 죄는 간음(마 5:27-28, 19:18과 상응 구절들, 롬 13:9, 약 2:11), 음란(마 15:19와 상응 구절 막 7:21, 행 15:20, 29, 고전 6:9, 13, 18), 매매춘(눅 7:48, 고전 6:15-16, 히 13:4), 동성애(롬 1:18-32 외) 등이다.

9. 이는 남편이 물리적으로나 어떤 방식으로든 아내를 학대해도 된다는 의미는 결코 아니며, 심각한 피해를 면하기 위해 아내가 학대하는 남편과 별거해야 할 필요성도 배제하지 않는다. 이런 상황에 함축된 미묘한 목회적 의미는 각 경우마다 상당한 지혜를 요

한다. 신자 아내와 비신자 남편의 결혼생활에 대한 교훈적 기록은 다음 책을 참조하라. Lee & Leslie Stobel, *Surviving a Spiritual Mismatch in Marriage* (Grand Rapids: Zondervan, 2002). 이 문제에 대처하는 법에 대한 유익한 조언도 나와 있다. 아울러 Christopher Ash, *Marriage: Sex in the Service of God* (Leicester: InterVarsity, 2003), 327-36에 조리 있게 상술된 논의도 참조하라.

10. 베드로는 "사라가 아브라함을 주라 칭하여 순종한 것 같이"라는 말까지 했다(벧전 3:6, 참조. 창 18:12).

11. 그러나 위의 주9의 주의사항을 참조하라.

12. Wayne Grudem, *1 Peter*, Tyndale New Testament Commentaries (Grand Rapids: Eerdmans, 1988), 144, (《베드로전서—틴데일 신약주석 시리즈17》 기독교문서선교회). 그는 "더 연약한 그릇"이라는 말이 신체적 연약함, 부족한 권위로 인한 연약함, 더 민감한 정서 등 여자 쪽의 "모든 연약함"을 의미할 수 있다고 주해했다. 그러나 Thomas R. Schreiner는 여자가 지적으로, 정서적으로, 도덕적으로, 영적으로 더 연약하다는 관점을 배격하고 "순전히 [물리적] 힘"의 의미로 보았다. *1, 2 Peter, Jude*, New American Commentary (Nashville: Broadman, 2003), 160 (Kelly, Cranfield, Michaels, Hillyer 등을 인용했다).

13. 특히 에베소서 5:21-33과 상응 구절 골로새서 3:18-19을 참조하라. 데살로니가전서 4:3-8과 고린도전서 7장에 대한 논의는 다음 책을 참조하라. O. Larry Yarbrough, *Not Like the Gentiles: Marriage Rules in the Letters of Paul*, SBL Dissertation Series 80 (Atlanta: Scholars Press, 1985), 특히 65-125. 결혼에 대한 신약의 가르침을 다룬 1985년까지의 참고문헌도 실려 있다.

14. 다음 책을 참조하라. David Instone-Brewer, *Divorce and Remarriage in the Bible: The Social and Literary Context* (Grand Rapids: Eerdmans, 2002), 193-94 (p. 194, 주7에 추가된 참고문헌도 보라. 《성경 속의 이혼과 재혼》 아가페출판사). 저자는 바울이 여기서 출애굽기 21:10-11을 암시하고 있다고 설득력 있게 논증한다. 아울러 Ash, *Marriage*, 188-92에서 고린도전서 7:1-6에 따른 "부부 간 섹스의 상호 의무"에 대한 논의도 참조하라. 이 책의 2장과 10장도 더 보라.

15. 아울러 다음 책에 나오는 에베소서 5장에 대한 흥미로운 논의를 참조하라. Francis

Watson, *Agape, Eros, Gender: Towards a Pauline Sexual Ethic* (Cambridge: Cambridge University Press, 2000), 183-259. 왓슨은 에베소서 5장을 "가부장적 결혼의 정당화"로 보거나 반대로 에베소서 5장이 "사랑의 기준에 맞추어 가부장적 결혼을 변화시킨다"고 보는 관점은 둘 다 본문의 복잡성을 무시하고 단순화하는 처사라고 예리하게 지적했다(229. 주6). 그는 다음 두 책을 인용했다. Ben Witherington, *Women and the Genesis of Christianity* (Cambridge: Cambridge University Press, 1990), 156. Sarah J. Tanzer, "Ephesians," Elisabeth Schüssler Fiorenza 편집, *Searching the Scriptures*, Vol. 2: *A Feminist* Commentary (New York: Crossroad, 1994), 325-48, 특히 341.

16. 그리스도는 귀신들의 근원이 아니라 귀신들의 머리이시다. 다음 저자는 거기에 반대한다. Catherine Clark Kroeger, "Head," Gerald F. Hawthorne, Ralph P. Martin & Daniel G. Reid 편집, *Dictionary of Paul and His Letters* (Leicester; Downers Grove, IL: InterVarsity, 1993), 375-77. 이에 대한 다음 비판을 참조하라. Wayne Grudem, "*The Meaning of kephalē* ('Head'): An Evaluation of New Evidence, Real and Alleged," *Journal of the Evangelical Theological Society* 44 (2001): 25-65. 다음 책에 다시 수록되었다. Wayne Grudem 편집, *Biblical Foundations for Manhood and Womanhood* (Wheaton, IL: Crossway, 2002).

17. 창세기 3:16에 대해서는 특히 다음 기사를 참조하라. Susan T. Foh, "What Is the Woman's Desire?" *Westminster Theological Journal* 37 (1975): 376-83. 그녀는 "원하다"에 통제나 지배를 시도하는 의미가 담겨 있는 창세기 4:7에 비추어 창세기 3:16을 정확히 해석했다. 아울러 타락의 과정(창 3장)을 참조하라. 바울은 여자가 교회에서 가르치거나 남자를 주관하지 못하게 금하면서(참조. 딤전 2:12) 그 두 가지 이유 중 하나로 디모데전서 2:14-15에 타락의 과정을 제시했다.

18. 바울의 에베소서의 독자는 대부분 이방인들이었다.

19. 아래의 에베소서 5:32 부분을 더 참조하라. 이 단어는 대개 영어의 "mystery"로 번역되는데 이는 꽤 오도의 소지가 있다. "mystery"와 헬라어 단어 *mystērion*의 유사성은 기껏해야 일부에 지나지 않는다. 영어 단어는 "은밀하거나 감추어진 것" 또는 아예 "본질상 알 수 없는 것"을 뜻하지만 헬라어 표현은 한때 비밀이었으나 이제 알려진 어

떤 진실을 가리킨다. 다음 기사를 참조하라. Andreas J. Köstenberger, "The Mystery of Christ and the Church: Head and Body, 'One Flesh,'" *Trinity Journal* 12 권수가 명기되지 않음 [1991]: 80-83. 성경에 나오는 다른 *mysterion*의 예로는 그리스도 자신(골 2:2, 4:3), 신자의 성화(딤전 3:16), 신자의 변화(휴거?)(고전 15:51), 현재 이스라엘의 눈먼 상태(롬 11:25), 전반적 불법(살후 2:7) 등이 있다.

20. 에베소서 5:18 및 관련 본문들에 대한 자세한 논의는 다음 기사를 참조하라. Andreas J. Köstenberger, "What Does It Mean to Be Filled with the Spirit? A Biblical Investigation," *Journal of the Evangelical Theological Society* 40 (1997): 229-40.

21. 다음 기사를 참조하라. Timothy G. Gombis, "Being the Fullness of God in Christ by the Spirit: Ephesians 5:18 in its Epistolary Setting," *Tyndale Bulletin* 53, no. 2 (2002): 262-64. 저자는 다음 세 권의 책을 인용했다. Thomas R. Schreiner, *Paul, Apostle of God's Glory in Christ: A Pauline Theology* (Downers Gorve: InterVarsity, 2001), 338. Köstenberger, "What Does It Mean to Be Filled with the Spirit?" 233. Gordon D. Fee, Paul, the Spirit, and the People of God (Peabody, MA: Hendrickson, 1996), 63-73, (《바울 성령 그리고 하나님의 백성》 좋은씨앗).

22. 예컨대 Instone-Brewer, *Divorce and Remarriage in the Bible*, 8장, 특히 236-37을 참조하라. 그는 이렇게 주장한다. "더 이상 복종을 가르칠 필요가 없다. 신약 시대에는 도덕 교육에 아내의 복종이 빠지면 물의를 일으켰겠지만 지금은 오히려 그것을 넣으면 똑같은 물의를 일으킬 것이다. 세 번이나 반복된 복종의 가르침은 기독교에서 기원한 게 아니다. 신약의 저자들이 이 가르침에 많은 경고와 설명을 덧붙인 것은 그만큼 그것을 불편해 했다는 뜻이다. 그것을 기독교화하려고 그들은 집안의 머리가 자기에게 복종하는 자들을 존중해야 한다거나 어쩌면 자기도 복종해야 한다는 말을 덧붙였다." 이런 이유로 인스톤-브루어는 남편에게 복종하기로 서약할 것을 신부에게 "강요해서는" 안 되며, 본인이 그런 서약을 선택할 경우 남편도 아내에게 복종하기로 서약해야 한다고 말했다. 그러나 신약의 저자들이 아내의 복종에 대한 가르침을 "불편해 했다"는 분명한 증거는 성경 어디에도 없다. 또한 우리는 남편에게 복종하기로 서약할 것을 아내에게 "강요해야" 한다고 결코 주창하지 않는다. 게다가 설령 권위에 복종하라는 기독

교의 가르침이 기독교에서 기원하지 않았다고 논의상 가정한다 해도, 그런 이유로 성경의 그 가르침에 권위가 없다고 말하는 것은 명백한 오류다. 그뿐 아니라 복종의 원리에서 성경적 성도덕을 떼어내는 것도 가능해 보이지 않는다. 에베소서 5:23-25에 아내의 머리인 남편을 교회의 머리이신 그리스도에 비유했는데, 이 또한 남편의 머리 됨과 아내의 복종을 현대에 맞지 않고 부적절하다며 무시하는 태도에 논박을 가한다. 이런 이유들과 그밖의 이유들로 인해 인스톤-브루어의 논리와 결론은 이 주제에 대한 성경 자체의 메시지에 어긋나는 것으로 판단될 수밖에 없다.

23. 부부의 "상호 복종"이라는 개념을 사실상 반박이 불가능하게 결정적으로 논박한 내용은 특히 Christopher Ash, *Marriage*, 307-10을 참조하라. pp. 311-27에 나오는 복종과 머리 됨에 대한 애쉬의 논의 전체는 꼼꼼히 정독할 가치가 있다. 아울러 다음 기사도 참조하라. Wayne Grudem, "The Myth of Mutual Submission as an Interpretation of Ephesians 5:21," Wayne Grudem 편집, *Biblical Foundations for Manhood and Womanhood*, 221-31. 그는 헬라어 단어 *allēlois*(피차)의 진의를 "일부 사람들이 다른 사람들에게"로 보았다. (다음 두 책을 비롯해 그와 반대되는 입장도 있다. Roger R. Nicole, "The Wisdom of Marriage," J. I. Packer & Sven K. Soderlund 편집, *The Way of Wisdom: Essays in Honor of Bruce K. Waltke* [Grand Rapids: Zondervan, 2000], 290. Scobie, Ways of Our God, 839.) "상호 복종"보다 "상호 겸손"을 말하는 게 더 적절할 수 있다(베드로전서 5:5-6을 보면 복종에서 겸손으로 넘어간다). 아울러 다음 두 기사도 참조하라. Daniel Doriani, "The Historical Novelty of Egalitarian Interpretations of Ephesians 5:21-22," *Biblical Foundations for Manhood and Womanhood*, 203-19. Wayne Walden, "Ephesians 5:21: A Translation Note," *Restoration Quarterly* 45, no. 4 (2003): 254. 월든은 대명사 *allēlōn*이 쌍방적 내지 상호적이라는 뜻이라기보다 "집단 내의 임의적 또는 분산된 활동"을 가리킨다고 지적했다(그는 서로 밟히게 된 사람들[눅 12:1], 서로 투기함[갈 5:26], 서로 죽임[계 6:4] 등을 예로 들었는데 특히 세 번째 예는 결코 상호적 의미로 볼 수 없다). 따라서 에베소서 5:21이 명하는 것은 남편과 아내의 "상호 복종"이 아니라 아내는 남편에게 복종하고 남편은 아내를 사랑하는 것이다.

24. Andrew T. Lincoln, *Ephesians, Word Biblical Commentary* (Dallas, TX: Word,

1990), 366, (《에베소서―WBC 성경주석42》솔로몬). 다음 기사에 인용되어 있다. Gerald F. Hawthorne, "Marriage and Divorce," *Dictionary of Paul and His Letters*, 596. 아울러 Watson, Agape, Eros, Gender, 219-59의 논의도 참조하라.

25. 문맥상 남편의 사랑은 아내를 매정하게 대하지 않는 것으로 추가 정의된다(참조. 벧전 3:7).

26. Hawthorne, "Marriage and Divorce," 596을 참조하라.

27. 예컨대 다음 책을 참조하라. Stanley J. Grenz, *Sexual Ethics: A Bilbical Perspective* (Dallas: Word, 1990, 《성 윤리학》 살림).

28. 특히 다음 기사를 참조하라. Raymond C. Ortlund Jr., "Male-Female Equality and Male Headship," John Piper & Wayne Grudem 편집, *Recovering Biblical Manhood and Womanhood: A Response to Evangelical Feminism* (Wheaton, IL: Crossway, 1991), 95-112, 특히 106-11.

29. 다음 책을 참조하라. Peter T. O'Brien, *The Letter to the Ephesians, Pillar New Testament Commentary* (Grand Rapids: Eerdmans, 1999), 429-35.

30. Köstenberger, "Mystery of Christ and the Church," 79-94을 참조하라.

31. 결혼과 가정에 관련된 영적 전투에 대해서는 7장의 논의를 더 참조하라.

32. 에베소서 전체의 문맥 속에서 영적 전투의 주제를 자세히 심층 고찰한 논문으로 다음을 참조하라. Timothy Gombie, "The Triumph of God in Christ: Divine Warfare in the Argument of Ephesians" (University of St. Andrews 박사학위 논문, 2005). 아울러 같은 저자의 다음 기사도 참조하라. "A Radically New Humility: The Function of the Haustafel in Ephesians," *Journal of the Evangelical Theological Society* 48 (2005): 317-30. 에베소서 전체의 문맥 속에서 에베소서 6:10-18을 흥미롭게 고찰한 논문으로 다음을 참조하라. Donna R. Hawk-Reinhard, "Ephesians 6:10-18: A Call to Personal Piety or Another Way of Describing Union with Christ?" (Evangelical Theological Society의 2004년 중서부 지역 모임에 제출된 논문).

33. 하나님이 정하신 남자와 여자의 활동의 "주요 영역"과 "중심지"를 논할 때 우리는 아내와 가족에 대한 남편의 책임 불이행 또는 (전통적 가정의 경우처럼) 여자를 가정에 가두어 두려는 남편의 시도를 주창하거나 용인하지 않는다. 또한 하나님을 위해 땅을 다

스러야 하는 남녀의 공동 책임을 외면하려는 것도 아니다. 다만 우리는 창세기 3:16-19와 같은 본문들에 나타난 성경적 가르침을 반영하는 것뿐이다. 그런 본문들은 남자와 여자의 주요 활동 영역을 구분하는 것 같다. 남녀는 서로 다른 역할로 상호 보완을 이룬다. 집 밖에서 하는 남자의 일을 결혼생활과 가정에 대한 남자의 헌신과 대립관계에 놓을 게 아니라 오히려 가족 부양의 책임을 다한다는 더 큰 정황 속에서 보아야 한다. 여자의 경우 출산에서 이미 알 수 있듯이 생물학적으로 여자의 역할은 자녀와 가정을 중심으로 이루어진다. 그런 면에서 다르고 독특하다.

34. 어떤 사람들은 본문에 예시된 경우처럼 성 역할을 "일정 기간 동안" 표면상 보류한다는 개념에 반대할 수 있다. 하지만 여기서 지적할 것은 그런 조정이 올바른 성경적 성 역할의 "보류"는 꼭 아니라는 것이다. 오히려 본문의 예(와 기타 제시될 수 있는 예들)에서 남편의 학업은 사실 머리 역할과 가족 부양의 연장(延長)일 수 있다. 일시적 역할 조정은 그 목표를 위한 수단일 뿐이다. 가장인 남편의 리더십에는 가정의 구체적 상황이나 위기에 따라 매번 기도하며 해결책을 모색하는 일도 포함된다. 이번 장에 보았듯이 머리 됨과 복종은 성경의 철칙이다. 우리는 그 규범에 계속 우리 자신을 맞추어야 한다. 그러나 성경의 원리 자체의 정당성을 타협하지 않으면서도 동시에 그 불변의 원리의 구체적 적용은 상황에 따라 융통성이 있어야 한다.

35. 2장의 상응 단락에서 아브라함과 사라에 대해 했던 말을 참조하라.

36. 바울의 선교의 문맥에서 살펴본 브리스길라와 아굴라에 대한 더 자세한 정보는 다음 기사를 참조하라. Andreas J. Köstenberger, "Women in the Pauline Mission," Peter Bolt & Mark Thomas 편집, *The Gospel to the Nations: Perspectives on Pual's Mission* (Downers Grove, IL: InterVarsity, 2000), 227-28.

37. C. E. B. Cranfield, *The Letter to the Romans, International Critical Commentary* (Edinburgh: T & T Clark, 1979), 2:784, (《ICC 국제비평주석 로마서》 로고스).

38. James D. G. Dunn, *Romans 9-16*, Word Biblical Commentary (Dallas, TX: Word, 1988), 892, (《로마서(하) 9~16 — WBC 성경주석38》 솔로몬).

4. 결혼의 본질과 섹스의 역할

1. 이번 장에는 오늘날 가장 널리 퍼져 있는 세 가지 결혼 모델만 다루었지만, 그동

안 그리스도인들이 제시하고 신봉해 온 다른 모델들도 많이 있다. 예컨대 다음 책에 는 결혼의 "사회 모델"과 "국가 모델"이 다루어진다. John Witte, *From Sacrament to Contract: Marriage, Religion, and Law in the Western Tradition* (Louisville, KY: Westminster, 1997). 또한 다음 논문에는 흔히 "하나님의 제도 모델"이라 불리는 "비 (非)언약 복음주의 모델"이 언급된다. John K. Tarwater, "The Covenantal Nature of Marriage in the Order of Creation in Genesis 1 and 2" (Southeastern Baptist Theological Seminary 박사학위 논문, 2002), 13-15.

2. 다음 기사를 참조하라. Andreas J. Köstenberger, "The Mystery of Christ and the Church: Head and Body, 'One Flesh,'" *Trinity Journal* 12 권수가 명기되지 않음 [1991]: 79-94, 특히 86-87. 다음 책을 인용했다. Hans von Soden, "ΜΥΣΤΗΡΙΟΝ und sacramentum in den ersten zwei Jahrhunderten der Kirche," *Zeitschrift für die neutestamentliche Wissenschaft* 12 (1911): 188-227.

3. Augustine, "On the Good of Marriage" [*De bono conjugali*], Philip Schaff 편집, *The Nicene and Post-Nicene Fathers* (Grand Rapids: Eerdmans, 재판 1980 [1887]), First Series, vol. 3, 397-413. 아울러 다음 두 책도 참조하라. Augustine, "On Marriage and Concupiscence" [*De nuptiis et concupiscentia*], 제1권 11장, *Nicene and Post-Nicene Fathers*, First Series, vol. 5, 268. 같은 저자, "On the Grace of Christ, and on Original Sin" [*De gratia Christi, et de peccato originali*], 제2권 39장, *Nicene and Post-Nicene Fathers*, First Series, vol. 5, 251. 성, 결혼, 가정에 대 한 교부시대의 여러 입장은 다음 책에 연대순으로 수록되어 있다. Peter Brown, *The Body and Society: Men, Women and Sexual Renunciation in Early Christianity* (London: Faber & Faber, 1990).

4. 트렌트 공의회 24회기에서 작성된 다음 문서를 참조하라. "Doctrine on the Sacrament of Matrimony," James Waterworth 편집 및 번역, *The Canons and Decrees of the Sacred and Oecumenical Council of Trent* (London: Dolman, 1848), 192-232. 천주교의 성사 신학을 설명한 기본서로는 다음을 참조하라. Alan Schreck, *Basics of the Faith: A Catholic Catechism* (Ann Arbor, MI: Servant, 1987), 147-82.

5. Schreck, *Basics of the Faith*, 152. (강조 추가)

6. 결혼을 성사로 보는 관점과 더불어 천주교가 또한 결혼을 언약으로 가르친다는 점도 지적해야 한다. Schreck, *Basics of the Faith*, 177을 참조하라. 저자는 이렇게 썼다. "부부 관계는 언약이다. 남자와 여자만 하는 것이 아니라 한가운데에 하나님이 친히 동참하시는 엄숙한 약속이다. 이 언약은 그리스도의 피로 인친 예수 그리스도와 교회의 새 언약을 모형으로 한 것이다.…이 언약을 맺는 남자와 여자는 특별한 은총을 받으므로 [결혼의 "성례적" 차원] 언약에 충실할 수 있고, 그 상태에서 그리스도의 영으로 더불어 삶의 의무를 다할 수 있다.…천주교의 부부들은 혼인 언약의 일부로 하나님께 자녀를 사랑으로 받는다."

7. 다음 기사를 참조하라. Germain Grisez, "The Christian Family as Fulfillment of Sacramental Marriage," *Studies in Christian Ethics* 9, no. 1 (1996): 23-33.

8. Köstenberger, "Mystery of Christ and the Church," 87을 참조하라.

9. 계속해서 아래의 세 번째 비판을 참조하라.

10. 그밖의 비판들에 대해서는 Köstenberger, "Mystery of Christ and the Church," 86을 참조하라. 다음 책의 내용을 요약했다. Markus Barth, *Ephesians* 4-6 (Anchor Bible 34A; New York: Doubleday, 1974), 748-49.

11. 다음 책들을 참조하라. Witte, *From Sacrament to Contract*. 그는 서구 기독교의 결혼관이 성례에서 계약으로 꾸준히 옮겨갔다고 주장한다. Paul F. Palmer, "Christian Marriage: Contract or Covenant?" *Theological Studies* 33, no. 4 (1972년 12월): 617-65. Laura S. Levitt, "Covenant or Contract? Marriage as Theology," *Cross Currents* 48, no. 2 (1998년 여름): 169-84.

12. 다음 책을 참조하라. David Instone-Brewer, *Divorce and Remarriage in the Bible: The Social and Literary Context* (Grand Rapids: Eerdmans, 2002), 1-19, 《성경 속의 이혼과 재혼》아가페출판사).

13. 다음 책을 참조하라. Gary D. Chapman, *Covenant Marriage: Building Communi-cation and Intimacy* (Nashville: Broadman, 2003), 8-10, 《연인보다 아름다운 부부로 살기 위한 부부 학교》황금부엉이). 그는 계약과 언약을 대비한다. 언약은 (1) 상대의 유익을 위해 체결되고, (2) 무조건적이고, (3) 변함없는 사랑에 기초하고, (4) 헌신을 영원한 것으로 보고, (5) 지적과 용서를 요한다(pp. 13-24). 아울러 좀더 대중적으로

다룬 다음 책도 참조하라. Fred Lowery, *Covenant Marriage: Staying Together for Life* (West Monroe, LA: Howard, 2002), 81-95, (《결혼은 하나님과 맺은 언약입니다》 미션월드 라이브러리).

14. Gordon R. Dunstan, "Marriage Covenant," *Theology* 78 (1975년 5월): 244.

15. 그러나 결혼을 계약으로 보는 구약의 개념에 대한 논의를 다음 책에서 참조하라. Instone-Brewer, *Divorce and Remarriage*, 1-19. 결혼하기로 한 계약(참조. 눅 1:17, 2:5)을 세상적 의미의 계약 결혼과 혼동하지 않는 것이 중요하다.

16. Palmer, "Contract or Covenant?" 618-19.

17. 근친상간에 대한 자세한 내용은 다음 책을 참조하라. Christopher Ash, *Marriage: Sex in the Service of God* (Leicester: InterVarsity, 2003), 13장 "Guarding the Family Circle."

18. 결혼의 본질을 언약으로 정의할 때는 결혼을 신학적 범주 안에 가두지 않는 게 중요하다. 그런 범주는 전통적 구원 언약에 대한 이해를 돕고자 제시된 것이다. 결혼을 거기에 가두지 않아야 하는 이유는 특히 신약의 저자들이 명시적으로 결혼을 언약이라 부르지 않기 때문이다(언약 **비슷한** 것으로 묘사하긴 하지만 말이다. 참조. 엡 5:22-33). 인스톤-브루어는 이렇게 지적했다. "신학 용어로 '언약'과 '계약'의 구분이 유익하긴 하지만 더 발전된 나중의 신학을 구약에까지 소급하여 읽지 않도록 조심해야 한다. 언약과 계약의 신학적 구분은 율법주의에 기초한 관계를 은혜와 믿음에 기초한 관계와 구분하는 데 도움이 된다. '언약'이라는 단어는 이스라엘 및 교회와 맺으신 하나님의 언약에서 은혜의 측면을 강조하는 데 유용하다. 그러나 신학적으로 더 발전된 이 용어를 기준으로 구약의 용어를 이해해서는 안 된다." Instone-Brewer, *Divorce and Remarriage in the Bible*, 16-17. 아래에 제시한 주의사항을 더 참조하라.

19. 다음 책을 참조하라. Gordon P. Hugenberger, *Marriage as a Covenant: Biblical Law and Ethics as Developed from Malachi* (Grand Rapids: Baker, 1998 [1994]). 아울러 다음 두 책도 참조하라. David Atkinson, *To Have and to Hold: The Marriage Covenant and the Discipline of Divorce* (Grand Rapids: Eerdmans, 1979). John MacArthur Jr., *Matthew* 16-23, The MacArthur New Testament Commentary (Chicago: Moody, 1988), 167. 맥아더는 결혼을 "상호 언약, 즉 하나님

이 한 남자와 한 여자 사이에 정하신 평생 동반의 의무"라고 정의했다. Tarwater는 "Covenantal Nature of Marriage," 13-14에 "언약"을 "이혼의 절대 불가"와 동일시하여 맥아더의 관점을 "비(非)언약"으로 잘못 해석했다. 사실 맥아더는 예외적 상황의 경우 이혼의 가능성을 허용한다(이 책 11장을 참조하라).

20. 성경의 언약에 대한 전반적 정보는 다음 여러 책을 참조하라. Meredith G. Kline, *Treaty of the Great King: The Covenant Structure of Deuteronomy* (Grand Rapids: Eerdmans, 1963). Klaus Baltzer, *The Covenant Formulary in Old Teatament, Jewish, and Early Christian Writings* (Philadelphia: Fortress, 1971). Delbert R. Hillers, *Covenant: The History of a Biblical Idea* (Baltimore: Johns Hopkins, 1969). Ernest W. Nicholson, *God and His People: Covenant Theology in the Old Testament* (Oxford: Clarendon, 1986). Dennis J. McCarthy, *Old Testament Covenant: A Survery of Current Opinions* (Richmond: John Knox, 1973). Paul Kalluveettil, *Declaration and Covenant: A Comprehensive Review of Covenant Formulae from the Old Testament and the Ancient Near East* (Rome: Biblical Institute Press, 1982). O. Palmer Robertson, *The Christ of the Covenants* (Phillipsburg, NJ: P&R, 1980, 《계약신학과 그리스도》 개혁주의신학사).

21. Ash, *Marriage*, 특히 15장을 참조하라. 결혼의 언약적 특성의 목록은 다음 책을 참조하라. David P. Gushee, *Getting Marriage Right: Realistic Counsel for Saving and Strengthening Relationships* (Grand Rapids: Baker, 2004), 136-18. 그에 따르면 결혼이 언약인 이유는 다음과 같다. (1) 두 사람이 자원하여 합의한다. (2) 한 남자와 한 여자의 관계를 공적으로 승인하여 객관적 기준과 사회적 책임에 종속시킨다. (3) 이 새로운 형태의 공동체 내에서 양측이 감당할 상호 책임과 도덕적 헌신을 명시한다. (4) 서약의 여러 표시들로 보증되며, 그 표시들은 엄숙한 헌신을 공적으로 상징하고 "수행한다." (5) 평생의 헌신이다. (6) 하나님이 약속의 증인이자 보증인이시다. (7) 약속을 어기면 비참한 결과를 당하고 약속을 지키면 큰 보상을 받는다.

22. John R. W. Stott, "Marriage and Divorce," *Involvement: Social and Sexual Relationships in the Modern World*, vol. 2 (Old Tappan, NJ: Revell, 1984), 163. 다음 책을 참조하라. Hugenberger, *Marriage as a Covenant*, 171. 휴겐버거는 언약을 "자

연발생적 관계와 반대로 하나님의 승인 하에 선택을 통해 맺어지는 의무 관계"로 정의했다.

23. Paul R. Williamson, "Covenant," *New Dictionary of Biblical Theology*, T. Desmond Alexander & Brian S. Rosner 편집 (Leicester; Downers Grove, IL: InterVarsity, 2000), 420. 아울러 다음 두 책도 참조하라. Leslie W. Pope, "Marriage: A Study of the Covenant Relationship as Found in the Old Testament" (Providence Theological Seminary 석사학위 논문, 1995), 특히 74-78. Instone-Brewer, *Divorce and Remarriage*, 15. 인스톤-브루어는 고대 근동의 "언약" 개념이 현대 영어의 "계약" 개념으로 가장 잘 번역되며, "그러므로 성경의 '결혼 언약'을 '결혼 계약'으로 이해해야 한다"고 주장했다.

24. 아래를 더 참조하라.

25. 언약적 관점의 결혼이 이혼 불가의 개념에 미치는 의미에 대해서는 11장에서 살펴볼 것이다.

26. Instone-Brewer, *Divorce and Remarriage*, 17.

27. 예컨대 예레미야 31:32, 에스겔 16:8, 59-62, 호세아 2:18-22, 에베소서 5:22-33 등이다. 사무엘상 18-20장을 참조하라. 특히 다음 두 책을 참조하라. Hugenberger, *Marriage as a Covenant*, 294-312. Tarwater, "Covenantal Nature of Marriage," 65-98. 에스겔 16장에 대해서는 다음 기사를 참조하라. Marvin H. Pope, "Mixed Marriage Metaphor in Ezekiel 16," *Fortunate the Eyes That See: Essays in Honor of David Noel Freedman in Celebration of His Seventieth Birthday*, Astrid Beck 편집 (Grand Rapids: Eerdmans, 1995), 384-99.

28. Hugenberger, *Marriage as a Covenant*, 216-79을 참조하라.

29. 다음 책을 참조하라. Michael V. Fox, *Proverbs 1-9*, Anchor Bible (New York: Doubleday, 2000), 120-21. 아울러 Hugenberger, *Marriage as a Covenant*, 296-302에 아주 철저히 논의되어 있다.

30. Fox, *Proverbs 1-9*, 121. 따라서 성경의 문맥에서 언약 개념에는 계약 체결의 개념도 포함된다. 아울러 다음 책들도 참조하라. Pieter A. Verhoef, *The Books of Haggai and Malachi*, New International Commentary on the Old Testament (Grand

Rapids: Eerdmans, 1987), 274. 저자에 따르면 결혼에 "하나님의 언약"의 자격이 부여됨은 결혼이 계약될 때 하나님의 계시된 뜻에 복종하고(출 20:14) 그분의 복을 기대하기 때문이다(창 1:28). 논문 길이로 고찰한 Hugenberger, *Marriage as a Covenant*, 특히 27-47. Daniel I. Block, "Marriage and Family in Ancient Israel," Ken M. Campbell 편집, *Marriage and Family in the Biblical World* (Downers Grove, IL: InterVarsity, 2003), 44. 블록은 잠언 2:17과 말 2:14을 인용하면서 "고대 이스라엘 백성은 결혼을 언약 관계로 보았다"고 명백히 밝혔다(참조. John Calvin, *Commentaries on the Twelve Minor Prophets: Zechariah and Malachi*, John Owen 번역 [Grand Rapids: Eerdmans, 1950], 5:552-53. Tarwater, "Covenantal Nature of Marriage," 5에 인용되어 있다).

31. 11장의 논의를 더 참조하라.

32. Gushee, *Getting Marriage Right*를 참조하라. 그는 결혼의 "언약적" 본질을 강조해서 오늘의 결혼을 강화해야 한다고 역설한다(다만 외도, 유기[遺棄], 폭력의 경우에는 이혼을 허용한다).

33. 11장을 참조하라.

34. 섹스가 "무엇"인가에 대한 좋은 책으로 다음을 참조하라. Linda Dillow & Lorraine Pintus, *Intimate Issues: 21 Questions Christian Women Ask about Sex* (Colorado Springs, CO: WaterBrook, 1999,《친밀한 하나됨―크리스천 여성들이 궁금해하는 성에 대한 21가지 질문과 대답》이마고데이).

35. Ash, *Marriage*, 103-4. 그런가 하면 어떤 저자들은 섹스에 대한 긍정적 관점을 옹호하느라 성경 본문을 현시대의 문화적 도덕관에 억지로 꿰어 맞춘다. 예컨대 다음 책을 참조하라. Horold J. Ellens, *Sex in the Bible: A New Consideration* (Westport, CT: Praeger, 2006). 엘렌즈는 "성경 자체를 보고" 싶다면서도(p. 5) "섹스란 인간 사이 대화와 소통의 귀한 형태이며…그게 전부"라고 보고 "나쁜 섹스는 우리에게 해롭고 좋은 섹스는 이롭다"고 주장한다(p. 7). 그는 성경에 "금지된 8가지 섹스" 즉 "문란한 섹스, 근친상간, 시간(屍姦), 수간, 간음, 이성애자의 동성애 행위, 강간"에 수긍하면서도 (p. 35) "헌신적 사랑과 결혼"의 장에서 이루어지는 동성애의 정당성만은 극구 옹호한다(p. 132). 놀랍게도, 성에 대해 광범위한 저술 활동을 해온 윌리엄 로더는 엘렌즈의 이 책을 비평하면서 "성숙한 고찰의 산물이며 성경 주해와 특히 심리학적 통찰이 풍부하

다"고 호평했다. William Loader, *Review of Biblical Literature* (2009년 6월, www.bookreviews.org).

36. 그러나 다음 여러 책들을 참조하라. W. G. Cole, *Sex and Love in the Bible* (New York: Associate Press, 1959). John C. Dwyer, *Human Sexuality: A Christian View* (Kansas City: Sheed & Ward, 1987). Daniel R. Heimbach, *True Sexual Morality: Recovering Biblical Standards for a Culture in Crisis* (Wheaton, IL: Crossway, 2004). Carl F. H. Henry, *Christian Personal Ethics* (Grand Rapids: Eerdmans, 1957), 305-33, 425-36. Dennis P. Hollinger, *The Meaning of Sex: Christian Ethics and the Moral Life* (Grand Rapids: Baker, 2009). Peter Jones, *The God of Sex: How Spirituality Defines Your Sexuality* (Colorado Springs: Victor, 2006). C. S. Lewis, The Allegory *of Love: A Study in Medieval Tradition* (New York: Oxford, 1958). John Piper & Justin Taylor 편집, *Sex and the Supremacy of Christ* (Wheaton, IL: Crossway, 2005). Helmut Thielicke, *Theological Ethics: Sex* (Grand Rapids: Eerdmans, 1964). Philip Turner, *Sexual Ethics and the Attack on Traditional Morality* (Cincinnati: Forward, 1988).

37. Geoffrey W. Bromiley, *God and Marriage* (Grand Rapids: Eerdmans, 1980), xiii.
38. 섹스의 윤리 이론들에 대한 논의는 Hollinger, *Meaning of Sex*, 1장을 참조하라. 그 안에 결과주의 윤리(윤리적 이기주의와 공리주의), 원칙 윤리(순결과 정절, 책임감 있는 사랑과 준비성과 취약성, 정의), 덕목 윤리(기독교 버전과 비기독교 버전) 등이 포함되어 있다. 저자는 이 모든 접근을 불충분한 것으로 본다. 결국 모든 윤리는 세계관의 가정들에서 기원하기 때문이다. 따라서 2장에서 그는 금욕주의, 초기와 중세 기독교, 자연주의, 미셸 푸코(Michel Foucault)와 피터 싱어(Peter Singer), 진화 생물학, (세속과 종교) 인본주의, 율법주의, (고대와 현대의) 다원주의 또는 다신론 등을 (비판적으로) 논한다. 이어 3장에서 그는 기독교 세계관과 기독교의 섹스를 창조(하나님의 형상), 타락(관계와 본질의 변질), 구속과 성육신(칭의와 용서, 의와 거룩함, 섹스의 일반 은총), 완성 등의 흐름을 따라 전개한다.

39. Ash, *Marriage*, 59를 참조하라. 아울러 같은 책 8장 "Sex in the Place of God"도 참조하라.

40. 같은 책.

41. 크리스토퍼 애쉬는 그것을 "들어가 있는 상태"라 표현했다. 같은 책, 66-75의 논의를 참조하라. 아울러 다음 책도 참조하라. Alan Storkey, *Marriage and Its Modern Crisis* (London: Hodder & Stoughton, 1996), 4. 다음 저자는 거기에 반대한다. Michel Foucault, *The History of Sexuality*, 전3권 (London: Penguin, 1978, 《성의 역사》 나남).

42. 다음 기사를 참조하라. Andreas J. Köstenberger, "On the Alleged Apostolic Origins of Celibacy," *Studies in John and Gender: A Decade of Scholarship*, Studies in Biblical Literature 38 (New York: Peter Lang, 2001), 173-83. 섹스에 대한 부정적 태도에 대해서는 예컨대 다음 두 책을 참조하라. Augustine, *On the Good of Mariage* §§5, 6, 8, 23, 25. 같은 저자, *On Marriage and Concupiscence* §§7-9.

43. 다음 두 책을 참조하라. Peter Brown, *The Body and Society*. D. S. Bailey, *The Man-Woman Relation in Christian Thought* (London: Longman, Green, 1959).

44. 그렇다고 하나님의 은사인 독신이 도외시되어서는 안 된다. 예컨대 고린도전서 7장, 특히 5절과 9절, 디모데전서 2:15, 4:1, 3을 참조하라.

45. Hollinger, *Meaning of Sex*, 4장에는 섹스의 목적이 결혼의 완성, 번식, 사랑, 쾌락으로 나와 있다.

46. 아래의 7장을 참조하라.

47. 대니얼 L. 에이킨은 2009년 4월 16일 사우스이스턴 침례신학대학원의 채플 시간에 "Great Commission Resurgence"라는 제목으로 설교하면서 세계 복음화와 연관시켜 번식의 역할을 더욱 강조했다. 그는 그리스도인들이 자녀를 "많이" 낳아 무슬림의 인구 성장을 따라잡아야 한다고 촉구했다.

48. 결혼의 번식 측면과 관계 측면의 상관성에 대한 논의는 Ash, *Marriage*, 200-204을 참조하라. 애쉬는 어거스틴이 처음 내놓은 두 범주를 이어받아, 부부 관계의 올바른 특성은 usus(결과적 목적을 위한 용도)라기보다는 fruitio(배우자 자체를 즐거워함)이어야 한다고 말했다(같은 책, 204). 아울러 다음 두 책도 참조하라. Oliver O'Donovan, *Resurrection and Moral Order: An Outline for Evangelical Ethics*, 증보 재판 (Leicester: Inter-Varsity, 1994), 232 이하. 같은 저자, "Usus and Fruitio in Augustine," *Journal of Theological Studies* 33 (1982): 361-97. 남편이 기쁘고 감사하게 아내를

하나님의 선물로 즐거워한다는 개념은 성경의 지혜서에 견고히 확립되어 있다. 예컨대 잠언 5:15-19, 전도서 9:9, 아가서를 참조하라.

49. Ash, *Marriage*, 110-11. 잠언 6:20-35, 고린도전서 7:2, 데살로니가전서 4:6을 인용했다.

50. 같은 책, 206의 논의를 참조하라.

51. 같은 책, 206-7.

52. 같은 책, 212-14.

53. Dillow & Pintus, *Intimate Issues*, 199-201.

54. 남색과 배교와 음란한 우상숭배는 자주 연결되어 등장한다(예. 신 23:17; 왕상 14:24, 15:12, 22:46; 왕하 23:7).

55. 레위기 18:22-23을 참조하라. "너는 여자와 동침함 같이 남자와 동침하지 말라. 이는 가증한 일이니라. 너는 짐승과 교합하여 자기를 더럽히지 말며 여자는 짐승 앞에 서서 그것과 교접하지 말라. 이는 문란한 일이니라."

56. Dillow & Pintus, *Intimate Issues*, 203-4을 참조하라. 아울러 Hollinger, *Meaning of Sex*, 155-61도 참조하라. 홀링어는 Gilbert Meilaender의 말을 인용했다. "부부 간의 성생활에 상당한 범위의 실험과 놀이를 금할 이유는 별로 없다. 일반적 원리는 이렇다. 상호 간의 사랑과 동반이라는 관계적 목적을 북돋고 촉진하는 것이라면 무엇이든 허용되어야 하며, 상호 간의 사랑의 성장을 방해하거나 해치는 것이라면 무엇이든 금해야 한다"(다만 뒤이어 그는 고통을 가하거나 당함으로써 쾌락을 얻는 가학적 섹스와 피학적 섹스는 허용될 수 없다고 했다). 다음 책을 참조하라. "Sexuality," David Atkinson, David Field, Arthur Holmes & Oliver O'Donovan 편집, *New Dictionary of Christian Ethics and Pastoral Theology* (Downers Grove, IL: InterVarsity, 1995), 77. 홀링어는 부부 간의 섹스에 포르노와 자위행위와 힘을 사용하는 문제를 논했다. 자위행위에 대한 부분에서 그는 "부부가 한동안 서로 떨어져 있을 때 자위행위를 할 수 있으나 단 그 행위가 배우자를 지향해야 하며 분명히 부부 간의 한 몸의 연합에 대한 사랑의 표현이어야 한다"고 말했다. 동시에 그는 그런 상황에 처한 부부들에게 지혜를 촉구하면서 "부부가 자위행위에 대해 서로 소통하는 게 가장 좋을 것"이며 그래야 "그 행위가 더욱 분명히 배우자를 지향하게 된다"고 했다(p. 160). 그러나 우리는 한동안 떨어져 있

는 부부 간에라도 자위행위를 정당하게 여겨야 하는지 의문이다. 자위행위는 하나님이 창조하신 섹스의 목적을 실현하는 데 못 미치기 때문이다. 본래 섹스는 부부 사이에 누리는 것이지 혼자서 자극하는 게 아니다. 물리적으로 떨어져 있는 동안 부부에게 필요한 것은 절제와 성적 금욕으로 보인다.

57. 딜로우와 핀투스의 책에는 또한 부부 간의 구강성교(참조. 아 2:3, 4:16), 진동기의 사용, 성욕을 자극하기 위해 포르노물을 보는 일 등의 정당성 여부에 관한 유익한 논의도 나온다. 이들의 결론에 따르면 처음 두 가지는 원칙상 그리스도인에게 정당할 수 있으나(물론 부부 간에 결정할 사안이다) 포르노물 시청은 앞서 말한 열 가지 금지된 성적 행동 중 여럿에 어긋나기 때문에 정당하지 못하다(그러나 이들은 부부 간의 구강성교가 현재 23개 주에서 불법이라는 점도 지적한다). 전체적으로 우리는 딜로우와 핀투스의 평가에 동의하며, 성경의 도덕 원리를 고수하는 쪽과 그리스도인의 진정한 자유를 누리는 쪽 사이에 균형을 유지하려는 그들의 노력에 박수를 보낸다. 이런 주제들을 더 깊이 연구하고 싶은 사람들은 이 책에 소개한 참고문헌 목록 중 특히 "결혼의 섹스와 로맨스," "성윤리," "섹스의 신학" 부분들을 참조하라.

58. Ash, *Marriage*, 201.

5. 구약의 가정

1. 자녀에 대한 기독교 사상의 역사적 개괄은 다음 책을 참조하라. Marcia J. Bunge 편집, *The Child in Christian Thought and Practice* (Grand Rapids: Eerdmans, 2000. 특히 Judith M. Gundry-Volf의 평론, "The Least and the Greatest: Children in the New Testament," pp. 29-60). 부모와 자녀에 대한 성경의 가르침을 개괄한 책으로는 다음을 참조하라. Charles H. Scobie, *Ways of Our God: An Approach to Biblical Theology* (Grand Rapids; Cambridge: Eerdmans, 2003), 808-9, 841-42. 앞의 여러 장에서 우리가 언약적 관점의 결혼을 받아들였지만, 결혼을 언약으로 보는 관점과 소위 "언약 가정" 사이에 반드시 상관관계가 있는 것은 아니다. 후자의 개념은 언약 신학에 기초한 것으로, 성경의 언약들 사이의 연속성을 강조한다. (다음 두 책을 참조하라. R. C. Sproul Jr., *Bound for Glory: God's Promise for Your Family* [Wheaton, IL: Crossway, 2003]. Gregg Strawbridge 편집, *The Case for Covenantal Infant Baptism* [Phillipsburg, NJ: P&R,

2003]).

2. 따라서 동성 간의 결혼 내지 시민결합은 물론 동거 중인 커플도 배제된다. 다음 책을 참조하라. George Rekers, chairman, *The Christian World View of the Family* (Sunnyvale, CA: The Coalition on Revival, 1989), 6. "단언컨대 가정의 성경적 정의는 이성 부부와 친자녀와 입양 자녀의 핵가족 위에 같은 조상의 후손으로 퍼져 나온 모든 핵가족을 합한 것이다"(http://www.reformation.net/COR/cordocs/family.pdf). 다음 저자들은 거기에 반대한다. Diana S. Richmond Garland & Diane L. Pancoast 편집, *The Church's Ministry with Families: A Practical Guide* (Dallas: Word, 1990), 9-12, 235-39. 이들은 "부모와 자녀" 또는 "혈연이나 혼인으로 맺어진 사람들" 같은 정의가 불충분하다고 주장하면서 대신 (Hartman과 Laird를 따라) 소위 "생태학적 모델"을 제창했다. 이 모델의 핵심은 상호 합의된 환경 속에 들어와 있는 개인들의 생물학적·사회적·심리적 필요를 채워 주는 일이고, 그 환경의 특성은 가치관의 공유와 단결 내지 친밀함이다. 우리는 이 모델에 대한 비판을 3장에 제시한바 있다.

3. 물론 영적으로 말해서 모든 신자는 하나님의 가정에 입양되었으며 그리스도 안에서 형제자매다.

4. 다음 기사를 참조하라. Daniel I. Block, "Marriage and Family in Ancient Israel," Ken M. Campbell 편집, *Marriage and Family in the Biblical World* (Downers Grove, IL: InterVarsity, 2003), 35. 이후의 논의는 그 책의 도움을 받았다. 아울러 다음 논문도 참조하라. 같은 저자, "The Foundations of National Identity: A Study in Near Eastern Perceptions" (University of Liverpool 박사학위 논문, 1983).

5. Block, "Marriage and Family in Ancient Israel," 35-40을 참조하라. 이런 가정 구조의 예로는 여호수아 7:16-26, 사사기 6-8장을 참조하라.

6. Block, "Marriage and Family in Ancient Israel," 40. 이후의 논의는 블록의 기사에 개괄된 흐름을 따라 진행된다.

7. 같은 기사, 41.

8. 같은 기사, 42의 표를 참조하라.

9. 같은 기사, 43 주41의 논의와 추가된 사례를 더 참조하라.

10. 같은 기사, 47.

11. 노아(창 6:9), 아브라함(창 17:1-7, 26:5), 여호수아(수 24:15), 히스기야(왕하 18:3) 등의 예를 참조하라. 신명기 6:4-9도 아래에 더 설명했다. 보아스는 결혼하기 전부터 그랬다(룻 2:12).

12. 유월절(출 12:1-20), 칠칠절(신 16:9-12), 초막절(신 16:13-17)이 여기에 포함되었다.

13. 신명기 6:4-9, 20-25, 11:18-25을 참조하라.

14. 이 책 2장을 참조하라.

15. Block, "Marriage and Family in Ancient Israel," 54.

16. 같은 기사, 53-54.

17. 창세기 16:15, 17:19, 출애굽기 2:22, 사무엘하 12:24, 호세아 1:4 등의 예가 있다.

18. 출애굽기 13:2, 12-15, 22:29, 34:1-20, 민수기 3:11-13, 8:16-18, 18:15을 참조하라.

19. 시편 103:13, 잠언 3:12, 13:24, 호세아 11:1-4 등의 예가 있다.

20. 출애굽기 12:24, 13:8, 신명기 6:7-9, 20-25을 참조하라. 아버지의 교리교육과 교육의 책임에 대해서는 다음 책을 참조하라. Christopher J. H. Wright, *God's People in God's Land: Family, Land, and Property in the Old Testament* (Grand Rapids: Eerdmans, 1990), 81-84.

21. 신명기 8:5, 사무엘하 7:14, 잠언 13:24, 19:18, 22:15, 23:13-14을 참조하라. 아래의 논의와 8장에 따로 다룬 부모의 훈육에 대한 단락을 더 참조하라.

22. Block, "Marriage and Family in Ancient Israel," 54-55.

23. 같은 기사, 56-58을 참조하라.

24. 같은 기사, 55, 주102의 논의를 참조하라.

25. 대니얼 블록이 2004년 5월 26일자의 사신에 썼듯이, 토라가 남녀노소 모두 앞에서 읽히도록 되어 있었으므로(신 31:9-31; 느 8:3) 언약에 따른 하나님의 계시도 모두가 알도록 되어 있었다는 추정이 가능하다. 또 신명기 6:7의 banim(대개 남성인 "아들들"로만 번역된다)은 자녀 전반을 통칭하는 포괄적 의미로 쓰였을 수 있다. 잠언 1:8에도 일반적 의미로 아들에게 아버지와 어머니의 교육을 들으라고 명했는데, 딸도 부모의 가르침의 수혜자라는 추론이 무난해 보인다. 끝으로 잠언 31:10-31은 어머니가 딸에게 답관체로 가르치던 일종의 가정 교리교육에서 따온 것일 수 있다. 다만 성경 중심의 신학적 성격

보다는 실제적이고 가정적인 성격이 주조를 이루었을 것이다.

26. Block, "Marriage and Family in Ancient Israel," 65. 아울러 창세기 1-2장에 제시된 남녀 관계에서 "기능적 서열의 분명한 징후"의 목록을 같은 기사, 66에서 참조하라.

27. 같은 기사, 66-68.

28. 창세기 29:31, 30:6, 35:18, 38:28, 사사기 13:24, 사무엘상 1:20, 4:20, 이사야 7:14. 블록에 따르면 구약에 자녀의 이름을 지은 일이 46번 기록되어 있는데 그중 28번은 어머니가 작명했다(같은 기사, 67 주153).

29. 출애굽기 20:12, 신명기 5:16. 한편 레위기 19:3의 원문에는 순서가 바뀌어 어머니가 먼저 나온다.

30. 어머니(와 할머니)는 자녀에게 성경을 가르치는 데도 중요한 역할을 했으며, 아버지가 신자가 아닌 경우에는 특히 더했다. 가장 잘 알려진 신약의 예는 디모데일 것이다. 어머니 유니게와 외조모 로이스가 그를 신앙으로 양육했다(딤후 1:5, 참조. 딤후 3:14-15; 행 16:1).

31. 그런 사례들을 보려면 Block, "Marriage and Family in Ancient Israel," 67 주157을 참조하라.

32. 같은 기사, 68, 주159, 주160, 주161의 자세한 논의를 참조하라.

33. 같은 기사에서 일부다처제에 대해서는 69-70을, 이혼에 대해서는 49-50을, 과부의 신분에 대해서는 71-72을 각각 참조하라.

34. 같은 기사, 64-65(각주에 보면 "창세기 1-3장의 가부장적이고 성차별적인 입장을 보충하려는" 페미니스트 Phyllis Trible의 시도를 논박했고, 또한 구약 시대의 왕들과 사사들과 선지자들의 사례에서 섬기는 리더십을 예증했다). 아울러 같은 기사, 61-64의 논의도 참조하라.

35. 같은 기사, 73-77을 참조하라. 아래를 더 참조하라.

36. 같은 기사, 77-78을 참조하라.

37. 번식에 대한 랍비들의 태도를 논의한 내용과 참고문헌에 대해서는 다음 기사를 참조하라. Craig S. Keener, "Marriage," Craig A. Evans & Stanley E. Porter 편집, *Dictionary of New Testament Background* (Downers Grove, IL: InterVarsity, 2000, 681,《IVP 성경배경주석: 신약》IVP). 저자에 따르면 랍비들은 시험 기간 후에 아내가 자녀

를 낳을 수 없는 것으로 판명되면 남편들에게 이혼할 것을 의무화했다(m. Yebam. 6:6). 구약과 유대교의 정황에 대한 간략한 개괄은 다음 기사를 참조하라. Gundry-Volf, "The Least and the Greatest," 34-36.

38. 그뿐 아니라 사회보장 연금과 의료보험 제도가 없던 고대 세계에는 여자들에게 자녀가 경제적인 면에서도 꼭 필요했다. 불임과 성경에 대해서는 다음 책들을 참조하라. Judith Baskin, "Rabbinic Reflections on the Barren Wife," *Harvard Theological Review* 82 (1989): 101-14, Mary Callaway, *Sing O Barren One: A Study in Comparative Midrash*, SBL Dissertation Series 91 (Atlanta: Scholars Press, 1986). David Daube, *The Duty of Procreation* (Edinburgh: Edinburgh University Press, 1977). John Van Seters, "The Problem of Childlessness in Near Eastern Law and the Patriarchs of Israel," *Journal of Biblical Literature* 87 (1968): 401-8. 현대에 미치는 의미에 대해서는 아래의 논의를 참조하라.

39. 다음 저자는 거기에 반대한다. Gerald Loughlin, "The Want of Family in Postmodernity," Stephen C. Barton 편집, *The Family in Theological Perspective* (Edinburgh: T & T Clark, 1996), 323. 그는 (Karl Barth, *Church Dogmatics* [Edinburgh: T & T Clark, 1961], 3:266을 인용하여,《교회 교의학》대한기독교서회) "번식은 자연스러운 일이지만 결혼의 비본질적 부분이다"라고 주장했다. 그는 또 부부들이 자녀를 낳지 않으려면 그만한 이유가 필요하다는 말을 반박하면서 "반대로 그리스도인 부부들이 자녀를 **낳으려면** 그만한 이유가 필요하다. 그들은 부활하신 그리스도를 믿어 번식의 필요성으로부터 해방되었기 때문이다"라고 썼다(323, 주48). 그러나 성경에 그리스도께서 신자들을 "번식의 필요성"(오도의 소지가 있는 말이다)으로부터 "해방시키신다"는 증거는 없다. 하나님의 창조 질서와 그리스도 안의 삶을 이분법으로 갈라놓아서는 안 된다. 예컨대 바울은 에베소서 5-6장의 결혼생활과 자녀 양육에 대한 가르침과 디모데전서 3장과 디도서 1장의 교회 지도자들의 자격 요건을 통해, 결혼과 자녀를 신자들의 일반적 규범으로 분명히 (재)천명했다(참조. 딤전 2:15, 4:3). 일부러 자녀를 두지 않는 일의 도덕성에 대한 탁월한 논의는 다음 책을 참조하라. Christopher Ash, *Marriage: Sex in the Service of God* (Leicester: InterVarsity, 2003), 175-79. 그는 "하나님을 섬기기로 작정한 부부는 대체로…자녀 출산의 복을 바랄 것이다"라고 결론지었다(p. 184).

40. Block, "Marriage and Family in Ancient Israel," 89-90을 참조하라.

41. 자세한 논의와 용어의 목록은 같은 기사, 79-80을 참조하라.

42. 같은 기사, 80-82을 참조하라.

43. 관련 성경 구절들은 같은 기사, 80, 주212와 주213을 참조하라.

44. 자세한 논의는 같은 기사, 82-85을 참조하라.

45. 같은 기사, 92-94을 참조하라.

46. 관련 성경 구절들은 같은 기사, 92, 주278과 주279을 참조하라.

47. 레위기 19:3에는 아예 어머니가 아버지보다 먼저 언급된다는 점에 주목하라. 이후의 유대교 랍비들도 그 사실을 놓치지 않았다(Keener, "Family and Household," *Dictionary of New Testament Background*, 355의 참고문헌을 참조하라). 신약성경은 이 명령에 과부도 포함됨을 명백히 했다(딤전 5:4, 8).

48. Block, "Marriage and Family in Ancient Israel," 93.

49. 조부모와 그들의 역할과 책임에 대한 자세한 논의는 이번 장이나 이 책에 넣지 않았다. 여러 가지 이유로 인해 성경에 이 부분에 대한 자료가 빈약하기 때문이다. 고대와 현대의 한 가지 큰 차이는, 대부분의 현대 서구 사회와 달리 성경 시대에는 여러 세대가 대가족으로 함께 살았고 따라서 조부모가 필연적으로 일상생활의 일부였다는 것이다(예. 창 31:55, 45:10, 46:7; 출 10:2, 참조. 삿 12:14; 대상 8:40). 반면에 우리 시대에는 대개 조부모가 독립 가구를 이루어 핵가족과 멀리 떨어져 사는 경우가 많다. 그럼에도 조부모는 "가정"의 일부이며, 따라서 최대한 돈독한 유대가 가꾸어져야 한다. 조부모를 언급한 신약의 본문들 중 한 곳에 보면 사도 바울은 과부된 어머니나 할머니를 자손들이 봉양하도록 권고했다(딤전 5:4). 그는 또 디모데의 할머니 로이스의 긍정적 영향력도 지적했다. 로이스는 디모데의 어머니 유니게와 함께 그에게 진실한 신앙을 전수했다(딤후 1:5).

50. 쉐마(히브리어로 "듣는다"는 뜻-역주)에 대해서는 특히 다음 기사를 참조하라. Daniel I. Block, "How Many Is God? An Investigation into the Meaning of Deuteronomy 6:4-5," *Journal of the Evangelical Theological Society* 47 (2004): 193-212. 우리가 여기에 사용한 역본(ESV)은 그의 번역에 기초하여 선택한 것이다.

51. 신약의 흥미로운 예는 디모데다. 그는 유대인 어머니와 할머니에게 성경을 배웠는데 아마 그의 헬라인 아버지가 그리스도인이 아니었기 때문일 것이다(딤후 1:5, 3:15,

참조. 행 16:1). Peter Balla, *The Child-Parent Relationship in the New Testament and Its Environment* (Wissenschaftliche Untersuchungen zum Neuen Testament 155; Tübingen: Mohr-Siebeck, 2003), 83-84. 저자는 또한 마카베오4서 18:10(일곱 순교자의 어머니가 아들들에게 "그[아버지]는 너희와 함께 있는 동안 너희에게 율법과 선지서를 가르쳤다"고 말한다)과 Josephus, Ag. Ap. 2.204(자녀는 "글을 깨치고 율법과 조상의 행적을 배워 그들을 본받아야 한다") 같은 유대 문헌에서 사례들을 인용했다.

52. 따라서 자녀가 신앙생활을 결정하는 데 부모가 영향을 미쳐서는 안 된다는 생각 때문에 부모의 책임을 자녀에게 기독교, 유대교, 이슬람교, 힌두교, 불교 등 각종 종교를 접하게 해주는 것으로만 본다면 이는 그리스도인의 자녀 양육으로서 불충분하다. 부모는 자녀의 마음과 생각 속에 성경의 진리를 힘써 심어 주어야 한다.

53. 다음 책을 참조하라. C. Hassell Bullock, *An Introduction to the Old Testament Poetic Books* (개정증보판; Chicago: Moody, 1988), 162. 잠언 22:6이 하나님의 약속이 아니라는 사실에 한 가지 중요한 의미가 함축되어 있다. 설령 장성한 자녀가 그리스도를 따르기로 선택하지 않는다 해도 이는 하나님이 약속을 어기신 것으로 해석될 수 없다. 자녀 양육과 나중에 자녀가 어떤 사람이 되는가 사이에 직접적 인과관계가 있는 것도 아니다. 자녀의 잘못된 결정의 원인을 무조건 다 부모의 실패에서 찾을 수도 없고 그래서도 안 된다. 다음 책을 참조하라. Derek Kidner, *Proverbs*, Tyndale Old Testament Commentary (Leicester; Downers Grove, IL: InterVarsity, 1964), 51-52,《잠언─틴델 구약주석 시리즈12》기독교문서선교회). 그는 "최선의 교육으로도 지혜를 주입할 수는 없고 다만 지혜를 구하려는 선택을 독려할 수 있을 뿐이다(예. 2:1 이하).…물론 욕을 자초하는 부모도 있지만(29:15) 결국은 자녀 본인이 책임져야 한다. 지혜에 대한 본인의 태도(29:3상, 2:2하)가… 삶의 방향을 결정짓기 때문이다"라고 지적했다. 교회 교부 제롬도 "부모가 자녀를 잘 가르쳤는데 나중에 자녀가 잘못되면 이는 부모의 탓일 수 없다"고 비슷하게 말했다(*Commentary on Titus*, J.-P. Migne 편집, *Patrologia Graeca* [Paris: Migne, 1857-1886], 26.599BC. 다음 책에 인용되어 있다. Peter Gorday 편집, *Ancient Christian Commentary on Scripture: New Testament, vol. 9: Colossians, 1-2 Thessalonians, 1-2 Timothy, Titus, Philemon* [Downers Grove, IL: InterVarsity, 2000], 287).

54. Kidner, *Proverbs*, 147에 지적되어 있듯이 잠언 22:6의 앞부분을 직역하면 "아이에게 그[아이]의 길을 따라 가르치라"가 된다. 여기에 아이의 개성과 직업(아이의 야집은 아니다)을 존중하라는 의미가 암시되어 있을 수 있다(참조. 잠 22:5, 14:12). 자녀 양육에 대한 자세한 고찰과 훈육(징계)의 실제적 원리는 다음 기사를 참조하라. J. Hampton Keathley, "Biblical Foundations for Child Training" (Biblical Studies Press, 1997), http://www.bible.org.

55. 청소년을 지혜로 훈련하는 면에서 잠언의 가르침에 대한 명쾌한 논의는 Block, "Marriage and Family in Ancient Israel," 89-92을 참조하라.

56. 괄호 안의 성경 구절은 전부가 아니라 일부 예이며, 나열된 특성들은 잠언에 등장하는 순서대로다.

57. 예컨대 John T. Carroll, "Children in the Bible," *Interpretation* 55 (2001): 125-26. 다른 저자들의 자료가 p. 125, 주14에 인용되어 있다.

58. 특히 다음의 유익한 연구를 참조하라. Kidner, Proverbs, "Parent and Children," 50-52. 그는 "매가 만병통치약은 아니다.…부모의 가장 중요한 자원은 사랑과 인내로 '법도'를 가르치는 건설적인 것이다"라고 지적했다(p. 50). 오늘날 우리 문화에서 체벌을 둘러싼 논란과 부모의 훈육 원리에 대해서는 이 책 8장을 참조하라.

6. 신약의 가정

1. 팔레스타인의 전통 및 지리적으로 연관된 유대의 전통에 나타난 성 역할에 대해서는 다음 기사를 참조하라. Craig S. Keener, "Marriage," Craig A. Evans & Stanley E. Porter 편집, *Dictionary of New Testament Background* (Downers Grove, IL: InterVarsity, 2000), 690, 《IVP 성경배경주석: 신약》IVP). 그에 따르면 1세기의 팔레스타인에서 아내들의 전형적 의무는 밀의 맷돌질, 세탁, 수유, 바느질 등 가사가 주를 이루었다. 아울러 다음 두 책도 참조하라. David Instone-Brewer, *Divorce and Remarriage in the Bible: The Social and Literary Context* (Grand Rapids: Eerdmans, 2002), 103, 《성경 속의 이혼과 재혼》아가페출판사). Daniel I. Block, "Marriage and Family in Ancient Israel," Ken M. Campbell 편집, *Marriage and Family in the Biblical World* (Downers Grove, IL: InterVarsity, 2003), 73-74. 블록은 정원 가꾸기, 곡식의 추수,

요리, 가족의 옷 준비 등을 언급했다.

2. 신기하게도 성경에 명시된 것은 여성에 상응하는 "모전여전"뿐이다(겔 16:44). 그러나 "부전자전"의 격언도 요한복음 5:17-23이나 8:34-59 같은 성경 본문에 분명히 전제되어 있다. Daniel I. Block, The Book of Ezekiel Chapters 11-24, *New International Commentary on the Old Testament* (Grand Rapids: Eerdmans, 1997), 506 주252. 에스겔 18:4의 "부전자전"은 문맥이 약간 다르지만 블록은 그 말을 인용했다.

3. 가장 확실한 역사적 증거에 따르면 예수의 직업은 목재 작업으로 국한되지 않았다 ("목수"라는 말은 그런 의미를 풍길 수 있다). 그래서 우리는 예수의 직업의 더 넓은 범위를 담아내려고 "장인"이라는 표현을 선택했다. 다음 기사를 참조하라. Ken M. Campbell, "What Was Jesus's Occupation?" *Journal of the Evangelical Theological Society* 48 (2005): 501-20.

4. 다음 기사를 참조하라. James Francis, "Children and Childhood in the New Testament," Stephen C. Barton 편집, *The Family in Theological Perspective* (Edinburgh: T & T Clark, 1996). 다음 책을 인용했다. Hans R. Weber, *Jesus and the Children* (Geneva: World Council of Churches, 1979), 52-53, 《예수님과 어린이》 장로회신학대학교출판부). 다음 책을 참조하라. Johannes P. Louw & Eugene A. Nida, *Greek-English Lexicon of the New Testament Based on Semantic Domains*, 재판 (New York: United Bible Societies, 1989), 1.109-11, 의미 영역 "Children."

5. 휴겐버거는 이것을 결혼이 언약이라는 증거로 본다. 다음 책을 참조하라. Gordon P. Hugenberger, *Marriage as a Covenant: Biblical Law and Ethics as Developed from Malachi* (Grand Rapids: Baker, 1998), 176-81. 몇 가지 흥미로운 배경 자료는 다음 책을 참조하라. Joseph H. Hellerman, *The Ancient Church as Family* (Minneapolis: Fortress, 2001).

6. 다음 책을 참조하라. Stephen C. Barton, *Discipleship and Family Ties in Mark and Matthew* (Cambridge: Cambridge University Press, 1994), 56. 그는 "복음서에 나타난 예수의 제자도의 정황에서 가정에 대한 외관상의 '적의'에는 확실한 선례가 있다"고 결론지으면서 아브라함 이야기 이후의 유대교, 가정생활을 버린 쿰란(필로[Philo]와 요

세푸스[Josephus]가 그것을 이상화했다), "테라페우테"(Therapeutae, "치유자들"이라는 뜻-역주) 공동체들(필로) 등을 예로 들었다. 그러나 다음의 예리한 비평과 비판을 참조하라. John Barclay, *Studies in Christian Ethics*, 9, no. 1 (1996): 47-50.

7. 누가복음 14:26. 참조. 마태복음 10:37. "아버지나 어머니를…아들이나 딸을 나보다 **더 사랑하는** 자도."

8. 창의적이고 시사점이 많은 다음 기사를 참조하라. Cynthia Long Westfall, "Family in the Gospels and Acts," Richard S. Hess & M. Daniel Carroll R. 편집, *Family in the Bible* (Grand Rapids: Baker, 2003), 125-47. 그녀는 예수의 가족관계를 "미혼모 마리아," "계부 요셉," "사생아 예수," "예수의 가정의 교체" 등의 제목으로 논했다. 기사 전체의 초점이 이 땅의 가정 안에서의 예수의 정체와 경험에 거의 전적으로 맞추어져 있다.

9. James Francis, "Children and Childhood in the New Testament," 81. (다른 면에서는 탁월한 이 기사에) 저자가 사도행전 1:14를 "가족관계의 재천명"이라 부른 것은 우리에게 다소 이상하게 다가온다.

10. 다음 책을 참조하라. Rodney Clapp, *Families at the Crossroads: Beyond Traditional and Modern Options* (Leicester: Downers Grove: InterVarsity, 1993). 그 책에 대한 다음 기사의 비판도 참조하라. Stephen C. Barton, "Biblical Hermeneutics and the Family," *Family in Theological Perspective*, 10-16. 아울러 Nicholas Peter Harvey, "Christianity against and for the Family," *Studies in Christian Ethics* 9, no. 1 (1996): 34-39와 그에 대한 반응인 Linda Woodhead, 같은 책, 40-46도 참조하라.

11. Barton, *Discipleship and Family Ties*를 참조하라.

12. 다음 책을 참조하라. Stephen C. Barton, "Family," *Dictionary of Jesus and the Gospels*, Joel B. Green, Scot McKnight & I. Howard Marshall 편집 (Downers Grove: InterVarsity, 1992), 226-29.

13. 그러나 Westfall의 이 말은 약간 지나친 이분법일 수 있다. "하지만 예수께서 의도하신 가정은 지상에서 가장 중요한 제도나 그리스도인의 정체와 목적에서 중심적 단위가 아니다." "Family in the Gospels and Atcs," 146.

14. 다음 여러 책을 참조하라. Peter Balla, *The Child-Parent Relationship in the New Testament and Its Environment* (Wissenschaftliche Untersuchungen zum Neuen Testament 155), 4장 "The Gospel Tradition," 114-56. John T. Carroll, "Children in the Bible," *Interpretation 55* (2001): 121-34. William A. Strange, *Children in the Early Church: Children in the Ancient World*, the New Testament and the Early Church (Carlisle: Paternoster, 1996), 특히 38-56. Judith M. Gundry-Volf, "The Least and the Greatest: Children in the New Testament," *The Child in Christian Thought and Practice*, Marcia Bunge 편집 (Grand Rapids: Eerdmans, 2000), 29-60 (pp. 29-30 주2에 참고문헌이 더 나온다). 건드리-볼프는 복음서의 아이들을 다음 다섯 가지 제목으로 논했다. (1)과 (2) 아이들은 하나님의 통치의 수혜자이자 그 통치에 들어가는 본보기다(막 10:13-16과 상응 구절들). (3) 어린 아이처럼 겸손하라(마 18:1-5). (4) 아이들을 섬기는 사람이 큰 사람이다. (5) 아이들을 영접하는 것은 곧 예수를 영접하는 것이다(막 9:33-37과 상응 구절들). 아래의 예들 외에도 예수는 마태복음 11:16-19에 아이들이 노는 모습도 언급하셨다.

15. 예컨대 마가복음 5:21-24, 35-43의 야이로의 딸, 마가복음 7:24-30의 수로보니게 여인의 딸, 마가복음 9:14-29의 귀신들린 아들 등이 있다. 특히 다음 두 책을 참조하라. Stephen C. Barton, "Child, Children," *Dictionary of Jesus and the Gospels*, 100-104. Francis, "Children and Childhood in the New Testament," 65-85 (p. 66의 각주 2의 고대 세계의 유년기에 대한 참고문헌, pp. 72, 주12의 유년기와 예수의 가르침에 대한 참고문헌을 더 참조하라).

16. 다음 두 기사를 참조하라. James D. M. Derrett, "Why Jesus Blessed the Children (Mk 10.13-16 Par.)," *Novum Testamentum* 25 (1983): 1-18. James I. H. McDonald, "Receiving and Entering the Kingdom: A Study of Mk 10.15," *Studia Evangelica* 6 (1973): 328-32.

17. Francis, "Children and Childhood in the New Testament," 75을 참조하라. 그는 이것을 신명기 7:7-8, 호세아 11:1-4, 에스겔 16:3-8, 시편 74:21 등에 이스라엘이 경험한 하나님을 회상한 내용과 서로 연관시켰다.

18. 누가복음 속의 아이들에 대한 참고문헌은 같은 기사, 78, 주26과 주27을 참조하라.

19. 같은 기사, 79. 프랜시스는 성숙의 결핍 등 아이에게 함축된 부정적 의미도 지적했는데, 신약에는 그런 예가 나오지만 놀랍게도 예수의 가르침 속에는 없다.

20. 다음 여러 자료를 참조하라. David L Balch, "Household Codes," *Graeco-Roman Literature and the New Testament: Selected Forms and Genres*, David E. Aune 편집, *Society of Biblical Literature Sources for Biblical Study 21* (Atlanta: Scholars Press, 1988). *Let Wives Be Submissive: The Domestic Code in 1 Peter*, Society of Biblical Literature Monograph Series 26 (Chico, CA: Scholars Press, 1981). Craig S. Keener, "Family and Household," *Dictionary of New Testament Background*, 353-68. 같은 저자, "Marriage," *Dictionary of New Testament Background*, 687. Philip H. Towner, "Households and Household Codes," Gerald F. Hawthorne, Ralph P. Martin & Daniel G. Reid 편집, *Dictionary of Paul and His Letters* (Leicester; Downers Grove, IL: InterVarsity, 1993), 417-19. 디모데전서 2:1-15, 5:1-2, 6:1-2, 17-19, 디도서 2:1-3:8, 베드로전서 2:13-3:7 등 관련 본문들도 밝혀져 있다. "Household Codes," *Dictionary of the Later New Testament and Its Developments*, Ralph P. Marin & Peter H. Davids 편집 (Downers Grove, IL: InterVarsity, 1997), 513-20. James D. G. Dunn, "The Household Rules in the New Testament," *Family in Theological Perspective*, 43-63 (pp. 44-46의 목록과 p. 49 주7과 주8에 참고문헌이 실려 있다).

21. 주변 문화에 칭송받는 기독교를 만드는 일이 부부 관계를 성경적 진리와 계시대로 실천하는 **최고의** 또는 **유일한** 목적이라는 말은 물론 아니다. 기독교의 메시지나 그리스도인의 삶의 특정 부분이 비록 반문화적이어도, 주변 문화에 이는 복음의 독특성과 차별성을 생각해 보게 하는 도전이 될 수 있다. 당연히 교회는 주변 문화에 맞추기 위해 성경의 원리를 고칠 권한이 없다. 평등주의를 비롯해서 어떤 모양으로든 이 책의 2장과 3장과 이번 장에 제시된 원리들을 희석시킬 수 없다.

22. 바울의 가르침에 나타난 자녀와 부모의 책임을 고찰하면서 기독교적으로 각색된 가훈표 형식을 특별히 강조한 내용은 Gundry-Volf, "The Least and the Greatest," 53-58을 참조하라.

23. 영아 사망률, 아동 유기(遺棄) 등 고대 아이들의 실태에 대해서는 Keener, "Family and Household," 359-60을 참조하라. 비유적 차원에서 아이들은 이해가 부족한 사람들에 대한 은유로 신약에 자주 제시되었다(고전 3:1-4; 히 5:13). 고린도전서 13:11-12에 바울은 성인기를 성숙에 들어서는 단계로 보고 아동기와 대조한다. 신자들은 "이제부터 어린 아이가 되지 아니하여…온갖 교훈의 풍조에 밀려 요동하지 않"아야 하고(엡 4:14) 그리스도 안에서 함께 장성해야 한다(엡 4:15).

24. 다음 책을 참조하라. Peter T. O'Brien, *The Letter to the Ephesians*, Pillar New Testament Commentary (Grand Rapids: Eerdmans, 1999), 442, 주13.

25. 신약 속과 당시의 환경 속의 아이들을 본격적으로 고찰한 논문으로 Balla, *Child-Parent Relationship*을 참조하라.

26. 같은 책.

27. "이것이 옳으니라"라는 문구는 아마 자녀가 부모에게 순종해야 할 별도의 이유가 아니라 그 뒤에 인용되는 십계명 말씀의 도입일 것이다. 이런 관점을 반영하여 우리는 영어표준역(ESV)의 온점을 반점으로 바꾸었다. O'Brien, *Letter to the Ephesians*, 442을 참조하라. 그는 다음 책을 인용했다. Thorsten Moritz, *The Use of the Old Testament in Ephesians* (Leiden: Brill, 1966 [sic. 1996이 옳다]), 171-74, 특히 171.

28. O'Brien, *Letter to the Ephesians*, 439을 참조하라. 그가 지적했듯이 이것은 이 본문에 나오는 다섯 번째 결과분사다. 아울러 에베소서 5:18을 서신 전체의 문맥에서 논의한 내용을 이 책 3장에서 참조하라. "성령의 충만함을 받는다"는 개념에 대해서는 다음 기사를 참조하라. Andreas J. Köstenberger, "What Does It Mean to Be Filled with the Spirit? A Biblical Investigation," *Journal of the Evangelical Theological Society* 40 (1997): 229-40. 그가 지적했듯이 신자들에게 성령 충만을 구하라는 말씀은 성경에 없다. 다만 성경에 나타난 하나님은 그분의 때에 그분의 판단으로 신자들을 충만하게 하여 그 능력으로 사역이나 담대한 증언을 하게 하신다(참조. 행 2:4, 4:8, 31, 9:17, 13:9, 52). 그리스도인들 안에는 이미 성령께서 항상 내주하신다(예. 롬 8:9-11). 따라서 그들은 성경에 계시된 하나님의 뜻대로 순종하며 사는 데 집중해야지 성령을 소멸하거나 근심하게 하는 문제에 집중해서는 안 된다(살전 5:19, 엡 4:30).

29. 마태복음 15:4와 상응 구절 마가복음 7:10에 예수께서 언급하신 제5계명도 참조하라(아울러 출애굽기 21:17과 상응 구절 레위기 20:9에 나타난 불순종의 부정적 결과도 함께 보

라).

30. O'Brien, *Letter to the Ephesians*, 441을 참조하라.

31. 같은 책, 440-41.

32. 구약(특히 잠언)과 유대교(예. 필로, 요세푸스, 마카베오4서, 일부 랍비들)에도 공히 비슷한 가르침이 나온다. 다음 책을 참조하라. Thorsten Moritz, *A Profound Mystery: The Use of the Old Testament in Ephesians*, NovTSup 85 (Leiden: Brill, 1996), 159-63.

33. 에베소서 6:4에 "노엽게 하다"로 번역된 헬라어 단어는 *parorgizō*이다(그밖에 신약에 같은 뜻으로 쓰인 곳은 로마서 10:19뿐이다. 골로새서 3:21에는 변형이 쓰였다. 아울러 다니엘 11:36 칠십인역, 집회서 4:3 칠십인역, T. Job 43:9, T. Levi 3:10, 3 Bar. 16:2 등을 참조하라). 골로새서 3:21에 "노엽게 하다"로 번역된 헬라어 단어는 *erethizō*이다(그밖에 신약에 쓰인 곳은 긍정적 의미로 표현된 고린도후서 9:2뿐이다. 마카베오1서 15:40을 참조하라. 기타 BDAG 391에 나오는 성경 외적인 헬라어 사례들에는 "짜증나게 하다, 괴롭히다"의 개념이 포함되어 있다. 과연 많은 아버지가 자녀를 "짜증나게 하는데," 이는 권위의 남용이다).

34. O'Brien, *Letter to the Ephesians*, 445. 그에 따르면 *hoi pateres*가 특정 문맥에서는 "부모" 전반을 의미할 수 있지만(히 11:23), 에베소서 6장 4절의 경우에는 에베소서 6장 1절의 *goneis*("부모")가 pateres로 바뀌어 있어 4절의 표현이 아버지들을 특정하여 지칭할 소지가 높다. 이는 유대와 그리스-로마 세계 양쪽 다에서 자녀를 교육하고 훈육하는 일이 아버지의 책임이었다는 사실로도 뒷받침된다.

35. 같은 책, 440.

36. Andrew T. Lincoln, *Ephesians*, Word Biblical Commentary (Dallas, TX: Word, 1990), 406, (《에베소서—WBC 성경주석42》솔로몬).

37. Balla, *Child-Parent Relationship*, 83-84을 참조하라. 이런 표현법이 혈연관계가 아닌 늙은 남자와 젊은 남자 사이에도 적용되었다는 것은 그만큼 아버지와 자녀 관계의 역동이 강력하다는 증거다. 따라서 젊은 남자는 늙은 남자를 "아버지"라 부르고 늙은 남자는 젊은 남자를 "아들"이라 부를 수 있었다. 마찬가지로 스승도 제자를 자녀라 부르고(요 13:33, 21:5; 요삼 1:4) 제자는 스승을 "아버지"라 부를 수 있었다(왕하 2:12, 마 23:9).

38. Philo, *Special Laws* 2.232을 참조하라. 그는 자녀를 "엄벌에 처할" 부모의 권한에

대해 썼다 (Carroll, "Children in the Bible," 123에 인용되어 있다).

39. Keener, "Family and Household," *Dictionary of New Testament Background,* 357에 나오는 비슷한 내용을 참조하라.

40. 이 땅의 아버지가 형편없거나 심지어 학대한 탓에 실제로 하늘 아버지를 보는 관점이 비뚤어져 있는 자녀들이 얼마나 많은지 모른다. 그런 경우에는 용서하고 하늘 아버지에 초점을 맞추어야 한다. 그분만이 완전하시며 우리의 모든 필요를 능히 채워 주신다. 예컨대 다음 책을 참조하라. Mary A. Kassian, *In My Father's House: Women Relating to God as Father* (Nashville: LifeWay, 1999).

41. 다음을 비롯한 현대의 일부 학자들은 이런 개념을 거의 견디지 못한다. Carolyn Osiek & David L. Balch, *Families in the New Testament World: Households and House Churches* (Louisville, KY: Westminster, 1997), 122. 저자들은 "여자가 '해산함으로 구원을 얻으리라'(딤전 2:15)는 바울의 주장은 신학적·도덕적으로 터무니없는 말이다"라고 썼다. 디모데전서 2:15의 해석에 대한 자세한 논의는 다음 기사를 참조하라. Andreas J. Köstenberger, "Ascertaining Women's God-Ordained Roles: An Interpretation of 1 Timothy 2:15," *Bulletin of Biblical Research* 7 (1997): 107-44. 손님 대접에 대해서는 다음 책을 참조하라. Stephen C. Barton, "Hospitality," *Dictionary of the Later New Testament and Its Developments,* 501-7.

42. Köstenberger, "Ascertaining Women's God-Ordained Roles," 142-44, 특히 143을 참조하라.

43. 이 이슈에 대해서는 특히 다음 세 책을 참조하라. Larry Burkett, *Women Leaving the Workplace* (Chicago: Moody, 1999). Cheryl Gochnauer, *So You Want to Be a Stay-Home Mom* (Downers Grove, IL: InterVarsity, 1999). Donna Otto, *The Stay-at-Home Mom: For Women at Home and Those Who Want to Be* (Eugene, OR: Harvest, 1997).

44. Köstenberger, "Ascertaining Women's God-Ordained Roles," 143.

45. 헬라어 단어는 diabolos이다. 디모데전서 3:11, 디모데후서 3:3을 참조하라.

46. 베드로후서 2:19, 로마서 6:18, 22, 고린도전서 7:15, 갈라디아서 4:3을 참조하라. 이 자질은 장로와 집사에게도 요구된다(딤전 3:3, 8).

47. 디모데전서 5:2을 참조하라. 원문의 디도서 2:4 첫머리에 나오는 "그리하여"(hina)는 목적절을 이끈다. 영성 훈련에 대한 일부 책들에 암시된 것과 반대로, 경건한 성품의 성장을 교회 내 건강한 관계라는 정황 속에서 다른 사람들을 섬기는 일과 따로 떼어 생각해서는 안 된다. 그렇지 않으면 그런 "영성"은 덜 "영적으로" 보이는 다른 사람들을 향해 영적 교만과 판단하는 태도를 조장하기 쉽다. 바울이 디도에게 젊은 여자들을 직접 가르치라고 하지 않은 점은 흥미롭다.

48. 잠언 31장에 이미 나오는 탁월한 아내(와 어머니)의 초상을 참조하라. 이 책 2장에 다룬 바 있다.

49. 에베소서 5:21-33의 아내의 복종에 대한 논의는 이 책 3장을 참조하라. "남자의 '머리 됨'은 권위가 아니라…책임과 애정 어린 보호다"라고 말한 다음 저자의 이분법은 잘못된 것이다. John R. R. Stott, *Guard the Truth: The Message of 1 Timothy and Titus* (Downers Grove, IL: InterVarsity, 1996, 189,《디모데전서 디도서 강해: 진리를 굳게 지키라―BST 시리즈》IVP).

50. Stanley N. Helton, "Titus 2:5 Must Women Stay at Home?" *Essays on Women in Earliest Christianity*, Carroll D. Osburn 편집 (Joplin, MO: College, 1995), 376.

51. 한부모의 자녀 양육, 체벌, 자녀를 훈육하는 원리 등 이 책 7장에 논의한 자녀 양육에 대한 현대의 여러 이슈도 참조하라.

52. 예컨대 영재 아동들은 싫증을 내기 쉬운데 자칫 그것이 권위를 무시하거나 반항하는 것처럼 보일 수 있다. 아이에게 더 필요한 도전을 주지 않으면서 말만 잘 들으라고 타일러서는 문제가 해결될 수 없다. 규율이 정해져 있어야 잘하는 아이들도 있고 재량을 더 많이 주어야 하는 아이들도 있다. 더 고분고분한 아이들도 있고 자꾸 한도를 넘보는 아이들도 있다. 그러므로 일률적 방식의 훈육은 바람직하지 못하다.

53. 가정 예배에 대해서는 특히 다음 두 책을 참조하라. James W. Alexander, *Thoughts on Family Worship* (Morgan, PA: Soli Deo Gloria, 1998,《가정 예배는 복의 근원입니다》미션월드 라이브러리). Kerry Ptacek, Family Worship: The Biblical Basis, Historical Reality and Current Need (Greenville, SC: Greenville Seminary Press, 2000). 이 책 8장의 "가정의 관습" 단락도 더 참조하라.

54. Dietrich Bonhoeffer, Ethics, Neville Horton Smith 번역 (London: SCM, 1955),

183, 《윤리학》 대한기독교서회).

7. 임신과 출산

1. 결혼과 가정에 함축된 현대적 의미에 대해서는 특히 다음 책을 참조하라. Stephen C. Barton 편집, *The Family in Theological Perspective* (Edinburgh: T & T Clark, 1996), 제2부. 그 책에 반영된 편집자의 관심사는 다음 기사에 처음 설명된바 있다. "Marriage and Family Life as Christian Concerns," *Expository Times* 106, no. 3 (1994): 69-74.

2. 낙태에 대한 고대 유대인들의 태도에 대해서는 다음 책을 참조하라. Craig S. Keener, "Marriage," Craig A. Evans & Stanley E. Porter 편집, *Dictionary of New Testament Background* (Downers Grove, IL: InterVarsity, 2000), 681, 《IVP 성경 배경주석: 신약》 IVP). 피임에 대해서는 다음 두 책을 참조하라. John T. Noonan Jr., *Contraception: A History of its Treatment by the Catholic Theologians and Canonists* (Cambridge, MA: Harvard University Press, 1965). Angus S. McLaren, *A History of Contraception* (Oxford: Blackwell, 1992). 아울러 다음 책도 참조하라. William A. Strange, *Children in the Early Church: Children in the Ancient World, the New Testament and the Early Church* (Carlisle: Paternoster, 1996), 4-5. 저자는 원치 않는 자녀, 특히 여아(Oxyrhynchus Papyrus 744)와 장애아를 유기하던 고대의 흔한 관행을 인용했다. 반면에 유대인들은 모세 율법을 근거로 낙태를 단죄했다(출 21:22-25). 산아제한에 대해서는 다음 책을 참조하라. Helmut Thielicke, *The Ethics of Sex*, John W. Doberstein 번역 (New York: Harper & Row, 1964), 200-225. 그의 논의는 다음 책보다 상당히 융통성이 있다. Mary Pride, *The Way Home: Beyond Feminism, Back to Reality* (Wheaton, IL: Crossway, 1985). 그녀는 하나님이 부부에게 자녀를 원하시는 수만큼 주실 수 있도록 산아제한을 전혀 하지 말아야 한다고 주장한다. 불임에 대해서는 다음 세 책을 참조하라. Martha Stour, *Without Child: A Compassionate Look at Infertility* (Grand Rapids: Zondervan, 1985). Kaye Halverson, *The Wedded Unmother* (Minneapolis: Augsburg, 1980). John & Sylvia Van Regenmorter, *When the Cradle Is Empty: Answering Tough Questions* *about Infertility* (Carol Streams, IL: Tyndale; Focus on the Family, 2004).

3. 낙태에 대한 성경의 가르침을 개괄한 책으로 다음을 참조하라. Charles H. Scobie, *The Ways of Our God: An Approach to Biblical Theology* (Grand Rapids; Cambridge: Eerdmans, 2003), 801, 834, 862. 그는 "구약에 낙태, 즉 태아의 살해에 대한 직접적 언급이 전혀 없는 것은 아마 하나님의 백성에게 그런 행위가 상상조차 할 수 없는 일이었기 때문일 것이다"라고 말했다(p. 801). 아울러 다음 기사도 참조하라. Michael A. Grisanti, "The Abortion Dilemma," *The Master's Seminary Journal* 11, no. 2 (2000년 가을): 169-90.

4. James K. Hoffmeier 편집, *Abortion: A Christian Understanding and Response* (Grand Rapids: Baker, 1987), 55. 다음 책에 인용되어 있다. Scobie, *Ways of Our God*, 801. 또 스코비가 같은 책 834에 지적했듯이 누가복음 1:41, 44에 엘리사벳의 태아를 지칭한 단어(brephos)가 누가복음 2:12에 신생아 예수를 지칭하는 데 똑같이 쓰였다(누가복음 18:15에 예수 앞에 데려온 아이들에게도 쓰였다). Grisanti, "Abortion Dilemma," 178은 또 창세기 4:1과 욥기 3:3을 인용하여 "성경은 출생 전과 출생 후의 아기를 본질상 구분하지 않는다"는 개념을 뒷받침했다.

5. Scobie, *Ways of Our God*, 801. 그가 또한 지적했듯이 칠십인역은 유의미한 어형 변화를 통해 "완전히 형성된" 태아와 그렇지 않은 태아를 구분한다(다음 책을 인용했다. Michael J. Gorman, *Abortion and the Early Church* [New York: Paulist, 1982], 35). 아울러 다음 기사도 참조하라. Bruce K. Waltke, "Reflections from the Old Testament on Abortion," *Journal of the Evangelical Theological Society* 19 (1976): 13. "태아도 인간이며 따라서 다른 모든 인간과 똑같이 생명을 보호받아야 한다."

6. C. Hassell Bullock, "Abortion and Old Testament Prophetic and Poetic Literature," *Abortion: A Christian Understanding*, 68.

7. 낙태를 찬성하는 일부 해석자들은 출애굽기 21:22-25를 근거로 내세워 자신들의 입장을 옹호한다. 그러나 이런 관점은 히브리어 단어 yeled를 "유산"(RSV, NASB)으로 옮긴 논란의 번역에서 기인한다. 이 본문에 대한 철저한 고찰과 "유산"으로 보는 관점에 대한 논박은 다음 책을 참조하라. John S. & Paul D. Feinberg, *Ethics for a Brave New World* (Wheaton, IL: Crossway, 1993), 63-65. 저자들은 (1) 설령 본문의 의미가

낙태(태아를 죽일 목적의 의도적 개입)가 아니라 유산이라 해도 22절에 발생한 죽음이 우발적이라는 점, (2) 22절에 쓰인 히브리어 단어가 구약의 다른 곳들에서 (유산이 아니라) 조산을 가리킨다는 점(출애굽기 21:22를 "여자가 조산하면"으로 번역한 NIV를 참조하라)을 예증했다. 아울러 Grisanti, "Abortion Dilemma," 180-87의 아주 철저한 고찰을 참조하라. 그가 지적한 대로 출애굽기 21:22에 쓰인 "아이"(yeled)라는 히브리어 단어는 "[구약의] 다른 곳에서 인간으로 인식될 수 없는 아이나 모태 바깥에 존재할 수 없는 아이를 지칭한 적이 한 번도 없다"(이 단어는 출애굽기 1:17-18, 3:6-9에서는 신생아, 창세기 21:8에서는 젖 뗀 아이, 창세기 21:14-16, 열왕기하 2:24, 다니엘 1:4, 10, 15, 17에서는 십대나 청소년이나 젊은이를 지칭한다). 그의 책 pp. 186-87에 중요한 핵심적 내용이 기록되어 있다. Scobie, *Ways of Our God*, 801의 간략한 비평도 참조하라. 그는 다음 책을 인용했다. Walter C. Kaiser, *Toward Old Testament Ethics* (Grand Rapids: Zondervan, 1983), 102-4, 170-72, (《구약성경 윤리》 생명의 말씀사). 아울러 다음 두 책도 참조하라. Hoffmeier, *Abortion: A Christian Understanding*, 57-61. John Jefferson *Davis, Evangelical Ethics: Issues Facing the Church Today*, 재판 (Phillipsburg, NJ: P&R, 1993), 136-37.

8. 다음 책을 참조하라. Everett Ferguson, *Background of Early Christianity*, 재판 (Grand Rapids: Eerdmans, 1993), 73-74. 다른 자료들이 p. 73 주27에 인용되어 있다. 아울러 다음 두 책도 참조하라. Gorman, *Abortion and the Early Church*, 24-32. 같은 저자, "Abortion and the New Testament," *Abortion: A Christian Understaning*, 74-75.

9. Ferguson, *Background of Early Christianity*, 74에 인용되어 있다. 아울러 Strange, *Children in the Early Church*, 4-5도 참조하라. 물론 상황이 아주 다르긴 했지만 사도행전 7:19, 21에 이집트에서 아기 모세가 버려진 일을 언급할 때 유기라는 단어가 쓰였다. 아울러 다음 책도 참조하라. Keener, "Marriage," *Dictionary of New Testament Background*, 681. 그는 Quintilian, *Institutio Oratoria* 8.1.14(AD 96년 이전의 저작)와 Juvenal, *Satires* 6.602-9(AD 2세기)를 인용했다.

10. 다음 기사의 논의를 참조하라. David W. Chapman, "Marriage and Family in Second Temple Judaism," *Marriage and Family in the Biblical World* (Downers

Grove, IL: InterVarsity, 2003), 224-27, 특히 226-27. 낙태를 보는 고대의 관점들에 대해서는 Keener, "Marriage," *Dictionary of New Testament Background*, 681을 참조하라. 그에 따르면 많은 철학자와 의사와 그밖의 사람이 낙태를 싫어했으며, 고대인들은 배아를 인격체로 볼 것인지 여부와 그리하여 낙태를 합법화할 것인지 여부를 놓고 논쟁을 벌였다. 고대 근동의 낙태와 산아제한에 대해서는 다음 두 기사를 참조하라. Victor H. Matthews, "Marriage and Family in the Ancient Near East," *Marriage and Family in the Biblical World*, 21-22. Andrew E. Hill, "Abortion in the Ancient Near East," *Abortion: A Christian Understanding*, 31-36.

11. 다음 기사를 참조하라. "'Do Not Let a Woman Destroy the Unborn Babe in Her Belly': Abortion in Ancient Judaism and Christianity," *Studia theologica* 49 (1995): 253-71.

12. 미국 내 낙태의 법적 배경에 대한 유익한 개괄로 Grisanti, "Abortion Dilemma," 171-73을 참조하라. 그는 또 pp. 176-78에 낙태를 보는 다양한 관점을 다음과 같이 소개했다. (1) "항상 가능하다"(요구가 있는 대로 낙태를 시행한다), (2) "때에 따라 가능하다"(강간, 근친상간, 산모의 건강의 위협 등 특정한 상황에만 시행한다. pp. 187-90도 참조하라), (3) "거의 하지 않는다"(자궁외임신이나 난관[卵管]임신 때로 국한한다. 이것이 그의 입장이다), (4) "절대로 안 된다." 낙태와 관련된 윤리적 이슈들은 Davis, *Evangelical Ethics*, 6장 "Abortion"을 참조하라.

13. 유일하게 가능한 예외는 태아의 생명의 신성함과 산모의 생명의 보존이 서로 충돌하는 경우일 수 있으며, 주로 자궁외임신이나 난관임신이 그에 해당한다 (Grisanti, "Abortion Dilemma," 177-78과 위의 주석 12를 참조하라). 아울러 "Abortion"과 "Prochoice or Prolife"의 제목으로 논의한 Scobie, *Ways of Our God*, 862, 864를 참조하라. 스코비는 낙태의 대안들을 정확히 지적하면서 교회가 이런 문제로 씨름하는 사람들을 지원해야 한다고 촉구했다. 이 분야에서 도움을 제공하는 기관들로 National Right to Life (http://ww.nrlc.org), Prolife America (http://www.pro-lifeinfo.org), Life Issues Institute (http://www.lifeissues.org), America's Pregnancy Helpline (http://www.thehelpline.org), CareNet (http://www.care-net.org), Hope After Abortion (http://www.hopeafterabortion.com) 등이 있다. 아울러 다음 세 책을 참조하라. John

Piper, *A Hunger for God: Desiring God through Fasting and Prayer* (Wheaton, IL: Crossway, 1997), 155-72, (《하나님께 굶주린 삶》 복있는 사람). Stanley J. Grenz, *Sexual Ethics: A Bilbical Perspective* (Dallas, TX: Word, 1990), 135-38, (《성 윤리학》 살림). Richard B. Hays, *The Moral Vision of the New Testament: A Contemporary Introduction to New Testament Ethics* (San Francisco: Harper, 1996), 456-60. 다음 저자는 거기에 반대한다. Beverly W. Harrison, *Our Right to Choose: Toward a New Ethics of Abortion* (Boston: Beacon, 1983). 저자는 "성경에 반영된 고대의 도덕적 정서는…더 적절한 도덕성으로 대체되었다"고 주장한다.

14. 이번 단락과 그 다음 단락인 "인공수태(ART)"는 사우스이스턴 신학대학원 기독교 윤리학 부교수인 마크 리더바크(Mark Liederbach)의 글이다.

15. R. Albert Mohler Jr., "Can Christians Use Birth Control? (Parts 1 and 2)," 2004년 3월 29일과 2004년 3월 30일, http://www.albertmohler.com/radio_archive.html.

16. Pope Paul VI, *Humanae Vitae* 14-17.

17. 신명기 22장에 나와 있는 여러 관련 "범죄"와 형벌을 참조하라.

18. 이 책 4장 말미의 "섹스의 신학" 부분을 참조하라.

19. Mohler, "Can Christians Use Birth Control?" 피임 전반에 대한 추가 자료로 웹사이트 Ethics and Medicine(Ben Mitchell, http://www.ethicsandmedicine.com)과 웹사이트 The Center for Bioethics and Human Dignity(대표 John Kilner, http://cbhd.org)에 소개된 다음 두 책을 참조하라. Oliver O'Donovan, *Begotton or Made?* (Oxford, UK: Clarendon/Oxford University Press, 재판 2002 [1984]). Brent Waters, *Reproductive Technology: Towards a Theology of Procreative Stewardship* (Cleveland, OH: Pilgrim Press, 2001; 초판 London: Darton, Longman & Todd, 2001; 3장에 무자함과 윤리의 문제를 더 구체적으로 다루었다).

20. Christopher Ash, *Marriage: Sex in the Service of God* (Leicester: Inter-Varsity, 2003), 183.

21. 인명을 존중하는 성경의 원리가 이 문제에 어떻게 적용되는지 이해하려면, 흔히 잘못 혼용되는 두 용어를 구분하는 게 중요하다. 피임(contraception)은 "반대"라는 뜻의

contra와 "임신"(conception)을 가리키는 ception이 합해진 말이다. 따라서 문자적으로 이 단어는 수정을 막아 임신을 피한다는 뜻이다. 수정란이 자궁벽에 착상하면 수태가 이루어지기 때문이다. 반면에 **산아제한**(birth control)은 의미의 폭이 훨씬 넓다. 피임법도 여기에 **포함될 수 있지만** 산아를 제한하는 방법은 **임신을 막는 일로 국한되지 않는다.** 산아제한에는 낙태의 성격이 있는 행위들도 포함될 수 있다. 즉 그것은 (임신된 아기가 엄마의 자궁벽에 착상되기 전이든 후든) 이미 임신되어 자라고 있는 아기를 죽이는 행위들이다. 낙태에 대한 이상의 논의에 입각하여, 착상 전후를 막론하고 가족계획의 수단으로 아이의 생명을 위태롭게 하거나 아이를 죽이려 하는 모든 종류의 "산아제한"은 도덕적으로 비난받을 일이며 마땅히 배격되어야 한다.

22. 월경주기법 중 가장 보편화된 방법은 경부점액법이다(처음 발견한 호주 의사의 이름을 따 빌링스 배란법이라고도 한다). 다음 책에 설명되어 있다. Evelyn Billings & Ann Westmore, *The Billings Method*, 개정판 (Melbourne: Penguin, 2003 [1980],《빌링스 배란법》국제생명운동 한국지부)

23. 이것은 자궁내 피임장치(IUD) 중 호르몬성 IUD에 해당한다. 그러나 두 번째 종류의 IUD는 자궁내막을 손상시키지 않으면서 구리를 사용하여 모든 정자를 죽인다. 이것은 차단법이라는 임신 예방법이며 불임수술처럼 영구적이지는 않다. 이 방법은 특별한 검토가 필요해 보인다.

24. 마태복음 5:29-30은 여기에 해당되지 않는다. 눈을 빼고 손을 찍어 내버리라는 예수의 말씀은 과장법이며, 더욱이 기능은 정상인데 불편한 지체가 아니라 사람들로 하여금 "죄를 짓게 만드는" 지체를 두고 하신 말씀이다.

25. John Jefferson Davis, "Theologically Sound," David B. Biebel 편집, *The Sterilization Option: A Guide for Christians* (Grand Rapids, MI: Baker, 1995), 72.

26. 불임수술의 도덕성에 대한 사실상 모든 논의는 천주교의 도덕 신학자들에게서 나왔고, 피임법 전반에 대한 그들의 반대에 다분히 기인한다. 교황 바오로 6세(Paul VI)는 이 주제에 대한 천주교의 공식 가르침을 교황 회칙 Humanae Vitae(인간 생명)에 담아냈다. 교황의 입장에 명백히 이의를 표한 천주교의 도덕 신학자들로는 James Burtchaell("'Human Life' and Human Love," Commonweal [1968년 11월 13일]: 248-50)과 Richard A. McCormick, S.J.("Sterilization and Theological Method,"

Theological Studies 37, no. 3 [1976년 9월]: 471-77) 등이 있다. 피임을 주제로 논한 아주 흥미롭고 유익한 다음 기사에 개신교, 천주교, 유대교 사상가들의 반응이 실려 있다. "Contraception: A Symposium," *First Things* 88 (1988년 12월): 17-29. 안타깝게도 불임수술은 아직 직접적 주목을 거의 받지 못한 주제다. 분명히 복음주의자들 사이에 더 논의가 필요한 부분이다.

27. 예컨대 하나님이 친히 폐경기를 정하여 여자의 생식 능력이 끝나게 하셨다는 주장이 가능하다. 따라서 그보다 일찍 불임수술로 부부의 출산 활동을 종결하는 것은 부적절한 일일 수 있다.

28. *Physician's Desk Reference*, 50판 (Montvale, NJ: Medical Economics Co., 1996), Norplant, p. 3281; Depo-Provera, p. 2435.

29. 제대로 사용할 경우 이들 다양한 종류의 호르몬성 산아제한은 통계적으로 99.9퍼센트의 효과를 보인다. 지시대로 사용해도 200번의 성관계 중 (평균) 한 번은 임신이 이루어진다는 뜻이다. 이 사실을 통해 확실히 알 수 있듯이 "피임약"은 배란과 수정을 막는 데 효과가 있긴 하지만 모든 수정을 다 막는 것은 아니다. 세 번째 원리 때문에 목숨을 잃는 아기가 얼마나 되는지는 통계 자료가 없지만 그런 일이 벌어진다는 것만은 확실하다.

30. http://www.pdrhealth.com/content/women_health/chapters/fgwh21.shtml.

31. 다음은 위에 기술한 방식으로 작용하는 복합경구피임약의 목록을 상표명의 알파벳순으로 정리한 것이다. 독자의 편의를 위해 Physician's Desk Reference 제54판의 페이지 번호도 함께 표기했다. 이 목록은 본래 다음 책에 수록된 내용을 갱신하고 보충한 것이다. Debra Evans, *The Christian Woman's Guide to Sexuality* (Wheaton, IL: Crossway, 1996), 290. 목록은 다음과 같다. ALESSE-21 (Wyeth-Ayerst), p. 3203. ALESSE-28 (Wyeth-Ayerst), p. 3209. BREVICON 21 (Searle), p. 2891. BREVICON-28 (Searle), p. 2891. DEMULEN 1/35 (Searle), p. 2911. DEMULEN 1/50 (Searle), p. 2911. DESOGEN (Organon), P. 2085. LO/OVRAL (Wyeth-Ayerst), p. 3267. ESTROSTEP 21 (Parke-Davis), p. 2246. ESTROSTEP Fe (Parke-Davis), p. 2246. LEVLEN 21 (Berlex), p. 749. LEVLEN 28 (Berlex), p. 749. LEVLITE 21 (Berlex), p. 749. LEVLITE 28 (Berelx), p. 749. LEVORA (Watson), p. 3174. LOESTRIN 21

(Parke-Davis), p. 2257. LOESTRIN 28 (Parke-Davis), p. 2257. LO/OVRAL 28 (Wyeth-Ayerst), p. 3272. MICRONOR (Ortho-McNeil), p. 2165. MIRCETTE (Organon), p. 2079. MODICON-21 (Ortho), p. 2184. MODICON-28 (Ortho), p. 2184. NECON 0.5/35 (Watson), p. 3180. NECON 1/35 (Watson), p. 3180. NECON 1/50 (Watson), p. 3180. NECON 10/11 (Watson), p. 3180. NORDETTE 21 (Wyeth-Ayerst), p. 3275. NORDETTE 28 (Wyeth-Ayerst), p. 3277. NORINYL 1+35-21 (Searle), p. 2891. NORINYL 1+35-28 (Searle), p. 2891. NORINYL 1+50-21 (Searle), p. 2891. NORINYL 1+50-28 (Searle), p. 2891. NOR-QD (Watson), p. 3148. ORTHO-CEPT (Ortho-McNeil), p. 2168. ORTHO-CYCLEN (Ortho-McNeil), p. 2198. ORTHO-NOVUM 1/35 (Ortho-McNeil), p. 2184. ORTHO-NOVUM 1/50 (Ortho-McNeil), p. 2178. ORTHO-NOVUM 7/7/7 (Ortho-McNeil), p. 2184. ORTHO TRICYCLEN (Ortho-McNeil), p. 2191. OVCON (Bristol-Meyers Squibb), p. 838. OVRAL (Wyeth-Ayerst), p. 3289. OVRETTE (Wyeth-Ayerst), p. 3289. PLAN B (Women's Capitol), p. 3201. PREVEN EMERGENCY (Gynetics), p. 1335. TRI-LEVLEN (Berlex), p. 749. TRI-NORINYL (Searle), p. 2929. TRIPHASIL-21 (Wyeth-Ayerst), p. 3328. TRIPHASIL-28 (Wyeth-Ayerst), p. 3333. TIVORA (Watson), p. 3187. ZOVIA 1/35E (Watson), p. 3190. ZOVIA 1/50E (Watson), p. 3190.

32. 이 주제에 대한 CMDA(기독의료치과협회)의 입장을 밝힌 성명서에 독자들이 흥미롭게 주목할 만하다. 다음은 그중 일부다. "CMDA는 산아제한과 피임약 사용이라는 폭넓은 이슈에 대해 그리스도인들 사이에 다양한 견해가 있음을 인식하고 있다. 그중 초미의 관심사는 호르몬성 산아제한 방법들이 임신 후에 영향을 미치는지(즉 낙태를 유발하는지) 여부의 문제다. CMDA의 자문으로 수태 분야의 많은 전문가가 과학 문헌을 검토했다. 우려를 낳는 자료가 있긴 하지만, 현재의 과학 지식으로는 호르몬성 산아제한의 사용과 낙태 사이에 명확한 인과관계가 있다고 단정할 수 없다. 그러나 임신 후에 미치는 영향을 부정하는 자료도 없다." http://www.epm.org/articles/CMDAstate. html에서 성명서의 나머지 부분을 더 읽을 수 있다. 아울러 랜디 알콘(Randy Alcorn)의 Eternal Perspective Ministries 웹사이트도 매우 유익하며, 이 이슈에 대한 양쪽 입장을 공정하게 다루면서도 보수적 입장을 취한다. 이 주제와 관련된 두 가지 흥미로운 논

의는 http://www.epm.org/profile.html과 http://www.epm.org/articles/26doctor. html을 참조하라. 아울러 다음 두 책도 참조하라. Tom Strode, "To Be or Not to Be: The Pill May Be Controlling Births in Ways You've Never Considered," *Light* (2002년 11-12월): 8-9. Walter L. Larimore & Randy Alcorn, "Using the Birth Control Pill Is Ethically Unacceptable," John F. Kilner, Paige C. Cunningham & W. David Hager 편집, *The Reproduction Revolution: A Christian Appraisal of Sexuality, Reproductive Technologies and the Family* (Grand Rapids: Eerdmans, 2000), 179-91.

33. Evans, *Christian Woman's Guide to Sexuality*, 196.

34. 이 주제에 대한 더 자세한 정보는 다음 두 책을 참조하라. Randy Alcorn, *Does the Birth Control Pill Cause Abortions?* (Gresham, OR: Eternal Perspective Ministries, 2000). Linda K. Bevington & Russell DiSilvestro 편집, *The Pill: Addressing the Scientific and Ethical Question of the Abortifacient Issue* (Bannokburn, IL: The Center for Bioethics and Human Dignity, 2003).

35. 원치 않는 무자함의 문제를 민감하게 다룬 책으로 Ash, *Marriage*, 180-81을 참조하라. 저자는 다음 세 가지를 지적했다 (1) 결혼의 가장 중요한 목적은 하나님을 섬기는 것이다. (2) 자녀는 선물과 복이지 권리가 아니다. (3) 교회는 자녀를 낳는 일이 선함을 인정함과 동시에 자녀를 낳을 수 없는 사람들과 함께 슬퍼하고 그들을 위해 기도해야 한다.

36. 다음 책에 나오는 근래의 논의를 참조하라. Dennis P. Hollinger, *The Meaning of Sex: Christian Ethics and the Moral Life* (Grand Rapids: Baker, 2009). 8장. 인공수정, 시험관 수정과 그 관련 기술, "디자이너 아기," 대리모, 성별 선택, 복제 등의 문제가 다루어져 있다.

37. 하지만 이는 거의 설득력이 없다. 이런 논리를 주장하는 사람들이 일관성을 보이려면 모든 의료 문제에 의술을 사용하는 것까지도 부적절하다는 결론이 불가피하기 때문이다.

38. 하나님이 사라와 한나와 엘리사벳에게 은혜로 직접 개입하신 경우와는 성격상 다르지만, 이런 새로운 의학적 방법들도 그 자체로 경이로운 일이다.

39. 아래의 설명을 더 참조하라. 복제는 이번 장의 범위를 벗어나는 주제이지만 이에 대한 유익한 논의는 다음 책을 참조하라. Scott B. Rae, *Moral Choices: An Introduction to Ethics*, 재판 (Grand Rapids: Zondervan, 2000), 169-80. 다음 책의 짧지만 유익한 논의도 참조하라. Glen H. Stassen & David P. Gushee, *Kingdom Ethics: Following Jesus in Contemporary Context* (Downers Grove, IL: InterVarsity, 2003), 262-64, 《하나님의 통치와 예수 따름의 윤리》 대장간).

40. Karen Dawson, *Reproductive Technology: The Science, the Ethics, the Law and the Social Issues* (Melbourne: VCTA Publishing, Macmillan Education Australia, 1995), 49.

41. Rae, *Moral Choices*, 149. 인공수정과 시험관 수정 및 관련 이슈들에 대한 더 자세한 정보는 다음 세 책을 참조하라. Gary P. Stewart, John F. Kilner & William R. Cutrer 편집, *Basic Questions on Sexuality and Reproductive Technology: When Is It Right to Intervene?* (Grand Rapids: Kregel, 1998). Kilner 외, Reproduction Revolution. John F. Kilner, C. Ben Mitchell, Daniel Taylor 편집, *Does God Need Our Help? Cloning, Assisted Suicide, and Other Challenges in Bioethics* (Carol Stream, IL: Tyndale, 2003).

42. John Van Regenmorter, "Frozen Out: What to Do with Those Extra Embryos," *Christianity Today* 48, no. 7 (2004년 7월): 33.

43. 아내가 난임인 경우 남자가 대개 아내의 동의하에 아내 이외의 여자에게서 자식을 낳았던 구약의 관행(예. 창 16:1-4에서 사라가 아브라함과 하갈에게 그렇게 시켰다)을 비슷한 예로 볼 수도 있다. 물론 현대의 상황은 배우자 이외의 이성과 굳이 성관계를 할 필요가 없다는 점에서 다르다. 그럼에도 부부 관계 바깥의 누군가의 개입을 통해 자녀를 얻으려 한다는 점은 양쪽이 똑같다. 적어도 아브라함의 경우 성경은 이것을 믿음이 부족한 결과로 보았다. 그러므로 불임을 (가능하면) 거두어 주실 하나님을 신뢰하거나 입양을 선택하는 것이 바람직한 대안으로 보인다.

44. Rae, Moral Choices, 154. 구약의 계대결혼에 근거하여(신 25:5-10) 배우자 이외의 가족에게서 정자를 기부 받는 것을 정당하게 보는 사람들도 있다. 그러나 양쪽을 너무 직결시켜 비교하지 않는 게 지혜로워 보인다. 확연하고 중요한 차이들이 있기 때문이

다. 우선 죽은 남편의 가까운 친척은 실제로 여자와 결혼했다. 이는 남편 이외의 사람에게서 정자만 기부 받는 것과는 크게 다르다. 또 계대결혼의 경우는 살아 있는 배우자의 출산을 돕는 게 주목적이 아니었다. 그보다 아내의 남편이 죽었을 때 유산과 물질적 안정을 공급하는 게 목적이었다.

45. 이 주제에 대한 유익하고 온정적인 논의로 다음 기사를 참조하라. June M. Ring, "Partakers of the Grace: Biblical Foundations for Adoption," http://www.ppl.org/adopt.html. 저자는 Presbyterians Pro-Life 기관의 입양 자원 책임자로 일하고 있다. 아울러 다음 책도 참조하라. Roland de Vaux, *Ancient Israel: Its Life and Institutions*, John McHugh 번역 (New York: McGraw-Hill, 1961), 51-52.

46. 다른 가능한 예로는 다메섹 사람 엘리에셀을 입양한 아브람(창 15장), 엘리와 사무엘(삼상 1장) 등이 있다.

47. 다음 기사를 참조하라. Daniel I. Block, "Marriage and Family in Ancient Israel," Ken M. Campbell 편집, *Marriage and Family in the Biblical World* (Downers Grove, IL: InterVarsity, 2003), 87-88.

48. 현대의 입양을 성경적 기초에 비추어 실제적으로 논한 기사로 위에 언급한 June M. Ring, "Partakers of the Grace"를 참조하라. 아울러 다음 여러 책도 참조하라. Lois Gilman, *The Adoption Resource Book* (San Francisco: HarperCollins, 1998). Jorie Kincaid, *Adopting for Good: A Guide for People Considering Adoption* (Downers Grove, IL: InterVarsity, 1997). Jayne Schooler, *The Whole Life Adoption Book* (Colorado Springs, CO: NavPress, 1993). Russell D. Moore, *Adopted for Life: The Priority of Adoption for Christian Families and Churches* (Wheaton, IL: Crossway, 2009).

49. 특히 다음 책을 참조하라. James M. Scott, *Adoption as Sons of God: An Exegetical Investigation into the Background of ΥΙΟΦΕΣΙΑ in the Corpus Paulinum* (Wissenschaftliche Untersuchungen zum Neuen Testament 2/48; Tübingen: Mohr-Siebeck, 1992). 바울의 어법에 나타난 영적 가족에 대해서는 다음 책을 참조하라. Reider Aasgaard, *'My Beloved Brothers and Sisters': Christian Siblingship in the Apostle Paul, Studies of the New Testament and Its World* (Edinburgh: T & T Clark,

2003).

50. 간결한 요약은 다음 기사를 참조하라. James M. Scott, "Adoption," *Dictionary of Paul and His Letters*, 15-18. 아울러 다음 기사도 참조하라. John T. Carroll, "Children in the Bible," *Interpretation* 55 (2001): 123.

51. 요한복음 1:12-13, 로마서 8:14-17, 29, 갈라디아서 3:23-26, 4:1-7, 에베소서 1:5, 요한일서 3:1-2, 10, 5:19을 참조하라. 특히 다음 기사를 참조하라. Edmund P. Clowney, "Interpreting the Biblical Models of the Church: A Hermeneutical Deepening of Ecclesiology," *Biblical Interpretation and the Church: Text and Context*, D. A. Carson 편집 (Exeter: Paternoster, 1984), 75-76, 《성경해석과 교회》 기독교문서선교회). 저자는 에베소서 3:14, 고린도후서 6:18, 마태복음 12:49-50, 23:28, 요한일서 4:21도 언급했다.

52. 고린도전서 12-14장, 로마서 12장, 에베소서 4장. 이번 문단과 그 앞 문단에 대해서는 다음 기사를 참조하라. Ray Anderson, "God Bless the Children and the Childless," *Christianity Today*, 1987년 8월 7일, 28.

8. 자녀 양육

1. 예컨대 다음 책을 참조하라. Gary & Anne M. Ezzo, *Growing Kids God's Way: Biblical Ethics for Parenting*, 4판 (Chatsworth, CA: Growing Families International, 1997. 그러나 이 사역을 둘러싼 논쟁에 주목하며 http://www.ezzo.info를 참조하고 아울러 Christian Research Journal에 실린 두 편의 비평 http://www.equip.org/free/DG233.htm 과 http://www.equip.org/free/DG234.pdf도 참조하라). 엄격한 훈육보다 자녀 양육의 본질을 파악하는 데 더 주력한 책으로 다음을 참조하라. Tedd Tripp, *Shepherding a Child's Heart* (Wapwallopen, PA: Shepherd Press, 1998, 《마음을 다루면 자녀의 미래가 달라진다》 디모데). 아울러 William Martha Sears가 간행한 다양한 자녀 양육 자료도 참조하라. 참고로 교부 시대에 최초로 자녀 양육에 대한 조언을 내놓은 책은 요한 크리소스톰(John Chrysostom, AD 약 347-407년)의 *On the Vainglory of the World and on the Education of Children*이다.

2. 예컨대 홈스쿨, 기독교 사립학교, 독립학교 등이다. 홈스쿨과 기독교 사립학교에 대

한 고대의 배경에 대해서는 다음 책을 참조하라. William A. Strange, *Children in the Early Church: Children in the Ancient World, the New Testament and the Early Church* (Carlisle: Paternoster, 1996), 80-81. 그는 이렇게 썼다. "첫 몇 세기 동안은 가정 바깥에 기독교 학교가 없었다.…그리스도인 부모들은 여전히 자녀들이 이교도 학생들과 함께 교육받는 데 만족했고, 교회는 회당을 닮은 대안학교를 만들어내는 데 더뎠다. 요한 크리소스톰도…자녀의 교육에 대한 기독교 최초의 논문을 쓸 때…부모들에게만 초점을 맞추었지 자녀들을 특별히 기독교학교에 보내야 한다는 말은 없었다. 최초의 기독교학교들은 4세기 이후로 수도원들에서 세운 것으로 보인다." 그는 또 적어도 그 시대에는 "별도의 교육제도를 만들려면 이교도 이웃들과의 공동생활에서 떨어져 나와야 했을 것"이라고 지적했다.

3. 다음 기사를 참조하라. Alice B. Tolbert, "The Crisis of Single-Parent Families," *Urban Mission* 7 (1989): 9-15, 특히 11-12.

4. 어머니 혼자 아이를 키우는 가정의 경우 아버지의 부재는 보상되기 어렵다. 다음은 자녀의 발육에서 아버지가 차지하는 중요성을 기술한 책들이다. Don E. Eberly, "The Collapse and Recovery of Fatherhood," *The Faith Factor in Fatherhood: Renewing the Sacred Vocation of Fathering*, Don E. Eberly 편집 (Lanham: Lexington Books, 1999), 4-20. Rob Palkovitz, *Involved Fathering and Men's Adult Development: Provisional Balancs* (Mahwah, NJ: Lawrence Erlbaum Associates, 2002). Paul C. Vitz, *Faith of the Fatherless: The Psychology of Atheism* (Dallas, TX: Spence, 1999,《무신론의 심리학: 아버지 부재와 무신론 신앙》새물결플러스). David Blankenhorn, *Fatherless America: Confronting Our Most Urgent Social Problem* (New York: HarperCollins, 1995). Frank Minirth, Brian Newman & Paul Warren, *The Father Book: An Instruction Manual, Minirth-Meier Clinic Series* (Nashville: Nelson, 1992).

5. 다음 세 책을 참조하라. F. Charles Fensham, "Widow, Orphan, and the Poor in Ancient Near Eastern Legal and Wisdom Literature," *Journal of Near Eastern Studies* 21 (1962): 129-39. Mark Sneed, "Israelite Concern for the Alien, Orphan, and Widow: Altruism or Ideology?" *Zeitschrift für die alttestamentliche*

Wissenschaft 111 (1999): 498-507. Harold V. Bennett, *Injustice Made Legal: Deuteronomic Law and the Plight of Widows, Strangers, and Orphans in Ancient Israel* (Grand Rapids: Eerdmans, 2002).

6. 신명기 24:17, 27:19, 잠언 23:10, 이사야 1:17, 예레미야 7:6, 22:3, 스가랴 7:10. 아울러 신명기 26:12에는 십일조의 일부를 "객과 고아와 과부"에게 나누어 주라는 지시가 나온다.

7. 이사야 1:23, 10:2, 예레미야 5:28, 7:6, 에스겔 22:7, 스가랴 7:10-14, 말라기 3:5.

8. 자녀 양육과 한부모 사역에 관계된 자료로 예컨대 다음 여러 책을 참조하라. Blake J. Neff, "The Diverse-Traditional Family," *Handbook of Family Religious Education*, Blake J. Neff & Donald Ratcliff 편집 (Birmingham, AL: Religious Education Press, 1995), 121-24. Jane Hannah & Dick Stafford, *Single Parenting with Dick and Jane: A Biblical, Back-to-basics Approach to the Challenges Facing Today's Single Parent* (Nashville: Family Touch, 1993). Ramona Warren, *Parenting Alone, Family Growth Electives* (Elgin, IL: David C. Cook, 1993). Robert G. Barnes, *Single Parenting* (Wheaton, IL: Living Books, 1992). Greg Cynaumon, *Helping Single Parents with Troubled Kids: A Ministry Resource for Pastors and Youth Workers* (Colorado Springs, CO: NavPress, 1992). Gary Richmond, *Successful Single Parenting* (Eugene, OR: Harvest, 1990). Richard P. Olsen & Joe H. Leonard Jr., *Ministry with Families in Flux: The Chruch and Changing Patterns of Life* (Louisville, KY: Westminster, 1990). Patricia Brandt & Dave *Jackson, Just Me and the Kids: A Course for Sin*gle Parents (Elgin, IL: David C. Cook, 1985). Gerri Kerr, "Making It Alone: The Single-Par*ent Family," Fam*ily Ministry, Gloria Durka & Joanmarie Smith 편집 (Minneapolis: Winston, 1980), 142-67. 아울러 다음 두 책도 참조하라. Andrew J. Weaver, Linda A. Revilla & Harold G. Koenig, *Counseling Families across the Stages of Life: A Handbook for Pastors and Other Helping Professionals* (Nashville: Abingdon, 2002), 101-18. David Blackwelder, "Single Parents: In Need of Pastoral Support," *Clinical Handbook of Pastoral Counseling*, vol. 2, Robert J. Wicks & Richard D. Parsons 편집 (Mahwah, NJ:

Paulist, 1993), 329-59.

9. 다음 기사를 참조하라. Susan Graham Mathis, "Good Samaritans for Single Parents," *Focus on the Family*, 2004년 4월, 20-21. *Focus on the Family* 잡지는 한 부모만을 위한 특별판이 있으며 http://www.family.org에서 주문할 수 있다.

10. 이번 단락과 바로 앞 단락의 연구를 도와준 Alan Bandy에게 깊은 감사를 표한다.

11. 이 정보는 다음 기사의 도움을 받았다. R. Albert Mohler Jr., "Should Spanking Be Banned? Parental Authority under Assault," 2004년 6월 22일, http://www.crosswalk.com/news/weblogs/mohler/1269621.html. 몰러는 "성경은 부모들에게 자녀를 체벌하도록 가르치는가?"라는 질문에 힘주어 "그렇다"라고 답하면서 "오늘날 통제 불능의 아이들이 급증한 원인을 추적해 보면 부모들이 자녀의 훈육에 실패한 것과 직결될 수 있다"고 강조했다. 그는 체벌을 "부모가 홧김에나 일시적 기분에서가 아니라 도덕적 필요성 때문에 해야 한다"고 지적했다.

12. Alyce Oosterhuis, "Abolishing the Rod," *Journal of Psychology and Theology* 21, no. 2 (1993년 여름): 132.

13. 같은 기사.

14. 다음 기사를 참조하라. Robert R. Gillogly, "Spanking Hurts Everybody," *Theology Today* 37, no. 4 (1981년 1월): 415. 그러나 다음 기사를 참조하라. Robert E. Larzelere, "Child Abuse in Sweden," http://people.biola.edu/faculty/paulp/sweden2.html. 저자는 체벌을 법으로 금한 바람직하지 못한 결과의 하나로 아동 학대가 증가했을 수 있다고 지적했다.

15. Alice Miller, "Against Spanking," *Tikkun* 15, no. 2 (2000년 3-4월): 19.

16. 같은 기사, 17.

17. Mary S. Van Leeuwen, *Gender and Grace* (Downers Grove, IL: InterVarsity, 1990), 170, (《신앙의 눈으로 본 남성과 여성》 IVP). 다음 기사에 인용되어 있다. Oosterhuis, "Abolishing the Rod," 131.

18. Virginia Ramey Mollenkott, "Gender, Ethics and Parenting," *The Witness* (2000년 4월): 28. 이 기사는 다음 책에 대한 서평이다. Irwin A. Hyman, *The Case Against Spanking: How to Discipline Your Child Without Hitting*. 다음은 서평의 한 대목

이다. "템플 대학교에서 학교심리학을 가르치는 어윈 하이먼은 '오프라,' '투데이,' '굿모 닝 아메리카' 같은 텔레비전 쇼에서 체벌 반대 운동을 벌인 것으로 전국적으로 유명하 다. 1996년에 캘리포니아 주의원들이 공립학교에 체벌을 재도입하는 문제를 표결에 부 쳤을 때 그 발의안이 부결된 데는 체벌로 인한 아이들의 멍과 상처를 담은 하이먼의 사 진들이 한몫했다. 그 아이들은 아직 그런 학대가 허용되는 23개주에서 법적으로 매를 맞았다. 성인이 성인에게 폭행하여 멍과 상처를 남기면 누구나 기소된다. 성인에게도 허용되지 않는 일을 어째서 무력한 아이들에게 하면 합법인가?"

19. Oosterhuis, "Abolishing the Rod," 128.

20. 아울러 Gillogly, "Spanking Hurts Everybody," 40도 참조하라.

21. Miller, "Against Spanking," 17. 그녀의 말은 이렇게 이어진다. "심한 외상을 입은 유아는 스트레스 호르몬의 분비가 증가하여 새로 형성된 기존의 신경세포들과 신경연 접부들이 파괴된다." 역시 그녀는 강력한 수사학을 써서 체벌이 곧 외상을 남기는 학대 라고 단정한다. 하지만 유아가 "심한 외상"을 입었다면 이는 체벌보다 훨씬 나쁘고 해 로운 뭔가가 있었음을 암시한다.

22. 같은 기사, 18.

23. 같은 기사. 그녀는 체벌을 신체적 학대와 동일시한다.

24. Kenneth O. Gangel & Mark F. Rooker, "Response to Oosterhuis: Discipline versus Punishment," *Journal of Psychology and Theology* 21, no. 2 (1993년 여름): 135. 저자들은 이렇게 썼다. "구약의 특정한 관행들(예. 제사)이 신약 시대에 지속되어서 는 안 되는 것은 맞지만 구약과 신약 사이에는 오스터하이스가 가정하는 것보다 연속성 이 많다. 그녀는 구약에 언급된 매가 구시대의 산물임을 열심히 지적하느라 구약과 신 약의 가르침의 차이 내지 불연속성을 지나치게 강조했다."

25. Gillogly, "Spanking Hurts Everybody," 41. Oosterhuis, "Abolishing the Rod," 129.

26. Oosterhuis, "Abolishing the Rod," 129.

27. Patricia Pike, "Response to Oosterhuis: To Abolish or Fulfill?" *Journal of Psychology and Theology* 21, no. 2 (1993): 138-41.

28. 같은 기사, 132. 그녀는 "하나님의 경륜의 중심을 이루는 역사적 발전을 부정하면

우매하게 과거에 집착하다 현재를 향한 하나님의 말씀을 놓치게 된다"고 말했다. 여기서 지적해야 할 것은 히브리서 12:5-11이 사실 훈육에 대한 구약과 신약의 개념 사이에 연속성이 있음을 분명히 암시한다는 것이다. 히브리서 12장에 구체적으로 "매"가 언급되지는 않지만 잠언 3:12의 직접적 인용이 그런 결론을 정당화한다.

29. 부모의 체벌의 권리에 관한 법적 측면에 대해서는 다음 자료를 참조하라. *Child Protection Reform*, "Spanking as Discipline, Not Abuse," http://www.childprotectionreform.org/policy/spanking_home.htm.

30. Robert E. Larzelere, "Response to Oosterhuis: Empirically Justified Uses of Spanking: Toward a Discriminating View of Corporal Punishment," *Psychology and Theology* 21, no. 2 (1993): 142-47.

31. 체벌의 유익을 기독교적 관점에서 본 정보는 다음 기사를 참조하라. Walter L. Larimore, "Is Spanking Actually Harmful to Children?" *Focus on Your Family's Health*, http://www.health.family.org/children/articles/a0000513.html.

32. 예컨대 말로 엄히 꾸짖기만 해도 잘 반응하는 아이들도 있을 수 있지만, 체벌을 받을 때 메시지를 분명히 알아듣는 아이들도 있을 수 있다. Jesse Florea, "Does Spanking Work for All Kids?" *Focus on Your Child*, http://www.focusonyourchild.com/develop/art1/A0000507.html.

33. 다음 책을 참조하라. Lisa Whelchel, *Creative Correction: Extraordinary Ideas for Everyday Discipline* (Minneapolis: Bethany House, 2000).

34. Paul D. Wegner, "Discipline in the Book of Proverbs: 'To Spank or Not to Spank?'" *Journal of Evangelical Theological Society* 48, no. 4 (2005년 12월): 715-32.

35. 같은 기사, 720-28.

36. 같은 기사, 728.

37. William J. Webb, "Rod, Whip and Meat Cleaver: Spanking Kids and Cutting Off a Wife's Hand" (2007년 11월 ETS 연례 모임에서 발표한 짧은 논문). 웹은 이 논문이 "성경 속의 체벌에 대한 성경 신학 전반과 실질적 상관관계가 없다"고 반론을 폈다. 체벌의 시행은 곧 시대에 뒤떨어진 구약의 윤리에 집착하는 것과 같다는 이유에서였다.

웹의 도발적 논문의 목표는 안드레아스 쾨스텐버거, 앨버트 몰러, 폴 웨그너가 "본의 아니게 (1) 성경에 그려진 체벌을 거의 알아볼 수 없을 정도로 왜곡했고 (2) 일관성 없는 적용의 바다에서 정박지를 잃었음"을 입증하는 것이었다. 그는 대상이 성인이든 아동이든 불문하고 모든 종류의 체벌과 관련된 구약의 본문들을 전부 조사했다. 그가 입증하려 한 것은 체벌을 옹호하는 성경학자들이 현대의 정서에 맞추려고 체벌에 대한 성경의 명령들을 벗어났다는 것이다. 그는 "성경의 구체적이고 구상적인 가르침과 교훈들의 관점에서 본다면, 체벌을 찬성하는 기독교 학자들은 체벌에 대한 '성경적' 이해로부터 근본적으로 떠나 있다"고 주장한다. 체벌 옹호론자들이 일관성을 잃고 구약의 다른 본문들을 과도히 무시한다는 것이다. 이 과정에서 그는 체벌이라는 주제에 자신의 "구속 운동 해석법"(그의 이전 작품 *Salves, Women, and Homosexuals* [Downers Grove, IL: InterVarsity, 2001]에 제시된 개념)을 적용했다. 그는 자신의 반대자들이 체벌에 대한 구약의 본문들을 아동에게 적용할 때 적용의 엄격성을 "낮추는" 것은 본의 아니게 구속 운동 해석법을 사용하는 것이라고 주장했다. 웹에 따르면 오늘의 체벌 옹호론자들이 성경에 그려진 체벌을 반복해서 왜곡하는 핵심 부분은 (1) 연령 제한, (2) 때리거나 채찍질하는 횟수, (3) 체벌을 가하는 신체 부위, (4) 결과로 나타나는 멍과 자국과 상처, (5) 체벌의 빈도와 체벌을 받을 만한 잘못, (6) 부모의 정서적 기질 등 최소한 여섯 가지다.

그러나 웹은 이런 반론을 펴며 체벌 옹호론자들을 희화화하는 과정에서 적어도 세 가지 오류를 범하여 자신의 비판의 정당성을 의문시되게 만들었다. 첫째로, 그는 반대자들의 해석법의 특징을 잘못 파악함으로써 "허수아비 오류"(상대의 입장을 곡해한 뒤 그 곡해된 입장을 반박하는 오류-역주)라는 논리적 오류를 범했다. 그는 그들이 경직된 문자주의를 따른 것으로 단정했다. 그래서 체벌에 대한 성경적 관점을 옹호하려면 다양한 율법 본문들에 기술된 엄격성을 완전히 받아들여야 한다고 말했다. 웹은 체벌 옹호론자들이 모두 일종의 근본주의적 해석법에 따라 가장 엄격하고 구상적이게 무조건 문자적으로만 해석했을 뿐 장르 등 특수 해석법에 관련된 기타 이슈들은 무시했다고 생각한 것 같다. 또한 그는 체벌을 시행하는 배후의 원리인 사랑의 징계를 충분히 감지하지 못했고, 체벌이 부모의 많은 훈육 방법 중 하나일 뿐이라는 사실을 충분히 인식하지 못했다(특히 위에 언급한 웨그너의 기사를 참조하라).

둘째로, 웹은 율법서와 지혜 문학의 장르의 차이를 충분히 반영하지 못하고 그 두 가지 다른 종류를 대등한 기준으로 취급했다. 양쪽 다 신성한 성경의 일부이긴 하진만 신명기나 레위기의 율법 본문을 잠언이나 시편의 본문과 똑같은 방식으로 해석해서는 안 된다. 잠언적 성격의 지혜 문학은 엄격한 문자주의를 요하지 않으며, 자녀의 훈육에 대한 보편 원리들을 제시한다. 율법의 일부 규정들과 반대로 구약의 지혜서는 성경적 윤리의 발달 과정상 이미 지나가 버린 단계로 치부될 게 아니라 영원히 적용된다.

셋째로, 웹은 구약의 체벌 본문들의 어법과 적용을 무조건 일반화하여 형벌과 훈육을 구분하지 못하는 경향이 있다. 부모가 자녀를 훈육하는 목적은 잘못된 행동을 고치고 경건한 성품을 길러 주기 위해서다. 이것은 범법 행위에 대해 강행되는 징벌 수단과 반드시 동일하지는 않다. 웹은 율법 위반에 대한 형벌(가)과 자녀의 훈육(나)에 둘 다 매가 언급된다는 이유로 (가)에 적용되는 것이 (나)에도 적용된다고 보는 것 같다(의미와 지시대상을 혼동하는 오류다). 체벌이 언급된 모든 본문들을 그가 조사한 것은 유익한 일이지만, 범죄자들에 대한 형벌을 밝힌 본문들을 자녀의 훈육과 동등시하는 것은 정당화되기 어렵다.

징계 목적의 체벌을 포함하는 성경 신학을 귀류법(반증법이라고도 하는 간접증명법-역주)으로 반박하려는 웹의 노력은 위와 같은 이유들로 해서 설득력을 잃는다.

38. 앨버트 몰러는 성에 대한 혼란을 보여 주는 근래의 한 사례를 자신의 블로그에 상세히 소개했다. "Worldview Test: Can We Do Without 'Male' and 'Female'?"(www.albertmohler.com, 2009년 5월 13일). 몰러는 2009년 5월 12일자 *New York Times* 논평란에 실린 Jennifer Finney Boylan(메인 주 콜비 대학의 영어 교수)의 기사에 대해 논했다. 저자인 보일런은 메인 주에 동성 결혼이 합법화되기 이전에도 두 결혼 파트너 중 한쪽이 결혼 후에 성전환을 한 경우에는 동성 결혼이 법적으로 인정되었다고 주장했다. 그러면서 자신의 사례를 제시했다. 본래 남자였던 그녀는 1998년에 Deidre Finney라는 여자와 결혼한 뒤 2002년에 성전환을 통해 법적으로 여자가 되었다. 둘은 이제 동성 부부가 되었으나 결혼은 계속 법적으로 인정되었다. 보일런은 "성이라는 광범한 연속체 대신 이원론적 논리[즉 남성과 여성이라는 두 성의 존재]를 법제화하려는 시도"에 반대했다. 또한 "남성"과 "여성"을 정의하는 일이 "결국 좌절로 끝날" 수 있다고 주장하며, 사회가 "성의 모호성"을 수용하고 축하해야 한다고 촉구했다.

39. 다음 책을 참조하라. James Dobson, *Bringing Up Boys* (Carol Stream, IL: Tyndale,

2001, 《내 아들을 남자로 키우는 법》 두란노).

40. Robert Lewis, *Raising a Modern-Day Knight: A Father's Role in Guiding His Son to Authentic Manhood* (Carol Stream, IL: Tyndale, 1997, 《아들은 어떻게 남자로 자라는가》 복있는 사람). 루이스는 남성성의 원리를 다음과 같이 정리했다. (1) 수동적 자세를 거부한다. (2) 책임을 받아들인다. (3) 용감하게 이끈다. (4) 더 큰 보상을 기대한다(p. 60). 그는 또 아버지가 아들에게 심어 줄 수 있는 성경적 이상(理想)을 충절, 섬기는 리더십, 친절함, 겸손, 순결, 정직, 절제, 탁월함, 성실, 인내 등 열 가지로 꼽았다.

41. 동성 결혼에 대해서는 다음 여러 책을 참조하라. James Dobson, *Marriage under Fire: Why We Must Win This Battle* (Sisters, OR: Multnomah, 2004). Erwin Lutzer, *The Truth about Same-Sex Mar*riage (Chicago: Moody, 2004, 《동성애에 대해 교회가 입을 열다》 두란노). Glenn T. Stanton & Bill Maier, *Marriage on Trial: The Case Against Same-Sex Marriage and Parenting* (Downers Grove, IL: InterVarsity, 2004). Matthew D. Staver, Same-Sex Marriage: Putting Every Household at Risk (Nashville: Broadman, 2004). James R. White & Jeffrey D. Niell, *The Same Sex Controversy: Defending and Calrifying the Bible's Message About Homosexuality* (Minneapolis: Bethany, 2002).

42. 이하의 통계수치는 www.tru-insight.com에서 인용했다.

43. 예컨대 다음 책이 있다. David Alan Black, *The Myth of Adolescence: Raising Responsible Children in an Irresponsible Society* (Yorba Linda, CA: Davidson, 1999). 아울러 다음 두 책도 참조하라. Robert Epstein, *The Case against Adolescence: Rediscovering the Adult in Every Teen* (Sanger, CA: Quill Driver, 2007). Dianna West, *The Death of the Growing: How America's Arrested Development Threatens Western Civilization* (New York: St. Martin's, 2008). 웨스트는 베이비부머들이 성인기의 전통적 특성인 겸손, 자제, 권위에 대한 존중 등을 거부함으로써 무기한의 사춘기 문화를 만들어냈고, 그것이 서구 문화의 정체를 좀먹고 있다고 주장했다.

44. Paul David Tripp, *Age of Opportunity: A Biblical Guide to Parenting Teens* (Phillipsburg, NJ: P&R, 2001), 1장 "Age of Opportunity or Season of Survival?" 《위기의 십대 기회의 십대》 디모데). 다음 기사의 비슷한 목록을 참조하라. John Stonestreet,

"Our Adolescent Culture," Greenhouse Report 27, no. 5 (2009년 5-6월): 11. 저자는 사춘기의 의식구조를 지닌 문화의 특징을 이렇게 열거했다. (1) 당장의 만족을 기대한다. (2) 삶과 세상에 대한 장기적 사고가 부족하다. (3) 진실보다 감정이 동기가 된다. (4) 장성하지 않으면서 성인의 삶을 원한다. (5) 결과를 수용하기보다 구제 조치를 바란다. (6) 깊이보다 겉모습에 치중한다.

45. Stonestreet, "Our Adolescent Culture," 16. 아래에 논의한 "결혼과 가정과 영적 전투"를 참조하라.

46. Tripp, *Shepherding a Child's Heart*을 참조하라.

47. Tripp, *Age of Opportunity*, 19,

48. 같은 책, 36, 38.

49. 같은 책, 180-84에서 다듬고 보충했다.

50. 다음 책을 참조하라. W. Bradford Wilcox, *Soft Patriarchs, New Men: How Christianity Shapes Fathers and Husbands* (Chicago: University of Chicago Press, 2004). 그 책에 대한 유익한 해설과 비평을 http://www.albertmohler.com에서 참조하라.

51. 교리적 준비에 유익한 도구로 다음 책이 있다. Wayne A. Grudem, *Christian Beliefs: Twenty Basics Every Christian Should Know*, Elliot Grudem 편집 (Grand Rapids: Zondervan, 2005,《꼭 알아야 할 기독교 핵심 진리 20》부흥과개혁사).

52. 아래에 논의한 "결혼과 가정과 영적 전투"를 더 참조하라.

53. 특히 다음 책을 참조하라. Andreas J. Köstenberger 편집, *Whatever Happened to Truth?* (Wheaton, IL: Crossway, 2005).

54. R. Albert Mohler Jr., *From Boy to Man: The Marks of Manhood* (Louisville, KY: Southern Baptist Theological Seminary, 2005).

55. 배경으로 이 책 5장에 논한 아버지와 어머니의 역할과 책임을 참조하라. 아울러 다음 두 책도 참조하라. Dennis Rainey, *Interviewing Your Daughter's Date: 8 Steps to No Regrets* (Little Rock, AR: FamilyLife, 2007). Voddie Baucham Jr., *What He Must Be...If He Wants to Marry My Daughter* (Wheaton, IL: Crossway, 2009).

56. 본래의 두 목록은 http://www.dougwils.com을 참조하라.

57. 특히 다음 책들을 참조하라. Clinton E. Arnold, *Three Crucial Questions about Spiritual Warfare* (Grand Rapids: Baker, 1997). 같은 저자, *Powers of Darkness: Principalities and Powers in Paul's Letters* (Leicester: Downers Grove, IL: InterVarsity, 1992, 《바울이 분석한 사탄과 악한 영들》 이레서원). Sydney H. T. Page, *Powers of Evil: A Biblical Study of Satan and Demons* (Grand Rapids: Baker, 1995). 다음 기사들도 참조하라. "Elements/Elemental Spirits of the World," "Power," "Principalities and Powers," Gerald F. Hawthorne, Ralph P. Martin & Daniel G. Reid 편집, *Dictionary of Paul and His Letters* (Leicester: Downers Grove, IL: InterVarsity, 1993), 229-33, 723-25, 746-52. 아울러 다음 사전에 개괄된 유익한 항목도 참조하라. David Beck, "Spiritual Warfare," *Evangelical Dictionary of Christian Education*, Michael J. Anthony 편집 (Grand Rapids: Baker, 2001), 660-62.

58. 예외는 다음 두 책뿐이다. Tripp, *Age of Opportunity*, 특히 7장 "There's a War Out There." Evelyn Christenson, *What Happens When We Pray for Our Families* (Colorado Springs, CO: Chariot Family Publishers, 1992). 결혼에 대한 다음의 인기 서적들에는 영적 전투가 논의되지 않는다. Gary Chapman, *The Five Love Languages* (Chicago: Northfield, 1995, 《5가지 사랑의 언어》 생명의 말씀사). Larry Crabb, *The Marriage Builder* (Grand Rapids: Zondervan, 1992, 《결혼 건축가》 두란노). Kay Arthur, *A Marriage Without Regrets* (Eugene, OR: Harvest, 2000, 《후회 없는 결혼》 프리셉트). Willard Harley, *His Needs, Her Needs* (Ada, MI: Revell, 1990, 《그 남자의 욕구 그 여자의 갈망》 비전과 리더십). Gary Smalley & John Trent, *The Language of Love* (Pomona, CA: Focus on the Family, 1988). Laura Walker, *Dated Jekyll, Married Hyde* (Minneapolis: Bethany, 1997). 자녀 양육에 대한 다음의 베스트셀러들도 영적 전투를 다루지 않았다. Ross Campbell, *Relational Parenting* (Chicago: Moody, 2000, 《준비된 자녀교육》 생명의 말씀사). Eastman Curtis, *Raising Heaven-bound Kids in a Hell-bound World* (Nashville: Nelson, 2000). James Dobson & Gary Bauer, *Children at Risk* (Dallas, TX: Word, 1990). Gary Smalley & John Trent, *The Gift of Honor* (Nashville: Nelson, 1987).

59. 다윗의 삶의 사례를 다음 기사에서 참조하라. Andreas Köstenberger, "Marriage and Family in the New Testament," *Marriage and Family in the Ancient World*, Ken Campbell 편집 (Downers Grove, IL: InterVarsity, 2003), 279.

60. Peter T. O'Brien, *The Letter to the Ephesians*, Pillar New Testament Commentary (Grand Rapids: Eerdmans, 1999), 457.

61. 다음 기사를 참조하라. Andreas J. Köstenberger, "What Does It Mean to Be Filled with the Spirit? A Biblical Investigation," *Journal of the Evangelical Theological Society* 40 (1997): 229-40.

62. 에베소서 6:10-20을 에베소서 전체의 문맥 속에서 보려면 특히 다음 세 책을 참조하라. Peter T. O'Brien, *Gospel and Mission in the Writings of Paul: An Exegetical and Theological Analysis* (Grand Rapids: Baker, 1995), 109-31. 같은 저자, *Letter to the Ephesians*, 456-90, 특히 457-60. Andreas J. Köstenberger & Peter T. O'Brien, *Salvation to the Ends of the Earth: A Biblical Theology of Mission*, New Studies in Biblical Theology (Leicester; Downers Grove, IL: InterVarsity, 2001), 196-98.

63. 비슷하게 Beck, "Spiritual Warfare," 661을 참조하라. 그는 중요한 이슈를 (1) 적을 과소평가함, (2) 적의 정체 파악, (3) 무기의 본질, (4) 전투의 목표 등 네 가지로 꼽았다.

64. 성적 유혹에 대처하는 성경적 원리들은 이 책 9장의 "젊은 남자들" 단락을 참조하라.

65. 고린도전서 7장의 배경과 7:5의 주해에 대해서는 특히 다음 책을 참조하라. Gordon D. Fee, *The First Letter to the Corinthians*, New International Commentary on the New Testament (Grand Rapids: Eerdmans, 1987), 266-83. 그가 재구성한 고린도전서 7장의 배경에 대한 반론은 Barry Danylak의 학위 논문을 참조하라.

66. 막히는 기도가 남편의 기도만인가 아니면 부부 둘 다의 기도인가의 문제는 여기서 우려할 게 못 된다(아마 직접적 구심점은 남편이지만 아내에게도 반드시 파장이 미칠 것이다. 관련된 주석으로 예컨대 다음을 참조하라. P. H. Davids, *The First Letter of Peter*, New International Commentary on the New Testament [Grand Rapids: Eerdmans, 1990], 123, 주20). 남편이 아내에게 둔감하면 결국 부부가 둘 다 분명히 기도에 부정적 영향을 입는

다.

67. 그리스도인의 결혼과 가정을 강화하는 데 주력하는 탁월한 사역기관들이 많이 있다. 일부 최고의 기관들은 Focus on the Family (http://www.family.org), FamilyLife (http://www.familylife.com), Family Dynamics (http://www.familydynamics.net), 그리고 남침례교단의 "Empowering Kingdom Growth" 운동의 일환인 "Kingdom Family Initiative" (http://www.sbc.net/ekg/default.asp, 특히 하나님 나라 가정의 일곱 기둥을 http://www.sbc.net/ekg/EKG-7pillars.asp에서 참조하라) 등이다. 결혼과 가정의 성경적 원리를 증진하는 일을 병행하는 또 다른 기관은 The Council of Biblical Manhood and Womanhood (http://www.cbmw.org)이다.

68. 예컨대 다음 여러 책을 참조하라. Donald Whitney, *Family Worship: In the Bible, in History, and in Your Home* (발행지명 없음: 2006). James W. Alexander, *Thoughts on Family Worship* (Morgan, PA: Soli Deo Gloria, 1998 [1847],《가정 예배는 복의 근원입니다》미션월드 라이브러리). Clay Clarkson, *Our 24 Family Ways: Family Devotional Guide* (Colorado Springs, CO: Whole Heart Press, 2004). Jim Cromarty, *A Book for Family Worship* (Harrisburg, PA: Evangelical Press, 1997). Terry L. Johnson, *The Family Worship Book: A Resource Book for Family Devotions* (Fearn: Christian Focus, 2000). David E. Prince, "Family Worship: Calling the Next Generation to Hope in God," http://www.cbmw.org. Kerry Ptacek, Family Worship: The Biblical Basis, Historical Reality and Current Need (Greenville, SC: Greenville Seminary Press, 2000).

69. 예컨대 다음 세 책을 참조하라. Gloria Gaither & Shirley Dobson, *Creating Family Traditions: Making Memories in Festive Seasons* (Sisters, OR: Multnomah, 2004). Noël Piper, *Treasuring God in Our Traditions* (Wheaton, IL: Crossway, 2003). Kent & Barbara Hughes, *Disciplines of a Godly Family* (Wheaton, IL: Crossway, 2004), 43-56, (《그리스도인 가족의 경건 훈련》디모데).

9. 독신의 은사

1. 현대 교회에서 독신이 소외되어 있다는 한 가지 증거는 이 주제에 대한 기독교 서적

이 부족하다는 것이다. 예컨대 주류 기독교 출판사들을 자세히 조사해 보면 알듯이, 가정에 대한 주제로 현재 출판되고 있는 기독교 서적은 그야말로 수백 종에 달하지만 그중 전적으로 독신 및 관련 이슈들만 다룬 책은 20권도 안 된다.

2. Rose M. Kreider & Tavia Simmons, *Marital Status: 2000* (Washington, DC: U.S. Census Bureau, 1993), 3. 이 수치에는 사별, 이혼, 별거, 미혼이 모두 포함되어 있다. 아울러 좀더 최근인 2008년의 미국 인구조사국 통계도 참조하라(2009년 2월 25일 인터넷 발표, http://www.census.gov/population/www/socdemo/hh-fam/cps2008.html, Barry Danylak 제공). 이 통계에 따르면 2008년 현재 15세 이상 인구 중 기혼 54.1%, 독신 30%, 사별 9.8%, 이혼 6%로 집계되어 있다(아래 본문에 옮긴 표를 참조하라). 이는 1960년의 통계인 14세 이상 인구 중 기혼 67.6%, 독신 22%, 사별 8.1%, 이혼 2.3%와 비교된다. 영국 국가통계국에서 보고한 *Population Trends*, Report No. 124, Table 1.5 (2006년 여름)에 따르면 잉글랜드와 웨일즈에도 비슷한 추세가 나타난다(역시 Barry Danylak 제공. "A Biblical-Theological Perspective on Singleness," Version 2.3, 2006, pp. 1-2를 참조하라). 즉 2004년 현재 16세 이상 인구 중 기혼 51%, 독신 32.2%, 사별 7.9%, 이혼 8.9%인데 반해 1971년에는 기혼 68.1%, 독신 21.1%, 사별 9.5%, 이혼 1.3%였다.

3. 선교사를 파송하는 주요 19개 기관에서 1989년에 2만 명의 선교사를 상대로 조사한 결과 전체 선교사의 16.3%가 독신이었다. 그러나 더 놀라운 사실은 독신 선교사의 거의 85%가 여자였다는 것이다. Howard Erickson, "Single Missionary Survey," *Fundamentalist Journal* 8, no. 1 (1989년 1월): 27.

4. Daniel I. Block, "Marriage and Family in Ancient Israel," Ken M. Campbell 편집, *Marriage and Family in the Biblical World* (Downers Grove, IL: InterVarsity, 2003), 57 주113. 더 오래된 자료로 다음 책이 있다. Alfred Edersheim, *Sketches of Jewish Social Life in the Days of Christ* (London: Hodder & Stoughton, 1876), 9장.

5. 사춘기가 오늘날에도 한낱 신화라고 주장하는 사람들이 있다. 다음 책을 참조하라. David Alan Black, *The Myth of Adolescence: Raising Responsible Children in an Irresponsible Society* (Danbury, CT: Davidson, 1999).

6. 과부에 대해서는 *Marriage and Family in the Biblical World*에 수록된 다음 네 편의 기사를 참조하라. Victor H. Matthew, "Marriage and Family in the Ancient

East," 22-24. Daniel I. Block, "Marriage and Family in Ancient Israel," 71-72. S. M. Baugh, "Marriage and Family in Ancient Greek Society," 111-12. David W. Chapman, "Marriage and Family in Second Temple Judaism," 215-17. 구약 시대에 홀아비는 적어도 두 가지 이유에서 극히 드물었다. 첫째로, 지금처럼 고대에도 여자의 평균수명이 남자보다 길었다. 따라서 대개 남편 쪽이 먼저 세상을 떠났다. 둘째로, 남자가 아내를 사별하고 혼자 남은 경우에는 재혼하기가 비교적 쉬웠고 특히 재력이 있을 때는 더했다(그런 예로 창 25:1의 아브라함이 있다). 구약에서 가장 잘 알려진 홀아비의 사례는 에스겔이다. 여호와께서 예루살렘에 임박한 슬픔의 징조로 "네 눈에 기뻐하는 것" 곧 에스겔의 아내를 취하셨다(겔 24:15-27). 예레미야 51:5에는 홀아비를 지칭하는 단어가 비유적 의미로만 나온다.

7. Block, "Marriage and Family in Ancient Israel," 71. 그에 따르면 과부('almānâ)라는 단어의 거의 3분의 1은 고아, 외국인, 레위인 등 취약 집단들을 돌보도록 규정한 모세 율법에 함께 등장한다.

8. 그러나 대제사장은 과부와 결혼할 수 없도록 명백히 금지되었다(레 21:14). 흥미롭게도 일반 제사장들에게는 과부와의 결혼이 허용되었으나(레 21:7) 일반 제사장이나 대제사장이나 할 것 없이 이혼녀, 매춘부, 더럽혀진 여자와 결혼하는 것은 금지되었다.

9. 다음 두 기사를 참조하라. Block, "Marriage and Family in Ancient Israel," 93-94. Chapman, "Marriage and Family in Second Temple Judaism," 216-17.

10. 출애굽기 22:22, 신명기 14:29, 16:11, 14, 24:19-21, 27:19, 이사야 1:17, 예레미야 22:3, 스가랴 7:10을 참조하라.

11. 출애굽기 22:23, 시편 68:5, 146:9, 잠언 15:25, 말라기 3:5을 참조하라.

12. S. Safrai, "Home and Family," *The Jewish People of the First Century*, S. Safrai & M. Stern 편집 (Philadelphia: Fortress, 1987), 748. 다음 두 자료를 참조하라. m. Ketub, 13:5. b. Ketub. 82b.

13. Safrai, "Home and Family," 748. 저자는 "바리새파 유대교 내에 금욕적 경향이 있었으나 독신을 옹호하는 부류는 없었고, 다른 운동들도 대부분 마찬가지였다"고 말했다. 그러나 필로와 플리니우스는 에세네파가 결혼을 거부했다고 지적했다(Philo, *Hypoth*, 2.14-17. Pliny, *Nat*. 5.73). 반면에 요세푸스는 에세네파 중에 결혼을 허용한 부

류도 있음을 알고 있었다(J.W. 12.160-61). 쿰란 공동체를 포함하여 고대 유대교 내의 독신에 대한 더 자세한 내용은 다음 책을 참조하라. Craig S. Keener, "Marriage," Craig A. Evans & Stanley E. Porter 편집, *Dictionary of New Testament Background* (Downers Grove, IL: InterVarsity, 2000), 682-83, (《IVP 성경배경주석: 신약》 IVP). 아울러 Chapman, "Marriage and Family in Second Temple Judaism," 211-15도 참조하라.

14. 아마도 하나님께 독신으로 부름 받은 사람의 성경 외적인 한 사례가 *b. Yebamoth* 63b에 기록되어 있다. 거기에 언급된 시므온 벤 아자이(Simeon ben Azzai)라는 1세기의 유대인은 "내 영혼이 토라를 열망한다"는 이유로 결혼하지 않았다. 아울러 레위인 제사장들은 의식(儀式)상의 정결함을 위해 성관계를 끊도록 규정되어 있었는데, 이는 비록 독신의 소명과는 달랐지만 예수께서 말씀하신 "천국을 위하여 스스로 된 고자"의 범주와 어느 정도 일맥상통할 수 있다.

15. Block, "Marriage and Family in Ancient Israel," 49-52을 참조하라.

16. 딸이 남편감을 찾지 못할 것에 대한 아버지의 우려를 집회서 42:9상에서 참조하라. "딸은 아비에게 남모르는 근심거리여서 딸 걱정에 잠 못 이루는 적도 많다. 딸이 젊은 때는 시집을 못 갈까 걱정이고." 그러나 딸에 대한 아버지의 걱정은 거기서 끝나지 않는다. 본문은 이렇게 계속된다. "시집을 가면 소박을 맞을까 걱정, 처녀 때에는 혹시 유혹에 빠질까 걱정, 출가 전에 아기를 가질까 걱정, 출가 후에는 빗나갈까 걱정, 시집 가서도 자식을 못 낳을까 근심한다"(집회서 42:9하-10).

17. 그래서 바울은 교회 지도자들이 한 아내의 남편이어야 한다고 규정할 수 있었다(딤전 3:2, 12). 이 책 11장을 참조하라.

18. 분명히 이유는 각기 달랐다. 세례 요한은 소명과 생활방식 때문에 결혼이 극히 힘들었을 것이다. 예수의 경우 지상에 잠시 체류하시는 동안 하나님의 아들이신 그리스도께서 인간 여자와 결혼하신다는 것은 생각할 수 없는 일이었을 것이다. 이는 성경적·역사적·신학적으로 입증되는 사실이다. 다음 여러 책에 반론으로 제시된 대중 신학은 설득력이 없다. Dan Brown, *The Da Vinci Code* (New York: Doubleday, 2003, 《다빈치 코드》 문학수첩). William E. Phipps, *Was Jesus Married? The Distortion of Sexuality in the Christian Tradition* (New York: Harper & Row, 1970). Margaret Starbird, *The Woman with the Alabaster Jar: Mary Magdalene and the Holy Grail* (Santa Fe,

NM: Bear, 1993,《성배와 잃어버린 장미》루비박스). 또한 모르몬 교회는 예수에게 복수의 아내가 있었다고 가르친다. 예컨대 Darrick T. Evenson, *The Gainsayers* (Bountiful, UT: Horizon, 1988)를 참조하라. 아울러 다음 저자도 반론을 폈다. Darrell L. Bock, *Breaking the DaVinci Code* (Nashville: Nelson, 2004), 33-34. 그는 예수가 결혼했다는 관점에는 반대하면서도 또한 이렇게 썼다. "예수께서 결혼하여 자녀를 낳으셨다 해도 그분의 부부 관계와 자녀 양육은 이론적으로 그분의 신성을 약화시키기는커녕 오히려 그분의 온전한 인성을 드러냈을 것이다.…설령 결혼하셨다 해도 이론적으로 그분은 실제로 이루신 일을 여전히 다 이루셨을 것이다." 그러나 예수의 신성(기적적인 동정녀 탄생에 주목하라)이 그분께 인간 여자와의 성관계를 허락했을 거라고는 보기 어렵다. 예수가 유대인이자 유대인 랍비로서 결혼하셨을 거라는 주장에 대한 보크의 논의도 전혀 문제가 없는 것은 아니다. "예수는 유대교 내의 공인된 직분을 맡은 게 없었고" 따라서 "엄밀히 말해 랍비가 아니었다"(37)라는 보크의 논지는 다음 사실을 충분히 인식하지 못한 결과다. 즉 예수는 1세기의 유대교 관습에 맞게 유대교 랍비의 **직분을 취하셨고**, 그분의 제자들 및 다른 사람들도 그분을 그렇게 불렀다(Andreas Köstenberger, "Jesus as a Rabbi in the Fourth Gospel," *Bulletin of Biblical Research* 8 [1998]: 97-128을 참조하라. 보크가 누가복음의 "랍비"와 "선생"을 구분한 것도 근거가 타당하지 못하다. 요한복음 1:38의 "랍비"[선생이라는 뜻] 및 그와 비슷한 요한복음 20:16을 참조하라). 나아가 "예수가 독신이어서 유대인답지 못한가?"에 대한 논의(pp. 47-59)에서 보크는 1세기에 유대인 남성이 미혼으로 사는 게 문화적으로 용인되는 흔한 일이었을 거라고 했는데, 이는 과장으로 보인다(앞에 언급한 구약 시대의 독신의 네 번째 범주를 참조하라. 하나님의 부르심과 관련이 있었다). 바울에 대해서는 아래의 논의를 더 참조하라.

19. 이에 반하여 다음 저자는 독신을 성경에 나타난 다른 은사들과 같은 의미의 은사로 이해해서는 **안 된다**고 주장했다. 다음 책을 참조하라. Albert Y. Hsu, *Singles at the Crossroads: A Fresh Perspective on Christian Singleness* (Downers Grove, IL: InterVarsity, 1997), 3장 "The Myth of the Gift."

20. 물론 바울은 결혼한 사람들도 하나님 나라의 진척에 최대한 전념해야 한다고 가르쳤다. 사도의 표현으로 "형제들아, 내가 이 말을 하노니 그 때가 단축하여진 고로 이후부터 **아내 있는 자들은 없는 자 같이 하며** 우는 자들은 울지 않는 자 같이 하며 기쁜 자들

은 기쁘지 않은 자 같이 하며 매매하는 자들은 없는 자 같이 하며 세상 물건을 쓰는 자들은 다 쓰지 못하는 자 같이 하라. 이 세상의 외형은 지나감이니라"(고전 7:29-31). 예수께서도 하나님을 섬기는 데 가정이 걸림돌이 될 수 있음을 지적하셨다(참조. 마 24:19, 눅 14:26).

21. 그렇다면 독신으로 부름 받았는지 알 수 있는 한 가지 방법은 그 사람이 절제하여 순결을 지킬 수 있는지 보는 것이다(고전 7:9). 그 외에는 성령을 통한 하나님의 인격적이고 단계적인 인도에 따르는 길밖에 없다. 아울러 자신의 소명에 대한 우리의 이해는 어쩔 수 없이 잠정적일 수밖에 없다. 하나님이 예비하신 각자의 미래를 우리는 알 수 없기 때문이다.

22. 이후의 요약은 2009년 4월 27일자 배리 대닐랙의 서신의 도움을 받았다. 그가 케임브리지 대학교에서 학위 논문을 쓸 때 옹호한 관점이 그 서신에 개괄되어 있다.

23. 바울의 결혼 상황에 대해서는 꽤 논란이 있다. 다음 두 책을 참조하라. F. F. Bruce, *Paul: Apostle of the Heart Set Free* (Grand Rapids: Eerdmans, 1990; 초판 Exeter: Paternoster, 1977), 269-70, 《바울》 크리스챤다이제스트사). David E. Garland, *1 Corinthians*, Baker Exegetical Commentary on the New Testament (Grand Rapids: Baker, 2003), 276-77. 고린도전서 7:8의 언급("나와 같이 그냥[독신으로] 지내는 것이 좋으니라")으로 미루어 바울은 사도 시절의 대부분 내지 전부까지는 몰라도 적어도 고린도전서를 쓸 때는 독신이었던 것으로 보인다. 그러나 어떤 사람들은 바울이 랍비였고 (아마도) 산헤드린 회원이었다는 사실(참조. 행 26:10, 빌 3:5-6, 일각에서는 결혼이 회원의 자격 요건이었을 거라고 주장한다)과 그밖의 이유들로 인해(아래를 더 참조하라) 바울이 아내를 사별했거나 이혼했다고 주장한다. 하지만 우선 바울이 실제로 산헤드린 회원이었는지도 확실하지 않거니와(Garland, *1 Corinthians*, 277) 기존의 가장 확실한 증거는 결혼이 산헤드린 회원의 자격 요건이었다는 주장을 뒷받침하지 않는다. 유대교 〈미쉬나〉는 "랍비에게 배운 학식을 후보 자격의 유일한 기준"으로 보았다(*m. Sanh*. 4.4를 참조하라. 산헤드린이 유대인으로만 구성되었다는 점은 당연시되었을 수 있다. 다음 책을 참조하라. Emil Schürer, *The History of the Jewish People in the Age of Jesus Christ* (175 B.C.-A. D. 135), Geza Vermes, Fergus Millar & Matthew Black 개정 편집 [Edinburgh: T & T Clark, 1979], 2.211. "노인이나 고자나 무자한 사람을 산헤드린 회원으로 지명하

지 않는다"[*b. Sanb.* 36b]는 말이 AD 1세기에 적용되었을지는 의문이다[Garland, *1 Corinthians*, 277]. 가끔 인용되는 또 다른 후기 랍비의 본문은 *m. Yebamoth* 6:6이다. 아래를 더 참조하라). 산헤드린 회원들 중 다수(어쩌면 대다수)가 결혼한 것은 틀림없지만 그렇다고 바울이 한때 산헤드린 회원이었으니 **반드시** 결혼했다고 말하는 것은 다른 문제다.

24. 그러나 바울 사도가 사역 기간 내내 기혼자였다는 고도의 추측성 관점도 있다. 제시되는 근거는 빌립보서 4:3의 "참으로 나와 멍에를 같이한"(*gnēsie syzyge*)이라는 문구인데, 일각에서는 그것이 바울의 아내를 지칭한다고 본다(C. Wilfred Griggs, "I Have a Question," *Ensign* 6 [1976년 2월]: 36. 그는 Clement of Alexandria, *Stromata* 3.53.1을 인용했다. Origen, *Commentary on the Letter to the Romans* 1:1. 다음 책도 참조하라. Sabine Baring-Gould, *A Study of St. Paul, His Character and Opinions* [London: Isbister, 1897], 213-24. 이 저자는 Eusebius가 Clement of Alexandria를 언급한 사실에 주목하면서 [*Eccesliastical History* 3.20을 참조하라] 빌립보서 4:3의 "참으로 나와 멍에를 같이한" 사람이 바울의 아내인 루디아일 수 있다고 보았다[이미 19세기에 프랑스 학자 Ernest Renan도 그렇게 보았다]. 아울러 BDAG 954의 유익한 항목도 참조하라). Griggs에 따르면 바울은 빌립보서 4:3에서 "그동안 자기에게 큰 도움을 베풀었던 몇몇 여자들을 도울 것을 자기 아내에게" 부탁했다. 그러나 이 주장은 억측이 심한데다 어휘적 논거도 의심스러워 거의 아무에게도 설득력이 없었고, 바울이 고린도전서 7:8에 명백히 밝힌 반대되는 내용을 결코 뒤집지도 못한다(최근의 방대한 주석인 Garland, *1 Corinthians*, 276-77에는 아예 그 관점이 언급조차 되어 있지 않으며, Peter T. O'Brien, *Commentary on Philippians*, New International Greek Testament Commentary [Grand Rapids: Eerdmans, 1991], 480, 주22에는 그것이 "가공의 추측"에 포함되어 있다). 아울러 다음 기사도 참조하라. Veselin Kesich, "Paul: Ambassador for Christ or Founder of Christianity?" *St. Vladimir's Theological Quarterly* 43, no. 3-4 (1999): 375-401. 저자는 "바울이 아마도 결혼했을 것이다"라고 주장했다(p. 392).

25. 다음 세 기사 사이의 공방을 참조하라. Joachim Jeremias, "War Paulus Witwer?" Zeitschrift für die neutestamentliche Wissenschaft 25 (1926): 310-12. 그는 바울이 산헤드린 회원으로서 반드시 결혼했으며(m. Yebamoth 6:6을 인용했다) 아마 회심 당

시에 이미 아내를 사별했을 거라고 주장했다. Erich Fascher, "Zur Witwerschaft des Paulus und der Auslegung von I Cor 7," Zeitschrift für die neutestamentliche Wissenschaft 28 (1929): 62-69. Joachim Jeremias, "Nochmals: War Paulus Witwer?" *Zeitschrift für die neutestamentliche Wissenschaft* 28 (1929): 321-23. 아울러 다음 여러 책도 참조하라. C. K. Barrett, *The First Letter to the Corinthians*, Harper's New Testament Commentaries (New York: Harper & Row, 1968), 161. Edmund Arens, "Was Paul Married?" *Bible Today* 66 (1973): 1191. Jeremy Moiser, "A Reassessment of Paul's View of Marriage with Reference to 1 Cor. 7," *Journal for the Study of the New Testament* 18 (1983): 108. Gordon D. Fee, *The First Letter to the Corinthians*, New International Commentary on the New Testament (Grand Rapids: Eerdmans, 1987), 288, 주7. Jerome D. Murphy-O'Connor, *Paul: A Critical Life* (Oxford: Clarendon, 1996), 62-65. 아울러 다음 책도 참조하라. John MacArthur Jr., *1 Corinthians*, The MacArthur New Testament Commentary (Chicago: Moody, 1984), 163. 그는 바울이 "아마 아내를 사별했을 것"이라며 그 주된 근거로 고린도전서 7장에 쓰인 "미혼"(agamos)이라는 단어의 다른 사례들을 꼽았다(즉 고전 7:11에는 이혼의 의미로, 고전 7:34에는 이혼 또는 사별의 의미로 썼였다). 그러나 이 단어는 결혼하지 않은 상태를 통칭하는 의미로 보는 게 최선으로 보인다(BDAG 5). 적어도 고린도전서 7:8에 바울이 결혼하지 않은 상태였던 것으로 보아 그런 가능성이 열려 있다 (개역개정에는 그 단어가 11절에는 "그대로"[원문에 "결혼하지 않은 대로"]로, 34절에는 "시집가지 않은"으로, 8절에는 "결혼하지 아니한"으로 각각 옮겨져 있다-역주).

26. 다음 저자는 그것이 개연성 있고 정말 가능하다고 보았다. Bruce, *Paul: Apostle of the Heart Set Free*, 270. 아울러 다음 두 책도 참조하라. William E. Phipps, "Is Paul's Attitude toward Sexual Relations Contained in 1 Cor. 7.1?" *New Testament Studies* 28 (1982): 128. Simon J. Kistemaker, *1 Corinthians*, New Testament Commentary (Grand Rapids: Baker, 1993), 215.

27. Garland, *1 Corinthians*, 277. 그래도 그는 "바울이 결혼하지 않았다고 주장하는 사람들이 많이 있다"고 인정한다.

28. 고린도전서 7장의 고린도 교인들의 배경을 재구성한 시도를 이 책의 10장에서 참

조하라.

29. 아래의 논의를 더 참조하라.

30. Eusebius, *Ecclesiastical History* 6.8.1, 《유세비우스의 교회사》 은성). "당시 알렉산드리아에서 교리 교육을 실시하고 있던 오리겐은 아직 어리고 미성숙한 사고를 보여 주는 행동을 했다. 하지만 그것은 동시에 신앙과 금욕의 가장 확실한 증거이기도 했다. 그는 '천국을 위하여 스스로 된 고자도 있도다'라는 말씀을 너무 문자적이고 극단적인 의미로 받아들였다. 구주의 말씀을 성취함과 동시에 비신자들로부터 일체의 스캔들의 빌미를 차단하려고 그는 이 말씀을 그대로 행동에 옮겼다. 젊은 그였지만 신학을 공부하다 보면 남자들만 아니라 여자들도 만나야 했기 때문이다."

31. 사제들이 (중세의 전통에 따라) 결혼하여 자녀를 낳을 수 있었던 경우, 대개 자녀들도 사제가 되었다. 그 결과 사제가 점점 많아져 교회의 권력이 약화되었다. 독신의 장려는 교회 지배층이 소수정예의 사제들만 뽑으려던 한 방법이었고, 덕분에 지배층은 다시 교회를 중앙집권으로 통제할 수 있었다.

32. Augustine, *City of God* 14.26, 《하나님의 도성》 크리스챤다이제스트사).

33. Aquinas, *Summa Theologica* 2.2.151-52, 《신학대전》 바오로딸).

34. 그러나 예수께서 마태복음 19:12에 말씀하신 "고자"는 문자적 의미가 아니라 비유적 의미임에 주목하라.

35. 이어지는 논의는 앞의 조사 결과에서 유기적으로 흘러나오는 내용이긴 하지만 다음 저자에게 큰 빛을 졌다. Barry Danylak, *A Biblical Theology of Singleness*, Grove Biblical Series B45 (Cambridge: Grove, 2007). 비슷하게 그의 도움을 입은 저자가 또 있다. John Piper, "Single in Christ: A Name Better than Sons and Daughters" (2007년 4월 29일자 설교), www.desiringgod.org. 아울러 다음 설교도 참조하라. "Married or Single: For Better or Worse," John Piper, 2007년 5월 3일자, www.desiringgod.org.

36. 같은 책, 8-12.

37. 같은 책, 14.

38. J. Alec Motyer, *The Prophecy of Isaiah* (Downers Grove, IL: InterVarsity, 1993). 다음 책에 인용되어 있다. Danylak, *Biblical Theology of Singleness*, 15.

39. Danylak, *Biblical Theology of Singleness*, 16. 이런 점에서 예수께서 마태복음 19:12에 사용하신 "고자"의 은유는 인상적이다(이에 대해서는 대닐랙의 논의, pp. 22-23을 참조하라). 아울러 사도행전 8장에 나오는 에티오피아 내시의 기사도 참조하라. 그는 하필 이사야 53장을 읽고 있었다.

40. 같은 책, 17.

41. 오늘날 일각의 생각처럼 예수께서도 하나님 나라를 위해 고자가 되기로 자원할 사람들이 "드물다"고 생각하셨는지는 확실하지 않다. Danylak, *Biblical Theology of Singleness*, 23. 그는 이 부분에 정확히 바른 균형을 유지한다. "따라서 교회는…결혼할 마음을 강하게 타고난 사람에게 결코 독신을 명령해서는 안 되지만 또한 독신을 충실히 감당할 수 있는 사람에게 그것을 말려서도 안 된다."

42. 같은 책, 24-25을 참조하라.

43. 같은 책, 26.

44. 같은 책, 27.

45. 나(안드레아스 쾨스텐버거)는 그런 그룹을 가르치는 특권을 누리고 있다. 노스캐롤라이나 주 웨이크포레스트의 Richland Creek Community Church에 개설된 "하나님 나라의 가족들"이라는 강좌다. 이 강좌에는 가정들과 독신자들이 함께 참석하고 있으며 삶의 단계와 직업 분야와 출신 국가도 다양하다. 이번 장에 쓴 많은 내용을 내게 실제로 가르쳐 준 그 강좌의 형제자매들에게 감사를 표하고 싶다.

46. Debbie Maken, *Getting Serious aobut Getting Married: Rethinking the Gift of Singleness* (Wheaton, IL: Crossway, 2005).

47. http://www.christianitytoday.com, 2006년 6월 21일자.

48. 예컨대 다음 기사를 참조하라. Camerin Courtney, "Is Singleness a Sin?" *Christianity Today*, 2004년 8월 11일자.

49. 몰러는 이렇게 썼다. "문제는 단순한 게으름, 인격적 미성숙, 헌신에 대한 두려움, 일과 직업 중심의 균형 잃은 우선순위 등일 수 있다.…장성하기를 거부하고 연애를 주도하지 않으려는 모습으로 나타날 수도 있다." 다음 기사를 참조하라. R. Albert Mohler Jr., "Reflecting on 'The Mystery of Marriage,'" www.albertmohler.com에 두 편으로 나뉘어 실렸고 편집된 버전은 www.boundless.org에 있다.

50. 같은 기사.

51. Andreas Köstenberger, "The Gift of Singleness" (2006년 8월 18일), "The Gift of Singleness (Part 2)" (2006년 8월 25일), "The Gift of Singleness (Part 3)" (2006년 9월 21일), 모두 http://www.biblicalfoundations.org에 있다. Debbie Maken, "A Response to a Worthy Critic" (2006년 8월 24일), "Concluding Remarks in a Conversation with a Theologian" (2006년 9월 8일), http://debbiemaken.blogspot. com.

52. 예컨대 Maken, *Getting Serious aobut Getting Married*, 22. 그녀는 계속해서 "성경은 분명하다. **사람들이 결혼하는 게 하나님의 뜻이다**"(강조 원문)라고 단정적으로 말했다(다만 "이 법칙에 예외가 되는 경우"도 드물게 있음을 인정하긴 했다). 그녀는 또한 자연법 (예. p. 27)과 수시로 자신의 개인적 경험(예. pp. 11-18의 서문 참조. 아울러 pp. 25, 28, 41 등 많은 곳 참조)에 호소했다.

53. 위의 논의를 참조하라. 천주교의 관점은 신약의 가르침보다 이후의 교회 전통에 훨씬 더 뿌리를 두고 있다. 그 반대임을 입증하려는 노력에도 불구하고 그렇다. 다음 기사를 참조하라. Andreas J. Köstenberger, "Review Article: The Apostolic Origins of Priestly Celibacy," *European Journal of Theology* 1 (1992): 173-79.

54. 이 책 12장을 참조하라. 아울러 다음 책도 참조하라. George W. Knight, *Commentary on the Pastoral Letters*, New International Greek Testament Commentary (Carlisle: Paternoster; Grand Rapids: Eerdmans, 1992), 173. "가정은 모든 직분자들의 충실성을 검증하는 장이다."

55. 미국 인구조사국에 따르면 2007년 현재 동거 중인 미혼 커플은 640만 쌍에 달한다. 30년 전에는 그 수치가 100만이 못 되었다. 이제 동거 커플은 기혼과 미혼을 모두 합하여 미국 내 모든 이성 커플의 거의 10퍼센트를 차지한다. 다음 기사를 참조하라. Sharon Jayson, "Census reports more unmarried couples living together," *USA Today*, 2008년 7월 27일. 또 다른 연구에 소개된 전국 건강통계 센터에 따르면(USA Today, 2009년 5월 13일) 미국에서 미혼 커플들 사이에 출생하는 아기의 비율이 1980년에는 18%였으나 2007년에는 40%로 높아졌고, 2002년부터 2007년 사이에 가장 급격히 증가했다(영국의 수치는 1980년에 12%, 2007년에 44%였다). 또한 2007년 현재 미국

의 20-24세 여성들이 출산한 아기 중 60%는 혼외 출생으로 2002년의 52%보다 증가했다. 따라서 이런 추세가 계속된다면 머잖아 부부 사이에 태어나는 아이들보다 혼외에서 태어나는 아이들이 더 많아질 것이다. 이는 혼외 섹스만 아니라 혼외 자녀도 더 이상 오명이 없이 널리 받아들여지는 일상적 현상이 되었음을 보여 준다. 다음의 예리한 논설을 참조하라. "Marriage: Now Just Another Option for Raising Children," *Shepherd Press Newsletter* 53, 2009년 5월 15일, http://www.shepherdpress.com.

56. 다음 두 책을 참조하라. Monford Harris, "Pre-Marital Experience: A Covenantal Critique," *Judaism* 19 (1970): 134-44. Christopher Ash, *Marriage: Sex in the Service of God* (Leicester: Inter-Varsity, 2003), 222-26. 아울러 다음 책도 참조하라. Dennis P. Hollinger, *The Meaning of Sex: Christian Ethics and the Moral Life* (Grand Rapids: Baker, 2009), 5장. 저자는 혼전 성관계를 보는 여러 관점, 금욕을 주장하는 불충분한 논증, 혼전 성관계를 주장하는 논증 등을 다루었다. 그밖에 신체적 표현의 제한, 구강성교, 자위행위, 포르노의 사용 등과 같은 성적 이슈들도 다루었다.

57. 예컨대 신명기 22:20-24, Jub. 20:4, 33:20을 참조하라. Keener, "Adultery, Divorce," *Dictionary of New Testament Background*, 10을 참조하라. 그는 신약 시대에는 이런 형벌이 시행되지 않았다고 지적했다.

58. 중요하게 지적하거니와 바울이 고린도전서 6:15-17에 한 말은 매춘부와 성관계를 하면 그녀와 결혼한 사이가 된다는 뜻이 아니라 한 몸의 관계가 된다는 말이다. 사실 고린도전서 6장 15-17절에서 사도가 가르친 주제는 결혼 자체가 아니라 성적 부도덕과 그것이 하나님과의 영적 관계에 미치는 영향이다. 바울이 이 본문에 지적한 것은 신자와 매춘부의 부정한 연합을 통해 위협받는 것이 부부 관계가 아니라 그리스도와 교회의 관계라는 사실이다. 나아가 그는 신자가 창녀와의 성관계를 금해야 하는 이유도 부부 관계 때문이 아니라 그리스도와 교회의 영적 관계 때문이라고 썼다.

59. David Clyde Jones, *Biblical Christian Ethics* (Grand Rapids: Baker, 1994), 158. 그는 "본질상 혼전 또는 혼외 성관계의 도덕적 문제는 삶을 연합하려는 의도 없이 삶을 연합하는 행위를 함으로써 성관계의 고유한 의미를 파괴하는 것이다"라고 말했다. Paul Ramsey, *One Flesh: A Christian View of Sex Within, Outside and Before Marriage*, Grove Booklets on Ethics 8 (Bramcote, Notts: Grove Books, 1975),

13. 그도 같은 맥락에서 "혼외 성행위는…하나님이 짝지어 주신 것을 인간이 나누려는 시도다"라고 지적했다. 다음 기사를 참조하라. Richard J. Foster, "Sexuality and Singleness," *Readings in Christian Ethics*, vol. 2: Issues and Applications, David K. Clark & Robert V. Rakestraw 편집 (Grand Rapids: Baker, 1996), 157. 이에 반대하는 다음 저자의 시도는 설득력이 없다. John F. Dedek, "Premarital Petting and Coitus," *Chicago Studies* 9 (1970): 227-42. 그는 성경이 혼전 성관계를 정죄하지 않는다고 주장했다. 그에 따르면 단어 porneia는 마태복음 5:32와 19:9에서는 간음을 뜻하고, 고린도전서 5:1에서는 근친상간을 뜻하고, 고린도전서 6:12-20(참조. 살전 4:3-4)에서는 매춘부와의 연합을 뜻하고, 갈라디아서 5:19-20과 에베소서 5:5에서는 간음을 뜻할 수 있고, 고린도전서 6:9에서는 아마 매매춘과 문란한 성관계를 뜻할 것이고, 사도행전 15:20, 29에서는 근친혼 등 레위기 18장에 열거된 변칙적 결혼들을 지칭한다. 신명기 22:13-29는 동정이 아닌 여자가 동정인 것처럼 결혼 전에 남편을 속이는 일, 강간, 이미 다른 남자하고 약혼한 여자와 동침하는 일 등을 정죄한다. 그러나 혼전 성관계에 대한 성경의 입장을 오직 *porneia*라는 단어 연구만을 바탕으로 분간하려는 저자의 시도는 잘못된 것이다. 무엇보다 가장 큰 이유는 그가 결혼에 대한 구약의 근본적 본문인 창세기 2:23-24와 그것의 언약적 특성을 과도히 무시하기 때문이다. 설령 그의 기준으로 본다 해도 결과는 명백하다. 성적 부도덕을 뜻하는 *porneia*는 성경 전체에 금지되어 있으며, 성경이 도덕적으로 여기는 성관계는 결혼 언약이라는 장 안에서만 가능하다. 그렇다면 결혼 없는 섹스, 혼외 섹스, 혼전 성관계는 모두 똑같이 성경적 도덕성의 범주를 벗어난다.

60. Ramsey, *One Flesh*, 18.

61. 다음 기사를 참조하라. Judith Treas & Deirdre Giesen, "Sexual Infidelity Among Married and Cohabiting Americans," *Journal of Marriage and the Family* 62 (2000): 48-60.

62. 마태복음 5:28, 에베소서 5:3-4, 디모데전서 4:12, 디모데후서 2:22.

63. 단정함에 대해서는 디모데전서 2:9-10, 베드로전서 3:3-6을 참조하라. 절제에 대해서는 디모데전서 2:9, 15, 3:2, 디도서 1:8, 2:2, 5, 6을 참조하라. 젊은 여자들이 길러야 할 덕의 목록에 대해서는 이 책 5장에서 젊은 여자의 멘토인 나이 든 여자에 대한

단락을 참조하라. 젊은 남자에게 해당하는 다른 본문들로는 베드로전서 5:5, 요한일서 2:13하, 14하 등이 있다(아래를 더 참조하라). 단정함에 관련된 자료로 특히 다음 여러 책을 참조하라. Wendy Shalit, *A Return to Modesty: Discovering the Lost Virtue* (New York: Free Press, 1999). Jeff Pollard, *Christian Modesty and the Public Undressing of America* (San Antonio, TX: The Vision Forum, 2003). Mary K. Mohler, "Modeling Modesty" (Louisville, KY: Southern Baptist Theological Seminary, 연대 미상), http://www.albertmohler.com/ModelingModesty.pdf. Nancy Leigh DeMoss, *The Look: Does God Really Care What I Wear?* (Buchanan, MI: Revive Our Hearts, 연대 미상). 남자의 단정함에 대한 말은 성경에 없는 것 같다.

64. 고대 세계의 약혼 관습에 대해서는 *Marriage and Family in the Biblical World* 에 수록된 다음 여러 기사를 참조하라. Victor H. Matthews, "Marriage and Family in the Ancient Near East," 7-14. Daniel I. Block, "Marriage and Family in Ancient Israel," 54-58. S. M. Baugh, "Marriage and Family in Ancient Greek Society," 109-10. Susan Treggiari, "Marriage and Family in Roman Society," 151-53. David W. Chapman, "Marriage and Family in Second Temple Judaism," 185-88.

65. 주64에 언급된 자료들을 참조하라.

66. 고대의 약혼 관행과 풍습(부모가 중매하는 결혼, 지참금의 지불 등)이 오늘의 신자들에게도 규범인가 하는 질문이 제기된다. 대부분의 사람들은 그렇지 않다고 단언할 것이다. 예컨대 다음 여러 책을 참조하라. Joshua Harris, *I Kissed Dating Goodbye* (Sisters, OR: Multnomah, 1997, 《NO 데이팅》 두란노). 같은 저자, *Boy Meets Girl: Say Hello to Courtship* (Sisters, OR: Multnomah, 2000, 《YES 데이팅》 두란노). Jeff & Danielle Myers, *Of Knights and Fair Maidens: A Radical New Way to Develop Old-fashioned Relationships* (Dayton, TN: Heartland Educational Consultants, 1996). Michael & Judy Phillips, *Best Friends for Life* (Minneapolis: Bethany, 1997). 고대의 약혼 관행이 지금도 지속되어야 한다는 주장에 대해서는 다음 여러 기사를 참조하라. Wayne Israel, "Betrothal: Should We Kiss Courtship Goodbye?" *Home School Digest* 11, no. 2 (2000년 봄): 21-22. Jonathan Lindvall, "The Dangers of Dating: Scriptural Romance (Parts 1 and 2)," http://www.boldchristianliving.com/site/articles/

romance1.php와 http://www.boldchristianliving.com/site/articles/romance2/php (데이트와 구애와 약혼을 비교한 같은 웹사이트의 도표도 참조하라). Michael Pearl, "To Betroth or Not to Betroth? That Is the Question," *No Greater Joy* (2000년 1-2월): 1-11, 13-15.

67. 그러나 다음 두 책을 참조하라. Dennis Rainey, *Interviewing Your Daughter's Date: 8 Steps to No Regrets* (Little Rock, AR: FamilyLife, 2007). Voddie Baucham Jr., *What He Must Be…If He Wants to Marry My Daughter* (Wheaton, IL: Crossway, 2009).

68. 바로 전 단락을 참조하라.

69. 이성의 매력을 진화론적 관점이나 순전히 생물학적 관점에서 탐색해 온 숱한 대중 서적들은 말할 것도 없다. 예컨대 다음 책을 참조하라. Helen Fisher, *Why Him? Why Her? Finding Real Love by Understaning Your Personality Type* (New York: Henry Holt, 2009, 《나는 누구를 사랑할 것인가?》 코리아하우스). 생물인류학자인 저자는 네 가지 화학 기제를 그에 상응하는 성격 유형과 연결시킨다. 아울러 다음 책도 참조하라. David Givens, *Love Signals: A Practical Field Guide to the Body Language of Counseling* (New York: St. Martin's Griffin, 2005, 《러브 시그널》 민음인)

70. 사무엘하 13장에 나오는 암논과 다말의 사건을 참조하라. 암논은 아름다운 이복누이 다말을 "사랑"했으나(삼하 13:1, 참조. 4절) 얼마 후에 그녀를 강간했다(삼하 13:11-14).

71. Dennis & Barbara Rainey, *Passport2Purity* (Little Rock, AR: FamilyLife, 2004). 적극 추천되는 탁월한 자료다. 저자들은 혼전의 성적 순결에는 단지 성관계만 아니라 일체의 성적 활동을 금한다는 의미가 내포되어 있음을 설득력 있게 논증한다. 아울러 Virgin Lips 운동도 참조하라. 이 운동은 남녀 젊은이들에게 첫 키스를 결혼식 때 교환할 것을 독려한다. 앨버트 몰러의 지적처럼 "성경에 혼전의 키스를 명백히 금하는 말씀은 없으나…이 젊은 그리스도인들은 일부일처의 입술을 장래의 배우자에게 선물로 주기 원한다. 당장의 성적 만족을 추구하는 이 시대에 이 젊은 신자들은 진실한 입술은 기다린다고 믿는다. 이것이 반혁명이다." 다음 기사를 참조하라. R. Albert Mohler Jr., "True Lips Wait? Sexual Abstinence, Romantic Longing, and Monogamous Lips," 2009년 5월 5일, http://www.albertmohler.com. 아울러 다음 커버스토리도 참조하

라. Mark Regnerus, "The Case for Early Marriage," *Christianity Today* 53, no. 8, 2009년 8월 25일. 저자는 조혼을 주장하면서 그 근거로 많은 경우에 결혼을 미루는 일이 순리와 창조주의 설계에 어긋난다고 지적한다.

72. 위의 주66에 열거한, 연애와 약혼을 둘 다 찬성하는 자료들을 참조하라. 고대의 약혼 관습 중 적어도 일부(지참금의 지불, 부모의 중매 등)는 현재에도 해당되는 영속적 규범이라기보다 문화적 요소라고 결론지어도 무방해 보인다. 동시에 이 부분에서 보수적 자세로 신중을 기하고, 자신의 마음을 온전히 깨끗하게 지키고, 그분의 때에 그분의 방법으로 인도하실 주님을 신뢰하는 것이 바람직해 보인다. 예수도 바울도 이 주제를 직접 언급하지 않았으므로 이 문제에 대해서는 어느 정도 그리스도인의 재량과 자유가 있다고 볼 수 있다. 따라서 독단적 태도를 삼가는 게 좋다.

73. 혼전 상담 분야의 유익한 자료로 다음 두 책 등이 있다. Howard A. Eyrich, *Three to Get Ready: Premarital Counseling Manual*, 개정증보판 (Bemidji, MN: Focus, 2006). David A. C. Powlison & John V. Yenchko, *Pre-Engagement: Five Questions to Ask Yourself*, Resources for Changing Lives (Phillipsburg, NJ: P&R, 2000).

74. 물론 젊은 독신 남자들만 이 부분에서 힘들어하는 게 아니라 결혼한 남자들도 마찬가지다. 젊은 미혼 남자들은 결혼만 하면 이 문제가 해결될 거라고 생각해서는 안 된다. 나중에 순결하고 성경적인 결혼생활을 누리려면 반드시 결혼 전에 적절한 초지를 취해야 한다. 포르노에 대한 도움은 http://www.pureintimacy.org(Focus on the Family의 사역기관)과 http://www.settingcaptivesfree.com을 참조하라. 이 부분의 감시에 대한 실제적 책으로 다음 세 권이 있다. Stephen Arterburn & Fred Stoeker, *Every Man's Battle: Winning the War on Sexual Temptation One Victory at a Time* (Colorado Springs, CO: WaterBrook, 2000, 《모든 남자의 참을 수 없는 유혹》 좋은씨앗). Stephen Arterburn, Fred Stoeker & Mike Yorkey, *Every Man's Battle Guide: Weapons for the War Against Sexual Temptation* (Colorado Springs, CO: WaterBrook, 2003). Joshua Harris, *Not Even a Hint* (Sisters, OR: Multnomah, 2003, 《절대 순수》 두란노).

75. 성경에 자위행위를 직접 금하는 말씀은 없지만 스스로를 자극하는 이 고독한 섹스도 역시 도덕적으로 잘못된 것으로 보아야 한다. 다음 저자가 지적했듯이 자위행위는 아래와 같이 "하나님이 보시는 도덕적 섹스의 본질인 모든 긍정적 특성과 하나

하나 다 어긋나기"때문이다(Daniel R. Heimbach, *True Sexual Morality: Recovering Biblical Standards for a Culture in Crisis* [Wheaton, IL: Crossway, 2004], "A Note about Masturbation." (1) 섹스는 타인과의 인격적 관계의 일부인데 자위행위는 관계가 배제된다. (2) 섹스는 배타적이어야 하는데 자위행위는 대개 불순한 성적 공상이 개입된다. (3) 섹스는 특별하고 친밀해야 하는데 자위행위는 빈번하고 얄팍하다. (4) 섹스는 결실이 있어야(생산적이어야) 하는데 자위행위는 섹스를 소비품처럼 취급한다. (5) 섹스는 이타적 사랑이라는 장 안에서 이루어져야 하는데 자위행위는 자신을 만족시키기 위한 것이다. (6) 섹스는 다차원적인데 자위행위는 육체를 다른 모든 차원과 분리시킨다. (7) 섹스는 상호 보완적이어야 하는데 혼자서 스스로를 자극하는 행위는 연합을 낳지 않는다(즉 두 사람 사이에 성적 연합을 이루기 위한 게 아니다). 아울러 다음 두 책도 참조하라. Steve Gerali, *The Struggle* (Colorado Springs, CO: NavPress, 2003). Stephen Arterburn, Fred Stoeker & Mike Yorkey, *Every Young Man's Battle: Strategies for Victory in the Real World of Sexual Temptation* (Colorado Springs, CO: WaterBrook, 2002,《모든 젊은 남자의 순결 전쟁》사랑플러스)

76. 젊은 **기혼** 여성들에 대한 (특히 디도서 2장을 중심으로 한) 논의는 이 책 5장을 참조하라. 단정함의 이슈를 다룬 근래의 좋은 논의로 다음 기사를 참조하라. C. J. Mahaney, "God, My Heart, and Clothes," *Worldliness: Resisting the Seduction of a Fallen World*, C. J. Mahaney 편집 (Wheaton, IL: Corssway, 2008), 117-38. 아울러 같은 책 부록1과 부록2도 참조하라(pp. 173-79).

77. 앞서 이미 논한바 과부에 대한 구약의 가르침을 참조하라. 아울러 과부에 대한 유익하고 실제적인 설명을 다음 책에서 참조하라. John MacArthur Jr., *Different by Design: Discovering God's Will for Today's Man and Woman* (Wheaton, IL: Victor, 1994), 90-98, (《남성과 여성: 그 아름다운 하나님의 계획》생명의 말씀사). 디모데후서 5장을 바탕으로 그는 성숙한 여인, 헌신적 아내, 헌신적 어머니, 손님 대접, 겸손, 이타심, 친절 등의 특성을 정리했다(pp. 94-96).

78. S. M. Baugh, *1-2 Timothy, Titus*, Zondervan Illustrated Bible Backgrounds Commentary, Clinton E. Arnold 편집 (Grand Rapids: Zondervan, 2001), 467. 다음 책을 참조하라. Jerome D. Quinn & William C. Wacker, *The First and Second Letters* *to Timothy*, Eerdmans Critical Commentary (Grand Rapids: Eerdmans, 2000), 412-49.

79. 과부에 관한 구약의 가르침(출 22:22-23; 신 10:8, 14:29, 24:17-21, 26:12, 14, 27:19 등)에 그것이 충분히 증언되어 있다.

80. 그와 똑같이 바울도 자신이 밤낮 기도한다고 말했고(딤후 1:3, 참조. 엡 6:18; 빌 1:4) 데살로니가전서 5:17에는 그것을 권면하기도 했다. 신약의 예로는 여선지자 안나를 참조하라. "그가 결혼한 후 일곱 해 동안 남편과 함께 살다가 과부가 되고 팔십사 세가 되었더라. 이 사람이 성전을 떠나지 아니하고 주야로 금식하며 기도함으로 섬기더니"(눅 2:36-37).

81. 한부모의 자녀 양육에 대해서는 이 책 8장에 이미 논한 내용을 참조하라.

82. 물론 그렇다고 11장에서 살펴볼 이혼의 성경적 정당성이나 부당성, 재혼에 대한 성경의 가르침 등이 달라지는 것은 아니다.

83. 다음 책을 참조하라. David P. Gushee, *Getting Marriage Right: Realistic Counsel for Saving and Strengthening Relationships* (Grand Rapids: Baker, 2004), 57-83.

84. 이혼자들을 전문으로 돕는 사역기관으로 DivorceCare가 있다. 이 기관에 대한 정보는 http://www.divorcecare.com에서 얻을 수 있다. 이혼자들의 회복 사역을 출범하는 데 관심이 있는 교회들은 다음의 아주 유익한 자원을 참조하라. Bill Flanagan, *Developing A Divorce Recovery Ministry: A How-To Manual* (Colorado Springs, CO: NavPress, 1991).

85. 아울러 MacArthur, *Different by Design*, 98-106의 유익한 논의도 참조하라. "독신을 즐거워함," "독신의 어려움," "독신의 은사," "나에게 이 은사가 있다면?" "독신의 이점" 등과 같은 제목이 다루어져 있다. 그중 마지막 제목의 경우 저자는 고린도전서 7:25-40에서 독신의 이점을 다음과 같이 뽑아냈다. (1) 외부의 압력이 덜하다. (2) 육신의 문제가 적다. (3) 지나가는 세상에 더 초탈해 있다. (4) 결혼생활의 많은 급선무로부터 해방되어 있다. (5) 평생의 관계에 매여 있지 않다.

86. 다음 기사를 참조하라. Judith M. Gundry-Volf, "The Least and the Greatest: Children in the New Testament," *The Child in Christian Thought and Practice*,

Marcia Bunge 편집 (Grand Rapids: Eerdmans, 2000), 53. 저자가 유사성을 지적했듯이 "예수와 바울은 둘 다 번식에 대한 말을 아꼈는데—결혼과 섹스가 번식을 위한 것임을 강조한 유대의 전통과 대조적으로—이는 **종말을 내다보는 공통된 관점**에서 비롯되었다"(강조 추가). 아울러 아주 비슷한 결론에 도달한 Danylak, *A Biblical Theology of Singleness*도 참조하라. 대닐랙은 현재 케임브리지 대학교에서 고린도전서 7장에 나타난 독신을 주제로 박사학위 논문을 쓰고 있으며, 그가 본격적으로 연구 중인 성경적 독신 신학은 곧 Crossway 출판사에서 책으로도 나올 것이다.

10. 동성애

1. 1952년에 *Diagnostic and Statistical Manual of Mental Disorders*("DSM")이 처음 출간된 이후로 동성애는 이 편람의 모든 판에 정신질환으로 분류되었다. 그러다 1973년의 DSM 제2판 제6쇄부터 분류가 바뀌어 동성애는 용인되는 행동이 되었다.

2. John Jefferson Davis, *Evangelical Ethics: Issues Facing the Church Today*, 재판 (Phillipsburg, NJ: P&R, 1993), 95-97.

3. 근래의 한 예로 다음 책을 참조하라. Harold J. Ellens, *Sex in the Bible: A New Consideration* (Westport, CT: Praeger, 2006). 그의 주장에 따르면 창세기 19:1-29는 손님 대접의 불이행에 관한 것이고, 레위기 18:22와 20:13은 이교 예배에 수반되던 행위만을 가리키며(p. 108), 바울이 로마서 1장에 한 말은 "이교의 예배 의식에 관여된 특별한 [동성애] 행동"에만 해당하고(p. 122), 로마서 1:26에 언급된 여자들은 순리에 어긋나는 모종의 이성애 행위를 한 것이 된다(p. 132). 다음 저자가 지적했듯이 근래에 이 주제를 다룬 네 권의 평론집을 보면 동성 간의 성관계를 반대하는 학자들은 네 권 모두 확실히 소수에 그친다. Robert A. J. Gagnon, *The Bible and Homosexual Practice: Texts and Hermeneutics* (Nashville: Abingdon, 2001), 38-39, 주5. 동성애를 반대하는 기고자들이 Jeffrey S. Siker 편집, *Homosexuality in the Church: Both Sides of the Debate* (Lousville, KY: Westminster, 1994)에서는 13명 중 4-5명, Robert L. Brawley 편집, *Biblical Ethics and Homosexuality: Listening to Scripture* (Louisville, KY: Westminster, 1996)에서는 9명 중 2명, Choon-Leong Seow 편집, *Homosexulaity and Christian Community* (Louisville, KY: Westminster, 1996)에서는 13명 중 3-4

명, David L. Balch, *Homosexuality, Science, and the "Plain Sense" of Scripture* (Grand Rapids: Eerdmans, 2000)에서는 11명 중 4명이었다. 네 권의 책에서 동성애를 옹호하는 학자들이 전체의 3분의 2에 달한다는 뜻이다.

4. 그 교단은 미국성공회(Episcopal Church USA)다. 동성애에 관한 다음 기사를 참조하라. David W. Jones, "Egalitarianism and Homosexuality: Connected or Autonomous Ideologies?" *Journal for Biblical Manhood and Womanhood* 8, no. 2 (2005년 가을): 5-19. 저자는 다수의 주류 기독교 교단에 나타나는 동성애의 수용과 페미니즘의 지지 사이의 상관관계를 추적한다.

5. 예컨대 남침례교(Southern Baptist Convention), 미국장로교(Presbyterian Church in America), 루터교 미주리 노회(Lutheran Church Missouri Synod) 등이다.

6. 유익한 논의로 다음 책을 참조하라. Dennis P. Hollinger, *The Meaning of Sex: Christian Ethics and the Moral Life* (Grand Rapids: Baker, 2009), 7장. 그는 동성애에 대한 성경의 주요 본문들과 그것을 재해석하려는 동성애 옹호자들의 시도들을 분석한 후에 이런 결론을 내렸다. "예수의 가르침을 포함하여 하나님 말씀의 가르침을 정직하게 본다면 분명히 그리스도인들과 교회는 동성애 관계를 정당화할 수 없다"(p. 194).

7. 창세기 1-3장과 동성애에 대한 논의는 Gagnon, *The Bible and Homosexual Practice*, 56-62을 참조하라.

8. 같은 책, 169-76을 참조하라.

9. 그러나 흥미롭게 주목할 것이 있다. 동성 커플들은 하나님이 설계하신 부부 관계의 상호 보완적 성 역할에 동참할 수 없지만 그럼에도 한쪽 파트너는 거의 언제나 리더의 역할(하나님이 남편에게 부여하신)을 맡고 다른 쪽 파트너는 하나님이 아내에게 부여하신 돕는 자의 역할을 맡는다(신약에 *arsenokoitēs*[딤전 1:10]와 *malakos*["부드럽다," 고전 6:9-10에 두 단어가 다 쓰였다] 등 동성애를 지칭하는 단어들이 따로 둘로 존재하는 것도 그것의 반영일 수 있다. 다음 책을 참조하라. Johannes P. Louw & Eugene A. Nida, *Greek-English Lexicon of the New Testament Based on Semantic Domains*, 재판 [New York: United Bible Societies, 1989], 1,772. 이 저자들은 남자들의 동성 간 성관계에서 전자의 용어는 능동적 파트너, 후자의 용어는 수동적 파트너를 각각 의미한다고 보았다). 이렇게 동성애 관계 속에 나타나는 변질된 성 역할은 하나님이 설계하신 상호 보완성을 증언해 준다. 이러한 상호 보완성

은 결혼과 가정에 대한 성경적 모델뿐만 아니라 부모와 자녀(엡 6:1-4), 고용주와 피고용인(엡 6:5-9), 정부와 시민(롬 13:1-7), 목사와 교인(히 13:17) 등 다른 사회적 관계들에도 역시 필수 요소다. 그러나 동성 커플들은 하나님이 설계하신 결혼과 가정의 필수 요소인 상호 보완성을 흉내 내려 해도 양쪽 역할의 진정한 상호성을 본질상 드러낼 수 없다. 그것은 하나님이 남편과 아내의 관계라는 장 속에서 서로 다른 두 개의 성에 부여하신 것이다.

10. Gagnon, *The Bible and Homosexual Practice*, 164-69을 참조하라. 저자는 또한 동성 간의 성관계가 순리에 어긋남을 보여 주는 부차적 논증으로 과잉의 정욕과 동물의 이성애를 제시했다(pp. 176-80).

11. 이성애 관계 내의 번식은 주님이 결혼을 "한 몸"의 관계로 묘사하신 데서도 포착된다(창 2:24). 거기에 남녀 간의 성관계가 전제되어 있다고 볼 수 있다. 모든 생물을 "그 종류대로"(창 1:21, 24, 25)—즉 번식 능력이 있게 성별로—창조하셨다는 기사에도 그것이 암시되어 있을 수 있다.

12. 사람이 흑인이나 백인이나 남자나 여자로 태어나듯이 어떤 사람들은 동성애자로 "태어난다"는 주장이 간혹 제기된다. 다음 네 기사를 참조하라. D. F. Swaab & M. A. Hoffman, "An Enlarged Suprachiasmatic Nucleus in Homosexual Men," *Brain Research* 537 (1990): 141-48. Simon LeVay, "A Difference in Hypothalamic Structure Between Heterosexual and Homosexual Men," *Science* 235 (1991년 8월 30일): 1034-37. J. Michael Bailey & Richard C. Pillard, "A Genetic Study of Male Sexual Orientation," *Archives of General Psychiatry* 48 (1991년 12월): 1089-96. J. Michael Bailey & Deana S. Benishay, "Familial Aggregation of Female Sexual Orientation," *American Journal of Psychiatry* 150, no. 2 (1993): 272-77. "게이 유전자"를 물려받은 사람들에게는 선천적 성적 성향대로 사는 게 허용되어야 하며, 따라서 동성애를 도덕적 행동으로 보아야 한다는 것이다.

그러나 설령 동성애가 유전성으로 입증된다 해도, 그렇다고 동성애가 도덕적으로 용인되는 것은 아니다. 어떤 행위에 대한 유전적 성향은 결코 그 행동의 도덕적 정당성을 결정하는 온당한 근거가 될 수 없기 때문이다. 한 가지만 예를 들자면, 유전적으로 선(腺)에 이상이 있는 남자는 테스토스테론이 과다 분비되어 성욕이 정상보다 높아진다. 하지만 그 유전성을 근거로 강간이나 근친상간이나 소아성애의 도덕성을 정당화할 수는 없다. 동성애 옹호론자들이 주장하는 유전적 결정론과 이에 대한 성경적 대응을 더 자세히 알려면 다음 기사를 참조하라. Sherwood O. Cole, "Biology, Homosexuality, and the Biblical Doctrine of Sin," *Bibliotheca Sacra* 157, no. 627 (2000년 7-9월): 348-61. 다음 기사도 참조하라. Jeffrey Satinover, "The Gay Gene?" http://www.cbmw.org.

간혹 제기되는 또 다른 주장은 동성애가 호르몬의 불균형과 관련이 있다는 것이다. 그러나 다음 저자들은 이렇게 썼다. "섹스 호르몬의 불균형을 동성애의 원인으로 보는 사람들이 있다.…그러나 그동안 남성 호르몬을 주사하여 남자 동성애를 치료한 경우 성공률이 극히 낮았다." John S. & Paul D. Feinberg, *Ethics for a Brave New World* (Wheaton, IL: Crossway, 1993), 188. 다음 기사를 인용했다. Garfield Tourney, "Hormones and Homosexuality," *Homosexual Behavior: A Modern Reappraisal*, Judd Marmor 편집 (New York: Basic Books, 1980).

13. 예컨대 여러 연구 결과에 보면 남성 동성애자들이 평생 상대하는 섹스 파트너는 평균 50명에서 500명 사이이며 1천 명이 훌쩍 넘는 사람들도 있다(다음 세 책을 참조하라. Robert T. Michael, *Sex in America: A Definitive Study* [Boston: Little, Brown, & Co., 1994]. Richard A. Kaslow 외, "The Multicenter AIDS Cohort Study: Rationale, Organization, and Selected Characteristics of Participants," *American Journal of Epidemiology* 126, no. 2 [1987년 8월]: 310-18. Alan P. Bell & Martin S. Weinberg, *Homosexualities: A Study of Diversity Among Men and Women* [New York: Simon & Schuster, 1978], 308-9. 한 연구에 따르면 조사에 응한 156쌍의 동성 커플 중 "일부일처"는 7쌍뿐이었다. 다음 책을 참조하라. David P. McWhirter & Andrew M. Mattison, *The Male Couple: How Relationships Develop* [Englewood Cliffs, NJ: Prentice Hall, 1984], 3. 아울러 여러 조사 결과 레즈비언들도 평균 섹스 파트너가 복수이긴 하지만 평생 상대하는 파트너의 총수는 남성 동성애자들보다 훨씬 적었다는 점에도 주목하라.) 이는 결혼과 가정에 대한 성경적/전통적 모델에 규정된 일부일처 및 정절과는 크게 다르다. 더욱이 동성 간의 결혼이 새로 시작된 현상이라 정확한 수치를 산정하기는 어렵지만, 동성애 생활방식은 대개 문란하기 때문에 당연히 뒤따르는 논리적 결론이 있다. 동성 간의 결혼(또는 시민결합)은 백년해로하지 못한다는 것이다(다

음 기사를 참조하라. Russ Smith, "Right Field," Baltimore City Paper Online, http://www.citypaper.com/2004-01-28/right.html, "동성 결혼의 절반은 이혼으로 끝날 것 같다").

14. 동성애를 지지하는 사람들은 때로 동성애자들의 문란함을 인정하면서도 진짜 문제는 동성애 자체가 아니라 문란함이라고 주장한다. 예컨대 다음 책을 참조하라. David G. Myers & Letha Dawson Scanzoni, *What God Has Joined Together? A Christian Case for Gay Marriage* (New York: HarperCollins, 2005). 그뿐 아니라 그들은 사회가 동성애를 변태적 생활방식으로 보고 배척함으로써 "일부일처"의 동성애 관계를 방해한다고 주장한다. 사회가 동성 결혼을 합법화하면 동성애자들이 문란함을 버릴 거라는 게 그들의 해법이다. 그러나 이런 주장에는 적어도 두 가지 문제점이 있다. 첫째로, 이 주장은 동성애를 받아들이지 않는 사회가 잘못되었다고 간주한다. 둘째로, 이 주장은 사회가 동성애를 받아들이든 그렇지 않든—동성애자들이 문란하든 "일부일처"이든—여전히 성경의 기준으로 동성애가 도덕적으로 용인될 수 없다는 사실을 간과한다.

15. 로마서 1:21-28, 32을 참조하라. 이에 대한 아래의 논의를 더 참조하라. 신약에서 여성의 동성애가 명시적으로 언급된 곳은 로마서 1:26 한 곳뿐이다. 물론 동성애를 금하는 전반적 명령이 거기에도 동일하게 적용되지만, 여성의 동성애는 따로 언급해야 할 만큼 두드러지지 않았던 것으로 보인다.

16. 이후의 내용은 동성애에 대해 중립적 입장을 취하지 않으며, 또한 주요 대상이 동성애 옹호론자들 자신이 아니다. 그보다 지금부터 우리는 동성애에 대한 성경의 주요 본문들을 재해석하려는 동성애 옹호론자들의 주된 시도들을 논할 것이며, 그 목적은 동성애 주창자들과 대화할 기회가 있는 독자들을 무장시켜 주기 위해서다. 동성애 행위를 옹호하는 사람들이 그런 식의 논리를 펼 것이기 때문이다. 동성애에 대한 두 가지 주요 입장을 비교한 유익한 자료로 다음 책을 참조하라. Robert A. J. Gagnon & Dan O. Via, *Homosexuality and the Bible: Two Views* (Minneapolis: Fortress, 2003).

17. 창세기 9:20-27, 19:4-11, 레위기 18:22, 20:13, 신명기 23:17-18, 사사기 19:22-25, 열왕기상 14:24, 15:12, 22:46, 열왕기하 23:7, 욥 36:14, 에스겔 16:50(어쩌면 또한 에스겔 18:12, 33:26), 로마서 1:26-27, 고린도전서 6:9-10, 디모데전서 1:9-10, 베드로후서 2:6, 유다서 1:7, 요한계시록 21:8, 22:15. Gagnon, *The Bible and Homosexual*

Practice, 432를 참조하라.

18. 이 본문들 외에도 일부 동성애 옹호론자들은 (다윗과 요나단, 룻과 나오미 등) 동성 간의 친밀한 인격적 관계를 성경 속의 동성애 관계의 사례로 내세운다. 예컨대 다음 책을 참조하라. Tom Horner, *Jonathan Loved David: Homosexuality in Biblical Times* (Philadelphia: Westminster, 1978), 특히 2-3장. 반대로 다음 세 책도 참조하라. M. H. Pope, "Homosexuality," *The Interpreter's Dictionary of the Bible: Supplementary Volume* (Nashville: Abingdon, 1976), 416-17. M. Bonnington & B. Fyall, *Homosexuality and the Bible* (Cambridge: Grove, 1996), 9. Gagnon, *The Bible and Homosexual Practice*, 146-54. 특히 가뇽은 "본문을 동성애에 유리하게 해석하는 데 대한 결정적 논박"으로 다음 기사를 인용했다. Markus Zehnder, "Exegetische Beobachtungen zu den David-Jonathan-Geschichten," *Biblica* 79 (1998): 153-79. 성경의 친밀한 동성 관계들에서 동성애를 추론하는 것은 근거 없는 명백한 오류이므로 그런 주장은 아래의 논의에 다루지 않았다.

19. 이사야 1:9, 10, 3:9, 13:19, 예레미야 23:14, 49:18, 50:40, 예레미야애가 4:6, 에스겔 16:46, 48, 49, 53, 55, 56, 아모스 4:11, 스바냐 2:9, 마태복음 10:15, 11:23, 24, 누가복음 10:12, 17:29, 로마서 9:29(이사야 1:9의 인용), 베드로후서 2:6, 유다서 1:7, 요한계시록 11:8 등을 참조하라.

20. 동성애를 지지하는 사람들이 소돔과 고모라 이야기를 여러 가지로 해석하는 데 대한 논의와 반박은 다음 두 책을 참조하라. James R. White & Jeffrey D. Niell, *The Same Sex Controversy: Defending and Clarifying the Bible's Message About Homosexuality* (Minneapolis: Bethany, 2002), 27-52. Gagnon, *The Bible and Homosexual Practice*, 71-91. 특히 가뇽은 창세기 9:20-27에 나오는 함의 행위와 노아의 저주(같은 책, pp. 63-71), 사사기 19:22-25에서 레위인의 첩이 강간당한 사건(같은 책, pp. 91-97)도 다루었다.

21. Walter Barnett, *Homosexuality and the Bible: An Interpretation* (Wallingford, PA: Pendle Hill, 1979), 8-9.

22. 같은 책.

23. Letha Scanzoni & Virginia Ramey Mollenkott, *Is the Homosexual My*

Neighbor? Another Christian View (San Francisco: Harper & Row, 1978), 57-58.

24. D. Sherwin Bailey, *Homosexuality and the Western Christian Tradition* (London: Longmans, Green, 1955), 4.

25. Harry A. Woggon, "A Biblical and Historical Study of Homosexuality," *Journal of Religion and Health* 20, no. 2 (1981년 여름): 158.

26. John. H. McNeill, "Homosexuality: Challenging the Church to Grow," *Christian Century* 104, no. 8 (1987년 3월 11일): 244. 아울러 다음 책도 참조하라. John J. McNeill, *The Church and the Homosexual* (Kansas City, MO: Sheed, Andrews and McMeel, 1976), 42-50.

27. John Boswell, Christianity, *Social Tolerance, and Homosexuality: Gay People in Western Europe from the Beginning of the Christian Era to the Fourteenth Century* (Chicago: University of Chicago Press, 1980), 93.

28. James B. Nelson, "Homosexuaity and the Church," *St. Luke's Journal of Theology* 22, no. 3 (1979년 6월): 199. 아울러 Barnett, *Homosexuality and the Bible*, 7-10도 참조하라. 흔히들 소돔이 "거만하여 가증한 일"을 여호와 앞에서 행했다고 한 에스겔 16:50을 인용하여 이 관점을 옹호하지만 설득력이 없다.

29. 아울러 다음 책도 참조하라. Allan N. Moseley, *Thinking against the Grain* (Grand Rapids: Kregel, 2003), 189-90.

30. 창세기 19:5, 8의 해당 부분이 ESV에 각각 "알리라"와 "알지 아니한"으로 옮겨져 있는데, 엄밀히 말해서 틀린 건 아니지만 안타깝게도 현대 영어의 의미상 이 점을 충분히 밝혀 주지 못한다. 분명히 본문의 취지는 단순히 상대를 "알게 된다"는 의미(현대 영어의 "알다"의 통상적 의미)가 아니라 상대와 성관계를 한다는 의미다.

31. 동성애를 지지하는 사람들이 레위기의 성결법을 여러 가지로 해석하는 데 대한 논의와 반박은 White & Niell, *Same Sex Controversy*, 53-108과 특히 Gagnon, *The Bible and Homosexual Practice*, 111-46을 참조하라.

32. 일부 해석자들은 구약의 어떤 율법도 현대의 그리스도인들에게 적용되지 않는다는 이유로 레위기 18:22와 20:13의 적용 가능성에 이의를 제기한다(Scanzoni & Mollenkott, *Is the Homosexual My Neighbor?* 60-61, 112-15을 참조하라). 그러나 이런 극

단적 주장은 변호의 여지가 없으며, 이 주제는 더 세심한 뉘앙스를 요한다. 예컨대 다음 책을 참조하라. William J. Webb, *Slaves, Women and Homosexuals: Exploring the Hermeneutics of Cultural Analysis* (Downers Grove, IL: InterVarsity, 2001), 28-29, 81-82, 87-90, 102-4, 108-10, 131-33, 155-57, 161, 177-78, 181-83, 196-200, 204-6, 216-20, 231-34, 250-52. 광범위한 분석 끝에 웹은 "동성애를 금하는 성경의 입장은…오늘날에도 유지되어야 한다"고 결론지었다(p. 250, 그렇다고 웹의 "구속 운동 해석법"이나 교회 내에서 여성이 차지하는 역할에 대한 그의 관점을 지지한다는 뜻은 아니다). 구약과 신약의 관계에 대해서는 다음 두 책도 참조하라. John Feinberg 편집, *Continuity and Discontinuity: Perspectives on the Relationship between the Old and New Testaments* (Wheaton, IL: Crossway, 1988). Wayne G. Strickland 편집, *Five Views on Law and Gospel* (Grand Rapids: Zondervan, 1993).

33. Barnett, *Homosexuality and the Bible*, 12.

34. Boswell, *Christianity, Social Tolerance, and Homosexuality*, 101-2.

35. Scanzoni & Mollenkott, *Is the Homosexual My Neighbor?* 60.

36. Webb, Slaves, *Women and Homosexuals*를 참조하라. 그의 결론은 "이 주제에 적용되는 사실상의 모든 기준이 혹은 강하고 혹은 약하게 암시해 주듯이, 동성애를 막는 성경의 금령들은 심지어 언약의 형태로 주어진 것일지라도 오늘날에도 유지되어야 한다. 성경의 자료 내에 유의미한 부조화는 없다"는 것이다(p. 250).

37. 고대 이스라엘의 우상숭배에 남창이 존재했음을 부인하려는 것은 아니다. 이에 대해서는 Gagnon, *The Bible and Homosexual Practice*, 100-110을 참조하라.

38. 이 주제에 대한 예수의 기록된 발언은 없다. 이는 1세기 팔레스타인의 유대교에서 이 주제가 큰 논쟁거리가 아니었음을 암시해 준다(그러나 Gagnon, *The Bible and Homosexual Practice*, 3장 "The Witness of Jesus"를 참조하라. 그는 특히 예수께서 마가복음 7:21-23에 쓰신 porneiai라는 단어에 동성애에 대한 정죄가 암시되어 있다고 주장한다[p. 191]).

39. 동성애에 대한 이후의 논의에는 다음 기사의 내용이 포함되어 있다. Andreas J. Köstenberger, "1-2 Timothy, Titus," *The Expositor's Bible Commentary*, vol. 12: *Ephesians-Philemon*, 개정판 (Grand Rapids: Zondervan, 2006), 503-4. 유익한 논의로 다음 책을 참조하라. Thomas E. Schmidt, *Straight and Narrow? Compassion and*

Clarity in the Homosexuality Debate (Leicester; Downers Grove, IL: InterVarsity, 1995). 로마서 1장의 수정주의적 해석들에 대한 대화와 논박은 다음 책을 참조하라. Moseley, *Thinking against the Grain*, 193-94. 아울러 Gagnon, *The Bible and Homosexual Practice*, 229-303의 심층 논의도 참조하라.

40. 동성애를 지지하는 사람들이 로마서 1:26-27을 여러 가지로 해석하는 데 대한 논의와 반박은 White & Niell, *Same Sex Controversy*, 109-40을 참조하라.

41. James E. Miller, "The Practices of Romans 1:26: Homosexual or Heterosexual?" *Novum Testamentum* 37 (1996): 1-11. 그는 로마서 1:26이 지칭하는 게 동성애가 아니라 순리에 어긋난 이성애 행위라고 주장한다. 하지만 로마서 1:27의 매우 유사한 표현으로 보아 그런 개연성은 낮아 보인다. 다음의 비판을 더 참조하라. Thomas R. Schreiner, *Romans, Baker Exegetical Commentary on the New Testament* (Grand Rapids: Baker, 1998), 95 주5, (《BECNT 로마서》 부흥과개혁사).

42. 다음 책을 참조하라. Everett Ferguson, *Backgrounds of Early Christianity*, 재판 (Grand Rapids: Eerdmans, 1993), 63-74, 특히 p. 63. "로마서 1:18-32에 바울이 단죄한 이방인의 도덕성은 당시의 다른 문헌들을 통해서도 적잖이 확인된다." 그는 나아가 동성애와 매매춘을 보던 그리스-로마의 관점들과 그 둘이 행해지던 실태도 논했다.

43. 이 단어가 기독교 이전에 쓰였을 수 있는 예에 대해서는 Sibylline Oracles 2:73을 참조하라("동성애를 행하지 말라"). 다음 저자는 *arsenokoitēs*라는 단어를 바울이 지어냈다고 주장한다. James B. De Young, "The Source and NT Meaning of Ἀρσενοκοί ται with Implications for Christian Ethics and Ministry," *The Master's Seminary Journal* 3 (1992): 211-15.

44. 동성애를 지지하는 사람들이 고린도전서 6:9-10과 디모데전서 1:9-10을 여러 가지로 해석하는 데 대한 논의와 반박은 White & Niell, *Same Sex Controversy*, 141-61을 참조하라.

45. 흔히들 지적하듯이 "고린도화하다"(*korinthiazō*, 그리스 작가 아리스토파네스[BC 약 450-385년]가 지어냈다)라는 말은 속칭 성적 부도덕으로 통했고 "고린도 여자"라는 말은 창녀를 가리켰다(그러나 다음 논의를 참조하라. David E. Garland, *1 Corinthians*, Baker Exegetical Commentary on the New Testament [Grand Rapids: Baker, 2003], 240-41. 그

는 이런 별칭들이 로마식 고린도가 아닌 헬라식 고린도를 겨냥하여 지어내진 것임을 지적했으나, 그도 인정했듯이 그 도시에는 헬라의 성애의 여신인 아프로디테의 영향이 강했다.) 아울러 다음 책도 참조하라. Gordon D. Fee, *The First Letter to the Corinthians*, New International Commentary on the New Testament (Grand Rapids: Eerdmans, 1987), 2-3. 그는 "바울의 고린도는 고대 세계의 뉴욕과 로스앤젤레스와 라스베이거스를 합해 놓은 것과 같았다"라고 말했다(p. 3).

46. 다음 저자는 "남자에 의해 성적으로 삽입당하는 남자"와 "남자에게 성적으로 삽입하는 남자"라는 번역을 택했다. Garland, *1 Corinthians*, 214. 그는 다음 네 책을 인용했다. Hans Lietzmann, *Die Briefe des Apostels Paulus: An die Korinther* I, II, 제5판, Werner G. Kümmel 편집, *Handbuch zum Neuen Testament* 9 (Tübingen: Mohr-Siebeck, 1949), 27. C. K. Barrett, *The First Letter to the Corinthians*, Harper's New Testament Commentaries (New York: Harper & Row, 1968), 140. Charles H. Talbert, *Reading Corinthians: A Literary and Theological Commentary on 1 and 2 Corinthians* (New York: Crossroad, 1987), 23. Gagnon, *The Bible and Homosexual Practice*, 306-32.

47. 이후의 분석 중 일부는 다음 책의 도움을 받았다. Fee, *First Letter to the Corinthians*, 242-45.

48. 남색(pederasty, 헬라어로 *paidophthoria*) 즉 성인 남자와 소년 사이의 동성애 성관계는 그리스-로마 세계에 흔히 있던 동성애의 형태였다(아래의 논의를 더 참조하라). 그러나 이후의 논의에서 보겠지만 그렇다고 바울이 단죄한 동성애가 남색으로 국한되는 것은 아니다. 참고로 BDAG 135에 고린도전서 6:9의 *arsenokoitai*는 "동성과 성행위를 하는 남자로 동성애 행위 중 지배적 역할을 맡은 pederast이고 그 반대는 μαλαφοζ이다"라고 설명되어 있다. BDAG는 계속해서 "동성애 행위에 대한 바울의 비난은 소위 성전의 남창으로는 충분히 설명될 수 없으며⋯동성애 서비스를 위한 소년과의 계약으로 국한될 수도 없다"고 지적하며 다음 책을 인용했다. Evangelinus Apostolides Sophocles, *Greek Lexicon of the Roman and Byzantine Periods* (from B.C. 146 to A.D. 1100) (New York: Scribner's, 1900; 재판 Elibron Classics, 2003), 1,253. 그 책에는 *arsenokoitēs*가 "여자와 하듯 남자와 성관계를 하는 사람"(*ho meta arsenos* *koimōmenos koitēn gynaikeian*)으로 풀이되어 있다. 아울러 Gagnon, The Bible and Homosexual Practice, 306-12도 참조하라. 그도 역시 고린도전서 6:9의 *malakos*는 동성애 성관계의 수동적 파트너를 가리킨다고 결론지었다(p. 312).

49. Fee, *First Letter to the Corinthians*, 244.

50. 근래의 논의에 대한 훌륭한 요약과 판결을 다음 책에서 참조하라. Garland, *1 Corinthians*, 212-15(pp. 217-18에 추가된 주도 참조하라). 아래의 논의 중 일부는 그 책의 도움을 받았다. 아울러 Gagnon, *The Bible and Homosexual Practice*, 312-32도 참조하라(D. Wright, p. 315를 따랐다. 아래의 주51을 참조하라).

51. Boswell, *Christianity, Social Tolerance, and Homosexuality*, 106-7, 335-53. 다음 저자는 그를 단호히 논박했다. David F. Wright, "Homosexuals or Prostitutes? The Meaning of Ἀρσενοκοίται (1 Cor. 6:9; 1 Tim. 1:10)," *Vigiliae Christianae* 38 (1984): 125-53. 아울러 다음 여러 책도 참조하라. David F. Wright, "Translating Ἀρσενοκοίται (1 Cor. 6:9; 1 Tim. 1:10)," *Vigiliae Christianae* 41 (1987): 397. 같은 저자, "Homosexuality: The Relevance of the Bible," *Evangelical Quarterly* 61 (1989): 291-300. J. Robert Wright, "Boswell on Homosexuality: A Case Undemonstrated," *Anglical Theological Review Supplement* 66 (1984): 79-94. William L. Petersen, "Can Ἀρσενοκοίται Be Translated by 'Homosexuals'? (1 Cor. 6:9; 1 Tim. 1:10)," *Vigiliae Christianae* 40 (1986): 187-91. Richard B. Hays, "Relations Natural and Unnatural: A Response to John Boswell's Exegesis of Romans 1," *Journal of Religious Ethics* 14, no. 1 (1986): 210-11. David E. Malick, "The Condemnation of Homosexuality in 1 Corinthians 6:9," *Bibliotheca Sacra* 150 (1993): 479-92. Bruce W. Winter, "Homosexual Terminology in 1 Corinthians 6:9: The Roman Context and the Greek Loan-Word," *Interpreting the Bible: Essays in Honour of David Wright* (Leicester: InterVarsity, 1997), 275-79. McNeill, *The Church and the Homosexual*, 53.

52. Boswell, *Christianity, Social Tolerance, and Homosexuality*, 140-41.

53. 같은 책, 108.

54. Robin Scroggs, The New Testament and Homosexuality (Philadelphia: Frotress,

1983), 106-8. 아울러 다음 책도 참조하라. Graydon F. Snyder, *First Corinthians: A Faith Community Commentary* (Atlanta: Mercer University Press, 1992), 72-73. 그러나 다음 두 책에 나오는 비판을 참조하라. Hays, "Relations Natural and Unnatural," 210-11. Jerome D. Quinn & William C. Wacker, *The First and Second Letters to Timothy*, Eerdmans Critical Commentary (Grand Rapids: Eerdmans, 2000), 88. 아울러 Boswell, Scroggs, Petersen에 대한 다음 저자의 유익한 요약과 논박도 참조하라(Petersen에 대해서는 아래를 참조하라). De Young, "Source and NT Meaning of 'Αρσενοκοίται," 191-215(그는 Wright의 "Translating 'Αρσενοκοίται"를 몰랐던 것 같다). 아울러 같은 저자의 다음 책도 참조하라. *Homosexuality: Contemporary Claims Examined in Light of the Bible and Other Ancient Literature and Law* (Grand Rapids: Kregel, 2000).

55. Bailey, *Homosexuality and the Western Christian Tradition*을 참조하라. 저자는 이 단어가 오로지 동성과의 성행위만 가리킨다고 주장한다.

56. Scanzoni & Mollenkott, *Is the Homosexual My Neighbor?* 61-65. McNeill, *The Church and the Homosexual*, 53-56.

57. Dale B. Martin, "*Arsenokoitēs* and *Malakos*: Meaning and Consequences," *Biblical Ethics and Homosexuality: Listening to Scripture*, Robert L. Brawley 편집 (Louisville, KY: Westminster, 1996), 129-30. 그러나 이 저자의 관점에 대한 비판을 Schreiner, Romans, 95 주7에서 참조하라.

58. Petersen, "Can 'Αρσενοκοίται Be Translated by 'Homosexuals'?" 187-91(인용한 부분은 p. 189에 있다).

59. Garland, *1 Corinthians*, 212-13에 나오는 도표를 참조하라. 다음 세 기사도 참조하라. P. D. M. Turner, "Biblical Texts Relevant to Homosexual Orientation and Practice: Notes on Philology and Interpretation," *Christian Scholar's Review* 26 (1997): 435-45. D. Wright, "Homosexuals or Prostitutes?" 129. Quinn & Wacker, *First and Second Letters to Timothy*, 88, 101.

60. 그래서 NIV에는 고린도전서 6:9의 그 단어가 "동성애 범죄자들"로 옮겨져 있다. 어쩌면 TNIV의 "동성애를 행하는 자들"이라는 표현이 더 정확할 수 있다.

61. Gordon J. Wenham, "The Old Testament Attitude to Homosexuality," *Expository Times* 102 (1991): 362.

62. Garland, *1 Corinthians*, 213을 참조하라.

63. De Young, "Source and NT Meaning of Ἀρσενοκοῖται," 199-200을 참조하라. D. Wright, "Homosexuals or Prostitutes?"를 인용했다.

64. Garland, *1 Corinthians*, 213, 주31에 소개된 긴 참고문헌의 목록을 참조하라.

65. De Young, "Source and NT Meaning of Ἀρσενοκοῖται," 206을 참조하라. 아울러 위에 언급한 고린도전서 6:11도 참조하라.

66. 다음 기사를 참조하라. David F. Wright, "Homosexuality," *Dictionary of Paul and His Letters*, Gerald F. Hawthorne, Ralph P. Martin & Daniel G. Reid 편집 (Leicester; Downers Grove, IL: InterVarsity, 1993), 413-14. 그는 "역리"란 단순히 "용인된 관행에 어긋난다"는 뜻이 아니라 "하나님의 창조 설계의 근본인 성별 구분을 업신여기는 것"이라고 지적했다(p. 413).

67. Wenham, "Old Testament Attitude to Homosexuality," 363. Craig S. Keener, "Adultery, Divorce," Craig A. Evans & Stanley E. Porter 편집, *Dictionary of New Testament Background* (Downers Grove, IL: InterVarsity, 2000), 15, (《IVP 성경배경주석: 신약》 IVP). 키너는 고대 유대인들이 "대개 동성애 행동을 유독 이방인에게 만연한 죄이자…마땅히 사형에 처할 죄로 보았다"고 설명했다. 그는 또 "일부 유대인들은 동성 간의 성관계를 순리에 어긋나는 것으로 여겼는데…아마 번식이 불가능하다는 이유도 있었을 것이다"라고 지적했다. Wright도 비슷하게 "동성애는 필로, 요세푸스, 바울, 의사(擬似) 포킬리데스(Phocylides) 같은 유대인 작가들이 타락한 그리스 이교의 확연한 징후로 간주한 악이다"라고 말했다("Homosexuals or Prostitutes?" 145). 아울러 다음 두 기사도 참조하라. D. Wright, "Homosexuality: The Relevance of the Bible," 219. Hays, "Relations Natural and Unnatural," 184-215.

68. Gagnon, *The Bible and Homosexual Practice*, 182.

69. "순리"(본성)에 근거한 바울의 논증을 같은 서신의 뒷부분(고전 11장, 특히 14절)에서 참조하라. 동성애에 대한 그리스-로마의 관점들에 대해서는 Gagnon, *The Bible and Homosexual Practice*, 159-60 주1에 소개된 참고문헌들을 참조하라.

70. Wolfgang Stegemann, "Paul and the Sexual Mentality of His World," *Biblical Theology Bulletin* 23 (1993): 161-68. 슈테게만의 말과 이어지는 필로의 인용문은 Garland, *1 Corinthians*, 214에서 재인용했다.

71. 특히 다음 기사를 참조하라. David M. Halperin, "Homosexuality," *Oxford Classical Dictionary*, 3판, Simon Hornblower & Antony Spawforth 편집 (Oxford: New York: Oxford University Press, 1996), 720-23.

72. Stegemann, "Paul and the Sexual Mentality of His World," 164 (Garland, *1 Corinthians*, 218에 인용되어 있다).

73. 인용문은 Garland, *1 Corinthians*, 218에서 따왔다.

74. 다음 여러 책을 참조하라. James Dobson, *Marriage Under Fire: Why We Must Win This Battle* (Sisters, OR: Multnomah, 2004). Erwin W. Lutzer, *The Truth about Same-Sex Marriage: 6 Things You Need to Know About What's Really at Stake* (Chicago: Moody, 2004, 《동성애에 대해 교회가 입을 열다》 두란노). Matthew D. Staver, *Same-Sex Marriage: Putting Every Household at Risk* (Nashville: Broadman, 2004). White & Niell, *The Same Sex Controversy*. Glenn T. Stanton & Dr. Bill Maier, *Marriage on Trial: The Case Against Same-Sex Marriage and Parenting* (Downers Grove, IL: InterVarsity, 2004). 동성 결혼에 관한 자료를 웹사이트에서 보려면 CitizenLink (http://www.family.org/cforum/fosi/marriage/ssuap), Family Research Council (http://www.frc.org), The Alliance for Marriage (http://www.allianceformarriage.org), American Family Association (http://www.afa.net) 등을 참조하라.

75. Garland, *1 Corinthians*, 218 (강조 추가).

76. 다음 저자가 역사적 근거와 언어학적 근거로 피터슨을 광범위하게 논박한 내용을 참조하라. De Young, "Source and NT Meaning of Ἀρσενοκοίται," 202-11. 다음 저자의 반응도 참조하라. David Wright, "Translating Ἀρσενοκοίται (1 Cor. 6:9; 1 Tim. 1:10)," 396-98.

77. Fee, *First Letter to the Corinthians*, 245, 주29. 그는 바울이 이 서신에서 논의를 긍정적으로 마무리할 때가 아주 많다고 지적하면서 고전 3:22-23, 4:14-17, 5:7, 6:20,

10:13, 11:32 등을 예로 들었다.

78. 디모데전서 1:9-10에 나오는 악의 목록에 대한 논의는 Gagnon, *The Bible and Homosexual Practice*, 332-36을 참조하라. 그는 스크로그스를 광범위하게 논박한다 (다만 가농은 바울이 이 서신의 저자인지에 대해서는 매우 잠정적인 입장을 취한다).

79. Quinn & Wacker, First and Second Letters to Timothy, 95. 저자들은 Neil J. McEleney, "The Vice Lists of the Pastoral Letters," Catholic Biblical Quarterly 36 (1974): 204-10을 따랐다. 참고로 여기서 "…와"로 연결된 네 쌍과 거기에 더해진 여섯 개의 단독 문구는 거룩하지 못한 "십계명"을 이룬다.

80. 단어 *arsenokoitai*의 의미의 문제를 여기서 다시 들추어 낼 필요는 없다. 이 문제 는 앞에서 *malakoi*와 *arsenokoitai*라는 표현이 함께 쓰인 고린도전서 6:9-10을 논할 때 이미 충분히 결론이 나왔다. 한 가지 지적할 것은 NIV에 디모데전서 1:10의 단어가 "변태자들"로 옮겨졌는데 이는 본문에 언급된 변태의 성격이 동성애임을 과도히 희석 시킨다(다행히 TNIV에는 "동성애를 행하는 자들"로 고쳐졌다).

81. 다음 책에 나오는 도표를 참조하라. I. Howard Marshall, *The Pastoral Letters, International Critical Commentary* (Edinburgh: T & T Clark, 1999), 378-79. 그는 제5-9계명과 아주 정확히 일치한다고 말한 뒤, 처음의 네 계명 부분에서 하나님을 욕되 게 하는 것이 목록의 이 부분과 일반적으로 상관관계가 있다고 지적했다.

82. 동성애에 대한 성경의 가르침을 거스르는 현대의 흔한 반론들을 철저히 논의하 고 논박한 내용으로 Gagnon, *The Bible and Homosexual Practice*, 347-486을 참 조하라. 그는 다음과 같은 주장들을 다루었다. (1) 성경은 착취적 남색 형태의 동성애 만 정죄한다(예. Scroggs, *The New Testament and Homosexuality*). (2) 성경이 동성애를 정죄하는 주된 이유는 그것이 남존여비를 위협하기 때문이다(예. Bernadette Brooten, *Love Between Women: Early Christian Responses to Female Homoeroticism* [Chicago: University of Chicago Press, 1996]). (3) 전적으로 동성애 성향만 지닌 "동성애자"라는 범주는 성경에 없다. 동성을 향한 정욕은 과잉 성욕의 이성애자에게서 기원한 것으로 이해되었다(예. Dale B. Martin, "Heterosexism and the Interpretation of Romans 1:18-32," *Biblical Interpretation 3* [1995]: 332-55. Victor P. Furnish, *The Moral Teaching of Paul: Selected Issues*, 재판 [Nashville: Abingdon, 1985]). (4) 동성애에는 성경의 저자들이 몰랐

던 유전적 요소가 있다(가농의 책 p. 396, 주83의 참고문헌들을 참조하라). (5) 동성애를 직접 언급한 성경 본문은 소수에 지나지 않는다. (6) 현재 우리는 성경의 명령을 전부 다 지키는 것은 아닌데(노예제도와 할례를 예로 들었다) 왜 동성애 행위를 금하는 명령은 구속력이 있어야 하는가? (7) 우리는 어차피 다 죄인인데 왜 동성 간 성관계의 죄만 특별히 취급하는가?

83. Gagnon, *The Bible and Homosexual Practice*, 25-30. 그는 성경적 근거로 동성애에 반대하는 사람들이 자초할 만한 개인적 위험을 몇 가지 나열했다. 예컨대 동성애를 혐오하거나 관용할 줄 모르거나 싸잡아 비난하거나 비판력이 없다는 딱지가 붙을 수 있고, 한물간 도덕성에 집착하여 논쟁에 과도한 비중을 부여하거나 동성애자들을 향한 폭력을 부추긴다는 비난을 들을 수 있다.

84. 예컨대 다음 세 책을 참조하라. Daniel A. Helminiak, *What the Bible Really Says about Homosexuality* (San Francisco: Alamo Sqaure, 2000). Jeff Miner, *The Children Are Free: Reexamining the Biblical Evidence on Same-Sex Relationships* (Indianapolis: Jesus Metropolitan, 2002). Philo Thelos, *God Is Not a Homophobe: An Unbiased Look at Homosexuality in the Bible* (Victoria, BC: Trafford, 2006).

85. "동성애에 대한 기독교 교단별 입장"을 다음 웹사이트에서 참조하라. http://en.wikipedia.org/wiki/List_of_Christian_denominational_positions_on_homosexuality.

86. 2009년 현재 동성 결혼 또는 시민결합을 허용하거나 법적으로 인정하는 주는 캘리포니아, 코네티컷, 워싱턴 DC, 아이오와, 뉴햄프셔, 뉴저지, 뉴욕, 매사추세츠, 오리건, 버몬트, 워싱턴 등이다.

87. 다음 책에 소개된 남자의 사례를 참조하라. Daniel Heimbach, *True Sexual Morality* (Wheaton, IL: Crossway, 2004). 수간의 현행범으로 잡힌 그 남자는 현대의 동성애 권익 옹호자들이 내세우는 인권과 도덕의 논리로 자신의 행위를 정당화했다(pp. 171-72).

88. 동성애자들의 회복을 돕는 기관으로 다음 여러 웹사이트를 참조하라. Exodus Global Alliance (http://www.exdusglobalalliance.org). Desert Stream Ministries (http://www.desertstream.org). innerACTS (http://www.inneracts.org). Living Hope

Ministries (http://www.livehope.org). Cross Ministry (http://www.crossministry. org). Love Won Out (http://www.lovewonout.org, 특히 Focus on the Family의 주최로 Love Won Out 일일 수련회를 수시로 개최하고 있다 [http://www.family.org]. http://www.pureintimacy.org/gr/homosexuality도 참조하라). 아울러 http://www.narth.com/menus/interfaith.html의 연구 자료(National Association for Research and Therapy of Homosexuality[NARTH]는 동성애 성향의 변화가 가능하다고 믿는 상담자들과 치료자들을 위한 전문 기관이다), Institute for Marriage and Public Policy의 웹사이트 http://www.marriagedebate.com, Larry Burtoff의 "Setting the Record Straight" (Focus on the Family 간행) 등도 참조하라. 또한 다음 여러 책도 참조하라. Joe Dallas, *Desires in Conflict: Hope for Men Who Struggle with Sexual Identity* (Eugene, OR: Harvest, 2003). 같은 저자, *A Strong Delusion: Confronting the "Gay Christian" Movement* (Eugene, OR: Harvest, 1996). Bob Davies & Lori Rentzel, *Coming Out of Homosexuality: New Freedom for Men and Women* (Downers Grove, IL: InterVarsity, 1994). Anne Paulk, *Restoring Sexual Identity: Hope for Women Who Struggle with Same-Sex Attraction* (Eugene, OR: Harvest, 2003). Anita Worthen & Bod Davies, *Someone I Love Is Gay: How Family and Friends Can Respond* (Downers Grove, IL: InterVarsity, 1996).

11. 이혼과 재혼

1. 이 분야의 고전은 다음 책이다. John Murray, *Divorce* (Grand Rapids: Baker, 1961). 다양한 복음주의적 관점들은 다음 책을 참조하라. H. Wayne House 편집, *Divorce and Remarriage: Four Christian Views* (Leicester; Downers Grove, IL: InterVarsity, 1990). 저자가 소개한 네 가지 관점은 다음과 같다. "이혼도 안 되고 재혼도 안 된다"(J. Carl Laney). "이혼은 되지만 재혼은 안 된다"(William H. Heth. 아울러 Gordon J. Wenham & William E. Heth, *Jesus and Divorce*, 개정판 [Carlisle: Paternoster, 1997; 초판 1984]도 참조하라. 그러나 이제 Heth, "Jesus on Divorce: How My Mind Has Changed," *Southern Baptist Journal of Theology* 6, no. 1 [2002년 봄]: 4-29을 참조하라). "간음과 유기의 경우에는 이혼과 재혼이 허용된다"(Thomas Edgar). "다양한 상황에서 이혼과 재혼이 허용

된다"(Larry Richards). 아울러 다음 두 책도 참조하라. David Clyde Jones, *Biblical Christian Ethics* (Grand Rapids: Baker, 1994), 177-204. John S. & Paul D. Feinberg, *Ethics for a Brave New World* (Wheaton, IL: Crossway, 1993), 299-343. 다음 두 개괄서도 참조하라. Raymond F. Collins, *Divorce in the New Testament* (Colllegeville, MN: Liturgical Press, 1992). Pat E. Harrell, *Divorce and Remarriage in the Early Church: A History of Divorce and Remarriage in the Ante-Nicene Chruch* (Austin, TX: Sweet, 1967). 관련 본문들에 대한 다섯 가지 관점(교부[敎父], 에라스무스, 과거주의, 약혼, 혈족관계)의 주창자들의 해석을 비교한 유익한 도표가 다음 책에 나온다. Paul Steele & Charles C. Ryrie, *Meant to Last* (Wheaton, IL: Victor, 1983), 96-97. 아울러 다음 책도 참조하라. David Instone-Brewer, *Divorce and Remarriage in the Bible: The Social and Literary Context* (Grand Rapids: Eerdmans, 2002,《성경 속의 이혼과 재혼》아가페출판사). 그는 다음과 같이 역설했다. (1) 예수와 바울은 둘 다 부당한 이혼을 정죄했고 정당한 근거가 있을 때라도 이혼을 말렸다. (2) 예수와 바울은 둘 다 구약에 이혼의 근거로 제시된 간음의 경우와 방치나 학대의 경우를 인정했다(그러나 후자의 경우에 대한 비판을 우리의 이 책의 2장에서 참조하라). (3) 예수와 바울은 둘 다 부당한 이혼 후의 재혼을 정죄했으나 정당한 이혼 후의 재혼은 정죄하지 않았다(ix와 특히 pp. 133-212을 참조하라). 아울러 이 저자의 웹사이트 http://www.Instone-Brewer.com에 수집되어 있는 자료도 참조하라.

2. 이 본문에 대한 유익한 개괄을 다음 기사에서 참조하라. R. Stanton Norman, "Biblical, Theological, and Pastoral Reflections on Divorce and Remarriage, and the Seminary Professor: A Modest Proposal," *Journal for Baptist Theology and Ministry* 1, no. 1 (2003년 봄): 80-82.

3. 다음 기사를 참조하라. Gordon J. Wenham, "Gospel Definitions of Adultery and Women's Rights," *Expository Times* 95 (1984): 330.

4. 그러나 역방향으로는 이것이 적용되지 않았다. 샤마이 학파와 힐렐 학파의 전반적 비교에 대해서는 다음 두 책을 참조하라. Günter Stemberger, *Introduction to the Talmud and Midrash*, 재판, Markus Bockmuehl 번역 편집 (Edinburgh: T & T Clark, 1996), 66 (참고문헌이 더 소개되어 있다). Emil Schürer, The History of the Jewish

People in the Age of Jesus Christ, vol. 2, Geza Vermes, Fergus Millar & Matthew Black 개정 편집 (Edinburgh: T & T Clark, 1979), 363-67. 예수와 힐렐의 비교에 대해서는 다음 책을 참조하라. James H. Charlesworth & Loren L. Johns 편집, *Hillel and Jesus: Comparisons of Two Major Religious Leaders* (Minneapolis: Fortress, 1997).

5. 평소에 이런 사형이 시행되었는지 여부는 다른 문제다. 다음 기사를 참조하라. Henry McKeating, "Sanctions against Adultery in Ancient Israelite Society," *Journal for the Study of the Old Testament* 11 (1979): 57-72.

6. Feinberg & Feinberg, *Ethics for a Brave New World*, 312. 다음 저자는 이 문구가 "성관계에 못 미치는 각종 빗나간 성적 행동"을 가리킨다고 보았다. Norman, "Biblical, Theological, and Pastoral Reflections," 81.

7. 다음 책을 참조하라. D. A. Carson, *Matthew*, Expositor's Bible Commentary 8 (Grand Rapids: Zondervan, 1984), 413.

8. Daniel I. Block, "Marriage and Family in Ancient Israel," Ken M. Campbell 편집, *Marriage and Family in the Biblical World* (Downers Grove, IL: InterVarsity, 2003), 49-50. 그는 레위기 15:14를 인용했고 다음 기사를 따랐다. John Walton, "The Place of the *ḥutqaṭṭēl* within the D-stem Group and Its Implications in Deuteronomy 24:4," *Hebrew Studies* 32 (1991): 14-15.

9. Feinberg & Feinberg, *Ethics for a Brave New World*, 313을 참조하라.

10. 다음 책을 참조하라. Joachim Jeremias, *Jerusalem in the Time of Jesus* (Philadelphia: Fortress, 1969), 370-71.

11. 전통적으로 말라기 2:16은 하나님이 무조건 "나는 이혼하는 것[을]…미워하노라" 라고 말씀하시는 것으로 번역되는데 그러려면 히브리어 원문을 수정해야 한다. 반면에 근래의 두 역본(ESV, HCSB)에서는 이 문구가 이혼을 미워하시는 하나님을 가리키는 게 아니라 "미워하여 이혼하는" 사람, 그리하여 불의를 행하는 사람을 가리킨다. 이 두 역본이 채택한 해석을 옹호하는 입장은 다음을 참조하라. Goron P. Hugenberger, *Marriage as a Covenant: Biblical Law and Ethics as Developed from Malachi* (Grand Rapids: Baker, 1998), 3장 "Malachi 2:16 and Divorce," 49-83. 아울러 다음 책도 참조하라. Thomas E. McComiskey 편집, *The Minor Prophets: An Exegetical* *and Expository Commentary*, vol. 3: Zephaniah, Haggai, Zechariah, and Malachi (Grand Rapids: Baker, 1992), 1339. 그 책에는 "미워하여 이혼하는 자는 (이스라엘의 하나님 여호와가 이르노라) 자신의 옷으로 죄를 가리는 자니 (만군의 여호와의 말이니라)"로 번역되어 있다(pp. 1341-44도 참조하라. van Hoonacker & Glazier-McDonald의 말이 더 인용되어 있다). 아울러 다음 두 기사도 참조하라. M. A. Shields, "Syncretism and Divorce in Malachi 2.10-16," *Zietschrift für die alttestamentliche Wissenschaft* 111 (1999): 81-85. Block, "Marriage and Family in Ancient Israel," 51 (참고문헌이 더 소개되어 있다).

12. 예수께서 마태복음 19:4와 상응 구절 마가복음 10:6에 창세기 1:27을 인용하신 것은 그분이 결혼을 동성 간의 연합이 아니라 이성 간의 연합으로 정의하셨음을 보여 준다(10장을 창조하라). 예수께서 마태복음 19:3과 상응 구절 마가복음 10:2의 바리새인의 질문에 일부일처의 대표적 증거인 구약의 두 본문, 즉 창세기 1:27과 창세기 2:24를 인용하여 답변하신 데 대해서는 다음 책을 참조하라. Instone-Brewer, *Divorce and Remarriage in the Bible*, 133-41. 랍비의 논증을 뒷받침하고자 구약의 두 본문을 연결시키는 일은 *gezerah shawah*로 알려진 통상적 기법이었다.

13. 위의 주12를 참조하라.

14. 마가복음의 상응 구절에는 "집에서 제자들이 다시 이 일을 물으니"(막 10:10)라고만 되어 있다. 이 번역에는 제자들이 예수께 이미 한 번 물었고 지금 다시 묻는다는 의미가 깔려 있다. 반면에 NIV는 "다시 집에 있을 때에 제자들이 이 일로 예수께 물으니"라고 번역하여, 제자들이 기다렸다가 집에 돌아가서야 물었다는 암시를 풍긴다.

15. Carson, *Matthew*, 416. 그는 "예수께서 제자들의 오해에 동조하지 **않으시고**, 방금 하신 말씀을 재차 강조하시던" 관행을 지적했다. 다음 기사를 인용했다. Quentin Quesnell, "'Made Themselves Eunuchs for the Kingdom of Heaven' (Mt 19,12)," *Catholic Biblical Quarterly* 30 (1968): 335-58.

16. 예컨대 Paul Ramsey, Basic Christian Ethics (Louisville, KY: Westminster, 1993 [1950]), 71.

17. 예컨대 다음 두 책을 참조하라. W. D. Davies & Dale C. Allison, *The Gospel according to Saint Matthew*, vol. 3, International Critical Commentary (Edinburgh:

T & T Clark, 1997), 9. 저자들은 "더 진보적인" 힐렐의 입장이 예수 시대에 "아마 지배적 이었을 것"이라고 말했다. Jeremias, *Jerusalem in the Time of Jesus*, 370 (힐렐의 관점 만 알고 있었던 Philo, *Special Laws* 3.30과 Josephus, *Antiquities* 4.253 [viii.23]을 증거로 제시 했다). 그는 "[힐렐의] 입장이 틀림없이 AD 1세기 전반부의 일반적 견해였을 것으로 보 인다"라고 말했다.

18. 다음 책과 대조해 보라. Instone-Brewer, *Divorce and Remarriage in the Bible*, 168. 그는 제자들의 대답으로 보아 십중팔구 그들도 "아무 이유로나" 이혼이 가 능하다는 힐렐 식의 관점을 품고 있었을 것이라고 말했다.

19. 다음 저자가 그렇게 암시했다. Heth, "Jesus on Divorce," 16. 아울러 Feinberg & Feinberg, *Ethics for a Brave New World*, 335-36도 참조하라. 아래의 논의도 참조하 라.

20. NLT는 "[그의 아내가] 정절을 어기지 않은 한"으로 해석했고 《메시지》는 "다만 배우자가 간음을 저지른 경우는 예외다"라고 풀어썼다. 그밖에도 이 문구는 "불륜" (NRSV), "음란"(KJV), 단순히 "부도덕"(NASB, NET) 등으로 번역되어 있다.

21. 예컨대 다음 여러 책을 참조하라. Robert H. Gundry, *Matthew: A Commentary on His Handbook for a Mixed Church under Persecution*, 재판 (Grand Rapids: Eerdmans, 1994), 90. 그는 "예외 조항은…예수의 것이 아니라 마태가 예수의 말씀을 구 약의 하나님 말씀에 일치시키려고 삽입한 해설"이라고 단언했다. Donald A. Hagner, *Matthew 14-28*, Word Biblical Commentary 33B (Dallas, TX: Word, 1995), 549. "복 음서 저자가 유대인 그리스도인 독자들의 도덕적 민감성을 고려하여 예외 조항을 끼 워 넣었다." Robert H. Stein, "Is It Lawful for a Man to Divorce His Wife?" *Journal of the Evangelical Theological Society* 22 (1979): 116-20. 좀더 근래에 Stein은 "Divorce," *Dictionary of Jesus and the Gospels*, Joel B. Green, Scot McKnight & I. Howard Marshall 편집 (Downers Grove: InterVarsity, 1992), 196에 이렇게 주 장했다. "예외 조항은 마태가 예수께서 이혼에 관한 말씀을 통해 '율법을 폐하려'(마 5:17) 하신 게 아님을 유대인 그리스도인 독자들에게 보여 주려고 덧붙인 해석으로 보 는 게 가장 적절하다." Richard B. Hays, *The Moral Vision of the New Testament: A Contemporary Introduction to New Testament Ethics* (San Francisco: Harper,

1996), 363. 그는 이런 이해가 "마태의 공동체" 내에서 전통을 이루었을 수 있다고 말했다. 또한 Leslie McFall은 예외 조항의 한 부분인 헬라어 단어 epi를 에라스무스가 1516년에 그리스어-라틴어 신약성경을 출간하면서 삽입했다고 보았다. 그의 주장에 따르면 이 삽입 때문에 예외 조항의 의미가 "*porneia*의 이유로도 안 된다"(예외가 없다)에서 "*porneia*의 이유만 제외하고"(간음 내지 성적 부도덕의 경우는 예외다)로 바뀌었다 ("The Biblical Teaching on Divorce and Remarriage," http://www.btinternet.com/~lmf12/DivorceMcFALLview.pdf). 그러나 Craig Blomberg가 정확히 지적했듯이 McFall은 단어 *mē* 자체에도 예외의 의미가 있음을 간과했다(http://morechristlike.com/except-for-fornication-clause-of-matthew-19-9, post #27). 따라서 에라스무스의 *epi*는 본문에 이미 암시되어 있는 내용을 명확히 밝혔을 뿐이다. 이런 이해가 가장 오래된 해석 전통이라는 사실은 가장 초기의 다양한 사본들을 통해 확인된다. 사본들을 보면 필경사들이 마태복음 19:9의 예외 조항을 명확히 밝히려고 대개 *mē*를 *parektos*로 바꾸었음을 알 수 있다. 또한 David Instone-Brewer가 적절히 지적했듯이 마태복음 19:9의 헬라어는 정말 난해하지만 마태복음 5:32에는 그런 모호함이 없다(http://morechristlike.com/except-for-fornication-clause-of-matthew-19-9, post #9). 후자의 헬라어는 *parektos*로 의문의 여지없이 "제외하고"라는 뜻이다. 이렇듯 Blomberg가 정확히 지적했듯이(같은 웹사이트) 마태복음 19:9를 McFall의 관점으로 본다면 이는 마태와 예수가 마태복음 5:32와 19:9 사이에 자체 모순을 범했다는 뜻이 된다.

22. 일각에서는 마태가 "예외 조항"을 추가했다는 관점이 성경의 무오성과 모순된다고 주장한다(예. R. Stanton Norman, "Biblical, Theological, and Pastoral Reflections on Divorce and Remarriage, and the Seminary Professor: A Modest Proposal," *Journal for Baptist Theology and Ministry* [2003년 봄]). 다음 저자들도 이 점에 우려를 표하면서 다만 "마태가 무오성을 수호하기 위해 군이 예수의 말씀을 **글자 그대로** 인용할 필요는 없으나 예수께서 예외의 뜻으로 말씀하신 것만은 분명하다"고 중요한 단서를 덧붙였다. Feinberg & Feinberg, *Ethics for a Brave New World*, 324. 다음 저자를 비롯한 다른 사람들은 이혼에 대한 성경의 가르침에서 "성경 내의 모순까지는 아니더라도 다양성의 현저한 예"를 보면서 마가복음 10:2-12와 마태복음 19:9을 서로 대치시켰다. Charles H. H. Scobie, *The Ways of Our God: An Apporach to Biblical Theology* (Grand

Rapids; Cambridge: Eerdmans, 2003). 그는 "서로 긴장 관계에 있는 두 가지 전통의 존재를 인정하는 게 최선이다"라고 결론지었다. 예외 조항이 없는 절대적 표현은 "기본 원칙이자 이상적 윤리"인 반면 예외의 전통은 "신약 윤리의 실용적 측면을 대변한다"는 것이다. 그러나 Scobie의 이런 관점이 과연 성경의 무오성에 부합하는지 의문이다.

23. "어떤 이유가 있으면"이라는 조건절이 상응 구절인 마가복음 10:2에는 없다.

24. John W. Shepard, *The Christ of the Gospels* (Grand Rapids: Eerdmans, 1946 [1939]), 452. Carson, *Matthew*, 411. William L. Lane, *The Gospel according to Mark*, New International Commentary on the New Testament 2 (Grand Rapids: Eerdmans, 1974), 354. 마가는 이 대화의 정치적 차원에 더 집중한 반면 마태는 랍비들의 법적 이슈를 강조한 것으로 보인다(Gundry, *Matthew*, 377을 참조하라). 마태복음 14:4와 19:3에 "적법하다"(exestin, 개역개정에는 "옳다"로 되어 있다-역주)가 등장하는 데 주목하라.

25. 인용문은 이렇게 계속된다. "랍비 아키바[Akiba, AD 약 135년]는 말한다. 남자가 아내보다 더 예쁜 여자를 찾은 경우에도 [이혼할 수 있다]. 기록되었으되 '그[아내]를 기뻐하지 아니하면'이라 했기 때문이다…." 집회서 25:26도 참조하라. "시키는 대로 하지 않는 여자는 인연을 끊고 보내 버려라"(직역하면 "네 몸에서 그녀를 잘라내라"는 뜻이다. 즉 신명기 24:1의 이혼에 해당한다. 이 시점까지는 둘이 "한 몸"이었다, 창 2:24).

26. 위의 논의에 언급한 Feinberg & Feinberg, *Ethics for a Brave New World*, 324을 참조하라.

27. Hagner, *Matthew* 14-28, 549가 정확히 지적했다(그러나 우리는 "예외 조항"을 마태가 보탰다는 그의 관점을 지지하지는 않는다. 또 마태가 삽입했다는 9절의 "예외 조항"과 마태복음 19:6-8, 11-12를 서로 대치시키는 그의 입장도 용인하지 않는다). 아울러 Instone-Brewer, *Divorce and Remarriage in the Bible*, 173도 참조하라. 그의 주장에 따르면 "마태의 버전은 랍비들의 진정한 논쟁을 대변한다." 비슷한 역동을 마태복음 22:15-22, 마가복음 12:13-17, 누가복음 20:20-26에서 참조하라.

28. Heth, "Jesus on Divorce," 11, 16을 참조하라. 아울러 Carson, *Matthew*, 411도 참조하라. 카슨은 이렇게 지적했다. "예수의 말씀을 어떻게 이해하든…그분은 샤마이에게도 동조하지 않으시고 힐렐에게도 동조하지 않으신다. 힐렐보다 엄격했던 샤마이

학파 역시 이혼이 자신들의 행동 규범(할라카)에 부합하지 않았을 때에도 재혼을 허용했다(M *Eduyoth* 4:7-10). 예수는 이혼의 사유를 성적 부도덕으로 국한하시며…따라서 샤마이와 근본적으로 다르시다. 이 본문에서 예수는 자신의 진가를 발휘하신다…그것도 많은 바리새인 진영에서 '이혼의 횟수가 공공연한 스캔들이 되었던' 그 시대에 말이다"(다음 책을 인용했다. David Hill, *The Gospel of Matthew*, New Century Bible [London: Marshall, Morgan & Scott, 1972], 280).

29. Hill, *The Gospel of Matthew*, 280을 참조하라. "이는 '원안에 근접할수록 비중이 커진다'는 논법으로 유대교의 주해에 통용되었다. 창조 시의 하나님의 의도에 호소하는 것이 모세의 규정보다 더 권위가 있다(하지만 그렇다고 후자가 무효화되지는 않는다)." Carson, *Matthew*, 412에도 비슷한 설명이 나온다.

30. 다음 기사를 참조하라. Craig S. Keener, "Adultery, Divorce," Craig A. Evans & Stanley E. Porter 편집, *Dictionary of New Testament Background* (Downers Grove, IL: InterVarsity, 2000), 6, 《IVP 성경배경주석: 신약》IVP). 그는 예수께서 "아마도 샤마이의 입장을 수용하시되 그것을 급진적으로 더 끌어 올리셨을 것이다"라고 말했다.

31. Wenham, "Gospel Definitions," 331이 정확히 지적했다.

32. 다음 책에 그 명칭이 쓰였다. Wenham & Heth, *Jesus and Divorce* (그러나 다음 저자의 비판을 참조하라. Jones, *Biblical Christian Ethics*, 181. 그는 이 명칭이 "오도의 소지가 있고 경멸적 의미가 있다"고 했다. Norman, "Biblical, Theological, and Pastoral Reflections," p. 79, 주2에도 비슷한 내용이 나온다).

33. 에라스무스에 대해서는 다음 책을 참조하라. V. Norskov Olson, *The New Testament Logia on Divorce: A Study of Their Interpretation from Erasmus to Milton* (Beiträge zur Geschichte bilbischer Exegese 10; Tübingen: Mohr-Siebeck, 1971). 다음 여러 책도 참조하라. Craig L. Blomberg, *Matthew*, New American Commentary 22 (Nashville: Broadman, 1992). 같은 저자, "Marriage, Divorce, Remarriage, and Celibacy: An Exegesis of Matthew 19:3-12," *Trinity Journal* (1990년 가을): 161-96. Carson, *Matthew*. Feinberg & Feinberg, Ethics. Hugenberger, *Marriage as Covenant*. Jones, *Biblical Christian Ethics*. John MacArthur Jr., *The Fulfilled Family* (Chicago: Moody, 1987), http://www.gracechurch.org/divorce.asp. Murray,

Divorce. Stein, "Divorce," Dictionary of Jesus and the Gospels. John R. W. Stott, "Marriage and Divorce," *Involvement: Social and Sexual Relatiohships in the Modern World*, vol. 2 (Old Tappan, NJ: Revell, 1984). Heth, "Jesus on Divorce." 아울러 다음 기사도 참조하라. Thomas Edgar, "Divorce and Remarriage for Adultery and Desertion," *Divorce and Remarriage*, Wayne House 편집.

34. Wenham & Heth, *Jesus and Divorce*. Heth, "Divorce, but No Remarriage," *Divorce and Remarriage*, Wayne House 편집. Gundry, *Matthew*. Hagner, *Matthew* 14-28. Warren Carter, *Households and Discipleship: A Study of Matthew 19-20* (Sheffield, UK: Sheffield Academic, 1994). Andrew Cornes, *Divorce and Remarriage: Biblical Principles and Pastoral Practice* (Grand Rapids: Eerdmans, 1993). Jacques Dupont, *Mariage et divorce dans l'evangile: Matthieu 19,3-12 et paralleles* (Abbaye de Saint-André: Desclee de Brouwer, 1959).

35. 파이퍼의 견해는 그의 웹사이트에서 볼 수 있다(http://www.desiringgod.org). 아울러 다음 여러 책을 참조하라. Abel Isaksson, *Marriage and Ministry in the New Temple: A Study with Special Reference to Mt. 19,3-12 and 1 Cor. 11,3-16*, N. Tomkinson & J. Gray 번역 (Lund: Gleerup, 1965). James Montgomery Boice, *The Sermon on the Mount* (Grand Rapids: Zondervan, 1972, 《산상수훈 강해》크리스 챤다이제스트사). 같은 저자, "The Biblical View of Divorce," Eternity (1970년 12월): 19-21. Dwight Pentecost, *The Words and Works of Jesus Christ: A Study of the Life of Christ* (Grand Rapids: Zondervan, 1981). 근친상간의 관점을 주장하는 사람들도 이 부류에 해당한다. 다음 여러 책을 참조하라. J. Carl Laney, *The Divorce Myth* (Minneapolis: Bethany, 1981). 같은 저자, "No Divorce, No Remarriage," *Divorce and Remarriage*, Wayne House 편집. F. F. Bruce, *New Testament History* (Garden City, NY: Doubleday, 1980, 《신약사》기독교문서선교회). Charles Ryrie, "Biblical Teaching on Divorce and Remarriage," *Grace Theological Journal* 3, no. 2 (1982년 가을): 177-92.

36. 즉 *porneia*와 파생 어군은 "일반적으로 혼외 성관계"를 지칭한다. 그것이 다음 저자의 결론이다. Christopher Ash, *Marriage: Sex in the Service of God* (Leicester:

Inter-Varsity, 2003), 214 (pp. 214-15의 논의도 참조하라).

37. 다음 저자의 상세한 고찰을 참조하라. Instone-Brewer, *Divorce and Remarriage in the Bible*, 189-212.

38. 고린도전서 7:12-14에 대한 상세한 논의는 다음 기사를 참조하라. Judith M. Gundry-Volf, "The Least and the Greatest: Children in the New Testament," *The Child in Christian Thought and Practice, Marcia Bunge* 편집 (Grand Rapids: Eerdmans, 2000), 48-53.

39. 본문의 단락 전체에 대해서는 특히 다음 저자의 탁월한 고찰을 참조하라. Gordon D. Fee, *The First Letter to the Corinthians*, New International Commentary on the New Testament (Grand Rapids: Eerdmans, 1987), 290-306. "하나님은 화평 중에서 너희를 부르셨느니라"라는 문구에 대해서는 다음 책을 참조하라. Instone-Brewer, *Divorce and Remarriage in the Bible*, 203. 자신의 이전 저작인 *Techniques and Assumptions in Jewish Exegesis before 70 CE* (Texte und Studien zum antiken Judentum 30; Tübingen: Mohr-Siebeck, 1992), 21, 37, 82, 144-45를 인용했다. 저자의 지적대로 "화평을 위하여"라는 말은 일종의 "실용주의"를 지칭하는 랍비들의 법률 용어로, 율법의 엄격한 적용과 반대되었다.

40. Stein, "Divorce," *Dictionary of Jesus and the Gospels*, 194.

41. 유진 피터슨의 성경 역본인《메시지》에 이 해석이 잘 살려져 있다. "그러나 믿지 않는 배우자가 떠나가려고 하면, 떠나가게 내버려 두는 것이 좋습니다. 필사적으로 붙잡을 필요가 없습니다. 하나님께서 우리를 부르신 것은, 할 수 있는 한 평화롭게 살고 최선을 다해 살게 하려는 것입니다. 아내 여러분, 여러분이 이같이 함으로써 남편을 여러분과 하나님께로 돌아오게 할는지도 모릅니다. 남편 여러분, 여러분이 이렇게 함으로써 아내를 여러분과 하나님께로 돌아오게 할는지도 모릅니다"(고전 7:15-16).

42. 다음 책을 참조하라. Gordon J. Wenham, William A. Heth & Craig S. Keener, *Remarriage after Divorce in Today's Church: 3 Views* (Counterpoints; Grand Rapids: Zondervan, 2006).

43. 데이비드 인스톤-브루어는 근래의 한 기사에 이혼과 재혼에 대한 자신의 입장을 요약하면서 다음과 같은 요인들이 신약에서 이혼의 정당한 근거로 간주되었을 거라

고 주장했다. (1) 간음(신 24:1, 예수께서 마 19:9에 확언하셨다). (2) 정서적·신체적 방치 (출 21:10, 바울이 고전 7:15-16에 확언했다). (3) 유기와 학대(방치에 포함되며 고전 7장에 확언되었다). 다음 기사를 참조하라. David Instone-Brewer, "What God Has Joined," *Christianity Today* 51, no. 10, 2007년 10월, 26-29. 아울러 다음 기사도 참조하라. David Van Biema, "An Evangelical Rethink on Divorce?" *TIME* (2007년 11월 5일). 아래의 요약과 비판은 2007년 10월 19일에 http://www.biblicalfoundations.org의 블로그에 게시된 "Clarifying the NT Teaching on Divorce"(안드레아스 쾨스텐버거가 쓴 기사-역주)를 다듬은 것이다. 아울러 후속 게시물들인 "Q & A on Divorce and Remarriage"(2007년 20월 22일)와 "David Instone-Brewer Responds"(2007년 10월 30일) 그리고 요약과 논의가 실린 http://thegospelcoalition.org/blogs/justintaylor/의 다양한 게시물도 참조하라.

인스톤-브루어는 우선 힐렐 학파와 샤마이 학파가 품고 있던 이혼과 재혼에 대한 1세기의 두 입장에 주목한다. 마태복음 19:9에 "*porneia*의 이유 외에" 이혼을 허용하지 않으신 예수의 발언의 배경을 이해하기 위해서다. 그의 지적대로 두 관점의 근거는 신명기 24:1에 대한 서로 다른 해석에 있다. 힐렐 학파는 본문의 문구가 "벌거벗음의 일"이나 "부도덕의 경우"에 이혼을 허용한다고 해석했다. 즉 간음("벌거벗음," "부도덕")은 물론 다른 어떤 "이유"나 "일"을 인해서도 이혼이 허용된다고 보았다. 바로 이것이 마태복음 19:3에 나오는 바리새인들의 질문의 배후였다. "사람이 **어떤 이유가 있으면**[아무 이유로라도] 그 아내를 버리는 것이 옳으니이까." 사실상 바리새인들은 예수께 신명기 24:1에 대한 힐렐의 해석에 동의하는지 여부를 물었다.

반면에 샤마이 학파는 "부도덕의 경우"를 오직 간음을 지칭하는 문구로 해석하여 이혼의 정당성에 대해 훨씬 제한적 입장을 취했다. 바리새인들의 질문에 예수는 단호히 부정으로 답하셨다. 그분은 "아무 이유로라도" 이혼이 정당하다고 본 힐렐의 해석에 동의하지 **않으셨다**. *porneia* 이외에 아무 이유로나 아내와 이혼하고 재혼한 사람은 간음을 행한 것이다. 인스톤-브루어에 따르면 예수께서 여기서 거부하신 것은 구약 자체가 아니라 단지 구약에 대한 **잘못된 해석**이다. 그분은 신명기 24:1에 대한 올바른 이해를 옹호하시며 오직 간음의 경우에만 이혼을 허용하셨다. 여기까지는 논리의 흐름에 반박할 데가 없다.

그러나 여기서부터 인스톤-브루어는 침묵에 근거한 주장으로 나아간다. 그에 따르면 예수는 신명기 24:1에 따라 간음을 이혼의 근거로 확언하셨을 뿐 아니라 "구약에 나오는 **다른** 이혼의 근거를 부정하지도 않으셨다." 여기서 다른 근거란 출애굽기 21:10-11에 나오는 방치를 말한다. 그러나 그의 이런 논리는 문제가 있다. 그의 논리는 예수께서 방치로 인한 이혼이 **불허된다고** 명시하지도 않으셨으니 허용하신 것으로 간주해야 한다는 것이다(침묵에 근거한 전형적 주장이다). 어떻게 그는 **예수께서 명시적으로 밝히신** 예외(그것을 어떤 의미로 이해하든)에서 **그분이 암시하셨다고** (자신이) **추정하는** 예외로 넘어간 것일까? 그의 주장에 따르면 후자의 경우는 그것이 만인의 통념이었기 때문에 예수께서 **굳이** 명시적으로 밝히실 필요가 없었다. 하지만 그것으로는 예수께서 *porneia*라는 예외(이 또한 만인의 통념이었다)는 명시적으로 밝히시고 방치의 문제는 언급하지 않으신 이유가 설명되지 않는다. 문맥상 예수는 단순히 상대의 질문에 답하셨을 뿐이며(마 19:3), 따라서 출애굽기 21:10-11은 마태복음 19:9의 논의에 전혀 개입되지 않는다고 볼 수 있다. 요컨대 여기서 인스톤-브루어는 성경 주해에서 유대교의 배경으로 넘어간 듯 보이며, 이에 대한 성경적 증거를 명백히 제시하지 않는다.

존 파이퍼는 인스톤-브루어의 이 기사에 다음의 글로 대응했다. "Tragically Widening the Grounds of Legitimate Divorce: A Response to Instone-Brewer's Article in Christianity Today" (http://www.desiringgod.org). 이 글에 파이퍼는 우선 "[인스톤-브루어]의 기사에 암시된 대로라면 내가 아는 모든 결혼이 이미 **정당하게** 이혼으로 끝났을 수 있다"고 말했다. 사실 유기뿐 아니라 정서적·신체적 방치까지 이혼의 정당한 근거에 포함시키면 허용 가능한 이혼의 범위가 굉장히 넓어지므로 파이퍼는 거기에 마땅히 우려를 표했다. 파이퍼 자신은 "약혼 관점"을 신봉한다. 이는 사실상 "어떤 상황에서도 이혼이 허용되지 않는다"는 관점으로, 예수께서 약혼 기간 중의 성적 부정(不貞)에 한해서만 "이혼"을 허용하셨다고 주장한다(가장 근래의 책으로 다음을 참조하라. John Piper, *What Jesus Demands from the World* [Wheaton, IL: Crossway, 2006], 314-16, 《예수님의 지상명령》 생명의 말씀사).

파이퍼는 우선 출애굽기 21:10-11에서 시작하여 인스톤-브루어의 논리를 정확히 침묵에 근거한 주장으로 짚어낸 뒤(위의 우리의 비판을 참조하라) 이 본문에 대한 그의 해석 중 다른 몇 가지 측면에도 의문을 제기한다. 이어 파이퍼는 인스톤-브루어가 마태복음 19:9의 예외 조항을 신명기 24:1과 관련지어 논한 부분으로 넘어간다. 파이퍼는 마가복음 10:4-9을 인용하면서 예수께서 단순히 신명기 24:1의 의미를 더 명확히 밝히신 게 아니라 그 본문과 **의견을 달리하셨다고** 주장한다. 그에 따르면 예수는 완전히 태초로 되돌아가 결혼이 한 남자와 한 여자의 평생의 연합이라는 하나님의 완벽한 계획을 재천명하셨다. **마태복음 19:9에 예수께서 명시하신 하나의 예외만 제외하고는** 과연 정확히 그의 말 그대로다. 이 중요한 예외를 파이퍼는 일단 제쳐둔다.

그러나 정확히 그 대목이 논란의 쟁점이다. 예수께서 결혼이 평생의 영속적 연합이라는 하나님의 원안을 지지하시고 재천명하신 것은 분명하다. 그보다 여기서 중요한 이슈는 마태복음 19:9의 *"porneia*의 이유 외에"가 무슨 뜻이냐는 것이다. 예수께서 예외를 허용하셨다는 사실에 이견을 보이는 사람은 거의 없으며, 대부분은 이 예외를 기존의 결혼 언약을 깨는 성적 부도덕 즉 간음으로 본다. 하지만 앞서 말했듯이 파이퍼는 마태복음 19:9의 *porneia*가 **오로지** 약혼을 깨는 일만을 가리킨다고 믿는다. 당연히 이는 문맥상 본문에 대한 가장 자연스러운 독해가 아니다(문맥상 주제는 부부의 이혼이며, 약혼의 파혼도 이혼에 **포함될** 수 있으나 그게 **전부**는 아니다). 따라서 마태복음 19:9의 *porneia*를 약혼의 파혼으로만 엄격히 국한시키는 파이퍼의 해석은 부자연스러워 보인다.

이런 이유들로 인해 파이퍼가 출애굽기 21:10-11에 대한 인스톤-브루어의 관점을 비판한 내용은 정확해 보이지만, 마태복음 19:9와 신명기 24:1에 대한 인스톤-브루어의 해석을 비판한 내용은 그렇지 않아 보인다. 결국 요지는 이것이다. 인스톤-브루어가 "정당한 이혼의 근거를 비참하게 넓힌다"는 파이퍼의 우려는 다분히 인스톤-브루어가 출애굽기 21:10-11에 근거하여 배우자의 방치를 정당한 이혼 사유로 포함시킨 데 대한 것이다. 그 부분은 우리도 인스톤-브루어의 말을 받아들이지 않는다. 그러나 간음의 경우에 이혼이 허용된다는(의무는 아니다) 예외 조항을 이해하는 부분에서는 파이퍼의 우려가 설득력을 잃는다. 후자의 예외는 구약과의 연속선상에서 나온 것이며(구약에서 간음에 대한 형벌은 사형이었다), 이미 말했듯이 예수는 간음의 경우에 이혼을 **의무화하신** 게 아니라 **허용하셨을** 뿐이다.

나아가 성적 부도덕 내지 간음은 예수께서 언급하신 유일한 예외이며(바울은 거기에 유기를 더했다, 고전 7:15-16) 정확히 짚어내는 게 가능하다. 따라서 이 예외를 허용한다 해서 결국 무분별한 이혼의 수문이 열리는 것은 아니다. 간음으로 인한 이혼이 정당해

지면 그런 결과가 나타날 거라는 파이퍼의 우려와는 다르다. 사실 중요하게 숙고해야 할 것이 있다. 성경의 **이상**(신랑이신 예수는 "**결코** 자신의 신부를 버리고 남을 취하지 않으신 다"고 파이퍼는 에베소서 5:25를 인용하여 역설한다)을 규범으로 받들면서 배우자의 간음으로 인한 이혼을 허용하지 않는 게 혹시 성경을 벗어나는 일은 아닌지 따져 보아야 한다. 그렇기 때문에 결혼을 예수처럼 중시하면서도 간음과 유기로 인한 이혼을 예외로 허용하는 것이 해석학적으로 가장 논리가 탄탄하고 목회적으로 가장 현실감 있는 방안일 수 있다.

끝으로, 유기와 방치의 차이에 대한 질문이 있을 수 있다. 간단히 답하자면 유기는 고린도전서 7장에 언급된 경우로 비신자 부부 중 한쪽이 기독교로 회심하고 신자가 되었다는 이유로 배우자가 결국 부부 관계를 끝내는 상황이다. 반면에 방치는 범위가 훨씬 넓어 배우자를 충분히 돌보지 않는 다양한 상황이 다 포함된다. 방치를 이혼 사유로 인정하면 파이퍼의 말대로 바리새인들이 질문했던 "아무 이유로나 이혼하는" 것과 비슷해진다. 이에 비하여 바울이 말한 유기는 범위가 훨씬 좁고 구체적이다.

44. 성적 학대에 대한 사려 깊은 신학적 탐색은 다음 기사를 참조하라. Andrew J. Schmutzer, "A Theology of Sexual Abuse: A Reflection on Creation and Devastation," *Journal of the Evangelical Theological Society* 51, no. 4 (2008년 12월): 785-812. 아울러 다음 책도 참조하라. Steven R. Tracy, *Mending the Soul: Understanding and Healing Abuse* (Grand Rapids: Zondervan, 2005, 《영혼을 만지다》 죠이선교회출판부).

12. 교회 지도자의 조건

1. 이후의 논의는 교회 지도자의 자격 요건 중 결혼과 가정에 관한 부분으로 엄격히 제한된다. 그밖의 요건들은 지금 공부 중인 범위를 벗어나므로 여기서 다루지 않았다. 다른 요건들을 연구하려면 다음 기사를 참조하라. Andreas J. Köstenberger, "1-2 Timothy, Titus," *Pastoral Letters*, Expositor's Bible Commentary, Tremper Longman III & David E. Garland 편집 (Grand Rapids: Zondervan, 2005), 522-27, 606-8.

2. 다음 기사를 참조하라. Vern S. Poythress, "The Church as Family: Why Male

Leadership in the Family Requires Male Leadership in the Church," *Recovering Biblical Manhood and Womanhood: A Reponse to Evangelical Feminism*, John Piper & Wayne Grudem 편집 (Wheaton, IL: Crossway, 1991, 2006), 233-47. 아울러 다음 기사도 참조하라. Malcolm B. Yarnell III. "Oikos theou: A Theologically Neglected but Important Ecclesiological Metaphor," *Midwestern Journal of Theology* 2, no. 1 (2003년 가을): 53-65. 다음의 간략한 개괄도 참조하라. Judith M. Gundry-Volf, "The Least and the Greatest: Children in the New Testament," *The Child in Christian Thought and Practice*, Marcia Bunge 편집 (Grand Rapids: Eerdmans, 2000), 58-59.

3. **목사**와 **감독**과 **장로**라는 세 단어는 신약에 대체로 혼용되었다(예. 사도행전 20:17, 28, 디도서 1:5-7, 베드로전서 5:1-3을 참조하라). 교회 통치에 대해서는 다음 기사를 참조하라. Andreas J. Köstenberger, "Hermeneutical and Exegetical Challenges in Interpreting the Pastoral Letters," *Southern Baptist Journal of Theology* 7, no. 3 (2003년 가을): 10-13. 아울러 다음 기사도 참조하라. Benjamin L. Merkle, "Hierarchy in the Church? Instruction from the Pastoral Letters concerning Elders and Overseers," 같은 책, 32-43.

4. 이후의 논의는 다음 기사의 도움을 받았다. Köstenberger, "1-2 Timothy, Titus," *Pastoral Letters*. 해석의 역사에 대해서는 다음 책을 참조하라. Peter Gorday 편집, *Ancient Christian Commentary on Scripture: New Testament*, vol. 9: *Colossians, 1-2 Thessalonians, 1-2 Timothy, Titus, Philemon* (Downers Grove, IL: InterVarsity, 2000), 170-71, 286-87. 다음의 개괄도 참조하라. Ed Glasscock, "'The Husband of One Wife' Requirement in 1 Timothy 3:2," *Bibliotheca Sacra* 140 (1983): 244-49, 253-56. 다양한 번역은 다음과 같다. "한 아내의 남편"(KJV, NKJV, NASB, HCSB, NET, ESV[각주: 또는 "한 여자의 남자"])은 해석의 여지를 남겨 둔다. "오직 한 아내의 남편"(NIV)은 일부다처의 금지를 암시한다. "한 번만 결혼한"(NRSV[각주: 또는 "한 아내의 남편"])은 사별 후의 재혼을 금한 것으로 교회 교부들의 지배적 관점이었다. "아내에게 정절을 지키는"(NLT, TNIV), "한 아내에게 정절을 지키는"(NEB), "한 여자에게 헌신한"(직역하면 "한 여자의 남자," ISV), "아내에게 헌신하며"(《메시지》) 등은 원문의 문구를 부부 간

의 정절을 나타내는 관용구로 보았다.

5. Glasscock, "'The Husband of One Wife' Requirement," 244-58을 참조하라. 그는 교회 교부들이 보편적으로 세 번째 관점(사별하고 재혼한 사람을 금함)과 네 번째 관점(일부다처를 금함)을 지지했다고 지적했다. 오늘날 가장 보편적인 것은 두 번째 관점(이혼한 남자를 배제함)과 다섯 번째 관점(부부 간의 정절을 요구함)이다. 첫 번째 관점(미혼자 후보를 제외시킴)을 지지하는 사람은 거의 없다.

6. 성경에 언급된 것은 대부분 홀아비의 재혼이 아니라 과부의 재혼이다. 남편이 아내를 사별하는 경우보다 그 반대의 경우가 훨씬 흔했기 때문이다(예. 참조. 롬 7:2-3; 고전 7:39; 딤전 5:14). 하지만 과부(특히 젊은 과부)들에게 재혼을 권한 바울의 말이 홀아비들에게도 적용되지 말아야 할 그럴듯한 이유는 없다.

7. "오직 한 아내의 남편"으로 번역한 NIV를 참조하라(원문에는 "오직"에 해당하는 단어가 없다. 나중에 TNIV에는 "아내에게 정절을 지키는"으로 바뀌었다). 아울러 다음 책도 참조하라. John Calvin, *1 and 2 Timothy and Titus* (Wheaton, IL; Nottingham: Crossway, 1998; 초판 1556, 1549), 54.

8. 예컨대 다음 책을 참조하라. William D. Mounce, *The Pastoral Letters*, Word Biblical Commentary 46 (Nashville: Nelson, 2000), 171.

9. 다음 책을 참조하라. S. M. Baugh, *1-2 Timothy, Titus*, Zondervan Illustrated Bible Backgrounds Commentary (Grand Rapids: Zondervan, 2001), 501-2.

10. 특히 다음 기사를 참조하라. Sidney Page, "Marital Expectations of Church Leaders in the Pastoral Letters," *Journal for the Study of the New Testament* 50 (1993): 105-20. 특히 108-9, 114, 주27. 결혼에 대한 성경의 가르침(남편의 역할을 포함하여)을 논의한 내용은 이 책의 2장과 3장을 참조하라.

11. Page, "Marital Expectations," 112을 참조하라. 반대로 다음 저자는 이 본문이 "아마도 과부나 홀아비의 재혼을 금한다"고 주장했다. Gordon D. Fee, "Reflections on Church Order in the Pastoral Letters, with Further Reflections on the Hermeneutics of Ad Hoc Documents," *Journal of the Evangelical Theological Society* 28 (1985): 150.

12. 이 자격 요건은 영지주의의 양극단인 금욕주의나 성적 방종과 대조된다. 부부 간의

정절은 그리스-로마 세계에서도 존중되었다. 따라서 이 자질을 갖춘 그리스도인 직분자는 주변의 이교도들에게도 좋은 인상을 주었을 것이다(Page, "Marital Expectations," 117-18을 참조하라).

13. David Instone-Brewer, *Divorce and Remarriage in the Bible: The Social and Literary Context* (Grand Rapids: Eerdmans, 2002), 227-28, (《성경 속의 이혼과 재혼》 아가페출판사). 그도 똑같은 관점에서 이 문구가 요즘 우리가 쓰는 "한 여자밖에 볼 줄 모른다"는 말과 대등하다고 지적했다(p. 313도 참조하라). 참고로 원문에 "한 아내의"나 "한 남편의"라는 표현은 매번 등장할 때마다 첫 번째로 열거되어 그 중요성을 강조해 준다(참조. 딤전 3:2, 12, 5:9).

14. 다음 기사를 참조하라. Marjorie Lightman & William Zeisel, "Univira: An Example of Continuity and Change in Roman Society," *Church History* 46 (1977): 19-32. 라틴어로 "uni"는 "하나," "vir"는 "남편," 여성 접미사 "a"는 여자나 아내를 가리킨다. 그래서 "한 남편만 아는 여자나 아내"라는 의미가 된다.

15. Catullus, *The Poems of Catullus IIII*, F. W. Cornish 번역, *Catullus, Tibullus, Pervigilium Veneris*, Loeb Classical Library, G. P. Goold 제3판 개정 (Cambridge, MA: Harvard University Press, 1995), 179.

16. *Corpus Inscriptionum Latinarum* 6.5162.

17. Lightman & Zeisel, "Univira," 25에 인용되어 있다.

18. 성경적으로 정당한 이혼을 겪은 남자로서 이혼이 발생한 지 이미 오래되었고(특히 당시에 그가 신자가 아니었고) 현재의 품행(과 검증된 이력)으로 보아 아내에게 정절을 지키고 있는 경우, 이런 남자도 교회 지도자의 직분을 맡을 수 있는지의 문제에 대해서는 다음 기사를 참조하라. Page, "Marital Expectations," 103-13.

19. 천주교에서 옹호하는 성례적 모델은 성경적 근거가 희박하다. 천주교 사제직에 요구되는 독신은 예수 그리스도께서 성육신하여 사역하시는 동안 친히 독신이셨다는 사실에서 기원했다. 이 책 9장의 "독신과 사역"을 참조하라.

20. 다음 책을 참조하라. George W. Knight, *Commentary on the Pastoral Letters*, New International Greek Testament Commentary (Carlisle: Paternoster; Grand Rapids: Eerdmans, 1992). 다음 저자도 뒤를 이었다. Peter Balla, *The Child-Parent*

Relationship in the New Testament and Its Environment (Wissenschaftliche Untersuchungen zum Neuen Testament 155 [Tübingen: Mohr-Siebeck, 2003]), 181. 존 파이퍼도 같은 입장이다. "Should a pastor continue in ministry if one of his children proves to be an unbeliever?" (2009년 5월 15일; http://www.desiringgod.org, 다음 기사를 인용했다. Justin Tayor, "Unbelief in an Elder's Children," 2007년 2월 1일).

21. 자녀와 자녀 양육에 대한 성경의 가르침을 논의한 내용은 이 책의 5장과 6장을 참조하라.

22. Calvin, *1 and 2 Timothy and Titus*, 54.

23. 아울러 Chrysostom, *Homilies on 1 Timothy* 10도 참조하라.

24. 8장을 참조하라.

13. 하나님, 결혼, 가정, 교회

1. 5장을 참조하라.

2. 교회의 성경적·언어학적 정의에 대한 유익한 개괄을 다음 책에서 참조하라. Millard J. Erickson, *Christian Theology* (재판; Grand Rapids: Baker, 1998), 1041-44, 《복음주의 조직신학》 크리스챤다이제스트사).

3. Erickson, *Christian Theology*, 1058-59을 참조하라. 이와 반대되는 다음 책도 참조하라. Wayne Grudem, *Systematic Theology* (Grand Rapids: Zondervan, 1994), 853-55, 《웨인 그루뎀의 조직신학》 은성). 관련 이슈들의 유익한 개괄은 다음 기사를 참조하라. C. Marvin Pate, "Church, the," Walter Elwell 편집, *Baker Dictionary of Biblical Theology* (Grand Rapids: Baker, 1996), 95-98, 특히 95-96. 성경적·신학적 고찰은 다음 기사를 참조하라. D. J. Tidball, "Church," *New Dictionay of Biblical Theology*, T. Desmond Alexander & Brian S. Rosner 편집 (Downers Grove, IL: InterVarsity, 2000), 406-11. 참고문헌이 더 소개되어 있다.

4. Erickson, *Christian Theology*, 1058. 사도행전 7:38에 *ekklēsia*가 광야의 이스라엘 백성을 가리키는 말로 쓰이긴 했지만 에릭슨이 지적했듯이 이는 일반적 의미였을 소지가 높다. 교회의 기원을 오순절로 바로 이해한다 해서 신구약의 배후에 흐르는 하나님의 백성의 통일성이 없어지는 것은 아니다(예. 히브리서 11장을 참조하라). 같은 책, 1045-

46, 1058-59. 아울러 다음 기사도 참조하라. Mark Dever, "Church," A Theology for the Church (Daniel L. Akin 편집; Nashville: B&H, 2007), 768-73.

5. 예컨대 다음 책을 참조하라. Mark Dever, *Nine Marks of a Healthy Church* (Wheaton: Crossway, 2000), "Mark Four: A Biblical Understanding of Conversion" 과 "Mark Six: A Biblical Understanding of Church Membership," (《건강한 교회의 9 가지 특징》 부흥과개혁사).

6. 다음 책들의 논의를 참조하라. Erickson, *Christian Theology*, 1047-49. Grudem, *Systematic Theology*, 858-59. Dever, "The Church," 774-75.

7. 12장을 참조하라.

8. 이 개념에 대한 광범위하고 대체로 설득력 있는 비판을 다음 기사들에서 참조하라. Jason Webb, "My Introduction to the Family-Integrated Church Movement," "What Is the Family-Integrated Church Movement? (Part 1)," "The Family-Integrated Church Movement (Parts 2-5)," http://reformedbaptistfellowship. wordpress.com. 그의 비판 중 유일하게 의문의 여지가 있는 요소는 사람이 하나님의 백성의 일원이 되는 방법에서 옛 언약과 새 언약이 다르다는 그의 암시다. 그러나 신약 의 가르침에 따르면 칭의의 기초가 개인의 믿음이라는 원리는 두 언약의 시기에 모두 동일하다(특히 창세기 15:6과 또한 갈라디아서 3장과 로마서 4장의 바울의 논증을 참조하라).

9. "성령의 전"이라는 은유에 대해서는 Erickson, *Christian Theology*, 1049-51을 참 조하라. 다음 저자는 신약에서 교회의 이미지를 96가지(!)나 찾아냈다. Paul S. Minear, *Images of the Church in the New Testament* (Philadelphia: Westminster, 1960). 아울 러 다음 책도 참조하라. Avery Dulles, *Models of the Church* (재판; New York: Image, 1987). Dever, "The Church," 773-75에는 교회가 하나님의 백성, 새로운 피조물, 교제 의 모임, 그리스도의 몸, 하나님 나라 등으로 논의된다. Grudem, *Systematic Theology*, 858-59에는 집, 그리스도의 신부, 포도나무의 가지, 감람나무, 밭의 곡식, 건물, 새로운 성전, 수확물, 그리스도의 몸 등 교회의 다양한 은유가 설명된다.

10. 이후의 논의는 종합적인 게 아니라 부득이 일부에 그친다. 더 철저한 고찰은 다음 책들을 참조하라. Erickson, *Christian Theology*, 1060-69에는 전도, 덕을 세움, 예배, 사회 참여가 논의된다. Grudem, *Systematic Theology*, 867-69에는 예배, 양육, 전도,

구제가 지적된다. Dever, "The Church," 809-15의 논의도 에릭슨이나 그루뎀과 비슷하게 전개된다.

11. 마찬가지로 바울이 가정에서 모이는 신자들을 종종 언급한 것(예. 로마서 16장의 사례들을 참조하라)도 반드시 사도가 교회를 "가정들의 가정"으로 보는 교회론을 신봉했다는 뜻은 아니다. 다만 초대 교회의 모임 중 다수가 사람들의 집에서 열렸음을 보여 줄 뿐이다. 바울과 베드로가 에베소서 5장, 골로새서 3장, 베드로전서 3장에 그리스도인 아내들과 남편들을 상대로 말했다는 사실은 다음과 같은 증거로 보는 게 가장 타당하다. 즉 이 저자들은 사람들이 가정과 일터의 관계 속에서 각자의 역할을 수행할 때 그리스도인의 신앙에 합당하게 살도록 그들을 정성껏 도왔다.

12. 교회의 성례를 누가 집전할 수 있는가에 대해 성경에 상당한 자유재량이 허용되어 있음을 부정하려는 것은 아니다. 사실 이 부분에 대한 명시적 지침은 별로 없다. 그럼에도 세례를 "가능한 한 **교회 모임 안에서**" 시행하고(Grudem, *Systematic Theology*, 984, 강조 원문) "정식으로 임명된 교회 대표(들)를 집행자로 정하는" 것(같은 책, pp. 984와 999의 논의를 각각 참조하라)이 무난해 보인다.

13. 앞의 5장과 6장을 참조하라.

14. 페미니즘의 접근들에 대한 비판은 다음 책을 참조하라. Margaret Elizabeth Köstenberger, *Jesus and the Feminists: Who Do They Say That He Is?* (Wheaton: Crossway, 2008).

15. Webb, "Family-Integrated Church Movement (Part 3)."

16. 그래서 다음 책의 제목은 오도의 소지가 있다. Eric Wallace, *Uniting Church and Home: A Blueprint for Rebuilding Church Community* (Round Hill, VA: Hazard Communications, 1999, 《가정과 교회가 하나 되는 꿈》 미션월드 라이브러리).

17. 특히 다음 두 저자의 비판을 참조하라. R. Albert Mohler, www.albertmohler.com. Webb, "Family-Integrated Church Movement."

18. 지면상 자세히 비판할 수 없다. 다음 기사를 참조하라. Webb, "Family-Integrated Church Movement."

19. Webb, "What Is the Family-Integrated Church Movement (Part 1)." 그가 지적했듯이 가정통합 교회 운동은 교회를 "가정들의 가정"으로 보는 모델에 입각하여 대체

로 다음 세 가지 원리를 받아들인다. (1) 가족끼리 함께 예배한다. (2) 전도와 제자훈련이 가정을 통해 이루어진다. (3) 제자훈련의 핵심 요소로 교육(홈스쿨링)을 강조한다.

20. 특히 다음 책을 참조하라. Timothy Paul Jones 편집, *Perspectives on Family Ministry* (Nashville: B&H Academic, 2009, 《가정 사역 패러다임 시프트》 생명의 말씀사). 그는 가정 사역의 주요 모델을 가정통합, 가정기초, 가정구비 등 세 가지로 제시한다(pp. 42-45의 요약과 p. 52의 비교 도표를 참조하라). 그러나 이 글을 쓰는 현재 그중 "가정통합" 모델만 널리 사용되고 있으며, 따라서 우리도 이번 장 전체에 그 용어를 썼다. 특히 세 모델의 공통분모가 상당히 많기 때문에 더 그렇다(예를 들어 자녀의 신앙 발달에 아버지와 부모의 역할이 주가 되며, 다세대 사역이 중시된다. 같은 책, pp. 46-48을 참조하라). 세 모델의 차이는 얼마나 기존의 교회 구조 내에서 활동하려 하는가에서 주로 나타난다. 가정통합 모델은 연령별 행사를 일체 없앤다. 가정기초 접근은 근본적인 교회 구조를 대부분 그냥 두면서 안으로부터 변화시켜 더 가정 지향적으로 만들려 한다. 가정구비 모델은 교회의 완전한 구조조정을 요구하며, 이때 가정과 교회는 가정의 성경적 역할을 증진하는 파트너로 계속 구분된다.

21. 간혹 "가정통합 교회 운동"의 지지자들은 중고등부나 유아부를 피하는 근거로 "규정적 원리"(교회는 성경이 명백히 명하는 일만 해야 한다는 신조)를 내세운다. 그들은 종종 다음 책을 인용한다. Mark Dever, *The Deliberate Church: Building Your Ministry on the Gospel* (Wheaton, IL: Corssway, 2005), 6-7장. 그러나 Jones 편집, *Perspectives on Family Ministry*, 134-35의 비판을 참조하라. 그 책에서 Brandon Shields는 "규정적 원리에 대한 극단적 관점을 지지하는 사람들"이 "지나친 단순논리의 이분법으로 '성경적인' 것과 '비성경적인' 것을 나눈다"고 개탄한다. 그는 다음 책을 인용했다. Edmund P. Clowney, *The Church: Contours of Christian Theology* (Downers Grove, IL: InterVarsity, 1995), 126, 《교회》 IVP).

22. 지면상 이 문제를 자세히 다룰 수 없다. 이 주장에 대한 설득력 있는 논박은 다음 기사를 참조하라. Webb, "What Is the Family-Integrated Church Movement (Part 4)." 그는 특히 리처드 백스터(Richard Baxter, 독신이었다)와 존 오웬(John Owen)을 언급했다.

23. Voddie Baucham Jr., *Family Driven Faith: Doing What It Takes to Raise*

Sons and Daughters Who Walk with God (Wheaton, IL: Crossway, 2007,《가정아, 믿음의 심장이 되어라》미션월드 라이브러리).

24. J. Mark Fox, *Family-Integrated Church: Healthy Families, Healthy Church* (Longwood, FL: Xulon, 2006). Wallace, *Uniting Church and Home*.

25. 사실 양쪽이 거의 구분되지 않을 정도로 지역 교회와 교회 지도자들을 아버지가 이끄는 가정들의 집단의 비호 아래에 두는 것은 매우 위험한 일이다.

26. Jones, *Perspectives on Family Ministry*, 138-39에 Brandon Shields가 제기한 주장이다. 그는 "상식적 현실성", 즉 "세상을 있는 그대로 볼 것"을 촉구한다. 그 말은 "우리의 이상적 비전을 강요하려 하기 전에 사람과 문화를 있는 그대로" 대해야 한다는 뜻이다. 아울러 같은 책 171-72에 "점진주의 대 가정통합"의 제목으로 나오는 Paul Renfro의 대응도 참조하라.

27. 위에 언급한 세 가지 모델을 Jones, *Perspectives on Family Ministry*에서 참조하라.

28. Webb, "What Is the Family-Integrated Church Movement (Part 2)," 특히 2: The New Covenant People are Regenerate, 7: The Memebers Are in the Covenant as Individuals.

29. 2009년 11월 19일에 직접 나눈 대화에서 R. 앨버트 몰러는 나(안드레아스 쾨스텐버거)에게 지적하기를, 중생한 가족과 중생하지 않은 가족을 분명히 구분하지 못하면 믿는 부모의 중생하지 않은 자녀에게 성찬이 허용되어 역시 문제가 야기된다고 했다. 아울러 Webb, "What Is the Family-Integrated Church Movement (Part 5)"도 참조하라. 웹은 명확히 정리해야 할 몇 가지 중요한 신학적 문제를 제기했는데 다음은 그중의 일부다. (1) "가정통합 교회 운동"의 지지자들은 가정이 교회의 기초 단위라고 말하는데 이 말은 무슨 뜻인가? 그들은 사람을 교회의 일원이 되게 하는 것이 개인적 믿음과 중생임을 인정하는가? (2) 사람이 새 언약 안에 남아 있으려면 언약을 지켜야 하는가? 자녀는 하나님과의 언약 안에 머물기 위해 순종을 배워야 하는가? 아니면 하나님의 은혜가 우리를 새 언약 안에 존속시켜 주는가? 즉 회심 때 하나님께 새 마음을 받았기에 우리가 믿음을 지킬 수 있는 것인가? 회개와 새로운 영적 출생의 필요성은 어떻게 되는가?

부록

1. 다음 두 저자가 그렇게 본다. John R. W. Stott, "Marriage and Divorce," *Involvement: Social and Sexual Relationships in the Modern World*, vol. 2 (Old Tappan, NJ: Revell, 1984), 170 (David Clyde Jones, Biblical Christian Ethics [Grand Rapids: Baker, 1994], 202에 인용되어 있다). David Hill, *The Gospel of Matthew*, New Century Bible (London: Marshall, Morgan & Scott, 1972), 281. 힐은 "간음의 관계는 창조 질서와 일부일처의 이상에 위배된다. 따라서 예수께서 창세기에 기초하여 결혼이 해체될 수 없음을 옹호하셨다면 그분은 바로 그것 때문에만 이혼을 허용하셨을 수밖에 없다. 간음은 창조 질서와 필연적으로 모순되기 때문이다"라고 썼다.

2. 예수는 간음의 범위를 마음의 태도로까지 확대하신다(마 5:27-28, 그러나 이 구절들에 대해 설명한 이전의 주를 참조하라). 동시에 요한복음 7:53-8:11의 배후 전승이 사실이라면, 예수는 간음에 대한 적절한 처벌의 문제에도 수정을 가하신다. "너희 중에 죄 없는 자가 먼저 돌로 치라"(요 8:7). 약혼녀 마리아의 성적 부정이 의심되었을 때 이혼을 생각한 요셉도 마찬가지였다(마 1:19, 아래를 더 참조하라).

3. 다음 기사를 참조하라. Thomas Edgar, "Divorce and Remarriage for Adultery and Desertion," H. Wayne House 편집, *Divorce and Remarriage: Four Christian Views* (Leicester; Downers Grove, IL: InterVarsity, 1990), 151-52. 그는 "결혼에 대한 성례적 관점이나 그에 상응하는(결혼이 해체될 수 없다는) 관점을 전제로 하지 않는 한" 자신이 제시하는 관점이 성경에서 가장 자연스럽게 도출되는 입장이라고 역설했다.

4. 2장을 참조하라. 아울러 다음 기사의 중요한 논의도 참조하라. William E. Heth, "Jesus on Divorce: How My Mind Has Changed," *Southern Baptist Journal of Theology* 6, (2002년 봄): 4-29, 16-20. 그는 언약 전반의 속성과 특히 결혼 언약에 대한 자신의 입장을 재고한 끝에 "이혼도 안 되고 재혼도 안 된다"는 관점에서 "간음 내지 성적 부도덕의 경우에는 이혼과 재혼이 허용된다"는 관점으로 생각을 바꾸었다. 다음 저자가 그의 사고에 특히 영향을 미쳤다. Gordon P. Hugenberger, *Marriage as a Covenant: Biblical Law and Ethics as Developed from Malachi* (Grand Rapids: Baker, 1998 [1994]). 아울러 다음 책도 참조하라. Craig Blomberg, *Matthew*, New American Commentary 22 (Nashville: Broadman, 1992), 290, 주6 (Heth, "Jesus on

Divorce," 27, 주70에 인용되어 있다). 다음 책에 나오는 결혼의 해체 가능성과 불능성에 대한 논의도 참조하라. John S. & Paul D. Feinberg, *Ethics for a Brave New World* (Wheaton, IL: Crossway, 1993), 303-5.

5. 비슷한 목록과 논의는 Feinberg & Feinberg, *Ethics for a Brave New World*, 334-37을 참조하라.

6. 어떤 사람들은 예수께서 원래 아람어로 말씀하셨으므로 헬라어가 아니라 아람어가 판단의 주요 근거가 되어야 한다고 반론을 펼 수 있다. 이에 대한 반응으로 지적하자면 신약의 최종 원문은 아람어가 아니라 헬라어이며 따라서 아람어가 아닌 헬라어가 해석의 궁극적 초점이 되어야 한다.

7. 어쨌든 예수께서 "내가 율법이나 선지자를 폐하러 온 줄로 생각하지 말라. 폐하러 온 것이 아니요 완전하게 하려 함이라"(마 5:17)라고 말씀하신 근본 취지는 그분이 모세 율법의 특정한 측면을 무효화하거나 강화하실 수 있는 방식에 있는 게 아니라 그분 자신을 구약의 예언의 성취이자 따라서 구약의 유일한 권위적 해석자로 제시하신 데 있다 (특히 D. A. Carson, *Matthew*, Expositor's Bible Commentary 8 [Grand Rapids: Zondervan], 1984, 141-45을 참조하라). 예수께서 실제로 마태복음 5:18에 구약의 가르침을 발전시키셨다는 사실은 5장의 나머지에 후렴구처럼 되풀이되는 "…하였다는 것을 너희가 들었으나 나는 너희에게 이르노니"라는 말씀을 통해 강하게 뒷받침된다.

8. Feinberg & Feinberg, *Ethics for a Brave New World*, 334-35을 참조하라. 저자들은 "예외가 원칙을 부정한다고 생각하는 사람들이 있으나 그것은 일반 원칙에 대한 예외의 논리를 오해한 처사다. 예외는 원칙을 **모든 경우에** 부정하는 게 **아니라 예외의 경우에만** 부정한다. 예외가 원칙을 어떻게 수정하는지 일단 이해하면 6절과 9절 사이의 외관상의 모순은 사라진다"라고 말했다. 아울러 위에 인용한 예수와 샤마이의 차이를 Carson, Matthew, 411에서 참조하라.

9. Heth, "Jesus on Divorce," 17-20을 참조하라. Hugenberger, *Marriage as a Covenant*, 3, 주25를 인용했다. 헤스는 "히브리어 단어의 용법상 언약은 깨지거나 해체될 수 있다"며 창세기 17:14, 레위기 26:44, 신명기 31:20, 열왕기상 15:19, 이사야 24:5, 33:8, 예레미야 11:10, 14:21, 31:32, 33:20-21, 에스겔 16:59, 17:15-18, 44:7, 스가랴 11:10-11 등을 예로 들었다. 헤스는 또 "성적 부정은 결혼 언약의 특히 중대

한 위반이다. 언약의 대상뿐 아니라 하나님께 대한 죄다. 따라서 언약들이 깨지거나 해체될 수 있을진대 이 죄는 결혼 언약을 독특한 방식으로 공격한다"고 덧붙였다(p. 19. Hugenberger, *Marriage as a Covenant*, 281-94를 인용했다). 그리스도와 교회의 언약이 결혼의 모형이라는 주장에 대해서는 그것이 시대착오적 개념임을 지적하지 않을 수 없다. 결혼의 제정이 새 언약보다 시기적으로 수천 년이나 더 앞선다. 오히려 결혼을 그리스도와 교회의 친밀한 언약에 대한 예화로 볼 수 있다(Andreas J. Köstenberger, "The Mystery of Christ and the Church: Head and Body, 'One Flesh,'" Trinity Journal 12 권수가 명기되지 않음 [1991]: 79-94을 참조하라. 또한 에베소서 5:21-33에 **언약**이라는 단어가 실제로 쓰이지 않았다는 점에도 주목하라).

10. 이런 관점들에 대한 논의와 비판을 Feinberg & Feinberg, Ethics, 306-7, 327-39에서 참조하라. 저자들은 "혼혈혼 관점"도 포함시켰다(참조. 스 9-10장, 신 7:3). 근 친상간은 특히 다음과 같은 점점 더 많은 천주교 학자가 신봉하는 관점이다. Joseph A. Fitzmyer, "The Matthean Divorce Texts and Some Palestinian Evidence," *Theological Studies* 37 (1976): 197-226, 특히 208-11 (이 관점을 지지하는 다른 사람들의 명단은 Donald A. Hagner, *Matthew* 1-13, Word Biblical Commentary 33a [Dallas: Word, 1993], 124에서 참조하라. 그는 Guelich와 Witherington도 예로 들었다). 혼전의 성적 부정은 다음 저자들이 주장하는 관점이다. Mark Geldard, "Jesus' Teaching on Divorce," *Churchman* 92 (1978): 134-43. Abel Isaksson, *Marriage and Ministry in the New Temple: A Study with Special Reference to Mt. 19,3-12 and 1 Cor 11,3-16*, N. Tomkinson & J. Gray 번역 (Lund: Gleerup, 1965), 특히 135. John Piper, 아래를 참조하라. 그밖의 (신빙성이 덜한) 관점들로 "포괄주의" 관점(Carson, *Matthew*, 414-15의 비판을 참조하라), "과거주의 또는 노코멘트" 관점(Bruce Vawter, "Divorce and the New Testament," *Catholic Biblical Quarterly* 39 [1977]: 528-48을 참조하라), "명확화" 관점 (Feinberg & Feinberg, *Ethics*, 327의 비판을 참조하라) 등이 있다.

11. 예컨대 Carson, *Matthew*, 414을 참조하라.

12. Hagner, *Matthew* 1-13, 124-25가 정확히 지적했다. "불법 결혼 관점"에 대한 논의와 비판은 다음 책을 참조하라. Gordon J. Wenham & William E. Heth, *Jesus and Divorce*, 개정판 (Carlisle: Paternoster, 1997; 초판 1984), 153-68, 205-9. 다음 저자는

이 관점이 "더 이상 가능성 있는 해석의 대안이 아니다"라고 말했다. Heth, "Jesus on Divorce," 5. 다음 저자가 이 관점을 신봉했다. Charles Ryrie, "Biblical Teaching on Divorce and Remarriage," *Grace Theological Journal* 3, no. 2 (1982): 177-92, 특히 188-89. 그는 F. F. Bruce도 인용했다(p. 188 주42).

13. 마태복음 1:18-20을 참조하라. 약혼한 사이인 요셉과 마리아가 "남편"과 "아내"로 지칭되었고, 따라서 그 관계가 해체되려면 "이혼"이 요구되었다. 유대의 약혼 풍습에 대해서는 예컨대 다음 책을 참조하라. Goerge Foot Moore, *Judaism in the First Centuries of the Christian Era* (Cambridge, MA: Harvard University Press, 1962), 2.121. "약혼은 여자가 법적으로 남자의 아내가 되는 공식 행위였다. 여자의 부정은 간음이므로 그에 따른 처벌이 가능했고 관계가 깨진 경우에는 이혼 증서가 필요했다." Joachim Jeremias, *Jerusalem in the Time of Jesus* (Philadelphia: Fortress, 1969), 367-68. "구애와 결혼 계약서의 작성에 이어지던 약혼은 남자가 여자를 '얻어'(*qinyēn*) 정식으로 결혼이 확정되었다는 뜻이었다. 약혼한 여자는 '아내'로 불렸고 과부가 되거나 이혼당하거나 간음죄로 사형에 처해질 수 있었다.…그러나 여자가 결정적으로 아버지의 권한에서 남편의 권한으로 넘어가는 일은 **결혼** 자체를 통해서만 이루어졌다. 결혼은 대개 약혼 후에 1년쯤 지나서 이루어졌다(M. Ket. V.2)."

14. Isaksson, *Marriage and Ministry*. John Piper, "Divorce and Remarriage: A Position Paper," http://www.desiringgod.org/library/topics/divorce_remarriage/div_rem_paper.html 그리고 "Divorce and Remarriage in the Event of Adultery," http://www.desiringgod.org/library/topics/divorce_remarriage/dr_adultery.html. 아울러 Stephen D. Giese, http://www.geocities.com/sdgiesedts2001/DivorceTP.htm도 참조하라. 그는 "이혼과 관련하여 유일하게 정당한 결론은 결혼 언약의 구속력이 배우자가 죽을 때까지 지속된다는 것이다"라며 이 입장을 옹호했고, 결혼 언약이 해체될 수 없다는 확신에 기초하여 약혼 관점을 신봉했다. 이 관점을 지지한 다른 사람들의 명단은 Wenham & Heth, *Jesus and Divorce*, 279 주7을 참조하라.

15. 창세기 29:21, 신명기 22:23-24, 사무엘하 3:14, 마태복음 1:18-25 등을 참조하라. 다음 여러 책을 참조하라. Carson, *Matthew*, 75. 민수기 5:11-31을 인용했다. *m. Soṭah* 1:1-5. David Hill, "A Note on Matthew 1.19," *Expository Times* 76 (1964-65):

133-34. Angelo Tosato, "Joseph, Being a Just Man (Matt 1:19)," *Catholic Biblical Quarterly* 41 (1979): 547-51. Craig S. Keener, *A Commentary on the Gospel of Matthew* (Grand Rapids: Eerdmans, 1999), 91. 그가 pp. 87-95에 마태복음 1:19을 고찰한 내용은 전체를 주의 깊게 공부할 가치가 있다. *m. Giṭ.* 6:2, m. Ketub. 1:2, 4:2, *m. Yebam.* 2:6, *b. Giṭ.* 26b 등을 인용했다.

16. "이혼"에 따옴표를 붙인 것은 오늘날에는 약혼의 파혼에 그 단어가 쓰이지 않음을 나타내기 위해서다.

17. 이 관점에 대한 요약은 Wenham & Heth, *Jesus and Divorce*, 169-71을 참조하라.

18. 그러나 마태는 마태복음 1:18-25에 마리아의 상황적 혐의를 기술할 때 *porneia*라는 단어를 쓰지 않았다(Wenham & Heth, Jesus and Divorce, 173을 참조하라). 파이퍼도 예수께서 누가복음 16:18에서 이혼의 경우에 재혼을 배제하셨다고 믿고 마태복음 5:32을 그에 준하여 해석했다.

19. 아울러 Feinberg & Feinberg, *Ethics for a Brave New World*, 328도 참조하라. 그는 "약혼 관점"에 대한 주된 비판을 세 가지로 제시했다. (1) *porneia*의 의미를 약혼 기간 중의 섹스로 제한하는 게 비논리적이다. (2) 신명기 24장은 약혼 기간 중의 섹스를 다루지 않는다. 그 주제는 신명기 22장에 이미 다루어졌기 때문이다. (3) 마태복음 19장에 약혼이 언급되지 않는다.

20. 다음 책을 참조하라. David Instone-Brewer, *Divorce and Remarriage in the Bible: The Social and Literary Context* (Grand Rapids: Eerdmans, 2002), 161-67, (《성경 속의 이혼과 재혼》아가페출판사).

21. 같은 책, 185.

22. Carson, *Matthew*, 417.

23. 같은 책, 418. 다음 두 책을 인용했다. James B. Hurley, *Man and Woman in Biblical Perspective* (Leicester: Inter-Varsity, 1981), 104, (《성경이 말하는 남녀의 역할과 위치》여수룬). John Murray, *Divorce* (Grand Rapids: Baker, 1961), 51이하.

24. 다음 세 책을 참조하라. Robert H. Gundry, *Matthew: A Commentary on His Handbook for a Mixed Church under Persecution*, 재판 (Grand Rapids: Eerdmans,

1994), 90-91. Wenham & Heth, *Jesus and Divorce*, 113-16. Thomas Edgar, "No Divorce and No Remarriage," H. Wayne House 편집, *Divorce and Remarriage: Four Christian Views* (Leicester; Downers Grove, IL: InterVarsity, 1990), 37-38.

25. Hagner, *Matthew* 1-13, 125가 정확히 지적했다.

26. 이후의 개괄은 Heth, "Jesus on Divorce," 12의 도움을 받았다. 고린도전서 7:15를 다르게 해석하여 신자를 화평으로 부르셨으나 재혼의 자유는 허용하지 않은 것으로 보는 사람들도 있다. 다음 저자도 그중 하나다. Paige Patterson, *The Troubled Triumphant Church: An Exposition of First Corinthians* (Nashville: Nelson, 1983), 120-21.

27. Robert Stein, "Divorce," *Dictionary of Jesus and the Gospels*, Joel B. Green, Scot McKnight & I. Howard Marshall 편집 (Downers Grove: InterVarsity, 1992), 194.

28. Jones, *Biblical Christian Ethics*, 201, 주81. 그는 고린도전서 7:27-28의 바울의 말이 정당하게 이혼한 뒤 재혼해도 "죄짓는 것이 아니"라는 뜻일 "가능성"이 있다고 말했으나 본문을 그렇게 해석하는 데는 무리가 있다. 다음 기사를 참조하라. R. Stanton Norman, "Biblical, Theological, and Pastoral Reflections on Divorce and Remarriage, and the Seminary Professor: A Modest Proposal," *Journal for Baptist Theology and Ministry* (2003년 봄): 88. 다음 책을 인용했다. John Jefferson Davis, Evangelical Ethics: Issues Facing the *Church Today*, 재판 (Phillipsburg, NJ: P&R, 1993), 101-2.

29. 특히 다음 책을 참조하라. Craig S. Keener, *...And Marries Another: Divorce and Remarriage in the Teaching of the New Testament* (Peabody, MA: Hendrickson, 1999), 61-66. 다음 두 책은 거기에 반대한다. Wenham & Heth, *Jesus and Divorce*. William E. Heth, "Divorce and Remarriage: The Search for an Evangelical Hermeneutic," *Trinity Journal* 16 (1995): 63-100. 웬함과 헤스의 입장에 대한 비판을 Stott, "Marriage and Divorce," 171에서 참조하라. 저자는 이 관점이 ("그럴 듯하게 개진"되었으나) "극단적"이며 "확정적이지 못하다"고 보았다(다음 세 편의 연작 기사에 대한 비평이었다. Wenham, "The Biblical View of Marriage and Divorce," *Third Way*, vol. 1, nos. 20-22 [1977년 10월, 11월]). 아울러 *House, Divorce and Remarriage:*

*Four Christian Views*도 참조하라.

30. 예컨대 다음 세 책을 참조하라. Stein, "Divorce," *Dictionary of Jesus and Gospels*, 192-93. "그러므로 우리의 본문들에서 '이혼'에는 재혼의 권리가 전제된다고 이해해야 한다." Jones, *Biblical Christian Ethics*, 199. "이혼이 정당한 경우에는 재혼할 자유가 주어진다." Craig L. Blomberg, "Marriage, Divorce, Remarriage, and Celibacy," *Trinity Journal* 11 (1990): 196. "성경 시대의 이혼에는 사실상 항상 재혼의 권리가 수반되었다. 신약에 이런 허용을 무효화하는 본문은 없다."

31. Keener, "Adultery, Divorce," *Dictionary of New Testament Background*, Craig, A. Evans & Stanley E. Porter 편집 (Downers Grove, IL: InterVarsity, 2000), 6, (《IVP 성경배경주석: 신약》 IVP). 그가 지적했듯이 "법적으로 이혼이라는 용어 자체는 재혼의 자유를 의미한다."

32. 마가복음 10:11-12에는 "이혼과 재혼"이 나란히 언급된다(참조. 9절). Stein, "Divorce," *Dictionary of Jesus and the Gospels*, 195에 지적되어 있듯이 신명기 24:1-4에도 이런 연관성이 전제되어 있다.

33. 본래 이 구절은 다른 문맥 속에 나오는 예화의 일부로, 남편이 죽은 경우 여자가 재혼할 수 있음을 명시했다. 다음 저자가 정확히 지적했듯이 "때로 이 구절들은 배우자의 사별을 제외한 다른 모든 이유로 인한 재혼이 간음이라는 증거로 인용된다. 그것이 성경적 가르침인지 여부를 떠나 어차피 이 구절들은 아마 이 문제와 무관할 것이다. 여기서 바울은 재혼에 대해 가르친 게 아니라 간단한 예를 들어 자신의 요지를 입증한 것뿐이다." Douglas J. Moo, *The Letter to the Romans*, New International Commentary on the New Testament (Grand Rapids: Eerdmans, 1996), 413 주24, (《NICNT 로마서》 솔로몬).

34. Norman, "Biblical, Theological, and Pastoral Reflections," 86이 정확히 지적했다.

찾아보기

폴 F. 파머(Paul F. Palmer) 95, 387, 434-436

피임 26, 105, 153, 154, 158-168, 171, 177, 347, 392, 421, 462-465

필로(Philo) 156, 157, 276, 450, 455, 483, 511, 519

ㅎ

하나님의 전신갑주 82, 83, 197, 208

학대 60, 184-187, 426, 440, 456, 472, 473, 516, 525, 528

한나 51, 63, 118, 126, 128, 154, 168, 173

한부모의 자녀 양육 153, 181, 182, 213, 347, 457, 498

한 아내의 남편이라는 요건. "교회 지도자의 자격"을 보라. 307, 311-315, 316-318

해럴드 J. 엘렌즈(Harold J. Ellens) 438, 499

해리 워건(Harry Woggon) 261, 505

헤롯 안디바와 헤로디아 362, 364, 367

혼전 성관계 102, 110, 235-238, 253, 297, 361, 367, 492-493

힐렐(Hillel) 288, 294, 295, 355, 364, 366, 516, 517, 519, 521, 524

A-Z

arsenokoitēs(남색하는 자) 268, 269, 270, 272, 282

D. A. 카슨(D. A. Carson) 296, 406, 469, 517, 518, 521, 522, 538, 539

D. 셔윈 베일리(D. Sherwin Bailey) 260, 440, 501, 504

malakos(탐색하는 자) 270, 500, 509

mias gynaikas andra(한 아내의 남편) 307, 309, 310, 311, 312

mystērion(비밀) 82, 428

porneia(음행) 77, 292-298, 301, 353-361, 363, 365-368

univira(한 남편만 아는 아내) 310

성경의 눈으로 본 결혼과 가정(보급판)

초판   1쇄 발행 2016년 6월 30일
보급판 1쇄 발행 2024년 8월 19일

지은이 안드레아스 쾨스텐버거, 데이비드 존스
옮긴이 윤종석

펴낸이 정선숙
펴낸곳 협동조합 아바서원
등록 제 274251-0007344
주소 경기도 고양시 덕양구 삼원로51 원흥줌하이필드 606호
전화 02-388-7944 **팩스** 02-389-7944
이메일 abbabooks@hanmail.net

© 협동조합 아바서원, 2016

ISBN 979-11-90376-76-1 93230